华章经典·金融投资

投资策略实战分析

原书第4版·典藏版

WHAT WORKS ON WALL STREET
4th Edition

[美] 詹姆斯·奥肖内西 著 马海涌 李闻 高闻酉 译

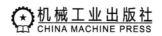
机械工业出版社
CHINA MACHINE PRESS

图书在版编目（CIP）数据

投资策略实战分析（原书第4版·典藏版）/（美）詹姆斯·奥肖内西（James P. O'Shaughnessy）著；马海涌，李闻，高闻酉译．—北京：机械工业出版社，2020.1（2024.11重印）

（华章经典·金融投资）

书名原文：What Works on Wall Street

ISBN 978-7-111-64140-7

I. 投… II. ① 詹… ② 马… ③ 李… ④ 高… III. 股票市场-研究-美国 IV. F837.125

中国版本图书馆CIP数据核字（2019）第263988号

北京市版权局著作权合同登记　图字：01-2012-5219号。

James P. O'Shaughnessy. What Works on Wall Street, 4th Edition.

ISBN 978-0-07-162576-0

Copyright © 2012 by McGraw-Hill Education.

All Rights reserved. No part of this publication may be reproduced or transmitted in any form or by any means, electronic or mechanical, including without limitation photocopying, recording, taping, or any database, information or retrieval system, without the prior written permission of the publisher.

This authorized Chinese translation edition is jointly published by McGraw-Hill Education and China Machine Press. This edition is authorized for sale in the Chinese mainland (excluding Hong Kong SAR, Macao SAR and Taiwan).

Translation copyright © 2020 by McGraw-Hill Education and China Machine Press.

版权所有。未经出版人事先书面许可，对本出版物的任何部分不得以任何方式或途径复制或传播，包括但不限于复印、录制、录音，或通过任何数据库、信息或可检索的系统。

本授权中文简体字翻译版由麦格劳-希尔（亚洲）教育出版公司和机械工业出版社合作出版。此版本经授权仅限在中国大陆地区（不包括香港、澳门特别行政区及台湾地区）销售。

版权 © 2020 由麦格劳-希尔（亚洲）教育出版公司与机械工业出版社所有。

本书封面贴有McGraw-Hill Education公司防伪标签，无标签者不得销售。

投资策略实战分析（原书第4版·典藏版）

出版发行：机械工业出版社（北京市西城区百万庄大街22号　邮政编码：100037）	
责任编辑：王一尘	责任校对：李秋荣
印　　刷：北京建宏印刷有限公司	版　次：2024年11月第1版第4次印刷
开　　本：185mm×260mm　1/16	印　张：46.25
书　　号：ISBN 978-7-111-64140-7	定　价：159.00元

客服电话：(010) 88361066　68326294

版权所有·侵权必究
封底无防伪标均为盗版

献给莱尔、凯瑟琳、帕特里克和梅丽莎!

请稍等一下,倾听最贤明的忠告者——"时间"。

——伯里克利

引 言

> 中国人谈论的"危机"有两个意思：一是风险，二是机遇。在面临一场危机时，既要意识到风险，也要承认机遇的存在。
>
> ——约翰 F. 肯尼迪

过去的 10 年，是美国股市 110 年来所经历的最糟糕的 10 年，本书第 4 版在此时发行，可谓生不逢时。21 世纪的第一个 10 年以希望开始，大批从未有过炒股经历的投资者蜂拥进入市场。在这个市场中，纳斯达克指数在 20 世纪 90 年代增长了近 7 倍（已考虑到通货膨胀的因素），标准普尔 500 指数增长了将近 4 倍。随着时间的推移，投资者在初期对股票收益率的乐观情绪显然已被证明是大错特错了。

在这 10 年中，标准普尔 500 指数每年的实际损失为 -3.39%，考虑到通货膨胀的因素之后，在 1999 年 12 月 31 日投资的 10 000 美元，到 2009 年年末只值 7 083 美元了。大盘成长型股票（以罗素 1000 成长指数衡量）的表现更差，在 1999 年 12 月 31 日投资的 10 000 美元，到 2009 年 12 月 31 日时已经腰斩——价值损失为 5 190 美元。纳斯达克指数（投资者在 20 世纪 90 年代的"宠儿"）的情况更为糟糕，每年损失高达 7.96%，在 1999 年 12 月 31 日投资的 10 000 美元，到 2009 年 12 月 31 日时就只剩下 4 363 美元了，从 2000 年 2 月的最高点到 2002 年 9 月的最低点，指数下跌了 76.59%，这一幅度接近于标准普尔 500 指数在 1929～1932 年的表现。在这 10 年中，只有小盘股表现较好，罗素 2000 指数获得了 0.96% 的年收益率，而罗素 2000 价值型指数的年收益率为 5.6%，成为唯一跑赢美国长期债券收益率（年收益率为5.04%）的美国综合股票指数。

要注意，我们在此主要考虑经通货膨胀调整后的实际收益率，因为这可以让我使用由迪姆森（Dimson）、马什（Marsh）及士丹顿（Staunton）教授所提供的1900～1930年的收益率，这些数据记载在他们的名著《投资收益百年史》（*Triumph of the Optimists:101 Years of Global Returns*）一书中。此外，我们发现实际投资收益率可以提供比名义收益率更多的有用信息，因为它考虑到了美元的购买力损失，可以更准确地衡量持有资产组合的长期真实表现。因此，在对各因素及多因素投资策略进行检查时，我们在本书中全部使用传统的名义收益率；对第28章中的某些投资战略及其他类型的资产，我们使用经通货膨胀率调整后的收益率，同时还将总结我们的研究成果。

把所有这些可能的数据都考虑在内，自1900年以来，美国股票价格以及两个10年的真实价值是下降的——1910～1919年、1970～1979年，其收益率分别是-2.46%和-1.41%。表0-1显示了美国大盘股自1900年以来的实际年收益率，按照最好的10年到最差的10年进行排列的结果。在考察1900～2009年的各个连续的10年期时，我们发现，与在2009年2月结束的10年期相比，只有在1920年5月结束的10年期收益更差。表0-2显示了自1900年以来其他全部表现不佳的10年投资期，在这一期间，投资者只能苦苦支撑。表0-2中提供了两个特别重要的信息：第一，在这些暴跌的10年期之后，所有的3年期及10年期收益率均为正数，并且，在这些噩梦般的10年期之后的10年期年平均收益率为14.55%；第二，最小的10年期实际收益率为6.39%，这一真实收益发生在结束时期为1974年11月的10年期（损失为3.48%）之后。重要之处在于：6.39%这一最小收益率超过了同期美国长期债券的收益率。如果一个投资者在1974年11月的美国股市上成为惊弓之鸟，转而将资金投入美国长期债券，则其在未来10年间的年实际损失率为0.27%。

表0-1 美国大盘股在1900～2009年的实际收益率，收益率按最高到最低的顺序排列

10年期	大盘股的实际平均年复合收益率(%)[①]
1950～1959	16.78
1990～1999	14.84
1920～1929	14.37
1980～1989	11.85
1900～1909	9.32
1960～1969	5.15

(续)

10 年期	大盘股的实际平均年复合收益率（%）①
1940～1949	3.57
1930～1939	2.04
1970～1979	-1.41
1910～1919	-2.46
2000～2009	-3.39

① 1900～1930 年的数据取自 Dimson-Marsh-Staunton 提供的全球收益率数据。1930～2009 年的数据取自 Ibbotson 的大盘股数据。

表 0-2　美国大盘股自 1900 年以来的 50 个最差的 10 年期实际平均年复合收益率

10 年期期末	10 年期实际平均年复合收益率	在下列期间的实际平均年复合收益率（%）			
		1 年期	3 年期	5 年期	10 年期
1920 年 5 月	-6.09	16.04	17.63	17.40	20.64
2009 年 2 月	-5.86	50.40			
1920 年 12 月	-5.72	24.33	18.06	21.33	16.05
1920 年 6 月	-5.72	13.26	16.81	17.46	18.77
1920 年 11 月	-5.55	21.17	16.94	20.17	16.68
1920 年 1 月	-5.49	21.75	16.79	19.92	16.11
2009 年 3 月	-5.43	46.38			
1919 年 12 月	-5.35	-18.84	9.67	11.13	16.23
1921 年 6 月	-5.33	40.34	17.00	18.81	15.43
1921 年 2 月	-5.31	26.87	15.84	18.52	17.33
1920 年 7 月	-5.28	14.69	14.67	17.37	19.23
1921 年 3 月	-5.27	33.34	16.38	17.18	16.55
1920 年 8 月	5.18	6.30	15.14	17.25	19.07
1920 年 4 月	-5.14	2.83	14.43	14.27	19.59
1921 年 7 月	-5.13	40.52	17.62	19.53	14.30
1920 年 1 月	-5.13	4.35	12.79	18.82	15.87
1920 年 2 月	-5.10	-4.92	14.33	14.25	18.25
2009 年 1 月	-5.06	29.74			
1921 年 4 月	-5.00	33.72	15.38	16.79	15.11
1920 年 9 月	-5.00	7.48	13.14	17.58	16.91
1921 年 8 月	-4.97	55.48	20.04	21.29	15.03
1921 年 5 月	-4.94	33.85	13.88	16.65	13.34
2009 年 4 月	-4.88	35.80			
1919 年 11 月	-4.79	-19.53	9.51	10.62	15.68
2009 年 6 月	-4.74	13.22			
1921 年 1 月	-4.74	48.84	19.39	20.30	11.81
1920 年 1 月	-4.70	-10.37	11.63	12.40	17.48

(续)

		在下列期间的实际平均年复合收益率（%）			
10 年期期末	10 年期实际平均年复合收益率	1 年期	3 年期	5 年期	10 年期
1921 年 11 月	-4.35	34.70	19.32	19.13	10.13
1921 年 9 月	-4.35	45.72	18.68	20.52	10.52
1921 年 12 月	-4.34	30.71	18.87	19.09	8.36
1974 年 9 月	-4.29	28.08	12.51	8.11	7.47
1920 年 3 月	-4.21	-12.04	10.30	10.97	18.28
2009 年 5 月	-4.16	18.58			
1922 年 1 月	-4.11	27.47	18.02	17.93	7.88
2010 年 8 月	-4.09				
2010 年 6 月	-3.87				
1978 年 11 月	-3.82	4.85	3.86	8.62	9.76
2008 年 12 月	-3.81	23.12			
1982 年 7 月	-3.80	55.63	22.98	25.79	14.94
1919 年 8 月	-3.80	-21.69	8.98	7.57	19.76
1974 年 12 月	-3.77	28.20	9.61	6.12	6.92
1919 年 9 月	-3.75	-19.87	7.86	7.56	19.00
1919 年 1 月	-3.71	-21.01	7.05	7.00	16.17
2009 年 7 月	-3.69	12.43			
1978 年 1 月	-3.56	2.71	3.17	8.59	10.15
1982 年 6 月	-3.54	56.97	22.03	23.95	14.20
1922 年 2 月	-3.49	23.89	17.30	17.85	7.94
1974 年 11 月	-3.48	26.79	8.67	5.41	6.39
1982 年 5 月	-3.48	47.27	20.32	22.13	14.06
2008 年 11 月	-3.46	23.13			
平均值	-4.60	20.47	14.53	15.78	14.55
最小值	-6.09	-21.69	3.17	5.41	6.39
最大值	-3.46	56.97	22.98	25.79	20.64

资料来源：For 1900–1929, William N. Goetzmann, The National Bureau of Economic Research; for 1929–2010, Morningstar EnCorr Analyzer, a dataset of a variety of investment returns provided in this instance by the Ibbotson *Stocks, Bonds, Bills, and Inflation* dataset。

我们在本书中所列出的投资组合收益率的表现远远超过了标准普尔 500 指数，这可能是因为我们的投资组合是等权重的，并且包括了美国存托凭证，而标准普尔 500 指数是市值加权指数，且其所持有的绝大多数股票都来自美国。本书中所列举的各种投资组合在最后一个 10 年的投资收益率：全股票投资组合的年平均收益率为 1.82%；大盘股组合稍有损失，收益率为 -0.1%；龙头股组合的收益率为

3.3%；小盘股组合的收益率为2.36%。

在按照10年期计算的收益中，2000～2009年的损失最为惨重；当我们考察自1900年以来的连续10年期的投资收益时，2000～2009年的损失排在第二位；在考察美国股市从波峰至低谷间的损失时，我们发现，这一时期的下跌也是惊人的。表0-3显示了自1900年以来损失超过20%的所有波峰至低谷间损失，我们发现，最近一次金融危机的损失实际上仅次于1929～1932年的大崩溃，在那场暴跌中，从1929年的波峰到1932年的低谷，标准普尔500指数共下跌了79%。而且你会发现，就下跌的持续期而言，这次衰退的时间为102个月，是110年里最长的一次。

表0-3 损失超过20%的所有波峰至低谷间损失（1900～2009年①）

波峰时期	波峰时指数价值	低谷时期	低谷时指数价值	复苏时期	下跌（%）	下跌持续时间（月）	恢复持续时间（月）
1906年12月	2.04	1907年12月	1.43	1908年12月	−30.04	12	12
1915年12月	2.79	1920年12月	1.53	1924年12月	−45.35	60	48
1929年8月	3.04	1932年5月	0.64	1936年11月	−79.00	33	54
1937年2月	3.18	1938年3月	1.59	1945年2月	−49.93	13	83
1946年5月	4.33	1948年2月	2.72	1950年10月	−37.18	21	32
1961年12月	21.57	1962年7月	16.65	1963年4月	−22.80	6	10
1968年11月	34.62	1970年7月	22.34	1972年11月	−35.46	19	29
1972年12月	35.84	1974年9月	17.25	1984年12月	−51.86	21	123
1987年8月	72.06	1987年11月	50.32	1989年1月	−30.16	3	20
2000年8月	307.32	1909年2月	141.37		−54.00	102	

① 1900～1930年的数据取自Dimson-Marsh-Staunton提供的全球收益率数据，该数据按年计算。1930～2009年的数据取自Ibbotson的大盘股数据，该数据是按月计算的。

对股票失去信心

股市的惨淡表现已经让许多投资者丧失了对股票的信心。实际上，根据鲁德集团（Leuthold Group）的供给/需求快报（这一快报包括了美国股票基金及债券基金的净流入和净流出），2007～2009年，美国股票基金的净流出超过了2 340亿美元，而美国债券基金的资产则增加了5 046亿美元。正如我们将在后面的章节中要讨论的那样，现在并不是一个抛出股票并换成债券或其他资产的合适时机。

再看一下表0-2，在我们有据可查的各组投资实例（在最坏的10年期之后的股票投资组合）中，在经历了巨大的损失之后，1年、3年、5年及10年期的股票组合都获得了正收益。

然而，对股票的攻击之声正随着其价值损失的增大而持续增大——2008年年末，CNBC组织了题为"买入并持有行为的消亡"的一系列节目；2009年2月19日，《巴伦周刊》的电子投资者期刊发表了一篇题为《现代投资组合理论严重老化：买入并持有策略之死》的文章，文中写道："肯·斯特恩（Ken Stern）㊀认为，买入并持有策略是一种输家的游戏，市场在未来可能充满太多的不确定性，仅仅依靠精心设计的投资组合及长期增长所产生的收益无法抵消税收及通货膨胀的影响。"与《商务周刊》在1979年8月13日刊登的一篇名叫《股票之死》的文章十分相似，《机构投资者》杂志在2010年1月号刊登了一篇题为《安息吧，1982~2008年的股票投资：股票投资文化正在黯然失色》的文章，文中写道："在股票市场经历了两次惨烈的崩盘之后，投资者对股票的表现优于债券这一传统的理念提出质疑，他们正成批地从股票中撤出资金，华尔街早已物是人非。"而且，在2010年1月13日对"买入并持有策略之死"进行的一次Google搜索显示出750 000次搜索结果。显然，普通投资者及众多的职业投资人都已经开始追随这一潮流。

有些投资者已经开始称这样糟糕的投资收益率为"新的正常收益率"，并认为将来的股票收益率会非常低，完全忘记了在20世纪90年代末期一些股评家的话（股评家曾经称之为股票的"新纪元"，他们认为股票将永远上涨），并喋喋不休地说，"这次不一样了"。看起来，只有一件事永远不变：投资者对短期情况做出反应，并认为这一情况将永远持续下去。

以史为鉴

投资者对股票未来长期发展的前景如此悲观，这并不令人奇怪。我们所遭遇的最后一次和最近这10年的股市萧条一样的时期还是20世纪70年代。1979年8月13日，《商业周刊》发表了声名狼藉的封面文章《股票之死》。正如我们将在第2章和第3章中所见到的那样，投资者看起来天生就不会投资，他们总是竞购那些近期表现卓越的资产，而对那些相比三五年前表现甚好的资产不够热情。

写作本书的主要目的就是劝阻投资者不要这样做。只有时间能证明哪种投资

㊀ 一家圣迭戈的资金管理公司的创立者。

策略在长期中表现得最好，在市场经历了最近10年的惨淡表现之后，情况更是如此。在我们回顾了各种投资策略的收益表现之后，你会发现，那些坚持使用最优长期投资策略的投资者所获得的收益明显好过那些只是撞大运的投资者。实际上，在最近几年发生的这种投资者将资金整体转向债券或其他资产的行为，也是一种泡沫。我们相信，在未来的10～20年之内，股票（尤其是那些运用最优长期投资策略所挑选的股票）的表现仍将是最好的。我们正处于股票的历史转折点上——当前的情况为投资者提供了一个难得的机遇。2009年3月，股票在过去的10年、20年及40年期的表现都不如债券。换个角度来看，这是自1900年以来排名倒数第二的40年期股票投资收益，而且是自1941年12月31日以来的第一次。在40年期里，股票的年收益率低于4%，这种情况极其罕见，自1900年以来只发生了4次（这4个40年期的期末分别是1941年12月、1942年12月、2009年2月及2009年3月）。在随后的5年、10年及20年中，股票一直提供出色的回报。我们还可以从图0-1中找到自1926年以来的最大的负的10年期股票溢价。

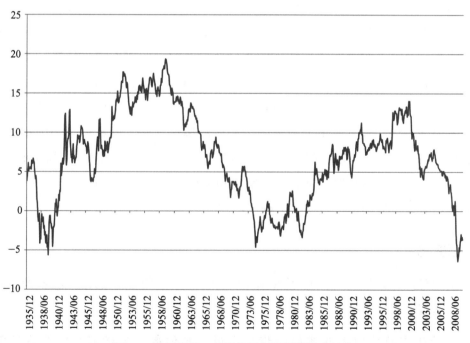

图0-1　美国连续10年期收益率的股票风险溢价

从历史来看，我们总能看到均值回归——在经历了10～20年的好年景之后，股票的收益通常在接下来的10～20年里低于平均水平，而在经历了10～20

年的低迷之后，股票的收益在接下来的 10～20 年里又会高于平均水平。这在经济学上是说得通的。在经历了一个 10～20 年的好年景之后，股票的特点表现为高市盈率与低股息率，而在经历了 10～20 年的糟糕表现之后，股票的收益会发生反转，通常的表现是低市盈率与高股息率。实际上，我写过一本关于股票市场均值回归趋势的著作，名为《预测明天的市场》(*Predicting the Markets of Tomorrow*)，这本书还告诉你如何利用这种趋势来获取收益。

在过去，美国曾经遇到过比今天还要危险的境况，我认为，在长期，你绝不能看衰美国，跟美国对赌。面对那些更严峻的挑战，我们也都安然度过，并且表现得更强大、更有活力，对未来充满了信心。我认为这一次没什么不同，如果投资者能擅于利用本书中精心设计的、高超的股票选择策略，他们将会获得满意的长期回报。

对我们早期研究的扩展

本书第 4 版将继续为读者提供那些与华尔街的高效投资策略有关的长期研究成果。在本书第 1 版（1996 年）出版之前，要确定哪些股票选择策略是长期的赢家、哪些不是时，没有一本普适性的综合指南可用。在本书中，我将向那些早期版本的细心读者介绍，如何避免 21 世纪这两次熊市中惨遭血洗的厄运：避开那些曾经在 20 世纪 90 年代的股市泡沫中煊赫一时，但已经被历史证明在长期中表现不佳的股票。我将向本书的新读者介绍具体的操作方法，读者只须使用本书介绍的选股技巧，就可以知道哪些股票可以买入，哪些股票需要避开。与 1996 年的第 1 版相比，虽然从这些长期分析中所得到的大多数结论都一样，但在这一版中，我们对单因素及多因素投资策略进行了扩展。

新变化

我们对数据分析方法进行了大幅度的修订，并且增加了几种单因素及多因素模型。这些新变化包括：

◎ 对所有的单因素及多因素模型来说，我们展示了所有受测月份的复合收益率。本书前 3 个版本所展示的结果是一个投资者在每年的 12 月 31 日进行投资所得到的收益率。这一数据尽管有用，但它忽略了某个因素模型或投资策略中可能发生的季节性因素。为消除这一影响，我们通过展示每个月的投资收益率,再将这些收益率进行复合计算,从而得到对某个因素模型或投资策略的表现更为清晰的全景,而无须考虑投资所发生的实际投资月份。这就让数据变得更有用,因为大多数人都不会仅在每年的12月31日投资。这种方法还让你切实体会到大多数投资者使用该策略的实际效果,而无须考虑投资的起始日期。为构建某一给定投资策略的复合收益率,我们在每个月构建一个投资组合,并将其持有1年,这样,每一种投资策略都包含12个不同的投资组合,组合每年重新调整一次。我们在分析中对任意给定月份所使用的复合月收益率,是这12个投资组合收益率的平均值。为完成这种转换,我们仅使用来自标准普尔公司数据库(Compustat)的月度数据,该数据库成立于1963年。

◎ 从本书第3版开始,奥肖内西(O'Shaughnessy)资产管理公司已经取得了证券价格研究中心(CRSP)的数据库,该数据库的月度数据可以上溯到1926年。现在,我们可以用自1926年以来的已有数据来计算各个因素的收益率。这些因素包括股票的市值、市净率、股息收益率、回购收益率(回购收益率高意味着公司非常积极地在市场上回购其股份,这表明公司的管理层认为其股票价值是被低估的)、股东收益率(这一比率包含了回购收益率及股息收益率)及价格动量。使用这些长期数据,我们构建了一些新的、有价值的多因素模型。对所有其他的单因素以及多因素模型,我们首先使用成立于1963年的Compustat数据库中的月度数据,这一额外的37年的数据可以作为非常好的持续数据使用。在1963～2009年适用的数据是否也同样适用于1926～2009年,我们也将对此加以检验。

◎ 在本书中,我们对各因素模型中股票收益的十分位数(10%)进行自上而下的排序,以此展示每个单因素模型的结果。对本书前几个版本的一个普遍的批评是:我们只关注每个因素的极端值,按因素展示了表现最好和最差的50只股票的收益结果。为了更准确地表示每个因素的收益以及其对投资者持有投资组合的贡献,在多数的对多因素模型的测试中,我们仍将考察包含25～50只股票的投资组合。

◎ 对新的单因素模型的考察包括：回购收益率、股东收益率、EBITDA 与公司价值的比率、现金流与公司价值的比率、销售额与公司价值的比率、应计利润与价格的比率、现金流与债务的比率、年销售额增长率等诸多财务变量。

◎ 还介绍了一个新的复合价值因素模型，该模型将传统的价值因素纳入一个单一排位的体系中，以确定某只股票的整体状况，将股票按照从最便宜到最昂贵的顺序进行排序。这些复合价值因素模型的表现超过了所有的单一价值因素模型，并且具有非常好的持续性。此外，表现最好的10%与表现最差的10%的股票之间的价差比较大，并且具有持续性。例如，在各种小盘股组合的价值因素模型中，表现最差的10%的股票组合在过去的46年里一直是亏损的。

◎ 新的多因素模型包含复合价值因素，它表现为一个单一因素，该因素基于股票在若干因素上的总体分数来遴选股票；使用价格上涨以及股东收益率的策略；关注那些价格低廉并具有非凡价格动量的可投资微型公司股票的策略；采取购入股息收益率高的龙头股的策略，这些龙头股等于或高于10年期国债的收益率，同时还提供资本利得；等等。

◎ 还引入了行业因素，因此，投资者将知道哪组因素在单个行业中表现最佳。

缘起

要证明一个投资组合的收益率是否由该组合所定义的因素来决定，我们需要高速计算机及庞大的数据库系统（如Compustat或CRSP数据库）。在计算机出现之前，我们无法确定任意一个既定投资组合的投资策略。投资者可以考虑的潜在影响因素（对投资组合进行界定的某些特征，如市盈率、股息收益率等）的数量是无穷无尽的，而你能做的不过是用最一般的方法来分析投资组合。有时，即使是专业的基金经理也找不到其持有投资组合中股票的最明显特征，他们只能依靠一般的说明以及其他定性方法。

计算机的出现改变了这一切。我们现在可以分析各种投资组合，确定哪种因素（如果有的话）能将表现最好的投资策略挖掘出来。利用计算机，我们还可以测试这些因素的长期总体表现，以便了解任一种投资策略在未来会获得何种收益。

大多数投资策略都很平庸

本书认为很多投资策略都很平庸，而大多数投资策略（尤其是那些在短期内吸引了大多数投资者的策略）都无法战胜仅仅盯住标准普尔500指数的简单投资策略。本书还提供了与传统的学术理论（认为股票价格遵循"随机游走"）相对立的证据。

股票市场绝不会无缘无故地运动，在这个市场上，某些特定的投资策略总能得到很高的回报，而某些投资策略则会遭到惩罚。

本书中的长期收益率数据表明，股票市场的长期收益率绝不是随机游走的。如果投资者坚持使用那些经过时间考验的投资策略（用智慧与理性选股），他们的表现会比市场好得多。

纪律至关重要

本书认为，在长期中，战胜市场的唯一方式是坚持使用明智的投资策略。在任何一个10年期之内，晨星公司（Morningstar）所跟踪的投资基金中都有70%的基金收益率无法战胜标准普尔500指数，这是因为这些基金经理没有做到在任何情况下都坚持投资纪律。缺乏纪律，严重地损害了这些基金的长期表现。

本书要点

读完本书之后，投资者应当知道：

◎ 大多数小盘股投资策略的超凡收益率来自股票市值低于2 500万美元的微型公司。这些股票的市值太小，让几乎所有的投资者都很难进行正常的投资，这也让其在账面收益上产生幻觉。我们的投资组合只包括那些流动性充分、市值适中的股票，原因也正在于此，投资者可以正常投资于这些股票，而又不会对股市造成巨大的冲击。

◎ 那些价格动量最差的股票在长期中的表现十分糟糕，这些股票只有在一次大熊市之后（市场下跌了40%以上）的第一年才会表现不错，这也是"垃圾股"价值回归的时候。

◎ 单一价值因素的收益非常不错，其成功率高于纯粹的成长因素。价格动量是唯一的例外，即便是这样，它也总是要和约束值一同使用。

◎ 和使用单一价值因素的模型相比，使用包含若干个价值因素的综合价值因素模型所提供的收益更高、更持久。

◎ 应计利润与价格的比率、资产周转率、外部融资及债务变化比率等财务变量是挑选盈利质量较高股票的重要依据。盈利质量较高的股票的表现通常较好，而盈利质量较差的股票收益则较低。实际上，同时使用几个财务变量——总应计利润对总资产的比率、营运资产净值的变动率、总应计利润对平均资产的比率、折旧费用对资本支出的比率等，会极大地增强你所关注股票的质量，也会提高其收益率。

◎ 通过关注综合价值因素模型及股东收益率，风险最低的两个行业（消费必需品与公共事业）仍然可以在较低的风险水平下为投资者提供超凡的收益。在第24章中，我们会看到，一个由50只股票（来自这两个稳健的行业）构成的投资组合仍然可以在较低的风险水平下获得超出市场的收益。

◎ 在我们研究的整个时期内，表现最差的行业的年复合收益率为7.29%，这一行业也是最为热门的行业之一——信息技术行业。

◎ 某些大盘股投资策略可以在较低的风险水平下持续地战胜市场。

◎ 在最高的价格上买入华尔街最热门的股票，是最糟糕的事情。

◎ 一个简单的投资策略——从那些自1963年以来年复合收益率超过20%的股票的前10%中，按照得分挑选出25只表现最好的股票，再根据6个月的价格动量进行投资。

◎ 对那些长期投资者来说，一条可靠的成功之路是：不管当前的市场情况如何，找到一个可操作的投资计划，并实施这一计划。

致 谢

本书的出版离不开许多人的帮助。大约在 20 年前,当我开始这项浩大的工程时,吉姆·布兰斯科姆(Jim Branscome,时任标准普尔 Compustat 数据库的负责人)在这个项目上给了我全方位的支持。吉姆的继任者是保罗·克莱克纳(Paul Cleckner),他也非常支持我的工作。而且,作为一个生意人,保罗堪称典范,他深知这样一个道理:要提高一家企业的经营业绩,最好的办法是帮助成千上万的普通投资者提高他们的投资回报。米奇·阿贝塔(Mitch Abeyta,标准普尔 Compustat 数据库的现任负责人)同样给了我极大的帮助,他持续更新了本书中的投资策略与数据。

我还要特别感谢我的同事克里斯·梅雷迪斯(Chris Meredith)、帕特里克·奥肖内西(Patrick O'Shaughnessy)、特拉维斯·费尔柴尔德(Travis Fairchild)、斯科特·巴通(Scott Bartone)、埃西文·维斯瓦纳坦(Ashvin Viswanathan)、阿马尔·帕特尔(Amar Patel)和内森·普日贝洛(Nathan Przbylo)。数据库在 SAS 与 Factset 环境下的虚拟向导已经设置完毕,可以对数据进行回溯测试。没有这些同事的聪明才智,这一版本根本无法实现。

我的儿子帕特里克·奥肖内西对本书也有贡献,他不但撰写了第 3 章,还以编辑身份参与了其他几章的工作。

当然,如果没有我的妻子梅丽莎时刻给予我帮助、支持与鼓励,这本书也不可能完成。许多年以前,梅丽莎以最优成绩获得新闻学学位,没想到几十年以后,我还能从中受益。没有她的行家之手,本书可能永远无法完成。正如马克·吐温所说的那样:"接近准确的词和完全准确的词实际上有天壤之别——这两者间的差别就像萤火虫与闪电之间的差别那么大。"除了表达对她深深的爱意,作为作者,我所获得的任何成功也都要归功于她。

最后,我还要感谢奥肖内西资产管理公司的全体同人,感谢他们对本书的支持与厚爱。

| 目 录 |

引言
致谢

第1章
股票投资策略：相同的目标，不同的方法 / 1

第2章
不靠谱的专家：赢得出色业绩的障碍 / 12

第3章
顽固的非理性：怎样从普通错误中掘金 / 27

第4章
游戏的规则 / 45

第5章
按市值对股票排序：规模很重要 / 68

第6章
市盈率：选股利器 / 93

第7章
EBIT对企业价值的比率 / 115

第 8 章
价格对现金流的比率：使用现金流确定股价 / 141

第 9 章
价格对销售额的比率 / 163

第 10 章
价格对账面价值的比率：长期中的赢家，但要耐得住寂寞 / 184

第 11 章
股息率：购买一种收入 / 210

第 12 章
回购收益率 / 228

第 13 章
股东收益率 / 249

第 14 章
会计比率 / 268

第 15 章
整合了多个价值因素的单一综合指标 / 337

第 16 章
价值因素的价值 / 381

第 17 章
每股的年收益业绩变化：高收益是否意味着高业绩 / 397

第 18 章
利润率：投资者会从企业利润中获利吗 / 415

第 19 章
股本收益率 / 426

第 20 章
相对价格强度：赢家继续盈利 / 443

第 21 章
使用多因素模型改善业绩 / 480

第 22 章
讨论"龙头股"：最高增值率 / 507

第 23 章
剖析小盘股投资组合：最高增值率 / 519

第 24 章
行业分析 / 535

第 25 章
寻求理想的增长战略 / 581

第 26 章
寻求理想的价值股票投资战略 / 602

第 27 章
集增长与价值之长 / 612

第 28 章
战略排名 / 625

第 29 章
从股市投资中获得最大收益 / 699

参考文献 / 707

译者后记 / 717

| 第 1 章 |

股票投资策略
相同的目标，不同的方法

> 任何战役的成败，十之八九都取决于智慧。
>
> ——拿破仑

股票的投资策略主要有两种：主动型投资与被动型投资。主动型投资方法最为常见。基金经理使用这种投资方法，试图通过购买他们认为优于其他股票的个股来实现在不同风险水平上的收益最大化。基金经理投资于股票的方式通常是类似的。他们对公司进行分析，与公司管理层进行面谈，然后确定这只股票是否值得投资。

根据不同的投资风格，主动型投资者大致可以划分为**成长型**（growth）投资者与**价值型**（value）投资者。选择何种股票在很大程度上取决于其投资哲学。

成长型投资者青睐那些销售额和盈利增长率都超过平均水平的公司，他们希望这些公司能在未来实现更高的增长。这一类投资者相信公司的潜质，并认为股票的价格会随着公司盈利的增加而上涨。

价值型投资者则致力于寻找那些当前市场价值严重低于其清算价值的股票。他们使用如市盈率（PE）、市销率（PSR）等指标来确定股票价值何时低于其内在价值。他们四处淘宝，寻找那些可以折价购买的资产。价值型投资者相信公司的资产负债表，认为股票的价格最终会上涨至其内在价值水平。

主动型基金通常混合使用这两种投资策略，但那些最成功的基金都有着非常清晰的投资策略。大多数共同基金、由专业人员管理的养老基金及独立的个人资金账户都采用主动型投资策略。

传统的主动型管理策略表现不佳

主动型管理策略从理论上来说非常正确，但是对历史记录的回顾表明它们的实际表现并不好。不管是短期还是长期，大多数主动型基金都没有战胜标准普尔500指数。图1-1显示的是那些在晨星公司数据库中的主动管理型基金在10年期内战胜标准普尔500指数的百分比。尽管2007年以后的记录看起来非常不错，但其平均比率（从1991年开始算起）只有30%。因此，对1991年以来的所有10年期而言，70%的主动管理型基金都无法在上一个10年期里战胜标准普尔500指数。此外，这一记录也夸大了传统的主动管理型基金的表现，因为它并没有包括那些在这10年期内消失的基金。

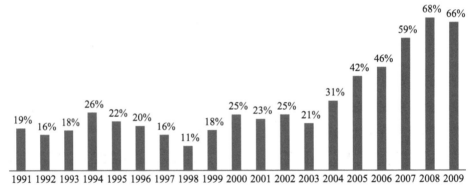

图1-1 收益率超过标准普尔500指数的全部股票基金的百分比（截至各年12月31日的10年期历史记录）

资料来源：For 1991–1996 *Morningstar OnDisc* for 1997–2009 Morningstar Inc. All Rights Reserved.

结果就是被动指数型基金在过去20年间大爆发。投资者买入一个他们认为能够广泛代表市场的指数（如标准普尔500指数），然后就不再管它。他们的目标不是为了战胜市场，而是与市场保持一致。为了换取表现不输于市场的安全性，他们愿意放弃战胜市场的机会。自本书第1版于1996年出版以来，指数基金经理所管理的资产的价值就不断飙升。据《养老金与投资》(*Pensions & Investments*)⊖在2009年9月21日的报道："截至2009年6月30日，全球指数基金所管理的资产总额为4.6万亿

⊖ 一家投资领域的专业媒体。

美元。"此外，自1996年以来，交易所交易基金（ETF，一种同股票一样在交易所上市并交易的指数基金）开始大行其道，推动了资产管理界的一场变革，其特点是投资者开始持续地追求结构化更强、更有纪律的投资策略。据《经济学人》杂志于2010年1月23日的报道："按照黑石公司（一家私人资产管理公司）提供的数据，截至2009年年末，ETF所管理的资产首次突破了1万亿美元。而在1999年年末，ETF所管理的资产仅有400亿美元。"

此外，由于股票收益在最近这10年的表现令人失望，许多机构都计划减少其在股票方面的投资，这些资金有可能转移到低成本的指数型基金中。据专业投资媒体Fundfire在2009年7月7日发表的一篇文章："据波士顿咨询公司在昨天发布的一项调查显示，到2015年，机构投资者配置在股票上的资金预计将降至35%～45%，这一比率在2007年时是55%。"

问题出在哪儿

以传统方式管理的基金无法取得超过市场的收益率水平，学术界对此毫不惊讶。长时间以来，大多数学者一直认为市场是有效的，当前证券的价格反映了全部的可用信息。他们认为，股票价格遵循"随机游走假说"，进行漫无目的的运动。根据他们的理论，因为股票的价格是随机而又不可预测的，与其对股票进行分析，你还不如找一只猴子对着报纸上的股票版扔飞镖来得好。

然而，本书所提供的长期证据与随机游走的理论相对立。根据我们的数据，股票的价格远非随机游走，其波动完全有规律可循。本书中所提供的46年的数据证明股票的收益具有相当的可预测性。实际上，本书中所包含的CRSP数据库将数据的范围扩展至83年。此外，自本书第1版于1996年出版以来，收益的可预测性仍然持续。在相当长的一段时期内，在许多市场周期中，具有某些特征（如低市盈率、低价格现金流比率、低市销率）的股票明显地、持续地获得收益，而具备其他某些特征（如高市盈率、高价格现金流比率、高市销率）的股票明显地、持续地遭受损失。实际上，自2007年10月～2009年3月的股市崩盘中，标准普尔500指数足足从最高点下跌了51%，这使得许多学者与投资经理开始对市场在任何层面上的有效性提出质疑。据《纽约时报》的报道："市场战略家杰瑞米·格雷厄姆（Jeremy Grantham）直言不讳地指出，有效市场理论应当为当前的金融危机（2008～2009年）负责，有效市场假说使得金融领导者'长时间地对资产泡沫破灭的危险估计不足'。"对数据的认真分析表明：市场是一个复杂的、具有反馈回路的自适应系统，它考虑到了泡沫及崩盘，并且在这两种趋势下的形态也相类似。在接下来与行为金融和神经金融有关的章节中，我们将了解到更多与此相关的内容。

但问题仍然没有解决：如果过去的历史数据检验（和使用本书第1版发行时所使用的主要投资策略进行的实时分析结果）显示出收益具有如此高的可预测性，为什么高达70%的传统基金在长期内总是输给标准普尔500指数呢？发现有利可图的投资机会并不意味着很容易就能赚到钱，还需要持续、耐心及在某个投资策略上的执着，即使这一策略相对于其他投资方法的表现并不佳。本书的一个中心议题是，所有的投资策略都有其表现周期，其业绩围绕着某个相对基准指标上下波动。获得长期超凡业绩的关键在于找到一种投资策略，这一策略应当具有最高的基本收益率或平均成功率（我们将在后面对此加以详细论述），然后坚持这一投资策略，即便在这一策略的业绩表现劣于其他的投资方法或业绩基准时也是如此。很少有人能做到这一点，成功的投资者不应屈服于自己的本性，而应当战胜自我。大多数投资者对市场短期回调的反应都十分情绪化，我就曾经见过许多采用了我们提供的投资策略或实时投资组合的投资者，他们的投资其实也没有几个月，一旦表现不佳，他们就会说："这些投资策略在之前确实表现不错，但不一定总是好使。"实际上，历史资料显示，在某些时期内，有些因素会发生反转，曾经有过超凡表现的长期影响因素被那些曾经产生巨额损失的因素所击败。当投资者进行实际操作时，他们会认为对影响收益的因素进行长期分析是一件乏味无聊的事情，从而变得感情用事，心存恐惧，担心股票在长期内发生变盘。人性的本能让我们认为自己生活的时代与众不同，过去的经验教训将不再有效。一代又一代的投资者都形成了这一看法，却对历史经验视而不见，而下一代投资者又重复着前人的错误。我将在下一章中阐明这一观点：传统的基金管理表现不佳的原因在于管理者的决策出现了系统性的偏差，并不可靠。这也为投资者提供了机会，这些理性、有纪律的投资者使用经时间验证的投资方法买卖股票，同单纯盯住某个指数（如标准普尔500指数）的投资方法相比，其表现更胜一筹，实际上是有纪律的投资者在利用人性套利。

即使与异常收益有关的资料与著作数不胜数，投资的异常收益依然存在。自本书第1版于1996年出版以来，一种被称为行为经济学的学派开始兴起，这一学派解释了异常收益存在的原因。行为经济学引起了公众的广泛关注，其工作主要是为评估投资者的实际投资决策提供一种新范式。在《行为金融：洞察非理性心理和市场》（*Behavioral Finance: Insights into Your Irrational Mind and the Market*）一书中，詹姆斯·蒙蒂尔（James Montier）写道：

> 这是一个行为金融的世界，其遵循的是人类的情感规则，逻辑在其中发挥作用，但市场在很大程度上由公司资产负债表所包含信息引发的心理活动因素所左右……传统的金融模型存在致命的缺陷。它们甚至无法大致预测出我们观察到的金融市场运行结果……当然，我们现在需要对那些导致市场价格背离其基本价值的原因有所了解。答案很简单，这就是人类的行为。

在我检验第2章与第3章中的某些行为金融学原则时，我认为，那些科班出身的经济学家们做错事的一个主要原因是他们回答了错误的问题。

研究了错误的对象

学者们发现以传统方式管理的股票投资组合遵循随机游走假说，这一点毫不令人惊讶。大多数传统型基金经理的历史业绩不能用于预测未来的收益，这是因为他们的投资行为是不连续的。我们无法根据不连续的投资行为进行预测，因为当你的行为不连续时，别人也就无法预测你的行为。即使某个基金经理的投资行为非常连续（这是一个好的基金经理的标志），如果这位经理离开了这家基金公司，该基金的历史记录对未来的预测功能也将全部消失。此外，如果某个基金经理改变了其投资风格，则该基金的历史记录对未来的预测功能也将全部消失。因此，一直以来传统学者所研究的对象都是错误的。在一个变幻莫测，由贪婪、希望和恐惧所统治的世界中，学者们却假设投资者具有完美、理性的行为，他们将某个被动型投资组合（如标准普尔500指数）的收益作为比较基准，将其与一个由缺乏连续性、随时会变化的管理者所管理的投资组合的收益进行比较。只有在了解了一只基金的投资策略并且该基金目前仍然遵循这一策略的情况下，历史业绩记录才是有效的。研究传统基金，实际上是在考察两件事：第一，该基金使用的投资策略；第二，该基金经理成功实施该策略的能力。只有将单因素（在本例中为总市值）的标准普尔500指数与其他单因素或多因素的投资组合进行比较才有意义。

指数投资为何能成功

通过标准普尔500指数进行的投资能获得成功，是因为这种投资方式绕过了有缺陷的投资过程，自动操作一种简单的投资策略：买入构成标准普尔500指数的大盘股。伟大的标准普尔500指数之所以能够在长期内持续地战胜70%的传统型基金，其原因在于它坚持把注全都压在大盘股上。图1-2比较了标准普尔500指数与"大盘股"投资组合的收益，此处的"大盘股"投资组合指的是Compustat数据库中各年市值超过数据库中所有股票市值平均值的全部股票。这使我们只能按市值在数据库中挑选排名在前、占总数16%的股票。然后，使用相同数量的资金购买每只股票，收益率实际上是完全相同的。在1926年12月31日投资于标准普尔500指数的10 000美元资金，到2009年12月31日时价值为23 171 851美元，年复合收益率为9.78%。将10 000美元投资于"大盘股"投资组合，其收益为21 617 372美元，年复合收益率为9.69%（两者均将所有的股息再投资）。这两种投资策略并不只是在绝对收益方面相似，其风险（用收益的标准差来衡量）也几乎完全一致。标准普尔500指数年收益率的标准差为19.27%，而"大盘股"投资组合的标准差为19.35。考虑到"大盘股"投资组合是等权重的，而标准普尔500指数是按市值加权的，如果我们对"大盘股"投资组合按照市值加权，这两种策略的结果会更为接近。

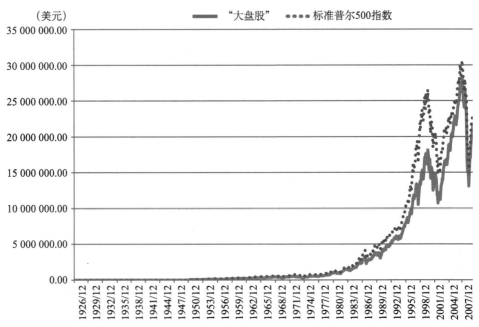

图1-2 比较两种投资策略的收益率（1926年12月31日～2009年12月31日）

因此，标准普尔500指数绝不能代表"市场"，它的收益只不过是一种简单的"投资于大盘股"策略。这一指数成功的原因在于标准普尔500指数从来不会偏离这一投资策略。这一指数不会在某一天早上起来后说道："你知道，小盘股最近表现不错，我想成为小盘股指数"，它也不会在观看到本·伯南克在国会作证时说："哇！今天我准备成为标准普尔现金及债券指数！"标准普尔500指数只会继续被动地实施其投资"大盘股"的投资策略，这也是它为什么这么成功的原因。标准普尔500指数战胜了70%的传统型基金的原因就在于它绝不会偏离其投资于"大盘股"的既定策略。它不会恐慌、不会首鼠两端，也不会对其他表现卓越的指数羡慕嫉妒恨。长期成功的关键在于它坚定不移地实施既定的投资策略。

然而，就持续地投资于"大盘股"这一策略而言，投资于标准普尔500指数，只是众多实施这一被动型投资策略的方式之一。你会在后面的章节中看到，标准普尔500指数的长期表现只能说是相当平庸，只能排在我们所测试的全部基金中的后1/3。无数投资策略的长期表现都远远超过了标准普尔500指数。一种被称为"**道指狗股**"（Dogs of the Dow）的投资策略即为一例，这一策略只购买道琼斯工业平均指数中每年股息收益率排名前10位的股票。这也是在长期中取得成功的一个非常好的投资策略。1928⊖～2009年，这一策略持续地战胜标准普尔500指数。实际上，这一策略几乎在所有滚动的10年期内都战胜了标准普尔500指数，在72个滚动的10年期之内，只有5个滚动的10年期的表现低于标准普尔500指数。因此，在1928年12月31日投资于"道指狗股"的10 000美元资金，到2009年12月31日将价值5 500万美元，年平均复合收益率为11.22%；与之相比，投资于标准普尔500指数的10 000美元的价值只有1 170万美元，年平均复合收益率为9.12%。本书还将介绍一些其他行之有效的投资策略。

确定投资业绩

要证明一个投资组合的收益率是否由该组合所定义的因素来决定，我们需要高速计算机及庞大的数据库系统（如Compustat、CRSP数据库）。在计算机出现之前，我们无法确定任意一个既定投资组合的投资策略。投资者可以考虑的潜在影响因素

⊖ 道琼斯工业指数的成分股在这一年扩展为30只。

（对投资组合进行界定的某些特征，如市盈率、股息收益率等）的数量看起来是无穷无尽的，你所能做的只是用最一般的方法来分析投资组合。有时，就算是专业的基金经理也找不到其所持有的投资组合中股票的最明显特征，他们只能依靠一般的说明及其他定性方法。传统的投资方法严重依赖于基金经理对企业（或行业）发展前景的洞见，往往只取决于基金经理对公司管理团队的看法。正如我们将在后面的章节中所看到的那样，依赖于直觉的基金经理几乎总是会输给那些坚持使用经时间验证的投资策略的基金经理。

实际上，是计算机的应用使我们有能力证明了这一切。我们现在可以分析各种投资组合，确定哪种因素（如果有的话）能将表现最好的投资策略挖掘出来。利用计算机，我们还可以测试这些因素的长期总体表现，以便了解任意一种投资策略在未来会获得何种收益。这是因为人性是唯一不变的因素。不管是在1907年的大恐慌、1929年的大崩溃、20世纪五六十年代的牛市、20世纪70年代的萎靡不振、20世纪八九十年代的牛市、1999年的网络股泡沫，还是在2000～2002年与2007～2009年的熊市中，我们都持续使用同一种方法来估算证券的价值。

我们现在可以对不同的投资策略及其随着时间推移的持续表现进行实证分析。你在接下来的章节中要看到的是：几乎所有这些投资策略都与常识高度一致。投资于那些在价值上（如现金流、销售额、盈利、EBITDA与公司价值的比率等）被深度低估的股票，其表现显著高于那些投资于最高估值阶段股票的投资策略。如果可以使用当今功能强大的计算机及庞大的数据库，本·格雷厄姆（现代证券分析的创始人）还会像在20世纪30年代一样取得成功。

自本书第1版发行以来，实证研究领域开始引人注目，许多基金经理都开始对其投资策略的长期表现进行实证分析，其分析方法与我们在本书中所介绍的方法类似。这一研究方法在发展中存在一个潜在问题（我将在稍后对此加以扩展），即**数据挖掘**。当你对无穷无尽的投资策略进行测试时，从统计的角度来看，你一定会找到某些完胜市场的投资策略，但这很可能只是靠运气。这也是我们测试投资策略时坚持留有很大余地的原因。一般来说，我们所使用的投资策略必须与直觉相符，在使用类似变量（如低价售比和低价格与现金流比率）时应该得到类似的结果，在整个持有期都表现出色。在后面的章节中，我们将详细阐述这一点。

纪律是关键

如果使用一个以市值为基础的单因素模型（如前面提到的模型），就会得到与标准普尔500指数相同的收益。然而，如果改变一个投资组合的本质因素，令其显著偏离标准普尔500指数（如要求组合中股票的价售比低于1，或是股息收益率高于某个确定的数值），那么，你会预期这一组合的收益率将与市场的总体收益率存在着较大差异。标准普尔500指数基金只不过是一种严格按照股票市值这一因素选股（大盘股）的**结构化投资组合**。许多其他因素表现得更好。系统的结构化投资是一种将主动型管理方法与被动型管理方法相结合的投资策略，使股票买入卖出的决策自动化。如果某只股票满足既定标准，就买入，否则就不买。在这一决策过程中，不涉及任何个人的情感判断。从本质上说，你构建的指数化投资组合与某种特定的投资策略相连，这种投资策略集合了主动型与被动型管理方法的优点。严格遵循既定的主动性投资策略是成功的关键。传统的基金经理往往采用"撞大运"式的投资管理方式，他们的业绩之所以无法超过简单投资策略，其原因就在于没有严格地实施既定的投资策略，因为简单方式从来不会偏离这一投资策略。

设想一下，假设道琼斯指数的编撰者在20世纪20年代时决定对道琼斯工业平均指数进行修订，以最具投资价值的股票，而非大盘工业股作为成分股，那么，今天的市场将会是什么样子呢？如果道琼斯工业平均指数的成分股在当时扩展为50只，每年只购买50只最低价售比的大盘股，则今天的"市场"水平将比其实际水平高出3倍！

持续地战胜市场

为了写作我的另一本书《向专家学投资》(Invest Like the Best)，我做了一次研究，我发现收益最突出的基金经理所具有的唯一共同点就是持续性。看到这一点的并非只有我一个人。20世纪70年代，美国电报电话公司（AT&T）在对其养老基金经理所做的调查中发现，成功投资所需的最低限度要求是：其结构化投资决策过程要容易界定，其投资哲学要清晰明白，并且可以始终坚持。约翰·奈夫（John Neff）⊖及

⊖ 温莎基金的长期投资经理。

彼得·林奇（Peter Lynch）㊀之所以成为传奇人物，是因为他们能够坚定不移地遵循其投资策略，从而大获成功。在 2007 年 10 月～2009 年 2 月的"股灾"中，股票以前所未有的速度（其速度超过了 20 世纪 30 年代的大崩盘）狂泻时，这使得许多投资者放弃了他们所一直使用的投资策略，我认为，这最终会极大地伤害他们的长期投资表现。在面临这样的市场时，要保持无动于衷实际上是不可能的，但是，要保证长期投资的卓越表现，唯一的方式是坚持使用那些经过时间考验的投资策略。

构建一种成功的结构化投资组合

很少有基金或基金经理能在长期中坚持某一投资策略而不变化。在像 20 世纪末期的科技股泡沫一样的事件面前，即使是最坚持价值投资的基金经理也抵挡不住诱惑，在其投资组合中悄悄地纳入某些成长型股票；当面临着 2007～2009 年的股市暴跌时，即使是最坚定的长期投资者也放弃了手中的筹码，囤积大量的现金，静待着股市的回升。

然而，我发现的确有一只基金真正地坚持了这一投资策略，这就是安泰证券信托投资公司（安泰基金，ING，股票代码：LEXCX）。这家基金的特别之处在于它在设立时以单位投资信托基金的形式存在，是成功的**结构化投资组合**的一个好例子。这家基金成立于 1935 年（正处于大萧条时期的低谷），它只持有基金创立者认为是行业领先的 30 家公司的股票。基金的投资组合是按照股份数量加权的，即不论价格高低，对每一家公司均持有相同数量的股票。自 1935 年以来，有 9 家公司被剔除出投资组合或与其他公司合并，因此，这家基金目前持有 21 只股票。你或许知道这只投资组合中每一只股票的名字，这些公司包括埃克森美孚石油公司、宝洁公司、美国电报电话公司、通用电气公司及陶氏化学公司等。这只单因素投资组合的业绩非常好——自 1935 年成立以来，这家基金的业绩远远超过标准普尔 500 指数及大盘股基金的平均水准，也战胜了大多数传统型基金。由晨星公司进行的数据调查显示，安泰基金的业绩远远超过标准普尔 500 指数及晨星公司的价值型大盘股基金。在截止时间为 2010 年 3 月 31 日的 5 年期内，安泰基金的收益率比标准普尔 500 指数高出 1.17 个百分点，比晨星公司的价值型大盘股基金的收益高出 2.02 个百分点。这一表现使其 5 年期收益超过价值型大盘股基金组合中 85% 的同行基金！该基金在 10 年

㊀ 麦哲伦投资基金的经理。

期的表现也同样出色。在截止时间为 2010 年 3 月 31 日的 10 年期内，安泰基金的收益率比标准普尔 500 指数高出 5.66 个百分点，比晨星公司的价值型大盘股基金的收益高出 2.66 个百分点。最后，在最近的 15 年期内，安泰基金的收益率比标准普尔 500 指数高出 1.05 个百分点，比晨星公司的价值型大盘股基金的收益高出 1.68 个百分点，其收益超过价值型大盘股基金组合中 82% 的同行基金。此外，安泰基金的章程不允许公司根据各行业优秀公司的变化调整其投资组合，从而没有反映自 1935 年以来公司领头羊的变化情况。我们可以设想，假设该基金可以购买微软或英特尔公司等当今业界翘楚的股票，情况又会如何？

本性难移

知易行难。正如歌德所说："在理念世界中，凡事取决于热情，而在现实世界中，凡事需要坚韧不拔。"尽管我们可能知道应该做什么，但我们通常无法克服人性的弱点，不是根据理性判断，而是感情用事。当有人问苏联总书记米哈伊尔·戈尔巴乔夫为什么采取了不明智的行动时，他回答说："你的问题是一个学术问题，因为你根据的是一个抽象的理论。我们无福消受抽象的理论生活，而是生活在一个实际的、情感化的、有血有肉的现实世界中。"如果读者对最近发生的 2008～2009 年的股市大崩盘有过亲身感受，你们就会自行认可这段话的绝对正确性了。正是在这样一个有血有肉的现实世界中，种种问题出现了。下面我们来看一下原因是什么。

| 第 2 章 |

不靠谱的专家

赢得出色业绩的障碍

> 真理的问题在于它令大多数人感到不舒服，而且往往十分乏味。人们所寻求的是那些更有趣、更愉快的东西。
>
> ——H. L. 门肯

不只是华尔街的投资者，每个人都会做出错误的决策。会计师必须就一家公司的可信程度提出意见；大学管理人员必须决定接受哪些学生攻读研究生项目；心理医生必须判断一位病人是患了神经疾病还是精神疾病；内科医生必须判断病人是否得了肝癌；更常见的是，赛马的赌注登记经纪人必须确定赛马让步赛的胜者。

所有这些活动都需要专家预测结果。在我们的生活中，这些行为每天都在发生，构成了我们日常生活的基本内容。预测一般有两种基本形式。最常见的是比较一系列可能的结果，这主要通过个人的知识、经验及常识来得到相关结论。这就是所谓的"分析式"或"直觉式"的决策分析方法，也是大多数传统的主动型基金经理做出投资决策的方法。股票分析师可能会认真研读一家公司的财务报表，与公司的管理层面谈，与公司的客户及竞争对手谈话，最终对公司的运行状况及长期的发展潜力做出整体的预测。研究生院的管理者可能会使用大量的数据（从本科的平均成绩到面试的情况）来确定是否接收某位申请人（求学者）。这一类判断过程取决于预测人的敏锐性。心理学家所进行的无数研究表明，当人们面临海量数据时，他们的大脑会创造出认知捷径来帮助其决策。这一认知捷径被称为**启发法**（heuristics），这也是许多凭直觉判断的预测者在进行大量复杂决策或预测时所依靠的一种**经验法则**（rule of thumb）。

另一种决策方式是所谓的计算法或**定量分析法**（quantitative）。使用这种方法，预测者不做任何主观判断，也不依赖于经验法则的启发法，而是利用依靠实证方法获得的数据与相应结果之间的关系得出结论。这种方法完全依赖于运用大样本数据求得的关系，数据已经过系统分析及整合。它类似于第1章所介绍的结构化投资组合选择过程。研究生院的管理者可以设计一种模型，确定本科平均绩点与研究生院的成功申请者之间的高度相关性，然后制定一个标准，仅录取那些满足既定条件的学生。投资基金经理或许依赖于一种股票选择方法，该方法使用长期的实证分析（与本书中所使用的方法类似）已经证明了它在50年（甚至更多年）间的有效性。在大多数情况下，我们更倾向于那些定性的、依靠直觉的方法，但在大多数情况下，我们都错了。

人类的判断力是有局限性的

大卫·福斯特（David Faust）在他具有创造性的著作《科学推理的局限性》（*The Limits of Scientific Reasoning*）中写道："人类的判断能力远比我们认为的有限，我们处理或解释复杂信息的能力之低微，实在令人咋舌。"通过对各个领域的专业人士的研究，从医生对病人进行诊断，到专家对学习或军训成绩的预测，福斯特发现，**人类的判断始终赶不上简单的数学模型**。与传统的投资基金经理一样，大多数专业人士都无法战胜那些被动实施的经时间验证的公式。

另一位研究人员保罗·米尔（Paul Meehl），在其1954年的著作《分析预测与统计预测：理论分析与文献综述》（*Clinical versus Statistical Prediction: A Theoretical Analysis and Review of the Literature*）中，首次全面比较与研究了统计预测（类似于系统的实证方法）与分析预测（类似于依赖直觉且传统的启发式方法）。保罗·米尔回顾并比较了20项和分析预测与统计预测有关的研究，这些研究主要分为3类：学习成绩、电休克疗法的效果、罪犯的累犯倾向。米尔发现，在几乎每种情况下，简单的数学模型都胜过人类的判断。比方说，在预测大学生的学习成绩时，一个仅仅依靠高中的平均成绩和某个能力测试（如SAT考试）结果做出预测的模型，比几所大学的录取工作人员更准确。罗宾·道斯（Robyn Dawes）在其著作《纸牌屋：建立在错误认知之上的心理学和心理治疗》（*House of Cards: Psychology and Psychotherapy Built on Myth*）中，为我们提供了更多的启发。他引用了另一位研究人员杰克·索耶

（Jack Sawyer）的研究成果。索耶回顾了 45 个对分析预测与统计预测进行比较的研究并发现：没有一个研究认为依赖于直觉的分析方法（这也是大多数人使用的方法）优于统计方法。此外，索耶还提到了这样一个例子：人类专家比模型拥有更多的信息，并且在做出预测之前就知道了应用定量模型所得出的结果。即便如此，数学模型还是能高出人类专家一筹！

心理研究人员 L. R.高德伯格的研究更进一步：他提出了一个简单模型，这一模型根据"明尼苏达个性目录"（MMPI）⊖来确定某个病人罹患了哪种疾病。这一模型的准确率达到了 70%。他发现没有哪个人类专家能达到这一水平（人类专家最好的成绩是 67%）。考虑到人类专家的准确率可以通过训练提高，高德伯格向这些专家提供了 300 份综合个性目录的档案及相关模型结果的准确率。即使经过这一训练，仍然没有哪个人类专家能够达到 70% 的准确率。

问题出在哪儿

看起来，问题并不在于人类专家缺乏对相关领域的了解。有一份以病理学家为考察对象的研究，要求他们在已做出何杰金氏病（一种癌症）的初始诊断的条件下，对病人的生存时间做出估计。这一研究发现病理学家预测的准确率远远不如一个简单的数学模型。奇怪的是，该模型使用的判断标准与这些专家认为具有预测价值的标准是一样的。这些人类专家不能正确地使用他们自己的观点。他们使用的是正确而有洞察力的标准，但不能利用好这一标准的预测能力。**人类专家所表现出来的低下的预测准确率，其原因在于他们自身，而不是他们所具有的知识。**

为什么模型胜过人

在一个很有名的卡通片里，沃尔特·凯利（Walt Kelly）笔下的波哥（Pogo）告诉我们："我们发现敌人了，那就是我们自己。"这句话很好地描述了我们所面对的难题。模型之所以能胜过人类，是因为它们一次又一次坚定地按照同一标准做出判断。在几乎每一种情况下，模型表现更好的唯一原因就在于，它们得到了始终如一的遵循和应用，从不左右摇摆。模型从来不会意气用事，它不会和"配偶"吵架，

⊖ 一种广泛用来区分精神疾病与神经性疾病个性测试的结果。

永远不会夜夜笙歌,永不厌倦。它们不认为生动有趣的故事一定胜过海量的统计数据。它们没有自我,没有自尊心。它们的目的也不是为了证明任何东西。如果它们在现实中参加任何人类聚会的话,那可真是没劲透了。

另外,人类则有趣得多。与不动感情地研究大量数据的行为相比,带有感情色彩地做出反应,或是在处理问题时加入个人的因素则更加自然,也更有趣!人类会自然而然地从有限的个人体验中总结规律,从这一小样本数据中概括出启发式经验法则。人类十分善变,总是反复无常,这让我们觉得更有趣味,但大大降低了人们成功投资的能力。在大多数情况下,投资经理与前面提到的学校的管理人员、医生、会计师一样,倾向于使用依赖直觉的分析预测方法。他们采取相同的方式:对公司进行分析、与公司管理层面谈、与客户及竞争对手谈话等。几乎所有的基金经理都认为自己更聪明、知道得更多、更懂得如何选择合适的投资对象。但是他们中70%的人总是持续地输给标准普尔500指数。这些基金经理对自己过度自信,相信自己比华尔街的所有人都更聪明,更有见识,他们是过度自信的牺牲品。在过去60年里所做的研究表明:在海量数据的基础上构建的简单数学模型总是能战胜传统的基金经理,可是基金经理却不愿意承认这一简单的事实,坚持认为这一规律只适用于其他投资者,对自己毫无影响。

看起来我们每一个人都认为自己在平均水准之上。遗憾的是,这在统计学上是不可能的。但是,在测试人们对他们的能力的看法时——人们通常被要求对他们的驾驶能力进行排序——几乎每个人都认为自己的能力排在前10%～20%。有人可能会认为这只是一个无伤大雅的小毛病,经过严格训练的专业人士不会犯这样的错误。然而,牛津大学的尼克·博斯特罗姆(Nick Bostrom)教授在他的文章《存在风险:人类灭绝的场景及相关风险分析》(*Existential Risks: Analyzing Human Extinction Scenarios and Related Hazards*)中写道:"即使受教育程度很高的人也存在着偏见。据一项调查显示,几乎半数以上的社会学家认为他们可以排在其研究领域的前10位,94%的社会学家认为他们的工作成果超过其同行的平均水准。"在他1998年发表的一篇文章《业余投资者的心理》(*The Psychology of the Nonprofessional Investor*)中,诺贝尔经济学奖获得者丹尼尔·卡尼曼(Daniel Kahneman)这样写道:"与判断和决策有关的认知偏误有时也被称为认知错觉。不同于视觉错误,直观推理的错误很难消除……仅仅学习与错觉有关的知识并不能将其消除。"卡尼曼继续写道,与我们上面所提到的投资者一样,大多数投资者都是过度自信、过度乐观的,很容易形成控制错觉（实际上并不存在）。卡尼曼还指出，投资者很难纠正其错误看法的原因在于，他们还会犯**"事后诸葛亮式的偏差"**（hindsight bias），卡尼曼对这一名词做如下解释："心理学的证据显示：在事情发生之后，人们很少承认自己事前对事情发生的概率判断是错误的。当人们对其早先估算的事情发生的概率进行夸大时，大多数人其实心里明白他们是在撒谎……由于存在着"事后诸葛亮式的偏差"，即使是最好的专家也很难预测的事件，在发生后却被认为是顺理成章的事情。"

如果你很难理解卡尼曼的看法，那你就回过头去看一下有多少"专家"在2000年初期认为纳斯达克市场会崩盘，与之相对应的是，现在又有多少人认为这一崩盘是不可避免的？你还可以到图书馆去浏览一下从2007年夏天开始的《商业期刊》，有谁提前对即将发生的房地产及信贷市场崩盘、自大萧条以来最严重的"股灾"发出了警告？2008年1月，有哪个华尔街的顶级分析师团队、经济学家、市场预测人士、股票投资人或基金经理预见到：在不到两年时间内，贝尔斯登银行会因挤兑而被迫以其账面价值的很小一部分被出售给摩根大通银行？谁会预见到一家有着156年经营历史的投资银行（雷曼兄弟公司）会以破产告终？谁会预见到美林证券——一家有着"闪电部落"（Thundering Herd）美称的投资银行，为避免破产，被迫出售给美国银行？谁会预见到高盛公司与摩根士丹利公司——投资银行之王——会被迫宣布转型为普通的银行？我猜，无论你多么努力地去搜寻，你都找不到这样的预警。在金融危机爆发之后，我们看到大量的书籍、文章及文件连篇累牍地讨论这场危机，许多人宣称这次危机是不可避免的。他们是典型的事后诸葛亮。

此外，即使是那些使用数量化选股工具的投资者仍然会摇摆不定，首鼠两端。在2004年9月16日的《华尔街日报》上，有一篇题为《成功的选股，失败的基金》(*A Winning Stock Pickers Losing Fund*) 的文章，作者是杰夫 D. 奥普戴克（Jeff D. Opdyke）与简 J. 金姆（Jane J. Kim）。文章主要与价值线投资咨询公司有关，这家公司是业内顶尖的独立股票研究机构，有着非凡的长期投资成功记录。据《华尔街日报》报道："这家公司旗下还有一家共同基金（价值线基金），它在华尔街也算是一个异类，其收益率十分糟糕。根据投资研究公司提供的数据，投资者根据价值线公司提供的选股方法进行投资，其截至12月的5年期累计收益率接近76%。其间还赶上了这一时期最糟糕的一波熊市[⊖]。与之相对应的是，价值线基金（成立于1950年，是

⊖ 这篇文章指的是2000～2003年这一波熊市，而非2008～2009年这一史上最糟糕的熊市。——译者注

美国历史最悠久的基金之一）在同一时期的累计损失为19%。这一巨大的反差主要在于：尽管价值线基金的名字中含有'价值'二字，它其实并未严格遵循其母公司在每周发布的投资建议。"换言之，基金管理者无视自己公司的数据，认为它们可以改进其数量选股过程。文章进一步指出，另一家封闭式基金——第一信托价值线基金，仅仅盯住价值线投资咨询公司，其收益也和这家研究机构的收益非常一致。

基本比例是枯燥乏味的

许多投资者（也包括那些使用传统的依赖于直觉的预测方法的投资者）很难克服人性的弱点。他们使用不可靠的信息，一会儿在组合中纳入某只股票，一会儿又将其剔除，尽管在这两种情况下，与股票有关的信息并未发生变化。人类的决策出现了**系统性偏差**（systematically flawed），原因就在于我们倾向于凭一时的意气做出反应，在于我们喜爱个性化、丰富多彩的故事，而不是枯燥乏味的**基本比例**（base rate）。基本比例是最具说明性的一种统计指标，它相当于平均数。比方说，假设某个城镇有100 000人，其中有70 000人是律师，30 000人是图书馆馆员，则该城镇律师的基本比例为70%。在股票市场中，基本比例告诉我们某一类股票（如高股息率的股票）的走势将会如何，以及确定股票类别的变量对未来有何一般性的预测。我们发现，自从1996年本书第1版发行以来，我们所研究的各种影响因素的表现都具有持续性。记住：基本比例无法告诉我们某个股票类别中的某只个股将如何表现，它只能告诉我们具有高股息率（或是被考察的某种影响因素）的股票总体将如何表现。

大多数运用统计手段的预测方法都使用基本比例。例如，在大学本科平均基点高于3.5的学生中，有75%的人会在研究生阶段取得好成绩。吸烟者得肺癌的可能性比不吸烟者高两倍。根据数学图表，70岁的美国人预计可以再活13.5年。在1964～2009年的滚动10年期里，低市盈率股票的收益率在99%的时间里战胜了市场平均水平。预测未来的最好方法，就是利用从大样本中得出的基本比例。但是，无数的研究表明，人们只有在缺乏描述性的资料的时候，才会充分利用基本比例。举个例子，人们被告知在100个人中，有70个律师和30个工程师。在没有进一步信息的情况下，当他们被要求猜测随机抽取的10个人的职业时，人们会利用基本比例的信息，回答这10个人都是律师，这样做可以在最大程度上确保他们的正确性。

然而，在加入没有价值的描述性信息时，比方说，"狄克工作积极，在同事当中很有人缘，他 30 岁，已婚"，人们就会在很大程度上忽略基本比例而更容易依靠他们对某人的"感觉"做出判断。他们确信自己的独特感觉会帮助他们做出更好的判断，即使加入的信息毫无价值。我们之所以倾向于使用描述性的信息而不是没有人情味的统计数据，原因在于前者更好地代表了我们的个人经验。当某种有成见的信息被加入时，比方说，"狄克 30 岁，已婚，他对政治问题及社会问题不感兴趣，在闲暇时有许多爱好，如做木工活或是解数学谜题"，人们将彻底忽视基本比例而认为狄克一定是个工程师，尽管他是一个律师的概率有 70%。在过去，这一偏差在对一系列实验目标所做的研究中得到了一次又一次的证明。人们总是首先根据他们的个人经历及直觉做出预测。

很难指责人们会犯这样的错误，因为基本比例是枯燥乏味的，而人的经历却生动而有趣。只要某家公司背后有一个非常令人激动的"故事"或概念，人们就可以花 100 倍公司盈利的代价来购买它的股票，而不去想在 1964～2009 年的所有滚动的 10 年期里，高市盈率股票的收益率超过市场平均水平的年份只有 35%。这些故事是如此的诱人，大家都很愿意接受它们，而把基本比例置之脑后。

个体与整体

人性的特点决定了他们几乎不可能不理会个别例子的具体信息，而去依靠那些来自大量案例中的抽象结论。我们感兴趣的是这家公司或这只股票，而不是这类公司或这类股票。大量的数据对我们毫无意义。在进行股票投资决策时，我们几乎总是分析每一只个股，而很少考虑整体的投资策略。如果和某只股票有关的概念足够诱人，我们就不会去理会基本比例提供给我们的与股票整体有关的信息。

假设人寿保险行业也按照这种个别案例个别处理的方式进行运作，情况又会怎样？一位保险代理人会到你家里拜访，和你面谈，了解与你的配偶及子女有关的情况，然后根据他对你的主观感觉或印象做出决策。有多少本应获得保险的人会被拒绝，公司又会损失多少保险费用？反之亦然，本来不应获得保险的人反而得到了保险，这是因为，尽管有保险精算模型的结论，保险代理人却感觉这个人与众不同。保险公司将由于额外的赔付而承担上百万美元的损失。然而，保险行业的利润如此之高的原因在于，它们仅仅依靠保险精算模型的结论来确定保险范围及保险费率。保险精算模型是在海量的人口死亡率数据的基础上发展起来的，这一死亡率数据根据一些潜在的特征（如体重、家族病史、血液检查、血压、抽烟和饮酒习惯及历史记录等）推算出来。

这些数据将告诉你一个庞大人群的预期集中发展趋势。如果你现在是33岁，没有心脏病或癌症的家族史，不抽烟，适度饮酒，血压正常，血液检查结果良好，你获得低保险费率的可能性就相当大。为什么？因为人口死亡率精算模型显示你早逝的概率非常小。这意味着保险公司应当从所有33岁的人身上赚钱吗？不，某些健康的年轻人可能会因遇上某些概率非常小的特殊事故而身故，但绝大多数的这类群体会继续活下去，并继续向人寿保险公司支付保费。

在股票投资中，如果我们从个股的角度而不是从总体投资策略的角度去行事，也会遇到同样的问题。具体股票具体分析的方法会严重地损害投资的收益率，因为这一方法肯定会导致有相当多的投资决策包含个人的感情色彩。这是一种十分不可靠、非系统的投资方式，但它是人们应用最普遍、最愿意接受的投资方式。在本书第1版发行以来的13年中，我已经就这一研究成果做了上百次演讲。当我告诉听众，低市盈率股票的表现总是远胜高市盈率股票的时候，我发现他们总是频频颔首。他们认可这一点是因为这是一个简单的事实，这从直觉上就能说得通：折价购买股票总会比高价购买股票获得更高的收益。但当我给出满足这一标准的某些股票的具体名字时，他们的行为明显发生了变化。他们会举手发言，"这就是一只烂股票"或者"我憎恨这个行业"，这仅仅是因为我向他们提供了股票的具体名称，而他们对这只股票又有着根深蒂固的偏见而已。即便我们已经意识到了这种偏误，要克服这些个人情感因素的干扰也是一件非常困难的事情。

偏好于个人经验

我们总是过多地依赖个人的经验，而不是那些冷冰冰的基本比例。在这方面的一个极好例子就是1972年的总统选举。那些对乔治·麦戈文（George McGorern）在全国的竞选活动进行追踪报道的记者一致认为，即使他不能当选，获胜者的得票数也不可能超过他的得票数的10%。尽管这些记者完全了解，麦戈文的支持率在民意调查中落后整整20个百分点，而在此前的24年中，各大主要民意调查的错误率从来没有超过3%。这些嗅觉敏锐、才华出众的人之所以会挑战基本比例，就是因为他们过于相信自己"实实在在"的个人经历，他们目睹了那些支持麦戈文的人，感受到了他们的热情，并且相信自己的感觉。股票分析师的工作在很大程度上与此类似，如果一位股票分析师对一家公司进行了实地考察，并且对公司总裁进行了访谈，那么他有可能无视那些证明该公司不宜投资的统计数据。因为公司总裁很可能会对将其进行成功的游说，告诉他尽管从一般的角度来看这些数据是对的，但是并不适用于他们的公司，他还会给这位分析师讲许多精彩的故事。从社会学的角度来看，这位股票分析师对生动鲜明的证据赋予了过多的权重，而对那些冷冰冰的统计数据赋予了过低的权重。

投资者总是这样做，我的一位同事告诉我的一个故事清楚地说明了，这样的做法总是会带来灾难性的后果。在2001年召开的一次投资会议上，一位重仓安然公司股票的基金经理被反复问及安然公司到底出了什么问题。那时，安然公司的股票价格已经从2000年8月的每股90美元的高点下跌至每股40美元，投资者想听听这位基金经理对公司未来的看法。这位经理回应道，他认为安然公司一切正常。实际上，他刚刚参加了一场安然公司CEO举行的家庭烧烤，在这次聚会中，许多公司高管都出席了，向他保证安然公司各方面都很好。这位经理继续说道，听了他们的解释，他如释重负，并购买了更多的安然公司的股票。在2001年末期，安然公司申请破产，其股价跌至1美元。显然，这位基金经理过于依赖故事及私人关系做出判断，他被这些因素所蒙蔽，对事实视而不见。他与那些公司高管（他们中的许多人都被控犯了证券欺诈罪及其他的管理舞弊罪）之间的关系让他对那些市场已经发现的事实（安然公司已经病入膏肓）视而不见。

还有许多类似的例子可以证明这一点。按照巴顿·比格斯（Barton Biggs）在其著作《财富、战争与智慧》（*Wealth, War and Wisdom*）中所写的那样："有充足的证据表明，所谓的专家只是通过直觉进行预测，他们的成功率低于50%。'在预测多种可能的结果时，他们的成功率甚至赶不上那些向股票版扔飞镖的猴子'。"他所进行的研究没有使用小样本数据，而是包含了294名专家在多年中所进行的82 361个预测。这本书的结论是，分析师所犯的大多数错误在于他们依靠直觉与情感启发法做决策。不只是比格斯有这样的看法，詹姆斯·蒙蒂尔（James Montier）在《价值投资：通往理性投资之路》（*Value Investing: Tools and Techniques for Intelligent Investment*）一书中这样写道："我反复研究的一个主题是我们无法预测未来，没有丝毫的证据表明我们可以预测未来。当然，这不会让大家不再预测未来。去年，我们量化分析团队中的成员瑞·安图尼斯（Rui Antunes）研究了分析师的短期分析能力，研究结果很不乐观。24

个月的平均预测错误高达94%，12个月的平均预测错误为45%。"

菲利普·泰特罗克（Philip Tetlock）在《专家的政治判断》（*Expert Political Judgment*）一书中这样写道："人类的预测往往无效，这是因为他们在骨子里是宿命论者，他们讨厌利用概率策略来预测，因为这意味着错误不可避免。"换言之，即使理性的行为应当接受我们不总是正确的这一现实，按照基本比例来预测，我们总是依赖短期的预感，拒绝使用经长期验证的证据，那么成功的希望非常渺茫。

对股票市场来说，许多人认为，在与公司管理层会面后，分析师也通常会形成对他们个人才能的看法，并对他们的预测结果更为自信（也可能因此而更加不自信）。即使事实证明他们的预测结果是错误的，分析师也通常会坚持他们的观点。想象一下那些在20世纪90年代末的投资者吧，他们主要依据对市场的最新的个人体验进行投资决策。对这些依赖直觉的投资者来说，市场上唯一值得投资的股票是那些高科技股票及大盘成长股。他们所有的人生经历都表明，这一次不一样了，一个"新纪元"已经出现，只有那些不相信历史的人才能在未来取得成功。这些投资者中的大部分在2000～2003年的股市崩盘中始终坚持这一信念，始终确信市场即将发生反转。仅仅过去了两年半，这些倒霉的依赖直觉的投资者就知道了这次没什么不一样。实际上，在经历了2008～2009年年初的巨大损失后，这些投资者又开始追求那些新的口号，许多投资者开始追捧这样一种概念，即2009年3月之后，熊市已经见底，市场即将进入一种"**新常态**"（new normal）。支持市场即将进入新常态的投资者认为，市场在未来的收益率将注定令人失望，投资者应当再一次忘记历史，根据市场的短期情况改变其投资行为。我认为在几年之后，当下正流行的"新常态"这一口号同样会被人们遗忘。尽管经历了这一切，大多数投资者仍然对他们的预测能力坚信不疑。

简单与复杂

此外，我们还偏好于那些复杂、人工的东西，而不相信简单、朴实的东西。我们确信，一个成功的投资者必须具有非常复杂的能力，一种可以正确判断一系列变量并且据此采取行动的能力。亚历克斯·巴弗勒斯（Alex Bavelas）教授设计了一个非常有意思的实验，他让两名实验者（史密斯和琼斯）分别面对两个投影屏，他们无法看见对方，也不能相互交流。他们被告知，这一实验的目的是让他们学会如何区分健康和有病的细胞。学习的方法是反复试错法，即他们面前分别有两个标明"健康"和"有病"的按钮及两个标明"正确"和"错误"的信号灯，每当屏幕上出现一个细胞，他们就猜测它是健康的还是有病的，然后按下相应的按钮，接下来，他们面前的信号灯会亮起，告知其所做的猜测是否正确。

这里需要解释一下：只有史密斯会得到真实的反馈。如果他猜得对，他面前"正确"的灯就会亮；如果他猜错了，"错误"的灯就亮。由于他所得到的反馈是真实的，史密斯猜测的正确率很快就达到了大约80%，因为他只需要做出简单的区分即可。

琼斯的情况则完全不同。他的猜测没有得到真实的反馈，而是基于史密斯的猜测正确与否！无论他的猜测是对还是错，只要史密斯猜对了，琼斯面前的"正确"的灯就亮，而如果史密斯猜错了，则"错误"的灯会亮。当然，琼斯并不知道这一点。他被告知，有一个正确的顺序，只要根据所获得的反馈他就能发现这一正确的顺序。琼斯努力地搜寻那根本就不存在的真相。

实验的主持人接着让史密斯和琼斯对他们所发现的用于区分健康细胞和有病细胞的方法进行讨论。由于史密斯得到了正确的反馈，他得出的方法简单、具体且切中要害。而琼斯得到的方法则非常曲折、微妙、复杂且过于花哨，毕竟，他发现的方法来自互相矛盾的猜测和主观臆断。

令人惊讶的是，史密斯并不认为琼斯的解释荒谬、混乱、过于复杂。他被琼斯所使用的方法之"华丽"深深地打动了，并且因认为自己的方法过于简单、缺乏想象而感到自愧不如。琼斯的方法越复杂、越华丽，就越有可能令史密斯折服。

在进入下一轮实验之前，两位接受实验的人被问及谁将在下一轮中表现得更好，所有"琼斯"一类的实验者和大多数"史密斯"一类的实验者的回答都是：琼斯。事实上，琼斯猜测的准确率没有任何的长进，而史密斯的准确率则比上一轮下降了许多，因为他现在开始运用从琼斯那里学来的复杂方法进行猜测了。

一种简单的解决方案

奥卡姆的威廉（William of Ockham），一位生活在14世纪英格兰萨里地区奥卡姆村的方济各会（Franciscan）的修道士，他制定了现在被称为"**奥卡姆剃刀**"（Ockham's Razor）的节俭原则。许多世纪以来，这一原则一直是现代科学的指导原则之一。它的定理——例如，"能在较少的假设前提下做到的事，就不要费力去提出更多的假设""若无必要，勿增实体"等——实际上可以提炼成这样一句话："亲爱的，越简单越好"。"奥卡姆剃刀"说明，最简单的理论往往是最好的。

这一原则同样也是成功投资的关键。但是，成为一名成功的投资者，需要逆人性的特点行事。我们总是愿意将简单的事情复杂化，愿意跟风，被有关某一股票的故事吸引，在做出决策的时候感情用事——根据小道消息和直觉来买卖股票。我们的投资方式总是就某个股票而买股票，投资策略缺乏持续性。我们总是对我们的投资能力过于乐观，过度自信，总是犯"事后诸葛亮"式的错误，对那些80年以前的事实所提供的信息视而不见。在进行投资决策时，我们总是从当前的角度看待每一件事，并且由于我们对信息按时间加权，因此赋予最近的信息最大的权重。实际上，行为经济学称这种倾向为**近因效应**（recency bias），即对最近发生的事情或观察到的现象记得最清楚的一种倾向，这导致我们过度重视最近的信息，轻视过去的信息。然后，我们将所有在最近有效的方法都推而广之，认为这些方法永远正确，将其一成不变地应用于未来。在2000年的高科技股泡沫破灭及自20世纪70年代以来纳斯达克市场所面临的最大熊市到来之前，如果大多数投资者重仓持有高科技股票及大盘成长股，情况将会怎样？

投资者已经被最近（2008～2009年的股市崩盘后这一时期）的危机很好地上了一课。因为2000～2009年这一期间是美国股市在110年的历史上表现最差的10年，投资者将数以万亿美元的资金从股市中撤出，投入债券市场中——这一市场在最近的表现是最好的，但忽视了这样一个事实：在美国金融市场110年的历史中，就长期投资而言，债券的收益从来无法战胜股票。

要想不按这种方式做出决策是非常困难的。回想一下你上一次犯下大错的时候吧。随着时间的推移，你会说："我当时是怎么想的呢？那个错误这么明显，我当时怎么就没看出来呢？"当我们剔除情绪与感觉的影响，能够从历史的角度看待问题的时候，过去的错误就显而易见了。但在犯错误的当时，我们必须与自己的感情做斗争。而此时感情往往能占据上风，正如约翰·朱诺（John Junor）所说："一盎司⊖的感情等于一吨的事实。"

并非只有头脑简单的人才会面对这一问题。养老基金的发起人拥有金钱所能买到的最好的信息与人才，但这些基金往往声誉不佳，因为他们总是在熊市刚开始时大量买入股票，在其投资管理人员业绩周期的最低点将他们解雇。机构投资者经常

⊖ 1盎司=28.35克。

声称它们以客观的方式、不带感情地做出投资决策，但事实并非如此。《财富与愚蠢：机构投资者的财富与权力》（*Fortune and Folly: The Wealth and Power of Institutional Investing*）这本书的作者发现，尽管机构投资者的办公桌上堆满了深刻的分析报告，但大多数养老基金发起人还是凭直觉来选择基金经理。他们还保留了许多业绩糟糕的基金经理，仅仅是因为这些经理与发起人有着良好的私人关系。

实现成功投资的途径，在于研究长期的历史数据并找出一种或一组合理的投资策略。别忘了风险（收益的标准差，我们将在后面的章节中对此加以详细阐述），并选择一个可以接受的风险水平。然后，坚持这一既定的策略。要想成功，一定要以史为鉴。成功的投资者都不会忘记历史，他们从历史的角度理解现实并对现实做出反应。对他们来说，现在不仅仅是今天，而且包括昨天和明天。还要考察某一投资策略业绩最好和最差的年份，这一点尽管简单，却是能够说明上述理念的一个好例子。如果投资者能了解一个策略的可能结果，他将比那些不了解这一点的竞争者占据更大的优势。如果某一策略预期的最大损失是35%，而目前的损失为15%，则了解情况的投资者不仅不会感到恐慌，反而会因情况没有变得更糟而欣慰。如果投资者了解某一投资策略的可能波动范围，就能够约束他们的情感及预期，并将其作为情感的减压阀。从历史的角度考虑问题，投资者的理性就会超越他们的情感。这也是成功投资的唯一途径。

本书的内容将为你提供这样一个历史角度，它会让你认识到，每种投资策略的表现都会有高潮与低谷，这些起伏应在你的意料之中，你不应对此感到恐惧。书中的数据将告诉你，对于不同类别的股票，你的预期应该是什么。不要首鼠两端，不要改变主意。只要你认为某只股票符合你的投资标准，就不要因为它可能表现不佳而不投资。不要自作聪明。对历史数据进行回顾，你会发现，许多投资策略都有其历史低潮期，其表现不如标准普尔500指数；也有业绩大大超过该指数的阶段。理解这一原理，学会从长期的角度看问题，然后让你的投资策略发挥效力。如果你这样做了，你成功的可能性是非常高的；如果你不这么做，那么你了解的知识再多也无济于事，你会发现自己处于那70%的表现不佳者的行列。记住："不要试图战胜市场。"

运用历史数据对市场的未来收益进行预测

我们现在来看一个案例研究，这一研究的主要目的在于使用数据预测市场的发展方向，实际上，所有的预测都是基于这样一种理念：万物最终都将回归于其长期的均值。通过对美国市场及外国的发展中证券市场的海量数据进行研究，我发现了一个铁律：**均值回归**（reversion to the mean）。如果整个市场在过去的20年里表现极其出色，在接下来的20年里，市场通常会下跌，向其长期平均收益率回归；如果市场在过去的20年里表现不佳，在接下来的20年里，市场的表现会非常好。

从投资策略上来讲，这一原理同样适用。如果某个在历史上表现极佳的投资策略正如日中天，我们很容易预测它在接下来的表现将非常差劲。在20世纪90年代末期的网络股泡沫中，我撰写了一篇题为《网络股逆向投资者》（*The Internet Contrarian*）的评论。该评论发表于1999年4月22日，我把网络股放在我们对所有股票进行估值的长期数据估值体系中进行考察。我在文中这样写道：

> 我们正在见证股市有史以来所创造的最大泡沫。当网络股疯狂终结之时，数不胜数的（描述这一事件的）书籍将会粉墨登场；无数人会把它与荷兰郁金香狂热及庞氏骗局相提并论；曾经整整一代的短线客将因为沉迷于网络股泡沫而遗恨终生。这是迷幻与不切实际的空想共同创造出的癫狂，使人们的思维儿童化，人生的阅历在对财富的幻想面前一败涂地。成千上万毫无经验的投资者（许多人连什么是资产负债表都不知道）认为，只要他们随便选择一只带".com"的股票并把钱投进去，然后就可以天天在家数钱了。而那些有耐心、受过良好教育的长期投资者知道：随着时间的推移，市场注定要受到经济规律的支配，过去的一年半实在是太疯狂了。在任何癫狂的高潮阶段，你经常会看到就是傻瓜也能赚到钱。目光短浅的行为不能也不会持久。在每一次市场癫狂过后——从17世纪的荷兰郁金香狂热，到20世纪20年代的无线电股票热潮，再到20世纪50年代的对铝业类股票的追捧、20世纪80年代中期对计算机类股票的追逐及20世纪90年代对生物类股票的疯狂，所有这些不能用理性解释的现象都让法律及经济学感到困惑。作为一个股东，股票的价格最终还是取决于你未来可以从这家公司所获得的全部现金流收入。历史告诉我们，你为公司收入的每一美元支付得越多，你的总收益也就越低。这是一个必然的结论，也是经济学被称为"**忧郁的科学**"（dismal science）的原因所在。

这篇文章发表之后，我收到了无数愤怒的电子邮件。在邮件中，他们对我说，小伙子，你还是太年轻了（那时我39岁），怎么能相信那些过时老套的理念呢？我所做的只不过是去研究历史。每次泡沫的结局都是一样的——非常悲惨。在你对那些估价最高的股票（处于网络股泡沫末期，市销率、市盈率、价格对现金流的比率及市净率最高的股票）的年收益进行分析时，你就会发现投资者为什么这么狂热了——比方说，截至2000年2月，市净率最高的股票在12个月内上涨了127%，而市销率最高的股票令人难以置信地上涨了207%，是自1964年以来最高的滚动12个月的收益率。我又回顾了投资估价最高股票策略的历史收益率，发现这一策略在长期中的表现是最糟糕的，我预言它们将最终向其长期均值回归。我对所有的预测使用了相同的方法：我只是回顾了长期的数据，并假设这一投资策略将最终向其长期均值回归。

使用这一方法，我还：

◎ 在1999年预测了小盘股将在长期表现优异，因为它们的收益低于其长期平均值。小盘股组合将是接下来10年里唯一一个实际增长的股票组合。

◎ 在1998年预测了"道指狗股"投资策略的爆发，因为其最近的收益率表现不佳。1999～2009年，"道指狗股"的表现确实超过了标准普尔500指数。

◎ 在2002年发表了一份研究报告（其后被扩展至我的著作《预测明天的市场》(*Predicting the Markets of Tomorrow*) 一书中），在研究报告中，我预测美国市场2000～2020年的表现会相对较差，因为截至2000年3月月末，股票市场的这20年间的实际收益率是历史上最高的。我当时还真没有想到，几乎所有的股市下跌与均值回归都发生在1999～2009年这一时期。

◎ 我在2008～2009年3月这一时期发表了一系列评论，预测市场将在未来的3年、5年及10年里表现优异。

对这些预测进行回顾，其目的不在于自我吹嘘。对每个掌握长期数据的投资者而言，如果他们认识到了市场最终会回归理性，向长期均值回归，他们就会做出相同的预测，就不会在分析中带有个人感情色彩，也知道这次没有什么不同。市场也好、投资策略也好，最终都会向其长期均值回归。

现在，让我们深入了解一下两个新的思想学派，这两个思想学派试图对我们做出投资决策的原因进行分析与解释。

| 第 3 章 |

顽固的非理性

怎样从普通错误中掘金

> 在华尔街,历史每天都在重演,剧目永远不变。在你重温与繁荣和恐慌有关的记录时,令我们印象最深刻的是,不管是股票投机,还是股票投机者,他(它)的行为都几乎没有变化。游戏不变,人类的本性也没有变。
> ——埃德温·勒菲弗,《股票大作手利弗莫尔回忆录》,1923 年

投资者要想战胜市场是十分困难的。一项由约翰·博格尔(John C. Bogle,先锋基金的创始人)进行的研究发现,在截至 2003 年年末的 20 年里,标准普尔 500 指数的年收益率为 13%,而基金的年平均收益率只有 10.3%,普通投资者的年化收益率只有 7.9%。实际上,过往的记录如此之差,有理由认为那些战胜市场的人只不过是幸运使然。投资者的成功率如此低,对此的主要解释是:市场是理性的、有效率的——这意味着价格总是真实地反映了全部公开可用的信息,因此,战胜市场是不可能的。为了方便起见,经济学家们假设投资者的行为是理性的,因为这样他们可以很容易地对市场建模。一个有效市场意味着投资者很难战胜市场,这看起来和博格尔的发现是一致的。然而,本书中的数据有力地证明了市场总是存在着可利用的投资机会,即使它们已经广为人知。

从市场第一次出现泡沫及崩盘以来,人类的本性及人脑的生理机能并未发生显著的变化。**神经经济学**(neuroeconomics)与行为金融学方面的最新研究揭示了我们总是持续地做出愚蠢的投资决策的原因,并且说明了为什么说设想未来有所不同是天真的——人类的进化,已经让我们的大脑变得不是那么完全理性。幸运的是,由于投资者无论是在平静的还是在动荡的市场环境中都有可能对证券错误定价,对我

们来说，一个非理性的市场充满大量的投资机会。成功投资的关键在于承认我们和其他人一样，都有可能受到行为偏差的严重影响。仅仅意识到行为偏差的存在并不能消除这一偏差。如果我们能在投资策略中消除情感及主观因素，我们就可以在长期中战胜市场。

本章主要介绍了与市场癫狂及非效率有关的历史数据，并对现实中存在的一些心理偏差及行为偏差进行了解释，正是这些偏差使我们很难战胜市场。

以史为鉴

道格拉斯·亚当说过："人类几乎是唯一有能力从其他群体中学习经验的生物，但也是最不愿意使用这种能力的生物。"纵观历史，市场的非理性行为比比皆是。尽管每种市场的癫狂或恐慌情况各不相同，市场参与者的心理状态却出奇的相似。随着研究人员对人类决策过程（行为及神经科学）的认识不断加深，尽管有前车之鉴，但我们已经不再对非理性泡沫或恐慌的继续存在感到惊讶了。经过自然选择，人类的大脑已经是为了帮助人类在小群体及小概率的环境下生存而设计，无法估算复杂的财务决策，至于要进行成功的财务决策，则更不可能。

令人惊讶的是，投资者会如此频繁地犯同样的、曾经带给他巨大损失的错误。事后诸葛亮式的偏差、过度自信、获得巨大财富的美好前景等因素都会让投资者失去理性，在投资上追逐最近的风潮。从1637年的荷兰郁金香狂热，到20世纪20年代的无线电股票热潮，再到20世纪50年代对铝业类股票的追捧、20世纪80年代中期对计算机类股票的追逐及20世纪90年代对网络股的疯狂，一直到最近房地产价格史无前例的暴涨直到最后崩盘，无数血的教训都应当让投资者远离那些不正常定价的资产。但是，泡沫依然存在。通过将股票市场早期的重大泡沫事件与最近的泡沫相比较，我们很容易发现，人类本性的变化有多小。

从南海公司到纳斯达克市场——历史的小小重复

用来说明非理性投资者行为的最早也是记载最完整的一个范例，是南海贸易公司泡沫事件，这一事件让艾萨克·牛顿发出这样的感慨："我可以计算出天体的运行规律，却算不出人类的疯狂。"另一个极好的范例说明了20世纪90年代末高科技股泡沫也是同样的非理性繁荣。尽管在时间上相差了3个世纪，但这两次市场癫狂却惊人的相似。

正如理查德·德尔（Richard Dale）在他题为《第一次崩盘：从南海泡沫事件中得到的教训》（The First Crash: Lessons from the South Sea Bubble）的书中所描述的那样，是英国政府不负责任的消费播下了交易泡沫的种子，这和当今很多陷入困境的主权国家的情况非常类似。1688～1713年，英国同时打了两场战争：大同盟战争（Nine Years War）和西班牙王位继承战争（War of Spanish Succession）——在25年里只享受了4年的和平期。结果，军费开支急速增加，耗费了英国国民收入的9%。随着债务总体水平的激增，政府难以支付债务利息，借贷成本显著增加。如果是在今天，穆迪投资者公司或标准普尔公司很可能会因此降低英国政府的信用评级。

1711年，为降低债务水平，英国议会成立了南海贸易公司。南海公司获得了英国在南美殖民地的贸易专营权，并从英国政府手里接收了950万英镑的债务，每年获得相应的债务利息。政府债券的持有者将通过一次债转股安排将其持有的债券转换为南海公司的股票。这对政府债券的持有者非常有吸引力，因为他们的债券利息偿付经常被拖延，获得本金偿付的时间也不确定。持有南海公司的股票，可以让他们获得更可靠的股息分配、更高的流动性（因为南海公司的股票将在伦敦交易所公开交易），还可以获得股票价格上升后的潜在收益。理查德·德尔写道：

> 考虑到那个时代充满了对企业家精神的追求，对投资者来说，一家于西属西印度群岛有贸易独占权的新公司极具诱惑。从海盗在伊丽莎白时代兴起之时，新世界就意味着无穷无尽的财富……

或许因为"无穷无尽的财富"这一美好前景，经营主体的变化让投资者将资金从贬值的政府债券转移到南海公司的股票上来。然而，即便南美洲有着无尽的黄金与白银，南海公司的实际贸易运作并不十分成功。有一个插曲值得一提，价值200 000英镑的已装船货物腐烂在了港口，原因竟然是延误——考虑到南海公司没有一位董事有从事新世界贸易的经验，出现这样的事一点都不令人惊讶。作为一家经营性公司，从各个角度衡量，南海公司都是失败的。然而，正如20世纪90年代高科技泡沫那一时期一样，一份漂亮的PPT演示就会让投资人敞开钱袋，南海公司用同样的方式激起了早期投资者的狂热。由于第一次债务转换的成功实施，1720年，南海公司计划将其持有的大部分英国政府的债务私有化。债券的持有人可以再一次将其持有的流动性相对较低的债券转换为收益率较低但更具流动性的股票，同时，股票价格继续上涨的可能性更大。

对交易中的股权方，英国议会允许南海公司以每股 100 英镑的价格发行 315 000 股股票，总值为 3 150 万英镑。政府债券持有者在债务转换中所没有获得的股票全都可以在公开市场上出售。结果，南海公司可以通过飞涨的股票价格获利。由于政府债券持有者手中的债券数量是既定的，以英镑计值，而不是以面值计值，南海公司只需要向债券持有人转换少量的股票。由于对南海公司股票的需求非常旺盛，投资者开始炒高南海公司的股票价格，股价很快就一飞冲天。在南海公司 1720 年 1 月 21 日宣布其债务私有化计划之后不久，股票价格从每股 128 美元暴涨至每股 187 美元。这吸引了更多的投机者，股票在一个月内上涨至每股 300 美元。如图 3-1 所示，艾萨克·牛顿在某个价位上将股票出售，获得 7 000 英镑的合理利润，但股票价格继续上涨。

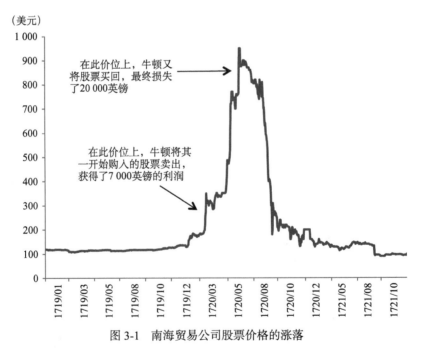

图 3-1 南海贸易公司股票价格的涨落

在其杰作《金融投机史》(*Devil Take the Hindmost:A History of Financial Speculation*)⊖ 一书中，爱德华·钱塞勒（Edward Chancellor）指出，南海公司股票价格的暴涨，并

⊖ 该书中文版已经由机械工业出版社出版。——译者注

不是那一时代投资者非理性的最极端案例。就在南海公司泡沫事件发生的同时，大量的新公司成立，这些公司被称为"泡沫公司"。和南海公司相比，这些公司的基本面及飞涨的股价问题更大。这些公司在当地的报纸上打广告，为其股票的首次公开发行造势，很多公司根本没有明确的盈利前景。一家公司的计划是将咸水转化为淡水，另一家公司计划从西班牙引进公驴。还有一些声名显赫的合法公司也加入了这一行列，包括许多地产及保险公司。不管合不合法，这些公司都从市场癫狂中得到了好处，而投资者也蜂拥而至。在市场达到顶峰时，伦敦股票交易所的市值达到了5亿英镑，是25年前的100倍，是整个欧洲现金数量的5倍。多年后，200家泡沫公司中只有4家存活了下来。

市场的癫狂很快就蔓延到南海公司的股票及其他泡沫公司以外的地方。一些历史悠久的大公司的股票价格也一飞冲天。作为当时伦敦交易所的一位股票经纪人，约翰·卡斯坦记录了几家大公司股票股价的每日变动状况。这些大公司包括老东印度贸易公司、英格兰银行、皇家非洲公司、百万银行及南海公司。围绕着南海公司飞涨的股票价格进行的疯狂投机也带动了其他公司股票价格的飙升。表3-1是卡斯坦记录的每日股票价格信息，该表格显示了每只股票价格在泡沫期及随后的破裂阶段中的百分比升降变化。对这些股票价格飙升的唯一解释是，人性的贪婪及对利益的追求。在本章稍后，我们将对让人类做出如此愚蠢决策的人类的大脑（还有人类的本性）进行探究。

表3-1　南海公司泡沫事件中的主要股票的收益率

	英格兰银行	皇家非洲公司	百万银行	老东印度贸易公司	南海公司	平均值
1720年1月1日～1720年7月1日的股票上涨比率（%）	58	504	231	110	640	309
1720年7月1日～1720年12月23日的股票下跌比率（%）	-41	-72	-58	-64	-83	-64

与那些在几个世纪之后的纳斯达克泡沫破裂中遭受损失的投资者相比，南海公司泡沫的迅速破裂同样让投资者损失惨重。阿奇巴尔德·哈奇森（Archebald Hutcheson）是一位精通财务的英国下院议员，他是那个时代的罗伯特·希勒（Robert Shiller）[⊖]。哈奇森对南海公司非常了解，发表了一系列反对南海公司的小册子。他提醒投资者考虑如下事实：英国议会每年支付的5%的利息平平无奇，相对较低；

⊖ 著名行为金融学家，2013年诺贝尔经济学奖得主，因准确预测了互联网泡沫而出名。——译者注

南海公司实际是一家贸易公司,其经营记录及其发展前景都乏善可陈;那些高价购买股票的投资者"缺乏基本的常识与理解能力",因为公司的价值缺乏基本面的支撑。许多投资者对他的警告充耳不闻。艾萨克·牛顿(《自然哲学的数学原理》(the Principia)的作者,他的著作奠定了现代物理学的基础)在股价达到顶峰时买回了南海公司的股票。当股价无可挽回的坍塌时,牛顿损失了20 000英镑。据说,在牛顿的余生中,只要有人提到南海公司的名字,他就会浑身发抖。

和大多数股市癫狂一样,导致泡沫破灭的因素并非只有一种。德尔与钱塞勒等专家列举了信贷紧缩、股价估值过高、类似公司股价泡沫破灭等因素,认为它们引发了市场的崩盘。最后,理查德·德尔写道:"我们可以从这些估值异象中得出的唯一结论是,在股市泡沫时期,南海公司股票的投资者变得癫狂与不理性,这些行为很难用现代金融理论来解释。"

将近三个世纪过去了,金融市场变得更加复杂,投资者更容易获得信息及基本的数据,他们以一种极其相似的方式重蹈覆辙。"这次不一样了"这一危险的咒语再一次响起,投资者确信那些陈旧的规则不再适用于新时代的公司了。癫狂的原因发生了很大的变化,但那些泡沫投机者的大脑活动及由此引发的行为没什么变化。图3-2中显示的纳斯达克市场的涨落,就像是南海公司股票走势的镜像一样。

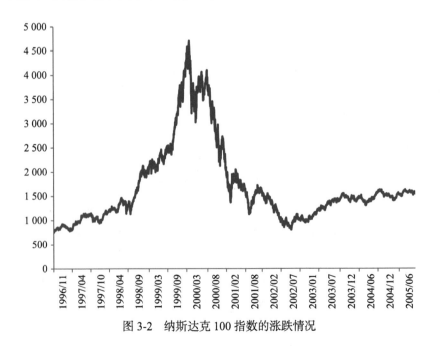

图3-2 纳斯达克100指数的涨跌情况

截至 2000 年 3 月,像 Constellation 3D 公司、eNotes.com 公司、simplayer.com 公司及 Braintech 公司的股价暴涨了 10 倍以上,而其销售额为零!这些公司的成功前景和那些南海泡沫公司相类似。实际上,在接下来的两年中,这些股票的平均跌幅高达 98%。一部分投资者出于非理性贪婪,而其他投资者则信奉"**博傻理论**"(该理论认为,即使他们认为某笔投资的定价过高,只要有一个大傻瓜愿意在未来以一个更高的价格购买他们手中的股票,他们仍然能赚取巨额利润)。尽管在泡沫初期赚了大钱,泡沫投资者的结局最终会和艾萨克·牛顿爵士一样,惨淡收场。

市场无效率的数学证明

南海公司、互联网及其他类似的市场泡沫都是非理性的极端例子,但是,即使在正常的市场环境中,市场的无效性也持续存在。伯努瓦·曼德勃罗(Benoit Mandelbrot)是一位已故的著名数学家,他因创立了分形几何而出名。他将注意力转向了股票市场价格的行为,想知道股票市场价格的历史运动是否真的遵循随机游走。在他的杰出著作《市场的错误行为》(*The Misbehaviour of Markets*)一书中,曼德勃罗将道琼斯工业平均指数(DJIA)自 1916 年以来的波动情况与由一个充分有效、随机游走的市场预测的虚拟市场波动情况进行了比较。

道琼斯工业平均指数的每日数据可以一直上溯至 1896 年,我们甚至可以用这些数据将曼德勃罗的研究扩展得更远一些。图 3-3 展示了一个有效市场(或随机市场)的日波动情况(以标准差衡量)。注意,这个日波动形态服从正态分布,只有为数极少的几天的波动超过了平均值 4 个标准差。这就是那些有效市场假说的倡导者所说的市场类型,他们认为在这样一个市场上,投资者很难战胜市场。图 3-4 是自 1896 年以来道琼斯工业平均指数的实际每日波动情况。

在这张图中,我们可以观察到有许多日波动超过了平均值 5～10 个标准差的情况,在 1987 年的这一次,日波动超过了 20 个标准差。正如曼德勃罗指出的那样,在一个有效市场上,黑色星期一发生的概率为 10^{-50}。如果市场真的是完全有效的,那么,即便道琼斯指数从大爆炸时期开始每天都进行交易,我们也看不到一次像黑色星期一这样的情况出现。我们应该向投资者发出警示,他们所使用的一些计量风险的工具,如在险价值(VaR)、布莱克—斯科尔斯期权定价模型等,这些工具都假设市场是随机变化的,如图 3-3 所示。真实的市场历史与随机游走的假设冲突如此之大，这是对完全效率市场理念的致命一击。

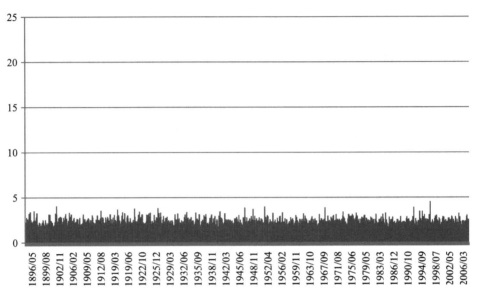

图 3-3　以标准差衡量的道琼斯工业平均指数在随机游走假设下的日波动图（1896～2009年）

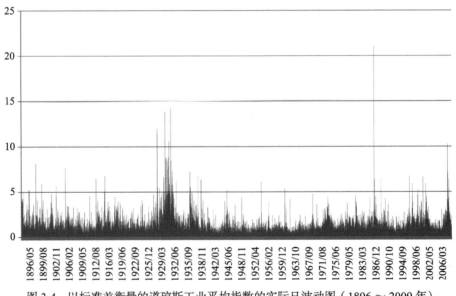

图 3-4　以标准差衡量的道琼斯工业平均指数的实际日波动图（1896～2009年）

无效率市场源于神经科学

让我们成为一个拙劣的投资者，让市场变得无效的人类的生理构造，到底是什么样的呢？现在，研究人员已经可以在人类进行金融决策时，监控其大脑神经的活动。神经系统科学家与行为经济学家都同意：当我们面临结果的不确定性时（这在金融市场上随处可见），我们应当平静、理性，精于计算。然而，我们通常会表现得感情用事，表现得不那么理性，而这常常会损害我们的投资组合。当人们处于极度贪婪状态时（如南海公司、纳斯达克市场泡沫），或是当人们处于极度的恐慌状态时（如2008年的金融危机），我们的大脑不但在推理时会犯非理性的错误，而且还会持续而显著地犯非理性的错误。

《投资者头脑中究竟在想什么》(Inside the Investor's Brain)一书的作者，理查德·彼得森这样说道："人类的大脑是亿万年进化的成果，其功能在于更高效且更有效地解释信息，在某个社会等级中进行竞争，为实现目标而指导行动，同时避免风险。然而，我们的大脑是从石器时代进化而来的，在那样的环境里，危险与机遇都是瞬间出现的，社会交往的对象也仅限于部落的其他成员。现在，由于现代世界人与人之间的联系更加紧密，生活节奏更快，要管理复杂的现代生活，石器时代的大脑显然不是最优的。"由于文化结构的进化速度远超过大脑的进化速度，和一个我们为了生存与发展而进化的世界相比，我们必须在一个更复杂、更精妙的世界中进行决策。

要理解大脑是如何影响我们的投资决策的，采用麦克莱恩（Maclean）博士的"三重脑"大脑模型将很有帮助。这一模型将大脑灰质分为三个区域：爬虫脑（脑干）、旧哺乳动物脑（脑边缘系统）及人脑（大脑新皮层）。脑干控制着如呼吸及心跳这类我们的生命维持机制。旧哺乳动物脑（它包含着我们称之为脑边缘系统的情感中心）控制着我们的欲望、动力、情绪及动机等。最后，人脑控制那些更高级的思想，如推理、分析决策等。由于功能性磁共振成像（fRMI）扫描仪的出现，它为我们提供了大脑的影像，与更为传统的核磁共振成像机（MRI）所提供的照片相比，我们现在可以理解人类大脑的情感和理性中心之间的复杂联系。

我们知道大多数决策过程都与情感有关，但我们也知道当决策过程掺杂进情感时，会极大地损害我们的投资选择。在实验过程中，这是一件有趣的事情，但是如果我们将其应用于现实世界的投资决策过程中（如为子女教育或养老而进行的投资），这可能造成灾难性的后果。

我们是非理性的

当苏格拉底将人类归于"理性的动物"时,他的这一表述并不清楚。我们人类的大脑会反复出现过多的推理错误。我们会根据选项的形成方式来做出逻辑上相互矛盾的决策,我们会根据无用的数字做出决策,我们做出的选择还可能并不符合我们的最大利益。

请试着回答下列两个问题:你社会保险号的最后4位数字是什么?成吉思汗死于哪一年?当一大群人被依次问及这两个问题的时候,这两个问题的答案之间存在着非常强的**平均关系**(average relationship),这意味着社会保险号的最后4位数字较大的受访者对第二个问题答案的猜测值较高,反之亦然。如果受访者回答这两个问题的顺序发生了变化,答案之间的这种联系也就不复存在,这种情况被称为**锚定**(anchoring)。在你考虑分析师的盈利预测对股票价格的影响时,你会发现这种现象非常有趣。我们在第2章中对此已经进行过讨论,大卫·德雷曼及其他学者所进行的研究显示:在预测一家公司的盈利前景时,个体分析师的用处与我们的社会保险号没什么区别,但是,人们总是愿意根据他们的估测进行投资决策。

另一个经典的案例由丹尼尔·卡尼曼和阿莫斯·特沃斯基首次提出,被称为"亚洲疾病问题"。假设一种发源于亚洲的疾病即将扩散到美国,预计将导致9 000人死亡。要战胜这种疾病,我们有两种治疗方案。选择第一种治疗方案,会有3 000人存活下来;选择第二种治疗方案,这9 000人有1/3的概率全都存活下来,有2/3的概率一个都不能存活。大多数受访者会因其确定性而偏好于第一种治疗方案,选择让3 000人存活。但是,如果问题换一种问法,情况又将如何?我们又一次面临两种选择。选择第一种治疗方案,有6 000人会死去;选择第二种治疗方案,无人死亡的概率是1/3,全部死亡的概率是2/3。现在,在面对着6 000人肯定死亡的情境时,受访者偏好于第二种治疗方案。这两种治疗方案的预期结果实际上是一样的,但对于相同数量的结果,大多数人偏好避免损失,而不是获得收益。

大脑损伤会创造超凡的投资业绩

我们的大脑决定了我们是谁,能做什么,而大脑的物理性变化或损伤会实质性地影响我们的决策。在一项由斯坦福大学的研究员巴巴希夫(Baba Shiv)进行的研究中（研究报告最初发表在《华尔街日报》上，题为《来自大脑受损投资者的经验》），由 41 位参与者进行一个投资游戏，每个游戏的参与者获得 20 美元，可以进行 20 轮游戏，每次投入 1 美元，通过扔硬币决定输赢。参与者既可以选择"投资"，也可以选择"不投资"。选择"不投资"的参与者被认为是保守的或是风险厌恶的投资者，参与者选择了这一项，意味着他在这一轮将作壁上观。当参与者选择了"投资"，研究人员将拿走 1 美元并掷一枚硬币。如果硬币正面朝上，参与者损失 1 美元；如果硬币反面朝上，参与者可以获得 2.5 美元。显然，最优的投资决策是每次都参与游戏，因为每 1 美元"投资"的预期收益是 1.25 美元。这项研究的不同之处在于，有一组参与者的大脑是受到损伤的，他们关键的情感中心（如脑扁桃体或岛叶部分——哺乳动物脑区域，这部分在人类对忧虑与恐慌的感知中起到很大的作用）受到了影响。其他参与者的大脑则完全正常，他们的情感中心没有受到任何损伤。

研究结果让我们很受启发。那些情感部分没有受到任何损伤的参与者每次只投资 58 美分，最终的平均收益为 22.8 美元，而大脑受损的参与者表现更好，他们每次投资 84 美分，最终的平均收益为 25.7 美元。这些大脑正常的参与者表现不佳的主要原因在于他们对掷硬币的损失做何反应。他们没有意识到选择"投资"策略可以很容易就获得正的预期收益，而是在连续两次遭受损失时就感到害怕。因此在每次遭受损失之后，他们每次平均的投资值只有 41 美分。大脑受损的这一组参与者的投资比例在每次遭受损失之后基本不变，每次的投资比例维持在 85% 左右。这一研究说明了这样一个事实：假如我们不采取措施消除恐惧、最近的损失及非理性的风险规避的影响的话，它们会降低我们所持有投资组合的收益。如果你的目标是在市场上购买价值被低估的股票，投资的最好时机通常是在股票表现不佳时，这会降低股票的市盈率，并通常会增加其股息收益率。

2007～2009 年的股市大崩盘，是我们可以用来说明非理性的风险规避的一个极好案例。从各个角度来说，股票投资与通过掷硬币游戏进行"投资"都非常相似，只不过股票市场在这一时期上涨了接近 72%，这一概率比那些参加巴巴希夫教授试验的人得到的机会还好。并且，自从市场在 2009 年 3 月见底之后，投资者纷纷脱手股票基金并将资金以创纪录的规模转移到债券基金上去了。他们所付出的代价极大。2009 年，标准普尔 500 指数（代表着真实的"投资"选择）上涨了 26.4%，而巴克莱综合指数（一个债券基金指数，代表着风险规避者"不投资"的选择）的收益率只有 5.9%。在同一时间内，股票基金的总流出量为 860 亿美元，而债券基金的总流入为3 750亿美元。如图3-5所示，不仅股票基金的流入量为负值，而且大多数卖出发生在市场最差的时候——接近2009年2月与3月的市场底部。投资者的表现和那些参加巴巴希夫教授试验的人一样，在遭受损失之后，由于恐慌，他们开始回避那些已经被证明很好的投资工具。

问题在于，我们的大脑已经进化到最合理的程度。在大多数情况下，之前招致损失的那些行为是一个好的策略。实际上，那些大脑受损者（指巴巴希夫教授研究的人群）通常会因为缺乏情感判断而寻求更大的风险，他们更容易遇上骗局，经常以破产告终。如果没有风险规避系统，在触摸到烧红的火炉后，我们就无法汲取教训。此外，对继续出现负的结果的恐惧会影响我们生活的各个方面。在"9·11"事件以后，大量的旅游者不敢坐飞机，宁愿开车去旅游。令人悲哀的是，一项研究表明：即使将时间趋势、气候、路况及其他因素都剔除，在这一时期，有2 300名旅游者因不坐飞机，而是选择了自驾游而丧生，这一数字为"9·11"事件中死亡人数的75%。这些旅游者因最近的恐怖袭击而错误理解了飞行的危险。的确，金融危机的后果没有这么惨，但是，鉴于它会影响到无数人的财务状况，成千上万的投资者因考虑到金融危机的严重后果而选择了错误的投资策略，也是可以理解的。

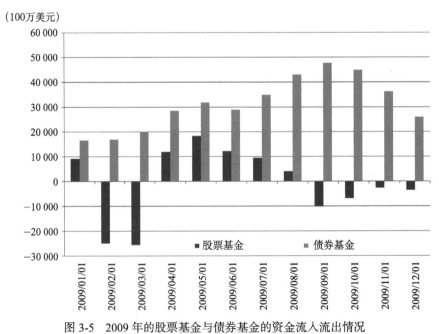

图3-5 2009年的股票基金与债券基金的资金流入流出情况

导致巴巴希夫教授试验参与者出现非理性行为的主要原因是一种叫作**损失厌恶**

（loss aversion）的现象。这一行为学概念首先由阿莫斯·特沃斯基与丹尼尔·卡尼曼提出，他们也被认为是行为金融学的创始人。特沃斯基与卡尼曼将心理学的前沿成果引入到经济学研究中，对决策的科学方法进行了革命。特沃斯基与卡尼曼在1979年发表了他们的开创性论文《前景理论：风险下的决策分析》（Prospect Theory: An Analysis of Decision under Risk）。他们最终赢得了包括诺贝尔经济学奖在内的许多荣誉及奖励——卡尼曼在2002年获此殊荣。

特沃斯基与卡尼曼发现，人们对金钱的收益及损失的反应迥然不同。尤其是，从损失中所遭受的痛苦要远远大于从收益中所获得的快乐。考虑下面两种情境：

情境1：你可以接受一项确定的500美元收益或是掷一枚硬币。如果硬币朝上，你将赢得1 000美元；如果硬币背面朝上，你将一无所获。

情境2：你可以接受一项确定的500美元损失或是掷一枚硬币。如果硬币朝上，你将损失1 000美元；如果硬币背面朝上，你不会遭受任何损失。

在每种情境下，每种选择的预期收益是相同的，简单概率表明，不管你选择了哪种情境，结果没有区别。然而，特沃斯基与卡尼曼发现，84%的受试者在情境1中选择了确定性的金钱收益，但是有70%的受试者在情境2中选择了赌一把。当面临收益时，人们体现出对**风险的厌恶**（risk-averse），但当面临损失时，人们体现出对**风险的追求**（risk-seek）。这一奇怪的矛盾之处源于人们对损失的强烈恐惧。人们非常害怕受到（或锁定）损失，因此，他们失去理性，不惜一切代价来避免这一点。通过使用不同的价值来对实验进行调整，特沃斯基与卡尼曼发现，受试者对损失的敏感程度是对收益的敏感程度的两倍以上。我们的大脑天生就认为：**两鸟在林，不如一鸟在手**。

伯纳戴特·德·马蒂诺（Benedetto De Martino）[一]进行了一项研究，他使用功能性磁共振成像（fRMI）扫描仪来监控受试者在面临各种财务金融决策时的脑部活动。他想知道问题的框定方式能否影响受试者的决策行为。在试验的开始，受试者会获得一定数量的金钱（比方说，100美元），然后，实验者为受试者提供一个"确定的"选择与一个"赌博的"选择，这一选择跟特沃斯基与卡尼曼的开创性试验非常类似。与我们所分析的其他案例一样，这两种选择的预期值总是相等的。

[一] 伦敦大学的一名神经系统科学家。

当受试者面临的选择是在100美元中"获得确定的"40美元（"收益"框定）或进行赌博（其预期值也是40美元）时，大多数受试者选择获得确定的40美元。这两种情况下的报价实际是一样的，但是问题的措辞引发了投资者的损失厌恶行为。更重要的是，德·马蒂诺及其团队可以对受试者在每次做决策时表现最活跃的大脑部分进行监控。当受试者被损失厌恶所影响，在收益框定中小心翼翼，而在损失框定中放手一搏时，他们大脑的主要活动区为脑扁桃体部位，这一部位是大脑情感决定"战或逃"的决策中心。当受试者的反应与常态背道而驰，在收益框定下放手一搏，却在损失框定下坐以待毙，他们的眶前额叶皮层（orbital prefrontal cortex）与前扣带脑皮质（anterior cingulate cortex）（这两个部分都负责承担理性认知功能）就被激活了。投资者对损失或损失前景的过度反应触发的是大脑的情感控制中心，而非大脑的理性控制部分。

投资者经常表现出非理性，优先选择那些有助于避免损失或伤痛的决策。实际上，科学家已经证实，这一大脑的偏误对投资者的投资组合极其有害。我的灵感来自纳西姆·塔勒布（Nassim Taleb）所著的《随机致富的傻瓜》（*Fooled by Randomness*）一书，这本书分析了证券投资在不同的时间间隔里上涨的概率。如果你1980年1月在标准普尔500指数上投资了10 000美元，这笔投资在2009年年末将增长到243 754美元——年收益率为11.23%，相当不错，波动率为15.52%，也比较合理。即使这笔投资的年化收益率如此之高，如表3-2所示，如果你在每天或每周都检查投资账户，该账户上涨的概率仅比掷硬币的概率高一点点。一位充分理性的投资者或许不会有这样的困扰，但是一个情绪化的投资者则很难坚守其投资策略。假设损失给投资者带来的痛苦为收益带来的快乐的两倍，那么同样的投资组合在短期内的业绩对投资者情感的影响太大，投资者很难忍受。投资者最好不要频繁地检查他们的投资账户，我们可以通过一个简单的案例来说明这一点。我们不是按照面值选取各种收益率的观测值，而是对每个观测到的正收益值打1分，为每个观测到的负收益值打−2分，这一打分方式表明，我们认为损失所带来的痛苦是收益所带来的快乐的两倍。表3-2显示的是经情感调整后的各观测期的平均分数。只有按年计算投资组合的观测值，其痛苦（回报）的分数才会变成正值。就像我们观察一壶永远也烧不开的水一样，在考虑到损失所带来的痛苦相对于收益所带来的快乐时，可以这样说，你永远也不会感觉到投资组合价值的上升。

表 3-2　某个标准普尔 500 指数投资组合出现正收益的概率（1980～2009 年）

观测频率	正收益出现的概率（%）	经情感调整后的平均痛苦/回报所得分数
每天	53	−0.41
每周	56	−0.32
每月	61	−0.16
每季度	66	−0.01
每年	74	0.21

因为损失厌恶，人们会长时间地持有亏损的股票，很快卖出赚钱的股票。他们青睐那些在近期波动较小的资产，并将此看作一种低风险，在刚刚遭受巨大损失之后更是如此。那些自动配置投资组合中所包含资产的权重，将风险厌恶因素剔除出投资组合的投资策略表现得更好，还可以帮助投资者克服其对损失的恐惧，防止其投资组合的价值遭到侵蚀。

贪婪的追逐业绩与形态

> 单纯从化学角度来看，人类的每一次享乐过程——不管是听音乐、拥抱爱人、品尝巧克力，实际上都意味着伏隔核（nucleus accumbens）内多巴胺的爆炸，快乐如同烟花爆竹，绚丽而短暂。
>
> ——J. 玛德莲·纳什

人类大脑的进化，使我们的行为越来越趋利避害。我们寻求收益趋势的下降在于我们可以通过忽略重要的风险来满足愿望。从畅想未来收益中所获得的愉悦感觉是这一行为的重要驱动力，这一点从进化角度而言极具意义，但会使投资者做出极其愚蠢的投资选择。在人类大脑中存在的追逐暴利这一行为趋势，是许多股票泡沫的形成根源。在 20 世纪 90 年代末购买互联网股票的投资者及那些在 18 世纪 20 年代购买南海公司股票的投资者都是非理性投资者。他们都沉浸在从最近赚取的利润及未来的美好前景中所获得的愉悦当中。当预测自己的投资会赚大钱时，我们大脑的反应与受到性刺激或吸毒时所感受到的强烈反应是相同的，而这种精神状态显然不适合进行合理投资决策。

当某种资产（可以是某只股票、总体股票市场或房地产）迅速增值时，这为投资者提供了在短期内实现巨大收益的机会。由于投资者的大脑对资产持续获得高收益的这一形态的解释方式，一旦投资者将资金投入资产泡沫中，他们通常无视资产的基本面。斯坦福大学的布赖恩·科诺森（Brian Knutson）对人类的大脑在花钱时的活动进行了监控，他发现大脑的两个关键部位被激活：伏隔核（NAcc）区，这是一个重要的预测中心；内侧前额叶皮质区（MPFC），这一部位帮助我们永久地学习哪种行为会产生回报。这种结构的问题在于：由于回报在某种程度上持续增加（如1998～1999年在纳斯达克市场上进行的某笔投资），大脑感到自得，并预计在未来会继续获得这一回报。由汉娜·拜耳（Hannah Bayer）和保罗·格林切尔（Paul Glimcher）进行的研究发现，由于多巴胺神经元负责使用过去的信息来预测未来的结果，存在过度重视最近的经历的倾向，从而加剧了大脑的这一偏差。由单个多巴胺神经元发出的信号的强度会随着时间的推移而逐渐消失，因此，与最近经验联系的多巴胺神经元的影响最大。从生物学的角度讲，在长期中，我们不善于学习，或是缺乏同等学习的能力。相反，我们过于依赖最近的经历，这也是我们在第2章中所讨论的近因效应的一个生物学解释。自负的情绪、从心理上重视近期发生的事情等，这些因素让我们缺乏风险意识。在投资世界中，自负是一件非常危险的事情。

显然，伏隔核区在我们进行投资决策时起到非常大的作用。在《化学旋转木马：科学教我们如何战胜依赖症》（*The Chemical Carousel: What Science Tells Us about Beating Addiction*）一书中，德克·汉森（Dirk Hanson）讨论了伏隔核区在药物成瘾方面的作用。在海洛因成瘾小白鼠的伏隔核区被切除后，对药物的需求也随之停止。当我们需要药物或服用药物时，我们的伏隔核区会分泌出大量的多巴胺，这一部位也就是我们预计要赚大钱时大脑最活跃的部分。当然，在南海公司及互联网股票泡沫中，投资者愿意购买垃圾股的原因是，他们认为这些股票太好了，不买不行。

更严重的是，大多数人对自己的能力（无论是驾驶能力、情感能力还是投资能力）过度自信。大多数人都认为自己的表现高于平均水准，这当然是不可能的。这种过度的自信进一步损害了我们理性处理潜在市场风险的能力。我们认为自己能够知道哪只股票具有卓越的表现，然后就将资金投入到那只股票上去。作为一种生物物种，我们痛恨随机性，在任何数据集中搜寻有用的图表。一旦我们发现了某种图表（绝大多数这样的图表毫无意义），就对这种图表的价值表现得极有信心。在《大脑炼金术》（*Your Money and Your Brain*）一书中，贾森·茨威格（Jason Zweig）讨论了一类实验，在这个预测结果的实验中，即使是鸽子与老鼠的表现也优于人类。实验设计如下：有一对闪烁的灯——一只红灯、一只绿灯，这两只灯会随机闪烁20次。闪烁的具体结果是随机出现的，但绿灯出现的概率有80%。这个实验与大脑受损的受试者所做的赌博游戏相类似，投资者最明智的选择是每次都"投资"。预测最有可能出现的灯光的最简单方式就是每次都猜绿灯。然而，鸽子和老鼠按照这一符合逻辑的策略行事，它们猜对的比率接近80%，而受试者却陷入误区，试图预测红灯在什么时候会出现，他们预测的正确率只有68%。即使他们已经被告知灯光的闪烁是随机出现的，受试者还是试图战胜概率，随着时间的推移，他们的表现越来越差。

瑞德·蒙泰古（Read Montague）是贝勒医学院（Baylor College）的一位神经系统科学教授，他进行了一项研究，对人脑在虚拟的金融泡沫中的反应进行了分析。乔纳·莱勒（Jonah Lehrer）在《纽约时报》上发表的一篇文章概括了蒙泰古教授的实验。受试者得到100美元与一个目标投资"市场"的简要介绍。根据这些信息，受试者可以按照他们自己的意愿将100美元投资出去，数量不限，然后在接下来的20个回合中观测他们投资组合价值的涨落。这一研究的奇妙之处在于，这些受试者投资的并非一个随机的市场，蒙泰古教授使用了一种反映真实的泡沫市场（如1929年的道琼斯指数走势图及1999年的纳斯达克市场走势图）的图表走势。在每次泡沫的初期阶段和所有的上升阶段中，多巴胺回报预测系统都十分活跃，这也让受试者增加了他们的投资，因为他们观察到这100美元的投资随着泡沫不断增长。然而，在接近泡沫的顶峰时，蒙泰古教授发现，多巴胺神经元明显安静下来。蒙泰古教授说道："看起来，细胞们显得很焦灼……它们知道有些事情不太对劲儿。"在这一阶段中，受试者不再为那些让他们在第一阶段陷入癫狂状态的激增的多巴胺所驱动。现在，损害受试者投资组合是前额皮质（prefrontal cortex）了。投资者大脑的高阶功能现在开始起作用了，他们开始理性地对待其投资，开始为持有还是变现投资组合寻找合适的理由。这一研究让我们大开眼界，也为研究我们的原始大脑及高级大脑如何导致我们做出错误投资决策提供了一个鲜活范例。

我们从这些研究中所学到的关键一课是：已实现收益和未来收益的美好前景所带来的情感上的愉悦，还有我们对自身预测未来能力的过度自信，这两个因素结合起来，会极大地损害我们在某个既定市场环境中的投资。

我们无法摆脱自身的弱点

与我们生活中的许多活动一样，投资无非是寻求收益，避免损失。由斯坦福大学的卡梅利亚·库恩（Camelia M. Kuhnen）与布赖恩·科诺森（Brian Knutson）所进行的研究证明：大脑中枢是造成风险寻求及风险厌恶等错误的主要因素。对投资者来说，更为有趣的是大脑的其他部分起什么作用。大脑的伏隔核区负责感受那些极度愉悦的情感、药物深度依赖所造成的兴奋感、对未来的美好憧憬（如即将与你的另一半相见）所带来的幸福感。正如库恩和科诺森所说："这可以解释赌场为什么要在赌客的周围布满各种各样的奖励的暗示（比如说，廉价的食品、免费的酒水、惊喜大礼、获得头奖的可能），获奖的预期刺激大脑的伏隔核区，这会进一步增加赌客将其行为从风险厌恶转向风险寻求的可能性。"一想到我们在赚钱，我们大脑中的情感愉悦中枢就开始燃烧，这样，人们追求泡沫也就可以理解了。21世纪早期，投资者会为纳斯达克市场上的股票支付175倍的市盈率，而财经界对这一明显的股价高估竟然没什么像样的讨论。而许多投资者还在继续购买这些股票，他们都为其大脑伏隔核区激增的多巴胺所驱使。另一个极端情况是投资者要面对市场恐慌、经济萧条及不确定性，而投资组合价值的不断下跌——2008年的投资者很熟悉这一幕，必然会刺激这些投资者大脑中的前脑岛（anterior insula）及脑扁桃体（这是大脑的情感中枢，负责感知痛苦、恶心及恐惧等），这通常让我们变得更加谨慎。

我们可以从这些尖端研究中学到的最重要的一课是：由于人类大脑中的情感中心与理性中心在本质上是相互联系的，我们永远有做出非理性决策的可能。仅仅意识到问题的存在不等于我们就可以解决它。要克服人类的一些弱点（如即使这样做是有害的，也要避免损失，追求业绩，追求那些不存在的图表等），我们必须找到一种投资策略。这种投资策略是一种可以将主观因素、人为因素从决策规程中剔除，经实践验证过的理性的系统性投资策略。在深入理解人类的大脑，意识到我们有多么不明智之后，我们就可以变得明智。成功投资的第一步，也是最难的一步，就是认识到我们自身的愚蠢。

| 第 4 章 |

游戏的规则

> 令人惊讶的一个事实是：华尔街对于具备某些特征的证券的历史走势的系统性知识是如此之少。诚然，我们有显示各类股票及单个股票长期价格走势的图表。但是，除了划分了行业类型之外，我们并没有对股票进行真正的分类。过去的分析师似乎并未给当下及未来的分析人员传下来什么知识和技术，更谈不上对这些知识与技术进行不断的积累、扩展了。当我们对金融业的发展与医药业的发展进行比较时，历史似乎都在指责我们对过往经验所做的记录及分析是如此的贫乏。我们缺乏成型的经验，而这些成型的经验可以告诉我们哪些资料有价值，哪些资料没有价值。在未来，我们的分析师必须到学校去学习那些已成型的学科，去学习那些搜集数据、分析数据的能力，再从这些学习过程中形成适合我们行业特点的研究方法。
>
> ——本杰明·格雷厄姆，现代证券分析之父，1946 年

20 世纪 90 年代初期，即我开始进行研究并最终借此形成本书时，对格雷厄姆在上面提出质疑，几乎没有什么很好的答案。本书第 1 版于 1996 年出版，书中包含了格雷厄姆在 50 多年前分析的诸多变量。《投资者的头号法则》（*What Has Worked in Investing: Studies of Investment Approaches and Characteristics Associated with Exceptional Returns*）是由 Tweedy Browne 基金公司的基金经理在 1992 年出版的一本小册子。在这本小册子里面，他们对这一研究进行了持续更新。这本小册子是

对50多项研究的一个综述与说明，这些研究被认为最能代表那些在长期内最有效的投资策略。当然，研究人员也对各种投资策略进行了大量的研究。在过去的几年里，许多研究人员也对过去几十年间的股票市场的数据进行了研究，并向大众公布了他们的研究成果。有一本书值得一提，这就是由埃尔罗伊·迪姆森、保罗·马什及迈克·士丹顿教授所著的《投资收益百年史》，这本书搜集整理了16个国家在过去101年间的投资收益情况，还逐个比较了各种各样的投资策略（如成长型与价值型投资策略等）。自本书第1版发行以来，还有一些引人注目的学术文章发表，这些学术文章包括：由查尔斯 M. C. 李（Charles M. C. Lee）和巴斯卡兰·斯瓦米纳坦（Bhaskaran Swaminathan）于1998年发表的 Price Momentum and Trading Volume，由克利福德·阿斯尼斯（Clifford Asness）在1997年发表的 The interaction of value and momentum strategies，由约瑟夫 D. 皮奥特洛斯基（Joseph D. Piotroski）于2000年发表的 Value Investing: The Use of Historical Financial Statement Information to Separate Winners from Losers。其他一些学者，如尤金·法玛（Eugene Fama）与肯·弗伦奇（Ken French），为小盘股及大盘股构建了成长型及价值型指数，选取的数据上溯至1927年。法玛与弗伦奇使用公司的市净率，将股票划分为价值型股票或成长型股票，低市净率的股票属于价值型指数，高市净率的股票属于成长型指数。这些研究数据为我们提供了这两种主要的投资策略时间跨度最长的历史收益率。在本书这一版中，我们还将在几个单因素或多因素模型中使用 CRSP 数据库。CRSP 数据库由芝加哥大学商业研究院创设，数据从1959年开始编制。芝加哥大学为纽约证券交易所上市的股票编纂了第一份月末价格及总收益的计算机可读文件，还额外编辑了其他一些数据项，数据截取时间为1926～1960年。证券价格研究中心已经对其数据库进行了扩展，额外纳入了一些交易所及信息。现在有了 CRSP 数据库，我们就可以用它来说明：与我们在本书之前的几个版本中的一些发现一样，和单纯依赖简单的纯成长型或纯价值型投资策略相比，将价值型特征及成长性特征结合在一起，通常会得到更好的结果。

在过去的几十年里，许多学者将他们自己的研究与实践相结合，他们利用已得到证明的研究成果，开始成立自己的基金公司。在其开创性的论文《逆向投资策略、推断和风险》（Contrarian Investment Extrapolation and Risk）中，约瑟夫·拉格尼沙克（Josef Lakonishok）、安德里·史雷夫（Andrei Shleifer）及罗伯特 W. 维什尼（Robert W. Vishny）教授成立了 LSV 资产管理公司，这家公司目前掌管着530亿美元,使用他们经过长期研究得到的成果作为公司的投资策略。正如他们的网页上所宣称的那样,他们坚持使用经过考验的投资策略:"由 LSV 资产管理公司所使用的量化投资策略是过去 20 年的学术研究成果,所使用的方法经过严格测试,并且严格执行风险控制。"

然而,这些研究是有价值的,是因为它们在几十年里的稳定收益,而不仅仅是只有几天或者几年。许多投资者认为 5 年的投资记录已经足够用来判断一位基金经理的水平。但是,正像亚历山大·蒲柏(Alexander Pope)的格言"一知半解,为害不浅"那样,投资者在研究上下的功夫太少,这让他们获得了太多极具误导性的信息。理查德·布雷利(Richard Brealey)是一位英国经济学家,也是一位令人尊敬的数据分析研究员。按照他的估算,要对某个投资策略的有效性(假设它在统计上具有 95% 的相关性)做出合理假设,你需要 25 年以上的数据。

短期毫无价值

想一想那"繁荣的 20 世纪 60 年代"吧。那一时期追求高成长性的投资经理们在不同股票之间转换的频率如此之快,以至于得到了一个"快枪手"的称号。这个游戏的名字叫业绩成长,而买入具有高盈利增长率的股票则是实现这一目标的手段。在那个时代,这些疯狂的投资者主要关注成长最快的公司,根本不考虑自己到底为每一美元的成长支付了多少钱。

从事后诸葛亮的角度来看,我们就能看出一个 5 年期的误导性有多大了。从 1964 年 1 月 1 日~1968 年 12 月 31 日,如果将 10 000 美元投资于某个投资组合(该投资组合每年买入 Compustat 数据库中每股收益增长百分比最高的前 50 只股票),这笔投资将于期末暴涨至 33 500 美元,年复合收益率为 27.34%,是同期标准普尔 500 指数年收益率的两倍多。同一时期,在期初投资 10 000 美元于标准普尔 500 指数,期末将增值至 16 220 美元,每年的年复合收益率为 10.16%。但不幸的是,同样的策略在下一个 5 年期内的表现就没有这么好了。1969 年 1 月 1 日~1973 年 12 月 31 日,按照这一策略进行的投资损失了一半以上的价值,而标准普尔 500 指数的同期收益率则为 2%。我们可以想象一个倒霉的投资者,他观察到,在截至 1968 年 12 月 31 日的 5 年期内,某些类型的股票表现十分优异,他做了大量的"功课"——通过认真阅读报纸上报道的这些"快枪手"经理的耀眼成绩单,最终决定在 1969 年投身于股市的滚滚洪流中。在这种情况下，他们所投入的10 000美元将会缩减至4 260美元，这就是只关心5年期收益情况的结果。

如果这个倒霉的投资者能得到长期的收益数据（1964～2009年，这种投资策略的年收益率只有3.88%），他就会认识到仅仅依靠公司销售收入的年增长率来购买股票是多么糟糕的一种投资方式。此外，在所有股票中挑选每股收益增长百分比最高的前50只股票并进行投资，在1964年投入的10 000美元，到2009年年底只增长到57 631美元，而同样的10 000美元，如果投资到年复合收益率为5.57%的美国短期债券上，到2009年年底将增长至120 778美元。与之相反，如果这个投资者只是将这笔钱投入到某个指数（如标准普尔500指数）中，其年收益率将为9.46%，这10 000美元的投资到2009年年底将增长为639 114美元！如果投资于全部股票，收益将更为可观，每年的收益率为11.22%，这10 000美元的投资到2009年年底将增长至133万美元！

这不仅仅是一个学术方面的练习——人们在决定如何投资其退休基金时，其主要依据仅仅是某个基金或某种投资策略的最近表现。假设某人决定从1964年开始就使用这种投资策略为其退休进行储蓄，他在退休时的资金将严重不足。

如果20世纪60年代看起来有些久远，让我们来看一下相同因素在最近的表现——1995年1月1日～1999年12月31日的这个5年期。投资者常使用短期的投资结果预测未来,20世纪90年代末的股市疯狂为此提供了另一个解释。在这一期间，人们再一次陷入了癫狂状态，沉醉于那些高速增长的公司的美好前景之中，只是他们所追逐的公司的名字发生了变化，从宝丽来公司、Mohawk数据公司与Zimmer家居公司换成了Pet.com公司、网络货车（Webvan）公司及eToy.com公司等。因此，如果他们在1995年1月1日投资10 000美元，在所有股票中挑选每股收益增长百分比最高的前50只股票并进行投资，到1999年12月31日，这笔投资将暴涨至45 539美元，年收益率为35.42%。这几乎是全部股票在同一时期内的年化收益率20.72%的两倍，10 000美元的投资到期末将增长为25 644美元。并且，与20世纪60年代非常相似，所有的新闻媒体、"专家"及普通的投资者都陷入了短期超高收益这一误区，将他们的股票投资于这些股票当中，其结果也和30年前的投资者一样，是灾难性的。在接下来的5年里，这50只每股收益增长百分比最高的股票每年下跌20.72%，到2004年12月31日为止，他们所投入的10 000美元只剩下了3 132美元，总计损失69%，对任何为退休而进行储蓄的人来说，这一结局都是灾难性的。

与之相反，投资于全部股票的投资组合，在这一5年期的年收益率为6.68%，10 000美元的投资将增长至13 818美元。毋庸多说，那些忘记历史的人注定要重蹈覆辙。

这一次不一样了

人们愿意相信现在和以前不一样了。现在，市场已经电脑化了，高频交易与大宗交易占据了主导地位，个人投资者消失了，取而代之的是规模巨大的共同基金与对冲基金，它们代替个人投资者进行投资。有些人认为这些投资专家所采用的决策机制与我们不同，并且认为，研究某一投资策略在20世纪50年代和20世纪60年代的业绩对于预测基金未来的业绩没有多大帮助。

但是，尽管我们坚信我们目前所处的环境是独一无二的，事实上，自从艾萨克·牛顿（他真是一位才华出众的人）在1720年的南海贸易公司泡沫中遭受重大损失以来，股市其实并未发生什么大的变化。牛顿哀叹道，他"可以计算出天体的运行规律，却算不出人类的疯狂"。在长期统计结果的基础上进行投资决策的关键在于：股票的价格仍然由人来决定。第3章中的图3-1与图3-2对南海公司的股价暴涨与20世纪90年代的纳斯达克市场泡沫进行了比较。只要人们的判断仍然受到恐惧、贪婪、希望和无知的左右，他们就会对股票进行错误的定价，而那些能够严格运用经时间验证的投资策略选股的投资者，会获得许多机会。牛顿遭受损失的原因在于，他被当时的癫狂气氛所感染，根据一个美妙的故事做出投资决策，却不考虑枯燥乏味的事实。股票的名字会发生变化，行业会发生更替，投资风格也可能不断发生变换，但决定一只股票能否投资的基本特征保持不变。

每个时期都有投资者热捧的股票，这类股票都有着最炫目的故事。20世纪20年代的投资者追捧的是所谓的"新纪元"行业（如无线电及电影公司），1921～1929年，投资者将道琼斯工业平均指数推升了497%。仅1928年，轻信的投资者就将无线电公司的股票从每股85美元推至420美元，他们唯一的依据就是希望这种新奇迹将彻底改变世界。在同一年里，投机者使华纳兄弟公司的股价上涨了962%——从每股3美元增长至138美元，其依据是有声电影及艾尔·乔生（Al Jolson）签署的一份新合同所引发的狂热。20世纪50年代，我们又看到一场相似的对新技术的追捧，1957～1959年，德州仪器公司股票的价格从每股16美元涨到194美元；其他的公司，如哈洛伊德-施乐公司（Haloid-Zerox）、仙童相机公司（Fairchild Camera）、宝丽来公司（Polaroid）及IBM的股票价格均在这一轮热潮中大幅上涨。看一下近期的情况，还记得20世纪90年代末期，所有网络公司的股价仅仅因为一次PPT演示及随之而来的空前热情就一飞冲天吗？

答案很简单，20世纪60年代及90年代的癫狂状态的出现其实很正常，它们只不过是一次长期牛市的终结，其结局是可以预测的。在这样的状态下，即使是最愚蠢的投资策略也会获得异常高的收益，结果是一败涂地。对收益进行长期的考察至关重要，原因在于，只有经过充足的时间才能发现被短期波动掩盖的基本关系，同时，这样做还有助于我们分析市场怎样对一系列的事件（如通货膨胀、股市崩盘、滞胀、衰退、战争、科学新发现等）做出反应。学习历史，才能更好地掌握未来。历史绝不会一成不变地重演，但同样类型的事件还会出现。在最近的一次投机泡沫中，那些将这一基本信息牢记于心的投资者，最有可能幸免于难。

在经历了灾难性的熊市之后，这一道理同样适用。在旷日持久的熊市之后，投资者的表现与在市场癫狂之后的表现相同，都表现出了非理性行为，在市场见底（或接近见底）之时，他们经常会大批地离开股票市场。当他们获得足够的信心，重返股市时，股市通常已经复苏好长时间了。那些在2009年中选择空仓的投资者，错过了50%～75%的利润，这让他们很难战胜市场。

我们总希望预测市场，但事实很清楚：在《福布斯》500富豪榜中，没有一个人是短线客（market timers），却有许许多多的投资者。

仅有实例证据是远远不够的

我们每天都会面对来自各方的投资建议，但很多都是缺乏证据的小道消息。很多时候，某个投资经理会举出一些股票作为其成功的例证，说明他们的投资业绩是多么的出类拔萃。可惜的是，这些经理刻意地回避了许多其他的股票，这些股票同样具有他们所推荐的特征，但表现不佳。行为学研究表明，股票市场中有一个常见错误，即从个别特例中归纳出结论，有证据表明，人们经常从他们的记忆中"抹去"那些表现不佳的投资操作。这让他们只对极少数表现非常好的股票印象深刻，对那些表现不佳的股票几乎没有印象。因此，我们必须考察整体的投资策略，而不只是个股的收益。通常，我们心里想的和实际做的往往是两回事，这两者之间存在着巨大的差别。

本书的目的在于，向读者介绍一种更科学、更系统的股票市场投资策略及投资组合管理方法。为做到这一点，我将不折不扣地贯彻那些严谨、科学的投资规则，这些规则主要包括以下一些内容。

1）**明确的方法**：所有的模型必须使用明确说明的规则，对于要检验的投资策略或投资规则，不能有丝毫的含混，对该投资策略也不应存在个人或特殊的理解。

2）**投资规则要透明**：必须对所检验的投资规则给予明确、公开的说明。这样，任何具备足够的时间、金钱、数据、设施及投资意愿的人都可以自己重复模型的结果。投资规则必须合理，并且不由数据推导而得出。

3）**可靠性**：使用同一规则、同一数据库，任何人都应当获得相同的结果。此外，结果必须可以持续相当长一段时间，绝不能通过短短的几年就推导出长期结论。

4）**客观性**：我一直尝试使用那些直观的、有逻辑的并且易于理解的规则，但这一规则在任何情况下都应该是客观的。它们与投资者的社会地位、经济状况及文化背景无关，而且不需要投资者有任何特殊的知识、信息和理解能力。

5）**可靠的数据库**：事后检验有很多困难，而数据的质量是其中最主要的问题。所有的规模庞大的历史数据都会包含许多误差。尽管标准普尔公司的"Compustat 主动型研究"数据库及 CRSP 数据库可以称得上是事后检验的最优标准，但我们必须牢记，这两个数据库都有其局限性。毋庸置疑，数据库没有对某些股票的拆分进行相应调整，有些股票的错误账面值在好几年里都没有得到纠正，有些股票的盈利数字是错误的，而且未经任何修正，甚至有些股票的价格可能是 31，但被错写成 13，等等。对于任何检验股市投资策略的研究而言，这些问题都是存在的，必须对其加以足够的重视，当某一投资策略的业绩只是略微高于市场平均收益时，更应如此。在本版书中，我们首次使用 CRSP 数据库，它所涵盖的证券的时间可以一直上溯至 1926 年。

注意，这些数据库存在的局限绝非小事，在你检查本书中的结论时，务必牢记这一点。在《投资学》杂志的 2009 年冬季刊上，爱德华 F. 麦考利发表了一篇题为《我们对美国的长期收益率到底了解多少》(*The Myth of 1926: How Much Do We Know about Long-Term Returns on U.S. Stocks*) 的文章。在这篇文章里，麦考利扼要介绍了对不同投资策略进行事后检验时需要注意的几个地方。他指出，即便是 CRSP 这样规模巨大的数据库也会存在许多问题，这些问题有：

◎ **时间段的限制**（timeframe limitation）：尽管 CRSP 的数据始于 1926 年，

麦考利注意到，这一时间段并未包括"从覆盖范围上来看，50%的历史记录，还有交易历史接近200年、在美国交易的大盘股"。显然，始于1963年的Compustat月度数据，在数据的覆盖范围上存在着更大的局限性。

◎ 不能覆盖所有交易中的股票：麦考利注意到，"在CRSP数据库所覆盖的时间段内，超过50%的在美国交易的主要股票未被包括在内，尤其是那些盘子较小、价值较高的股票"。

20世纪70年代末，Compustat数据库还纳入了许多小盘股，这有可能导致预测结果的向上偏误，因为许多新增股票仅仅是因为表现优异而被加入的。

因此，在分析各种风格的投资策略时，尽管这几个数据库是最好的，但你还要时刻牢记它们的局限性，并将分析结果与通过其他数据序列得到的结果进行比对。这些数据序列包括：由Dimson、Marsh及Staunton教授提供，在《投资收益百年史》一书中占据重要地位的全球收益数据序列、那些MSCI指数所涵盖的美国以外市场的数据，最终会被纳入美国的数据库（如价值线及Worldscope）之中。

可能存在的问题

对华尔街偏爱的投资策略进行的诸多研究都存在严重的问题，这些问题如下。

数据挖掘

从康涅狄格州的格林尼治到曼哈顿的中央火车站，乘特快列车大约需要40分钟时间。在这段时间内，你可以在车厢里左右张望，并且发现各种各样的在统计上显著的特征，这些特征与同车乘客有关。在这节车厢里可能有许多金发碧眼的女士，或有75%的乘客有着蓝色的眼睛，或是大多数乘客都出生在5月。然而，这些关系很可能只是偶然因素的结果，对于这节车厢前后的车厢就不一定成立了。当你试图对这些关系进行分析时，你实际上是在进行数据挖掘。你会找到一种统计关系，**它对于某个数据组的拟合非常好，但无法拟合另一个数据组**。正如统计学家曾经嘲讽过的那样，只要你对一组数据"拷打"足够长的时间，它们就会"承认"任何事情。因此，如果找到的关系不能从理论、经济、直觉或是常识上给出合理的解释，那么它很可能只是偶然的结果。从而，如果你发现某种投资策略要求你只能在星期三买入股票然后持有16个月半，这一定是数据挖掘的结果。确认超额收益是真实的最好方式，是在不同的时期（或不同的次周期）或不同的市场中（如欧洲国家）对它们进行测试。实际上，通过考察从CRSP数据库1926～1963年的数据中所得到的新结果，我们可以对前述的发现进行测试。我们使用MSCI EAFE数据库（欧洲、澳大利亚及远东地区）得到的研究成果表明，这一策略实现的超额收益率水平与在美国的结果比较接近。

我们运用的另一项技术是**数据自举法**（bootstrapping the data）。这一方法对我们所要测试的各种投资策略的全部结果进行随机重新抽样。我们运行100个随机选择的次周期，以确保全部选取的次周期与各种投资策略所展示的全部结果之间不出现较大的差异。通常来说，如果某种投资策略表现因素最好的10%与表现最差的10%的年化收益率之间存在较大的价差，我们就认为这种投资策略是有用处的，或是有预测能力的。在最近的83年里，最好的（最高的）6个月价格动量股票中最好的十分位（10%）的年收益率比最差的十分位（10%）的年收益率高出9.96个百分点，这一事实提供了非常有用的信息，可以极大地影响我们管理投资组合的方式。为消除这一方法中存在的所有抽样误差，我们对随机抽取的子样本进行一次测试，这可以确保无论我们分析的是哪组股票，这些十分位分组会有类似的年收益率价差。如果在每次数据自举法的测试中进行100次重复抽样，我们首先在事后测试中的所有可能的月度交易日中随机抽取50%的样本，对其他的50%舍弃不用。然后我们在这些日期的可用股票中随机抽取50%的样本，对其他的50%舍弃不用。这实际占了十分位分析初始样本总体的25%。我们对每种投资策略运行100次数据自举法，然后分析这个十分位的收益率价差。巧合的是，对我们的最好的投资策略而言，最好的十分位与最坏的十分位之间的收益率价差在这100次重复抽样中保持不变。换言之，对于6个月价格上涨因素（投资策略），不管你投资于哪组股票，只要你购买的是最好的价格动量的那组股票中最好的10%，你的表现就比较不错。如果我们发现，数据自举的结果差异较大，我们就会对这一结果缺乏信心，并且会研究是否有证据证明，在这一测试中存在着无意的数据挖掘偏差。

时间长度不足

在5～10年的期限内，任何投资策略的回报看起来都可能很光鲜。有无数的投资策略都有可能在某个阶段表现极佳，但在长期内的表现十分糟糕。在任一个特定的年份中，总会有某些稀奇古怪的投资策略获得成功。比方说，1996 年，由股票代码中含有元音字母——A、E、I、O、U 和 Y 的股票构成的股票组合比标准普尔 500 指数的收益率高出 11%，但这绝不意味着它是一个好的投资策略！这个例子只是说明了，在 1996 年里，该股票组合的收益率碰巧超过了标准普尔 500 指数。这一现象在学术上称为**小样本偏差**（small sample bias），那些只关注投资策略在近 5 年中的收益率，并预期它将在所有的 5 年期内都会成功的投资者就是犯了小样本偏差。某个策略在研究时所选的时间段越长，它在未来继续有效的可能性就越大。从统计上来说，来自大样本结果的可信程度总是比那些来自小样本的结果更可靠。

存活者偏差（survivorship bias）

许多研究并未将破产公司的股票包括在内，这就使其产生的研究结果产生向上的偏差。大批股票因公司破产或被兼并而被剔除出数据库。尽管大多数新的研究都包含一个由退市股票构成的板块，但许多早期的研究并未包括这类股票。

前视偏差（look-ahead bias）

许多研究都假设投资者拥有某些基本信息，但他们实际得不到这些信息。例如，研究人员经常假设投资者在 1 月时就掌握了年度盈利数据，但实际上，投资者只有在 3 月以后才能得到这些数据。这也使研究所得到的结论出现向上的偏差。

游戏的规则

我试图通过采用下列方法来改正上述问题。

1. 总体研究样本

我们将在本书的这一版中使用两个数据库——标准普尔公司的 Compustat 主动研究型数据库（数据选取时间为 1963～2009 年）及证券价格研究中心（CRSP）的数据库（数据选取时间为 1926～2009 年）。目前，标准普尔公司的 Compustat 数据库涵盖了北美约 13 000 家公司的股票，并包含有绝大多数交易证券的金融及统计信息的历史记录——年度数据从 1950 年开始统计，季度数据从 1963 年开始统计。

CRSP 数据库提供了美国公司的每日活动、价格、成交量、收益及那些将纽约证券交易所（NYSE）、纳斯达克（Nasdaq）及美国证券交易所（Amex）作为主要上市地的流通中的股份信息。Compustat 与 CRSP 数据库都有专门的研究文件，包含有起初在交易所上市，后因为合并、破产或一些其他原因退市的股票数据。这样处理，避免了当破产公司因不再存续而被剔除出研究报告时，出现的存活者偏差。

我无意夸大检验投资策略长期表现的重要性。正如任何在 20 世纪 60 年代与 20 世纪 90 年代中进行的研究都会钟情于成长型股票，任何在 20 世纪七八十年代中进行的研究也都会找到支持价值型投资的强有力证据。华尔街的投资风格也不断变换，因此，研究的时间跨度越长，结果的参考价值也就越大。从统计学的角度来看，最怪异的结论往往来自最小的样本。与小样本相比，大样本提供的结论总是优于小样本。有些养老金顾问运用一种被称为**可靠性数学**的统计学分支学科，用过去的收益数据预测未来，他们发现，要想准确地预测未来，你最少需要 14 个收益期间的历史记录。

2. 股票的总市值

除了某些专门测试小盘股的研究之外，我仅把股票分成两个不同类别。第一类仅包括那些市值超过 2 亿美元的股票（已经经过通货膨胀率调整），在全书中，我们将这一类股票统称为"所有股票"。表 4-1 展示了怎样根据通货膨胀水平求出各年的最低市值。在本书中我们将继续使用该表中列出的各年数字，以后再对本书进行修订时将根据向上调整的通货膨胀率数字计算新的调整值。第二类则包括那些规模较大、知名度较高的股票，其市值应高于数据库中股票的平均水平（通常为数据库中按市值排列在前 17% 的股票）。在全书中，我们将这一类股票统称为"大盘股"。表 4-2 显示了市值超过数据库中股票平均水平的股票数量。

表 4-1 经通货膨胀调整后的 2 亿美元市值

日　　期	通货膨胀率（%）	通货膨胀调整因子	2 亿美元的价值（美元）
2009 年 12 月	2.72	1.03	205 442 662.25
2008 年 12 月	0.09	1.00	200 000 000.00
2007 年 12 月	4.08	1.00	199 817 341.17
2006 年 12 月	2.54	0.96	191 982 038.55
2005 年 12 月	3.42	0.94	187 225 298.25
2004 年 12 月	3.26	0.91	181 041 535.86
2003 年 12 月	1.88	0.88	175 333 447.50

(续)

日　　期	通货膨胀率（%）	通货膨胀调整因子	2亿美元的价值（美元）
2002年12月	2.38	0.86	172 098 864.09
2001年12月	1.55	0.84	168 103 202.24
2000年12月	3.39	0.83	165 534 562.48
1999年12月	2.68	0.80	160 111 878.53
1998年12月	1.61	0.78	155 925 947.07
1997年12月	1.70	0.77	153 452 442.11
1996年12月	3.32	0.75	150 883 802.35
1995年12月	2.54	0.73	146 031 927.24
1994年12月	2.67	0.71	142 416 804.61
1993年12月	2.75	0.69	138 706 547.18
1992年12月	2.90	0.67	134 996 289.74
1991年12月	3.06	0.66	131 190 897.50
1990年12月	6.11	0.64	127 290 370.45
1989年12月	4.65	0.60	119 964 990.39
1988年12月	4.42	0.57	114 637 441.25
1987年12月	4.41	0.55	109 785 566.15
1986年12月	1.13	0.53	105 123 960.65
1985年12月	3.77	0.52	103 982 342.98
1984年12月	3.95	0.50	100 176 950.74
1983年12月	3.80	0.48	96 371 558.50
1982年12月	3.87	0.46	92 851 570.68
1981年12月	8.94	0.45	89 426 717.66
1980年12月	12.40	0.41	82 101 337.60
1979年12月	13.31	0.36	72 968 396.22
1978年12月	9.03	0.32	64 406 263.68
1977年12月	6.77	0.30	59 078 714.54
1976年12月	4.81	0.28	55 368 457.10
1975年12月	7.01	0.26	52 799 817.34
1974年12月	12.20	0.25	49 374 964.32
1973年12月	8.80	0.22	43 952 280.38
1972年12月	3.41	0.20	40 432 292.56
1971年12月	3.36	0.20	39 100 405.27
1970年12月	5.49	0.19	37 863 652.80
1969年12月	6.11	0.18	35 865 821.87
1968年12月	4.72	0.17	33 772 856.14
1967年12月	3.04	0.16	32 250 699.24
1966年12月	3.35	0.16	31 299 351.18
1965年12月	1.92	0.15	30 252 868.31
1964年12月	1.19	0.15	29 682 059.48

（续）

日 期	通货膨胀率（%）	通货膨胀调整因子	2亿美元的价值（美元）
1963年12月	1.65	0.15	29 396 655.06
1962年12月	1.22	0.14	28 920 981.03
1961年12月	0.67	0.14	28 540 441.81
1960年12月	1.48	0.14	28 350 172.19
1959年12月	1.50	0.14	27 969 632.97
1958年12月	1.76	0.14	27 493 958.94
1957年12月	3.02	0.14	27 018 284.91
1956年12月	2.86	0.13	26 257 206.46
1955年12月	0.37	0.13	25 496 128.01
1954年12月	（0.50）	0.13	25 400 993.21
1953年12月	0.62	0.13	25 591 262.82
1952年12月	0.88	0.13	25 400 993.21
1951年12月	5.87	0.13	25 210 723.60
1950年12月	5.79	0.12	23 783 701.51
1949年12月	（1.80）	0.11	22 451 814.22
1948年12月	2.71	0.11	22 927 488.25
1947年12月	9.01	0.11	22 261 544.61
1946年12月	18.16	0.10	20 453 983.29
1945年12月	2.25	0.09	17 314 534.70
1944年12月	2.11	0.08	16 933 995.47
1943年12月	3.16	0.08	16 553 456.25
1942年12月	9.29	0.08	16 077 782.22
1941年12月	9.72	0.07	14 745 894.93
1940年12月	0.96	0.07	13 414 007.65
1939年12月	（0.48）	0.07	13 318 872.84
1938年12月	（2.78）	0.07	13 318 872.84
1937年12月	3.10	0.07	13 699 412.07
1936年12月	1.21	0.07	13 318 872.84
1935年12月	2.99	0.07	13 128 603.23
1934年12月	2.03	0.06	12 748 064.01
1933年12月	0.51	0.06	12 557 794.39
1932年12月	（10.30）	0.06	12 462 659.59
1931年12月	（9.52）	0.07	13 889 681.68
1930年12月	（6.03）	0.08	15 316 703.77
1929年12月	0.20	0.08	16 363 186.64
1928年12月	（0.97）	0.08	16 268 051.83
1927年12月	（2.08）	0.08	16 458 321.44
1926年12月	（1.49）	0.08	16 838 860.67

表 4-2 市值高于数据库中股票平均水平的股票数量

时期（截至下列日期的一年）	市值高于数据库中股票平均水平的股票数量	数据库中的股票数量	百分比（%）
1962 年 12 月 31 日	162	751	21.57
1963 年 12 月 31 日	164	785	20.89
1964 年 12 月 31 日	175	836	20.93
1965 年 12 月 31 日	231	1 073	21.53
1966 年 12 月 30 日	333	1 676	19.87
1967 年 12 月 29 日	385	1 961	19.63
1968 年 12 月 31 日	483	2 556	18.90
1969 年 12 月 31 日	493	2 668	18.48
1970 年 12 月 31 日	462	2 528	18.28
1971 年 12 月 31 日	528	2 766	19.09
1972 年 12 月 29 日	550	3 037	18.11
1973 年 12 月 31 日	454	2 551	17.80
1974 年 12 月 31 日	405	2 211	18.32
1975 年 12 月 31 日	446	2 387	18.68
1976 年 12 月 31 日	481	2 482	19.38
1977 年 12 月 30 日	516	2 620	19.69
1978 年 12 月 29 日	530	2 607	20.33
1979 年 12 月 31 日	550	2 682	20.51
1980 年 12 月 31 日	557	2 942	18.93
1981 年 12 月 31 日	581	2 829	20.54
1982 年 12 月 31 日	595	2 913	20.43
1983 年 12 月 30 日	678	3 416	19.85
1984 年 12 月 31 日	458	3 235	14.16
1985 年 12 月 31 日	469	3 339	14.05
1986 年 12 月 31 日	521	3 575	14.57
1987 年 12 月 31 日	518	3 408	15.20
1988 年 12 月 30 日	628	3 513	17.88
1989 年 12 月 29 日	615	3 470	17.72
1990 年 12 月 31 日	527	2 965	17.77
1991 年 12 月 31 日	614	3 395	18.09
1992 年 12 月 31 日	675	3 908	17.27
1993 年 12 月 31 日	790	4 684	16.87
1994 年 12 月 30 日	818	4 941	16.56
1995 年 12 月 29 日	882	5 442	16.21
1996 年 12 月 31 日	920	6 013	15.30
1997 年 12 月 31 日	923	6 457	14.29
1998 年 12 月 31 日	767	5 923	12.95
1999 年 12 月 31 日	768	6 053	12.69

(续)

时期（截至下列日期的一年）	市值高于数据库中股票平均水平的股票数量	数据库中的股票数量	百分比（%）
2000年12月29日	720	5 498	13.10
2001年12月31日	709	5 043	14.06
2002年12月31日	657	4 655	14.11
2003年12月31日	771	5 122	15.05
2004年12月31日	815	5 314	15.34
2005年12月30日	815	5 307	15.36
2006年12月29日	805	5 405	14.89
2007年12月31日	777	5 279	14.72
2008年12月31日	622	3 981	15.62
2009年12月31日	651	4 150	15.69
平均值	583	3 549	17.32

不管在哪种情况下，我都不考虑数据库中市值最小的股票。例如，2009年年末，我们的数据库中共有6 705只股票，其中有2 555只股票被排除，因为它们的市值低于经通胀膨胀调整后的2亿美元这一最低市值标准。在同一年里，只有651只股票的市值超过了数据库中股票的平均水平。对于那些包括在Compustat数据库中，但是没有市值、存在重复问题及由共同基金所持有的股票，我们也同样予以剔除。

我在1995年最初选定的市值为1.5亿美元（现在经通货膨胀调整为2亿美元），这一数值是在咨询了华尔街几家较大经纪公司的交易员之后确定的。他们认为，在1995年时（我撰写本书第1版时）要将1亿美元的资金投资于一只大型投资组合，股票市值的最低标准应为1.5亿美元。我使用这样一个数值的目的是避免将微型股票包括在内，并且能将注意力集中在专业投资者可以购买，同时又不会遇到流动性问题的那些股票上。通货膨胀会造成很大的影响：在1963年时仅为2 940万美元的市值，相当于2009年的2亿美元。而同样的2亿美元，折算到1926年，其市值大约等于1 680万美元。

将微型股票剔除，会极大地降低我们研究的某些因素的收益情况。在将本书中起重要作用的某些因素与许多其他学术研究（包含有微型股票）进行比较时，剔除微型股票会使这些因素处于不利的位置。我们已经发现，在将微型股票剔除后，我们的分析结果明显低于那些包含微型股票的研究结果。但我认为，要让我们的投资组合更好地复制现实世界，这样做是适当的，也是符合事实的。微型股票实际上缺乏交易流动性，一手大买单就会让其价格一飞冲天。因此，尽管我们可以假设能按照数据库列出的价格买卖股票，但我认为将微型股票包括进来很容易出问题，也会让我们的研究结果出现不必要的向上偏差。

3. 避免前视偏差

我们只使用公开可用的月度信息。为确保我们所选择的股票都是根据公开的、已经为投资者熟知的信息，我们对季度数据安排 3 个月的时滞期，为年度数据安排 6 个月的时滞期。尽管这样安排会让这些数据显得陈旧，但为避免前视偏差，这样做是有必要的。

使用早期数据有一个潜在的问题，即 Compustat 数据库是不断变化的。如表 4-2 所示，标准普尔公司不断扩展其 Compustat 数据库，逐步加入了许多规模较小的股票，其历史记录最长不超过 5 年。并且，这类股票恰恰是因为其成功而被加入到数据库中的，前视偏差也因此成为一个真正需要考虑的问题。尽管本书不可避免地会出现前视偏差，但我认为，由于我们已经剔除了那些规模最小的股票，这一问题已大有改观。

4. 调整方法

在本书前 3 版中，所有的投资组合都成立于各个公历年的 12 月 31 日，然后持有一年。尽管这是一种有用的方法，对 1950～1963 年这段时期尤其如此，因为在这一时期中只有年度数据可用，但是这种方法存在两个问题。首先，公司现在已经按季度披露财务报表，在任一给定年份中，一年只构建一次投资组合忽略了这一期间的大量新信息。同样的模型将在全年里根据不断变化的季度财务报表信息选择大量的证券。其次，仅仅在 12 月中构建投资组合，所产生的结果会产生季节性偏差。现实情况是，投资者会在一年里持续进行投资，而不只是在 12 月 31 日投资。为解决这两个问题，更好地理解我们所研究的因素或投资策略，现在将所有的结果综合在一起。要做到这一点，我们在每年为每个投资策略构建 12 个相互独立的投资组合，每个月构建一个投资组合，然后将这 12 个月的投资组合的收益进行平均，求出我们的投资组合的收益率。各个月的投资组合的调整期仍然为 1 年。动态调整（综合的事后检验）的结果优于单个月份的分析，这是因为它抓住了某个因素的本质特征，而不是单个数据点。如果某个因素 12 月的序列表现碰巧优于其他月份的表现，你对这个因素的有效性的看法可能会不完整（或不正确）。相反，如果某个因素 12 月的序列表现较差，即使所有其他月的表现都非常好，你仍有可能错过一个非常优秀的因素。

来看一下表4-3，它是我们为考察综合的事后检验的好处而于2009年年初构建的。这张表展示了从所有市盈率最低的股票中购入排名前10%股票的不同结果——差别巨大！如果一个投资者投资了1月序列，其平均年复合收益率为19.03%，在1962年12月投资的10 000美元将在2009年12月增至3 070万美元，而如果一个投资者投资了3月序列（还是从所有市盈率最低的股票中购入排名前10%的股票），其平均年复合收益率为13.81%，在1962年12月时投资的10 000美元将在2009年12月只能增至390万美元，差距接近10倍。实际上，从所有市盈率最低的股票中购入排名前10%股票的投资组合所产生的相对于所有股票的超额收益率差别甚大，从3月序列最低的4.73%到1月序列最高的9.91%。此外，收益率超过股票总体的月度基本比率也存在差异。那些不对其他数据点进行测试，只使用单一数据点（如12月序列）的测试无法告诉我们低市盈率的股票组合在其他月究竟表现如何。使用综合的事后检验，你能更好地理解所分析的因素的真实基本比率。并且，要注意的是，千万不能这么想："我只能在1月投资，因为在1962～2009年中，1月是在所有低市盈率股票调整后收益中表现最好的。"因为表现最好的月通常会随着时间的变化而变化。如果考察1999年1月1日～2008年12月31日的这个10年期，如表4-4所示，我们会发现，最好的表现出现在9月，而1月的表现则沦为中游。

表4-3 统计摘要：低市盈率股票前10%的投资组合（1962年12月～2009年12月的收益率，各月份按收益率排序）

	N 期数	几何平均值（%）	算术平均值（%）	标准差（%）	T 统计值	期末的指数值（美元）	夏普比率	最大的10%（%）
1月	553	19.03	19.36	18.92	6.946 1	30 695 522.02	0.76	−56.74
12月	553	16.38	16.87	17.86	6.413 3	10 877 646.98	0.66	−58.6
11月	553	15.73	16.31	17.87	6.195	8 389 183.87	0.63	−59.68
10月	553	15.44	16.09	18.04	6.051 9	7 466 607.98	0.61	−58.93
8月	553	15.4	16.08	18.19	5.998 4	7 358 622.01	0.61	−59.1
9月	553	15.05	15.77	18.17	5.890 3	6 392 296.59	0.59	−57.7
3月	553	15.03	15.84	18.77	5.728 8	6 344 822.28	0.58	−58.79
7月	553	15.03	15.82	18.58	5.779	6 337 902.47	0.58	−60.01
2月	553	14.84	15.63	18.38	5.770 7	5 887 275.31	0.58	−62.06
6月	553	14.83	15.63	18.54	5.722 5	5 863 131.31	0.57	−58.1
4月	553	14.74	15.53	18.45	5.716	5 651 325.05	0.57	−58.67

(续)

	N 期数	几何平均值(%)	算术平均值(%)	标准差(%)	T统计值	期末的指数值(美元)	夏普比率	最大的10%(%)
3月	553	13.81	14.7	18.3	5.4514	3 878 612.77	0.53	−60.58
平均值		15.44	16.14	18.34	5.97195	8 761 912.39	0.61	−59.08

表4-4 统计摘要：低市盈率股票前10%的投资组合（1999年12月～2008年12月的收益率，各月份按收益率排序）

	N 期数	几何平均值(%)	算术平均值(%)	标准差(%)	T统计值	期末的指数值(美元)	夏普比率	最大的10%(%)
9月	120	13.78	15.3	21.28	2.27	36 369.10	0.48	−57.7
8月	120	13.74	15.27	21.36	2.26	36 241.10	0.48	−59.1
12月	120	13.71	15.12	20.73	2.31	36 139.77	0.49	−58.6
10月	120	13.48	15.07	21.46	2.22	35 412.70	0.47	−58.93
11月	120	13.06	14.58	20.84	2.21	34 141.20	0.46	−59.68
7月	120	12.22	14	21.85	2.03	31 687.76	0.41	−60.01
1月	120	11.9	13.76	21.85	1.99	30 778.75	0.40	−56.74
5月	120	11.71	13.65	22.65	1.91	30 270.96	0.38	−58.79
6月	120	10.88	12.8	22.11	1.83	28 085.63	0.35	−58.1
4月	120	10.01	11.93	21.82	1.73	25 950.10	0.32	−58.67
3月	120	8.21	10.17	20.99	1.53	22 017.78	0.25	−60.58
2月	120	8.13	10.19	21.35	1.51	21 858.69	0.24	−62.06
平均值		11.74	13.49	21.52	1.98	30 746.13	0.394 703	−59.08

我们还发现月度综合结果的基本比率有所提高。这是因为，12月序列现在只占整个投资组合的1/12。事后检验表明，每年只在12月调整一次的策略或因素有可能高估或低估这一策略或因素的有效性，这会让我们在选择最好的投资因素时犯错误。

例如，假如构建于12月、每年调整一次的低市盈率投资组合的表现低于其他指标值，我们就不会将这一指标作为我们投资策略的最优选择。然而，我们已知的事实证明，当我们按月份构建投资组合时，价格/动量这一指标的表现非常好。

相反，当我们每个月构建一个投资组合，每年构建12个投资组合时，我们就能更加深入地理解某个投资策略或因素的运作方式。毕竟这些因素或策略与信息有关，而信息在一年里是不断变化的。我们仅在12月构建投资组合，忽略了其他11个月的信息。如果把全年的信息都包括进来，我们就可以知道哪个因素的表现最好，而不用考虑初始投资及随后调整的具体时机。

所有的投资策略都是每年调整一次，股票是等权重投资的，没有对贝塔值、行业及其他变量进行调整。投资组合也可以纳入那些包含Compustat数据库中的外国股票（表现为美国存托凭证ADR的形式）。

本书的这一版还包括了取自月度数据的风险统计数据。通过这些数据，我们可以重点研究下列问题，如投资策略有良好表现的频率，最差的情况是什么，某个投资策略的回收期有多长等。

假设已构建投资组合在这一年内并不进行交易，只有一种情况例外——如果在投资组合正式调整之前，公司破产或被收购，我们会将出售这只股票的收入按比例地投入到投资组合剩余的股票当中。这对我们得到的结果或许会有一些轻微的影响，因为厌恶交易型投资策略会因此受益，但我认为，一旦将交易成本考虑进去，许多表现优异的投资策略就会变得十分平庸。我还检验了投资组合的年收益率情况，并将那些极端收益（或数据）的股票剔除出投资组合，因为这与外部信息不一致。

在现实生活中，我们列出了6个"危险信号"，提醒我们将某只股票剔除出投资组合，更换一只满足我们投资策略标准的新股票。这些危险信号如下。

1）如果一家公司无法满足《萨班斯-奥克斯利法案》所要求的财务标准，我们会将这只股票剔除出投资组合。

2）如果一家公司因舞弊而被联邦政府处罚，我们会将这只股票剔除出投资组合。

3）如果一家公司对其在构建投资组合时承诺的财务数据进行修订，我们会将这只股票剔除出投资组合。

4）如果一家公司收到来自第三方公司的收购要约，而该公司的股价变化高于收购报价的95%，我们会将这只股票剔除出投资组合。

5）如果一家公司的股价与其在构建投资组合时相比下跌了50%，并且处于所有股票在12个月之内最低价格的前10%这一价格区间内，我们会将这只股票剔除出投资组合。

6）如果基于股息的投资策略组合中的某只股票削减股息50%以上，我们会将这只股票剔除出投资组合。

我还对每种策略的绝对收益及经风险调整后的收益进行了比较，并分析了每种投资策略的贝塔值。从理论角度来说，贝塔值衡量的是某个证券或证券投资组合的业绩与市场总体业绩的相关程度。某个证券或证券投资组合的贝塔值为1，这表明其风险与收益情况和市场总体的风险与收益情况相类似；如果某个证券或证券投资组合的贝塔值为 1.4，这意味着其风险与收益均高于市场总体的风险与收益。经风险调整后的收益考虑到了某个投资组合的波动性（用该组合收益率的标准差衡量），而不只是考虑其绝对收益率。一般来说，与一个年收益为 16%、标准差为 30% 的投资组合相比，投资者更偏好年收益为 15%、标准差为 20% 的投资组合。收益率高出 1% 的这一优势，并不能抵消风险波动所带来的恐惧与担心。在计算收益/风险的指标时，我使用著名的夏普比率。这一比率越高，经风险调整后的收益也就越高。要计算夏普比率，只需要计算某个投资策略的平均收益率，减去无风险利率（我们使用 5% 的无风险利率，这一常数可以让我们在所有的子周期中使用同一无风险利率对各种投资策略进行比较），然后再用这一差值除以收益率的标准差。夏普比率的重要性在于其反映了风险。表 4-5 提供了一个案例，来说明某个投资策略在绝对收益上超过了标准普尔 500 指数，但是其经风险调整后的收益赶不上标准普尔 500 指数。一般来说，你只会使用那些无论是绝对收益还是经风险调整后的收益都超过基准指标的投资策略。我还展示了下行风险（downside risk）——用低于零的半标准差来衡量这一风险，即用这一指标衡量某一投资策略在股票价格下跌时的风险。我认为这是一种更准确的风险测度方式。除此之外，在介绍了夏普比率之后，我们还要介绍索蒂诺比率（Sortino ratio），这一比率是对夏普比率的修正，它只关注下行风险。要计算索蒂诺比率，需要用投资组合的收益率减去必要收益率（一个常数，如 10%），再用这一差值除以下行风险。

表 4-5　确定某一投资策略的经风险调整的收益率

年末	标准普尔 500 指数的收益率 (%)	投资策略的收益率 (%)	常数无风险收益率 (%)	标准普尔 500 指数的收益率 − 常数无风险收益率 (%)	投资策略的收益率 − 常数无风险收益率 (%)
1993 年 12 月 31 日	9.99	7.00	5.00	4.99	2.00
1994 年 12 月 31 日	1.31	5.00	5.00	−3.69	0.00
1995 年 12 月 31 日	37.43	42.00	5.00	32.43	37.00
1996 年 12 月 31 日	23.07	18.00	5.00	18.07	13.00
1997 年 12 月 31 日	33.36	24.00	5.00	28.36	19.00
1998 年 12 月 31 日	28.58	16.80	5.00	23.58	11.80
1999 年 12 月 31 日	21.04	23.57	5.00	16.04	18.57
2000 年 12 月 31 日	−9.11	−5.00	5.00	−14.11	−10.00
2001 年 12 月 31 日	−11.88	−5.18	5.00	−16.88	−10.18
2002 年 12 月 31 日	−22.10	−28.00	5.00	−27.10	−33.00
2003 年 12 月 31 日	28.70	48.00	5.00	23.70	43.00

（续）

年末	标准普尔500指数的收益率（%）	投资策略的收益率（%）	常数无风险收益率（%）	标准普尔500指数的收益率－常数无风险收益率（%）	投资策略的收益率－常数无风险收益率（%）
平均值	12.76	13.29	5.00	7.76	8.29
标准差	19.43	20.83	0.00		

注：1. 标准普尔500指数的风险调整后收益率等于7.76%，除以19.43%，或0.4。
 2. 投资策略的风险调整后收益率等于8.29%，除以20.83%，或0.39。

5. 最低预期收益与最高预期收益

此外，在和所有投资策略有关的信息总结部分，除在过去52年中该投资策略所实际获得的最高收益与最低收益数据之外，我还提供了它的最高和最低预期收益。这一信息极其有用，因为投资者可以了解每个投资策略可能遭受的最大损失，然后决定是否能够承受这一风险。

6. 概要统计

在本书的这一版中，我为每种投资策略提供了大量的测度方式，这是之前的各版所没有的。我使用晨星公司的Encorr分析师软件生成了全部**概要统计**（summary statistics）信息。除了之前介绍过的概念之外，概要统计结果报告还包括如下内容。

◎ **数学平均值**：在统计期内的收益率的平均值。

◎ **几何平均值**：在统计期内的年复合平均收益率。

◎ **收益的中值**：位于所有收益率中间的收益率，50%的收益率高于该值，50%的收益率低于该值。

◎ **收益的标准差**：在某个整体数据序列中，所观测到的数据序列对其平均值的偏离程度。收益的标准差越大，投资策略也就越有"风险"。但是，由于全部观测值的大约70%为正值，我认为，使用这种方式测量某个投资组合的整体风险有可能造成误导。毕竟，如果股票的走势和你预期的相同时，你会希望这"风险"越高越好。因此，我更倾向于使用以下指标。

◎ **收益率低于零的半标准差（下行风险）**：我认为这一指标可以更好地测

度某个投资策略的风险，因为它专注于所有低于零收益的左侧观测值代表的那一部分风险。半标准差实际关注的是下行风险，在股票价格下跌时，这一数值越小，投资策略的风险也就越小。

◎ T 统计量：这一指标衡量的是统计值可以归结为偶然性的可能性有多大。通常来说，T 统计量的值为 +/−1.96（观测值至少要有 20 个）意味着统计值在 95% 的置信区间具有统计上的显著性。T 统计量越高，观测值归结为偶然性的可能就越小。你可以通过所分析时期的一系列随机生成数据来检验这一指标。例如，在 1963～2009 年这一时期内产生的一系列随机指标的 T 统计量是 −1.02。

◎ 所选取投资策略的投资组合的跟踪误差：跟踪误差测度的是一个投资组合的收益与作为基准的一个指数或投资组合之间联系的紧密程度。跟踪误差越大，投资组合与基准的相似程度也就越低。

7. 由 25～50 只股票构成的投资组合与 10%

所有的多因素模型都包含 25～50 只股票。对于所有的单因素模型，我们将最好的 10% 与最差的 10% 进行比较。

8. 投资纪律

我检验的是投资纪律，而不是交易策略。我的研究结果表明，股票总体市场并非完全有效。投资者只要在长期中严格遵循优秀的投资策略，就能够实现高于市场平均水平的收益率。简单、严格地遵循投资策略，例如，买入道琼斯工业平均指数中股息率最高的 10 只股票，在过去 75 年中获得了成功，因为这样做不受市场情绪的影响，而且迫使投资者在某公司陷入困境时仍然坚持买入其股票。在博帕尔事件之后，没有人愿意买入联合碳化物公司（Union Carbide）的股票，在瓦尔迪兹（Valdez）漏油事件之后，没有人对埃克森公司（Exxon）的股票感兴趣，但此时恰恰是最好的买入时机。

9. 成本

我们的研究并没有考虑交易成本与买卖价差等因素。每位读者面临着不同的交易成本，交易额成百上千万美元的机构投资者的交易成本大大低于交易零星股票的个人投资者。因此，每一位投资者都可以根据适当的交易成本对原始数据或投资策略进行检验。然而，自从本书第 1 版在 1996 年出版以来，网络经济公司（Online broker）已经大大降低了个人投资者的股票交易成本。在许多情况下，个人投资者只须支付 7 美元的固定交易费用，即可买卖任何数量的股票。像 Sharebuilder.com 与 FolioInvesting.com 等公司还提供这样的服务，只要支付一笔固定数量的年费，你就可以通过这些公司在一年内无限次地购买股票。和过去相比，这种变化使个人投资者可以以更低的成本进行大宗交易，因为他们的交易成本已经十分接近于大型机构投资者的成本。

至于买卖价差的损益情况，哥伦比亚大学商学院的查尔斯 M. 琼斯在 2002 年 5 月发表了一篇题为《一个世纪以来的股票市场的交易成本及流动性》（*A Century of Stock Market Liquidity and Trading Costs*）的杰出论文。琼斯在这篇论文中发现，在考察道琼斯工业平均指数中所包含的 30 只股票（它们应该是美国交易所中最具流动性的股票）时："令人惊讶的是，在 20 世纪 10 年代与 20 世纪 20 年代之间的相当长一段时期之内，道琼斯股票的买卖价差一直维持在 0.6% 的水平上，这一水平在 20 世纪 50 年代、20 世纪 80 年代中也没有发生大的变化。在最近的 20 年中，买卖价差大幅度下降。"在这篇论文中，琼斯列举了一幅图表，说明这些股票的买卖价差在 21 世纪初已经下降至 0.2%。这说明，即使是美国交易所中最具流动性的股票，一直到 20 世纪 80 年代，其买卖价差也一直维持在 0.6% 左右。那些规模更小的公司的股票买卖价差显然更高。因此，当你希望在现实世界中利用 20 世纪 60 ～ 80 年代之间的数据来实施这些投资策略时，你最好是减去 1% 的盈利（或是加上 1% 的损失）。目前，奥肖内西资产管理公司的交易员发现，小盘股的买卖价差平均为 0.5%，而大盘股的买卖价差平均为 0.15%。

接下来，我们来看一下对各种投资策略所做的检验。我们首先对不同市值股票的收益情况进行回顾，然后考察单因素和多因素组合的收益。

| 第 5 章 |

按市值对股票排序

规模很重要

要掌握一项技能,首先要按部就班、简化程序。

——托马斯·曼恩

在本书的这一版中,我们使用 CRSP 数据库,根据市值检验 1926~2009 年的股票。首先,我们来预习一下两个样本总体的收益,这是我用来比较其他投资策略的基准指标。这两个依据市值的基准测试,就是"所有股票"与"大盘股"。"所有股票"指的是所有市值高于 2 亿美元(经通货膨胀调整后的值)的股票,"大盘股"指的是市值高于数据库市值平均水平的股票(通常包括该数据库中按市值排列在前 17% 的股票)。我们还检验了一组小盘股样本总体,这类小盘股流动性适中,可以进行大宗交易。最后,我使用 Compustat 数据库来检验一组由龙头股组成的大盘股样本总体。对于这些市场领先公司——我称之为龙头公司,我需要使用 Compustat 数据库中的数据,因为我们构建龙头股样本总体所需的某些因素在 CRSP 数据库中是找不到的。除了这些可用于投资的投资组合样本总体外,我还重点关注那些可投资的公司(市值高于经通货膨胀调整后的 2 亿美元)的股份,对这些可投资股票按照市值的规模,依十分位(10%)从小到大进行排序。

除了龙头股样本总体之外,在所有的情况下,我都从 1926 年 12 月 31 日开始投资 10 000 美元,且每年对投资组合进行调整(使用我们在第 4 章中所介绍的综合调整方法)。和我所有的检验一样,组合中各只股票具有相等的权重,全部股息均被再投资，而且，为避免前视偏差，对所有的相关变量（如流通普通股股数等）均假设一定的时间滞后期。我还使用月度数据对过去83年中最糟糕的情况进行了说明。

表5-1显示了"所有股票""大盘股"及标准普尔500指数的收益情况。正如第1章所提到的，在那些市值超过CRSP及Compustat数据库平均数的"大盘股"投资组合的收益与标准普尔500指数的收益之间，几乎没有什么区别。在1926年12月31日投资于标准普尔500指数的10 000美元在2009年12月31日的价值增至23 171 851美元，而等额资金若在同期内投资于"大盘股"投资组合，其价值将增至21 617 372美元。这丝毫不令人惊讶，因为投资于标准普尔500指数实际上就等同于投资于那些规模大、知名度高的公司。表5-1对各组投资组合的年度收益进行了小结。在此期间，标准普尔500指数的年复合平均收益率为9.78%，而"大盘股"投资组合的年复合平均收益率为9.69%。

"所有股票"投资组合的表现远远超过标准普尔500指数与"大盘股"投资组合：10 000美元的初始投资增至38 542 780美元，年复合平均收益率为10.46%。然而，这种投资业绩的表现并非一帆风顺。与"大盘股"投资组合相比，"所有股票"投资组合的标准差更高，为21.67%，同时还具有更高的下行风险。此外，如果分析这一时期的滚动收益率，你会发现，在某些时期内"所有股票"投资组合的表现明显地超过"大盘股"投资组合。另外一些时候则正好相反，20世纪30年代初，"大盘股"投资组合在5年期内的表现优于"所有股票"投资组合，但"所有股票"投资组合在1932年市场见底之后的表现更突出。例如，在截至1937年5月的5年期里，"所有股票"投资组合相对于前5年的累计收益为461%，年复合平均收益率为41.17%，而"大盘股"投资组合的同期收益率为370%，年复合平均收益率为36.26%，从这5年期内的累计收益来看，"所有股票"投资组合的表现比"大盘股"投资组合的表现要超出91个百分点。

表5-1 标准普尔500指数、"大盘股"及"所有股票"投资组合的年收益及风险数据统计概要（1927年1月1日～2009年12月31日）

	标准普尔500指数	"大盘股"	"所有股票"
算术平均值（%）	11.81	11.75	13.06
几何平均值（%）	9.78	9.69	10.46
平均收益（%）	16.58	16.75	18.54
标准差（%）	19.27	19.35	21.67
向上的偏差（%）	13.65	13.10	14.78
向下的偏差（%）	14.43	14.40	16.03

(续)

	标准普尔500指数	"大盘股"	"所有股票"
跟踪误差	4.22	0.00	4.76
收益为正的时期数	615	609	606
收益为负的时期数	380	387	390
从最高点到最低点的最大跌幅（%）	−83.41	−84.33	−85.45
贝塔值	0.97	1.00	1.10
T统计量（m=0）	5.30	5.25	5.19
夏普比率（Rf=5%）	0.25	0.24	0.25
索蒂诺比率（MAR=10%）	−0.01	−0.02	0.03
10 000美元投资的最终结果（美元）	23 171 851	21 617 372	38 542 780
1年期最低收益（%）	−67.56	−66.63	−66.72
1年期最高收益（%）	162.89	159.52	201.69
3年期最低收益（%）	−42.35	−43.53	−45.99
3年期最高收益（%）	43.35	45.64	51.03
5年期最低收益（%）	−17.36	−20.15	−23.07
5年期最高收益（%）	36.12	36.26	41.17
7年期最低收益（%）	−6.12	−6.95	−7.43
7年期最高收益（%）	25.82	22.83	23.77
10年期最低收益（%）	−4.95	−5.70	−5.31
10年期最高收益（%）	21.43	19.57	22.05
预期最低收益①（%）	−26.73	−26.96	−30.28
预期最高收益②（%）	50.35	50.46	56.39

① 预期最低收益等于收益率的算术平均值减去2倍的标准差。
② 预期最高收益等于收益率的算术平均值加上2倍的标准差。

1975年12月31日～1983年12月31日，"所有股票"投资组合的收益率远高于"大盘股"投资组合的收益率，而在接下来的1984年12月31日～1990年12月31日这一期间，情况恰好相反。在某些时期里，"所有股票"投资组合和"大盘股"投资组合一样，陷入了最糟糕的境地：1929年8月～1932年6月，"所有股票"投资组合损失了85.45%，"大盘股"投资组合损失了84.33%；而1926～2009年，这两种投资组合损失在20%以上的次数都是20次。"所有股票"投资组合从最高点到最低点的最大跌幅超过20%以上的次数为9次，最大跌幅发生在1929年8月～1932年6月，损失为85.45%。最近的一次大跌发生在2007年5月～2009年2月，"所有股票"投资组合的跌幅为55.54%。表5-1概括了每个投资组合在1926～2009年的表现，表5-2显示了这些投资组合在各个10年期内的表现。图5-1显示了在1926～2009年这一时期内，"所有股票"投资组合相对于"大盘股"投资组合的滚动年复合平均超额收益率。

表 5-2 按 10 年期划分的年复合平均收益率

	20 世纪 20 年代①	20 世纪 30 年代	20 世纪 40 年代	20 世纪 50 年代	20 世纪 60 年代	20 世纪 70 年代	20 世纪 80 年代	20 世纪 90 年代	21 世纪第 1 个 10 年②
"所有股票"（%）	12.33	−0.03	11.57	18.07	10.72	7.56	16.78	15.35	4.39
"大盘股"（%）	17.73	−1.05	9.65	17.06	8.31	6.65	17.34	16.38	2.42
标准普尔 500 指数（%）	21.83	−0.05	9.17	19.35	7.81	5.86	17.55	18.20	−0.95

① 1927 年 1 月 1 日～1929 年 12 月 31 日的收益。
② 2000 年 1 月 1 日～2009 年 12 月 31 日的收益。

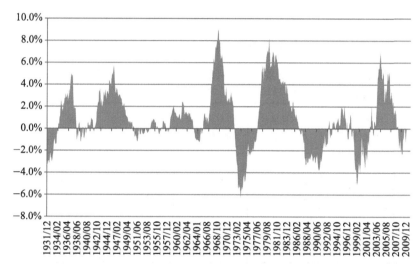

图 5-1 5 年期滚动年复合平均超额收益率（或超额损失率）（"所有股票"投资组合的收益率减去"大盘股"投资组合的收益率，1927 年 1 月 1 日～2009 年 12 月 31 日）

最糟糕的情况，最高收益与最低收益

我们列举了每种投资策略在 1 年、3 年、5 年及 10 年期内的最高及最低收益率，还考察了每组投资组合最糟糕的情况，并列举了所有跌幅超过 20%（这种情况通常被定义为熊市）的情况、下跌的持续时间及复苏所需的时间。

表 5-3 ～表 5-5 显示了每种投资组合最糟糕的情况，表 5-6 ～表 5-7 显示了各投资组合在持有期内的最高与最低的收益率。例如，某个希望投资期限为 5 年的投资者想投资于"所有股票"投资组合，他或许会参考该组合在过去 83 年里的月度收益

情况，在表现最差的5年期里，年平均收益率为-23.07%，而表现最好的5年期的年平均收益率为41.17%。这两种情况都发生在20世纪30年代、由1929年的股市大崩溃所导致的大萧条时期之后，但是，正如我们在近期的股市崩盘中所发现的那样，这些情况提供了一个典型案例，说明了这些5年期的最高与最低收益率对投资者具有怎样的意义。如表5-7所示，将这些数据转换成美元金额，假设某个投资者在"所有股票"投资组合中投入10 000美元，在未来5年中的收益如果和过去83年中最糟糕的情况相同，则其投资组合的价值将变成2 695美元，总的损失为73.05%，或每年损失23.07%。另外，如果这位投资者在未来5年中的收益和过去83年中最好的情境相同，则其投资组合的价值将变成56 062美元，总的收益为461%，年收益率为41.17%。投资者应当寻求那些升值潜力最大，同时下行风险最小的投资策略，因此，我们将在研究所有关键投资策略时重点关注这些数据。

表5-3 最糟糕的情况："所有股票"投资组合跌幅超过20%的全部数据（1927年1月1日~2009年12月31日）

股市见顶的时间	股市见顶时的指数值	股市见底的时间	股市见底时的指数值	股市复苏的时间	跌幅（%）	下跌持续期（月）	复苏持续期（月）
1929年8月	2.09	1932年6月	0.30	1944年5月	-85.45	34	143
1946年5月	4.31	1947年5月	3.02	1950年1月	-29.80	12	32
1961年11月	28.62	1962年6月	21.68	1963年8月	-24.25	7	14
1968年11月	78.28	1974年9月	36.94	1977年6月	-52.81	70	33
1987年8月	541.36	1987年11月	365.98	1989年4月	-32.40	3	17
1989年9月	617.58	1990年10月	459.03	1991年3月	-25.67	13	5
1998年4月	2 159.90	1998年8月	1 526.20	1999年6月	-29.34	4	10
2000年3月	2 767.91	2002年9月	1 748.78	2003年11月	-36.82	30	14
2007年5月	4 859.84	2009年2月	2 160.86		-55.54	21	
平均值					-41.34	21.56	33.5

表5-4 最糟糕的情况："大盘股"投资组合跌幅超过20%的全部数据（1927年1月1日~2009年12月31日）

股市见顶的时间	股市见顶时的指数值	股市见底的时间	股市见底时的指数值	股市复苏的时间	跌幅（%）	下跌持续期（月）	复苏持续期（月）
1929年8月	2.31	1932年5月	0.36	1945年2月	-84.33	33	153
1946年5月	3.52	1947年5月	2.66	1949年12月	-24.57	12	31
1961年11月	23.28	1962年6月	17.75	1963年5月	-23.76	7	11
1968年11月	46.40	1970年6月	30.93	1971年12月	-33.33	19	18
1972年11月	53.38	1974年9月	29.15	1976年9月	-45.39	22	24

(续)

股市见顶的时间	股市见顶时的指数值	股市见底的时间	股市见底时的指数值	股市复苏的时间	跌幅（%）	下跌持续期（月）	复苏持续期（月）
1987 年 8 月	321.58	1987 年 11 月	226.82	1989 年 4 月	−29.47	3	17
1998 年 4 月	1 335.07	1998 年 8 月	1 051.59	1998 年 12 月	−21.23	4	4
2000 年 8 月	1 811.01	2002 年 9 月	1 071.37	2004 年 11 月	−40.84	25	26
2007 年 10 月	2 824.49	2009 年 2 月	1 305.79		−53.77	16	
平均值					−39.63	15.67	35.5

表 5-5　最糟糕的情况：标准普尔 500 指数跌幅超过 20% 的全部数据（1927 年 1 月 1 日～2009 年 12 月 31 日）

股市见顶的时间	股市见顶时的指数值	股市见底的时间	股市见底时的指数值	股市复苏的时间	跌幅（%）	下跌持续期（月）	复苏持续期（月）
1929 年 8 月	2.63	1932 年 6 月	0.44	1945 年 1 月	−83.41	34	151
1946 年 5 月	3.99	1946 年 11 月	3.12	1949 年 10 月	−21.76	6	35
1961 年 12 月	32.35	1962 年 6 月	25.14	1963 年 4 月	−22.28	6	10
1968 年 11 月	61.27	1970 年 6 月	43.35	1971 年 3 月	−29.25	19	9
1972 年 12 月	76.11	1974 年 9 月	43.66	1976 年 6 月	−42.63	21	21
1987 年 8 月	411.97	1987 年 11 月	290.31	1989 年 5 月	−29.53	3	18
2000 年 8 月	2 654.00	2002 年 9 月	1 466.79	2006 年 10 月	−44.73	25	49
2007 年 10 月	3 056.44	2009 年 2 月	1 499.18		−50.95	16	
平均值					−40.57	16.25	41.86

表 5-6　按月度数据计算得到的最高与最差的年复合平均收益率（1927 年 1 月 1 日～2009 年 12 月 31 日）

各投资组合的收益情况	1 年期	3 年期	5 年期	7 年期	10 年期
标准普尔 500 指数的最低复合收益率（%）	−67.56	−42.35	−17.36	−6.12	−4.95
标准普尔 500 指数的最高复合收益率（%）	162.89	43.35	36.12	25.82	21.43
"大盘股"投资组合的最低复合收益率（%）	−66.63	−43.53	−20.15	−6.95	−5.70
"大盘股"投资组合的最高复合收益率（%）	159.52	45.64	36.26	22.83	19.57
"所有股票"投资组合的最低复合收益率（%）	−66.72	−45.99	−23.07	−7.43	−5.31
"所有股票"投资组合的最高复合收益率（%）	201.69	51.03	41.17	23.77	22.05

表 5-7　10 000 美元按最高与最低的收益率（通过月度数据计算得出）投资所得到的最终价值（1927 年 1 月 1 日～2009 年 12 月 31 日）

各投资组合的收益情况	1 年期	3 年期	5 年期	7 年期	10 年期
按最低复合收益率投资于标准普尔 500 指数的 10 000 美元的最终价值（美元）	3 244	1 916	3 855	6 427	6 021
按最高复合收益率投资于标准普尔 500 指数的 10 000 美元的最终价值（美元）	26 289	29 458	46 736	49 906	69 692

(续)

各投资组合的收益情况	1年期	3年期	5年期	7年期	10年期
按最低复合收益率投资于"大盘股"投资组合的10 000美元的最终价值（美元）	3 337	1 800	3 247	6 041	5 561
按最高复合收益率投资于"大盘股"投资组合的10 000美元的最终价值（美元）	25 952	30 890	46 970	42 189	59 747
按最低复合收益率投资于"所有股票"投资组合的10 000美元的最终价值（美元）	3 328	1 576	2 695	5 825	5 793
按最高复合收益率投资于"所有股票"投资组合的10 000美元的最终价值（美元）	30 169	34 452	56 062	44 504	73 345

如果不考虑大萧条时期[⊖]我们会发现，我们重点关注的这3个指数的走势偶尔会不一致。例如，自1950年以来，标准普尔500指数所经历的3年期的最大跌幅是截至2003年3月的3年期，指数在此期间下跌了41%；而"所有股票"投资组合与"大盘股"投资组合所经历的3年期的最大跌幅都是截至2009年2月的3年期，这两个投资组合在此期间的跌幅分别为46%与41%。从对这些数据的分析可知，在2000～2003年3月的熊市期内，与美国上市股票所受影响的平均水平相比，标准普尔500指数所受的影响更大。通过这些数据，你会发现：在1997～2000年的泡沫期间，标准普尔500指数产生的偏离有多大。在此期间，标准普尔500指数（或者更具体地说，指数中的一部分大规模成长型公司）的表现最好，并且与市场上所有其他股票的表现产生了极大的差异。记住，当你购买了标准普尔500指数，你就是等量地投资了整个市场。

表5-3～表5-5显示了这几种投资组合最糟糕的情况。对标准普尔500指数相关数据的回顾表明，在过去的83年里，标准普尔500指数跌幅超过40%（我将此定义为**超级熊市**）的情况共出现4次。注意，这4次中的两次是在最近的10年中发生的。另外两次，一次发生在1929～1932年6月，一次发生在1972年12月～1974年9月，其间相隔42年——时间之长，足以让投资者忘记一次超级熊市对投资者的可怕影响。现在的投资者没有这么幸运，2000～2009年所发生的一波又一波的超级熊市足以改变投资者的行为。即便在市场发生戏剧性的反转（开始于2009年3月）之后，投资者的资金仍然源源不断地撤出股市，转而投入到债券市场。实际上，股票投资者的神经已然崩溃，这让他们的投资行为变得更加保守，全然不顾这一事实：自美国证券交易所在18世纪90年代创立以来，美国股市每一次都能从衰退期中恢

⊖ 在这一时期，截至1932年6月，所有4种投资组合都经历了3年期的最大跌幅。

复元气，并再创新高。

再来看一下表5-5，我们发现，在全部损失期内，标准普尔500指数平均下跌40.57%，下跌时间平均持续16个月。如表5-5所示，平均复苏期为42个月，几乎是下跌时间的3倍。当我们发现熊市再一次来临时，这一信息特别有用，因为表5-5同时也说明，即便是最恐怖的下跌，股市也总能走出低谷，再获新生。

最后，我总会研究每种投资策略的基本比率，以确定它们相对于这两种主要的投资基准指标（"所有股票"与"大盘股"）的表现。表5-8显示了"所有股票"投资组合与"大盘股"投资组合的基本比率。通过研究滚动的5年期与10年期的收益率来确定基本比率，我们发现在全部的937个滚动的5年期内，"所有股票"投资组合有586天的表现优于"大盘股"投资组合的表现，或占全部时间的63%，而在全部的877个滚动的10年期内，"大盘股"投资组合有655天的表现优于"所有股票"投资组合，或占全部时间的75%。与之相反，在全部的滚动5年期内，"大盘股"投资组合表现优于"所有股票"投资组合的时间占37%，而在全部的滚动10年期内，"大盘股"投资组合表现优于"所有股票"投资组合的时间占25%。这种收益情况表明，对大多数投资策略而言，最好投资于"所有股票"这一投资组合。这一组合也包括许多小盘股，因为它的表现明显优于那些由大规模、著名公司构成的投资组合。

表5-8 "所有股票"投资组合与"大盘股"投资组合的基本比率（1927年1月1日～2009年12月31日）

项目	"所有股票"投资组合战胜"大盘股"投资组合的时间	百分比（%）	年平均超额收益率（%）
1年期收益率	985期中有538期	55	1.31
滚动的3年期复合收益率	961期中有533期	55	0.88
滚动的5年期复合收益率	937期中有586期	63	0.95
滚动的7年期复合收益率	913期中有627期	69	0.97
滚动的10年期复合收益率	877期中有655期	75	0.91

小盘股的表现有多好

大多数以股票市值为对象的学术研究将股票按市值进行排序，并按百分比（10%）分为10组，并研究各组内股票的收益是怎样随着时间的变化而变化的。研究的结果非常一致：小盘股（排名最低的2个十分位组内的股票）的收益率大大高于大盘股的收益率。我们还发现，小盘股具有极高的收益率。

在使用 Compustat 及 CRSP 数据库进行验证时，这种方法所存在的严重问题在于，基于小盘股的高收益而侧重于买入这类股票的投资策略几乎是不可能实现的。在对那些无法投资的微型股票（市值低于经通货膨胀调整后的 2 500 万美元的股票）进行了深入分析之后，我们发现，投资产生的收益主要取决于某只股票是否被包括在测试之中。例如，我们来看一下从 Compustat 数据库中所包含的股票中遴选出的样本总体，如表 5-9 所示，按照我们不同的假设，收益率之间存在着显著的差异。假设在 1964～2009 年这一期间，如 Compustat 数据库的情境 1 所示，你要求股票价格要超过 1 美元，但不限制股票的收益率，并且将那些缺失数据的股票也纳入投资组合中，则投资组合的平均复合收益率为 28%。然而，当你要求所有的股票价格均须超过 1 美元，剔除那些数据缺失的股票，将那些月度收益率低于 2 000% 的股票排除在外，如 Compustat 数据库的情境 2 所示，投资组合的收益率下降了大约 10%，其平均年复合收益率为 18.2%。最后，如 Compustat 数据库的情境 3 所示，如果你不再增加其他标准，但是将所有的微型股票都纳入投资组合，而且不限制股票价格及其收益情况，你所构建的投资组合的年收益率将为 63.2%。

表 5-9 不同情境下 Compustat 及 CRSP 数据库中的微型股票（市值低于经通货膨胀调整后的 2 500 万美元的股票）的收益率情况（1964～2009 年）

CRSP 数据库	收益率（%）	标准差（%）	交易状况	交易所	股份类型	价格
情境 1	17.8	25.4	活跃	主要交易所	股票或美国存托凭证	任意价格
情境 2	17.7	25.4	所有情况	所有交易所	任意类型	任意价格
情境 3	17.6	24.1	所有情况	所有交易所	任意类型	价格 >1 美元
Compustat 数据库	收益率（%）	标准差（%）	收益率数据无缺失	对收益率是否限制	价格	
情境 1	28.0	111.5	是	无限制	>1 美元	
情境 2	18.2	24.8	是	>2 000%	>1 美元	
情境 3	63.2	139.3	是	无限制	任意价格	
情境 4	23.9	27.4	是	20	任意价格	

显然，利用和这些无法投资的微型股票有关的数据来投资，所产生的收益区别甚大，其结果完全取决于你所做假设的现实程度。在分析了 Compustat 及 CRSP 数据库的数据后，我们的结论是，如果你可以购买这些微型股票，从长期来看，最现实的年平均收益将介于 17.6%～18.2%。当我们扩展这一分析，将 1926 年 7 月～2009 年 12 月这一时期包括进来，使用 CRSP 数据库，这些无法投资的微型股

票的年复合平均收益率降至15%。因此，这一投资组合的收益率很不稳定，你所观测到的结果在很大程度上取决于投资组合包含了哪只股票，又剔除了哪只股票。在2009年12月31日，Compustat及CRSP数据库中大约有2 401只无法投资的微型股票（根据我们的定义界定）——不管多大的交易量都有可能导致该股票的买卖价差猛增，从而导致这些股票的价格极其不稳定。不管投资者的规模有多大，他们可以是机构投资者，也可以是希望购买大量股票的个人投资者，如果想购买这些微型股票，这些股票的价格就会飙升。

当你考察那些可投资的微型股票时，即那些市值介于5 000万美元（经通货膨胀调整后的值）与2.5亿美元（经通货膨胀调整后的值）之间的股票，你会发现，微型股票的收益大多消失了。使用Compustat数据库，在1964～2009年这一期间，可投资的微型股票的年复合平均收益率为12.7%，而在同一时期使用CRSP数据库时，微型股票的年复合平均收益率为11.82%。当你使用CRSP数据库分析1926～2009年这一整个时期的收益时，可投资的微型股票的年复合平均收益率为10.92%，略高于我们的"小盘股"投资组合。分析股票市值对一家公司收益率影响的一种更好的分析方法是：对所有完全可投资股票按百分比（10%）进行分组估值。当你按百分比（10%）分析"所有股票"投资组合的收益率时，你会发现情况完全不同了。如图5-2所示，你会发现在可投资股票组合中，小盘股股票确实具有某种优势，但这一优势与其他研究成果（包括了无法投资的微型股票）所得出的结论相差甚远。如图5-2所示，1926年12月31日～2009年12月31日，按市值排序最低的10%的投资组合具有最高的年复合收益率，排序最高的两个10%的股票组合的年复合收益率最低，但差距并不显著：排在第10位的10%的投资组合的年收益率为10.95%，而排名第一（市值最高的股票组合）的10%的投资组合的年收益率最低，为8.82%，两者相差2.13%。表5-10显示了10 000美元的投资在每个十分位（10%）上对应的投资组合的增长情况，从第1个十分位（10%）投资组合（那些在"所有股票"投资组合中市值最大的10%的股票）到第10个十分位（10%）投资组合（那些在"所有股票"投资组合中市值最小的10%的股票）。该表还显示了每个十分位（10%）投资组合的夏普比率。

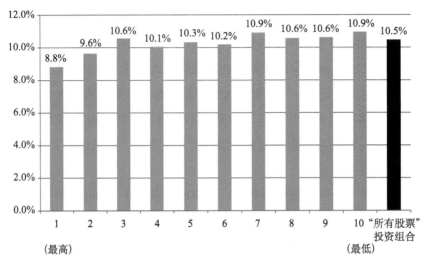

图 5-2 "所有股票"投资组合按十分位（10%）分组的年复合平均收益率（1927年1月1日～2009年12月31日）

表 5-10 对"所有股票"的投资组合按市值进行十分位（10%）分组分析结果概述（1927年1月1日～2009年12月31日）

十分位（10%）	10 000美元的投资将增长至（美元）	平均收益率（%）	复合收益率（%）	标准差（%）	夏普比率
1（最高）	11 162 862	10.66	8.82	18.38	0.21
2	20 681 325	11.62	9.63	18.97	0.24
3	41 423 439	12.86	10.56	20.47	0.27
4	28 334 148	12.65	10.05	21.70	0.23
5	34 882 681	12.93	10.33	21.74	0.25
6	31 350 515	12.97	10.19	22.48	0.23
7	53 556 520	13.63	10.90	22.16	0.27
8	41 671 384	13.46	10.56	22.97	0.24
9	43 506 827	13.74	10.62	23.74	0.24
10（最低）	55 516 858	14.22	10.95	24.36	0.24
"所有股票"投资组合	38 542 780	13.06	10.46	21.67	0.25

小盘股与龙头股

我还研究了另外两组不同的股票投资组合："小盘股"投资组合，即市值超过2亿美元（经通货膨胀调整后的值）但低于数据库平均值的股票及"龙头股"，即加强版的大盘股。这些"龙头股"来自"大盘股"投资组合，但除了规模之外，还有其他一些特征。要成为一家"龙头股"公司，公司应该是非公共事业公司，其市值必须超过数据库平均值，现在还有 5 000 万美元市值的最低要求（本书的前几版只要求超过数据库的平均值，而数据库还包括微型股票）——流通中普通股数及现金流量均须超过平均值，最后，销售额必须超过平均值的 50%。根据以上标准，整个 Compustat 数据库中仅有 6% 的股票符合"龙头股"的条件。由于我们掌握的"小盘股"投资组合的数据已经上溯至 1926 年，我们先来分析这一类投资组合，然后再将时间向前推至 1964 年，分析"龙头股"投资组合。

小盘股的收益只是略胜一筹

如果我们忽略表 5-9 中那些无法投资的微型股票，分析结果显示在表 5-11 中。如表 5-11 所示，如果不考虑风险及其他因素，投资者可以从投资于"小盘股"中获得最高收益。稍后我们会看到，只有在投资者将市值作为其选择股票的唯一标准时，这种投资方式才是适当的。这些分析结果证实了学术界的研究成果："小盘股"的表现优于"大盘股"，但是，一旦我们将微型股票从组合中剔除，其超额收益将远没有许多研究者所吹嘘得那样高。1927～2009 年，"小盘股"投资组合的年收益率为 10.82%，而"所有股票"投资组合在同期的年收益率为 10.46%，"大盘股"投资组合的年收益率为 9.69%。因此，如果我们于 1926 年 12 月 31 日在"小盘股"投资组合上投资 10 000 美元，到 2009 年 12 月 31 日，这笔钱将增至 50 631 666 美元，其收益远远超过"大盘股"投资组合与"所有股票"投资组合。但是，"小盘股"投资组合的风险更高（23.09% 的标准差），这使其夏普比率与"所有股票"投资组合的夏普比率相同，都是 0.25。表 5-12 显示了这 3 个主要投资组合的 10 年期收益率，表 5-13 与表 5-14 显示了"小盘股"投资组合的基本比率与"大盘股"投资组合及"所有股票"基本比率之间的对比情况。

表 5-11　"所有股票""大盘股"及"小盘股"投资组合的年收益和风险数据统计概要（1927 年 1 月 1 日～2009 年 12 月 31 日）

	"所有股票"	"大盘股"	"小盘股"
算术平均值（%）	13.06	11.75	13.77
几何平均值（%）	10.46	9.69	10.82
平均收益（%）	18.54	16.75	19.28
标准差（%）	21.67	19.35	23.09

（续）

	"所有股票"	"大盘股"	"小盘股"
向上的偏差（%）	14.78	13.10	16.05
向下的偏差（%）	16.03	14.40	16.89
跟踪误差	0.00	4.76	2.22
收益为正的时期数	606	609	605
收益为负的时期数	390	387	391
从最高点到最低点的最大跌幅（%）	−85.45	−84.33	−86.12
贝塔值	1.00	0.87	1.06
T统计量（$m=0$）	5.19	5.25	5.12
夏普比率（$Rf=5\%$）	0.25	0.24	0.25
索蒂诺比率（$MAR=10\%$）	0.03	−0.02	0.05
10 000美元投资的最终结果（美元）	38 542 780	21 617 372	50 631 666
1年期最低收益（%）	−66.72	−66.63	−66.91
1年期最高收益（%）	201.69	159.52	233.48
3年期最低收益（%）	−45.99	−43.53	−47.28
3年期最高收益（%）	51.03	45.64	54.35
5年期最低收益（%）	−23.07	−20.15	−24.56
5年期最高收益（%）	41.17	36.26	44.18
7年期最低收益（%）	−7.43	−6.95	−7.64
7年期最高收益（%）	23.77	22.83	27.35
10年期最低收益（%）	−5.31	−5.70	−5.19
10年期最高收益（%）	22.05	19.57	24.47
预期最低收益①（%）	−30.28	26.96	−32.41
预期最高收益②（%）	56.39	50.46	59.96

① 预期最低收益等于收益率的算术平均值减去2倍的标准差。
② 预期最高收益等于收益率的算术平均值加上2倍的标准差。

表 5-12　按 10 年期划分的年复合平均收益率

	20世纪20年代①	20世纪30年代	20世纪40年代	20世纪50年代	20世纪60年代	20世纪70年代	20世纪80年代	20世纪90年代	21世纪第1个10年②
"所有股票"（%）	12.33	−0.03	11.57	18.07	10.72	7.56	16.78	15.35	4.39
"大盘股"（%）	17.73	−1.05	9.65	17.06	8.31	6.65	17.34	16.38	2.42
"小盘股"（%）	9.81	0.67	12.79	18.45	11.61	8.19	16.46	14.96	4.95

① 1927年1月1日～1929年12月31日的收益。
② 2000年1月1日～2009年12月31日的收益。

表 5-13 "小盘股"投资组合与"所有股票"投资组合的基本比率（1927 年 1 月 1 日～2009 年 12 月 31 日）

项目	"小盘股"投资组合战胜"所有股票"投资组合的时间	百分比（%）	年平均超额收益率（%）
1 年期收益率	985 期中有 534 期	54	0.75
滚动的 3 年期复合收益率	961 期中有 527 期	55	0.47
滚动的 5 年期复合收益率	937 期中有 571 期	61	0.48
滚动的 7 年期复合收益率	913 期中有 613 期	67	0.47
滚动的 10 年期复合收益率	877 期中有 625 期	71	0.44

表 5-14 "小盘股"投资组合与"大盘股"投资组合的基本比率（1927 年 1 月 1 日～2009 年 12 月 31 日）

项目	"小盘股"投资组合战胜"大盘股"投资组合的时间	百分比（%）	年平均超额收益率（%）
1 年期收益率	985 期中有 538 期	55	2.06
滚动的 3 年期复合收益率	961 期中有 531 期	55	1.35
滚动的 5 年期复合收益率	937 期中有 579 期	62	1.43
滚动的 7 年期复合收益率	913 期中有 623 期	68	1.44
滚动的 10 年期复合收益率	877 期中有 652 期	74	1.35

具有讽刺意味的是，我们已经发现，当你使用本书中所强调的投资策略来寻求最大收益时，你最终只会选择小盘股及微型股票。我认为这不只是市值的原因，而是因为这类股票的定价最缺乏效率。目前，大约 400 只股票就占据了美国股市市值的 75%，而剩下的 25% 市值则来自于几千只股票。小盘股及微型股票的数量如此之多，以至于分析师很难将它们全部包括进来，这就为投资者提供了巨大的机会，他们可以使用系统的、训练有素的投资方法来选择那些具备此类特征的股票，从而获得长期的高收益。

最糟糕的情况，最高收益与最低收益

表 5-15 显示了"小盘股"投资组合在 1926～2009 年间跌幅超过 20% 的所有结果。和"所有股票"投资组合及"大盘股"投资组合一样，"小盘股"投资组合自 1926 年以来，跌幅超过 20% 的次数为 9 次，最大跌幅发生在 1929 年 8 月～1932 年 6 月，损失 86%。不同于其他指数，"小盘股"投资组合的第二大跌幅发生在 1968 年 11 月～1974 年 9 月，损失 58%。最近的一次深幅下跌发生在 2007 年 5 月～2009 年 2 月，"大盘股"投资组合的跌幅为 56%。就"小盘股"投资组合的最高与最低

收益率而言，表5-16显示了其在各个持有期内的最高与最低的收益率。你会发现，如果投资期限为5年，你投资于"小盘股"投资组合的预计最差收益率为每年损失24.56%。如表5-17所示，将这些数据转换成美元金额，如果你在未来5年中的收益和过去83年中最糟糕的情况相同，你所投资的10 000美元会锐减至2 444美元。另外，如果你在未来5年的预期收益等于过去83年中的最高收益，你所投资的10 000美元会飙升至62 313美元。表5-17显示了所有其他持有期的结果。图5-3显示了"小盘股"投资组合相对于"所有股票"投资组合的5年期滚动年复合超额收益率。

表5-15 最糟糕的情况："小盘股"投资组合跌幅超过20%的全部数据（1927年1月1日～2009年12月31日）

股市见顶的时间	股市见顶时的指数值	股市见底的时间	股市见底时的指数值	股市复苏的时间	跌幅（%）	下跌持续期（月）	复苏持续期（月）
1929年8月	1.99	1932年6月	0.28	1943年5月	-86.12	34	131
1946年5月	4.99	1947年5月	3.37	1950年4月	-32.47	12	35
1961年11月	32.82	1962年10月	24.73	1964年1月	-24.65	11	15
1968年11月	100.99	1974年9月	41.93	1977年11月	-58.48	70	38
1987年8月	713.67	1987年11月	472.29	1989年4月	-33.82	3	17
1989年9月	803.90	1990年10月	572.17	1991年3月	-28.83	13	5
1998年4月	2 776.53	1998年8月	1 894.96	1999年11月	-31.75	4	15
2000年2月	3 511.27	2002年9月	2 235.24	2003年10月	-36.34	31	13
2007年5月	6 352.93	2009年2月	2 765.42		-56.47	21	
平均值					-43.21	22.11	33.63

表5-16 按月度数据计算得到的最高与最低的年复合平均收益率（1927年1月1日～2009年12月31日）

各投资组合的收益情况	1年期	3年期	5年期	7年期	10年期
"所有股票"投资组合的最低复合收益率（%）	-66.72	-45.99	-23.07	-7.43	-5.31
"所有股票"投资组合的最高复合收益率（%）	201.69	51.03	41.17	23.77	22.05
"大盘股"投资组合的最低复合收益率（%）	-66.63	-43.53	-20.15	-6.95	-5.70
"大盘股"投资组合的最高复合收益率（%）	159.52	45.64	36.26	22.83	19.57
"小盘股"投资组合的最低复合收益率（%）	-66.91	-47.28	-24.56	-7.64	-5.19
"小盘股"投资组合的最高复合收益率（%）	233.48	54.35	44.18	27.35	24.47

表5-17 10 000美元按最高与最低的收益率（通过月度数据计算得出）投资所得到的最终价值（1927年1月1日～2009年12月31日）

各投资组合的收益情况	1年期	3年期	5年期	7年期	10年期
按最低复合收益率投资于"大盘股"投资组合的10 000美元的最终价值（美元）	3 328	1 576	2 695	5 825	5 793

（续）

各投资组合的收益情况	1年期	3年期	5年期	7年期	10年期
按最高复合收益率投资于"大盘股"投资组合的10 000美元的最终价值（美元）	30 169	34 452	56 062	44 504	73 345
按最低复合收益率投资于"所有股票"投资组合的10 000美元的最终价值（美元）	3 337	1 800	3 247	6 041	5 561
按最高复合收益率投资于"所有股票"投资组合的10 000美元的最终价值（美元）	25 952	30 890	46 970	42 189	59 747
按最低复合收益率投资于"小盘股"投资组合的10 000美元的最终价值（美元）	3 309	1 465	2 444	5 733	5 872
按最高复合收益率投资于"小盘股"投资组合的10 000美元的最终价值（美元）	33 348	36 775	62 313	54 327	89 249

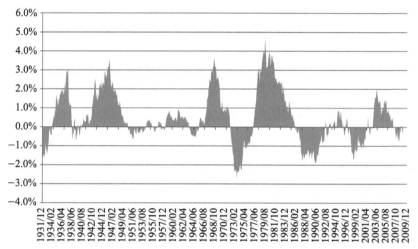

图5-3　5年期滚动年复合平均超额收益率（或超额损失率）（"小盘股"投资组合的收益率减去"所有股票"投资组合的收益率，1927年1月1日～2009年12月31日）

龙头股与小盘股：构建指数的一种更好的方式

现在我们来分析"龙头股"投资组合，并提供一个使用数量方法构建指数的实例。这一新指数的表现可能优于使用目前方法构建的指数。如前所述，"龙头股"指的是那些由行业龙头公司发行的"大盘股"，其年销售额超过平均水平50%，流通中股份及现金流量均超过平均水平，而"小盘股"指的是CSRP数据库中的全部股票及Compustat数据库中市值超过2亿美元（经通货膨胀调整后的值），但低于数据库平均值的股票。现今市值在2亿美元以上的公司，相当于1926年市值在1 360万美元以上的公司。这两种投资组合可以近似地代表蓝筹股及"小盘股"这两类股票。表 5-18 显示了我们所介绍的这 4 类投资组合及标准普尔 500 指数的收益率情况。注意，在这些投资组合中，"龙头股"投资组合的绝对收益仅次于"小盘股"投资组合；在调整风险之后的表现方面，"龙头股"投资组合表现最佳，另外，"龙头股"投资组合的夏普比率为 0.39，是这些投资组合中最高的。"龙头股"投资组合还有着最高的索蒂诺比率，这一比率只关注下行风险，为 0.12。表 5-19 显示了"龙头股"投资组合、"大盘股"投资组合及标准普尔 500 指数的 10 年期收益率。表 5-20 与表 5-21 显示了"龙头股"投资组合的基本比率与"大盘股"投资组合及标准普尔 500 指数的基本比率之间的对比情况。在对"龙头股"投资组合及"大盘股"投资组合进行比较时，我们发现，在所有的滚动 5 年期内，"龙头股"投资组合的表现优于"大盘股"投资组合的时间，占全部时间的 75%，而在全部的滚动 10 年期内，"龙头股"投资组合的表现优于"大盘股"投资组合的时间，占全部时间的 89%。图 5-4 显示了自 1964 年以来，"龙头股"投资组合相对于"大盘股"投资组合的 5 年期滚动年复合平均超额收益率（或超额损失率）。"龙头股"投资组合的表现类似于标准普尔 500 指数。

表 5-18 "所有股票""小盘股""大盘股""龙头股"投资组合及标准普尔 500 指数的年收益及风险数据统计概要（1964 年 1 月 1 日～2009 年 12 月 31 日）

	"所有股票"	"小盘股"	"大盘股"	"龙头股"	标准普尔 500 指数
算术平均值（%）	13.26	13.94	11.72	12.82	10.71
几何平均值（%）	11.22	11.60	10.20	11.36	9.46
平均收益（%）	17.16	19.28	17.20	14.62	13.76
标准差（%）	18.99	20.31	16.50	16.13	15.09
向上的偏差（%）	10.98	11.87	9.70	10.00	9.37
向下的偏差（%）	13.90	14.83	11.85	11.66	10.76
跟踪误差	5.41	7.56	0.00	4.09	4.63
收益为正的时期数	329	329	332	335	342
收益为负的时期数	223	223	220	217	210
从最高点到最低点的最大跌幅（%）	−55.54	−58.48	−53.77	−54.03	−50.95
贝塔值	1.11	1.15	1.00	0.95	0.88
T 统计量（$m=0$）	4.47	4.38	4.58	5.10	4.59
夏普比率（$Rf=5\%$）	0.33	0.32	0.32	0.39	0.30
索蒂诺比率（$MAR=10\%$）	0.09	0.11	0.02	0.12	−0.05

(续)

	"所有股票"	"小盘股"	"大盘股"	"龙头股"	标准普尔500指数
10 000美元投资的最终结果（美元）	1 329 513	1 555 109	872 861	1 411 897	639 147
1年期最低收益（%）	-46.49	-46.38	-46.91	-48.15	-43.32
1年期最高收益（%）	84.19	93.08	68.96	66.79	61.01
3年期最低收益（%）	-18.68	-19.53	-15.89	-13.61	-16.10
3年期最高收益（%）	31.49	34.00	33.12	34.82	33.40
5年期最低收益（%）	-9.91	-11.75	-5.82	-4.36	-6.64
5年期最高收益（%）	27.66	31.37	28.95	31.52	29.72
7年期最低收益（%）	-6.32	-7.64	-4.15	-2.93	-3.85
7年期最高收益（%）	23.77	27.35	22.83	24.56	23.08
10年期最低收益（%）	1.01	1.08	-0.15	1.01	-3.43
10年期最高收益（%）	22.05	24.47	19.57	19.69	19.48
预期最低收益①（%）	-24.73	-26.69	-21.28	-19.44	-19.46
预期最高收益②（%）	51.24	54.57	44.72	45.07	40.88

① 预期最低收益等于收益率的算术平均值减去2倍的标准差。
② 预期最高收益等于收益率的算术平均值加上2倍的标准差。

表5-19 按10年期划分的年复合平均收益率

	20世纪60年代①	20世纪70年代	20世纪80年代	20世纪90年代	21世纪第1个10年②
"大盘股"（%）	8.16	6.65	17.34	16.38	2.42
"龙头股"（%）	8.23	7.32	18.10	16.54	5.92
标准普尔500指数（%）	6.80	5.86	17.55	18.20	-0.95

① 1964年1月1日～1969年12月31日的收益。
② 2000年1月1日～2009年12月31日的收益。

表5-20 "龙头股"投资组合与"大盘股"投资组合的基本比率（1964年1月1日～2009年12月31日）

项目	"龙头股"投资组合战胜"大盘股"投资组合的时间	百分比（%）	年平均超额收益率（%）
1年期收益率	541期中有326期	60	1.03
滚动的3年期复合收益率	517期中有364期	70	1.12
滚动的5年期复合收益率	493期中有368期	75	1.10
滚动的7年期复合收益率	469期中有351期	75	1.09
滚动的10年期复合收益率	433期中有387期	89	1.04

表 5-21 "龙头股"投资组合与标准普尔 500 指数的基本比率（1964 年 1 月 1 日～2009 年 12 月 31 日）

项目	"小盘股"投资组合战胜"大盘股"投资组合的时间	百分比（%）	年平均超额收益率（%）
1 年期收益率	541 期中有 335 期	62	1.85
滚动的 3 年期复合收益率	517 期中有 368 期	71	1.73
滚动的 5 年期复合收益率	493 期中有 375 期	76	1.65
滚动的 7 年期复合收益率	469 期中有 340 期	72	1.54
滚动的 10 年期复合收益率	433 期中有 338 期	78	1.38

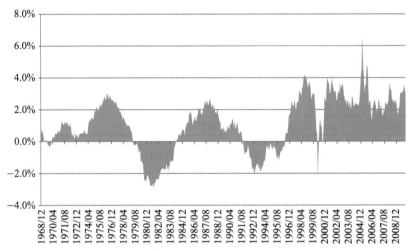

图 5-4 5 年期滚动年复合平均超额收益率（或超额损失率）("龙头股"投资组合的收益率减去"大盘股"投资组合的收益率，1964 年 1 月 1 日～2009 年 12 月 31 日）

最糟糕的情况，最高收益与最低收益

表 5-22 显示了"龙头股"投资组合跌幅超过 20% 的所有结果。要记住，"龙头股"投资组合的数据起自 1964 年，而非 1926 年，由于使用的因素并不来自 CRSP 数据库，因此在分析下跌情况时并未包括大萧条时期。和我们所分析的许多投资组合一样，"龙头股"投资组合的最大跌幅发生在 2007 年 10 月～2009 年 3 月间，损失为 54%。表 5-23 显示了"龙头股"投资组合在 1963～2009 年的各个持有期内的最高与最低收益率。而表 5-24 显示了在各持有期内的最高与最低收益率下，10 000 美元投资的增长情况。

表 5-22 最糟糕的情况："龙头股"投资组合跌幅超过 20% 的全部数据（1927 年 1 月 1 日～2009 年 12 月 31 日）

股市见顶的时间	股市见顶时的指数值	股市见底的时间	股市见底时的指数值	股市复苏的时间	跌幅(%)	下跌持续期（月）	复苏持续期（月）
1968 年 11 月	1.91	1970 年 7 月	1.27	1971 年 4 月	-33.42	19	10
1972 年 11 月	2.20	1974 年 9 月	1.29	1976 年 1 月	-41.29	22	16
1987 年 8 月	14.87	1987 年 11 月	10.50	1989 年 4 月	-29.39	3	17
2001 年 1 月	85.39	2002 年 9 月	60.48	2003 年 11 月	-29.17	20	14
2007 年 10 月	177.00	2009 年 2 月	81.37		-54.03	16	
平均值					-37.46	16	14.25

表 5-23 按月度数据计算得到的最高与最低的年复合平均收益率（1964 年 1 月 1 日～2009 年 12 月 31 日）

各投资组合的收益情况	1 年期	3 年期	5 年期	7 年期	10 年期
"龙头股"投资组合的最低复合收益率（%）	-48.15	-13.61	-4.36	-2.93	-1.01
"龙头股"投资组合的最高复合收益率（%）	66.79	34.82	31.52	24.56	19.69

表 5-24 10 000 美元按最高与最低的收益率（通过月度数据计算得出）投资所得到的最终价值（1964 年 1 月 1 日～2009 年 12 月 31 日）

各投资组合的收益情况	1 年期	3 年期	5 年期	7 年期	10 年期
按最低复合收益率投资于"龙头股"投资组合的 10 000 美元的最终价值（美元）	5 185	6 448	8 001	8 122	11 061
按最高复合收益率投资于"龙头股"投资组合的 10 000 美元的最终价值（美元）	16 679	24 506	39 355	46 514	60 354

我们再来看这 10 000 美元的投资在任意一个 5 年期中的增长情况，对"龙头股"投资组合而言，如果你在未来 5 年中的收益与 1964 年以来最糟糕的情况相同，你所投资的 10 000 美元会跌至 8 001 美元，而如果你在未来 5 年的预期收益等于任意一个 5 年期的最高收益，你所投资的 10 000 美元会增至 39 355 美元。这一表现优于同时期内"所有股票"投资组合的最高与最低收益情况。

来看一下表 5-18，我们发现"龙头股"投资组合轻而易举地击败了所有其他"大盘股"指数组合，还成功击败了"所有股票"投资组合。但是，当你将其与其他风格的指数进行比较时，你会发现，使用本书介绍的这类量化选股方法或许是构建某个指数的一种更好方式。在业界中得到广泛应用的**罗素指数**（Russell Index）即为这样一类指数，它创立于 1979 年，以市值和特定投资风格为基础。许多机构客户将他们基金经理的业绩与这些指数进行比较。表 5-25 将罗素 1000 大盘股指数与标准 500 指数及"龙头股"投资组合进行了比较。

表 5-25 "龙头股"投资组合、标准普尔 500 指数、罗素 1000 大盘股指数的年收益及风险数据统计概要（1979 年 1 月 1 日～2009 年 12 月 31 日）

	"龙头股"	标准普尔 500 指数	罗素 1000 大盘股指数
算术平均值（%）	15.24	12.80	12.86
几何平均值（%）	13.71	11.46	11.49
平均收益（%）	20.48	16.91	17.72
标准差（%）	16.30	15.44	15.62
向上的偏差（%）	9.67	9.19	9.12
向下的偏差（%）	12.85	11.63	11.84
跟踪误差	0.00	4.37	4.30
收益为正的时期数	237	239	239
收益为负的时期数	135	133	133
从最高点到最低点的最大跌幅（%）	−54.03	−50.95	−51.13
贝塔值	0.93	0.87	0.92
T 统计量（$m=0$）	4.87	4.36	4.33
夏普比率（$Rf=5\%$）	0.53	0.42	0.42
索蒂诺比率（$MAR=10\%$）	0.29	0.13	0.13
10 000 美元投资的最终结果（美元）	536 002	288 701	290 853
1 年期最低收益（%）	−48.15	−43.32	−43.62
1 年期最高收益（%）	66.79	61.01	63.47
3 年期最低收益（%）	−13.61	−16.10	−16.20
3 年期最高收益（%）	34.82	33.40	32.37
5 年期最低收益（%）	−3.00	−6.64	−6.39
5 年期最高收益（%）	31.52	29.72	28.60
7 年期最低收益（%）	0.70	−3.85	−3.47
7 年期最高收益（%）	24.56	23.08	22.44
10 年期最低收益（%）	1.85	−3.43	−3.02
10 年期最高收益（%）	19.15	19.48	19.89
预期最低收益[1]（%）	−17.37	−18.09	−18.38
预期最高收益[2]（%）	47.84	43.69	44.10

[1] 预期最低收益等于收益率的算术平均值减去 2 倍的标准差。
[2] 预期最高收益等于收益率的算术平均值加上 2 倍的标准差。

"龙头股"投资组合几乎在各个方面的表现都优于标准普尔 500 指数与罗素 1000 大盘股指数。1927～2009 年，"龙头股"投资组合所提供的收益几乎是其他两种指数的两倍，而它的风险（用收益的标准差衡量）只是略高一点。因此，在 1978 年 12 月 31 日（罗素 1000 指数创立的那天），在"龙头股"投资组合上投资 10 000 美元，其价值将增至 536 002 美元，年复合平均收益率为 13.71%；与之相比，在罗素 1000 指数上投资 10 000 美元，其价值将增至 290 853 美元，年收益率为 11.49%。与罗素 1000 指数相比，"龙头股"投资组合的基本比率均为正值，在所有的滚动 5 年期内，"龙头股"投资组合表现优于罗素 1000 指数的时间占全部时间的 74%；而在所有的滚动 10 年期内，"龙头股"投资组合表现优于罗素 1000 指数的时间占全部时间的 79%。此外，一旦你的持有期限达到了 7 年，"龙头股"投资组合的 7 年期收益均为正值，而罗素 1000 指数的 7 年期及 10 年期收益均为正值（公平地说，如果我们将"龙头股"投资组合及罗素 1000 指数的数据回溯至 1926 年，毫无疑问，这两个投资组合的 7 年期及 10 年期收益会出现负值）。罗素 1000 指数唯一一次击败"龙头股"投资组合，发生于最大跌幅时期——在 2007 年 10 月～2009 年 2 月，"龙头股"投资组合下跌了 54%，而罗素 1000 指数下跌了 51%。我还要指出，"龙头股"投资组合如此轻松地击败罗素 1000 指数，另一种可能的原因在于："龙头股"投资组合中包含有以美国存托凭证（ADR）形式存在的外国公司的股票，而罗素 1000 指数则完全由美国公司的股票构成。尽管投资者不能仅仅根据公司总部所在地来选择其股票投资范围，我还是因此认为，对于那些青睐大盘龙头公司的投资者来说，"龙头股"投资组合是一个更好的投资选择。"龙头股"投资组合表现优于罗素 1000 指数与标准普尔 500 指数的最后一个原因在于，我们在这一投资组合上进行的是等权重投资，而罗素 1000 指数与标准普尔 500 指数是按照市值加权平均的。

小盘股

我们的"小盘股"投资组合的表现也战胜了罗素 2000 指数。表 5-26 概括了"小盘股"投资组合与罗素 2000 指数的收益率及风险情况。因此，在 1978 年 12 月 31 日，投资在"小盘股"投资组合上的 10 000 美元，到 2009 年 12 月 31 日，其价值将增至 419 088 美元，年复合平均收益率为 12.81%，而同期在罗素 2000 指数上投资的 10 000 美元，其价值将增至 275 906 美元，年复合平均收益率为 11.3%。与罗素 2000 指数相比，"小盘股"投资组合的基本比率均为正值，在所有的滚动 5 年期内，"小盘股"投资组合表现优于罗素 2000 指数的时间占全部时间的 95%；而在所有的滚动 10 年期内，"龙头股"投资组合表现优于罗素 1000 指数的时间占全部时间的 100%。

表 5-26 "小盘股"投资组合与罗素 2000 指数的年收益及风险数据统计概要（1979 年 1 月 1 日～2009 年 12 月 31 日）

	"小盘股"	罗素 2000 指数
算术平均值（%）	15.20	13.57
几何平均值（%）	12.81	11.30
平均收益（%）	24.78	22.94
标准差（%）	20.35	19.91
向上的偏差（%）	11.21	10.78
向下的偏差（%）	15.57	15.18
跟踪误差	0.00	3.89
收益为正的时期数	230	229
收益为负的时期数	142	143
从最高点到最低点的最大跌幅（%）	−56.47	−52.89
贝塔值	1.00	0.96
T 统计量（$m=0$）	3.90	2.58
夏普比率（$Rf=5\%$）	0.38	0.32
索蒂诺比率（$MAR=10\%$）	0.18	0.09
10 000 美元投资的最终结果（美元）	419 088	275 906
1 年期最低收益（%）	−46.38	−42.38
1 年期最高收益（%）	93.08	97.52
3 年期最低收益（%）	−19.53	−17.89
3 年期最高收益（%）	33.27	33.93
5 年期最低收益（%）	−7.72	−6.68
5 年期最高收益（%）	26.92	26.69
7 年期最低收益（%）	−0.63	−1.39
7 年期最高收益（%）	24.08	22.64
10 年期最低收益（%）	2.11	1.22
10 年期最高收益（%）	18.42	17.14
预期最低收益[①]（%）	−25.49	−26.25
预期最高收益[②]（%）	55.90	53.38

① 预期最低收益等于收益率的算术平均值减去 2 倍的标准差。
② 预期最高收益等于收益率的算术平均值加上 2 倍的标准差。

我认为，这些分析结果说明，与当前大多数指数构建过程中的委员会遴选机制相比，股票指数构建者的工作可以做得更好。如果公司使用表述更为清晰明确的方法来创建市场指数，他们既可以使用历史数据对这一指数进行检验，又可以为那些偏好于某种特定投资风格的市场指数或传统型管理投资组合的投资者创建一个更好的模型。

对投资者的启示

对于那些仅仅靠投资于"小盘股"就承诺高收益的投资策略，投资者应持谨慎态度。数据显示，规模最小的股票，即那些股票市值低于 2 500 万美元的股票，是"大盘股"和"小盘股"在收益率之间存在差异的主要因素，而且，这些股票收益率存在较大的差异，主要取决于你的选股标准。当你将股票投资范围扩大至"小盘股"投资组合中市值低于 2 500 万美元（经通货膨胀调整后的值）的任何股票，同时要求股价高于 1 美元，并且限制其在任意给定月份中的涨跌幅度时，你的收益率会大幅提高。但是，不管是对机构投资者还是个人投资者而言，要买入这些微型股几乎是不可能的。

从绝对收益来看，"小盘股"投资组合的表现的确高于"大盘股"投资组合，但是，一旦我们将风险因素考虑进去，这一优势便不复存在了。"小盘股"投资组合的夏普比率是 0.25，这一数值与"所有股票"投资组合的夏普比率相同，比"大盘股"投资组合的夏普比率高出一个百分点。

令人惊讶的是"龙头股"的表现。这些知名度高的大盘股的表现超过了实现"所有股票""大盘股"投资组合及标准普尔 500 指数的收益率，而其风险又低于"所有股票"及"大盘股"投资者组合，只比标准普尔 500 指数的风险略高一些。尽管"小盘股"投资组合的绝对收益率高于"龙头股"投资组合，但是，一旦我们考虑到风险因素，1964～2009 年，其夏普比率比"龙头股"投资组合的值。在一般投资者所能实际投资的股票类别中，"龙头股"的夏普指数最高，而且，在各种市场条件下，它这一投资组合的表现也非常好。1964～2009 年，与"所有股票""大盘股""小盘股"投资组合及标准普尔 500 指数相比，"龙头股"投资组合在全部 3 年期、5 年期、7 年期及 10 年期内的基本比率均为正值。它们的表现也战胜了其他大盘股指数（如罗素 1000 指数及标准普尔 500 指数等）。这为那些指数的创建者好好地上了一课，证明了他们在设计新的指数时，应该能够设计出那些更为客观、更具数量化的选股程序。

在后文中我们将看到，如果投资者想战胜标准普尔 500 指数并愿意承担更高的风险，他们应该关注那些规模适度的股票，即那些"所有股票"投资组合中市值超过 2 亿美元的股票，而不应过于偏重于那些微型股票或巨型股票。截至 2009 年 12 月 31 日，"所有股票"投资组合中共有 2 879 只股票，其市值的中位数为 13 亿美元，平均市值为 8 亿美元。这一数值大大低于"大盘股"投资组合 368 亿美元的平均水平。

我们使用的两个比较基准

在接下来的各章里，我们将把"所有股票"和"大盘股"这两个投资组合作为我们分析的全部投资策略的比较基准，这两个投资组合能够很好地说明股票在各个市值水平上的业绩。对那些明确以"龙头股"或"小盘股"投资组合开始的测试，我们也将其作为比较基准。

| 第 6 章 |

市盈率

选股利器

一谈到钱,大家的信仰就一致了。

——伏尔泰

对华尔街上的许多人来说,买入低市盈率(PE)股票是他们唯一信奉的真理。用一只股票的市价除以该股票当期的每股盈利,即得到市盈率。市盈率越高,投资者对盈利所支付的价格就越高,市场对公司未来盈利增长的预期也就越高。股票的市盈率是衡量不同股票间相对价格高低的最常见指标。

那些买入低市盈率股票的投资者认为他们买到了便宜货。一般而言,他们认为,如果一只股票的市盈率很高,这说明市场对于这只股票未来收益增长的预期不切实际。买入低市盈率股票的投资者相信,过高的希望就像肥皂泡一样,总是随着股票价格的暴跌而被击得粉碎。与此相反,这类投资者认为低市盈率股票的价格被过分低估,当公司盈利水平回升,股价也将随之上扬。

检验结果

请记住,我们的检验对象是两个样本总体——"所有股票"投资组合(所有市值超过经通货膨胀调整后 2 亿美元的股票)中具有高市盈率和低市盈率的股票,以及"大盘股"(市值超过 Compustat 数据库平均值的所有股票)中具有高市盈率和低市盈率的股票。

如前所述，我们分析了所有的月度综合收益率，各投资组合每年调整一次。首先来看一下低市盈率股票。我们从 1963 年 12 月 31 日的 10 000 美元开始，并且分别买入"所有股票"和"大盘股"投资组合中具有最高盈利/价格比率（即最低市盈率）的前 10% 的（第一个十分位）股票（由于 Compustat 数据库内部运算标准的原因，我们只能按最高的盈利/价格比率来排列股票，它实际上就是市盈率的倒数）。请记住，具有高盈利/价格比率的股票也就是低市盈率的股票。使用这种综合检验方法，我们可以每年对投资组合（在接下来的 11 个月里，每月一只）进行调整，以确保任意在一年里持有的股票都是市盈率最低的前 10% 股票。与其他所有检验一样，每只股票具有相等的权重，并且，为避免前视偏差，盈利数字的获得有一个时间滞后期。

表 6-1 ~ 表 6-5 概括了低市盈率投资的结果。

表 6-1 "所有股票"中市盈率排名在前 10% 的股票组成的投资组合及"所有股票"投资组合的年收益和风险数据统计概要（1964 年 1 月 1 日~ 2009 年 12 月 31 日）

	由"所有股票"中市盈率最低的前 10% 股票组成的投资组合	"所有股票"投资组合
算术平均值（%）	18.23	13.26
几何平均值（%）	16.25	11.22
平均收益（%）	22.93	17.16
标准差（%）	18.45	18.99
向上的偏差（%）	11.95	10.98
向下的偏差（%）	13.62	13.90
跟踪误差	7.40	0.00
收益为正的时期数	351	329
收益为负的时期数	201	223
从最高点到最低点的最大跌幅（%）	−59.13	−55.54
贝塔值	0.90	1.00
T 统计量（$m=0$）	6.20	4.47
夏普比率（$Rf=5\%$）	0.61	0.33
索蒂诺比率（$MAR=10\%$）	0.46	0.09
10 000 美元投资的最终结果（美元）	10 202 345	1 329 513
1 年期最低收益（%）	−52.60	−46.49
1 年期最高收益（%）	81.42	84.19
3 年期最低收益（%）	−18.31	−18.68
3 年期最高收益（%）	42.43	31.49

（续）

	由"所有股票"中市盈率最低的前 10% 股票组成的投资组合	"所有股票"投资组合
5 年期最低收益（%）	−4.15	−9.91
5 年期最高收益（%）	33.31	27.66
7 年期最低收益（%）	−0.64	−6.32
7 年期最高收益（%）	29.92	23.77
10 年期最低收益（%）	6.07	1.01
10 年期最高收益（%）	28.20	22.05
预期最低收益①（%）	−18.68	−24.73
预期最高收益②（%）	55.14	51.24

① 预期最低收益等于收益率的算术平均值减去 2 倍的标准差。
② 预期最高收益等于收益率的算术平均值加上 2 倍的标准差。

将 10 000 美元投资在"所有股票"投资组合中市盈率最低的 10%（前 10%）的股票上，到 2009 年 12 月 31 日将增长至 10 202 345 美元，年复合平均收益率为 16.25%。与投资于"所有股票"投资组合所获收益（在 1963 年投资的 10 000 美元，到 2009 年年末将增至 1 329 513 美元，年复合平均收益率为 11.22%）相比，这笔收益要多出将近 900 万美元。此外，由"所有股票"投资组合中的低市盈率股票构成的投资组合的风险更低，低市盈率股票投资组合的标准差只有 18.45%，而"所有股票"投资组合的标准差为 18.99%。高收益率、低风险使低市盈率股票投资组合具有较高的夏普比率 0.61，与之相比，"所有股票"投资组合的夏普比率为 0.33。

"所有股票"投资组合中的低市盈率股票投资组合的基本比率也同样较高——在全部的滚动 5 年期内，低市盈率股票投资组合表现优于"所有股票"投资组合的时间占 92%，而在全部的滚动 10 年期内，低市盈率股票投资组合表现优于"所有股票"投资组合的时间占 99%。

表 6-2 "所有股票"中市盈率排名在前 10% 的股票组成的投资组合及"所有股票"投资组合的基本比率（1964 年 1 月 1 日～2009 年 12 月 31 日）

项目	"所有股票"中市盈率排名在前 10% 的股票组成的投资组合战胜"所有股票"投资组合的时间	百分比（%）	年平均超额收益率（%）
1 年期收益率	541 期中有 413 期	76	4.85
滚动的 3 年期复合收益率	517 期中有 443 期	86	4.97
滚动的 5 年期复合收益率	493 期中有 455 期	92	4.99
滚动的 7 年期复合收益率	469 期中有 450 期	96	4.88
滚动的 10 年期复合收益率	433 期中有 430 期	99	4.63

如果将这一基本比率作为战胜"所有股票"投资组合的概率,我们会发现,1963~2009年,在任意一个滚动5年期内,你使用低市盈率股票投资组合战胜"所有股票"投资组合的可能性为92%。如果对滚动5年期内剩余的8%的时间(低市盈率股票投资组合没有战胜"所有股票"投资组合)进行分析,你会发现,与"所有股票"投资组合的收益率相比较而言,最差的5年期收益率为截至2000年2月的那个5年期收益率。在此期间,低市盈率股票投资组合的累计收益为113%,而"所有股票"投资组合的收益率为172%,差距达60%,如果转换为年收益率,则低市盈率股票投资组合的年复合平均收益率为16.32%,而"所有股票"投资组合的年复合平均收益率为22.18%。如果对低市盈率股票投资组合输给"所有股票"投资组合的全部5年期收益率进行平均的话,你会发现,低市盈率股票投资组合累计相对表现不佳的只有16.87%。

与之相反,如果对低市盈率股票投资组合相对于"所有股票"投资组合表现最好的5年进行分析,你会发现,截至2005年2月,低市盈率股票投资组合的累计收益为202%,与之相比,"所有股票"投资组合的收益率只有23%。从年平均收益率的角度来看,低市盈率股票投资组合的年复合平均收益率为24.76%,而"所有股票"投资组合的年复合平均收益率为4.28%。读者应该注意:这里的累计相对表现可能与本章及后面章节中所介绍的复合平均超额收益率有所不同。我用累计表现来计算价值因素与样本组的相对表现,而图表中则突出强调了5年期年平均超额收益率(或超额损失率),这两者有时会表现不一致。平均而言,如果5年期内低市盈率股票投资组合的表现优于"所有股票"投资组合,其平均累计优势为49%。但是,这一分析让我们想起本书的一个要点:如果一种投资策略连续表现不佳,我们就很难再相信它了。在2000年2月末,普通投资者继续相信低市盈率选股方法的可能性有多大呢?甚微。投资者极有可能被低市盈率股票投资组合相对于"所有股票"投资组合不佳的表现所吓倒,因此很难再接受这一投资选股方式,这会让他们错过接下来5年里的最大反弹。实际上,如果投资者跟那些**典型投资者**(typical investor)相似的话,他们很难抵挡住那些炙手可热的网络股(.com stock)的诱惑。在截至2000年2月的那个5年期里,那些具有最高市盈率的股票的5年期累计收益率高达259%,比低市盈率股票投资组合高出两倍多。这样炫目的短期表现蒙蔽了许多投资者,使他们对长期的真理视而不见——市盈率极高的股票从来就不是一个好的投资,一般只会在泡沫末期才会出现。实际上,正如我们在第3章中着重分析的那样,当投资者目睹到某种投资策略在短期的强大表现后，他们体内的多巴胺就会变得疯狂起来，但是，随着这一效应的逐渐减弱，大脑内的理性部分开始占据上风，我们开始对投资于近期内暴涨的股票感到后悔。例如，当你开始冷静地审视这些市盈率数据时会发现，对于那些无知的投资者来说，冲动是魔鬼。

当我们把这些可能性扩展至全部滚动10年期数据时发现，从历史上来看，低市盈率股票投资组合总会战胜"所有股票"投资组合。在全部的433期滚动10年期数据中，低市盈率股票投资组合只有3期的表现不如"所有股票"投资组合。然而，只有为数极少的投资者能够在10年期坚守他们的投资纪律。正如凯恩斯所言："以常规的方式失败，好过以非常规的方式成功。"而10年期的投资前景看起来就是一种非常规的投资方式！

最糟糕的情况，最高收益与最低收益

表6-3显示了"所有股票"投资组合中低市盈率股票跌幅超过20%的所有结果。一共有7次，下跌幅度最大的一次，也是最近的一次，发生在2007年5月～2009年2月。在21世纪中的第一次熊市中（2000～2003年），低市盈率股票投资组合的表现非常不错，仅仅下跌了24%。从表6-3中，可以了解到其他跌幅超过20%的时期。表6-4显示了低市盈率股票投资组合在各个持有期内的最高与最低的收益。如果你的投资期限为5年，表6-4表明，如果你的投资与低市盈率股票投资组合（排名在前10%的低市盈率股票）的5年期最低收益率相同，则你每年最多损失4.15%。与之相反，如果你的投资与低市盈率股票投资组合自1963年以来的5年期最高收益率相同，你每年最多可以盈利33.31%。表6-5将这些数据转换成美元金额，如果你在低市盈率股票投资组合中投入10 000美元，在未来5年中的最差情况是这10 000美元会跌至8 089美元，而最好的情况则是，这10 000美元会飙升至42 109美元。你还可以参考表中其他持有期的相关数据。当我们对那些高市盈率股票进行研究时，我们还可以参考这些表格。图6-1显示了5年期滚动年复合平均超额收益率（或超额损失率）（"所有股票"投资组合中前10%的低市盈率股票的收益率减去"所有股票"投资组合的收益率），这一超额收益率（或超额损失率）通常被称为投资策略的**阿尔法值**（alpha）。

表6-3 最糟糕的情况:"所有股票"投资组合中低市盈率股票(排名前10%的股票)跌幅超过20%的全部数据(1964年1月1日~2009年12月31日)

股市见顶的时间	股市见顶时的指数值	股市见底的时间	股市见底时的指数值	股市复苏的时间	跌幅(%)	下跌持续期	复苏持续期
1969年1月	3.25	1970年6月	2.11	1971年3月	−35.16	17	9
1972年11月	3.63	1974年12月	2.20	1976年1月	−39.50	25	13
1987年8月	52.28	1987年11月	37.93	1989年3月	−27.45	3	16
1989年8月	62.94	1990年10月	39.13	1991年7月	−37.84	14	9
1998年4月	267.36	1998年8月	194.43	2000年8月	−27.28	4	24
2002年4月	385.89	2002年9月	294.48	2003年5月	−23.69	5	8
2007年5月	1 153.21	2009年2月	471.36		−59.13	21	
平均值					−35.72	12.71	13.17

表6-4 按月度数据计算得到的最高与最低的年复合平均收益率(1964年1月1日~2009年12月31日)

各投资组合的收益情况	1年期	3年期	5年期	7年期	10年期
"所有股票"投资组合中的低市盈率股票(前10%)的最低复合收益率(%)	−52.60	−18.31	−4.15	−0.64	6.07
"所有股票"投资组合中的低市盈率股票(前10%)的最高复合收益率(%)	81.42	42.43	33.31	29.92	28.20
"所有股票"投资组合的最低复合收益率(%)	−46.49	−18.68	−9.91	−6.32	1.01
"所有股票"投资组合的最高复合收益率(%)	84.19	31.49	27.66	23.77	22.05
"所有股票"投资组合中的高市盈率股票(后10%)的最低复合收益率(%)	−59.04	−40.45	−17.89	−13.19	−8.13
"所有股票"投资组合中的高市盈率股票(后10%)的最高复合收益率(%)	139.77	43.72	29.10	22.36	17.75

表6-5 10 000美元按最高与最低的收益率(通过月度数据计算得出)投资所得到的最终价值(1964年1月1日~2009年12月31日)

各投资组合的收益情况	1年期	3年期	5年期	7年期	10年期
按最低复合收益率投资于"所有股票"投资组合中的低市盈率股票(前10%)的10 000美元的最终价值(美元)	4 740	5 452	8 089	9 558	18 029
按最高复合收益率投资于"所有股票"投资组合中的低市盈率股票(前10%)的10 000美元的最终价值(美元)	18 142	28 894	42 109	62 488	119 902
按最低复合收益率投资于"所有股票"投资组合的10 000美元的最终价值(美元)	5 351	5 379	5 936	6 330	11 054
按最高复合收益率投资于"所有股票"投资组合的10 000美元的最终价值(美元)	18 419	22 734	33 903	44 504	73 345
按最低复合收益率投资于"所有股票"投资组合中的高市盈率股票(后10%)的10 000美元的最终价值(美元)	4 096	2 112	3 732	3 714	4 283

(续)

各投资组合的收益情况	1年期	3年期	5年期	7年期	10年期
按最高复合收益率投资于"所有股票"投资组合中的高市盈率股票(后10%)的10 000美元的最终价值(美元)	23 977	29 684	35 868	41 059	51 246

大盘股

在1963年,如果将10 000美元投资于"大盘股"投资组合中的低市盈率股票(前10%)投资组合上,这笔资金到2009年将增至3 463 712美元,比"大盘股"投资组合的总收益872 861美元高出了259万美元。低市盈率股票投资组合的年复合平均收益率为13.56%,比"大盘股"投资组合的年平均收益率10.2%高出3.36个百分点。此外,"大盘股"投资组合中的低市盈率股票的风险调整后收益率也更高,其夏普比率为0.5,与之相比,"大盘股"投资组合的夏普比率只有0.32。表6-6显示了"大盘股"投资组合中的低市盈率股票(前10%)的所有数据概要。"大盘股"投资组合中的低市盈率股票的基本比率同样很高。如表6-7所示,在全部的滚动5年期内,"大盘股"投资组合中的低市盈率股票表现优于"大盘股"投资组合的时间占83%,而在全部的滚动10年期内,低市盈率股票投资组合表现优于"大盘股"投资组合的时间占95%。

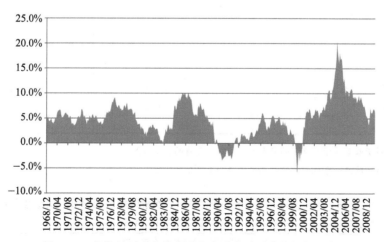

图6-1 5年期滚动年复合平均超额收益率(或超额损失率)

["所有股票"投资组合中的低市盈率股票(前10%)的收益率减去"所有股票"投资组合的收益率,1964年1月1日~2009年12月31日]

表 6-6 "大盘股"中市盈率排名在前 10% 的股票组成的投资组合及"大盘股"投资组合的年收益和风险数据统计概要（1964 年 1 月 1 日～2009 年 12 月 31 日）

	由"大盘股"中市盈率最低的前 10% 股票组成的投资组合	"大盘股"投资组合
算术平均值（%）	15.22	11.72
几何平均值（%）	13.56	10.20
平均收益（%）	19.71	17.20
标准差（%）	17.12	16.50
向上的偏差（%）	11.15	9.70
向下的偏差（%）	12.05	11.85
跟踪误差	8.25	0.00
收益为正的时期数	337	332
收益为负的时期数	215	220
从最高点到最低点的最大跌幅（%）	−65.62	−53.77
贝塔值	0.91	1.00
T 统计量（$m=0$）	5.65	4.58
夏普比率（$Rf=5\%$）	0.50	0.32
索蒂诺比率（$MAR=10\%$）	0.30	0.02
10 000 美元投资的最终结果（美元）	3 463 712	872 861
1 年期最低收益（%）	−59.71	−46.91
1 年期最高收益（%）	66.75	68.96
3 年期最低收益（%）	−19.39	−15.89
3 年期最高收益（%）	40.94	33.12
5 年期最低收益（%）	−2.95	−5.82
5 年期最高收益（%）	32.51	28.95
7 年期最低收益（%）	−0.35	−4.15
7 年期最高收益（%）	25.17	22.83
10 年期最低收益（%）	2.39	−0.15
10 年期最高收益（%）	21.76	19.57
预期最低收益[1]（%）	−19.02	−21.28
预期最高收益[2]（%）	49.46	44.72

[1] 预期最低收益等于收益率的算术平均值减去 2 倍的标准差。
[2] 预期最高收益等于收益率的算术平均值加上 2 倍的标准差。

表 6-7 "大盘股"中市盈率排名在前 10% 的股票组成的投资组合及"大盘股"投资组合的基本比率（1964 年 1 月 1 日～2009 年 12 月 31 日）

项目	"大盘股"中市盈率排名在前 10% 的股票组成的投资组合战胜"大盘股"投资组合的时间	百分比（%）	年平均超额收益率（%）
1 年期收益率	541 期中有 365 期	67	3.48

(续)

项目	"大盘股"中市盈率排名在前10%的股票组成的投资组合战胜"大盘股"投资组合的时间	百分比（%）	年平均超额收益率（%）
滚动的3年期复合收益率	517期中有371期	72	3.54
滚动的5年期复合收益率	493期中有408期	83	3.59
滚动的7年期复合收益率	469期中有411期	88	3.49
滚动的10年期复合收益率	433期中有412期	95	3.33

如果将这一基本比率作为战胜"大盘股"投资组合的概率，我们会发现，1963～2009年，战胜"所有股票"投资组合的可能性为83%。如果对滚动的5年期内剩余的17%的可能性（低市盈率股票投资组合没有战胜"所有股票"投资组合）进行分析，你会发现，与"所有股票"投资组合中的低市盈率股票相类似，相对于"大盘股"投资组合的最差的5年期收益率是截至2000年2月的那个5年期的收益率，在此期间，低市盈率股票投资组合的累计收益为124%，而"大盘股"投资组合的收益率为180%——差距达56%。如果转换为年收益率，则低市盈率股票投资组合的年复合平均收益率为17.48%，而"大盘股"投资组合的年复合平均收益率为22.86%。如果对低市盈率股票投资组合输给"大盘股"投资组合的全部5年期收益率进行平均的话，你会发现，低市盈率股票投资组合累计相对表现不佳的只有13.42%。

与之相反，如果对低市盈率股票投资组合相对于"大盘股"投资组合表现最好的5年进行分析，你会发现，在截至2007年10月的这个5年期里，低市盈率股票投资组合的累计收益为309%，与之相比，"大盘股"投资组合的收益率为149%，二者的差距达160%。从年复合平均收益率的角度看，低市盈率股票投资组合的平均收益率为32.51%，而"大盘股"投资组合的平均收益率为19.99%。平均而言，"大盘股"投资组合中的低市盈率股票表现得更为出色，它们相对于"大盘股"投资组合的累计超额收益率为38.60%。

最糟糕的情况，最高收益与最低收益

看一下表6-8～表6-10，你会发现，"所有股票"与"大盘股"投资组合中的低市盈率股票投资组合的最糟糕的情况均发生在2007～2009年的那次市场崩盘中，其中，"所有股票"投资组合中的低市盈率股票跌幅为59.13%，而"大盘股"投资组合中的低市盈率股票跌幅为65.62%。和许多价值因素一样，低市盈率股票在最近

（2000～2003年）这次熊市中的损失要大于之前（1973～1974年）熊市中的损失。自1963年以来，"所有股票"投资组合中的低市盈率股票跌幅超过30%的次数为4次，而"大盘股"投资组合中的低市盈率股票跌幅超过30%的次数为3次。

表6-8 最糟糕的情况："大盘股"投资组合中的低市盈率股票（排名前10%的股票）跌幅超过20%的全部数据（1964年1月1日～2009年12月31日）

股市见顶的时间	股市见顶时的指数值	股市见底的时间	股市见底时的指数值	股市复苏的时间	跌幅（%）	下跌持续期（月）	复苏持续期（月）
1966年1月	1.44	1966年9月	1.14	1967年4月	-20.68	8	7
1969年1月	2.01	1970年7月	1.39	1971年4月	-30.72	17	10
1972年11月	2.35	1974年9月	1.56	1975年6月	-33.58	22	9
1987年8月	23.54	1987年11月	17.57	1989年4月	-25.38	3	17
1989年8月	28.13	1990年10月	19.84	1991年5月	-29.48	14	7
1998年3月	111.40	1998年8月	89.02	1999年4月	-20.08	5	8
2001年5月	152.00	2002年9月	118.02	2003年7月	-22.35	16	10
2007年10月	496.48	2009年2月	170.69		-65.62	16	
平均值					-30.99	12.63	9.71

表6-9显示了低市盈率股票投资组合在各个持有期内的最高与最低的收益率，表6-10显示了在过去的46年里，投资于"所有股票"投资组合中的低市盈率股票的10 000美元在最糟糕情况下与最好的情况下的最终价值。

表6-9 按月度数据计算得到的最高与最低的年复合平均收益率（1964年1月1日～2009年12月31日）

各投资组合的收益情况	1年期	3年期	5年期	7年期	10年期
"大盘股"投资组合中的低市盈率股票（前10%）的最低复合收益率（%）	-59.71	-19.39	-2.95	-0.35	2.39
"大盘股"投资组合中的低市盈率股票（前10%）的最高复合收益率（%）	66.75	40.94	32.51	25.17	21.76
"大盘股"投资组合的最低复合收益率（%）	-46.91	-15.89	-5.82	-4.15	-0.15
"大盘股"投资组合的最高复合收益率（%）	68.96	33.12	28.95	22.83	19.57
"大盘股"投资组合中的高市盈率股票（后10%）的最低复合收益率（%）	-64.59	-39.39	-17.27	-8.65	-7.82
"大盘股"投资组合中的高市盈率股票（后10%）的最高复合收益率（%）	82.09	43.99	30.66	26.34	21.94

表6-10 10 000美元按最高与最低的收益率（通过月度数据计算得出）投资所得到的最终价值（1964年1月1日～2009年12月31日）

各投资组合的收益情况	1年期	3年期	5年期	7年期	10年期
按最低复合收益率投资于"大盘股"投资组合中的低市盈率股票（前10%）的10 000美元的最终价值（美元）	4 029	5 237	8 609	9 757	12 663

(续)

各投资组合的收益情况	1 年期	3 年期	5 年期	7 年期	10 年期
按最高复合收益率投资于"大盘股"投资组合中的低市盈率股票（前 10%）的 10 000 美元的最终价值（美元）	16 675	27 996	40 862	48 136	71 596
按最低复合收益率投资于"大盘股"投资组合的 10 000 美元的最终价值（美元）	5 309	5 951	7 409	7 434	9 848
按最高复合收益率投资于"大盘股"投资组合的 10 000 美元的最终价值（美元）	16 896	23 591	35 656	42 189	59 747
按最低复合收益率投资于"大盘股"投资组合中的高市盈率股票（后 10%）的 10 000 美元的最终价值（美元）	3 541	2 226	3 876	5 310	4 427
按最高复合收益率投资于"大盘股"投资组合中的高市盈率股票（后 10%）的 10 000 美元的最终价值（美元）	18 209	29 854	38 075	51 387	72 674

"大盘股"投资组合中的低市盈率股票最好的 5 年期收益率发生在 2007 年 10 月份，在此期间，一份投资 10 000 美元的资金将在期末增至 40 862 美元，年复合平均收益率为 32.51%。而"大盘股"投资组合中的低市盈率股票最差的 5 年期收益率则发生在截至 2009 年 2 月份的那个 5 年期里，在此期间，一份投资 10 000 美元的资金将在期末跌至 8 609 美元，年复合平均收益率为 –2.95%。在分析"大盘股"投资组合中的高市盈率股票投资时，我们还要参考这些图表。

低市盈率股票投资组合在截至 2009 年 12 月 31 日的 10 年期里的表现，说明了长期投资规划的重要性。在此期间，尽管低市盈率股票投资组合经历了 46 年来的最大跌幅，但一个长期投资者只要在这 10 年里坚持投资于低市盈率股票，他仍然可以获得非常好的收益。2000 年 1 月 1 日～2009 年 12 月 31 日，"所有股票"投资组合中的低市盈率股票的年收益率为 14.86%，21 世纪初投入的 10 000 美元将增至 39 977 美元，一个投资者如果选择了这一投资策略，其收益将好于标准普尔 500 指数的投资者；在 21 世纪初，如果投资者将这 10 000 美元投资到标准普尔 500 指数上，其 10 年后的价值仅为 9 089 美元，每年损失 0.95%。

但是，在 2007～2009 年 2 月的股市跳水中，投资者眼睁睁地看着他们的投资组合缩水 59%，要让他们做到"泰山崩于前而不变色"，也实在是强人所难了。我们可以通过一个例子来说明一个典型的投资者与一个有纪律的、不为感情所动的投资者之间的区别：假设在 2000 年 1 月 1 日，这两类投资者都在低市盈率股票上投资了 10 000 美元，到了 2007 年 5 月，他们的投资组合已经飙升至 45 196 美元，年平均收益率为 22.55%。再将时间快速拉到 2009 年 2 月，此时已是惨烈熊市的末期：每个投资组合的价值仅有 18 473 美元。此时也正赶上资金从股市中撤出的高潮。恐慌的投资者纷纷赎回其持有的投资组合，并将资金投入到短期国债中，这一行为让他们投资的最终价值缩水 21 000 美元以上。而那些坚持既定策略不动摇的投资者们，其收益将两倍于那些不坚定的投资者——到 2009 年 12 月 31 日为止，那些坚持投资于低市盈率股票的投资者所持有投资组合的价值为 39 983 美元，而那些在 2009 年 2 月就抛出股票，转而将资金投入到短期国债上的投资者所持有投资组合的最终价值仅为 18 488 美元。

显然，对那些为退休而储蓄的投资者来说，这种行为简直就是一场灾难；对那些坚持投资于低市盈率股票的投资者来说，其持有投资组合的价值将两倍于那些半途而废，仅仅因为一时冲动就逃离股票市场的投资者所持有投资组合的价值。尽管我们的情绪很难在市场出现极度波动的情况下依然保持平静，但是需要提醒大家的是，我们在本书第 1 版中所介绍的经验仍然适用：成功的首要原则是找到正确的投资策略，并在任何时候都坚持这一投资策略。图 6-2 显示的是 5 年期滚动年复合平均超额收益率（或超额损失率）["大盘股"投资组合中低市盈率股票（前 10%）的收益率减去"大盘股"投资组合的收益率]。

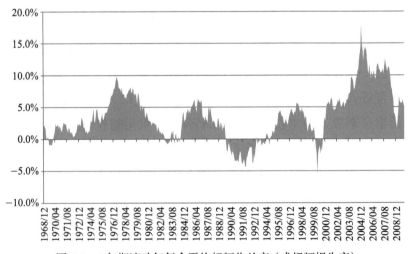

图 6-2　5 年期滚动年复合平均超额收益率（或超额损失率）

["大盘股"投资组合中低市盈率股票（前 10%）的收益率减去"大盘股"投资组合的收益率，1964 年 1 月 1 日～2009 年 12 月 31 日]

高市盈率股票很危险

不考虑股票的市值，只购买那些高市盈率的股票，这种行为十分危险。投资者不能被股票在近期的优异表现所迷惑，为公司的盈利支付畸高的价格，但是，投资者经常选择这一投资策略，而且，随着时间的推移，这一行为有越演越烈之势。比方说，投资者在1964年将宝丽来公司的市盈率推高至164倍，在1977年将百思买公司（Best Buy）的市盈率推高至712倍，在1999年，将雅虎公司的市盈率推高至4900倍。

如表6-11所示，首先看"所有股票"投资组合，在1963年将10 000美元投资于市盈率最高的10%股票（第10个十分位），投资组合每年调整一次，到2009年12月31日，这笔投资将增至118 820美元，和投资于"所有股票"投资组合相比，这种投资的收益少了120万美元。5.53%的年复合平均收益率也远低于"所有股票"投资组合11.22%的年收益率。这一收益率还赶不上短期国债的收益率，后者的年复合平均收益率为5.57%（在1963年12月31日投资的10 000美元，到2009年12月31日将增至120 778美元）。如果你对风险进行调整，情况就更惨了。市盈率最高的10%股票投资组合的夏普比率为0.2，而"所有股票"投资组合的夏普比率是这一数值的几倍。在所有433个滚动10年期的收益率中，高市盈率股票投资组合只有一次战胜了"所有股票"投资组合的收益率。即便是那一次，高市盈率股票投资组合也只是高出了0.69个百分点罢了。表6-12显示了这些投资组合在全部持有期的基本比率。

表6-11 "所有股票"中市盈率最高的股票（第10个十分位）组成的投资组合及"所有股票"投资组合的年收益和风险数据统计概要（1964年1月1日~2009年12月31日）

	由"所有股票"中市盈率最低的前10%股票组成的投资组合	"所有股票"投资组合
算术平均值（%）	9.37	13.26
几何平均值（%）	5.53	11.22
平均收益（%）	14.66	17.16
标准差（%）	26.52	18.99
向上的偏差（%）	16.24	10.98
向下的偏差（%）	19.08	13.90
跟踪误差	10.71	0.00
收益为正的时期数	310	329
收益为负的时期数	242	223
从最高点到最低点的最大跌幅（%）	−82.14	−55.54

(续)

	由"所有股票"中市盈率最低的前 10% 股票组成的投资组合	"所有股票"投资组合
贝塔值	1.32	1.00
T 统计量（m=0）	2.30	4.47
夏普比率（Rf=5%）	0.02	0.33
索蒂诺比率（MAR=10%）	−0.23	0.09
10 000 美元投资的最终结果（美元）	118 820	1 329 513
1 年期最低收益（%）	−59.04	−46.49
1 年期最高收益（%）	139.77	84.19
3 年期最低收益（%）	−40.45	−18.68
3 年期最高收益（%）	43.72	31.49
5 年期最低收益（%）	−17.89	−9.91
5 年期最高收益（%）	29.10	27.66
7 年期最低收益（%）	−13.19	−6.32
7 年期最高收益（%）	22.36	23.77
10 年期最低收益（%）	−8.13	1.01
10 年期最高收益（%）	17.75	22.05
预期最低收益[1]（%）	−43.67	−24.73
预期最高收益[2]（%）	62.40	51.24

[1] 预期最低收益等于收益率的算术平均值减去 2 倍的标准差。
[2] 预期最高收益等于收益率的算术平均值加上 2 倍的标准差。

表 6-12 "所有股票"中市盈率最高 10% 的股票（第 10 个十分位）组成的投资组合及"所有股票"投资组合的基本比率（1964 年 1 月 1 日～2009 年 12 月 31 日）

项目	"所有股票"中市盈率最高 10% 的股票组成的投资组合战胜"所有股票"投资组合的时间	百分比（%）	年平均超额收益率（%）
1 年期收益率	541 期中有 176 期	33	−3.29
滚动的 3 年期复合收益率	517 期中有 101 期	20	−5.31
滚动的 5 年期复合收益率	493 期中有 50 期	10	−5.90
滚动的 7 年期复合收益率	469 期中有 11 期	2	−6.18
滚动的 10 年期复合收益率	433 期中有 1 期	0	−6.26

此外，高市盈率股票的特点还包括：剧烈的波动性、收益的集中性、通常只在市场的投机性达到巅峰时才有所表现。例如，在 20 世纪 90 年代末，那些疯狂陷入互联网及科技股风潮的投资者被高市盈率的概念股所吸引，将资金投入到"所有股票"投资组合中的高市盈率股票中，在 1997 年年末投入的 10 000 美元资金，到 2000 年 2 月将飙升至 24 943 美元，在短短的两年里，其平均年收益率达到了

50.11%。尽管投资者对这类高价股票的长期发展前景心知肚明，但他们确实很难抵御这种短期内表现超常股票的诱惑。那些名字特殊的股票，股价上涨得尤为惊人。例如，Xcelera公司属于电子商务高科技公司，在1999年12月31日，其股价为每股17.44美元，到了2000年3月22日，其股价已经飙升至每股110美元。在不到3个月的时间里，股价就上涨了530%。对那些得不到这些高市盈率股票的长期数据的投资者来说，他们持续买入这些股票的全部依据就是这些股票在最近几年中的一些表现。但是，这一故事的结局并不令人意外——Xcelera公司的股价在2002年9月崩盘，股价跌至每股0.31美元，公司于2006年破产。当然，还有无数股票遭受了同样的厄运，2000～2002年，网络股泡沫的破灭使得股市的市值缩水达5万亿美元。正如乔治·桑塔亚纳所言："忘记历史的人，注定要重蹈覆辙。"

当泡沫破灭之后，高市盈率股票陷入了一个它们至今无法自拔的死亡螺旋——2000年2月～2009年2月，"所有股票"中的高市盈率股票投资组合暴跌了82%，看不出一丝复苏的迹象。表6-13记录了这些悲惨结果。图6-3显示的是5年期滚动年复合平均超额收益率（或在本例中的超额损失率）（"所有股票"投资组合中高市盈率股票（前10%）减去"所有股票"投资组合的收益率）。

表6-13 最糟糕的情况："所有股票"投资组合中的高市盈率股票（排名后10%的股票）跌幅超过20%的全部数据（1964年1月1日～2009年12月31日）

股市见顶的时间	股市见顶时的指数值	股市见底的时间	股市见底时的指数值	股市复苏的时间	跌幅（%）	下跌持续期（月）	复苏持续期（月）
1966年4月	1.59	1966年10月	1.24	1967年1月	-22.53	6	3
1968年12月	3.07	1974年9月	0.87	1980年2月	-71.54	69	65
1980年2月	3.10	1980年3月	2.36	1980年7月	-24.14	1	4
1980年11月	4.36	1982年7月	2.59	1983年2月	-40.56	20	7
1983年6月	5.63	1984年7月	3.69	1987年4月	-34.36	13	33
1987年8月	6.28	1987年11月	4.07	1989年5月	-35.29	3	18
1989年8月	6.76	1990年10月	4.38	1992年1月	-35.26	14	15
1996年5月	13.01	1997年4月	9.96	1997年9月	-23.48	11	5
1998年4月	14.42	1998年8月	9.22	1999年4月	-36.06	4	8
2000年2月	30.81	2009年2月	5.50		-82.14	108	
平均值					-40.54	24.9	17.56

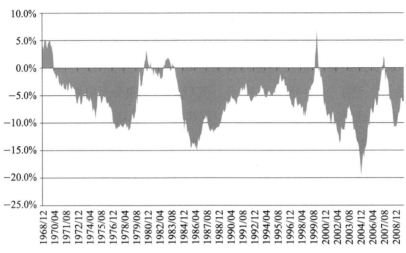

图6-3　5年期滚动年复合平均超额收益率（或超额损失率）

["所有股票"投资组合中的高市盈率股票（前10%）的收益率减去"所有股票"投资组合的收益率，1964年1月1日～2009年12月31日]

高市盈率大盘股的表现同样乏善可陈

如表6-14所示，高市盈率"大盘股"投资组合中的表现也十分糟糕。1964年1月1日，在排名前10%的高市盈率"大盘股"投资组合上投资10 000美元，到2009年年末将增至185 848美元，这一数值只是"大盘股"投资组合在同一时期的投资终值（872 861美元）的很小一部分。和"大盘股"投资组合0.32的夏普比率相比，0.07的值更是远远不如。

表6-14　"大盘股"中市盈率最高的股票（第10个十分位）组成的投资组合及"大盘股"投资组合的年收益和风险数据统计概要（1964年1月1日～2009年12月31日）

由"大盘股"中市盈率最高的10%股票组成的投资组合	由"大盘股"中市盈率最高的10%股票组成的投资组合	"大盘股"投资组合
算术平均值（%）	9.06	11.72
几何平均值（%）	6.56	10.20
平均收益（%）	16.87	17.20
标准差（%）	21.38	16.50
向上的偏差（%）	12.60	9.70
向下的偏差（%）	16.04	11.85
跟踪误差	9.75	0.00
收益为正的时期数	328	332

(续)

由"大盘股"中市盈率最高的 10% 股票组成的投资组合	由"大盘股"中市盈率最高的 10% 股票组成的投资组合	"大盘股"投资组合
收益为负的时期数	224	220
从最高点到最低点的最大跌幅（%）	−79.88	−53.77
贝塔值	1.16	1.00
T 统计量（m=0）	2.76	4.58
夏普比率（Rf=5%）	0.07	0.32
索蒂诺比率（MAR=10%）	−0.21	0.02
10 000 美元投资的最终结果（美元）	185 848	872 861
1 年期最低收益（%）	−64.59	−46.91
1 年期最高收益（%）	82.09	68.96
3 年期最低收益（%）	−39.39	−15.89
3 年期最高收益（%）	43.99	33.12
5 年期最低收益（%）	−17.27	−5.82
5 年期最高收益（%）	30.66	28.95
7 年期最低收益（%）	−8.65	−4.15
7 年期最高收益（%）	26.34	22.83
10 年期最低收益（%）	−7.82	−0.15
10 年期最高收益（%）	21.94	19.57
预期最低收益①（%）	−33.69	−21.28
预期最高收益②（%）	51.81	44.72

① 预期最低收益等于收益率的算术平均值减去 2 倍的标准差。
② 预期最高收益等于收益率的算术平均值加上 2 倍的标准差。

表 6-15 进一步证明了高市盈率"大盘股"的拙劣表现，在所有滚动 10 年期内，高市盈率"大盘股"投资组合战胜"大盘股"投资组合的时候只占全部时间的 11%。在滚动的 5 年期内，高市盈率大盘股投资组合战胜"大盘股"投资组合的时间只占全部时间的 24%，但这通常是说明市场见顶的一个很好的指标。高市盈率"大盘股"投资组合相比较"大盘股"投资组合表现得最好的 5 年期是截至 2000 年 2 月的那个 5 年期，此时也恰恰处于高科技网络股泡沫的巅峰状态。在此期间，高市盈率"大盘股"投资组合的累计收益为 281%，而"大盘股"投资组合的累计收益为 180%。高市盈率"大盘股"投资组合表现第二好的 5 年期是截至 1969 年 12 月的那个 5 年期，此时也接近投资者为成长股支付天价的泡沫末期。平均而言，高市盈率"大盘股"投资组合战胜"大盘股"投资组合的时间只占全部时间的 22%（在所有 5 年期内的累计值），这样的表现并不能抵消投资于这样剧烈波动的投资组合所带来的风险。在高市盈率"大盘股"投资组合表现不如"大盘股"投资组合的所有滚动的 5 年期内，

我们发现，高市盈率"大盘股"投资组合的累计超额损失率平均为35%。图6-4显示的是5年期滚动年复合平均超额收益率（超额损失率）（"大盘股"投资组合中高市盈率股票（前10%）减去"大盘股"投资组合的收益率）。

表6-15 "大盘股"中市盈率最高10%的股票（第10个十分位）组成的投资组合及"大盘股"投资组合的基本比率（1964年1月1日～2009年12月31日）

项目	"大盘股"中市盈率最高10%的股票组成的投资组合战胜"大盘股"投资组合的时间	百分比（%）	年平均超额收益率（%）
1年期收益率	541期中有233期	43	-1.83
滚动的3年期复合收益率	517期中有170期	33	-3.14
滚动的5年期复合收益率	493期中有120期	24	-3.81
滚动的7年期复合收益率	469期中有91期	19	-4.19
滚动的10年期复合收益率	433期中有46期	11	-4.34

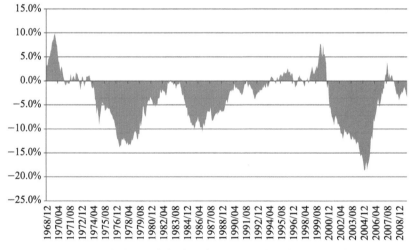

图6-4 5年期滚动年复合平均超额收益率（或超额损失率）

["大盘股"投资组合中高市盈率股票（前10%）的收益率减去"大盘股"投资组合的收益率，1964年1月1日～2009年12月31日]

最糟糕的情况，表现最好与表现最坏的年份

如表6-13所示，"所有股票"投资组合中的高市盈率股票在2000年2月见顶，至今也没有回到原来的高点：2000年2月～2009年2月，这一组合暴跌了82%！自1963年以来，这一组合跌幅超过20%的次数达到了9次，跌幅超过70%的次数有两次。即便这一组合的短期表现如此诱人，投资者很难抵挡住这一诱惑，高市盈率股票也绝不应该成为投资者理想的投资对象。如表6-16所示，1963～2009

年，高市盈率"大盘股"投资组合跌幅超过30%的次数有5次，最大一次下跌发生在2000年3月～2002年9月，跌幅接近80%，而且至今也没有恢复元气。表6-4、表6-5、表6-9与表6-10分别显示了"所有股票"与"大盘股"投资组合的各种情况。

表6-16 最糟糕的情况："大盘股"投资组合中的高市盈率股票（排名后10%的股票）跌幅超过20%的全部数据（1964年1月1日～2009年12月31日）

股市见顶的时间	股市见顶时的指数值	股市见底的时间	股市见底时的指数值	股市复苏的时间	跌幅（%）	下跌持续期（月）	复苏持续期（月）
1969年12月	2.32	1970年6月	1.47	1972年1月	-36.47	6	19
1972年5月	2.79	1974年9月	1.10	1980年10月	-60.58	28	73
1980年11月	3.16	1982年7月	2.14	1982年12月	-32.36	20	5
1983年6月	3.98	1984年7月	2.95	1986年1月	-25.86	13	18
1987年9月	6.14	1987年11月	4.13	1989年3月	-32.75	2	16
1989年12月	7.51	1990年10月	5.49	1991年10月	-26.92	10	12
2000年3月	46.27	2002年9月	9.31		-79.88	30	
平均值					-42.12	15.57	23.83

表6-5与表6-10显示了10 000美元投资在最好的情况与最差的情况下的投资收益。对"所有股票"与"大盘股"投资组合中的高市盈率股票而言，最好的5年期收益发生在截至2000年2月的5年间，在此期间，"所有股票"投资组合中的高市盈率股票上的10 000美元投资将增至35 868美元，年复合平均收益率为29.1%。而"大盘股"投资组合中的高市盈率股票上的10 000美元投资将增至38 075美元，年复合平均收益率为30.66%。

对"所有股票"与"大盘股"投资组合中的高市盈率股票而言，最差的5年期收益发生在截至1974年9月的5年间，在此期间，"所有股票"投资组合中的高市盈率股票上的10 000美元投资将缩减至3732美元，年平均损失17.89%（第二差的5年期收益率发生在截至2009年2月的5年期里，其降幅与此次大致相同）。而"大盘股"投资组合中的高市盈率股票上的10 000美元投资将缩减至3 876美元，年平均损失17.27%。表6-17和表6-18显示了高市盈率股票与低市盈率股票投资组合在各10年期内的收益情况。

表6-17 按10年期划分的年复合平均收益率

	20世纪60年代①	20世纪70年代	20世纪80年代	20世纪90年代	21世纪第1个10年②
"所有股票"投资组合中的低市盈率股票（排名前10%的股票）（%）	17.68	13.03	20.38	16.02	14.86
"所有股票"投资组合中的高市盈率股票（排名后10%的股票）（%）	14.74	1.61	9.21	13.73	-6.55

（续）

	20世纪60年代①	20世纪70年代	20世纪80年代	20世纪90年代	21世纪第1个10年②
"所有股票"投资组合（%）	13.36	7.56	16.78	15.35	4.39

① 1964年1月1日～1969年12月31日的收益。
② 2000年1月1日～2009年12月31日的收益。

表6-18 按10年期划分的年复合平均收益率

	20世纪60年代①	20世纪70年代	20世纪80年代	20世纪90年代	21世纪第1个10年②
"大盘股"投资组合中的低市盈率股票（排名前10%的股票）(%)	8.48	11.38	18.48	16.04	11.60
"大盘股"投资组合中的高市盈率股票（排名后10%的股票）(%)	15.07	-0.93	13.52	18.53	-7.64
"大盘股"投资组合（%）	8.16	6.65	17.34	16.38	2.42

① 1964年1月1日～1969年12月31日的收益。
② 2000年1月1日～2009年12月31日的收益。

按十分位平均分组分析

如图6-5及表6-19所示，对"所有股票"投资组合而言，市盈率最低的4组股票全都战胜了"所有股票"投资组合，而且，它们的标准差也低于"所有股票"投资组合的标准差。而市盈率最高的第5～10组的表现均低于"所有股票"投资组合，并且第7～10组的标准差均大大地高于"所有股票"投资组合的标准差。价格最高，市盈率也最高的第10组的表现甚至赶不上美国短期国债。

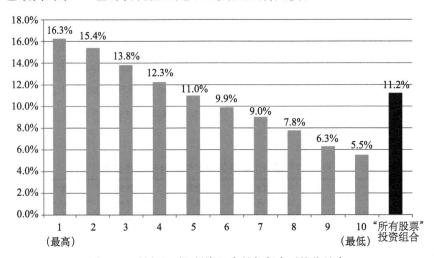

图6-5 "所有股票"投资组合的年复合平均收益率
（按市盈率的十分位进行平均分组，1964年1月1日～2009年12月31日）

表6-19 对"所有股票"投资组合按市盈率进行十分位(10%)分组分析结果概述(1964年1月1日~2009年12月31日)

十分位(10%)	10 000美元的投资将增长至(美元)	平均收益率(%)	复合收益率(%)	标准差(%)	夏普比率
1(最高)	10 202 345	18.23	16.25	18.45	0.61
2	7 256 873	16.89	15.40	16.10	0.65
3	3 835 747	15.19	13.81	15.56	0.57
4	2 037 160	13.68	12.25	15.85	0.46
5	1 209 030	12.50	10.99	16.40	0.37
6	771 740	11.58	9.91	17.27	0.28
7	530 331	11.08	9.02	19.28	0.21
8	313 515	10.43	7.78	21.95	0.13
9	166 562	9.35	6.31	23.59	0.06
10(最低)	118 820	9.37	5.53	26.52	0.02
"所有股票"投资组合	1 329 513	13.26	11.22	18.99	0.33

至于"大盘股"投资组合,如图6-6及表6-20所示。市盈率最低的4组股票的表现均优于"大盘股"投资组合,而市盈率最高的6组股票的表现均劣于"大盘股"投资组合,市盈率最高的一组(第10组)的表现仅略高于短期国债。

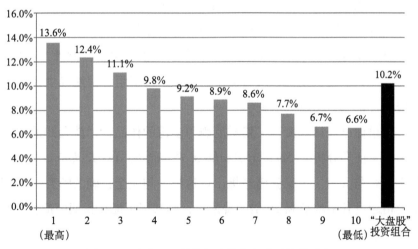

图6-6 "大盘股"投资组合的年复合平均收益率

(按市盈率的十分位进行平均分组,1964年1月1日~2009年12月31日)

表6-20 对"大盘股"投资组合按市盈率进行十分位(10%)分组分析结果概述(1964年1月1日~2009年12月31日)

十分位(10%)	10 000美元的投资将增长至(美元)	平均收益率(%)	复合收益率(%)	标准差(%)	夏普比率
1(最高)	3 463 712	15.22	13.56	17.12	0.50

(续)

十分位（10%）	10 000 美元的投资将增长至（美元）	平均收益率（%）	复合收益率（%）	标准差（%）	夏普比率
2	2 129 844	13.67	12.36	15.25	0.48
3	1 272 353	12.31	11.11	14.68	0.42
4	743 184	11.08	9.82	15.09	0.32
5	561 623	10.38	9.15	14.91	0.28
6	500 099	10.13	8.88	15.11	0.26
7	448 787	10.02	8.62	16.01	0.23
8	305 717	9.38	7.72	17.50	0.16
9	194 076	8.69	6.66	19.31	0.09
10（最低）	185 848	9.06	6.56	21.38	0.07
"大盘股"投资组合	872 861	11.72	10.20	16.50	0.32

对投资者的启示

在图 6-5 与图 6-6 及表 6-19 与表 6-20 中，我们总结了购买低市盈率股票及高市盈率股票的预期收益。结论令人吃惊：不管是高市盈率的"所有股票"投资组合，还是高市盈率"大盘股"投资组合，其表现都远远落后于整体市场。来自这两个投资组合中的低市盈率股票投资组合的表现则远超整体市场。在这两个投资组合中，低市盈率股票投资组合的表现也远超高市盈率股票投资组合。此外，各投资组合之间的风险相差不大。在长期内，所有低市盈率股票投资组合都能提供较高的收益率，与其他投资组合相比，其风险也更小。

但是，如果你已经认真阅读了格雷厄姆与多德的作品，你就会知道，早在 70 年前，在其名为《证券分析》（Security Analysis: Principles and Techniques）一书中，本杰明·格雷厄姆与大卫·多德就已经提出过这样一句完全正确的断言："如果投资者习惯购买价格超过其平均盈利 20 倍的普通股，则其很可能在长期中遭受巨大损失。"

| 第 7 章 |

EBIT 对企业价值的比率

行事不拘泥于形式者，往往更容易取得成功。

——让·雅克·卢梭

许多投资者认为，与单纯考虑市盈率相比，分析一只股票的 EBITDA（定义见下文）对企业价值的比率（EBITDA/EV），是一种更好的估值（估算一只股票的价值是被高估还是被低估）方式。投资者认为 EBITDA/EV 比其他比率更有说服力的原因在于：这一比率与公司的资本结构及资本支出无关。债务水平极高的股票的市盈率通常较低，但这并不意味着这只股票相对于其他证券更便宜。股票的市盈率在很大程度上受债务水平及税率的影响，而 EBITDA/EV 则不然。为在同一平台上对公司进行估值，你需要考虑公司的融资方式，在考虑到所有的资产负债表项目后，再比较这只股票的相对价值。

要计算公司的 EBITDA，需要计算公司的扣除利息、所得税、折旧、摊销之前的利润。这一指标能够近似地代替企业的经营性现金流量。要计算企业价值，你需要计算企业的普通股股票市值，再加上债务、少数股权、优先股股权市值，然后再减去全部子公司的市场价值及所有现金及现金等价物。

在我们所进行的全部测试中，我们关注的是某项投资的综合收益率（"所有股票"及"大盘股"投资组合中的前 10% 及后 10% 分组）。投资期限是 1963 年 12 月 31 日～2009 年 12 月 31 日，投资金额为 10 000 美元。

检验结果

表 7-1～表 7-5 概括了高 EBITDA/EV 比率投资的结果。正像你在表 7-1 中所看到的那样，在 1963 年 12 月 31 日，将 10 000 美元投资在 EBITDA/EV 比率最高股票的前 10% 上，到 2009 年 12 月 31 日时将增至 11 614 717 美元，年复合平均收益率为 16.58%，从绝对收益上来看，这是我们所检验的全部单个价值因素中表现最好的。这笔收益比同时期在"所有股票"投资组合上进行的相同投资所获收益高出 1 000 万美元。就投资的风险而言，高 EBITDA/EV 比率投资组合收益的标准差为 17.71%，比"所有股票"投资组合的标准差 18.99% 低一个百分点。高收益率、低风险使高 EBITDA/EV 比率投资组合具有较高的夏普比率 0.65，几乎是同时期内"所有股票"投资组合夏普比率 0.33 的两倍。

表 7-1 "所有股票"中 EBITDA/EV 比率排名在前 10% 的股票组成的投资组合及"所有股票"投资组合的年收益和风险数据统计概要（1964 年 1 月 1 日～2009 年 12 月 31 日）

	由"所有股票"中 EBITDA/EV 比率最高的前 10% 股票组成的投资组合	"所有股票"投资组合
算术平均值（%）	18.41	13.26
几何平均值（%）	16.58	11.22
平均收益（%）	22.80	17.16
标准差（%）	17.71	18.99
向上的偏差（%）	11.12	10.98
向下的偏差（%）	13.10	13.90
跟踪误差	6.26	0.00
收益为正的时期数	354	329
收益为负的时期数	198	223
从最高点到最低点的最大跌幅（%）	−54.29	−55.54
贝塔值	0.88	1.00
T 统计量（$m=0$）	6.52	4.47
夏普比率（$Rf=5\%$）	0.65	0.33
索蒂诺比率（$MAR=10\%$）	0.50	0.09
10 000 美元投资的最终结果（美元）	11 614 717	1 329 513
1 年期最低收益（%）	−47.13	−46.49
1 年期最高收益（%）	80.66	84.19
3 年期最低收益（%）	−14.62	−18.68
3 年期最高收益（%）	42.92	31.49
5 年期最低收益（%）	−2.73	−9.91
5 年期最高收益（%）	32.61	27.66
7 年期最低收益（%）	−0.58	−6.32

(续)

	由"所有股票"中 EBITDA/EV 比率最高的前 10% 股票组成的投资组合	"所有股票"投资组合
7 年期最高收益（%）	29.58	23.77
10 年期最低收益（%）	5.05	1.01
10 年期最高收益（%）	25.95	22.05
预期最低收益①（%）	−17.01	−24.73
预期最高收益②（%）	53.84	51.24

① 预期最低收益等于收益率的算术平均值减去 2 倍的标准差。
② 预期最高收益等于收益率的算术平均值加上 2 倍的标准差。

正像你在表 7-2 中看到的那样，EBITDA/EV 比率排名在前 10% 的股票的基本比率都很高，在全部的滚动 5 年期里，EBITDA/EV 比率最高的投资组合表现优于"所有股票"投资组合的时间占 96%，而在全部的滚动 10 年期里，EBITDA/EV 比率最高的投资组合表现优于"所有股票"投资组合的时间占 100%。

表 7-2 "所有股票"中 EBITDA/EV 比率排名在前 10% 的股票组成的投资组合及"所有股票"投资组合的基本比率（1964 年 1 月 1 日～ 2009 年 12 月 31 日）

项目	"所有股票"中 EBITDA/EV 比率排名在前 10% 的股票组成的投资组合战胜"所有股票"投资组合的时间	百分比（%）	年平均超额收益率（%）
1 年期收益率	541 期中有 411 期	76	4.96
滚动的 3 年期复合收益率	517 期中有 439 期	85	5.22
滚动的 5 年期复合收益率	493 期中有 475 期	96	5.36
滚动的 7 年期复合收益率	469 期中有 468 期	100	5.37
滚动的 10 年期复合收益率	433 期中有 433 期	100	5.23

将这些基本比率作为估算战胜"所有股票"投资组合的概率，我们会发现，1963 ～ 2009 年，在任意一个 5 年期内，使用高 EBITDA/EV 比率投资组合战胜"所有股票"投资组合的可能性为 96%。如果对高 EBITDA/EV 比率投资组合没有战胜"所有股票"投资组合的那 4% 的可能性进行分析的话，你会发现，高 EBITDA/EV 比率投资组合相对于"所有股票"投资组合表现最差的 5 年期收益率发生在截至 2000 年 2 月的那个 5 年期里，在前 5 年里，高 EBITDA/EV 比率投资组合的累计收益率为 140%，而"所有股票"投资组合的同期收益为 172%，二者相差 33%。从年复合平均收益率的角度来看，高 EBITDA/EV 比率投资组合的年复合平均收益率为 19.09%，而"所有股票"投资组合的年复合平均收益率为 22.18%。如果对高 EBITDA/EV 比率投资组合没有战胜"所有股票"投资组合的所有 5 年期收益率取平均值，你会发现，平均而言，高 EBITDA/EV 比率投资组合相对表现不佳的时间累

计只有 9.79%。

与之相反，高 EBITDA/EV 比率投资组合相对于"所有股票"投资组合表现最好的 5 年期收益率发生在截至 2005 年 2 月的那个 5 年期里，在此期间，高 EBITDA/EV 比率投资组合的累计收益率为 190%，而"所有股票"投资组合的同期收益为 23%，两者相差 167%。如果转换为年复合平均收益率，EBITDA/EV 比率排名在前 10% 的投资组合的年复合平均收益率为 23.7%，而"所有股票"投资组合的年复合平均收益率为 4.28%。平均而言，高 EBITDA/EV 比率投资组合的表现优于"所有股票"投资组合的超额收益累计为 48%。但是，正如我们在低市盈率股票投资组合中所看到的那样，如果某种投资策略在 5 年内相对于其比较基准的表现不佳，我们就很难再相信它了。你或许注意到，低市盈率股票与高 EBITDA/EV 比率股票收益率的走势十分相似：这两个投资组合相对于"所有股票"投资组合表现最差的 5 年期都发生在截至 2000 年 2 月的那个 5 年期里，而表现最好的 5 年期都发生在截至 2005 年 2 月的那个 5 年期里，这意味着，如果某个投资者希望在截至 2005 年 2 月的那个 5 年期里大获成功，他必须坚持使用这一投资策略，即便这一投资策略刚刚经历了自 1963 年以来的最差的相对表现。

我在第 6 章中讲过，除了那些最有纪律的投资者之外，一般投资者很难做到这一点。2000 年 2 月，纳斯达克市场上的股价开始见顶，大批投资者对股票的估值深信不疑，完全坠入了由这些泡沫逻辑所导致的深渊中。你有必要时常提醒自己，作为一个策略投资者，因执行某种投资策略而导致股票价格的波动起伏是你必须承受的一部分代价。即使你已经通读过本书的前 3 版，我猜你还是极有可能无视书中所列举的全部证据，买入那些完全无意义的"新时代"股票——因为，这些股票在那时听起来并没有像现在那么荒谬。如果没有其他原因，请记住，在某种投资组合表现不佳之后开始买入这种投资组合，一般投资者很难做到这一点，但真的能做到这一点的投资者，绝对是最聪明的投资者。如表 7-3 所示，在简单重温了最好的情况与最糟糕的情况之后，你会发现，在股市暴跌之后，会出现一些不错的投资机会。

表 7-3 最糟糕的情况："所有股票"投资组合中的高 EBITDA/EV 比率股票（排名前 10% 的股票）跌幅超过 20% 的全部数据（1964 年 1 月 1 日～2009 年 12 月 31 日）

股市见顶的时间	股市见顶时的指数值	股市见底的时间	股市见底时的指数值	股市复苏的时间	跌幅（%）	下跌持续期（月）	复苏持续期（月）
1969 年 1 月	2.91	1970 年 7 月	1.81	1971 年 4 月	-37.76	17	10
1972 年 11 月	3.20	1974 年 12 月	2.04	1975 年 6 月	-36.30	25	6

(续)

股市见顶的时间	股市见顶时的指数值	股市见底的时间	股市见底时的指数值	股市复苏的时间	跌幅（%）	下跌持续期（月）	复苏持续期（月）
1987年8月	42.07	1987年11月	30.53	1989年1月	-27.45	3	14
1989年8月	52.31	1990年10月	37.71	1991年3月	-27.91	14	5
1998年4月	269.06	1998年8月	199.29	1999年6月	-25.93	4	10
2002年4月	431.95	2002年9月	321.15	2003年6月	-25.65	5	9
2007年5月	1 277.49	2009年2月	584.00		-54.29	21	
平均值					-33.61	12.71	9

如果我们分析1963年以来的滚动10年期收益，由EBITDA/EV比率最高的股票构成的投资组合总会战胜"所有股票"投资组合。当我们分析最高EBITDA/EV比率投资组合对"所有股票"投资组合在所有的滚动10年期内的相对表现时，我们发现，平均而言，EBITDA/EV比率排名前10%的投资组合表现优于"所有股票"投资组合的相对收益累计为181%。高EBITDA/EV比率投资组合相对于"所有股票"投资组合表现最好的10年期收益发生在截至2006年7月的那个10年期里，在此期间，EBITDA/EV比率排名前10%的投资组合的累计收益率为575%，与此相比，"所有股票"投资组合的累计收益为193%。高EBITDA/EV比率投资组合相对于"所有股票"投资组合表现最差的10年期收益则发生在截至1974年10月的那个10年期里，在此期间，EBITDA/EV比率排名前10%的投资组合的累计收益率为64%，与此相比，"所有股票"投资组合的累计收益为17%。因此，如果你是那种极其特殊的投资者，能够坚持10年不动摇，持有高EBITDA/EV比率投资组合将会给你带来丰厚的回报。表7-4与表7-5显示了各种投资组合在最好情况下与最糟糕情况下的百分比收益率，也显示了10 000美元投资在这两种情况下的价值变化。当我们分析低EBITDA/EV比率（排名后10%）投资组合时，我们还将重温这些表格。图7-1显示了5年期滚动年复合平均超额收益率（或超额损失率）["所有股票"投资组合中高EBITDA/EV比率股票（前10%）的收益率减去"所有股票"投资组合的收益率]。

表7-4 按月度数据计算得到的最高与最低的年复合平均收益率（1964年1月1日～2009年12月31日）

各投资组合的收益情况	1年期	3年期	5年期	7年期	10年期
"所有股票"投资组合中高EBITDA/EV比率股票（前10%）的最低复合收益率（%）	-47.13	-14.62	-2.73	-0.58	5.05
"所有股票"投资组合中高EBITDA/EV比率股票（前10%）的最高复合收益率（%）	80.66	42.92	32.61	29.58	25.95
"所有股票"投资组合的最低复合收益率（%）	-46.49	-18.68	-9.91	-6.32	1.01

（续）

各投资组合的收益情况	1年期	3年期	5年期	7年期	10年期
"所有股票"投资组合的最高复合收益率（%）	84.19	31.49	27.66	23.77	22.05
"所有股票"投资组合中的低EBITDA/EV比率股票（后10%）的最低复合收益率（%）	−65.28	48.12	−23.93	−16.69	−11.98
"所有股票"投资组合中的低EBITDA/EV比率股票（后10%）的最高复合收益率（%）	194.94	50.63	35.57	23.68	18.64

表7-5　10 000美元按最高与最低的收益率（通过月度数据计算得出）投资所得到的最终价值（1964年1月1日～2009年12月31日）

各投资组合的收益情况	1年期	3年期	5年期	7年期	10年期
按最低复合收益率投资于"所有股票"投资组合中的高EBITDA/EV比率股票（前10%）的10 000美元的最终价值（美元）	5 287	6 224	8 706	9 603	16 359
按最高复合收益率投资于"所有股票"投资组合中的高EBITDA/EV比率股票（前10%）的10 000美元的最终价值（美元）	18 066	29 194	41 008	61 327	100 428
按最低复合收益率投资于"所有股票"投资组合的10 000美元的最终价值（美元）	5 351	5 379	5 936	6 330	11 054
按最高复合收益率投资于"所有股票"投资组合的10 000美元的最终价值（美元）	18 419	22 734	33 903	44 504	73 345
按最低复合收益率投资于"所有股票"投资组合的低EBITDA/EV比率股票（后10%）的10 000美元的最终价值（美元）	3 472	1 396	2 547	2 784	2 790
按最高复合收益率投资于"所有股票"投资组合中的低EBITDA/EV比率股票（后10%）的10 000美元的最终价值（美元）	29 494	34 176	45 796	44 261	55 232

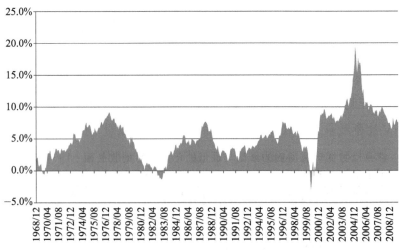

图7-1　5年期滚动年复合平均超额收益率（或超额损失率）

["所有股票"投资组合中的高EBITDA/EV比率股票（前10%）的收益率减去"所有股票"投资组合的收益率，1964年1月1日～2009年12月31日]

大盘股

如表 7-6 所示,与"大盘股"投资组合相比,使用最高 EBITDA/EV 比率投资组合也同样具有类似的优势:在 1963 年 12 月 31 日投资的 10 000 美元,到 2009 年 12 月末增至 4 003 309 美元,年平均复合收益率为 13.91%。这一收益远高于"大盘股"投资组合的收益,后者的同期收益为 872 861 美元,年复合平均收益率为 10.2%。最高 EBITDA/EV 比率投资组合的风险略高于"大盘股"投资组合,其标准差为 16.82%,而"大盘股"投资组合的标准差为 16.5%。但是,最高 EBITDA/EV 比率投资组合所带来的超额收益使其夏普比率达到了 0.53,远高于"大盘股"投资组合在同期内的夏普比率 0.32。

表 7-6 "大盘股"中 EBITDA/EV 比率排名在前 10% 的股票组成的投资组合及"大盘股"投资组合的年收益和风险数据统计概要(1964 年 1 月 1 日～2009 年 12 月 31 日)

	由"大盘股"中 EBITDA/EV 比率最高的前 10% 股票组成的投资组合	"大盘股"投资组合
算术平均值(%)	15.52	11.72
几何平均值(%)	13.91	10.20
平均收益(%)	19.14	17.20
标准差(%)	16.82	16.50
向上的偏差(%)	10.74	9.70
向下的偏差(%)	11.37	11.85
跟踪误差	8.30	0.00
收益为正的时期数	350	332
收益为负的时期数	202	220
从最高点到最低点的最大跌幅(%)	−52.85	−53.77
贝塔值	0.89	1.00
T 统计量($m=0$)	5.85	4.58
夏普比率($Rf=5\%$)	0.53	0.32
索蒂诺比率($MAR=10\%$)	0.34	0.02
10 000 美元投资的最终结果(美元)	4 003 309	872 861
1 年期最低收益(%)	−46.65	−46.91
1 年期最高收益(%)	67.17	68.96
3 年期最低收益(%)	−10.69	−15.89
3 年期最高收益(%)	39.50	33.12
5 年期最低收益(%)	−0.82	−5.82
5 年期最高收益(%)	34.82	28.95
7 年期最低收益(%)	−0.82	−4.15
7 年期最高收益(%)	27.48	22.83

(续)

	由"大盘股"中 EBITDA/EV 比率最高的前 10% 股票组成的投资组合	"大盘股"投资组合
10 年期最低收益（%）	0.79	−0.15
10 年期最高收益（%）	22.54	19.57
预期最低收益① （%）	−18.11	−21.28
预期最高收益② （%）	49.15	44.72

① 预期最低收益等于收益率的算术平均值减去 2 倍的标准差。
② 预期最高收益等于收益率的算术平均值加上 2 倍的标准差。

如表 7-7 所示，EBITDA/EV 比率最高的投资组合有着很高的基本比率：在全部的滚动 5 年期内，该组合表现优于"大盘股"投资组合的时间占 87%，而在全部的滚动 10 年期内，该组合表现优于"大盘股"投资组合的时间占 99%。如果将这一基本比率作为战胜"大盘股"投资组合的概率，你会发现，在任一个 5 年期内，EBITDA/EV 比率最高的投资组合表现不如"大盘股"投资组合的时间只占 13%。与"所有股票"投资组合的情况非常类似，高 EBITDA/EV 比率投资组合相对于"大盘股"投资组合表现最差的 5 年期收益率也发生在截至 2000 年 2 月的那个 5 年期里，在此期间，"大盘股"投资组合的累计收益率为 180%，与此相比，EBITDA/EV 比率排名前 10% 投资组合的累计收益为 130%，相对超额损失为 50%。将这些累计收益率转换为年复合平均收益率，EBITDA/EV 比率排名前 10% 投资组合的年复合平均收益率为 18.15%，而"大盘股"投资组合的年复合平均收益率为 22.86%。就 5 年期收益率，平均而言，高 EBITDA/EV 比率投资组合相对表现不佳的时间累计为 11%。

表 7-7 "大盘股"中 EBITDA/EV 比率排名在前 10% 的股票组成的投资组合及"大盘股"投资组合的基本比率（1964 年 1 月 1 日～2009 年 12 月 31 日）

项目	"大盘股"中 EBITDA/EV 比率排名在前 10% 的股票组成的投资组合战胜"大盘股"投资组合的时间	百分比（%）	年平均超额收益率（%）
1 年期收益率	541 期中有 379 期	70	3.77
滚动的 3 年期复合收益率	517 期中有 412 期	80	3.94
滚动的 5 年期复合收益率	493 期中有 427 期	87	4.02
滚动的 7 年期复合收益率	469 期中有 433 期	92	3.97
滚动的 10 年期复合收益率	433 期中有 429 期	99	3.91

EBITDA/EV 比率最高的投资组合相对于"大盘股"投资组合表现最好的 5 年期收益率发生在截至 2007 年 10 月的那个 5 年期里，在此期间，高 EBITDA/EV 比率投资组合的累计收益率为 289%，而"大盘股"投资组合的同期收益为 23%，二者

相差140%。如果转换为年复合平均收益率，"大盘股"投资组合中EBITDA/EV比率排名在前10%的投资组合的年复合平均收益率为30.81%，而"所有股票"⊖投资组合的年复合平均收益率为20.63%。在全部的滚动5年期中，高EBITDA/EV比率投资组合的表现优于"大盘股"投资组合的时间占87%，平均累计收益率为43%。图7-2显示了5年期滚动年复合平均超额收益率（或超额损失率）（"大盘股"投资组合中高EBITDA/EV比率股票的收益率减去"大盘股"投资组合的收益率）。

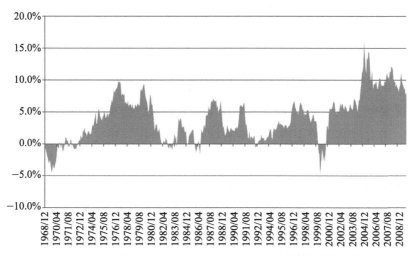

图7-2　5年期滚动年复合平均超额收益率（或超额损失率）

["大盘股"投资组合中高EBITDA/EV比率股票（前10%）的收益率减去"大盘股"投资组合的收益率，1964年1月1日～2009年12月31日]

最糟糕的情况，最高收益与最低收益

对表7-1～表7-3进行分析，我们发现，由"所有股票"中EBITDA/EV比率排名在前10%股票组成的投资组合的最糟糕情况发生于2007年5月～2009年2月，该组合在此期间共损失了54%。这一损失实际上小于"所有股票"投资组合的跌幅，后者在2007年5月～2009年2月共下跌了55%。这些分析结果还证实了我所关注的熊市开始初期的一些现象——价值导向性投资策略下跌的时间要比大盘提前几个月。EBITDA/EV比率排名在前10%的股票组成的投资组合从最高点到最低点跌幅超过20%以上的次数有7次，而"所有股票"投资组合出现类似跌幅的次数有6次。

⊖ 原文如此，疑为"大盘股"之误。——译者注

因此，不同于我们所研究的其他价值因素，EBITDA/EV 比率最高的股票看起来可以对严重熊市起到一定的缓解作用。

表 7-5 显示了在"所有股票"中 EBITDA/EV 比率排名在前 10% 股票组成的投资组合中投资 10 000 美元的最终价值：最差的 5 年期收益率发生于截至 1973 年 12 月 31 日的那个 5 年期里，在此期间，期初投资的 10 000 美元将缩减至 8 706 美元，累计损失为 13%。而最好的 5 年期收益率则发生于截至 1987 年 7 月末的那个 5 年期里，在此期间，期初投资的 10 000 美元将飙升至 48 008 美元，累计收益率为 310%。表 7-5 显示了这些投资组合在各持有期内最好情况与最糟糕情况下的绝对收益情况。

对"大盘股"中 EBITDA/EV 比率排名在前 10% 股票组成的投资组合来说，最糟糕的情况发生于 2007 年 10 月～2009 年 2 月，该组合在此期间共损失了 53%。正如我们在"所有股票"投资组合中所看到的那样，这一损失仅略低于"大盘股"投资组合在同时期内的损失（54%）。1963 年 12 月 31 日～2009 年 12 月 31 日，在"大盘股"投资组合中 EBITDA/EV 比率排名在前 10% 股票组成的投资组合中，跌幅超过 20% 以上的次数共有 7 次。所有这些数据，如表 7-8 所示。

表 7-8 最糟糕的情况："大盘股"投资组合中的高 EBITDA/EV 比率股票（前 10%）跌幅超过 20% 的全部数据（1964 年 1 月 1 日～2009 年 12 月 31 日）

股市见顶的时间	股市见顶时的指数值	股市见底的时间	股市见底时的指数值	股市复苏的时间	跌幅（%）	下跌持续期（月）	复苏持续期（月）
1966 年 1 月	1.35	1966 年 9 月	1.06	1967 年 7 月	−21.40	8	10
1969 年 1 月	1.77	1970 年 6 月	1.16	1971 年 4 月	−34.31	17	10
1973 年 10 月	2.03	1974 年 9 月	1.36	1975 年 6 月	−32.88	11	9
1980 年 11 月	6.44	1982 年 7 月	4.72	1983 年 1 月	−26.79	20	6
1987 年 8 月	21.43	1987 年 11 月	15.57	1989 年 1 月	−27.34	3	14
2001 年 5 月	161.39	2002 年 9 月	124.22	2003 年 8 月	−23.03	16	11
2007 年 10 月	504.03	2009 年 2 月	237.66		−52.85	16	
平均值					−31.23	13	10

表 7-9 显示了"大盘股"投资组合、"大盘股"投资组合中 EBITDA/EV 比率排名在前 10% 股票及后 10% 股票组成的投资组合的最好的年复合平均收益率，以及最差的年复合平均收益率。表 7-10 显示了将 10 000 美元投资于这些投资组合上所获得的最终价值。最差的 5 年期收益发生在截至 1974 年 9 月的那个 5 年期内，在此期间，期初投资的 10 000 美元将缩减至 9 594 美元。这一结果说明，这种投资

策略可以极好地保护下行风险。因为，从程度上来看，1973～1974年的熊市与2008～2009年的熊市一样严重。对"大盘股"投资组合中EBITDA/EV比率排名在前10%的股票来说，最好的5年期收益率发生在截至1987年7月的那个5年期内，在此期间，期初投资的10 000美元将飙升至44 544美元，年复合平均收益率为34.2%。表7-10还显示了这些投资组合在其他持有期内的最好情况与最糟糕情况。

表7-9 按月度数据计算得到的最高与最低的年复合平均收益率（1964年1月1日～2009年12月31日）

各投资组合的收益情况	1年期	3年期	5年期	7年期	10年期
"大盘股"投资组合中EBITDA/EV比率最高的股票（前10%）的最低复合收益率（%）	-46.65	-10.69	-0.82	-0.82	0.79
"大盘股"投资组合中EBITDA/EV比率最高的股票（前10%）的最高复合收益率（%）	67.17	39.50	34.82	27.48	22.54
"大盘股"投资组合的最低复合收益率（%）	-46.91	-15.89	-5.82	-4.15	-0.15
"大盘股"投资组合的最高复合收益率（%）	68.96	33.12	28.95	22.83	19.57
"大盘股"投资组合中EBITDA/EV比率最低的股票（后10%）的最低复合收益率（%）	-80.16	-49.78	-27.19	-17.69	-14.40
"大盘股"投资组合中EBITDA/EV比率最低的股票（后10%）的最高复合收益率（%）	100.74	56.32	39.89	28.78	25.30

表7-10 10 000美元按最高与最低的收益率（通过月度数据计算得出）投资所得到的最终价值（1964年1月1日～2009年12月31日）

各投资组合的收益情况	1年期	3年期	5年期	7年期	10年期
按最低复合收益率投资于"大盘股"投资组合中的EBITDA/EV最高比率股票（前10%）的10 000美元的最终价值（美元）	5 335	7 124	9 594	9 437	10 816
按最高复合收益率投资于"大盘股"投资组合中的EBITDA/EV最高比率股票（前10%）的10 000美元的最终价值（美元）	16 717	27 148	44 544	54 707	76 366
按最低复合收益率投资于"大盘股"投资组合的10 000美元的最终价值（美元）	5 309	5 951	7 409	7 434	9 848
按最高复合收益率投资于"大盘股"投资组合的10 000美元的最终价值（美元）	16 896	23 591	35 656	42 189	59 747
按最低复合收益率投资于"大盘股"投资组合的EBITDA/EV最低比率股票（后10%）的10 000美元的最终价值（美元）	1 984	1 266	2 047	2 559	2 112
按最高复合收益率投资于"大盘股"投资组合中的EBITDA/EV最低比率股票（后10%）的10 000美元的最终价值（美元）	20 074	38 196	53 574	58 731	95 380

购买 EBITDA/EV 比率最低的股票，是最糟糕的投资

我妈妈曾经说过，如果你花钱较少却收获较多时，你就可以在长期中获得丰厚的回报；与之相反，如果你花了很多的钱却收获甚少，可以预见，你的收益将不会让你满意。买入"所有股票"投资组合中 EBITDA/EV 比率排名后 10% 的股票组成的投资组合，也就相当于为最少的价值支付了过多的金钱，你的收益也就可想而知了。如表 7-11 所示，在 1963 年 12 月 31 日将 10 000 美元投资在"所有股票"中 EBITDA/EV 比率排名后 10% 的股票投资组合上，到 2009 年 12 月 31 日将增至 109 001 美元，年复合平均收益率仅为 5.33%。我们可以换个角度来看这个问题，假设你持有 10 000 美元的 30 天美国短期国债，到 2009 年 12 月 31 日，这一投资组合的价值为 120 778 美元，年复合平均收益率为 5.57%。如果你用这笔钱购买"所有股票"投资组合，这笔投资的价值为 1 329 513 美元，年复合平均收益率为 11.22%（要注意，这些收益都是名义收益，没有考虑通货膨胀的因素）。要抵消通货膨胀的影响，在 1963 年投资的 10 000 美元的价值要接近 70 000 美元，因此，在调整了通货膨胀的因素之后，你从"所有股票"投资组合中最低 EBITDA/EV 比率股票组成的投资组合中所获得的真实收益就更少了。雪上加霜的是，尽管这一投资组合的整体收益已经少得可怜，但它们还随时可能发生剧烈的波动。"所有股票"中 EBITDA/EV 比率排名后 10% 的股票组成的投资组合的标准差为 26.71%，比"所有股票"投资组合的标准差高出了 7 个百分点。剧烈的波动，再加上可怜的收益率，使得这一投资策略的夏普比率仅有 0.01，而"所有股票"投资组合的夏普比率为 0.3。

表 7-11 "所有股票"中 EBITDA/EV 比率排名在后 10% 的股票组成的投资组合及"所有股票"投资组合的年收益和风险数据统计概要（1964 年 1 月 1 日～ 2009 年 12 月 31 日）

	由"所有股票"中 EBITDA/EV 比率最高的后 10% 股票组成的投资组合	"所有股票"投资组合
算术平均值（%）	9.20	13.26
几何平均值（%）	5.33	11.22
平均收益（%）	15.22	17.16
标准差（%）	26.71	18.99
向上的偏差（%）	17.12	10.98
向下的偏差（%）	19.74	13.90
跟踪误差	12.48	0.00
收益为正的时期数	318	329
收益为负的时期数	234	223

（续）

	由"所有股票"中 EBITDA/EV 比率最高的后 10% 股票组成的投资组合	"所有股票"投资组合
从最高点到最低点的最大跌幅（%）	−89.54	−55.54
贝塔值	1.27	1.00
T 统计量（$m=0$）	2.24	4.47
夏普比率（$Rf=5\%$）	0.01	0.33
索蒂诺比率（$MAR=10\%$）	−0.24	0.09
10 000 美元投资的最终结果（美元）	109 001	1 329 513
1 年期最低收益（%）	−65.28	−46.49
1 年期最高收益（%）	194.94	84.19
3 年期最低收益（%）	−48.12	−18.68
3 年期最高收益（%）	50.63	31.49
5 年期最低收益（%）	−23.93	−9.91
5 年期最高收益（%）	35.57	27.66
7 年期最低收益（%）	−16.69	−6.32
7 年期最高收益（%）	23.68	23.77
10 年期最低收益（%）	−11.98	1.01
10 年期最高收益（%）	18.64	22.05
预期最低收益[1]（%）	−44.21	−24.73
预期最高收益[2]（%）	62.62	51.24

[1] 预期最低收益等于收益率的算术平均值减去 2 倍的标准差。
[2] 预期最高收益等于收益率的算术平均值加上 2 倍的标准差。

如你所料，这种投资策略的基本比率（见表 7-12）也十分差劲——在全部的滚动 5 年期里，EBITDA/EV 比率最低的投资组合表现优于"所有股票"投资组合的时间只有 11%，而在全部的滚动 10 年期里，EBITDA/EV 比率最低的投资组合表现优于"所有股票"投资组合的时间只有 6%。使用这些基本比率作为"所有股票"投资组合中 EBITDA/EV 比率最低的投资组合的收益的可能性，你可预测到，在全部的滚动 5 年期内，你表现出色的机会寥寥无几，如果你真的表现出色，那你应该确信你一定是处于市场泡沫即将破裂的前夜。EBITDA/EV 比率最低的投资组合相对于"所有股票"表现最好的 5 年期收益发生在截至 2000 年 2 月（即网络股泡沫达到顶峰时）的那个 5 年期里，在此期间，"所有股票"投资组合中 EBITDA/EV 比率最低的投资组合的累计收益率为 358%，"所有股票"投资组合的累计收益率为 172%，累计优势达 186%。从年复合平均收益率的角度来看，EBITDA/EV 最低比率投资组合的年复合平均收益率为 35.57%，而"所有股票"投资组合的年复合平均收益率为

22.18%。与"所有股票"投资组合相比，EBITDA/EV 最低比率投资组合第二好的超额收益率发生在截至 1968 年末～1969 年初的这个 5 年期里，这一时期也是网络股泡沫时期之前最大的一个股市泡沫期（见表 7-13）。换言之，只要这类股票的表现显著高于"所有股票"投资组合，你就要警惕了！平均而言，在所有 5 年期里，EBITDA/EV 最低比率投资组合的表现优于"所有股票"投资组合的时间只有 11%，累计超额收益为 41%。这一平均值可能略高于你的预期值，这是因为，在完全投机的市场上，泡沫推高了股票的价格。但是，切忌自我欺骗，认为自己可以确定泡沫的时机。实际上，确定你是否处于泡沫时期是一件非常困难的事情——只有泡沫破灭时你才能确定它是一场泡沫。但是，有一条非常明显的线索：那些股价最高的股票的表现非同寻常的好。

表 7-12 "所有股票"中 EBITDA/EV 比率排名在后 10% 的股票组成的投资组合及"所有股票"投资组合的基本比率（1964 年 1 月 1 日～2009 年 12 月 31 日）

项目	"所有股票"中 EBITDA/EV 比率排名在后 10% 的股票组成的投资组合战胜"所有股票"投资组合的时间	百分比（%）	年平均超额收益率（%）
1 年期收益率	541 期中有 172 期	32	-3.18
滚动的 3 年期复合收益率	517 期中有 79 期	15	-5.25
滚动的 5 年期复合收益率	493 期中有 53 期	11	-5.95
滚动的 7 年期复合收益率	469 期中有 43 期	9	-6.18
滚动的 10 年期复合收益率	433 期中有 28 期	6	-6.14

就滚动的 5 年期收益率而言，在 89% 的时间里，"所有股票"中 EBITDA/EV 比率排名在后 10% 的股票组成的投资组合表现不如"所有股票"投资组合，而在这个 5 年期里，EBITDA/EV 比率排名在后 10% 的股票的累计收益比"所有股票"投资组合的收益少 47%。EBITDA/EV 比率排名在后 10% 的股票组成的投资组合相对于"所有股票"投资组合表现最差的 5 年期收益率发生在截至 2005 年 11 月的那个 5 年期里，在此期间，EBITDA/EV 比率排名在后 10% 的股票累计损失 35%，而"所有股票"投资组合的同期收益为 71%。图 7-3 显示了 5 年期滚动年复合平均超额收益率（或在本例中的超额损失率）（EBITDA/EV 比率排名在后 10% 的股票的收益率减去"所有股票"投资组合的收益率）。

表 7-13 最糟糕的情况："所有股票"投资组合中 EBITDA/EV 比率最低的股票（排名后 10% 的股票）跌幅超过 20% 的全部数据（1964 年 1 月 1 日～2009 年 12 月 31 日）

股市见顶的时间	股市见顶时的指数值	股市见底的时间	股市见底时的指数值	股市复苏的时间	跌幅（%）	下跌持续期（月）	复苏持续期（月）
1966 年 4 月	1.62	1966 年 10 月	1.24	1967 年 1 月	-23.36	6	3

(续)

股市见顶的时间	股市见顶时的指数值	股市见底的时间	股市见底时的指数值	股市复苏的时间	跌幅（%）	下跌持续期（月）	复苏持续期（月）
1969年1月	3.57	1974年9月	1.47	1979年12月	−58.75	68	63
1981年5月	5.38	1982年7月	3.90	1982年11月	−27.51	14	4
1983年6月	7.51	1984年7月	5.99	1985年2月	−20.27	13	7
1987年8月	11.62	1987年11月	7.46	1989年8月	−35.78	3	21
1989年9月	11.85	1990年10月	7.49	1991年8月	−36.84	13	10
1993年10月	16.15	1994年6月	12.31	1995年7月	−23.80	8	13
1996年5月	21.79	1998年8月	11.81	1999年3月	−45.81	27	7
2000年2月	58.29	2009年2月	6.10		−89.54	108	
平均值					−40.19	28.89	16

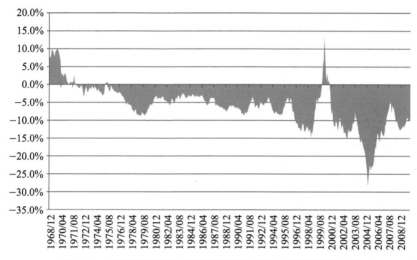

图7-3　5年期滚动年复合平均超额收益率（或超额损失率）

（EBITDA/EV比率排名在后10%的股票的收益率减去"所有股票"投资组合的收益率，1964年1月1日～2009年12月31日）

"大盘股"投资组合中的股票表现更差

如表7-14所示，将10 000美元投资于"大盘股"中EBITDA/EV比率排名在后10%的股票组成的投资组合中，其表现比"所有股票"中EBITDA/EV比率排名在后10%的股票组成的投资组合的收益更差，后者的年复合平均收益率为5.13%，截至2009年年末的投资终值为99 989美元。回想一下，如"所有股票"投资组合那样，这一收益情况还赶不上将资金投资于美国短期国债的收益。与"所有股票"投资组合相比，在"大盘股"中 EBITDA/EV 比率排名在后 10% 的股票组成的投资组合中，其标准差为 23.56%，远高于"大盘股"投资组合的标准差，后者的标准差为 16.5%。剧烈的波动，再加上可怜的收益率，使得投资于"大盘股"中 EBITDA/EV 比率最低股票这一投资策略的夏普比率仅有 0.01，而"大盘股"投资组合的夏普比率为 0.32。

表 7-14 "大盘股"中 EBITDA/EV 比率排名在后 10% 的股票组成的投资组合及"大盘股"投资组合的年收益和风险数据统计概要（1964 年 1 月 1 日～2009 年 12 月 31 日）

	由"大盘股"中 EBITDA/EV 比率最低（后 10%）股票组成的投资组合	"大盘股"投资组合
算术平均值（%）	8.19	11.72
几何平均值（%）	5.13	10.20
平均收益（%）	13.29	17.20
标准差（%）	23.56	16.50
向上的偏差（%）	14.31	9.70
向下的偏差（%）	18.45	11.85
跟踪误差	12.15	0.00
收益为正的时期数	309	332
收益为负的时期数	243	220
从最高点到最低点的最大跌幅（%）	−89.48	−53.77
贝塔值	1.25	1.00
T 统计量（$m=0$）	2.27	4.58
夏普比率（$Rf=5\%$）	0.01	0.32
索蒂诺比率（$MAR=10\%$）	−0.26	0.02
10 000 美元投资的最终结果（美元）	99 989	872 861
1 年期最低收益（%）	−80.16	−46.91
1 年期最高收益（%）	100.74	68.96
3 年期最低收益（%）	−49.78	−15.89
3 年期最高收益（%）	56.32	33.12
5 年期最低收益（%）	−27.19	−5.82
5 年期最高收益（%）	39.89	28.95
7 年期最低收益（%）	−17.69	−4.15
7 年期最高收益（%）	28.78	22.83
10 年期最低收益（%）	−14.40	−0.15
10 年期最高收益（%）	25.30	19.57
预期最低收益[1]（%）	−38.92	−21.28
预期最高收益[2]（%）	55.30	44.72

[1] 预期最低收益等于收益率的算术平均值减去 2 倍的标准差。
[2] 预期最高收益等于收益率的算术平均值加上 2 倍的标准差。

如表 7-15 所示，"大盘股"中 EBITDA/EV 比率排名在后 10% 的股票组成的投资组合中，其基本比率比"所有股票"中 EBITDA/EV 比率排名在后 10% 的股票组成的投资组合的基本比率更好——在全部的滚动 5 年期里，EBITDA/EV 比率最低的投资组合表现优于"大盘股"投资组合的时间有 19%，而在全部的滚动 10 年期里，EBITDA/EV 比率最低的投资组合表现优于"大盘股"投资组合的时间为 11%。EBITDA/EV 比率最低的投资组合相对于"大盘股"投资组合表现最好的 5 年期收益率发生在截至 2000 年 2 月的那个 5 年期里，在此期间，"大盘股"投资组合中 EBITDA/EV 比率最低的投资组合的累计收益率为 436%，而"大盘股"投资组合的累计收益率为 180%，EBITDA/EV 比率最低的投资组合收益率的相对优势达到了 256%。如果转换为年复合平均收益率，EBITDA/EV 比率排名在后 10% 股票投资组合的年复合平均收益率为 39.89%，而"大盘股"投资组合的年复合平均收益率为 22.86%。这样的抢眼表现让很多投资者为之侧目，他们抛弃了冷冰冰的价值选股方法，开始真的相信一个投资的"新纪元"已经到来。有趣的是，"大盘股"投资组合中 EBITDA/EV 比率最低的股票与"大盘股"投资组合之间存在的最近一次较大差距还是在 20 世纪 60 年代末的那次泡沫期。平均而言，在所有的 5 年期内，"大盘股"投资组合中 EBITDA/EV 比率排名后 10% 的投资组合表现都优于"大盘股"投资组合，相对收益累计为 41%。但是，正如我们在"所有股票"投资组合中看到的那样，3 位数的超额收益主要集中在 21 世纪初。如果没有将近 60 年的泡沫时期，"大盘股"投资组合中 EBITDA/EV 比率最低的投资组合相对于"大盘股"投资组合的绝大部分优势都将不复存在。

表 7-15 "大盘股"中 EBITDA/EV 比率排名在后 10% 的股票组成的投资组合及"大盘股"投资组合的基本比率（1964 年 1 月 1 日～2009 年 12 月 31 日）

项目	"大盘股"中 EBITDA/EV 比率排名在后 10% 的股票组成的投资组合战胜"大盘股"投资组合的时间	百分比（%）	年平均超额收益率（%）
1 年期收益率	541 期中有 196 期	36	-2.53
滚动的 3 年期复合收益率	517 期中有 120 期	23	-4.35
滚动的 5 年期复合收益率	493 期中有 95 期	19	-5.21
滚动的 7 年期复合收益率	469 期中有 78 期	17	-5.64
滚动的 10 年期复合收益率	433 期中有 46 期	11	-5.74

EBITDA/EV 比率最低的投资组合相对于"大盘股"投资组合表现最差的 5 年期收益率发生在截至 1987 年 7 月的那个 5 年期里，在此期间，EBITDA/EV 比率最低的投资组合的累计收益率为 139%，落后"大盘股"投资组合同期收益率（257%）

达 116 个百分点。如果转换为年复合平均收益率,"大盘股"投资组合中 EBITDA/EV 比率排名在后 10% 的投资组合的年复合平均收益率为 19.05%,而"大盘股"投资组合的年复合平均收益率为 28.95%。平均而言,EBITDA/EV 比率最低的投资组合的表现不如"大盘股"投资组合,在全部的滚动 5 年期中,平均累计超额收益率为 44%。图 7-4 显示了 5 年期滚动年复合平均超额收益率(或超额损失率)("大盘股"投资组合中 EBITDA/EV 最低比率投资组合的收益率减去"大盘股"投资组合的收益率)。

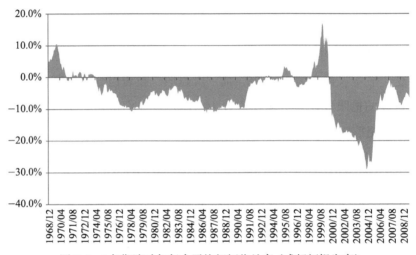

图 7-4　5 年期滚动年复合平均超额收益率(或超额损失率)
("大盘股"投资组合中的 EBITDA/EV 最低比率股票(后 10%)的收益率减去"大盘股"投资组合的收益率,1964 年 1 月 1 日～2009 年 12 月 31 日)

最糟糕的情况,表现最好与表现最坏的年份

表 7-13 与表 7-16 显示了"所有股票"与"大盘股"投资组合中 EBITDA/EV 比率最低的投资组合的下跌情况。哎哟!"所有股票"投资组合中 EBITDA/EV 比率最低的投资组合的收益率在 2000 年 2 月达到顶峰,然后就转头向下,一直下跌至 2009 年 2 月,从最高点到最低点,损失达 90%。自 1963 年以来,这一投资组合跌幅超过 20% 的次数有 9 次。如果表 7-16 还不能让你远离这种价值被严重高估的股票,那我真是无话可说了。

表 7-16 最糟糕的情况:"大盘股"投资组合中 EBITDA/EV 比率最低的股票(排名后 10% 的股票)跌幅超过 20% 的全部数据(1964 年 1 月 1 日~ 2009 年 12 月 31 日)

股市见顶的时间	股市见顶时的指数值	股市见底的时间	股市见底时的指数值	股市复苏的时间	跌幅(%)	下跌持续期(月)	复苏持续期(月)
1966 年 4 月	1.73	1966 年 10 月	1.37	1967 年 2 月	−20.73	6	4
1969 年 12 月	2.40	1970 年 6 月	1.52	1972 年 1 月	−36.69	6	19
1972 年 12 月	3.01	1974 年 9 月	1.29	1980 年 9 月	−57.09	21	72
1981 年 5 月	3.33	1982 年 7 月	2.38	1982 年 11 月	−28.42	14	4
1983 年 6 月	4.50	1984 年 7 月	3.20	1985 年 12 月	−28.86	13	17
1987 年 9 月	6.00	1987 年 11 月	4.12	1989 年 5 月	−31.34	2	18
1989 年 9 月	6.88	1990 年 10 月	4.41	1991 年 8 月	−35.86	13	10
1998 年 7 月	23.28	1998 年 8 月	18.48	1998 年 12 月	−20.64	1	4
2000 年 2 月	54.48	2009 年 2 月	5.73		−89.48	108	
平均值					−38.79	20.44	18.5

"大盘股"投资组合中 EBITDA/EV 比率最低的投资组合的情况跟我们在"所有股票"投资组合中 EBITDA/EV 比率最低的投资组合中看到的情况差不多——高峰期在 2000 年的 2 月,随后在其后的 9 年中不断下跌,在 2009 年 2 月见底,损失为 89%。和"所有股票"投资组合中的情况类似,1963 ~ 2009 年,"大盘股"中 EBITDA/EV 比率最低的投资组合跌幅超过 20% 的次数也是 9 次。

表 7-5 与表 7-10 显示了"大盘股"及"所有股票"中 EBITDA/EV 比率排名在后 10% 股票组成的投资组合中投资 10 000 美元在最好的情况与最糟糕的情况下的最终价值:对"所有股票"中 EBITDA/EV 比率排名在后 10% 股票组成的投资组合而言,最好的 5 年期收益率发生在截至 2000 年 2 月的那个 5 年期里,在此期间,期初投资的 10 000 美元将增至 45 796 美元,年复合平均收益率为 35.57%。而最差的 5 年期收益率则发生在截至 2005 年 2 月末的那个 5 年期里,在此期间,期初投资的 10 000 美元将缩减至 2 547 美元,年复合平均收益率为 −23.93%。

对"大盘股"中 EBITDA/EV 比率排名在后 10% 股票组成的投资组合来说,最好的 5 年期收益率发生在截至 2000 年 2 月的那个 5 年期里,在此期间,期初投资的 10 000 美元将增至 53 574 美元,年复合平均收益率为 39.89%。而最差的 5 年期收益率则发生在截至 2005 年 2 月的那个 5 年期里,在此期间,期初投资的 10 000 美元将缩减至 2 047 美元,年复合平均收益率为 −27.18%。表 7-17 及表 7-18 显示了"大盘股"及"所有股票"投资组合中,EBITDA/EV 比率最高与最低的股票投资组合在各个 10 年期内的年复合平均收益率。

表 7-17 按 10 年期划分的年复合平均收益率

	20 世纪60 年代①	20 世纪70 年代	20 世纪80 年代	20 世纪90 年代	21 世纪第1 个 10 年②
"所有股票"投资组合中 EBITDA/EV 比率最高（排名前 10%）的股票（%）	14.14	13.82	19.95	18.59	15.55
"所有股票"投资组合中 EBITDA/EV 比率最低（排名后 10%）的股票（%）	18.72	2.61	11.97	13.28	-11.98
"所有股票"投资组合（%）	13.36	7.56	16.78	15.35	4.39

① 1964 年 1 月 1 日～1969 年 12 月 31 日的收益。
② 2000 年 1 月 1 日～2009 年 12 月 31 日的收益。

表 7-18 按 10 年期划分的年复合平均收益率

	20 世纪60 年代①	20 世纪70 年代	20 世纪80 年代	20 世纪90 年代	21 世纪第1 个 10 年②
"大盘股"投资组合中 EBITDA/EV 比率最高（排名前 10%）的股票（%）	5.35	12.75	19.31	16.96	12.15
"大盘股"投资组合中 EBITDA/EV 比率最低的（排名后 10%）的股票（%）	15.70	0.41	10.03	21.78	-14.27
"大盘股"投资组合（%）	8.16	6.65	17.34	16.38	2.42

① 1964 年 1 月 1 日～1969 年 12 月 31 日的收益。
② 2000 年 1 月 1 日～2009 年 12 月 31 日的收益。

按十分位平均分组分析

如图 7-5、图 7-6 及表 7-19、表 7-20 所示，"所有股票"投资组合中 EBITDA/EV 比率最高的前 5 组（第 1 个十分位到第 5 个十分位）股票的表现全都战胜了"所有股票"投资组合，而 EBITDA/EV 比率最低的后 5 组（第 6 个十分位到第 10 个十分位）股票的表现均低于"所有股票"投资组合。其中，EBITDA/EV 比率最低的后 2 组的拙劣表现甚至还赶不上 30 天的美国短期国债。

至于"大盘股"投资组合，EBITDA/EV 比率最高的 1～3 组股票的表现均优于"大盘股"投资组合，而 EBITDA/EV 比率分组 4～10 组股票的表现均劣于"大盘股"投资组合。在这里，EBITDA/EV 比率最低的一组（第 10 组）的表现还赶不上30 天的短期国债。

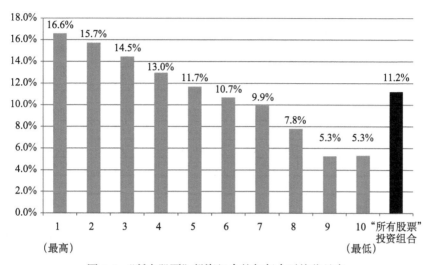

图 7-5 "所有股票"投资组合的年复合平均收益率

(按 EBITDA/EV 比率的十分位进行平均分组,1964 年 1 月 1 日~ 2009 年 12 月 31 日)

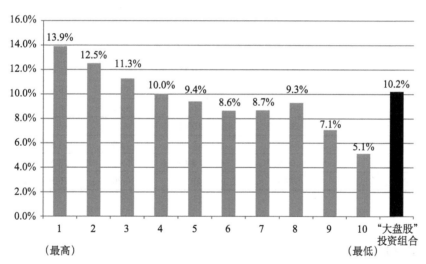

图 7-6 "大盘股"投资组合的年复合平均收益率

(按 EBITDA/EV 比率的十分位进行平均分组,1964 年 1 月 1 日~ 2009 年 12 月 31 日)

表 7-19 对"所有股票"投资组合按 EBITDA/EV 比率进行十分位(10%)分组分析结果概述(1964 年 1 月 1 日~ 2009 年 12 月 31 日)

十分位(10%)	10 000 美元的投资将增长至(美元)	平均收益率(%)	复合收益率(%)	标准差(%)	夏普比率
1(最高)	11 614 717	18.41	16.58	17.71	0.65
2	8 275 696	17.57	15.73	17.82	0.60
3	4 972 919	16.17	14.45	17.26	0.55

(续)

十分位（10%）	10 000 美元的投资将增长至（美元）	平均收益率（%）	复合收益率（%）	标准差（%）	夏普比率
4	2 734 277	14.66	12.97	17.19	0.46
5	1 620 973	13.40	11.70	17.34	0.39
6	1 072 150	12.46	10.70	17.70	0.32
7	775 885	11.82	9.92	18.41	0.27
8	316 267	10.11	7.80	20.46	0.14
9	106 512	8.54	5.28	24.44	0.01
10（最低）	109 001	9.20	5.33	26.71	0.01
"所有股票"投资组合	1 329 513	13.26	11.22	18.99	0.33

表7-20 对"大盘股"投资组合按EBITDA/EV比率进行十分位（10%）分组分析结果概述（1964年1月1日～2009年12月31日）

十分位（10%）	10 000 美元的投资将增长至（美元）	平均收益率（%）	复合收益率（%）	标准差（%）	夏普比率
1（最高）	4 003 309	15.52	13.91	16.82	0.53
2	2 273 260	13.88	12.52	15.58	0.48
3	1 357 246	12.53	11.27	15.09	0.42
4	808 224	11.30	10.02	15.17	0.33
5	623 765	10.72	9.40	15.47	0.28
6	452 578	9.99	8.64	15.68	0.23
7	461 233	10.11	8.69	16.11	0.23
8	594 472	10.82	9.29	16.71	0.26
9	233 431	9.04	7.09	18.88	0.11
10（最低）	99 989	8.19	5.13	23.56	0.01
"大盘股"投资组合	872 861	11.72	10.20	16.50	0.32

对投资者的启示

就"所有股票"投资组合而言，1963～2009年，EBITDA/EV比率最高股票的绝对收益率最高，战胜了其他所有的价值比率，并且其波动性较小，基本比率也非常高。我还不能说EBITDA/EV比率是最好的价值因素（就好像我最初发现市销率这一价值因素一样），因为正在进行的研究表明，各种价值因素之间的争夺十分激烈，或许在本书的下一版中会出现一个新的价值因素，取代EBITDA/EV比率，成为价值因素中的新"王者"。如我们在研究市净率的长期数据中所看到的那样，要否定一个传统的价值因素的作用，需要相当长的一段时间。这也是我们在后面研究各种混合价值因素的原因,这就保证了我们一直使用那些被时间证明了的价值因素。

我们发现,"大盘股"投资组合中 EBITDA/EV 比率最高股票的绝对收益率也是自 1963 年以来表现最好的。正如我们将在本书的第 16 章中所看到的那样,如果这些价值因素用于"大盘股"投资组合,表现好的因素将不止一个。例如,1963 年 12 月 31 日～2009 年 12 月 31 日,"大盘股"投资组合中 EBITDA/EV 比率最高股票的年复合平均收益率为 13.91%,而在此期间,"大盘股"投资组合中市盈率最低股票的投资组合的年复合平均收益率为 13.56%,二者之间相差甚微。

现在,我们已经证明,EBITDA/EV 比率是一种非常有用的选股工具,它既可以确定那些持续表现优异的股票,也能选出那些持续表现不佳的股票。

本章案例研究

使用企业价值来创造其他价值比率

在我们的研究过程中,尽管 EBITDA/EV 比率的业绩最好,但使用其他与企业价值有关比率的表现依然十分出色。例如,计算自由现金流量与企业价值的比率,然后在"所有股票"投资组合中选出这一比率排名在前 10% 的股票,1963 年 12 月 31 日～2009 年 12 月 31 日,由这些股票构成的投资组合的复合年平均收益率为 16.1%。因此,在此期间,10 000 美元的投资将增至 9 607 437 美元,而且,该投资组合的基本比率均大于"所有股票"投资组合的基本比率,在全部滚动的 5 年期内,这一投资组合表现优于"所有股票"投资组合的时间占 88%,而在全部滚动的 10 年期里,这一投资组合表现优于"所有股票"投资组合的时间占 96%。该投资组合最糟糕的情况发生在最近的一次熊市中,在 2007 年 5 月～2009 年 2 月,这一组合的收益率下跌了 57%。

我们再来看一下自由现金流量与企业价值的比率中排名在后 10% 的股票,这一投资组合的表现与由 EBITDA/EV 比率最低的 10% 的股票构成的投资组合的表现类似;同样十分糟糕的是,该投资组合的年复合平均收益率为 7.27%,在同时期内,10 000 美元的投资增长为 252 497 美元。这一投资策略的基本比率同样是乏善可陈,在全部的滚动 10 年期内,这一投资组合表现优于"所有股票"投资组合的时间只有 3%。而且就 10 年期收益率而言,在为数不多的几次战胜"所有股票"投资组合的过程中，这一投资组合的优势也十分微弱，最好的相对表现发生在截至 1974 年 2 月的 10 年期里，在此期间，EBITDA/EV 比率最低的投资组合的年复合平均收益率为 7.48%，"所有股票"投资组合年复合平均收益率为 7.03%。因此，与"所有股票"投资组合中 EBITDA/EV 比率最低的股票构成的投资组合一样，你应该尽力避开这类投资组合。

当使用自由现金流量与企业价值的比率计算"大盘股"投资组合的收益时，排名前 10% 的投资组合与排名后 10% 的投资组合之间的业绩差异并没有那么大。1963～2009 年，由自由现金流量与企业价值比率最高的股票组成的投资组合的年收益率为 13.11%，"大盘股"投资组合的收益率为 9.%，而自由现金流量与企业价值比率最低的股票投资组合的年收益率则为 8.2%。自由现金流量与企业价值比率最高的投资组合的基本比率均为正值，在全部的滚动 5 年期内，这一投资组合表现优于"大盘股"投资组合的时间占 85%，而在全部的滚动 10 年期里，这一投资组合表现优于"大盘股"投资组合的时间占 99%。由自由现金流量与企业价值比率最低的股票组成的投资组合的基本比率均为负值，但两者间差距并没有该投资组合与"所有股票"投资组合之间的差距那么大——在全部的滚动 5 年期内，这一投资组合表现优于"大盘股"投资组合的时间占 33%，而在全部的滚动 10 年期里，这一投资组合表现优于"大盘股"投资组合的时间占 37%。

销售额与企业价值的比率

正如我们在自由现金流量与企业价值的比率这个案例中所看到的，企业价值这一概念实际上可以用于各个比率中。如果按照销售额对企业价值的比率对股票排序，我们会发现，这一比率最高的前 10% 的股票收益超乎寻常得好，而比率最低的后 10% 的股票的收益会超乎寻常得低。因此，如果你在 1963 年 12 月 31 日将 10 000 美元投资于"所有股票"投资组合中销售额对企业价值的比率最高的前 10% 的股票上，这笔投资到 2009 年 12 月 31 日将增至 8 472 839 美元，年复合平均收益率为 15.79%。从下跌的角度来看，这一投资组合的表现也和其他价值因素相类似，最糟糕的情况发生在 2007 年 5 月～2009 年 2 月的熊市中，销售额对企业价值的比率最高的前 10% 的股票的收益下跌了 62%。这一组合的基本比率均为正值，在全部的滚动 5 年期内，这一投资组合表现优于"所有股票"投资组合的时间占 96%，而在全部的滚动 10 年期里，这一投资组合表现优于"所有股票"投资组合的时间占 99%。

再来看销售额对企业价值的比率最低的后 10% 的股票，我们发现，它们的表现同样拙劣。如果你在 1963 年将 10 000 美元投资于销售额对企业价值的比率最低的后 10% 的股票上，这笔投资到 2009 年仅涨到 96 684 美元，年复合平均收益率为 5.06%，这一收益率甚至低于你将全部现金投资于 30 天短期国债上所获得的收益率。为说明这一投资组合的表现有多么差劲，假设你考虑到通货膨胀的因素而调整这一收益率，那么，在 1963 年投资于销售额对企业价值的比率最低的后 10% 股票上的 10 000 美元，其在 2009 年年末的经通货膨胀调整后收益只有 13 825 美元，年复合平均收益率仅为 0.77%！如果将这 10 000 美元投资于短期国债，其经通货膨胀调整后的实际收益为 17 270 美元，年复合平均收益率（经通货膨胀调整后的值）为 1.19%。而投资于销售额对企业价值的比率最高的前 10% 股票上的 10 000 美元，其经通货膨胀调整后的实际收益为 1 211 518 美元，自 1963 年以来的年复合平均收益率为 10.99%。结论很明显：避开那些定价过高的股票，还有短期国债！

对"所有股票"投资组合中销售额对企业价值的比率最低的后 10% 的股票来说，其最糟糕的情况发生在 2000 年 2 月～ 2009 年 2 月，在此期间，该投资组合整整下跌了 92%。其基本比率均为负值，在全部的滚动 5 年期内，这一投资组合表现优于"所有股票"投资组合的时间占 19%，而在全部的滚动 10 年期里，这一投资组合表现优于"所有股票"投资组合的时间占 6%。

用这一比率对"大盘股"投资组合中的股票进行排列，结果也十分相似。如果在 1963 年将 10 000 美元投资于"大盘股"投资组合中销售额对企业价值的比率最高的前 10% 的股票上，到 2009 年年末，这笔投资将增至 1 429 387 美元，年复合平均收益率为 12.68%，这一收益显著高于"大盘股"投资组合的同期收益（682 195 美元）。对"大盘股"投资组合中销售额对企业价值的比率最高的前 10% 的股票来说，其最糟糕的情况发生在 2007 年 10 月～ 2009 年 2 月，在此期间，该投资组合损失了 53%。与"大盘股"投资组合的同期表现（损失 54%）相比，这一损失并不算高。而且，这一投资组合的基本比率均为正值，在全部的滚动 5 年期内，这一投资组合表现优于"大盘股"投资组合的时间占 81%，而在全部的滚动 10 年期里，这一投资组合表现优于"大盘股"投资组合的时间占 97%。

再来分析"大盘股"投资组合中销售额对企业价值的最低比率股票，我们发现了某些罕见的情况：该组合的收益不如"所有股票"投资组合中销售额对企业价值的最低比率股票的收益。在 1963 年投资在该组合上的 10 000 美元，到 2009 年年末只能增长到 75 146 美元，年复合平均收益率只有 4.48%。并且，该组合与"所有股票"投资组合中的销售额对企业价值的最低比率股票的表现类似，与这两种投资策略相比，你还不如以现金的方式持有这些资金呢！这一投资组合最糟糕的情况发生在 2007 年 10 月～2009 年 2 月，在此期间，该投资组合损失了 88%，其基本比率均为负值。在全部的滚动 5 年期内，这一投资组合表现优于"大盘股"投资组合的时间占 22%，而在全部的滚动 10 年期里，这一投资组合表现优于"大盘股"投资组合的时间占 10%。

对投资者的启示

在确定股票的价格是否被高估或低估时，企业价值与 EBITDA、自由现金流及销售额等因素的比率表现得非常不错。如无其他情况，投资者应该避开那些具有最高的 EBITDA/EV 比率、自由现金流 /EV 比率、销售额 /EV 比率的股票，而那些定价最合理的股票的表现将显著地优于市场。

| 第 8 章 |

价格对现金流的比率

使用现金流确定股价

摆脱一次幻觉比发现一个真理更能使人明智。

——路德维希·伯尔纳

股价与现金流比率（price-to-cash flow ratio），简称市现率，是另外一种判断股票价值被高估或低估的指标。**现金流**（cash flow）指的是净收益与折旧及其他非现金支出的加总。用股票的市值除以总的现金流量，即得到市现率。我们在下面讨论的市现率都是以每股为基础的数字。

有些价值型投资者喜欢用市现率来挑选价值被低估的股票，其原因就在于现金流量从来都比盈利更难操纵。在此处的研究中，我们将剔除公用事业类股票，因为此类股票为数众多，而我们并不希望只偏向于某一行业。

和以前一样，我们将对"所有股票"及"大盘股"投资组合中的高市现率股票及低市现率股票进行分析。我们从 1963 年 12 月 31 日的 10 000 美元开始投资，买入"所有股票"投资组合中具有最高市现率股票中排名在前 10%（第 1 个十分位）的股票。我们还按照市现率对"所有股票"及"大盘股"投资组合进行十等分分组（同样，由于 Compustat 数据库内部运算标准的原因，我们只能按最高的现金流/价格比率来对股票进行十等分排列，而这一比率实际上就是市现率的倒数）。⊖我们每年

⊖ 为阅读方便起见，在本章所有的图表中，所有的现金流/价格比率均转换为市现率，不再另行说明。——译者注

都调整投资组合。与其他所有检验一样,我们的检验结果均通过综合检验方法得到,每只股票具有相等的权重。而且,为避免前视偏差,除了价格之外的所有变量数字都有一个时间滞后期。

检验结果

与其他估值指标一样,投资于低市现率股票的投资者获利丰厚,而投资于高市现率股票的投资者表现不佳。我们首先来看一下低市现率股票的收益情况。

表 8-1～表 8-5 概括了"所有股票"投资组合的投资结果。在 1963 年 12 月 31 日,将 10 000 美元投资在"所有股票"投资组合中市现率最低的股票(前 10%)上,到 2009 年 12 月 31 日,这笔资金将增至 10 187 545 美元,年复合平均收益率为 16.25%。这笔收益明显高于同时期"所有股票"投资组合上的相同投资所获收益 1 329 513 美元。就投资的风险而言,这一投资组合的风险也略低于"所有股票"投资组合。市现率最低的股票(前 10%)收益率的标准差为 18.47%,略低于"所有股票"投资组合的标准差 18.99%。由于这些原因,低市现率股票投资组合的夏普比率 0.65 明显高于"所有股票"投资组合的夏普比率,前者的夏普比率为 0.61,而后者的夏普比率只有 0.33。

表 8-1 "所有股票"中市现率最低(前 10%)股票组成的投资组合及"所有股票"投资组合的年收益和风险数据统计概要(1964 年 1 月 1 日～2009 年 12 月 31 日)

	由"所有股票"中市现率最低(前 10%)股票组成的投资组合	"所有股票"投资组合
算术平均值(%)	18.23	13.26
几何平均值(%)	16.25	11.22
平均收益(%)	22.64	17.16
标准差(%)	18.47	18.99
向上的偏差(%)	12.15	10.98
向下的偏差(%)	14.04	13.90
跟踪误差	7.63	0.00
收益为正的时期数	357	329
收益为负的时期数	195	223
从最高点到最低点的最大跌幅(%)	−60.87	−55.54
贝塔值	0.89	1.00
T 统计量($m=0$)	6.19	4.47
夏普比率($Rf=5\%$)	0.61	0.33
索蒂诺比率($MAR=10\%$)	0.45	0.09
10 000 美元投资的最终结果(美元)	10 187 545	1 329 513
1 年期最低收益(%)	−54.24	−46.49

(续)

	由"所有股票"中市现率最低（前10%）股票组成的投资组合	"所有股票"投资组合
1年期最高收益（%）	89.55	84.19
3年期最低收益（%）	-18.63	-18.68
3年期最高收益（%）	45.20	31.49
5年期最低收益（%）	-3.86	-9.91
5年期最高收益（%）	32.98	27.66
7年期最低收益（%）	-0.39	-6.32
7年期最高收益（%）	27.49	23.77
10年期最低收益（%）	5.90	1.01
10年期最高收益（%）	25.86	22.05
预期最低收益①（%）	-18.70	-24.73
预期最高收益②（%）	55.16	51.24

① 预期最低收益等于收益率的算术平均值减去2倍的标准差。
② 预期最高收益等于收益率的算术平均值加上2倍的标准差。

表8-2显示了"所有股票"投资组合中市现率最低（前10%）股票投资组合的基本比率。这些投资比率都很高——在全部的滚动10年期里，市现率最低的投资组合表现优于"所有股票"投资组合的时间占100%，而在全部的滚动5年期里，市现率最低的投资组合表现优于"所有股票"投资组合的时间占91%。

表8-2 "所有股票"中市现率最低（前10%）股票组成的投资组合及"所有股票"投资组合的基本比率（1964年1月1日～2009年12月31日）

项目	"所有股票"中市现率最低（前10%）股票组成的投资组合战胜"所有股票"投资组合的时间	百分比（%）	年平均超额收益率（%）
1年期收益率	541期中有396期	73	4.56
滚动的3年期复合收益率	517期中有449期	87	4.80
滚动的5年期复合收益率	493期中有449期	91	4.86
滚动的7年期复合收益率	469期中有461期	98	4.78
滚动的10年期复合收益率	433期中有432期	100	4.59

将这些基本比率作为估算战胜"所有股票"投资组合的概率，我们会发现，在1963～2009年，如果你坚持投资于"所有股票"投资组合中市现率最低的（前10%）股票，那么在全部的滚动10年期内，市现率最低（前10%）股票都能够战胜"所有股票"投资组合，并且其年复合平均收益率相对于"所有股票"投资组合的超额收益率为4.59%。如果分析全部的滚动5年期收益率，我们会发现，市现率最低的股票投资组合相对于"所有股票"投资组合表现最差的5年期收益率发生在截至2000年2月的那个5年期里，在此期间，市现率最低的股票的累计收益率为122%,

而"所有股票"投资组合的同期收益为172%，两者相差50%。将这些收益率转化为年复合平均收益率，市现率最低的股票投资组合的年复合平均收益率为17.29%，而"所有股票"投资组合的年复合平均收益率为22.18%。市现率最低的股票投资组合相对于"所有股票"投资组合表现最好的5年期收益率发生在截至2005年2月的那个5年期里，在此期间，市现率最低的股票的累计收益率为202%，而"所有股票"投资组合的同期收益为23%，市现率最低的股票的相对累计收益优势高达179%。将这些收益率转化为年复合平均收益率，市现率最低的股票投资组合的年复合平均收益率为24.74%，而"所有股票"投资组合的年复合平均收益率为4.28%。

表8-3 最糟糕的情况："所有股票"投资组合中市现率最低（前10%）股票跌幅超过20%的全部数据（1964年1月1日～2009年12月31日）

股市见顶的时间	股市见顶时的指数值	股市见底的时间	股市见底时的指数值	股市复苏的时间	跌幅（%）	下跌持续期（月）	复苏持续期（月）
1969年1月	3.20	1970年6月	1.96	1972年11月	-38.83	17	29
1972年11月	3.35	1974年9月	2.23	1975年5月	-33.46	22	8
1987年8月	43.97	1987年11月	30.24	1989年3月	-31.22	3	16
1989年8月	53.60	1990年10月	36.93	1991年3月	-31.10	14	5
1998年4月	235.65	1998年8月	174.76	1999年6月	-25.84	4	10
2002年4月	371.69	2002年9月	268.66	2003年7月	-27.72	5	10
2007年5月	1 141.14	2009年2月	446.53		-60.87	21	
平均值					-35.58	12.29	13

表8-4 按月度数据计算得到的最高与最低的年复合平均收益率（1964年1月1日～2009年12月31日）

各投资组合的收益情况	1年期	3年期	5年期	7年期	10年期
"所有股票"投资组合中市现率最低（前10%）股票的最低复合收益率（%）	-54.24	-18.63	-3.86	-0.39	5.90
"所有股票"投资组合中市现率最低（前10%）股票的最高复合收益率（%）	89.55	45.20	32.98	27.49	25.86
"所有股票"投资组合的最低复合收益率（%）	-46.49	-18.68	-9.91	-6.32	1.01
"所有股票"投资组合的最高复合收益率（%）	84.19	31.49	27.66	23.77	22.05
"所有股票"投资组合中市现率最高（后10%）股票的最低复合收益率（%）	-58.46	-43.45	-19.26	-12.72	-11.15
"所有股票"投资组合中市现率最高（后10%）股票的最高复合收益率（%）	126.83	36.00	25.37	18.35	14.23

表8-5 10 000美元按最高与最低的收益率（通过月度数据计算得出）投资所得到的最终价值（1964年1月1日～2009年12月31日）

各投资组合的收益情况	1年期	3年期	5年期	7年期	10年期
投资于"所有股票"投资组合中市现率最低（前10%）股票的10 000美元在最糟糕情况下的最终价值（美元）	4 576	5 387	8 215	9 728	17 736

(续)

各投资组合的收益情况	1年期	3年期	5年期	7年期	10年期
投资于"所有股票"投资组合中市现率最低(前10%)股票的10 000美元在最好情况下的最终价值(美元)	18 955	30 610	41 583	54 740	99 764
投资于"所有股票"投资组合的10 000美元在最糟糕情况下的最终价值(美元)	5 351	5 379	5 936	6 330	11 054
投资于"所有股票"投资组合的10 000美元在最好情况下的最终价值(美元)	18 419	22 734	33 903	44 504	73 345
投资于"所有股票"投资组合的市现率最高(后10%)股票的10 000美元在最糟糕情况下的最终价值(美元)	4 154	1 808	3 432	3 860	3 065
投资于"所有股票"投资组合中市现率最高(后10%)股票的10 000美元在最好情况下的最终价值(美元)	22 683	25 155	30 975	32 517	37 831

迄今为止,我们已经研究了一些价值因素,对此我要重申一个顾虑:尽管我们总是想赌某个价值因素的长期业绩表现最好,但要记住,这些价值因素是反复而善变的。从我们对全部价值因素所做的研究中,我们得到了一个有益的经验:某些类型的价值因素如明显的价值型特征的股票在长期的表现确实远胜其他价值因素,这些价值因素也是我们构建投资组合时考虑的重点。但是,恰恰在这些价值因素表现不佳,其未来的发展前景受到广泛质疑的时候,你一定要用本书中重点强调的这些长期特征来提醒自己。图8-1显示了1964年1月1日~2009年12月31日"所有股票"投资组合中市现率最低(前10%)股票的5年期滚动年复合平均超额收益率(或超额损失率)。

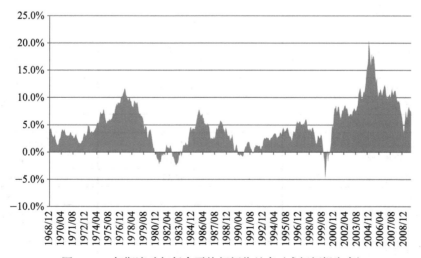

图8-1　5年期滚动年复合平均超额收益率(或超额损失率)

["所有股票"投资组合中市现率最低(前10%)股票的收益率减去"所有股票"投资组合的收益率,1964年1月1日~2009年12月31日]

"大盘股"投资组合的盈利性较低,波动性也较小

表 8-6~表 8-10 概括了"大盘股"投资组合的投资结果。从 1963 年开始将 10 000 美元投资在"大盘股"投资组合中市现率最低的股票(前 10%)上,这笔资金到 2009 年年末将增至 3 470 690 美元,年复合平均收益率为 13.56%。这笔收益是同时期"大盘股"投资组合上的相同投资所获收益(872 861 美元)的 5 倍,后者的年复合平均收益率为 10.2%。"大盘股"投资组合中市现率最低的股票(前 10%)收益率的标准差为 16.22%,略低于"大盘股"投资组合的标准差 16.5%,也低于"所有股票"投资组合中市现率最低的股票(前 10%)收益率的标准差。低市现率股票投资组合的夏普比率为 0.53,而"所有股票"投资组合的夏普比率为 0.32。

表 8-6 "大盘股"中市现率最低的股票(前 10%)组成的投资组合及"大盘股"投资组合的年收益和风险数据统计概要(1964 年 1 月 1 日~2009 年 12 月 31 日)

	由"大盘股"中市现率最低的股票(前 10%)组成的投资组合	"大盘股"投资组合
算术平均值(%)	15.05	11.72
几何平均值(%)	13.56	10.20
平均收益(%)	18.93	17.20
标准差(%)	16.22	16.50
向上的偏差(%)	10.69	9.70
向下的偏差(%)	11.63	11.85
跟踪误差	8.02	0.00
收益为正的时期数	341	332
收益为负的时期数	211	220
从最高点到最低点的最大跌幅(%)	−62.15	−53.77
贝塔值	0.86	1.00
T 统计量($m=0$)	5.90	4.58
夏普比率($Rf=5\%$)	0.53	0.32
索蒂诺比率($MAR=10\%$)	0.31	0.02
10 000 美元投资的最终结果(美元)	3 470 690	872 861
1 年期最低收益(%)	−56.00	−46.91
1 年期最高收益(%)	62.39	68.96
3 年期最低收益(%)	−16.60	−15.89
3 年期最高收益(%)	37.30	33.12
5 年期最低收益(%)	−1.90	−5.82
5 年期最高收益(%)	31.70	28.95
7 年期最低收益(%)	−0.36	−4.15
7 年期最高收益(%)	25.59	22.83
10 年期最低收益(%)	2.54	−0.15

	由"大盘股"中市现率最低的股票（前10%）组成的投资组合	"大盘股"投资组合
10年期最高收益（%）	21.44	19.57
预期最低收益[①]（%）	−17.39	−21.28
预期最高收益[②]（%）	47.49	44.72

① 预期最低收益等于收益率的算术平均值减去2倍的标准差。
② 预期最高收益等于收益率的算术平均值加上2倍的标准差。

表8-7概括了"大盘股"投资组合的基本比率。"大盘股"中市现率最低的股票（前10%）组成的投资组合的基本比率一直很高。在全部的滚动5年期内，该组合表现优于"大盘股"投资组合的时间占75%。我们再次将这一长期的基本比率作为估算战胜"大盘股"投资组合的概率，它告诉我们，如果你坚持投资于"大盘股"投资组合中市现率最低的股票（前10%），那么，在全部的滚动5年期内，这一组合战胜"所有股票"投资组合的可能性为75%。通过分析这一组合的平均表现优于（或不如）"大盘股"投资组合的基本比率，我们发现，如果我们不走运，处于25%这一区间，即"大盘股"中市现率最低的股票（前10%）组成的投资组合表现不如"大盘股"投资组合，那么，平均而言，我们所持有的投资组合的累计收益将比"大盘股"投资组合低8%。另外，如果这5年期处于75%这一区间，即"大盘股"中市现率最低的股票（前10%）组成的投资组合表现优于"大盘股"投资组合，平均而言，我们所持有的投资组合的累计收益将比"大盘股"投资组合高出41%。"大盘股"中市现率最低的股票（前10%）组成的投资组合相对于"大盘股"投资组合表现最差的5年期收益率发生在截至2000年2月的那个5年期里，在此期间，市现率最低的股票（前10%）组成的投资组合的累计收益率为144%，而"大盘股"投资组合的累计收益率为180%。将这些累计收益率转换为年复合平均收益率，市现率最低的股票（前10%）组成的投资组合的年复合平均收益率为19.56%，而"大盘股"投资组合的年复合平均收益率为22.86%。"大盘股"中市现率最低的股票（前10%）组成的投资组合表现最好的5年期收益率发生在截至2007年10月的那个5年期里，在此期间，市现率最低的股票（前10%）组成的投资组合的累计收益率为292%，而"大盘股"投资组合的累计收益率为149%。前者的年复合平均收益率为31.4%，而后者的年复合平均收益率为19.99%。如果一直坚持这一投资策略，你面临的机会将会多得惊人。

表 8-7 "大盘股"中市现率最低的股票（前 10%）组成的投资组合及"大盘股"投资组合的基本比率（1964 年 1 月 1 日～2009 年 12 月 31 日）

项目	"大盘股"中市现率最低的股票（前 10%）组成的投资组合战胜"大盘股"投资组合的时间	百分比（%）	年平均超额收益率（%）
1 年期收益率	541 期中有 354 期	65	3.31
滚动的 3 年期复合收益率	517 期中有 371 期	72	3.54
滚动的 5 年期复合收益率	493 期中有 371 期	75	3.59
滚动的 7 年期复合收益率	469 期中有 396 期	84	3.55
滚动的 10 年期复合收益率	433 期中有 415 期	96	3.48

图 8-2 显示了 1964 年 1 月 1 日～2009 年 12 月 31 日"大盘股"投资组合中市现率最低（前 10%）的股票的 5 年期复合平均超额收益率（或超额损失率）。

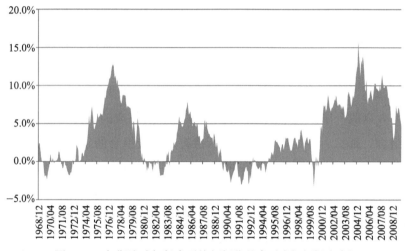

图 8-2 5 年期滚动年复合平均超额收益率（或超额损失率）

["大盘股"投资组合中市现率最低的股票（前 10%）的收益率减去"大盘股"投资组合的收益率，1964 年 1 月 1 日～2009 年 12 月 31 日]

最糟糕的情况，最高收益与最低收益

对表 8-3 与表 8-8 进行分析，我们发现，由"大盘股"投资组合中市现率最低的股票（前 10%）组成的投资组合的最糟糕情况发生于 2007～2009 年年初的这一熊市期间，该组合在此期间共损失了 61%，而"大盘股"投资组合的收益率下跌了 62%。与我们所研究的某些其他价值因素相类似，在 2007～2009 年年初的这一熊市期间，市现率最低的股票投资组合的损失超过在之前各熊市中的损失。在 1973～1974 年的熊市中，"所有股票"投资组合与"大盘股"投资组合的跌幅均未超过40%，其损失远没有在最近一次熊市中的损失大。"所有股票"投资组合中市现率最低的股票投资组合跌幅超过20%的次数有7次，而"大盘股"投资组合中市现率最低的股票投资组合跌幅超过20%的次数共有6次，对那些厌恶风险的投资者来说，这两个组合是一个不错的选择。

表 8-8 最糟糕的情况："大盘股"投资组合中市现率最低的股票（前10%）跌幅超过20%的全部数据（1964年1月1日～2009年12月31日）

股市见顶的时间	股市见顶时的指数值	股市见底的时间	股市见底时的指数值	股市复苏的时间	跌幅（%）	下跌持续期（月）	复苏持续期（月）
1969年1月	2.04	1970年6月	1.27	1972年11月	−37.87	17	29
1972年11月	2.14	1974年9月	1.58	1975年5月	−26.24	22	8
1987年8月	23.54	1987年11月	17.12	1989年1月	−27.30	3	14
1989年9月	29.12	1990年10月	20.47	1991年10月	−29.71	13	12
2001年5月	156.58	2002年9月	117.33	2003年8月	−25.06	16	11
2007年10月	478.28	2009年2月	181.00		−62.15	16	
平均值					−34.72	14.5	14.8

表 8-4、表 8-5、表 8-9 及表 8-10 概括了"所有股票"投资组合及"大盘股"投资组合在各个持有期内的最好的情况及最糟糕的情况。投资期限为5年的投资者对"所有股票"及"大盘股"这两个投资组合的感觉应该是无差异的："所有股票"投资组合中由市现率最低的股票组成的投资组合，其最糟糕的5年期收益率发生在截至1973年11月的5年期里，在此期间，10 000美元的投资缩减至8 215美元，而"大盘股"投资组合中由市现率最低的股票组成的投资组合，其最糟糕的5年期收益率则发生在截至2009年2月的5年期里，在此期间，10 000美元的投资缩减至9 085美元。将投资期限扩展至10年期后我们发现，由市现率最低的股票组成的投资组合在"所有股票"投资组合中的表现优于"大盘股"投资组合中该组合的表现，在其收获最差的10年期（发生在截至1974年9月的那个10年期内）收益期间，10 000美元的投资最终增至17 736美元。对"大盘股"投资组合来说，由市现率最低的股票组成的投资组合最差的10年期收益也同样发生在截至1974年9月的10年期里，在此期间，10 000美元的投资最终增至12 852美元。

表 8-9 按月度数据计算得到的最高与最低的年复合平均收益率（1964年1月1日～2009年12月31日）

各投资组合的收益情况	1年期	3年期	5年期	7年期	10年期
"大盘股"投资组合中市现率最低的股票（前10%）的最低复合收益率（%）	−56.00	−16.60	−1.90	−0.36	2.54

(续)

各投资组合的收益情况	1年期	3年期	5年期	7年期	10年期
"大盘股"投资组合中市现率最低的股票（前10%）的最高复合收益率（%）	62.39	37.30	31.70	25.59	21.44
"大盘股"投资组合的最低复合收益率（%）	−46.91	−15.89	−5.82	−4.15	−0.15
"大盘股"投资组合的最高复合收益率（%）	68.96	33.12	28.95	22.83	19.57
"大盘股"投资组合中市现率最高的股票（后10%）的最低复合收益率（%）	−60.95	−37.26	−15.89	−7.31	−8.54
"大盘股"投资组合中市现率最高的股票（后10%）的最高复合收益率（%）	79.14	39.67	28.37	22.59	19.16

表8-10　10 000美元按最高与最低的收益率（通过月度数据计算得出）投资所得到的最终价值（1964年1月1日～2009年12月31日）

各投资组合的收益情况	1年期	3年期	5年期	7年期	10年期
投资于"大盘股"投资组合中市现率最低（前10%）股票的10 000美元在最糟糕情况下的最终价值（美元）	4 400	5 800	9 085	9 749	12 852
投资于"大盘股"投资组合中市现率最低（前10%）股票的10 000美元在最好情况下的最终价值（美元）	16 239	25 885	39 628	49 276	69 780
投资于"大盘股"投资组合的10 000美元在最糟糕情况下的最终价值（美元）	5 309	5 951	7 409	7 434	9 848
投资于"大盘股"投资组合的10 000美元在最好情况下的最终价值（美元）	16 896	23 591	35 656	42 189	59 747
投资于"大盘股"投资组合的市现率最高（后10%）股票的10 000美元在最糟糕情况下的最终价值（美元）	3 905	2 470	4 209	5 878	4 094
投资于"大盘股"投资组合中市现率最高（后10%）股票的10 000美元在最好情况下的最终价值（美元）	17 914	27 248	34 858	41 597	57 716

高市现率的股票很危险

与其他价值因素相比，我们发现高市现率股票不是一个好的投资标的，表8-11与表8-13概括了相关数据。表8-4与表8-5显示了高市现率股票最好的与最糟糕的情况。

表8-11　"所有股票"中市现率最高的股票（后10%）组成的投资组合及"所有股票"投资组合的年收益和风险数据统计概要（1964年1月1日～2009年12月31日）

	由"所有股票"中市现率最高的股票（后10%）组成的投资组合	"所有股票"投资组合
算术平均值（%）	7.15	13.26

（续）

	由"所有股票"中市现率最高的股票（后10%）组成的投资组合	"所有股票"投资组合
几何平均值（%）	3.49	11.22
平均收益（%）	12.66	17.16
标准差（%）	26.09	18.99
向上的偏差（%）	15.82	10.98
向下的偏差（%）	18.70	13.90
跟踪误差	10.71	0.00
收益为正的时期数	312	329
收益为负的时期数	240	223
从最高点到最低点的最大跌幅（%）	−86.49	−55.54
贝塔值	1.28	1.00
T统计量（$m=0$）	1.80	4.47
夏普比率（$Rf=5\%$）	−0.06	0.33
索蒂诺比率（$MAR=10\%$）	−0.35	0.09
10 000美元投资的最终结果（美元）	48 471	1 329 513
1年期最低收益（%）	−58.46	−46.49
1年期最高收益（%）	126.83	84.19
3年期最低收益（%）	−43.45	−18.68
3年期最高收益（%）	36.00	31.49
5年期最低收益（%）	−19.26	−9.91
5年期最高收益（%）	25.37	27.66
7年期最低收益（%）	−12.72	−6.32
7年期最高收益（%）	18.35	23.77
10年期最低收益（%）	−11.15	1.01
10年期最高收益（%）	14.23	22.05
预期最低收益[①]（%）	−45.04	−24.73
预期最高收益[②]（%）	59.33	51.24

① 预期最低收益等于收益率的算术平均值减去2倍的标准差。
② 预期最高收益等于收益率的算术平均值加上2倍的标准差。

"所有股票"中市现率最高的股票（后10%）组成的投资组合表现低于"所有股票"投资组合15%以上的日历年度共有8年，而该组合战胜"所有股票"投资组合15%以上的日历年度只有3年。在一个很短的时期内（特点是投机性极强的市场环境），这一投资组合获得了不错的收益。总的来说，只要这一组合在某一年中的表现十分出色，它在接下来的一年里就会发生大跳水。在极度投机的1967年，由高市现率股票组成的投资组合的收益率暴涨了73.21%，超出"所有股票"投资组合28.26%，但是，在接下来的3年里，这一组合又陷入了漫漫熊途。对那些忘记了基本比率，疯狂追逐热门概念股的投资者来说，在1999年获得丰厚回报（高达69.95%）之后，这一组合在其后几年中的惨淡表现足以令他们警醒。在2000年，"所有股票"中市现率最高（后10%）股票组成的投资组合下跌了41%，在2001年下跌了14%，在2002年下跌了47%。

从长期来看，结果同样如此。从1963年12月31日开始，将10 000美元投资在"所有股票"投资组合中市现率最高的股票（后10%）上，到2009年年末，这笔资金将增至48 471美元，年复合平均收益率只有3.49%。这一收益远不能与简单投资在"所有股票"投资组合的收益相比。其夏普比率只有可怜的-0.06。此外，即便是投资在美国短期国债上的收益也远超"所有股票"投资组合中市现率最高的股票（后10%）的收益：在1963年12月31日投资在短期国债上的10 000美元，到2009年年末将增至120 778美元，年复合平均收益率为5.57%。

如表8-12所示，该组合所有的基本比率均为负值，在全部的滚动5年期里，"所有股票"投资组合中市现率最高的股票的收益率战胜"所有股票"投资组合的时间只占6%，而在全部的滚动10年期里，市现率最高的股票表现优于"所有股票"投资组合的时间仅为2%。更糟糕的是，在截至2009年2月的这10年期里，"所有股票"投资组合中市现率最高的股票组成的投资组合的年复合平均收益率为-11.15%。如果你在10年前将10 000美元投资在这个组合上，到2009年2月末，这笔资金将只剩下3 065美元了。图8-3显示了"所有股票"投资组合中市现率最高（后10%）的股票相对于"所有股票"投资组合的5年期滚动年复合平均超额收益率（或在本例中的超额损失率）。表8-13显示了"所有股票"投资组合中市现率最高的股票投资组合跌幅超过20%的全部数据。

表8-12 "所有股票"投资组合中市现率最高的股票（后10%）组成的投资组合及"所有股票"投资组合的基本比率（1964年1月1日～2009年12月31日）

项目	"所有股票"投资组合中市现率最高的股票（后10%）组成的投资组合战胜"所有股票"投资组合的时间	百分比（%）	年平均超额收益率（%）
1年期收益率	541期中有163期	30	-5.53
滚动的3年期复合收益率	517期中有77期	15	-7.43
滚动的5年期复合收益率	493期中有29期	6	-7.99
滚动的7年期复合收益率	469期中有30期	6	-8.29
滚动的10年期复合收益率	433期中有10期	2	-8.48

表 8-13 最糟糕的情况:"所有股票"投资组合中市现率最高的股票(后 10%)跌幅超过 20% 的全部数据(1964 年 1 月 1 日～2009 年 12 月 31 日)

股市见顶的时间	股市见顶时的指数值	股市见底的时间	股市见底时的指数值	股市复苏的时间	跌幅(%)	下跌持续期	复苏持续期
1966 年 4 月	1.65	1966 年 10 月	1.30	1967 年 1 月	-21.14	6	3
1968 年 12 月	3.10	1974 年 9 月	1.06	1980 年 7 月	-65.79	69	70
1980 年 11 月	4.32	1982 年 7 月	2.66	1983 年 1 月	-38.38	20	6
1983 年 6 月	5.85	1984 年 7 月	3.61	1987 年 7 月	-38.21	13	36
1987 年 8 月	6.03	1987 年 11 月	3.74	1989 年 5 月	-38.06	3	18
1989 年 9 月	6.38	1990 年 10 月	3.92	1991 年 10 月	-38.44	13	12
1992 年 2 月	7.34	1992 年 8 月	5.75	1993 年 10 月	-21.64	6	14
1994 年 1 月	7.81	1995 年 1 月	6.22	1995 年 8 月	-20.41	12	7
1996 年 5 月	9.49	1997 年 4 月	7.00	1997 年 9 月	-26.28	11	5
1998 年 4 月	10.10	1998 年 8 月	6.25	1999 年 4 月	-38.08	4	8
2000 年 8 月	19.72	2009 年 2 月	2.66		-86.49	108	
平均值					-39.36	24.09	17.9

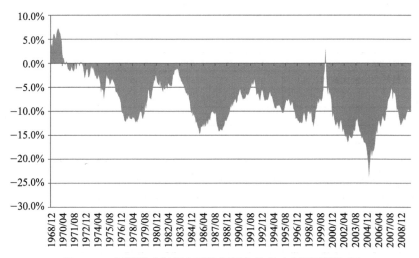

图 8-3　5 年期滚动年复合平均超额收益率(或超额损失率)

["所有股票"投资组合中市现率最高(后 10%)股票的收益率减去"所有股票"投资组合的收益率,1964 年 1 月 1 日～2009 年 12 月 31 日]

"大盘股"投资组合的表现同样不佳

"大盘股"投资组合中市现率最高的股票投资组合表现稍好一些。表 8-14～表 8-16 概括了相关数据。如果 1963 年 12 月 31 日在这一组合中投资 10 000 美元,到

2009年年末，这笔投资将增至165 494美元，这笔数额还不到"大盘股"投资组合收益的1/4。该组合的夏普比率也非常小，只有0.06。如表8-15所示，该组合所有的基本比率均为负值，在全部的滚动5年期里，该组合的表现优于"大盘股"投资组合的时间为18%，而在全部的滚动10年期里，该组合表现优于"大盘股"投资组合的时间为7%。

表8-14 "大盘股"中市现率最高的股票（后10%）组成的投资组合及"大盘股"投资组合的年收益和风险数据统计概要（1964年1月1日～2009年12月31日）

	由"大盘股"中市现率最高的股票（后10%）组成的投资组合	"大盘股"投资组合
算术平均值（%）	8.72	11.72
几何平均值（%）	6.29	10.20
平均收益（%）	15.33	17.20
标准差（%）	21.08	16.50
向上的偏差（%）	12.44	9.70
向下的偏差（%）	15.82	11.85
跟踪误差	9.58	0.00
收益为正的时期数	312	332
收益为负的时期数	240	220
从最高点到最低点的最大跌幅（%）	−77.33	−53.77
贝塔值	1.15	1.00
T统计量（m=0）	2.70	4.58
夏普比率（Rf=5%）	0.06	0.32
索蒂诺比率（MAR=10%）	−0.23	0.02
10 000美元投资的最终结果（美元）	165 494	872 861
1年期最低收益（%）	−60.95	−46.91
1年期最高收益（%）	79.14	68.96
3年期最低收益（%）	−37.26	−15.89
3年期最高收益（%）	39.67	33.12
5年期最低收益（%）	−15.89	−5.82
5年期最高收益（%）	28.37	28.95
7年期最低收益（%）	−7.31	−4.15
7年期最高收益（%）	22.59	22.83
10年期最低收益（%）	−8.54	−0.15
10年期最高收益（%）	19.16	19.57
预期最低收益[1]（%）	−33.45	−21.28
预期最高收益[2]（%）	50.89	44.72

[1] 预期最低收益等于收益率的算术平均值减去2倍的标准差。
[2] 预期最高收益等于收益率的算术平均值加上2倍的标准差。

表 8-15 "大盘股"投资组合中市现率最高的股票（后 10%）组成的投资组合及"大盘股"
投资组合的基本比率（1964 年 1 月 1 日～2009 年 12 月 31 日）

项目	"大盘股"投资组合中市现率最高的股票（后 10%）组成的投资组合战胜"大盘股"投资组合的时间	百分比（%）	年平均超额收益率（%）
1 年期收益率	541 期中有 228 期	42	-2.36
滚动的 3 年期复合收益率	517 期中有 134 期	26	-3.44
滚动的 5 年期复合收益率	493 期中有 90 期	18	-3.98
滚动的 7 年期复合收益率	469 期中有 53 期	11	-4.33
滚动的 10 年期复合收益率	433 期中有 31 期	7	-4.62

我们已经研究了许多估值过高的高价股票，对市现率的研究与之相类似，通过密切关注"大盘股"投资组合中市现率最高的股票投资组合的收益率，你就会知道：研究收益率的长期结果是理解投资策略价值的唯一方式。

本书第 1 版发行于 1996 年，我们在那时就对高市现率的股票提出了建议，这一建议到现在依然有效——坚决回避这类股票。但是，如果你当时就读了这本书，对你心仪的高市现率股票进行实时的跟踪，你或许会这样想：尽管这类股票的历史记录并不好，但其在 20 世纪 90 年代的牛市中表现得真不赖。从 1996 年年末～2000年 9 月（这是"大盘股"投资组合中市现率最高的股票投资组合表现最好的 5 年期），这一组合的年复合平均收益率高达 23%，而"大盘股"投资组合的收益率为 18.65%。本书中的证据看起来可能有些空洞，但是，如果理解了长期数据的重要性，你就会坚决避开此类股票，你也因此避免了在未来几年中被洗劫一空的厄运。

如表 8-16 所示，2000～2002 年，"大盘股"投资组合中市现率最高的股票投资组合整整下跌了 77%，其跌幅几乎与 1929～1933 年大萧条期间的相同。如果觉得这些长期数据的说服力还不够的话，你可以看一下基本比率。在分析表 8-12 与表 8-15 中的高市现率股票投资组合的基本比率时，我们发现，在全部的滚动 10 年期里，这一组合战胜"大盘股"投资组合的可能性只有 7%。图 8-4 显示了"大盘股"投资组合中市现率最高的股票（后 10%）相对于"大盘股"投资组合的 5 年期滚动年复合平均超额收益率（或在本例中的超额损失率）。

表 8-16 最糟糕的情况："大盘股"投资组合中市现率最高的股票（后 10%）跌幅超过 20% 的全部数据（1964 年 1 月 1 日～2009 年 12 月 31 日）

股市见顶的时间	股市见顶时的指数值	股市见底的时间	股市见底时的指数值	股市复苏的时间	跌幅（%）	下跌持续期（月）	复苏持续期（月）
1969 年 12 月	2.36	1970 年 6 月	1.58	1971 年 4 月	-32.98	6	10
1972 年 12 月	3.26	1974 年 9 月	1.29	1980 年 11 月	-60.29	21	74

(续)

股市见顶的时间	股市见顶时的指数值	股市见底的时间	股市见底时的指数值	股市复苏的时间	跌幅（%）	下跌持续期（月）	复苏持续期（月）
1981年5月	3.49	1982年7月	2.63	1982年11月	−24.66	14	4
1983年6月	4.83	1984年7月	3.55	1986年1月	−26.50	13	18
1987年9月	7.16	1987年11月	4.92	1989年5月	−31.24	2	18
1990年5月	8.11	1990年10月	6.08	1991年4月	−25.03	5	6
1998年6月	23.78	1998年8月	18.80	1998年12月	−20.96	2	4
2000年2月	42.86	2002年9月	9.72		−77.33	31	
平均值					−37.37	11.75	19.14

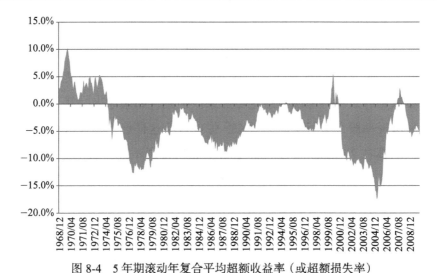

图8-4 5年期滚动年复合平均超额收益率（或超额损失率）

["大盘股"投资组合中市现率最高的股票（后10%）的收益率减去"大盘股"投资组合的收益率，1964年1月1日～2009年12月31日]

最糟糕的情况，最高收益与最低收益

不同于低市现率股票，高市现率股票的收益率十分糟糕。如表8-13所示，"所有股票"投资组合中的高市现率股票投资组合的跌幅超过20%的次数为11次，在熊市期间的跌幅更是让人惨不忍睹。在20世纪70年代初的熊市期间，"所有股票"投资组合中的高市现率股票投资组合下跌了66%，而在近期的一次熊市中（2000～2002年），这一投资组合的跌幅高达86%，比标准普尔500指数在1929～1933年的跌幅还大。直到2010年3月，这一组合也没有恢复元气。在过去的40年里，无论是最好的情况，还是最糟糕的情况，"所有股票"投资组合中的高市现率股票投资组合的表现都远不如"所有股票"投资组合，和"所有股票"投资组合中的低市现率股票投资组合的收益相比，更是天壤之别。如果某些投资者的投资期限为10年，并且他的收益率与高市现率股票投资组合在过去40年中的最糟糕情况下的10年期收益率相仿的话，在此期间，他投资的10 000美元将锐减至3 000美元。表8-4与表8-5显示了各投资组合在全部持有期期间的收益率情况。

"大盘股"投资组合的表现稍好一些。如表8-16所示，在过去的46年里，"大盘股"投资组合中的高市现率股票投资组合跌幅超过20%的次数有8次，其中，这一组合表现最糟糕的时期是1973～1974年，2000～2002年的这两个熊市期，其跌幅分别为60%和77%。就最好的情况与最糟糕的情况而言，这一组合的表现也远不如"大盘股"投资组合，可以说是一无是处。唯一的亮点还发生在极度投机的市场癫狂状态下，风险极大。表8-9与表8-10显示了全部滚动的持有期期间的最高收益率与最低收益率的情况。表8-17与表8-18显示了"大盘股"及"所有股票"投资组合中，市现率最高与最低的股票投资组合在各个10年期内的年复合平均收益率。

表8-17 按10年期划分的年复合平均收益率

	20世纪60年代①	20世纪70年代	20世纪80年代	20世纪90年代	21世纪第1个10年②
"所有股票"投资组合中市现率最低（排名前10%）的股票（%）	15.86	13.64	19.27	16.62	15.78
"所有股票"投资组合中市现率最高（排名后10%）的股票（%）	16.70	0.96	7.79	9.36	-10.32
"所有股票"投资组合（%）	13.36	7.56	16.78	15.35	4.39

① 1964年1月1日～1969年12月31日的收益。
② 2000年1月1日～2009年12月31日的收益。

表8-18 按10年期划分的年复合平均收益率

	20世纪60年代①	20世纪70年代	20世纪80年代	20世纪90年代	21世纪第1个10年②
"大盘股"投资组合中市现率最低（排名前10%）的股票（%）	6.89	11.89	19.71	16.22	10.79
"大盘股"投资组合中市现率最高（排名后10%）的股票（%）	15.40	0.33	12.51	17.69	-8.54
"大盘股"投资组合（%）	8.16	6.65	17.34	16.38	2.42

① 1964年1月1日～1969年12月31日的收益。
② 2000年1月1日～2009年12月31日的收益。

按十分位平均分组分析

与我们对其他价值因素进行的分析一样，对"所有股票"投资组合按照市现率进行分组（等分成10组）分析的结果会得到相同的结论。市现率最低（前10%）的股票的收益率明显高于市现率最高（后10%）的股票的收益率。当市现率从最低的一组向最高的一组移动时，风险急剧加大，收益也剧烈下滑。如图8-5与表8-19所示，在1963年将10 000美元投资于市现率最低的股票组成的投资组合上，到2009年年末，这笔投资将增至10 187 545美元，而市现率最高的股票组成的投资组合的投资终值只有48 471美元，还赶不上美国短期国债的收益。此外，市现率最高的股票投资组合的风险也远大于市现率最低的股票投资组合，前者的标准差为26.09%，而后者的标准差只有18.47%。而市现率最低的股票投资组合的下行风险也比市现率最高的股票小得多。从图8-5的柱状图中我们可以看到，你为每1美元的现金流量支付的价格越高，你的收益下降得也就越多，当你投资于最昂贵（按市现率计算）的股票时，你的收益连短期国债的收益都赶不上。

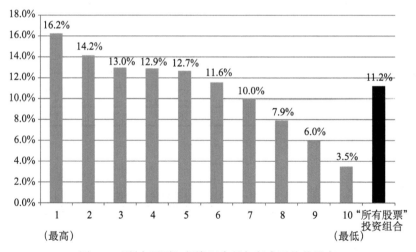

图8-5 "所有股票"投资组合的年复合平均收益率
（按市现率的十分位进行平均分组，1964年1月1日～2009年12月31日）

表8-19 对"所有股票"投资组合按市现率进行十分位（10%）分组的分析结果概述
（1964年1月1日～2009年12月31日）

十分位（10%）	10 000美元的投资将增长至（美元）	平均收益率（%）	复合收益率（%）	标准差（%）	夏普比率
1（最高）	10 187 545	18.23	16.25	18.47	0.61

(续)

十分位（10%）	10 000 美元的投资将增长至（美元）	平均收益率（%）	复合收益率（%）	标准差（%）	夏普比率
2	4 424 631	15.60	14.16	15.85	0.58
3	2 730 088	14.45	12.97	16.12	0.49
4	2 651 411	14.47	12.90	16.61	0.48
5	2 416 830	14.27	12.67	16.75	0.46
6	1 538 825	13.26	11.57	17.31	0.38
7	805 018	11.97	10.01	18.74	0.27
8	332 293	10.49	7.91	21.59	0.13
9	144 235	9.10	5.97	23.96	0.04
10（最低）	48 471	7.15	3.49	26.09	−0.06
"所有股票"投资组合	1 329 513	13.26	11.22	18.99	0.33

"大盘股"投资组合的情况与"所有股票"投资组合相类似，但不像"所有股票"投资组合那样完全对称。在1963年年末将10 000美元投资于"大盘股"投资组合中市现率最低的股票组成的投资组合，到2009年年末，这笔投资将增至3 470 690美元；这笔资金比市现率最高的股票组成的投资组合的投资终值高出近260万美元。表8-19与表8-20及图8-5与图8-6对相关数据进行了概括。

表8-20 对"大盘股"投资组合按市现率进行十分位（10%）分组的分析结果概述（1964年1月1日～2009年12月31日）

十分位（10%）	10 000 美元的投资将增长至（美元）	平均收益率（%）	复合收益率（%）	标准差（%）	夏普比率
1（最高）	3 470 690	15.05	13.56	16.22	0.53
2	1 361 303	12.45	11.27	14.56	0.43
3	796 263	11.19	9.98	14.77	0.34
4	663 741	10.85	9.55	15.35	0.30
5	984 904	11.86	10.49	15.64	0.35
6	787 794	11.35	9.96	15.87	0.31
7	559 672	10.59	9.14	16.25	0.25
8	316 980	9.40	7.80	17.15	0.16
9	228 099	9.09	7.03	19.30	0.11
10（最低）	165 494	8.72	6.29	21.08	0.06
"大盘股"投资组合	872 861	11.72	10.20	16.50	0.32

对投资者的启示

统计结果强烈地支持低市现率的股票。除非有其他充分的理由（如高市现率股票符合某一成功的成长型模型的选股标准，而这一模型可以部分地消化由高市现率股票所带来的风险），否则投资者不应投资市现率最高的股票，而应该将注意力放在那些市现率较低的股票上。

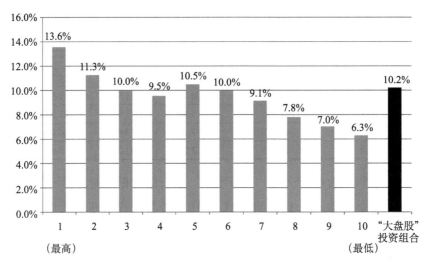

图 8-6 "大盘股"投资组合的年复合平均收益率
（按市现率的十分位进行平均分组，1964 年 1 月 1 日～2009 年 12 月 31 日）

本章案例研究

价格与自由现金流量的比率的效果如何

许多分析师已经开始使用股价与自由现金流的比率，并将其作为净现金流量的更好的代替品。他们认为，公司可以用来向其股东自由分配的现金流量是这家公司最重要的数字，要进行现金分配，公司既可以向股东发放现金分红，又可以在公开市场上回购股份。我们将自由现金流量定义为净现金流量减去资本支出、普通股股息及优先股股息后的余额。自由现金流量实际上等于公司的经营性收入，减去公司的全部其他债务之后所剩的资金。下面，我们来分析使用净现金流量与自由现金流对投资组合进行检验的结果之间到底有什么区别。表 8-21 显示了在 1963 年 12 月 31 日～2009 年 12 月 31 日，投资于这两种投资组合（由股价/净现金流量及股价/自由现金流量这两个比率最低的 10% 的股票组成的投资组合）的收益情况。

表 8-21 "所有股票"中股价/净现金流量比率最低的股票（前 10%）组成的投资组合及"所有股票"中股价/自由现金流量比率最低的股票（前 10%）组成的投资组合的年收益和风险数据统计概要（1964 年 12 月 31 日～2009 年 12 月 31 日）

	"所有股票"中股价/净现金流量比率最低的股票（前 10%）组成的投资组合	"所有股票"中股价/自由现金流量比率最低的股票（前 10%）组成的投资组合
算术平均值（%）	18.23	17.53
几何平均值（%）	16.25	15.49
平均收益（%）	22.64	22.10
标准差（%）	18.47	18.75
向上的偏差（%）	12.15	11.98
向下的偏差（%）	14.04	14.14
跟踪误差	7.63	7.21
收益为正的时期数	357	359
收益为负的时期数	195	193
从最高点到最低点的最大跌幅（%）	−60.87	−61.66
贝塔值	0.89	0.91
T 统计量（$m=0$）	6.19	5.88
夏普比率（$Rf=5\%$）	0.61	0.56
索蒂诺比率（$MAR=10\%$）	0.45	0.39
10 000 美元投资的最终结果（美元）	10 187 545	7 532 596
1 年期最低收益（%）	−54.24	−51.68
1 年期最高收益（%）	89.55	83.93
3 年期最低收益（%）	−18.63	−20.76
3 年期最高收益（%）	45.20	41.35
5 年期最低收益（%）	−3.86	−7.12
5 年期最高收益（%）	32.98	36.33
7 年期最低收益（%）	−0.39	−3.81
7 年期最高收益（%）	27.49	29.68
10 年期最低收益（%）	5.90	3.58
10 年期最高收益（%）	25.86	27.18
预期最低收益[1]（%）	−18.70	−19.96
预期最高收益[2]（%）	55.16	55.02

[1] 预期最低收益等于收益率的算术平均值减去 2 倍的标准差。
[2] 预期最高收益等于收益率的算术平均值加上 2 倍的标准差。

在这 46 年中，净现金流量投资组合的收益每年超出自由现金流量投资组合 0.76%（76 个基点），在 1963 年 12 月 31 日投资于净现金流量投资组合的 10 000 美元，到 2009 年 12 月 31 日将增至 10 187 545 美元，年复合平均收益率为 16.25%，而同期投资于自由现金流量投资组合的 10 000 美元，到 2009 年 12 月 31 日将增至 7 532 596 美元。如表 8-22 与表 8-23 所示，净现金流量投资组合的基本比率也稍好一些。因此，当作为单因素使用时，传统的净现金流量的效果更好。但是，我们将在本书后面的章节中看到：在某个多因素模型中，在和其他因素之间相互作用时，自由现金流量有时会表现得更好一些。

表 8-22 "所有股票"中股价/自由现金流量比率最低的股票（前 10%）组成的投资组合及"所有股票"投资组合的基本比率（1964 年 1 月 1 日～2009 年 12 月 31 日）

项目	"所有股票"中股价/自由现金流量比率最低的股票（前 10%）组成的投资组合战胜"所有股票"投资组合的时间	百分比（%）	年平均超额收益率（%）
1 年期收益率	493 期中有 355 期	72	4.37
滚动的 3 年期复合收益率	469 期中有 375 期	80	4.62
滚动的 5 年期复合收益率	445 期中有 407 期	91	4.79
滚动的 7 年期复合收益率	421 期中有 414 期	98	4.87
滚动的 10 年期复合收益率	385 期中有 385 期	100	4.66

表 8-23 "所有股票"中股价/净现金流量比率最低的股票（前 10%）组成的投资组合及"所有股票"投资组合的基本比率（1964 年 1 月 1 日～2009 年 12 月 31 日）

项目	"所有股票"中股价/净现金流量比率最低的股票（前 10%）组成的投资组合战胜"所有股票"投资组合的时间	百分比（%）	年平均超额收益率（%）
1 年期收益率	493 期中有 356 期	72	4.76
滚动的 3 年期复合收益率	469 期中有 401 期	86	5.03
滚动的 5 年期复合收益率	445 期中有 401 期	90	5.07
滚动的 7 年期复合收益率	421 期中有 413 期	98	4.94
滚动的 10 年期复合收益率	385 期中有 384 期	100	4.51

| 第 9 章 |

价格对销售额的比率

不谙变通者，必将毁于执。

千里之行，始于足下。

——老子

在本书第 1 版中，我认为股票价格对销售额的比率（price-to-sales ratio，PSR，后文简称市销率）是最好的单因素指标。在使用新的综合分析方法之后，我发现情况有了变化。无论是作为单因素指标，还是与其他价值因素在多因素模型中共同起作用，市销率的表现都依然出色。但是，当我们在分析中纳入全部月度数据之后，EBITDA 与企业价值的比率取代市销率，成为表现最好的单因素指标。市销率从价值因素之王的宝座上滑落，其原因主要有以下两点：

1）我们不再对市销率最低的 50 只股票进行简单分析（每年在 12 月调整一次），而是对市销率进行综合分组（十等分）分析，这就扩大了我们的分析范围。分析范围的扩大，有力地改善了某些具体的价值因素的分析结果，如市盈率，这种分析方法关注全部可用的月度收益率数据，而不是只分析市盈率最低的 50 只股票，所得的分析结果效果更好。

2）在 2007 年及 2008 年，市销率的表现十分糟糕。就所有单因素指标的收益率数据而言，有一件事困扰我，就是我们的研究结果没过几年就可能发生变化。尽管研究结论的大方向保持不变（那些低市盈率、低 EBIT/ 企业价值比率、低市现率及低市销率股票的表现明显好于这些比率较高的股票），但是，令人头疼的是，在 40

多年的研究跨度中，总有若干年份的糟糕表现使某个价值因素的相对收益率发生改变。在本书第3版中，我们在研究分析中仍然使用50只股票组成的投资组合，我们发现，1963年12月31日～2009年12月31日（使用月度数据），由市销率最低的50只股票组成的投资组合的年复合平均收益率为15.19%，最大跌幅为46.93%。而市盈率最低的50只股票组成的投资组合的年复合平均收益率为14.64%，最大跌幅为44.81%。按照惯例，一旦拥有了25年及以上的数据，使用这些数据，你就可以有把握推断出该价值因素在未来的表现。1963～2003年，数据覆盖的时间跨度为40年。然而，在接下来的6年中，这一惯例被完全颠覆了。自2003年以来，市销率最低的投资组合的年复合平均收益率为7.29%，最大跌幅达到了75.04%；而市盈率最低的投资组合的年复合平均收益率为14.26%，最大跌幅为64.42%。就算是我们面临着史无前例的市场环境（与1929～1932年的大崩盘非常类似），但是，像市销率这样的单因素指标（尤其是这50只市销率最低的股票）受这6年的影响如此之大，这迫使我们必须开发综合价值因素，即那些较少受到短期市场剧烈变动所影响的综合价值因素。在本书后面的章节中，我们将研究一些其他的此类综合因素，而在本章，我们专门研究市销率。

股票的市销率类似于市盈率，但它用销售额取代了盈利，将股票的价格与相应公司的年销售额进行比较。与那些偏好低市盈率的投资者一样，低市销率股票的投资者认为购买这样的股票有利可图。在肯·费雪（Ken Fisher）于1984年撰写的《超级强势股》⊖（*Super Stocks*）一书中，他提出，股票的市销率"几乎是衡量股票受欢迎程度的一个最完美的指标"，他同时警告说，只有空想和欺骗才能让高市销率股票的价格进一步上升。

我们还将继续分析"所有股票"及"大盘股"投资组合中的最低（前10%）市销率股票和最高（后10%）市销率股票。与其他价值因素比率一样，我们仍然按照市销率对"所有股票"及"大盘股"投资组合进行十等分分组，分析各分组间的表现。为避免前视偏差，所有财务数据都有一个时间滞后期，投资组合每年都进行调整。最后，由于Compustat数据库内部运算标准的原因，我们只能按最高的销售额/价格比率来对股票进行十等分排列，而这一比率实际上就是市销率的倒数。⊖但在本章中，我始终使用高市销率股票或低市销率股票来指称它们。

⊖ 本书中文版已由机械工业出版社出版。——译者注
⊖ 为阅读方便，在本章所有的图表中，销售额/价格比率均转换为市销率，不再另行说明。——译者注

检验结果

如表 9-1 所示,在 1963 年 12 月 31 日,将 10 000 美元投资在"所有股票"投资组合中市销率最低的股票(前 10%)上,到 2009 年 12 月 31 日,这笔资金将增至 5 044 457 美元,年复合平均收益率为 14.49%。这笔收益是同时期"所有股票"投资组合上的相同投资所获收益(1 329 513 美元)的 4 倍。如表 9-2 所示,随着时间的推移,这一投资组合的表现一直很好,在全部滚动的 10 年期里,"所有股票"投资组合中市销率最低的股票所组成的投资组合战胜"所有股票"投资组合的时间占 89%。在调整了风险之后,低市销率股票投资组合的表现依然不错,其夏普比率为 0.46。表 9-1 概括了"所有股票"投资组合中市销率最低股票投资组合的投资结果,表 9-2 对这一投资组合与"所有股票"投资组合的基本比率进行了比较。

表 9-1 "所有股票"中市销率最低(前 10%)股票组成的投资组合及"所有股票"投资组合的年收益和风险数据统计概要(1964 年 1 月 1 日~2009 年 12 月 31 日)

	由"所有股票"中市销率最低(前 10%)股票组成的投资组合	"所有股票"投资组合
算术平均值(%)	16.95	13.26
几何平均值(%)	14.49	11.22
平均收益(%)	20.06	17.16
标准差(%)	20.68	18.99
向上的偏差(%)	13.41	10.98
向下的偏差(%)	15.38	13.90
跟踪误差	7.68	0.00
收益为正的时期数	343	329
收益为负的时期数	209	223
从最高点到最低点的最大跌幅(%)	−65.98	−55.54
贝塔值	1.01	1.00
T 统计量($m=0$)	5.17	4.47
夏普比率($Rf=5\%$)	0.46	0.33
索蒂诺比率($MAR=10\%$)	0.29	0.09
10 000 美元投资的最终结果(美元)	5 044 457	1 329 513
1 年期最低收益(%)	−54.83	−46.49
1 年期最高收益(%)	98.93	84.19
3 年期最低收益(%)	−22.44	−18.68
3 年期最高收益(%)	46.36	31.49
5 年期最低收益(%)	−9.51	−9.91
5 年期最高收益(%)	33.53	27.66

(续)

	由"所有股票"中市销率最低 (前10%)股票组成的投资组合	"所有股票"投资组合
7年期最低收益(%)	−4.58	−6.32
7年期最高收益(%)	28.58	23.77
10年期最低收益(%)	4.05	1.01
10年期最高收益(%)	26.95	22.05
预期最低收益①(%)	−24.41	−24.73
预期最高收益②(%)	58.32	51.24

① 预期最低收益等于收益率的算术平均值减去2倍的标准差。
② 预期最高收益等于收益率的算术平均值加上2倍的标准差。

表9-2 "所有股票"中市销率最低(前10%)股票组成的投资组合及"所有股票"投资组合的基本比率(1964年1月1日~2009年12月31日)

项目	"所有股票"中市销率最低(前10%)股票组成的投资组合战胜"所有股票"投资组合的时间	百分比(%)	年平均超额收益率(%)
1年期收益率	541期中有368期	68	3.58
滚动的3年期复合收益率	517期中有371期	72	3.03
滚动的5年期复合收益率	493期中有372期	75	2.94
滚动的7年期复合收益率	469期中有374期	80	2.83
滚动的10年期复合收益率	433期中有386期	89	2.70

以这些基本比率作为估算低市销率股票投资组合战胜"所有股票"投资组合的概率,我们发现,在全部的滚动5年期内,市销率最低(前10%)的股票战胜"所有股票"投资组合的机会为75%。如果分析低市销率股票投资组合战胜"所有股票"投资组合的全部历史数据,你会发现,平均而言,这一组合相对于"所有股票"投资组合的累计收益率为40%。在低市销率股票投资组合的表现不如"所有股票"投资组合的这25%的时间里,两者之间的差距非常小,低市销率股票投资组合相对于"所有股票"投资组合的累计损失为14%。

在全部的滚动5年期里,市销率最低的股票投资组合相对于"所有股票"投资组合表现最好的5年期收益率发生在截至2005年2月的5年期里,在此期间,市销率最低的股票投资组合的累计收益率为157%,而"所有股票"投资组合的同期收益率为23%。将这些收益率转化为年复合平均收益率,市销率最低的股票投资组合的年复合平均收益率为20.76%,而"所有股票"投资组合的年复合平均收益率为2.28%。相对于"所有股票"投资组合而言,市销率最低的股票投资组合表现最差的5年期收益率发生在截至2000年2月的5年期里,在此期间,市销率最低的股票的累计收益率为84%，而"所有股票"投资组合的同期收益率为172%，市销率最低的股票相对累计损失为88%。将这些收益率转化为年复合平均收益率，市销率最低的股票投资组合的年复合平均收益率为13.02%，而"所有股票"投资组合的年复合平均收益率为22.18%。

在考察全部的滚动10年期时，我们发现，市销率最低的股票投资组合相对于"所有股票"投资组合的累计超额收益率为108%，而在其全部的滚动10年期收益率相对于"所有股票"投资组合表现不佳的11%的时间内，市销率最低的股票投资组合的累计超额损失为38%。值得注意的是，这一数字被2000年的那几个月严重夸大了，在那一段时间里，市销率最低的股票投资组合的收益率落后于"所有股票"投资组合的收益率高达三位数。图9-1显示的是各个持有期内"所有股票"投资组合中市销率最低（前10%）股票的5年期滚动年复合平均超额收益率（或超额损失率）。表9-3显示了"所有股票"投资组合在最好的情况下的收益率，表9-4与表9-5显示了这些投资组合在各个持有期内的最高收益率与最低收益率情况。

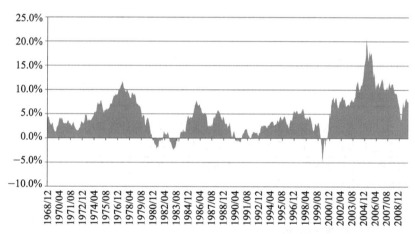

图9-1　5年期滚动年复合平均超额收益率（或超额损失率）

["所有股票"投资组合中市销率最低（前10%）股票的收益率减去"所有股票"投资组合的收益率，1964年1月1日～2009年12月31日]

表9-3　最糟糕的情况："所有股票"投资组合中市销率最低（前10%）股票跌幅超过20%的全部数据（1964年1月1日～2009年12月31日）

股市见顶的时间	股市见顶时的指数值	股市见底的时间	股市见底时的指数值	股市复苏的时间	跌幅（%）	下跌持续期（月）	复苏持续期（月）
1966年2月	1.97	1966年9月	1.57	1967年5月	−20.28	7	6
1968年11月	3.60	1970年6月	1.83	1976年1月	−49.15	19	67

(续)

股市见顶的时间	股市见顶时的指数值	股市见底的时间	股市见底时的指数值	股市复苏的时间	跌幅（%）	下跌持续期（月）	复苏持续期（月）
1987年8月	42.55	1987年11月	27.94	1989年1月	-34.34	3	14
1989年8月	52.32	1990年10月	30.89	1992年1月	-40.97	14	15
1998年4月	178.70	1998年8月	129.94	2001年4月	-27.29	4	32
2002年4月	234.56	2003年2月	152.64	2003年8月	-34.92	10	6
2007年5月	628.57	2009年2月	213.83		-65.98	21	
平均值					-38.99	11.14	23.33

表9-4　按月度数据计算得到的最高与最低的年复合平均收益率（1964年1月1日～2009年12月31日）

各投资组合的收益情况	1年期	3年期	5年期	7年期	10年期
"所有股票"投资组合中市销率最低（前10%）股票的最低复合收益率（%）	-54.83	-22.44	-9.51	-4.58	4.05
"所有股票"投资组合中市销率最低（前10%）股票的最高复合收益率（%）	98.93	46.36	33.53	28.58	26.95
"所有股票"投资组合的最低复合收益率（%）	-46.49	-18.68	-9.91	-6.32	1.01
"所有股票"投资组合的最高复合收益率（%）	84.19	31.49	27.66	23.77	22.05
"所有股票"投资组合中市销率最高（后10%）股票的最低复合收益率（%）	-73.19	-51.96	-29.96	-21.38	-14.79
"所有股票"投资组合中市销率最高（后10%）股票的最高复合收益率（%）	207.00	52.33	37.51	25.11	18.47

表9-5　10 000美元按最高与最低的收益率（通过月度数据计算得出）投资所得到的最终价值（1964年1月1日～2009年12月31日）

各投资组合的收益情况	1年期	3年期	5年期	7年期	10年期
投资于"所有股票"投资组合中市销率最低（前10%）股票的10 000美元在最糟糕情况下的最终价值（美元）	4 517	4 667	6 068	7 202	14 878
投资于"所有股票"投资组合中市销率最低（前10%）股票的10 000美元在最好情况下的最终价值（美元）	19 893	31 353	42 448	58 094	108 710
投资于"所有股票"投资组合的10 000美元在最糟糕情况下的最终价值（美元）	5 351	5 379	5 936	6 330	11 054
投资于"所有股票"投资组合的10 000美元在最好情况下的最终价值（美元）	18 419	22 734	33 903	44 504	73 345
投资于"所有股票"投资组合的市销率最高（后10%）股票的10 000美元在最糟糕情况下的最终价值（美元）	2 681	1 108	1 686	1 857	2 018
投资于"所有股票"投资组合中市销率最高（后10%）股票的10 000美元在最好情况下的最终价值（美元）	30 700	35 347	49 172	47 987	54 462

低市销率"大盘股"投资组合表现良好

如表 9-6 所示，低市销率"大盘股"投资组合同样战胜了"大盘股"投资组合，但其表现不如"所有股票"投资组合中的"小盘股"⊖。从 1963 年开始将 10 000 美元投资在"大盘股"投资组合中市销率最低的股票（前 10%）上，这笔资金到 2009 年年末将增至 1 470 652 美元，年复合平均收益率为 11.46%。这笔收益明显高于同时期"大盘股"投资组合上的相同投资所获收益 872 861 美元。低市销率股票投资组合的夏普比率为 0.37，而"大盘股"投资组合的夏普比率为 0.32。

表 9-6 "大盘股"中市销率最低的股票（前 10%）组成的投资组合及"大盘股"投资组合的年收益和风险数据统计概要（1964 年 1 月 1 日～2009 年 12 月 31 日）

	由"大盘股"市销率最低的股票（前 10%）组成的投资组合	"大盘股"投资组合
算术平均值（%）	13.16	11.72
几何平均值（%）	11.46	10.20
平均收益（%）	14.05	17.20
标准差（%）	17.38	16.50
向上的偏差（%）	11.22	9.70
向下的偏差（%）	12.89	11.85
跟踪误差	8.01	0.00
收益为正的时期数	336	332
收益为负的时期数	216	220
从最高点到最低点的最大跌幅（%）	−59.89	−53.77
贝塔值	0.94	1.00
T 统计量（m=0）	4.85	4.58
夏普比率（Rf=5%）	0.37	0.32
索蒂诺比率（MAR=10%）	0.11	0.02
10 000 美元投资的最终结果（美元）	1 470 652	872 861
1 年期最低收益（%）	−53.11	−46.91
1 年期最高收益（%）	71.13	68.96
3 年期最低收益（%）	−15.98	−15.89
3 年期最高收益（%）	37.52	33.12
5 年期最低收益（%）	−6.15	−5.82
5 年期最高收益（%）	32.78	28.95
7 年期最低收益（%）	−5.08	−4.15
7 年期最高收益（%）	25.34	22.83
10 年期最低收益（%）	−0.88	−0.15
10 年期最高收益（%）	20.80	19.57

⊖ 原文如此，疑为"所有股票"投资组合中的低市销率股票投资组合之误。——译者注

(续)

	由"大盘股"中市销率最低的股票（前10%）组成的投资组合	"大盘股"投资组合
预期最低收益①（%）	−21.61	−21.28
预期最高收益②（%）	47.92	44.72

① 预期最低收益等于收益率的算术平均值减去2倍的标准差。
② 预期最高收益等于收益率的算术平均值加上2倍的标准差。

这两个低市销率投资组合的滚动5年期与滚动10年期基本比率都很高，在全部的滚动10年期里，"大盘股"投资组合中的低市销率股票的投资组合战胜"大盘股"投资组合的时间占74%，表9-7概括了相关数据。图9-2显示了"大盘股"投资组合中市销率最低的股票（前10%）相对于"大盘股"投资组合的5年期滚动年复合平均超额收益率（或超额损失率）。

表9-7 "大盘股"中市销率最低的股票（前10%）组成的投资组合及"大盘股"投资组合的基本比率（1964年1月1日～2009年12月31日）

项目	"大盘股"中市销率最低的股票（前10%）组成的投资组合战胜"大盘股"投资组合的时间	百分比（%）	年平均超额收益率（%）
1年期收益率	541期中有310期	57	1.60
滚动的3年期复合收益率	517期中有307期	59	1.41
滚动的5年期复合收益率	493期中有312期	63	1.34
滚动的7年期复合收益率	469期中有326期	70	1.31
滚动的10年期复合收益率	433期中有320期	74	1.34

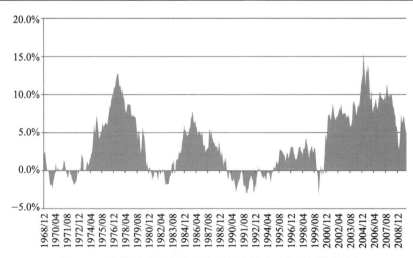

图9-2 5年期滚动年复合平均超额收益率（或超额损失率）

["大盘股"投资组合中市销率最低的股票（前10%）的收益率减去"大盘股"投资组合的收益率，1964年1月1日～2009年12月31日]

最糟糕的情况，最高收益与最低收益

如表 9-3 与表 9-8 所示，由"所有股票"与"大盘股"投资组合中市销率最低的股票（前 10%）组成的投资组合的最糟糕情况发生于 2007～2009 年年初的这一熊市期间。2007 年 5 月～2009 年 2 月，"所有股票"投资组合中的低市销率股票下跌了 65.98%，比同期内"所有股票"投资组合的跌幅（55.3%）多出近 10%。"大盘股"投资组合中的低市销率股票在 2007 年 10 月～2009 年 2 月共下跌了 59.89%，而"大盘股"投资组合的同期跌幅为 54.21%。在过去的 46 年间，"所有股票"中市销率最低股票的投资组合跌幅超过 20% 的次数达到了 7 次，其中几次下跌的速度十分快。如表 9-3 所示，这一投资组合跌幅在 20% 以上的时间低于 7 个月的次数共有 3 次。追求低市销率股票投资策略的投资者切记不要忘了这一点。如表 9-8 所示，"大盘股"中的低市销率股票投资组合的走势与此类似。

表 9-8 最糟糕的情况："大盘股"投资组合中市销率最低的股票（前 10%）跌幅超过 20% 的全部数据（1964 年 1 月 1 日～2009 年 12 月 31 日）

股市见顶的时间	股市见顶时的指数值	股市见底的时间	股市见底时的指数值	股市复苏的时间	跌幅（%）	下跌持续期（月）	复苏持续期（月）
1968 年 11 月	1.94	1974 年 9 月	1.14	1976 年 1 月	−41.21	70	16
1987 年 8 月	16.51	1987 年 11 月	10.78	1989 年 3 月	−34.70	3	16
1989 年 8 月	18.97	1990 年 10 月	12.22	1992 年 2 月	−35.55	14	16
2001 年 5 月	87.58	2003 年 3 月	56.21	2003 年 11 月	−35.82	22	8
2007 年 10 月	208.48	2009 年 2 月	83.62		−59.89	16	
平均值					−41.43	25	14

在截至 1973 年 12 月的这一最糟糕的 5 年期内，投资在"所有股票"中市销率最低股票投资组合中的 10 000 美元将跌至 6 068 美元，年复合平均收益率为 −9.51%。对"大盘股"投资组合中的低市销率股票投资组合而言，其最糟糕的 5 年期收益率发生在截至 1973 年 12 月的 5 年期内，在此期间，期初投资的 10 000 美元缩水至 7 279 美元，年复合平均收益率为 −6.15%。"所有股票"中市销率最低股票投资组合的最好的 5 年期收益率发生在截至 1987 年 7 月初的那个 5 年期里，在此期间，10 000 美元的初始投资将飙升至 42 448 美元，年复合平均收益率为 33.53%。而"大盘股"中的低市销率投资组合的最好的 5 年期收益率同样发生在截至 1987 年 7 月初的 5 年期内，10 000 美元的初始投资在 5 年期期末增至 41 276 美元，年复合平均收益率为 32.78%。表 9-4、表 9-5、表 9-9 和表 9-10 显示了全部其他持有期内

的收益率情况。

从相对收益率的角度来看,"所有股票"投资组合中的低市销率股票相对于"所有股票"投资组合表现最好的5年期是截至2005年2月的那个5年期,在此期间,低市销率股票的累计收益率为157%,而"所有股票"投资组合的累计收益率只有24%,低市销率股票投资组合的相对优势达到了133%。低市销率投资组合表现最差的5年期发生在截至2000年2月的那个5年期里,即网络股泡沫的顶峰,在此期间,低市销率股票的累计收益率为84%,与此相比,"所有股票"投资组合的累计收益率为176%,低市销率股票投资组合的相对劣势为92%。图9-1显示了"所有股票"投资组合中市销率最低的股票(前10%)相对于"所有股票"投资组合的5年期滚动年复合平均超额收益率(或超额损失率)。

表9-9 按月度数据计算得到的最高与最低的年复合平均收益率(1964年1月1日~2009年12月31日)

各投资组合的收益情况	1年期	3年期	5年期	7年期	10年期
"大盘股"投资组合中市销率最低的股票(前10%)的最低复合收益率(%)	−53.11	−15.98	−6.15	−5.08	−0.88
"大盘股"投资组合中市销率最低的股票(前10%)的最高复合收益率(%)	71.13	37.52	32.78	25.34	20.80
"大盘股"投资组合的最低复合收益率(%)	−46.91	−15.89	−5.82	−4.15	−0.15
"大盘股"投资组合的最高复合收益率(%)	68.96	33.12	28.95	22.83	19.57
"大盘股"投资组合中市销率最高的股票(后10%)的最低复合收益率(%)	−79.08	−46.46	−25.76	−16.84	−11.37
"大盘股"投资组合中市销率最高的股票(后10%)的最高复合收益率(%)	105.17	48.15	35.67	25.67	20.02

表9-10 10 000美元按最高与最低的收益率(通过月度数据计算得出)投资所得到的最终价值(1964年1月1日~2009年12月31日)

各投资组合的收益情况	1年期	3年期	5年期	7年期	10年期
投资于"大盘股"投资组合中市销率最低(前10%)股票的10 000美元在最糟糕情况下的最终价值(美元)	4 689	5 932	7 279	6 944	9 152
投资于"大盘股"投资组合中市销率最低(前10%)股票的10 000美元在最好情况下的最终价值(美元)	17 113	26 006	41 276	48 605	66 155
投资于"大盘股"投资组合的10 000美元在最糟糕情况下的最终价值(美元)	5 309	5 951	7 409	7 434	9 848
投资于"大盘股"投资组合的10 000美元在最好情况下的最终价值(美元)	16 896	23 591	35 656	42 189	59 747
投资于"大盘股"投资组合的市销率最高(后10%)股票的10 000美元在最糟糕情况下的最终价值(美元)	2 092	1 535	2 255	2 750	2 991

各投资组合的收益情况	1年期	3年期	5年期	7年期	10年期
投资于"大盘股"投资组合中市销率最高（后10%）股票的10 000美元在最好情况下的最终价值（美元）	20 517	32 514	45 962	49 490	62 025

对"大盘股"投资组合中的低市销率股票而言，最好的5年期收益率发生在截至1995年10月的那个5年期内，在此期间，低市销率股票投资组合上涨了190%，而"大盘股"投资组合的涨幅为111%，低市销率股票的超额收益率为79%。最差的5年期收益率发生在截至2000年2月的5年期内，在此期间，低市销率股票投资组合上涨了109%，而"大盘股"投资组合的涨幅为185%，低市销率股票的超额损失率为73%。

高市销率的股票是毒药

如表9-11所示，迄今为止，"所有股票"中市销率最高股票（后10%）投资组合的最糟糕表现是：在1963年12月31日投资的10 000美元，到2009年12月31日只有45 711美元，其年复合平均收益率仅为3.36%。这一组合的收益率甚至赶不上短期国债的收益率，在此期间，在短期国债上的10 000美元投资将增至120 778美元。"所有股票"中市销率最高股票投资组合的夏普比率为-0.06，也是最低的。

表9-11 "所有股票"中市销率最高（后10%）股票组成的投资组合及"所有股票"投资组合的年收益和风险数据统计概要（1964年1月1日～2009年12月31日）

	由"所有股票"中市销率最高（后10%）股票组成的投资组合	"所有股票"投资组合
算术平均值（%）	7.05	13.26
几何平均值（%）	3.36	11.22
平均收益（%）	12.29	17.16
标准差（%）	26.24	18.99
向上的偏差（%）	16.57	10.98
向下的偏差（%）	19.73	13.90
跟踪误差	13.16	0.00
收益为正的时期数	312	329
收益为负的时期数	240	223
从最高点到最低点的最大跌幅（%）	-91.41	-55.54
贝塔值	1.21	1.00
T统计量（$m=0$）	1.77	4.47

(续)

	由"所有股票"中市销率最高（后10%）股票组成的投资组合	"所有股票"投资组合
夏普比率（Rf=5%）	-0.06	0.33
索蒂诺比率（MAR=10%）	-0.34	0.09
10 000美元投资的最终结果（美元）	45 711	1 329 513
1年期最低收益（%）	-73.19	-46.49
1年期最高收益（%）	207.00	84.19
3年期最低收益（%）	-51.96	-18.68
3年期最高收益（%）	52.33	31.49
5年期最低收益（%）	-29.96	-9.91
5年期最高收益（%）	37.51	27.66
7年期最低收益（%）	-21.38	-6.32
7年期最高收益（%）	25.11	23.77
10年期最低收益（%）	-14.79	1.01
10年期最高收益（%）	18.47	22.05
预期最低收益[1]（%）	-45.44	-24.73
预期最高收益[2]（%）	59.53	51.24

[1] 预期最低收益等于收益率的算术平均值减去2倍的标准差。
[2] 预期最高收益等于收益率的算术平均值加上2倍的标准差。

表9-12记录了这一"屠杀"场景。在任意一个滚动的1年期里，"所有股票"投资组合战胜"所有股票"中高市销率股票投资组合的时间占69%。1980年12月31日～1984年12月31日这一时期尤为惨烈，在此期间，投资于"所有股票"投资组合的10 000美元增至15 915美元，涨幅在50%以上；但最高市销率股票投资组合上的投资年跌幅达7%，10 000美元跌至6 759美元。不幸的是，这种悲惨的场景不止一次地出现——无论市场情况如何，最高市销率股票投资组合的表现总是不如"所有股票"投资组合。唯一一次例外发生在极度投机的市场中。如果对"所有股票"投资组合中高市销率股票投资组合的公历年度收益率进行分析的话，你会发现，该组合最好的表现发生在1999年股市泡沫的最高峰。从滚动的1年期收益率来说，这一组合的最好收益发生在截至2000年2月的1年期内，在此期间，该组合的收益率达到了惊人的207%。这就不难理解，人们为何痴迷于这些最终致命的股票了。但是，人们疯狂购买这些股票的原因还在于高市销率股票投资组合在截至2001年9月末的那个1年期表现，在此期间，高市销率股票投资组合的跌幅超过了73%。实际上，在其他的市场环境中，不管这些高市销率股票投资组合处于什么样的市场底部，

不管市场环境如何，它们很少获得正的收益率。

表 9-12 "所有股票"投资组合中市销率最高的股票（后 10%）组成的投资组合及"所有股票"投资组合的基本比率（1964 年 1 月 1 日～2009 年 12 月 31 日）

项目	"所有股票"投资组合中市销率最高的股票（后 10%）组成的投资组合战胜"所有股票"投资组合的时间	百分比（%）	年平均超额收益率（%）
1 年期收益率	541 期中有 170 期	31	−5.21
滚动的 3 年期复合收益率	517 期中有 110 期	21	−7.15
滚动的 5 年期复合收益率	493 期中有 70 期	14	−7.63
滚动的 7 年期复合收益率	469 期中有 38 期	8	−7.90
滚动的 10 年期复合收益率	433 期中有 10 期	2	−7.87

再看滚动 5 年期的收益率，"所有股票"投资组合战胜高市销率股票投资组合的时间占 86%；而在全部的滚动 10 年期中，"所有股票"投资组合战胜高市销率股票投资组合的时间占 98%。

然而，如果重新审视截至 2000 年 2 月末（股市泡沫的顶峰）的这个 1 年期，高市销率股票投资组合在此期间的收益率高达 207%，而在截至 1999 年 12 月末（股市泡沫的顶峰）的这个 1 年期中，高市销率股票投资组合的收益率为 111%。由"所有股票"中市销率最高股票组成的投资组合的价值在这两个时期内急剧膨胀，极大地夸大了该组合的投资收益：就截至 2000 年 2 月的 1 年期收益率而言，高市销率股票投资组合的表现远胜"所有股票"投资组合的收益率（53%）；而就截至 1999 年 12 月的 1 年期收益率而言，高市销率股票投资组合的表现比"所有股票"投资组合的收益率（32%）高出 79%。高市销率股票投资组合最终的收益率是：2000 年 2 月～2009 年 2 月，这一组合损失了 91%，至今未能恢复。表 9-11～表 9-13 记录了这一悲惨结局。此外，表 9-4 与表 9-5 显示了高市销率股票的最好的情况与最糟糕的情况。图 9-3 显示了"所有股票"投资组合中市销率最高（后 10%）股票相对于"所有股票"投资组合的 5 年期滚动年复合平均超额收益率（或超额损失率）。

表 9-13 最糟糕的情况："所有股票"投资组合中市销率最高的股票（后 10%）跌幅超过 20% 的全部数据（1964 年 1 月 1 日～2009 年 12 月 31 日）

股市见顶的时间	股市见顶时的指数值	股市见底的时间	股市见底时的指数值	股市复苏的时间	跌幅（%）	下跌持续期（月）	复苏持续期（月）
1969 年 5 月	2.24	1970 年 6 月	1.20	1972 年 2 月	−46.22	13	20
1972 年 12 月	2.45	1974 年 9 月	1.04	1979 年 6 月	−57.70	21	57
1980 年 2 月	3.77	1980 年 3 月	2.92	1980 年 7 月	−22.61	1	4
1980 年 11 月	5.58	1982 年 7 月	2.96	1983 年 6 月	−47.02	20	11
1983 年 6 月	5.80	1984 年 7 月	3.49	1987 年 2 月	−39.80	13	31

(续)

股市见顶的时间	股市见顶时的指数值	股市见底的时间	股市见底时的指数值	股市复苏的时间	跌幅（%）	下跌持续期（月）	复苏持续期（月）
1987年8月	6.55	1987年11月	4.26	1989年11月	−34.91	3	24
1990年6月	6.79	1990年10月	5.23	1991年2月	−22.93	4	4
1992年1月	9.17	1994年6月	6.46	1995年9月	−29.57	29	15
1996年5月	12.15	1998年8月	7.23	1999年3月	−40.45	27	7
2000年2月	34.36	2009年2月	2.95		−91.41	108	
平均值					−43.26	23.9	19.22

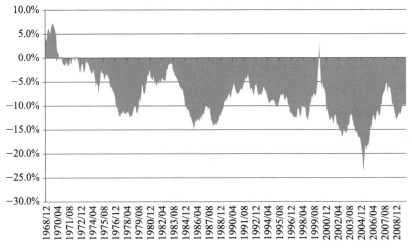

图 9-3 5年期滚动年复合平均超额收益率（或超额损失率）

["所有股票"投资组合中市销率最高（后10%）股票的收益率减去"所有股票"投资组合的收益率，1964年1月1日～2009年12月31日]

高市销率"大盘股"投资组合的表现稍好一些

如表9-14所示，"大盘股"中的高市销率股票投资组合所受损失与之相仿。如果于1963年12月31日在这一组合中投资10 000美元，到2009年年末，这笔投资将增至82 579美元，年复合平均收益率为4.7%。这笔数额只占"大盘股"投资组合收益的一小部分，也只比"所有股票"中高市销率股票投资组合的表现好一点点。与"所有股票"中的高市销率股票投资组合类似，"大盘股"中的市销率最高（后10%）的股票投资组合的表现也不如短期国债。该组合的夏普比率为 −0.01，远较"大盘股"投资组合的夏普比率（0.32）为低。如表9-15所示，该组合所有的基本比率均为负值，在全部滚动的 10 年期里，该组合的表现不如"大盘股"投资组合的时间达到了 96%。从表 9-16 还可以看出，"大盘股"中市销率最高股票投资组合共有 7 次跌幅超过 20%，最惨的一次发生在 21 世纪初期的网络股股灾时期，这一组合在 2000 年 2 月～2002 年 9 月间共下跌了 86%，至今也没有恢复。图 9-4 显示了"大盘股"投资组合中市销率最高（后 10%）的股票相对于"大盘股"投资组合的 5 年期滚动年复合平均超额收益率（或超额损失率）。

表 9-14 "大盘股"中市销率最高的股票（后 10%）组成的投资组合及"大盘股"投资组合的年收益和风险数据统计概要（1964 年 1 月 1 日～2009 年 12 月 31 日）

	由"大盘股"中市销率最高的股票（后 10%）组成的投资组合	"大盘股"投资组合
算术平均值（%）	7.39	11.72
几何平均值（%）	4.70	10.20
平均收益（%）	11.43	17.20
标准差（%）	22.14	16.50
向上的偏差（%）	13.35	9.70
向下的偏差（%）	17.78	11.85
跟踪误差	11.83	0.00
收益为正的时期数	318	332
收益为负的时期数	234	220
从最高点到最低点的最大跌幅（%）	−86.24	−53.77
贝塔值	1.14	1.00
T 统计量（$m=0$）	2.19	4.58
夏普比率（$Rf=5\%$）	−0.01	0.32
索蒂诺比率（$MAR=10\%$）	−0.30	0.02
10 000 美元投资的最终结果（美元）	82 579	872 861
1 年期最低收益（%）	−79.08	−46.91
1 年期最高收益（%）	105.17	68.96
3 年期最低收益（%）	−46.46	−15.89
3 年期最高收益（%）	48.15	33.12
5 年期最低收益（%）	−25.76	−5.82
5 年期最高收益（%）	35.67	28.95
7 年期最低收益（%）	−16.84	−4.15
7 年期最高收益（%）	25.67	22.83
10 年期最低收益（%）	−11.37	−0.15
10 年期最高收益（%）	20.02	19.57
预期最低收益[1]（%）	−36.88	−21.28
预期最高收益[2]（%）	51.67	44.72

[1] 预期最低收益等于收益率的算术平均值减去 2 倍的标准差。
[2] 预期最高收益等于收益率的算术平均值加上 2 倍的标准差。

表 9-15 "大盘股"投资组合中市销率最高的股票（后 10%）组成的投资组合及"大盘股"投资组合的基本比率（1964 年 1 月 1 日～2009 年 12 月 31 日）

项目	"大盘股"投资组合中市销率最高的股票（后 10%）组成的投资组合战胜"大盘股"投资组合的时间	百分比（%）	年平均超额收益率（%）
1 年期收益率	541 期中有 213 期	39	-3.55
滚动的 3 年期复合收益率	517 期中有 141 期	27	-5.18
滚动的 5 年期复合收益率	493 期中有 74 期	15	-5.88
滚动的 7 年期复合收益率	469 期中有 50 期	11	-6.27
滚动的 10 年期复合收益率	433 期中有 16 期	4	-6.44

表 9-16 最糟糕的情况："大盘股"投资组合中市销率最高的股票（后 10%）跌幅超过 20% 的全部数据（1964 年 1 月 1 日～2009 年 12 月 31 日）

股市见顶的时间	股市见顶时的指数值	股市见底的时间	股市见底时的指数值	股市复苏的时间	跌幅（%）	下跌持续期（月）	复苏持续期（月）
1969 年 12 月	1.91	1970 年 6 月	1.32	1971 年 4 月	-30.95	6	10
1972 年 12 月	2.65	1974 年 9 月	1.05	1980 年 11 月	-60.39	21	74
1980 年 11 月	2.91	1982 年 7 月	1.73	1983 年 5 月	-40.46	20	10
1983 年 6 月	3.13	1984 年 7 月	2.36	1985 年 12 月	-24.51	13	17
1987 年 8 月	5.18	1987 年 11 月	3.50	1989 年 7 月	-32.50	3	20
1998 年 4 月	14.51	1998 年 8 月	11.34	1998 年 12 月	-21.84	4	4
2000 年 2 月	33.58	2009 年 9 月	4.62		-86.24	31	
平均值					-42.41	14	22.5

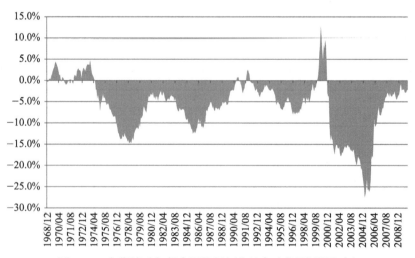

图 9-4 5 年期滚动年复合平均超额收益率（或超额损失率）

["大盘股"投资组合中市销率最高（后 10%）股票的收益率减去"大盘股"投资组合的收益率，1964 年 1 月 1 日～2009 年 12 月 31 日]

最糟糕的情况，最高收益与最低收益

我们已经列举了许多股市暴跌，表9-13显示了"所有股票"中市销率最高的股票（后10%）投资组合的最糟糕情况。自1963年以来。这一投资组合跌幅在20%以上的次数为10次，跌幅最大的一次发生始于2000年2月。表9-13还显示了高市销率"大盘股"投资组合㊀中所有其他跌幅超过20%的情况。

从绝对收益率的角度来看，"所有股票"中的高市销率股票投资组合表现最好的5年期是截至2000年2月的那个5年期，在此期间，该组合的年复合平均收益率为37.51%，10 000美元的初始投资将在5年末增至49 172美元。最差的5年期则发生在截至2005年2月的5年期里，该组合在此期间的年复合平均收益率为-29.96%，10 000美元的初始投资将只剩下1 686美元。该组合在全部持有期内的其他最好的情况与最糟糕的情况，如表9-4与表9-5所示。

从相对收益的角度来看，"所有股票"中的高市销率股票投资组合表现最好的5年期与其绝对收益相同，都是截至2000年2月的那个5年期，在此期间，该组合的累计收益率为392%，而"所有股票"投资组合的累计收益率为176%，高市销率股票投资组合的相对优势达216%。将此转化为年复合平均收益率，"所有股票"中的高市销率股票投资组合的年复合平均收益率为37.51%，而"所有股票"投资组合的年复合平均收益率为22.18%。"所有股票"中的高市销率股票投资组合表现最差的5年期为截至1986年8月的那个5年期，该组合在此期间的累计收益率为11.18%，而"所有股票"投资组合的累计收益率为148%，高市销率股票投资组合的相对累计损失率为137%。就年复合平均收益率而言，高市销率股票投资组合的年复合平均收益率为2.14%，而"所有股票"投资组合的年复合平均收益率为19.95%。表9-5显示了10 000美元的投资在各个持有期内的最好情况与最糟糕的情况。图9-3显示了"所有股票"投资组合中市销率最高（后10%）股票相对于"所有股票"投资组合的5年期滚动年复合平均超额收益率（或超额损失率）。

表9-16显示，自1963年以来，"所有股票"投资组合中的高市销率股票投资组合的跌幅超过20%的次数为7次。最大一次下跌发生在2000年2月～2002年9月，跌幅为86%，这一下跌在本书（第4版）写作之时仍在持续，还处于从下跌中恢复的状态。

对高市销率"大盘股"投资组合而言，最好的5年期绝对收益率发生于截

㊀ 原文如此，疑为"所有股票"投资组合之误。——译者注

至 2000 年 2 月的那个 5 年期里，该组合在此期间的年复合平均收益率为 35.67%，10 000 美元的初始投资将增至 45 962 美元。最差的 5 年期绝对收益率发生于截至 2005 年 2 月的那个 5 年期里，该组合在此期间的年复合平均收益率为 -25.76%，10 000 美元的初始投资将只剩下 2 255 美元。该组合在全部持有期内其他最好的情况与最糟糕的情况，如表 9-9 与表 9-10 所示。

与其绝对收益相同，"大盘股"中的高市销率股票投资组合相对于"大盘股"投资组合表现最好的 5 年期都是截至 2000 年 2 月的那个 5 年期。在此期间，该组合的累计收益率为 360%，而"大盘股"投资组合的累计收益率为 182%，高市销率股票投资组合的相对优势达 178%。"大盘股"中的高市销率股票投资组合表现最差的 5 年期为截至 2001 年 7 月的那个 5 年期，该组合在此期间累计损失了 9%，而"大盘股"投资组合的累计收益率为 88%，高市销率股票投资组合的相对累计损失率为 97%。将此收益率转化为年复合平均收益率，高市销率股票投资组合的年复合平均收益率为 1.9%，而"大盘股"投资组合的年复合平均收益率为 13.44%。图 9-3 显示了"大盘股"投资组合中市销率最高（后 10%）股票相对于"大盘股"投资组合的 5 年期滚动年复合平均超额收益率（或超额损失率）。表 9-17 与表 9-18 显示了"所有股票"与"大盘股"中高市销率股票与低市销率股票投资组合在各个 10 年期内的年复合平均收益率情况。

表 9-17　按 10 年期划分的年复合平均收益率

	20 世纪 60 年代[①]	20 世纪 70 年代	20 世纪 80 年代	20 世纪 90 年代	21 世纪第 1 个 10 年[②]
"所有股票"投资组合中市销率最低（排名前 10%）的股票（%）	16.90	11.44	20.03	12.82	12.43
"所有股票"投资组合中市销率最高（排名后 10%）的股票（%）	11.58	5.60	7.23	12.98	-14.79
"所有股票"投资组合（%）	13.36	7.56	16.78	15.35	4.39

① 1964 年 1 月 1 日～1969 年 12 月 31 日的收益。
② 2000 年 1 月 1 日～2009 年 12 月 31 日的收益。

表 9-18　按 10 年期划分的年复合平均收益率

	20 世纪 60 年代[①]	20 世纪 70 年代	20 世纪 80 年代	20 世纪 90 年代	21 世纪第 1 个 10 年[②]
"大盘股"投资组合中市销率最低（排名前 10%）的股票（%）	5.99	8.80	18.54	14.95	7.30
"大盘股"投资组合中市销率最高（排名后 10%）的股票（%）	11.40	0.16	11.40	17.05	-11.37

	20世纪 60年代①	20世纪 70年代	20世纪 80年代	20世纪 90年代	21世纪第1 个10年②
"大盘股"投资组合（%）	8.16	6.65	17.34	16.38	2.42

① 1964年1月1日～1969年12月31日的收益。
② 2000年1月1日～2009年12月31日的收益。

按十分位平均分组分析

对"所有股票"投资组合按照市销率进行分组（等分成10组）分析的结果表明，你应该将投资集中到"所有股票"中市销率最低的前20%的股票。如表9-19与图9-5所示，实际上，市销率最低的第2组（第2个十分位）股票投资组合的表现好于第1组股票的表现，1963～2009年，该组合的年复合平均收益率为14.53%，与之相比，市销率最低的第1组（前10%）股票投资组合的年复合平均收益率为14.49%，两者之间只相差0.04%，就基本比率而言，"所有股票"中的市销率最低的第2组股票投资组合也好于第1组股票投资组合。在全部滚动的5年期内，第2组股票投资组合战胜"所有股票"投资组合的时间占90%；而在全部滚动的10年期内，第2组股票投资组合战胜"所有股票"投资组合的时间占97%。将这两组股票合并后的投资组合，其收益率与基本比率都更高。尽管第2组投资组合的收益率较之第1组投资组合略有反转（表现好于第1组），但各组的收益率总体呈下降趋势，前两组投资组合的年复合平均收益率为14.54%，而最后一组（后10%）投资组合的收益率仅有可怜的3.36%，这一组股票也是市销率最高股票的投资组合。

对"大盘股"投资组合所做的研究表明，尽管这一组合的走势略微缓和些，但其结果与前者非常相似。和"所有股票"投资组合一样，"大盘股"投资组合中市销率最低的第2组（第2个十分位）股票投资组合的表现（年收益率11.77%）好于第1组股票的表现（年收益率11.46%）。同样，投资者也应该将投资集中到"大盘股"中市销率最低的前20%的股票，这样可以获得更好的收益。第2组投资组合的基本比率也高于第1组股票，在全部滚动的5年期内，第2组股票投资组合战胜"大盘股"投资组合的时间占81%；而在全部滚动的10年期内，第2组股票投资组合战胜"大盘股"投资组合的时间占94%。如我们在"所有股票"投资组合中所见，尽管第2组投资组合的收益率较之第1组投资组合略有反转，但各分组的收益率随着市销率的增加而逐渐下降，第10组（后10%）股票投资组合的收益率低于美国短期国债的收益率。表 9-20 与图 9-6 对"大盘股"投资组合的分析结果进行了总结。

表 9-19 对"所有股票"投资组合按市销率进行十分位（10%）分组的分析结果概述（1964 年 1 月 1 日～2009 年 12 月 31 日）

十分位（10%）	10 000 美元的投资将增长至（美元）	平均收益率（%）	复合收益率（%）	标准差（%）	夏普比率
1（最高）	5 044 457	16.95	14.49	20.68	0.46
2	5 128 129	16.61	14.53	18.98	0.50
3	3 587 828	15.57	13.64	18.32	0.47
4	2 744 842	14.78	12.98	17.74	0.45
5	2 075 249	13.97	12.30	17.12	0.43
6	1 465 785	12.95	11.45	16.32	0.40
7	806 593	11.51	10.01	16.37	0.31
8	365 406	9.89	8.14	17.89	0.18
9	173 591	8.84	6.40	21.16	0.07
10（最低）	45 711	7.05	3.36	26.24	−0.06
"所有股票"投资组合	1 329 513	13.26	11.22	18.99	0.33

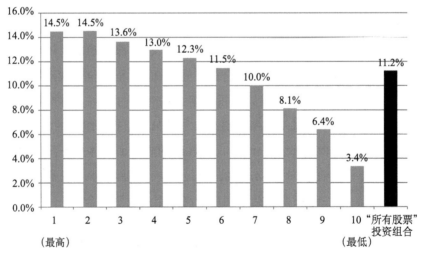

图 9-5 "所有股票"投资组合的年复合平均收益率

（按市销率的十分位进行平均分组，1964 年 1 月 1 日～2009 年 12 月 31 日）

表 9-20 对"大盘股"投资组合按市销率进行十分位（10%）分组的分析结果概述（1964 年 1 月 1 日～2009 年 12 月 31 日）

十分位（10%）	10 000 美元的投资将增长至（美元）	平均收益率（%）	复合收益率（%）	标准差（%）	夏普比率
1（最高）	1 470 652	13.16	11.46	17.38	0.37
2	1 672 056	13.36	11.77	16.77	0.40
3	1 324 507	12.76	11.21	16.59	0.37
4	1 158 334	12.19	10.88	15.33	0.38
5	1 037 505	11.86	10.62	14.99	0.37

(续)

十分位（10%）	10 000 美元的投资将增长至（美元）	平均收益率（%）	复合收益率（%）	标准差（%）	夏普比率
6	553 407	10.27	9.12	14.53	0.28
7	486 962	10.04	8.81	14.95	0.26
8	369 957	9.55	8.17	15.97	0.20
9	304 900	9.43	7.71	17.77	0.15
10（最低）	82 579	7.39	4.70	22.14	−0.01
"大盘股"投资组合	872 861	11.72	10.20	16.50	0.32

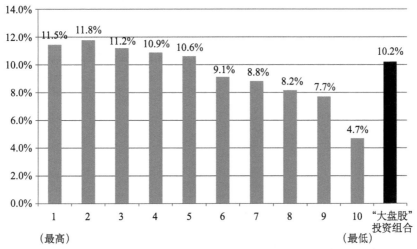

图 9-6　"大盘股"投资组合的年复合平均收益率
（按市销率的十分位进行平均分组，1964 年 1 月 1 日～2009 年 12 月 31 日）

对投资者的启示

尽管低市销率股票已经从"最好的单因素指标"王座上跌落，但是随着时间的推移，低市销率股票仍然可以持续地战胜市场。当投资者陷入非理性的狂热时，他们完全放松了警惕，也放弃了明智的投资决策方法，转而疯狂购买那些具有诱人故事的股票，此时也是高市销率股票战胜其基准指标的唯一机会。但是，如你所见，这一时机非常短暂，"盛宴结束后，只剩下一地鸡毛"，不管是在"所有股票"还是在"大盘股"投资组合中，市销率最高的（后 10%）股票投资组合的表现都极其拙劣，持有这一投资组合，你还不如直接持有现金算了。而且，直到今天，这些投资组合也没有从惨痛的下跌中恢复过来。在后面的章节中，我们将研究如何将市销率这一指标与其他价值比率整合在一起，以便为投资者提供更好的保护。

| 第 10 章 |

价格对账面价值的比率
长期中的赢家,但要耐得住寂寞

人们希望事物怎样,就总是把事物描述成怎样。

——伊索

许多投资者都相信,在选股时,股价对账面价值的比率(price-to-book value ratios,后文简称市净率)比市盈率更重要。他们认为,盈利数字很容易被某个聪明的财务总监所操纵,我们通过一个老笑话来说明这一点。一家公司想要聘请一位新的财务总监,每个申请人须回答一个问题:"2 加 2 等于几?"每个人都答 4,只有一个人例外,最后她被录用了。她的回答是:"你希望是多少?"

要计算市净率,你需要用股票的当前价格除以每股账面价值。在此,我们用普通股的每股清算价值代替每股账面价值。从本质上来看,那些买入低市净率股票的投资者认为他们购入公司股票的价格接近公司资产的清算价值,他们不须为资产支付高价就可以获得良好的回报。

长期以来,市净率一直是一个受欢迎的价值指标。本·格雷厄姆(Ben Graham),现代证券分析的创始人,其在著作《聪明的投资者》(*The Intelligent Investor: A Book of Practial Counsel*)一书中将市净率视为投资决策的核心指标,他认为:要保持"安全边际",投资者为股票支付的价格不应超过其账面价值的 1.2 倍(格雷厄姆意识到,购买那些拥有许多商誉等无形资产的公司,可能是一笔好买卖,为这样的公司支付 2.5 倍的账面价值依然有利可图)。

在《股票预期收益的横截面研究》(The Cross-Section of Expected Stock Returns)一文中,尤金·法玛与肯·弗伦奇将市净率纳入其三因素模型中。他们认为一个简单的三因素模型就可以解释几乎所有投资组合的收益率。这3个因素是:

◎ 投资组合相对于市场自身的风险。

◎ 投资组合相对于"小盘股"的风险。

◎ 投资组合的市净率。

法玛与弗伦奇还以市净率作为基准,分别为价值型及成长型投资组合构建了"大盘股"与"小盘股"投资组合。"大盘股"与"小盘股"价值型投资组合由大盘股与小盘股中市净率排名后30%的股票(即市净率最低的30%的股票)组成,而"大盘股"与"小盘股"成长型投资组合由大盘股与小盘股中市净率排名前30%的股票组成。这些投资组合从1927年开始构建,其长期数据结果显示,与成长型投资相比,价值型投资更具投资效率。

一些其他的研究也证实了这些结论,但其研究的时间更短一些。在1989年1月11日,《华尔街日报》刊登了一份突出的研究成果,该研究由马克·因格纳姆(Marc Reinganum)教授实施,当时他是艾奥瓦大学的教授,现任道富金融集团的资深执行董事。因格纳姆的研究关注1970～1983年的222只股票(这些股票的价格在一个公历年度里涨了两倍)的共同特征。他的一个发现是,这些成功的股票的每股价格都低于每股账面价值。最后,在《纽约证券交易所股票的十分位分组:1967～1974年》(Decile Portfolios of the New York Stock Exchange, 1967—1984)一文中,罗杰·伊博森(Roger Ibbotson)发现,市净率最低的(10%)股票的年复合平均收益率为14.36%,而市净率最高的(10%)股票的年复合平均收益率只有6.06%。

本书也有类似的发现,但是……

在分析"所有股票"投资组合及"大盘股"投资组合在1927～2009年的整个时期内的综合结果时,我们还发现,买入低市净率股票确实有效,但我们同时发现,在某些长的次周期里,低市净率股票(尤其是那些最低的10%的股票)完全不成功。例如,使用我们的数据分析由伊博森在同一时期(1967～1984年)内所做的研究,我们所得到的结论与伊博森的研究结果非常相似。表10-1显示了"所有股票"投资组合按照市净率进行分组（十等分分组）所得到的各组研究结果，第1组（第1个十分位）股票投资组合包含了市净率最低的10%的股票，而第10组（第10个十分位）股票投资组合包含了市净率最高的10%的股票。在这18年的研究期中，这10个分组的年收益率呈依次下降的趋势，市净率最低的股票投资组合的年复合平均收益率为16.6%，然后随着市净率的增加而下降，第9组与第10组投资组合的年复合平均收益率分别为6.54%与6.9%。如表10-1所示，投资者在第8组、第9组与第10组中的收益还不如美国短期国债，后者在相同时期内的收益率为7.43%。

表10-1 对"所有股票"投资组合按市净率进行十分位（10%）分组的分析结果概述（1967年1月1日～1984年12月31日）

十分位（10%）	10 000 美元的投资将增长至（美元）	平均收益率（%）	复合收益率（%）	标准差（%）	夏普比率
1（最高）	158 792	19.03	16.60	20.69	0.56
2	152 607	18.25	16.35	18.33	0.62
3	109 027	15.83	14.19	17.15	0.54
4	77 946	13.78	12.08	17.53	0.40
5	64 544	12.77	10.92	18.40	0.32
6	62 868	12.77	10.75	19.17	0.30
7	47 530	11.15	9.05	19.68	0.21
8	35 503	9.61	7.29	20.76	0.11
9	31 285	9.10	6.54	21.87	0.07
10（最低）	33 246	10.13	6.90	24.47	0.08
"所有股票"投资组合	67 282	13.22	11.17	19.29	0.32

但是，长期分析的结果与这18年的情况并不相符。实际上，稍后我们将看到，根据股票的市净率分析其价值，研究结果凸显了长期数据的重要性，我们应当尽可能地寻找一切可用的期限最长的数据库，因为长期数据库会让我们更好地理解各种投资机会的预期收益情况。

现在，我们有了CRSP数据库及法玛与弗伦奇的市净率价值数据，我们可以据此将研究期限扩展至36年（1927～1963年，即我们所持有的Compustat数据库开始的那一年）。如表10-2所示，市净率最低的一组（前10%）股票实际上是各分组中表现最差的（请记住，账面价值对价格比率最高的股票，就等于市净率最低的股票）。第2组、第3组、第4组股票的表现均好于"所有股票"投资组合，这表明，低市净率股票总体表现得不错，但市净率最低的股票却是一个例外。

表 10-2 对"所有股票"投资组合按市净率进行十分位（10%）分组的分析结果概述
（1927 年 1 月 1 日～1963 年 12 月 31 日）

十分位（10%）	10 000 美元的投资将增长至（美元）	平均收益率（%）	复合收益率（%）	标准差（%）	夏普比率
1（最高）	144 371	14.62	7.48	37.21	0.07
2	317 579	14.41	9.80	29.70	0.16
3	399 400	14.28	10.48	26.70	0.21
4	374 866	13.72	10.29	25.42	0.21
5	317 254	12.87	9.79	23.95	0.20
6	287 508	12.40	9.50	23.04	0.20
7	231 167	11.76	8.86	22.96	0.17
8	248 432	11.65	9.07	21.62	0.19
9	228 206	11.29	8.82	21.07	0.18
10（最低）	169 542	10.55	7.95	21.57	0.14
"所有股票"投资组合	289 901	12.81	9.53	24.62	0.18

在相同的时期内，对法玛与弗伦奇的"大盘股"指数与"小盘股"价值型指数（数据可使用晨星公司的 Encorr 分析师软件获取）的检验结果表明：这两个指数的年复合平均收益率分别为 10.81% 与 11.77%。产生这一结果的原因可能有两个：首先，法玛与弗伦奇的数据中包括了本书中所排除的微型股票。其次，如前所述，法玛与弗伦奇的数据使用的是市净率最低的 30% 的股票（实际上是第 1 组、第 2 组与第 3 组股票的加总）。

我们来看一下低市净率股票投资在第二次世界大战后的表现，如表 10-3 所示。我们又一次看到类似的走势：低市净率股票轻而易举地击败了"所有股票"投资组合及高市净率股票投资组合。就年复合平均收益率而言，第 1 组与第 2 组股票（低市净率股票）的表现比"所有股票"投资组合低 2.35%（或更高）。而第 9 组与第 10 组股票（高市净率股票）的表现比"所有股票"投资组合低 2.33%（或更高）。

表 10-3 对"所有股票"投资组合按市净率进行十分位（10%）分组的分析结果概述
（1946 年 1 月 1 日～2009 年 12 月 31 日）

十分位（10%）	10 000 美元的投资将增长至（美元）	平均收益率（%）	复合收益率（%）	标准差（%）	夏普比率
1（最高）	40 122 085	16.14	13.84	20.12	0.44
2	50 429 660	15.87	14.25	16.84	0.55
3	33 859 330	14.94	13.54	15.70	0.54
4	16 188 434	13.64	12.24	15.72	0.46
5	10 839 492	13.02	11.54	16.21	0.40
6	8 868 366	12.80	11.19	16.92	0.37
7	4 672 115	11.80	10.08	17.52	0.29
8	2 909 845	11.16	9.27	18.45	0.23

(续)

十分位（10%）	10 000 美元的投资将增长至（美元）	平均收益率（%）	复合收益率（%）	标准差（%）	夏普比率
9	2 739 699	11.36	9.17	19.90	0.21
10（最低）	2 326 032	11.64	8.89	22.27	0.17
"所有股票"投资组合	10 561 110	13.25	11.49	17.63	0.37

次周期分析告诉我们的那些事

通过对各种次周期的分析，我们得到了下列3个重要启示。

1）**应对短期的分析结果持保留态度**。如果只参考1967～1984年的数据分析结果，我们就会认为，购买市净率最低的股票是一种非常好的投资方式，但是，如表10-2所示，对1927～1963年的数据进行分析，我们会发现，尽管低市净率股票表现不错，但你还是应该不计一切代价地避开市净率最低的股票，因为这一组股票是这时期内表现最差的。随后，我们又对1926～2009年整个时期进行了检验，发现我们对市净率的看法完全正确，因为我们研究的是最长的时期。

2）**应谨慎使用那些在不同时期内波动较大的价值因素**。稍后我们将看到其他一些价值因素（如回购收益率、股东收益率及价格动量等）的形式并未呈现出如此奇怪的特征，因此，这些价值因素比市净率这样的价值因素具有更好的稳定性。

3）**最好是通过一个综合模型将这些价值因素整合到一起**。这样的话，如果某个单因素指标表现不佳（如"所有股票"中市净率最低的股票投资组合在1926～1963年的表现），那么还可以看其他价值因素（如市盈率、市销率、市现率等），这些价值因素的更好表现将使这一总体估值方法更有效。我们将在第15章重新研究这一方法。

最后，我们还要指出，任何一个价值因素表现极其糟糕的时期都有可能持续相当长一段时间，这有可能掩盖其整体价值。如表10-4所示，我们发现，"所有股票"中市净率最低的股票投资组合的所有损失几乎都发生在大萧条时期。1929～1937年，第1组股票在"所有股票"中市净率最低的10%的股票投资组合每年的实际损失率为6.55%，而第9组股票在"所有股票"中市净率第二高的10%的股票投资组合每年的实际收益率为4.78%。这可能是因为，这些价值型股票被当成了陷入泥潭中的公司的代替品。罗伯特·哈根（Robert Haugen）在其《阴谋效应、流动性、模糊性及股票预期收益横截面分析的偏差》(*The Effects of Intrigue, Liquidity, Imprecision, and Bias on the Cross-Section of Expected Stock Returns*) 一文中写道："他们（法玛与弗伦奇）认为，低市净率（价值型股票）的公司有可能陷入困境。既然如此，对市场来说，这些公司获得高收益也就毫不令人惊讶了。这些价值型股票所获得的高收益可以看成是对投资者在相对危险的金融环境中投资的一种风险补偿。"

表 10-4 对"所有股票"投资组合按市净率进行十分位（10%）分组的分析结果概述（1927年1月1日～1939年12月31日）

十分位（10%）	10 000 美元的投资将增长至（美元）	平均收益率（%）	复合收益率（%）	标准差（%）	夏普比率
1（最高）	4 142	8.16	-6.55	56.69	-0.20
2	12 124	11.34	1.49	45.07	-0.08
3	14 167	10.71	2.72	40.14	-0.06
4	14 623	10.12	2.97	38.07	-0.05
5	15 060	9.56	3.20	35.51	-0.05
6	15 275	9.25	3.31	33.95	-0.05
7	16 392	9.87	3.87	33.74	-0.03
8	17 720	9.78	4.50	31.55	-0.02
9	18 349	9.75	4.78	30.29	-0.01
10（最低）	14 671	7.74	2.99	29.64	-0.07
"所有股票"投资组合	14 126	9.46	2.69	36.50	-0.06

显然，如果可以将低市净率股票视为风险巨大的坏公司的代表，经济的大萧条可能让许多这样的公司破产，也就毫不惊讶了，这也使得低市净率的公司成为这一时期内表现最差的公司。实际上，在最近的市场崩盘中（2007～2009年），低市净率股票的表现呈现出相似的特点，或许是自大萧条以来的第一次，投资者对经济的未来走势极其悲观，低市净率股票的表现也滑入谷底，如表10-5所示。

表 10-5 对"所有股票"投资组合按市净率进行十分位（10%）分组的分析结果概述（2007年5月1日～2009年2月28日）

十分位（10%）	10 000 美元的投资将增长至（美元）	平均收益率（%）	复合收益率（%）	标准差（%）	夏普比率
1（最高）	3 203	-43.59	-46.26	29.65	-1.73
2	4 433	-33.73	-35.83	24.58	-1.66
3	4 763	-31.34	-33.27	23.15	-1.65
4	4 874	-30.46	-32.43	23.27	-1.61
5	4 994	-29.56	-31.53	23.17	-1.58
6	5 001	-29.39	-31.47	23.79	-1.53
7	5 227	-27.72	-29.81	23.53	-1.48
8	5 151	-28.15	-30.36	24.28	-1.46
9	5 184	-27.80	-30.12	24.75	-1.42
10（最低）	4 729	-31.21	-33.53	25.30	-1.52
"所有股票"投资组合	4 618	-32.23	-34.39	24.56	-1.60

全部时期

现在，我们来分析整个研究周期（1926～2009年）内的股票投资结果。"所有股票"中低市净率股票投资组合从1926年12月31日开始，一直持续到2009年12月31日，整整涵盖了83年的数据。如表10-6所示，在整个研究周期内，表现最好的十分位分组是第2组，该组合的年复合平均收益率为12.68%，10 000美元的投资增至200万美元，远高于"所有股票"投资组合的表现。表现最差的十分位分组是第10组，该组合包含了市净率最高的股票。表10-7将第1组、第2组……及第10组股票投资组合与"所有股票"投资组合进行了比对，考虑到数据的持续性，我们将各分组1～10进行排序，尽管第2组的表现好于第1组。

表10-6 对"所有股票"投资组合按市净率进行十分位（10%）分组的分析结果概述
（1927年1月1日～2009年12月31日）

十分位（10%）	10 000美元的投资将增长至（美元）	平均收益率（%）	复合收益率（%）	标准差（%）	夏普比率
1（最高）	74 047 642	15.94	11.33	29.26	0.22
2	200 324 516	15.74	12.68	23.73	0.32
3	149 843 701	14.83	12.28	21.58	0.34
4	66 442 393	13.59	11.19	20.99	0.29
5	41 728 068	12.88	10.57	20.55	0.27
6	31 212 269	12.52	10.18	20.55	0.25
7	15 157 464	11.65	9.22	20.90	0.20
8	10 270 496	11.13	8.71	20.91	0.18
9	8 789 844	11.09	8.51	21.57	0.16
10（最低）	6 440 263	11.09	8.10	23.14	0.13
"所有股票"投资组合	38 542 780	13.06	10.46	21.67	0.25

检验结果

表10-7显示了在"所有股票"投资组合中市净率最低的股票（前10%）上的投资结果。该表还包括了第2组投资组合，以说明即使在长期中，市净率第二低的股票投资组合（10%～20%）的表现也会更好一些。在1926年12月31日，将10 000美元投资在"所有股票"投资组合中市净率最低的股票（前10%）上，到2009年年末，这笔资金将增至7 400万美元，年复合平均收益率达11.33%，比"所有股票"投资组合的收益率高出0.83%，后者的年复合平均收益率为10.46%，10 000美元的

初始投资到期末将增至 3 850 万美元。至于风险（以收益率的标准差衡量），第 1 组投资组合的标准差为 29.26%，远高于"所有股票"投资组合的标准差 21.67%。较高的风险与略高的收益的共同作用，使这一组合的夏普比率为 0.22，而"所有股票"投资组合的夏普比率为 0.25。这表明，在选择低市净率股票时，你应当关注那些市净率第二低的股票投资组合（10%～20%），而不能关注那些市净率最低的股票。第 1 组股票的全部基本比率均为正值，在全部滚动的 5 年期里，市净率最低的股票投资组合战胜"所有股票"投资组合的时间占 66%；而在全部滚动的 10 年期里，市净率最低的股票投资组合战胜"所有股票"投资组合的时间占 77%。表 10-8 显示的是各组合在全部时期内的基本比率。图 10-1 显示了"所有股票"投资组合中市净率最低的股票（前 10%）相对于"所有股票"投资组合的 5 年期滚动年复合平均超额收益率（或超额损失率）。

表 10-7 "所有股票"中市净率最低（前 10%）股票组成的投资组合、市净率第二低（10%～20%）股票组成的投资组合及"所有股票"投资组合的年收益和风险数据统计概要（1927 年 1 月 11 日～2009 年 12 月 31 日）

	由"所有股票"中市净率最低（前 10%）股票组成的投资组合	由"所有股票"中市净率第二低（10%～20%）股票组成的投资组合	"所有股票"投资组合
算术平均值（%）	15.94	15.74	13.06
几何平均值（%）	11.33	12.68	10.46
平均收益（%）	17.51	18.76	18.54
标准差（%）	29.26	23.73	21.67
向上的偏差（%）	23.60	18.47	14.78
向下的偏差（%）	20.75	16.88	16.03
跟踪误差	12.16	7.23	0.00
收益为正的时期数	603	622	606
收益为负的时期数	393	374	390
从最高点到最低点的最大跌幅（%）	−92.09	−89.45	−85.45
贝塔值	1.25	1.04	1.00
T 统计量（$m=0$）	4.63	5.64	5.19
夏普比率（$Rf=5\%$）	0.22	0.32	0.25
索蒂诺比率（$MAR=10\%$）	0.06	0.16	0.03
10 000 美元投资的最终结果（美元）	74 047 642	200 324 516	38 542 780
1 年期最低收益（%）	−78.25	−75.10	−66.72
1 年期最高收益（%）	314.58	292.62	201.69
3 年期最低收益（%）	−55.17	−50.53	−45.99
3 年期最高收益（%）	57.73	54.57	51.03
5 年期最低收益（%）	−34.61	−28.56	−23.07

(续)

	由"所有股票"中市净率最低（前10%）股票组成的投资组合	由"所有股票"中市净率第二低（10%～20%）股票组成的投资组合	"所有股票"投资组合
5年期最高收益（%）	42.38	50.78	41.17
7年期最低收益（%）	−21.07	−10.98	−7.43
7年期最高收益（%）	30.70	28.05	23.77
10年期最低收益（%）	−15.55	−6.43	−5.31
10年期最高收益（%）	28.03	26.71	22.05
预期最低收益[①]（%）	−42.58	−31.73	−30.28
预期最高收益[②]（%）	74.45	63.21	56.39

① 预期最低收益等于收益率的算术平均值减去2倍的标准差。
② 预期最高收益等于收益率的算术平均值加上2倍的标准差。

表10-8 "所有股票"中市净率最低（前10%）股票组成的投资组合及"所有股票"投资组合的基本比率（1927年1月1日～2009年12月31日）

项目	"所有股票"中市净率最低（前10%）股票组成的投资组合战胜"所有股票"投资组合的时间	百分比（%）	年平均超额收益率（%）
1年期收益率	985期中有573期	58	2.73
滚动的3年期复合收益率	961期中有570期	59	1.48
滚动的5年期复合收益率	937期中有617期	66	1.52
滚动的7年期复合收益率	913期中有664期	73	1.55
滚动的10年期复合收益率	877期中有673期	77	1.69

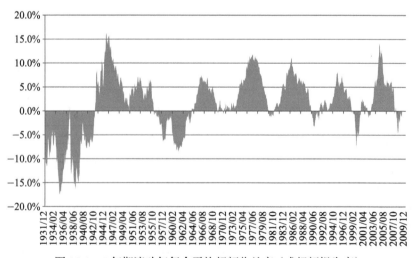

图10-1 5年期滚动年复合平均超额收益率（或超额损失率）

["所有股票"投资组合中市净率最低（前10%）股票的收益率减去"所有股票"投资组合的收益率，1927年1月1日～2009年12月31日]

低市净率"大盘股"投资组合的表现与"所有股票"类似

表10-9显示了"大盘股"投资组合按照市净率进行分组（十分位分组）所得到的各组收益率情况。如我们在"所有股票"投资组合中所见，在全部分组中，第2组投资组合表现最好。但是，为保持连续性，我们主要关注第1组，即"大盘股"中市净率最低的（前10%）股票投资组合。在1926年12月31日将10 000美元投资于低市净率大盘股，到2009年年末，这笔资金将增至4 400万美元，年复合平均收益率为10.63%。这一收益率比"大盘股"投资组合的收益率高出0.94%，在同时期内，将10 000美元投资于"大盘股"投资组合，到2009年年末，这笔资金将增至2 200万美元，年复合平均收益率为9.69%。低市净率大盘股投资组合的风险（以收益率的标准差衡量）更高，其标准差为25.96%，而"大盘股"投资组合的标准差为19.35%。较高的风险与略高收益率的共同作用，使低市净率大盘股组合的夏普比率为0.22，而"大盘股"投资组合的夏普比率为0.24。如表10-10所示，低市净率大盘股投资组合的全部基本比率均为正值，在全部滚动的5年期里，低市净率大盘股投资组合战胜"大盘股"投资组合的时间占71%；而在全部滚动的10年期里，低市净率大盘股投资组合战胜"大盘股"投资组合的时间占83%。图10-2显示了"大盘股"投资组合中市净率最低的股票（前10%）相对于"大盘股"投资组合的5年期滚动年复合平均超额收益率（或超额损失率）。

表10-9 对"大盘股"投资组合按市净率进行十分位（10%）分组的分析结果概述（1927年1月1日～2009年12月31日）

十分位（10%）	10 000美元的投资将增长至（美元）	平均收益率（%）	复合收益率（%）	标准差（%）	夏普比率
1（最高）	43 856 220	14.24	10.63	25.96	0.22
2	56 571 661	13.53	10.97	21.79	0.27
3	36 137 654	12.56	10.37	20.10	0.27
4	32 295 187	12.26	10.22	19.34	0.27
5	17 180 598	11.46	9.39	19.43	0.23
6	15 713 733	11.34	9.27	19.40	0.22
7	18 382 056	11.54	9.48	19.35	0.23
8	14 882 149	11.36	9.20	19.76	0.21
9	7 500 437	10.56	8.30	20.29	0.16
10（最低）	4 728 676	10.22	7.70	21.38	0.13
"大盘股"投资组合	21 617 372	11.75	9.69	19.35	0.24

表 10-10 "大盘股"中市净率最低（前 10%）股票组成的投资组合及"大盘股"投资组合的基本比率（1927 年 1 月 1 日～2009 年 12 月 31 日）

项目	"大盘股"中市净率最低（前 10%）股票组成的投资组合战胜"大盘股"投资组合的时间	百分比（%）	年平均超额收益率（%）
1 年期收益率	985 期中有 569 期	58	2.84
滚动的 3 年期复合收益率	961 期中有 589 期	61	1.67
滚动的 5 年期复合收益率	937 期中有 667 期	71	1.66
滚动的 7 年期复合收益率	913 期中有 707 期	77	1.78
滚动的 10 年期复合收益率	877 期中有 727 期	83	2.02

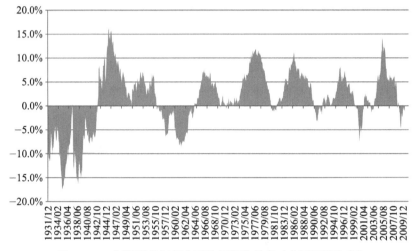

图 10-2　5 年期滚动年复合平均超额收益率（或超额损失率）

["大盘股"投资组合中市净率最低（前 10%）股票的收益率减去"大盘股"投资组合的收益率，1927 年 1 月 1 日～2009 年 12 月 31 日]

最糟糕的情况，最高收益与最低收益

正如我们在本章开头所见，在我们所研究的 84 年中，低市净率股票投资组合经历了某些艰难时刻。对"所有股票"与"大盘股"投资组合来说，最糟糕的情况都发生在 1929 年 8 月～1932 年 5 月，在此期间，"所有股票"中低市净率最低的股票投资组合市值损失了 92%，而低市净率大盘股的损失为 93%。实际上，在整个 84 年里，"所有股票"中低市净率最低的股票投资组合跌幅超过 20% 的次数有 13 次。这一组合表现第二差的时期发生在最近的一次熊市（2007 年 5 月～2009 年 2 月）中，该组合在此期间的跌幅为 69%。表 10-11 显示了"所有股票"中市净率最低的股票投资组合跌幅超过20%的所有情况。低市净率大盘股投资组合跌幅在20%以上的次数为10次，而且，和"所有股票"投资组合一样，它们表现第二差的时期也发生在2007年5月～2009年2月的这次熊市中，该组合在此期间的跌幅为67%。表10-12概括了"大盘股"投资组合的收益率情况。

在考察表10-13与表10-14时，我们发现，从绝对收益率来看，由"所有股票"中市净率最低的股票（前10%）组成的投资组合的最好的5年期收益率发生在截至1946年5月的这一5年期里，在此期间，"所有股票"投资组合中的低市净率股票投资组合的年复合平均收益率为42.38%，期初投资的10 000美元将增至58 512美元。而该组合最差的5年期收益率发生在截至1932年5月的这一5年期里，在此期间，"所有股票"中的低市净率股票投资组合的年复合平均收益率为-34.61%，期初投资的10 000美元将只剩下1 196美元。

表10-11 最糟糕的情况："所有股票"投资组合中市净率最低的股票（前10%）跌幅超过20%的全部数据（1927年1月1日～2009年12月31日）

股市见顶的时间	股市见顶时的指数值	股市见底的时间	股市见底时的指数值	股市复苏的时间	跌幅（%）	下跌持续期（月）	复苏持续期（月）
1929年8月	1.81	1932年5月	0.14	1945年11月	-92.09	33	162
1946年5月	2.19	1947年5月	1.42	1950年4月	-35.28	12	35
1956年3月	8.70	1957年12月	5.98	1958年9月	-31.28	21	9
1959年7月	11.89	1960年10月	9.12	1962年2月	-23.31	15	16
1962年2月	11.96	1962年6月	9.26	1963年3月	-22.56	4	9
1966年2月	26.77	1966年9月	20.33	1967年3月	-24.03	7	6
1968年11月	45.99	1970年6月	25.01	1975年6月	-45.61	19	60
1987年8月	687.27	1987年11月	479.51	1989年1月	-30.23	3	14
1989年8月	867.71	1990年10月	501.08	1992年1月	-42.25	14	15
1998年4月	3 445.35	1998年8月	2 490.25	2001年1月	-27.72	4	29
2001年6月	3 971.13	2001年9月	3 111.64	2002年3月	-21.64	3	6
2002年4月	4 104.00	2002年9月	2 652.83	2003年7月	-35.36	5	10
2007年5月	10 227.81	2009年2月	3 150.42		-69.20	21	
平均值					-38.50	12	30.92

表10-12 最糟糕的情况："大盘股"投资组合中市净率最低的股票（前10%）跌幅超过20%的全部数据（1927年1月1日～2009年12月31日）

股市见顶的时间	股市见顶时的指数值	股市见底的时间	股市见底时的指数值	股市复苏的时间	跌幅（%）	下跌持续期（月）	复苏持续期（月）
1929年8月	1.93	1932年5月	0.14	1946年5月	-92.85	33	168
1946年5月	1.95	1947年5月	1.30	1950年4月	-33.39	12	35
1956年3月	8.29	1957年12月	5.92	1958年8月	-28.55	21	8

(续)

股市见顶的时间	股市见顶时的指数值	股市见底的时间	股市见底时的指数值	股市复苏的时间	跌幅（%）	下跌持续期（月）	复苏持续期（月）
1959年7月	11.68	1960年9月	9.04	1961年8月	−22.63	14	11
1969年1月	34.40	1970年6月	19.76	1972年11月	−42.57	17	29
1972年11月	35.13	1974年9月	25.24	1975年4月	−28.15	22	7
1987年8月	491.83	1987年11月	367.32	1988年10月	−25.32	3	11
1989年8月	667.71	1990年10月	414.92	1991年8月	−37.86	14	10
2001年5月	3 623.29	2002年9月	2 047.84	2004年2月	−43.48	16	17
2007年5月	6 664.50	2009年2月	2 167.83		−67.47	21	
平均值					−42.23	17.3	32.89

表10-13 按月度数据计算得到的最高与最低的年复合平均收益率（1927年1月1日～2009年12月31日）

各投资组合的收益情况	1年期	3年期	5年期	7年期	10年期
"所有股票"投资组合中市净率最低的股票（前10%）的最低复合收益率（%）	−78.25	−55.17	−34.61	−21.07	−15.55
"所有股票"投资组合中市净率最低的股票（前10%）的最高复合收益率（%）	314.58	57.73	42.38	30.70	28.03
"所有股票"投资组合的最低复合收益率（%）	−66.72	−45.99	−23.07	−7.43	−5.31
"所有股票"投资组合的最高复合收益率（%）	201.69	51.03	41.17	23.77	22.05

表10-14 10 000美元按最高与最低的收益率（通过月度数据计算得出）投资所得到的最终价值（1927年1月1日～2009年12月31日）

各投资组合的收益情况	1年期	3年期	5年期	7年期	10年期
投资于"所有股票"投资组合中市净率最低（前10%）股票的10 000美元在最糟糕情况下的最终价值（美元）	2 175	901	1 196	1 908	1 845
投资于"所有股票"投资组合中市净率最低（前10%）股票的10 000美元在最好情况下的最终价值（美元）	41 458	39 243	58 512	65 138	118 330
投资于"所有股票"投资组合的10 000美元在最糟糕情况下的最终价值（美元）	3 328	1 576	2 695	5 825	5 793
投资于"所有股票"投资组合的10 000美元在最好情况下的最终价值（美元）	30 169	34 452	56 062	44 504	73 345

从相对表现来看，由"所有股票"中市净率最低的股票（前10%）组成的投资组合相对"所有股票"投资组合表现最好的5年期收益率发生在截至1946年1月的这个5年期里，在此期间，低市净率股票投资组合的收益率为463.62%，而"所有股票"投资组合的收益率为211.18%，低市净率股票投资组合的相对累计优势达252%。将其转化为年复合平均收益率，低市净率股票投资组合的年复合平均收益率

为 41.32%，而"所有股票"投资组合的年复合平均收益率为 25.49%。

"所有股票"中市净率最低的股票（前 10%）组成的投资组合相对"所有股票"投资组合表现最差的 5 年期收益率发生在截至 1937 年 8 月的这一 5 年期里，在此期间，低市净率股票投资组合的收益率为 65.66%，而"所有股票"投资组合的收益率为 180.6%，低市净率股票投资组合相对"所有股票"投资组合的累计损失为 114.94%。将其转化为年复合平均收益率，低市净率股票投资组合的年复合平均收益率为 10.62%，而"所有股票"投资组合的年复合平均收益率为 22.92%。图 10-1 显示了"所有股票"投资组合中市净率最低的股票（前 10%）相对于"所有股票"投资组合的 5 年期滚动年复合平均超额收益率（或超额损失率），该值也称为这一投资策略所收获的"阿尔法"。

如表 10-15 与表 10-16 所示，你会发现，低市净率大盘股投资组合表现最好的 5 年期收益率发生在截至 1937 年 5 月的这个 5 年期里，在此期间，低市净率大盘股投资组合的年复合平均收益率为 41.36%，期初投资的 10 000 美元将增至 56 442 美元。而该组合最差的 5 年期收益率发生在截至 1932 年 5 月的这一 5 年期里，在此期间，低市净率大盘股投资组合的年复合平均收益率为 −33.65%，期初投资的 10 000 美元将只剩下 1 286 美元。

表 10-15　按月度数据计算得到的最高与最低的年复合平均收益率（1927 年 1 月 1 日～2009 年 12 月 31 日）

各投资组合的收益情况	1 年期	3 年期	5 年期	7 年期	10 年期
"大盘股"投资组合中市净率最低的股票（前 10%）的最低复合收益率（%）	−83.47	−56.45	−33.65	−20.02	−15.27
"大盘股"投资组合中市净率最低的股票（前 10%）的最高复合收益率（%）	285.97	49.80	41.36	28.27	24.64
"大盘股"投资组合的最低复合收益率（%）	−66.63	−43.53	−20.15	−6.95	−5.70
"大盘股"投资组合的最高复合收益率（%）	159.52	45.64	36.26	22.83	19.57

表 10-16　10 000 美元按最高与最低的收益率（通过月度数据计算得出）投资所得到的最终价值（1927 年 1 月 1 日～2009 年 12 月 31 日）

各投资组合的收益情况	1 年期	3 年期	5 年期	7 年期	10 年期
投资于"大盘股"投资组合中市净率最低（前 10%）股票的 10 000 美元在最糟糕情况下的最终价值（美元）	1 653	826	1 286	2 094	1 907
投资于"大盘股"投资组合中市净率最低（前 10%）股票的 10 000 美元在最好情况下的最终价值（美元）	38 597	33 612	56 442	57 119	90 463

(续)

各投资组合的收益情况	1年期	3年期	5年期	7年期	10年期
投资于"大盘股"投资组合的10 000美元在最糟糕情况下的最终价值（美元）	3 337	1 800	3 247	6 041	5 561
投资于"大盘股"投资组合的10 000美元在最好情况下的最终价值（美元）	25 952	30 890	46 970	42 189	59 747

低市净率大盘股投资组合相对于"大盘股"投资组合表现最好的5年期收益率发生在截至1945年5月的这一5年期里，在此期间，低市净率大盘股投资组合的收益率为304%，而"大盘股"投资组合的收益率为117%，低市净率股票投资组合的相对累计优势达187%。将其转化为年复合平均收益率，低市净率大盘股投资组合的年复合平均收益率为32.23%，而"大盘股"投资组合的年复合平均收益率为16.81%。低市净率大盘股投资组合相对于"大盘股"投资组合表现最差的5年期收益率发生在截至1936年9月的这一5年期里，在此期间，低市净率大盘股投资组合的收益率为42%，而"大盘股"投资组合的收益率为126%，低市净率大盘股投资组合相对于"大盘股"投资组合的累计损失率为84%。将其转化为年复合平均收益率，低市净率大盘股投资组合的年复合平均收益率为7.31%，而"大盘股"投资组合的年复合平均收益率为17.7%。图10-2显示了"大盘股"投资组合中市净率最低的股票（前10%）相对于"大盘股"投资组合的5年期滚动年复合平均超额收益率（或超额损失率），该值也被称为这一投资策略所获得的"阿尔法"。

高市净率的股票表现不佳

正如我们已经在"所有股票"与"大盘股"投资组合的十分位分组中所见到的那样，无论在"所有股票"投资组合中，还是在"大盘股"投资组合中，市净率最高的10%（后10%）的股票投资组合的表现都是最差的。我们首先来看一下"所有股票"投资组合。

检验结果

如表10-17所示，在1926年12月31日，将10 000美元投资于市净率最高的10%（后10%）的股票投资组合，这笔资金到2009年12月31日将增至6 440 293美元，年复合平均收益率为8.1%。这笔资金与"所有股票"投资组合上的相同投资所获收益相比，少了将近3 200万美元，"所有股票"投资组合在同时期的收益为3 850万美元，年复合平均收益率为10.46%。"所有股票"中市净率最高的股票组成的投资组合的风险（表示为收益率的标准差）为23.14%，高于"所有股票"投资组合的风险（21.67%的标准差）。在较高的风险与较低收益率的共同作用下，使市净率最高的（后10%）股票投资组合的夏普比率只有0.13，而"所有股票"投资组合的夏普比率为0.25。表10-17显示了相关的统计数据。

"所有股票"中市净率最高的股票投资组合的全部基本比率均为负值，在全部滚动的5年期里，高市净率股票投资组合战胜"所有股票"投资组合的时间只占26%；而在全部滚动的10年期里，高市净率股票投资组合战胜"所有股票"投资组合的时间只有12%。表10-18显示了各持有期内的基本比率。图10-3则显示了"所有股票"投资组合中市净率最高的股票（后10%）相对于"所有股票"投资组合的5年期滚动年复合平均超额收益率（或超额损失率）。

表10-17 "所有股票"中市净率最高（后10%）股票组成的投资组合及"所有股票"投资组合的年收益和风险数据统计概要（1927年1月1日～2009年12月31日）

	由"所有股票"中市净率最高（后10%）股票组成的投资组合	"所有股票"投资组合
算术平均值（%）	11.09	13.06
几何平均值（%）	8.10	10.46
平均收益（%）	15.63	18.54
标准差（%）	23.14	21.67
向上的偏差（%）	14.26	14.78
向下的偏差（%）	17.44	16.03
跟踪误差	9.63	0.00
收益为正的时期数	596	606
收益为负的时期数	400	390
从最高点到最低点的最大跌幅（%）	−83.37	−85.45
贝塔值	0.97	1.00
T统计量（$m=0$）	4.16	5.19
夏普比率（$Rf=5\%$）	0.13	0.25
索蒂诺比率（$MAR=10\%$）	−0.11	0.03
10 000美元投资的最终结果（美元）	6 440 263	38 542 780
1年期最低收益（%）	−59.59	−66.72
1年期最高收益（%）	124.23	201.69
3年期最低收益（%）	−44.02	−45.99
3年期最高收益（%）	50.10	51.03
5年期最低收益（%）	−18.83	−23.07

(续)

	由"所有股票"中市净率最高（后10%）股票组成的投资组合	"所有股票"投资组合
5年期最高收益（%）	37.16	41.17
7年期最低收益（%）	-8.95	-7.43
7年期最高收益（%）	28.34	23.77
10年期最低收益（%）	-6.28	-5.31
10年期最高收益（%）	24.07	22.05
预期最低收益①（%）	-35.20	-30.28
预期最高收益②（%）	57.38	56.39

① 预期最低收益等于收益率的算术平均值减去2倍的标准差。
② 预期最高收益等于收益率的算术平均值加上2倍的标准差。

表10-18 "所有股票"投资组合中市净率最高的股票（后10%）组成的投资组合及"所有股票"投资组合的基本比率（1927年1月1日～2009年12月31日）

项目	"所有股票"投资组合中市净率最高的股票（后10%）组成的投资组合战胜"所有股票"投资组合的时间	百分比（%）	年平均超额收益率（%）
1年期收益率	985期中有423期	43	-1.85
滚动的3年期复合收益率	961期中有290期	30	-2.46
滚动的5年期复合收益率	937期中有243期	26	-2.60
滚动的7年期复合收益率	913期中有159期	17	-2.64
滚动的10年期复合收益率	877期中有103期	12	-2.55

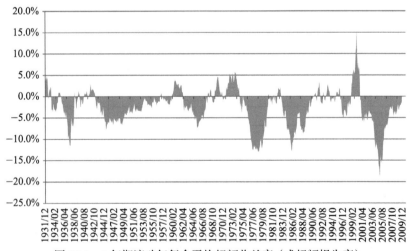

图10-3 5年期滚动年复合平均超额收益率（或超额损失率）

["所有股票"投资组合中市净率最高（后10%）股票的收益率减去"所有股票"投资组合的收益率，1927年1月1日～2009年12月31日]

高市净率"大盘股"投资组合同样表现不佳

高市净率大盘股投资组合的表现也好不到哪里去，如果于 1926 年 12 月 31 日在这一组合中投资 10 000 美元，到 2009 年年末，这笔投资将增至 4 728 676 美元，年复合平均收益率为 7.7%。这笔资金的数额比"大盘股"投资组合收益少了 1 700 万美元，后者在同时期的收益为 2 160 万美元，年复合平均收益率为 9.69%。高市净率大盘股投资组合收益率的标准差为 21.38%，高于"大盘股"投资组合同时期的标准差 19.35%。在较高的风险与非常低的收益率的共同作用下，高市净率大盘股投资组合的夏普比率只有 0.13，而"大盘股"投资组合的夏普比率为 0.24。表 10-19 显示了所有相关统计数据。高市净率大盘股投资组合的全部基本比率均为负值，在全部滚动的 5 年期里，高市净率大盘股投资组合战胜"大盘股"投资组合的时间占 32%；而在全部滚动的 10 年期里，高市净率大盘股投资组合战胜"大盘股"投资组合的时间占 18%。表 10-20 显示了全部持有期的基本比率。图 10-4 显示了"大盘股"投资组合中市净率最高的股票（前 10%）⊖相对于"大盘股"投资组合的 5 年期滚动年复合平均超额收益率（或超额损失率）。

表 10-19 "大盘股"中市净率最高的股票（后 10%）组成的投资组合及"大盘股"投资组合的年收益和风险数据统计概要（1927 年 1 月 1 日～2009 年 12 月 31 日）

	由"大盘股"中市净率最高的股票（后 10%）组成的投资组合	"大盘股"投资组合
算术平均值（%）	10.22	11.75
几何平均值（%）	7.70	9.69
平均收益（%）	14.35	16.75
标准差（%）	21.38	19.35
向上的偏差（%）	13.68	13.10
向下的偏差（%）	15.86	14.40
跟踪误差	10.23	0.00
收益为正的时期数	581	609
收益为负的时期数	415	387
从最高点到最低点的最大跌幅（%）	-83.70	-84.33
贝塔值	0.97	1.00
T 统计量（$m=0$）	4.16	5.25
夏普比率（$Rf=5\%$）	0.13	0.24
索蒂诺比率（$MAR=10\%$）	-0.14	-0.02
10 000 美元投资的最终结果（美元）	4 728 676	21 617 372
1 年期最低收益（%）	-62.21	-66.63

⊖ 原文如此，疑为后 10% 之误。——译者注

(续)

	由"大盘股"中市净率最高的股票（后10%）组成的投资组合	"大盘股"投资组合
1年期最高收益（%）	100.70	159.52
3年期最低收益（%）	−44.40	−43.53
3年期最高收益（%）	53.03	45.64
5年期最低收益（%）	−21.48	−20.15
5年期最高收益（%）	38.92	36.26
7年期最低收益（%）	−11.37	−6.95
7年期最高收益（%）	29.33	22.83
10年期最低收益（%）	−7.65	−5.70
10年期最高收益（%）	25.98	19.57
预期最低收益①（%）	−32.55	−26.96
预期最高收益②（%）	52.99	50.46

① 预期最低收益等于收益率的算术平均值减去2倍的标准差。
② 预期最高收益等于收益率的算术平均值加上2倍的标准差。

表10-20 "大盘股"投资组合中市净率最高的股票（后10%）组成的投资组合及"大盘股"投资组合的基本比率（1927年1月1日～2009年12月31日）

项目	"大盘股"投资组合中市净率最高的股票（后10%）组成的投资组合战胜"大盘股"投资组合的时间	百分比（%）	年平均超额收益率（%）
1年期收益率	985期中有427期	43	−1.40
滚动的3年期复合收益率	961期中有355期	37	−1.85
滚动的5年期复合收益率	937期中有301期	32	−1.92
滚动的7年期复合收益率	913期中有195期	21	−1.96
滚动的10年期复合收益率	877期中有160期	18	−1.88

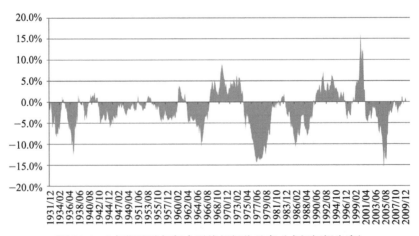

图10-4 5年期滚动年复合平均超额收益率（或超额损失率）

["大盘股"投资组合中市净率最高（后10%）股票的收益率减去"大盘股"投资组合的收益率，1927年1月1日～2009年12月31日]

最糟糕的情况，最高收益与最低收益

"所有股票"中市净率最高的股票投资组合跌幅在20%以上的次数为14次。跌幅最大的一次发生在1929～1932年，在此期间，该组合跌幅达83.37%。第二大跌幅发生在2002年2月～2002年9月的熊市中，在此期间，该组合跌幅达73.67%，而且在（第1版）写作时，也没有从这次下跌中恢复过来。表10-21显示了该组合所有跌幅超过20%的情况。

从绝对收益率的角度来看，"所有股票"中的高市净率股票投资组合表现最好的5年期是截至2000年2月的那个5年期，在此期间，该组合的年复合平均收益率为37.16%，10 000美元的初始投资将在5年末增至48 545美元。最差的5年期则发生在截至1934年7月的5年期里，该组合在此期间的年复合平均收益率为-18.83%，10 000美元的初始投资将跌至3 524美元，如表10-22、表10-23所示。

表10-21 最糟糕的情况："所有股票"投资组合中市净率最高的股票（后10%）跌幅超过20%的全部数据（1927年1月1日～2009年12月31日）

股市见顶的时间	股市见顶时的指数值	股市见底的时间	股市见底时的指数值	股市复苏的时间	跌幅（%）	下跌持续期（月）	复苏持续期（月）
1929年8月	2.44	1932年5月	0.41	1945年10月	-83.37	33	161
1946年5月	3.27	1948年11月	2.27	1950年5月	-30.52	30	18
1957年7月	10.09	1957年12月	7.88	1958年8月	-21.90	5	8
1961年11月	20.41	1962年10月	12.06	1965年9月	-40.92	11	35
1966年4月	25.77	1966年10月	20.55	1967年1月	-20.26	6	3
1968年12月	42.59	1970年6月	24.00	1972年1月	-43.64	18	19
1972年5月	52.13	1974年9月	19.55	1980年1月	-62.50	28	64
1980年11月	89.55	1982年7月	54.33	1983年1月	-39.33	20	6
1983年6月	121.55	1984年7月	76.03	1986年4月	-37.45	13	21
1987年8月	163.87	1987年11月	102.29	1989年8月	-37.58	3	21
1990年6月	172.47	1990年10月	127.83	1991年2月	-25.88	4	4
1996年5月	473.89	1997年4月	354.03	1997年9月	-25.29	11	5
1998年4月	548.69	1998年8月	394.82	1998年12月	-28.04	4	4
2000年2月	1324.42	2002年9月	348.69		-73.67	31	
平均值					-40.74	15.5	28.38

表10-22 按月度数据计算得到的最高与最低的年复合平均收益率（1927年1月1日～2009年12月31日）

各投资组合的收益情况	1年期	3年期	5年期	7年期	10年期
"所有股票"投资组合中市净率最高的股票（后10%）的最低复合收益率（%）	-59.59	-44.02	-18.83	-8.95	-6.28

(续)

各投资组合的收益情况	1年期	3年期	5年期	7年期	10年期
"所有股票"投资组合中市净率最高的股票（后10%）的最高复合收益率（%）	124.23	50.10	37.16	28.34	24.07
"所有股票"投资组合的最低复合收益率（%）	-66.72	-45.99	-23.07	-7.43	-5.31
"所有股票"投资组合的最高复合收益率（%）	201.69	51.03	41.17	23.77	22.05

表10-23 10 000美元按最高与最低的收益率（通过月度数据计算得出）投资所得到的最终价值（1927年1月1日～2009年12月31日）

各投资组合的收益情况	1年期	3年期	5年期	7年期	10年期
投资于"所有股票"投资组合中市净率最高（后10%）股票的10 000美元在最糟糕情况下的最终价值（美元）	4 041	1 754	3 524	5 188	5 229
投资于"所有股票"投资组合中市净率最高（后10%）股票的10 000美元在最好情况下的最终价值（美元）	22 423	33 820	48 545	57 345	86 454
投资于"所有股票"投资组合的10 000美元在最糟糕情况下的最终价值（美元）	3 328	1 576	2 695	5 825	5 793
投资于"所有股票"投资组合的10 000美元在最好情况下的最终价值（美元）	30 169	34 452	56 062	44 504	73 345

从相对收益的角度来看，"所有股票"中的高市净率股票投资组合表现最好的5年期是截至2000年2月的那个5年期，在此期间，该组合的累计收益率为385.45%，而"所有股票"投资组合的累计收益率为172.3%，高市净率股票投资组合的相对优势达213.15%。从年复合平均收益率的角度来看，"所有股票"中的高市净率股票投资组合的年复合平均收益率为37.16%，而"所有股票"投资组合的年复合平均收益率为22.18%。

从累计收益的角度来看，"所有股票"中的高市净率股票投资组合表现最差的5年期为截至1937年5月的5年期，该组合在此期间的累计收益率为266.98%，而"所有股票"投资组合的累计收益率为460.62%，高市净率股票投资组合的相对累计优势达193.64%。就年复合平均收益率而言，高市净率股票投资组合的年复合平均收益率为29.7%，而"所有股票"投资组合的年复合平均收益率为41.17%。图10-3显示了"所有股票"投资组合中市净率最高（后10%）股票相对于"所有股票"投资组合的5年期滚动年复合平均超额收益率（或超额损失率）。

"大盘股"投资组合

1926～2009年，"所有股票"中市净率最高10%的股票投资组合的跌幅超过

20%的次数为10次。最大的一次跌幅发生在1929～1932年的熊市中，在此期间，高市净率大盘股投资组合的跌幅达83.7%，与"所有股票"投资组合中的表现一样，该组合第二大跌幅发生在2002年2～9月的熊市中，在此期间，该组合跌幅达70.7%。而且，高市净率大盘股投资组合也与其在"所有股票"投资组合中的表现一样，没有从这次下跌中恢复过来。表10-24显示了高市净率大盘股投资组合跌幅在20%以上的所有结果。

对高市净率"大盘股"投资组合而言，最好的5年期绝对收益率发生于截至2000年2月的那个5年期里，该组合在此期间的年复合平均收益率为38.92%，10 000美元的初始投资将增至51 747美元。最差的5年期绝对收益率发生于截至1933年3月的那个5年期里，该组合在此期间的年复合平均收益率为-21.48%，10 000美元的初始投资将只剩下2 985美元，如表10-25、表10-26所示。

表10-24 最糟糕的情况："大盘股"投资组合中市净率最高的股票（后10%）跌幅超过20%的全部数据（1927年1月1日～2009年12月31日）

股市见顶的时间	股市见顶时的指数值	股市见底的时间	股市见底时的指数值	股市复苏的时间	跌幅（%）	下跌持续期（月）	复苏持续期（月）
1929年8月	2.07	1932年6月	0.34	1949年12月	-83.70	34	210
1957年7月	6.75	1957年12月	5.21	1958年9月	-22.86	5	9
1961年11月	11.76	1962年10月	7.11	1965年8月	-39.58	11	34
1969年12月	21.51	1970年6月	15.13	1971年3月	-29.66	6	9
1972年12月	30.88	1974年9月	11.92	1980年9月	-61.41	21	72
1980年11月	37.32	1982年7月	23.71	1983年2月	-36.47	20	7
1983年6月	48.36	1984年5月	32.42	1986年3月	-32.96	11	22
1987年8月	78.13	1987年11月	51.52	1989年7月	-34.05	3	20
1998年6月	349.36	1998年8月	278.94	1998年11月	-20.16	2	3
2000年2月	809.32	2002年9月	237.15		-70.70	31	
平均值					-43.15	14.4	42.89

表10-25 按月度数据计算得到的最高与最低的年复合平均收益率（1927年1月1日～2009年12月31日）

各投资组合的收益情况	1年期	3年期	5年期	7年期	10年期
"大盘股"投资组合中市净率最高的股票（后10%）的最低复合收益率（%）	-62.21	-44.40	-21.48	-11.37	-7.65
"大盘股"投资组合中市净率最高的股票（后10%）的最高复合收益率（%）	100.70	53.03	38.92	29.33	25.98
"大盘股"投资组合的最低复合收益率（%）	-66.72	-45.99	-23.07	-7.43	-5.31
"大盘股"投资组合的最高复合收益率（%）	201.69	51.03	41.17	23.77	22.05

表 10-26　10 000 美元按最高与最低的收益率（通过月度数据计算得出）投资所得到的最终价值（1927 年 1 月 1 日～2009 年 12 月 31 日）

各投资组合的收益情况	1 年期	3 年期	5 年期	7 年期	10 年期
投资于"大盘股"投资组合中市净率最高（后 10%）股票的 10 000 美元在最糟糕情况下的最终价值（美元）	3 779	1 719	2 985	4 297	4 511
投资于"大盘股"投资组合中市净率最高（后 10%）股票的 10 000 美元在最好情况下的最终价值（美元）	20 070	35 839	51 747	60 509	100 730
投资于"大盘股"投资组合的 10 000 美元在最糟糕情况下的最终价值（美元）	3 337	1 800	3 247	6 041	5 561
投资于"大盘股"投资组合的 10 000 美元在最好情况下的最终价值（美元）	25 952	30 890	46 970	42 189	59 747

"大盘股"中的高市净率大盘股投资组合相对于"大盘股"投资组合表现最好的 5 年期是截至 2000 年 2 月的那个 5 年期，在此期间，该组合的累计收益率为 417.47%，而"大盘股"投资组合的累计收益率为 179.9%，高市净率大盘股投资组合的相对累计优势达 237.57%。从年复合平均收益率的角度看，高市净率大盘股投资组合的年复合平均收益率为 38.92%，而"大盘股"投资组合的年复合平均收益率为 22.18%。

"大盘股"中的高市净率大盘股投资组合相对于"大盘股"投资组合表现最差的 5 年期为截至 1937 年 5 月的那个 5 年期，该组合在此期间累计收益率为 196.49%，而"大盘股"投资组合的累计收益率为 369.71%，高市净率大盘股投资组合的相对累计损失率为 137.22%。从年复合平均收益率的角度看，高市净率大盘股投资组合的年复合平均收益率为 24.28%，而"大盘股"投资组合的年复合平均收益率为 41.17%。图 10-4 显示了"大盘股"投资组合中市净率最高（后 10%）股票相对于"大盘股"投资组合的 5 年期滚动年复合平均超额收益率（或超额损失率）。

对投资者的启示

和我们之前对"所有股票"与"大盘股"投资组合所进行的十分位分组检验一样，第 2 组与第 3 组（那些市净率排名第二低与第三低的投资组合）的表现明显好于第 1 组——市净率最低 10% 的股票投资组合（见图 10-5、图 10-6）。1926～2009 年，第 2 组投资组合的年复合平均收益率为 12.71%，第 2 组与第 3 组投资组合的基本比率也更高，在全部的滚动 5 年期里，第 2 组投资组合战胜"所有股票"投资组合的时间占79%；在全部的滚动10年期里，第2组投资组合战胜"所有股票"投资组合的时间占87%。而在全部的滚动5年期里，第3组投资组合战胜"所有股票"投资组合的时间占78%；在全部的滚动10年期里，第3组投资组合战胜"所有股票"投资组合的时间占93%。这两组投资组合的基本比率也明显高于第1组投资组合的基本比率。如表10-4所示，第2组与第3组分组的大部分有时都来自于1926～1933年这一时期，在此期间，第1组投资组合（即市净率最低的股票投资组合）的损失远远超过了第2组与第3组投资组合。股市崩盘与大萧条对风险最高的股票打击最大，很多公司的股票最后都以破产而告终。然而，现在我们仍然有必要重新审视这些数据。最近（2007～2009年）发生的股市崩盘表明，投资者所显示出的恐慌状态与80年前毫无二致，他们在那些风险较大的股票上遭受了极大的损失。表10-27与表10-28概括了"所有股票"与"大盘股"中高市净率股票与低市净率股票投资组合在各个10年期内的收益情况。我们获取的数据越多，学到的东西也就越多。下面我们就根据市净率进行选股，看看我们从过去的84年里学到了哪些东西：

◎ 当心那些研究时间较短的数据。例如，在其《纽约证券交易所股票的十分位分组：1967—1974年》中，罗杰·伊博森（Roger Ibbotson）发现，市净率最低的（10%）股票的年复合平均收益率为14.36%，而市净率最高的（10%）股票的年复合平均收益率仅有6.06%。但这一结论仅仅根据18年的研究数据而得出，这样小的数据库妨碍了我们得出真正的结论，使我们无法了解投资策略的真实效果。

表10-27 "所有股票"投资组合按10年期划分的年复合平均收益率

	20世纪20年代①	20世纪30年代	20世纪40年代	20世纪50年代	20世纪60年代	20世纪70年代	20世纪80年代	20世纪90年代	21世纪第1个10年②
"所有股票"投资组合中市销率最低（排名前10%）的股票（%）	9.79	-10.97	17.34	18.53	11.34	13.29	21.25	14.68	9.12
"所有股票"投资组合中市销率最高（排名后10%）的股票（%）	13.26	0.10	7.31	17.38	10.27	2.84	12.31	20.31	-4.79
"所有股票"投资组合（%）	12.33	-0.03	11.57	18.07	10.72	7.56	16.78	15.35	4.39

① 1927年1月1日～1929年12月31日的收益。
② 2000年1月1日～2009年12月31日的收益。

表 10-28 "大盘股"投资组合按 10 年期划分的年复合平均收益率

	20世纪20年代①	20世纪30年代	20世纪40年代	20世纪50年代	20世纪60年代	20世纪70年代	20世纪80年代	20世纪90年代	21世纪第1个10年②
"大盘股"投资组合中市销率最低（排名前10%）的股票（%）	17.17	-11.63	14.45	19.77	8.84	12.71	22.07	15.67	5.12
"大盘股"投资组合中市销率最高（排名后10%）的股票（%）	8.38	-2.13	7.45	15.42	9.31	0.26	14.39	22.78	-3.27
"大盘股"投资组合（%）	17.73	-1.05	9.65	17.06	8.31	6.65	17.34	16.38	2.42

① 1927 年 1 月 1 日～1969 年 12 月 31 日的收益。
② 2000 年 1 月 1 日～2009 年 12 月 31 日的收益。

◎ 某个价值因素绝对排名最低的分组表现的不一定最好。我们在本书这一版（第 4 版）中转而采用十分位分组分析的一个原因在于：分析排名最高与排名最低的 50 只股票可能过于严格。在本章中，我们发现市净率排名第二低与第三低的投资组合收益最高。我们有必要对每个价值因素进行十分位分组分析，以确定各分组的收益率走势是否一致。

◎ 由于市净率最低的 10% 的股票投资组合的收益率在 20 世纪二三十年代之间发生了偏离，对该组合 1926～1963 年的分析表明，买入低市净率股票投资组合无法战胜"所有股票"投资组合。在对数据进行深入发掘之后，我们发现这一结果出现的原因在于该组合在 20 世纪 30 年代遭遇到的巨大损失。这也提醒我们，一定要尽可能的深层次发掘数据。

◎ 最后，市净率分析凸显出依赖于单因素指标的危险。如果你在 1963 年进行一项研究，研究时间段为 1926～1963 年，你会得出结论：市净率这一指标极不规律，市净率最低的股票（前 10%）及市净率最高的股票（后 10%）的表现都不如"所有股票"投资组合。1926～1963 年，投资于"所有股票"投资组合的年收益率为 9.43%，而投资于市净率最低的 10% 的股票投资组合的年收益率只有 7.41%，但市净率最高的 10% 的股票投资组合的年收益率却有 7.71%。只有采用适当的数据周期，才能揭示出市净率的这种不规律性。这也证明了分析多种价值因素的重要性，我们将在第 15 章对此进行分析。最后，图 10-5 与图 10-6 回顾了"所有股票"与"大盘股"投资组合收益率的十分位分析结果。

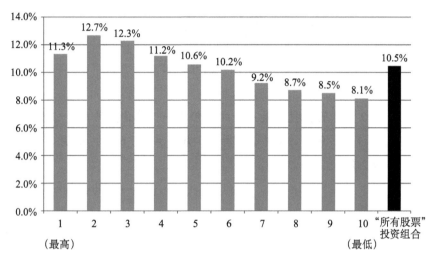

图 10-5 "所有股票"投资组合的年复合平均收益率

（按市净率的十分位进行平均分组，1927 年 1 月 1 日～2009 年 12 月 31 日）

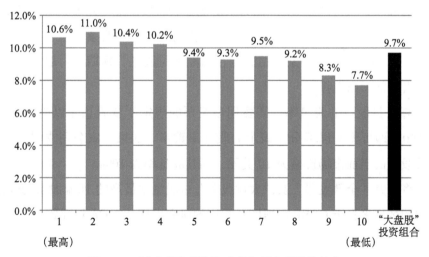

图 10-6 "大盘股"投资组合的年复合平均收益率

（按市净率的十分位进行平均分组，1927 年 1 月 1 日～2009 年 12 月 31 日）

现在，我们将目光转向股息收益率，看看我们将怎样用这一指标分析股票的发展前景。

| 第 11 章 |

股息率
购买一种收入

10 月是股票投机最危险的月份之一；其他危险的月份有 7 月、1 月、9 月、4 月、11 月、5 月、3 月、6 月、12 月、8 月和 2 月。

——马克·吐温

那些认为在所有月份里进行股票投机都"十分危险"的投资者，常常想从那些高股息率的股票中获得"救赎"。因为从历史上看，股息经常占股票总收益的一半以上，所以，这些投资者认为把精力集中于寻找高股息率的股票是明智的。此外，操纵股息是不可能的，因为一家公司只能在当期支付股息、延期支付股息、取消支付股息这三者之间做出选择。

要计算一只股票的股息率，需要用该股票的规定年度股息除以当前市场价格，再乘以 100，即可得到以百分比表示的股息率数字。如果一家公司支付 1 美元的股息，而其股票的当前市场价格为 10 美元，则其股息率为 10%。

我们将研究"全部股票"及"大盘股票"中股息率最高的 10% 股票的收益情况。由于使用的数据来自于 CRSP 数据库，我们的研究可以从 1926 年开始。

检验结果

如表 11-1 所示，在 1926 年 12 月 31 日，将 10 000 美元投资在"所有股票"投资组合中股息率最高的 10% 的股票上，到 2009 年年末，这笔资金将增至 102 331 244

美元，年复合平均收益率达 11.77%。这一收益比"所有股票"投资组合高出了 6 300 万美元，在"所有股票"投资组合上投资的 10 000 美元将增至 3 850 万美元，年复合平均收益率为 10.46%。至于风险（以收益率的标准差衡量），股息率最高股票投资组合的标准差为 20.15%，低于"所有股票"投资组合的标准差 21.67%。这种投资策略的夏普比率高于"所有股票"投资组合的夏普比率，原因在于，它能以更小的风险获得更高的收益。"所有股票"投资组合中股息率最高的 10% 的股票投资组合的夏普比率为 0.34，而"所有股票"投资组合的夏普比率为 0.25。如表 11-2 所示，高股息率股票投资组合的所有基本比率均为正值，在全部滚动的 5 年期里，高股息率股票投资组合战胜"所有股票"投资组合的时间占 67%；而在全部滚动的 10 年期里，高股息率股票投资组合战胜"所有股票"投资组合的时间占 75%。

表 11-1 "所有股票"中股息率最高的（前 10%）股票组成的投资组合及"所有股票"投资组合的年收益和风险数据统计概要（1927 年 1 月 1 日～2009 年 12 月 31 日）

	由"所有股票"中股息率最高（前 10%）股票组成的投资组合	"所有股票"投资组合
算术平均值（%）	14.00	13.06
几何平均值（%）	11.77	10.46
平均收益（%）	17.23	18.54
标准差（%）	20.15	21.67
向上的偏差（%）	15.15	14.78
向下的偏差（%）	15.91	16.03
跟踪误差	9.29	0.00
收益为正的时期数	638	606
收益为负的时期数	358	390
从最高点到最低点的最大跌幅（%）	-90.03	-85.45
贝塔值	0.84	1.00
T 统计量（$m=0$）	5.96	5.19
夏普比率（$Rf=5\%$）	0.34	0.25
索蒂诺比率（$MAR=10\%$）	0.11	0.03
10 000 美元投资的最终结果（美元）	102 331 244	38 542 780
1 年期最低收益（%）	-74.39	-66.72
1 年期最高收益（%）	214.52	201.69
3 年期最低收益（%）	-51.80	-45.99
3 年期最高收益（%）	58.05	51.03
5 年期最低收益（%）	-29.24	-23.07
5 年期最高收益（%）	44.41	41.17
7 年期最低收益（%）	-10.39	-7.43
7 年期最高收益（%）	27.58	23.77

(续)

	由"所有股票"中股息率最高（前10%）股票组成的投资组合	"所有股票"投资组合
10年期最低收益（%）	−7.84	−5.31
10年期最高收益（%）	22.60	22.05
预期最低收益①（%）	−26.29	−30.28
预期最高收益②（%）	54.30	56.39

① 预期最低收益等于收益率的算术平均值减去2倍的标准差。
② 预期最高收益等于收益率的算术平均值加上2倍的标准差。

从下行风险看，在全部1年期、3年期、5年期、7年期及10年期中，高股息率股票投资组合的跌幅都超过了"所有股票"投资组合。例如，高股息率股票投资组合的最小的3年期收益率为年损失率51.8%，与之相比，"所有股票"投资组合的年损失率为45.99%。即使我们将时间扩展至10年期，高股息率股票投资组合的最小的10年期收益率为年损失7.84%，而"所有股票"投资组合的年损失率为5.31%。在对该组合进行十分位分组分析时，我们会发现，"所有股票"中股息率最高的10%的股票投资组合的表现不如第2组、第3组及第4组分组，这表明，股息率最高的股票投资组合或许有着其他股票（那些股息支付水平也高于平均水平的股票）所不具备的风险。

例如，表现最好的十分位分组是第3组，1926年12月31日，在这一投资组合上投资的10 000美元，在2009年年末将增至1.45亿美元，年复合平均收益率达12.23%。在"所有股票"中股息率第三高的十分位投资组合的风险也非常小，该组合收益率的标准差为18.71%。在全部滚动的计算周期（1～10年期）内，这一组合的最低收益率也是最好的。表11-1与表11-2回顾了所有的统计数据概要。图11-1显示了"所有股票"投资组合中股息率最高股票（前10%）的投资组合相对于"所有股票"投资组合的5年期滚动年复合平均超额收益率（或超额损失率）。

表11-2 "所有股票"中股息率最高（前10%）股票组成的投资组合及"所有股票"投资组合的基本比率（1927年1月1日～2009年12月31日）

项目	"所有股票"中股息率最高（前10%）股票组成的投资组合战胜"所有股票"投资组合的时间	百分比（%）	年平均超额收益率（%）
1年期收益率	985期中有535期	54	1.21
滚动的3年期复合收益率	961期中有611期	64	1.50
滚动的5年期复合收益率	937期中有628期	67	1.49
滚动的7年期复合收益率	913期中有610期	67	1.57
滚动的10年期复合收益率	877期中有659期	75	1.59

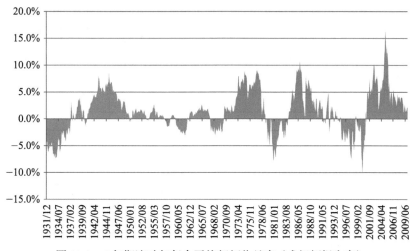

图 11-1　5 年期滚动年复合平均超额收益率（或超额损失率）

["所有股票"投资组合中股息率最高（前 10%）股票的收益率减去"所有股票"投资组合的收益率，1927 年 1 月 1 日～2009 年 12 月 31 日]

高股息率"大盘股"投资组合

1926 年 12 月 31 日，将 10 000 美元投资于股息率最高 10% 的"大盘股"投资组合，到 2009 年年末，这笔资金将增至 51 678 232 美元，年复合平均收益率为 10.85%。这一收益率比"大盘股"投资组合高出 1.16%，后者的年复合平均收益率为 9.69%。在同时期内，将 10 000 美元投资于"大盘股"投资组合，到 2009 年年末，这笔资金将增至 21 617 372 美元。高股息率大盘股投资组合收益率的标准差为 19.36%，与"大盘股"投资组合的标准差 19.35% 几乎不相上下。再加上较高的绝对收益率，使得高股息率大盘股投资组合具有较高的夏普比率 0.3。在较短的持有期内，高股息率大盘股投资组合的绝对损失超过"大盘股"投资组合，但其绝对收益也比较高。如果你的持股时间达到 10 年或更长，就下跌风险而言，高股息率大盘股投资组合将比"大盘股"投资组合能提供更好的保护；就上涨空间来说，高股息率大盘股投资组合还可以提供更大的最高收益率。表 11-3 显示了这两组投资组合在 1926 ～ 2009 年间的相关分析结果。

表 11-3 "大盘股"中股息率最高的（前 10%）股票组成的投资组合及"大盘股"投资组合的年收益和风险数据统计概要（1927 年 1 月 1 日～2009 年 12 月 31 日）

	由"大盘股"中股息率最高（前 10%）股票组成的投资组合	"大盘股"投资组合
算术平均值（%）	12.90	11.75
几何平均值（%）	10.85	9.69
平均收益（%）	13.89	6.75
标准差（%）	19.36	19.35
向上的偏差（%）	14.57	13.10
向下的偏差（%）	14.45	14.40
跟踪误差	9.29	0.00
收益为正的时期数	605	609
收益为负的时期数	391	387
从最高点到最低点的最大跌幅（%）	−88.81	−84.33
贝塔值	0.89	1.00
T 统计量（$m=0$）	5.74	5.25
夏普比率（$Rf=5\%$）	0.30	0.24
索蒂诺比率（$MAR=10\%$）	0.06	−0.02
10 000 美元投资的最终结果（美元）	51 678 232	21 617 372
1 年期最低收益（%）	−73.79	−66.63
1 年期最高收益（%）	241.44	159.52
3 年期最低收益（%）	−50.25	−43.53
3 年期最高收益（%）	57.13	45.64
5 年期最低收益（%）	−27.58	−20.15
5 年期最高收益（%）	44.16	36.26
7 年期最低收益（%）	−9.53	−6.95
7 年期最高收益（%）	27.31	22.83
10 年期最低收益（%）	−5.64	−5.70
10 年期最高收益（%）	22.25	19.57
预期最低收益[①]（%）	−25.83	−26.96
预期最高收益[②]（%）	51.62	50.46

① 预期最低收益等于收益率的算术平均值减去 2 倍的标准差。
② 预期最高收益等于收益率的算术平均值加上 2 倍的标准差。

表 11-4 "大盘股"中股息率最高（前 10%）股票组成的投资组合及"大盘股"投资组合的基本比率（1927 年 1 月 1 日～2009 年 12 月 31 日）

项目	"大盘股"中股息率最高（前 10%）股票组成的投资组合战胜"大盘股"投资组合的时间	百分比（%）	年平均超额收益率（%）
1 年期收益率	985 期中有 513 期	52	1.50
滚动的 3 年期复合收益率	961 期中有 611 期	64	1.35

（续）

项目	"大盘股"中股息率最高（前10%）股票组成的投资组合战胜"大盘股"投资组合的时间	百分比（%）	年平均超额收益率（%）
滚动的5年期复合收益率	937期中有652期	70	1.42
滚动的7年期复合收益率	913期中有670期	73	1.49
滚动的10年期复合收益率	877期中有713期	81	1.45

当我们在"大盘股"投资组合中应用高股息率投资策略时，这一投资策略具有更好的持续性。在全部的滚动10年期里，"大盘股"中股息率最高10%的股票投资组合战胜"大盘股"投资组合的时间占81%。表11-4比较了该组合与"大盘股"投资组合间的基本比率。与我们在"所有股票"投资组合中看到的一样，"大盘股"投资组合中的高股息率投资组合实际表现最好的十分位投资组合也是第3组，这意味着高股息率有时也不是一个理想的指标。在"大盘股"投资组合中股息率第三高的十分位投资组合的年复合平均收益率为11.06%，收益率的标准差为18.05%，这使其具有较高的夏普比率0.34。在第26章中我们将看到，当我们将股息率与龙头股公司联合使用时，这一投资策略的效果更好。图11-2显示了"大盘股"投资组合中股息率最高股票（前10%）的投资组合相对于"所有股票"投资组合的5年期滚动年复合平均超额收益率（或超额损失率）。

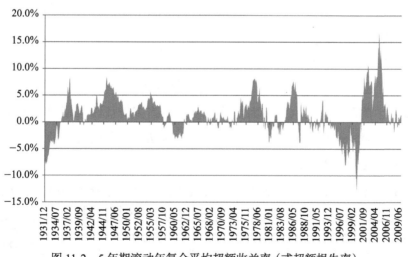

图11-2　5年期滚动年复合平均超额收益率（或超额损失率）

["大盘股"投资组合中股息率最高（前10%）股票的收益率减去"大盘股"投资组合的收益率，1927年1月1日～2009年12月31日]

最糟糕的情况,最高收益与最低收益

"所有股票"中高股息率股票投资组合的跌幅超过20%以上的次数为6次,跌幅最大的一次(90%)发生在1929～1933年的熊市期间。这次下跌如此惨烈,直到1944年3月才恢复元气。在最近(2007年10月～2009年2月)的一次熊市中,高股息率股票投资组合共下跌了61%。再看年复合平均收益率的最好情况与最糟糕情况,"所有股票"中的高股息率股票投资组合的最差的5年期收益率发生在截至1932年5月的那个5年期里,该组合在此期间的年复合平均收益率为-29.24%,10 000美元的投资只剩下1 774美元。一个风险厌恶的投资者很难接受这样的收益率,这提示我们,当我们通过高股息率进行选股时,市值是十分重要的。表11-5显示了"所有股票"中股息率最高的10%股票投资组合的最糟糕情况。

"所有股票"中的高股息率股票投资组合的最好的5年期收益率发生在截至1937年5月的那个5年期里,该组合在此期间的年复合平均收益率为44.41%,10 000美元的投资将增至62 799美元。表11-6与表11-7显示了该组合在其他所有持有期内的最高收益率及最低收益率。

高股息率股票投资组合相对于"所有股票"投资组合表现最好的5年期收益率发生在截至2005年2月的那个5年期里,该组合在此期间的累计收益率为154%,而"所有股票"投资组合的收益率为23%,高股息率股票投资组合的相对累计优势达131%。将这一数值转换为年复合平均收益率,"所有股票"中的股息率最高股票投资组合的年复合平均收益率为20.52%,而"所有股票"投资组合的年复合平均率为4.28%。看起来,从2000年2月这一泡沫的顶峰到2005年这段时间是价值型投资的一段迷你黄金期,这也是前面章节中涉及的诸多价值因素相对于整体市场表现最好的一段时期。这也可能是对投资者在泡沫时期荒唐估值的一种反映,但是,在这段时期内,投资者似乎已经恢复正常。

表11-5 最糟糕的情况:"所有股票"投资组合中股息率最高的股票(前10%)跌幅超过20%的全部数据(1927年1月1日～2009年12月31日)

股市见顶的时间	股市见顶时的指数值	股市见底的时间	股市见底时的指数值	股市复苏的时间	跌幅(%)	下跌持续期(月)	复苏持续期(月)
1929年8月	1.97	1932年5月	0.20	1944年3月	-90.03	33	142
1946年5月	4.48	1947年5月	3.11	1950年1月	-30.45	12	32
1957年5月	16.81	1957年12月	13.11	1958年7月	-22.03	7	7

（续）

股市见顶的时间	股市见顶时的指数值	股市见底的时间	股市见底时的指数值	股市复苏的时间	跌幅（%）	下跌持续期（月）	复苏持续期（月）
1969年1月	80.98	1970年6月	56.47	1971年4月	-30.27	17	10
1972年11月	89.62	1974年9月	64.03	1975年6月	-28.55	22	9
2007年10月	13 652.95	2009年2月	5 301.97		-61.17	16	
平均值					-43.75	17.83	40

表11-6 按月度数据计算得到的最高与最低的年复合平均收益率（1927年1月1日～2009年12月31日）

各投资组合的收益情况	1年期	3年期	5年期	7年期	10年期
"所有股票"投资组合中股息率最高的股票（前10%）的最低复合收益率（%）	-74.39	-51.80	-29.24	-10.39	-7.84
"所有股票"投资组合中股息率最高的股票（前10%）的最高复合收益率（%）	214.52	58.05	44.41	27.58	22.60
"所有股票"投资组合的最低复合收益率（%）	-66.72	-45.99	-23.07	-7.43	-5.31
"所有股票"投资组合的最高复合收益率（%）	201.69	51.03	41.17	23.77	22.05

表11-7 10 000美元按最高与最低的收益率（通过月度数据计算得出）投资所得到的最终价值（1927年1月1日～2009年12月31日）

各投资组合的收益情况	1年期	3年期	5年期	7年期	10年期
投资于"所有股票"投资组合中股息率最高（前10%）股票的10 000美元在最糟糕情况下的最终价值（美元）	2 561	1 119	1 774	4 638	4 420
投资于"所有股票"投资组合中股息率最高（前10%）股票的10 000美元在最好情况下的最终价值（美元）	31 452	39 482	62 799	55 000	76 707
投资于"所有股票"投资组合的10 000美元在最糟糕情况下的最终价值（美元）	3 328	1 576	2 695	5 825	5 793
投资于"所有股票"投资组合的10 000美元在最好情况下的最终价值（美元）	30 169	34 452	56 062	44 504	73 345

高股息率股票投资组合相对于"所有股票"投资组合表现最差的5年期收益率发生在截至2000年2月的那个5年期里，该组合在此期间的累计收益率为75%，而"所有股票"投资组合的收益率为172%，高股息率股票投资组合的相对累计损失率达97%。将这一数值转换为年复合平均收益率，"所有股票"中的股息率最高股票投资组合的年复合平均收益率为11.8%，而"所有股票"投资组合的年复合平均率为22.18%。表11-5～表11-7及图11-1显示了各投资组合在全部持有期内的所有最糟糕情况与最高收益及最低收益。

高股息率"大盘股"投资组合

尽管有 8 次跌幅在 20% 以上,但高股息率大盘股投资组合总能迅速地从下跌中恢复。有两次例外:一次是 1929 年 8 月～1932 年 6 月,该组合下跌了 89%;另一次是 2007 年 10 月～2009 年 2 月,该组合下跌了 59%。在其他的熊市期间,高股息率大盘股投资组合的跌幅都较轻。如表 11-8 所示,高股息率大盘股投资组合在 1972～1974 年的熊市期间只损失了 29%,在 2000～2003 年的熊市期间只损失了 26%。再看一下年复合平均收益率的最好情况与最糟糕情况。如表 11-9 与表 11-10 所示,高股息率大盘股投资组合最好的 5 年期收益率发生在截至 1937 年 5 月的那个 5 年期里,该组合在此期间的年复合平均收益率为 44.16%,10 000 美元的投资将增至 62 267 美元。该组合最差的 5 年期收益率发生在截至 1932 年 5 月的那个 5 年期里,该组合在此期间的年复合平均收益率为 -27.58%,10 000 美元的投资只剩下 1 992 美元。这些表格还显示了其他持有期内的最好情况与最糟糕情况。

表 11-8 最糟糕的情况:"大盘股"投资组合中股息率最高的股票(前 10%)跌幅超过 20% 的全部数据(1927 年 1 月 1 日～2009 年 12 月 31 日)

股市见顶的时间	股市见顶时的指数值	股市见底的时间	股市见底时的指数值	股市复苏的时间	跌幅(%)	下跌持续期(月)	复苏持续期(月)
1929 年 8 月	1.96	1932 年 6 月	0.22	1944 年 5 月	-88.81	34	143
1946 年 5 月	4.06	1947 年 5 月	2.91	1949 年 12 月	-28.28	12	31
1956 年 7 月	17.85	1957 年 12 月	13.82	1958 年 7 月	-22.58	17	7
1969 年 1 月	65.54	1970 年 6 月	45.94	1972 年 1 月	-29.89	17	19
1972 年 11 月	71.94	1974 年 9 月	51.12	1975 年 6 月	-28.95	22	9
1999 年 5 月	2 311.57	2000 年 2 月	1 847.93	2000 年 8 月	-20.06	9	6
2002 年 3 月	3 338.43	2003 年 2 月	2 480.85	2003 年 12 月	-25.69	11	10
2007 年 10 月	6 674.33	2009 年 2 月	2 766.35		-58.55	16	
平均值					-37.85	17.25	32.14

表 11-9 按月度数据计算得到的最高与最低的年复合平均收益率(1927 年 1 月 1 日～2009 年 12 月 31 日)

各投资组合的收益情况	1 年期	3 年期	5 年期	7 年期	10 年期
"大盘股"投资组合中股息率最高的股票(前 10%)的最低复合收益率(%)	-73.79	-50.25	-27.58	-9.53	-5.64
"大盘股"投资组合中股息率最高的股票(前 10%)的最高复合收益率(%)	241.44	57.13	44.16	27.31	22.25
"大盘股"投资组合的最低复合收益率(%)	-66.63	-43.53	-20.15	-6.95	-5.70
"大盘股"投资组合的最高复合收益率(%)	159.52	45.64	36.26	22.83	19.57

表 11-10 10 000 美元按最高与最低的收益率（通过月度数据计算得出）投资所得到的最终价值（1927 年 1 月 1 日～2009 年 12 月 31 日）

各投资组合的收益情况	1 年期	3 年期	5 年期	7 年期	10 年期
投资于"大盘股"投资组合中股息率最高（前 10%）股票的 10 000 美元在最糟糕情况下的最终价值（美元）	2 621	1 231	1 992	4 959	5 596
投资于"大盘股"投资组合中股息率最高（前 10%）股票的 10 000 美元在最好情况下的最终价值（美元）	34 144	38 793	62 267	54 196	74 569
投资于"大盘股"投资组合的 10 000 美元在最糟糕情况下的最终价值（美元）	3 337	1 800	3 247	6 041	5 561
投资于"大盘股"投资组合的 10 000 美元在最好情况下的最终价值（美元）	25 952	30 890	46 970	42 189	59 747

高股息率大盘股投资组合相对于"大盘股"投资组合表现最好的 5 年期发生在截至 1937 年 6 月的那个 5 年期，该组合在此期间的收益率为 501%，而"大盘股"投资组合的收益率为 346%，高股息率大盘股投资组合的相对优势达 155%。将这一数值转换为年复合平均收益率，高股息率大盘股投资组合的年复合平均收益率为 43.14%，而"大盘股"投资组合的年复合平均率为 34.85%。高股息率大盘股投资组合相对于"大盘股"投资组合表现最差的 5 年期收益率发生在截至 2000 年 2 月的那个 5 年期，该组合在此期间的累计收益率为 62%，而"大盘股"投资组合的收益率为 180%，高股息率大盘股投资组合的相对累计损失达 118%。将这一数值转换为年复合平均收益率，高股息率大盘股投资组合的年复合平均收益率为 10.11%，而"大盘股"投资组合的年复合平均率为 22.86%。

在高股息率大盘股投资组合表现最好的市场环境中，价值型股票的表现也优于成长型股票，其表现胜出的时间占总时间的 74%。在债券表现优于股票的市场环境中，高股息率大盘股投资组合的表现也十分突出，其胜出的时间占总时间的 65%。

按十分位平均分组分析

然而，对高股息率投资组合进行十分位分组分析所得到的结果略有不同。从分析结果中可见，股息率最高的前 8 组投资组合的表现优于"所有股票"投资组合，而第 9 组与第 10 组投资组合——低股息率投资组合的表现不如基准指标。但是，第 2、3、4 组投资组合的表现均优于第 1 组投资组合，这意味着，你只需要从"所有股票"投资组合中选择股息率较高的股票构成投资组合，就可以获得较好的收益，无须专门投资于绝对股息率最高的股票。在后面的章节中，我们会看到，投资于高股息率股票的一种更好的方法是：除了股息率较高之外，所购买的股票还应满足一系列其他方面的要求。本章末尾的案例研究将展示：在选择高股息率股票时，专门投资于大盘龙头股或许会获得更好的收益。

对"大盘股"投资组合所做的十分位分组分析结果表明，第2组高股息率投资组合的表现优于第1组投资组合，但只是略微超出。对"大盘股"投资组合按股息率进行十分位分组排序，我们发现，第1～5组的表现均优于"大盘股"投资组合，而第1～4组的表现尤为突出。股息率较低的后5组投资组合的表现不如"大盘股"投资组合，但只有第10组（股息率最低的一组）的表现十分糟糕。表11-11～表11-14及图11-3、图11-4概括了相关的分析结果。

表11-11 "所有股票"投资组合按10年期划分的年复合平均收益率

	20世纪20年代①	20世纪30年代	20世纪40年代	20世纪50年代	20世纪60年代	20世纪70年代	20世纪80年代	20世纪90年代	21世纪第1个10年②
"所有股票"投资组合中股息率最低（排名前10%）的股票（%）	13.02	-2.61	14.82	18.33	10.75	10.63	20.41	11.76	11.23
"所有股票"投资组合中股息率最高（排名后10%）的股票（%）	15.30	0.80	8.11	18.63	10.76	5.04	15.31	13.34	5.16
"所有股票"投资组合（%）	12.33	-0.03	11.57	18.07	10.72	7.56	16.78	15.35	4.39

① 1927年1月1日～1929年12月31日的收益。
② 2000年1月1日～2009年12月31日的收益。

表11-12 "大盘股"投资组合按10年期划分的年复合平均收益率

	20世纪20年代①	20世纪30年代	20世纪40年代	20世纪50年代	20世纪60年代	20世纪70年代	20世纪80年代	20世纪90年代	21世纪第1个10年②
"大盘股"投资组合中股息率最低（排名前10%）的股票（%）	14.13	-1.60	12.68	18.60	8.79	8.85	19.08	10.83	9.98
"大盘股"投资组合中股息率最高（排名后10%）的股票（%）	12.65	-1.95	7.63	19.60	10.11	2.30	13.27	14.85	2.40

(续)

	20世纪20年代①	20世纪30年代	20世纪40年代	20世纪50年代	20世纪60年代	20世纪70年代	20世纪80年代	20世纪90年代	21世纪第1个10年②
"大盘股"投资组合（%）	17.73	-1.05	9.65	17.06	8.31	6.65	17.34	16.38	2.42

① 1927年1月1日～1969年12月31日的收益。
② 2000年1月1日～2009年12月31日的收益。

表11-13 对"所有股票"投资组合按股息率进行十分位（10%）分组的分析结果概述（1927年1月1日～2009年12月31日）

十分位（10%）	10 000美元的投资将增长至（美元）	平均收益率（%）	复合收益率（%）	标准差（%）	夏普比率
1（最高）	102 331 244	14.00	11.77	20.15	0.34
2	121 953 398	13.96	12.00	18.78	0.37
3	144 731 790	14.19	12.23	18.71	0.39
4	129 380 536	13.99	12.08	18.49	0.38
5	86 874 622	13.45	11.55	18.51	0.35
6	65 007 160	13.14	11.16	18.91	0.33
7	50 304 616	12.85	10.81	19.10	0.30
8	41 851 221	12.73	10.57	19.67	0.28
9	32 351 872	12.59	10.23	20.61	0.25
10（最低）	21 823 869	12.46	9.71	22.18	0.21
"所有股票"投资组合	38 542 780	13.06	10.46	21.67	0.25

表11-14 对"大盘股"投资组合按股息率进行十分位（10%）分组的分析结果概述（1927年1月1日～2009年12月31日）

十分位（10%）	10 000美元的投资将增长至（美元）	平均收益率（%）	复合收益率（%）	标准差（%）	夏普比率
1（最高）	51 678 232	12.90	10.85	19.36	0.30
2	59 523 837	12.91	11.04	18.45	0.33
3	60 461 472	12.87	11.06	18.05	0.34
4	50 153 882	12.59	10.81	17.96	0.32
5	29 632 548	11.96	10.11	18.35	0.28
6	23 573 631	11.62	9.81	18.10	0.27
7	19 314 301	11.44	9.54	18.56	0.24
8	19 021 660	11.60	9.52	19.39	0.23
9	18 186 725	11.80	9.46	20.57	0.22
10（最低）	8 485 983	11.18	8.46	22.13	0.16
"大盘股"投资组合	21 617 372	11.75	9.69	19.35	0.24

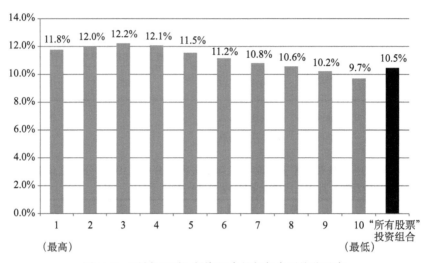

图 11-3 "所有股票"投资组合的年复合平均收益率
（按股息率的十分位进行平均分组，1927年1月1日～2009年12月31日）

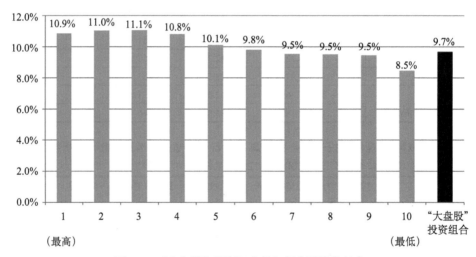

图 11-4 "大盘股"投资组合的年复合平均收益率
（按股息率的十分位进行平均分组，1927年1月1日～2009年12月31日）

对投资者的启示

就其自身而言，仅凭高股息率无法持续战胜某一市场指数或某个包括其他价值因素的具体的投资策略。换言之，你不能只依靠股息率做出投资选择。在第13章中，你会看到，股东收益率的效果更好，使用起来也比股息率更方便。大多数投资者的最高投资期限为 5 年，在回顾了表 11-1 之后，我们发现，高股息率股票投资组合的 5 年期收益率表现不如市场的次数非常多。实际上，1980～2000 年，"所有股票"中股息率最高的股票投资组合的表现均不如"所有股票"投资组合，尽管差距都不到 0.5%。那些将股息率作为唯一选股标准的投资者应当坚持投资于知名的大公司股票，因为这些公司通常具有健康的资产负债表及较长的经营历史。实际上，在本章末的第 2 个案例分析中，我们发现，如果将其他标准（如强劲的现金流量、大的公司规模、大量的流通股份额等）也考虑进来，高股息率大盘股会提供非常高的风险调整后收益率。

本章案例研究 1

利用股息率进行投资的策略会受到高股息支付率及削减股息的影响吗

青睐高股息率股票的投资者通常会密切关注公司的股息支付率。合理的假设是，那些将大部分盈利以股息的形式发放的公司，其实际表现应当不如那些用股息进行再投资的公司。虽然我没有 CRSP 数据库的股息支付率数据，但在研究高股息率股票时，我可以从 Compustat 数据库中得到相关数据（从 1963 年开始）。

回顾这些基于股息支付率的股票收益率数据，我们发现，排名在中间的十分位分组表现最佳，尤其是第 5 组、第 6 组和第 7 组。这部分证实了这样一个理论：高股息支付率的股票可能不是一个好的投资对象。我之所以说"部分证实"，原因在于：只有 3 组十分位分组投资组合的表现不如"所有股票"投资组合。这 3 组投资组合分别是第 1 组（股息支付率最高的股票投资组合）、第 9 组和第 10 组（股息支付率最低的股票投资组合）。看样子，投资者青睐那些部分支付股息的股票，但不愿意投资于股息支付率最高的（前 10%）股票投资组合。如果按股息支付率分组，第 5 组投资组合的表现最好。1964～2009 年，该组合的年复合平均收益率为 12.81%，而"所有股票"投资组合的年复合平均收益率为 11.24%。第 1 组投资组合（由股息支付率最高的股票组成）的年复合平均收益率为 10.4%，但是，表现最差的十分位分组为第 10 组投资组合（由股息支付率最低的股票组成），该组合的年复合平均收益率为 10.33%。因此，当我们只根据股息率选股时，数据表明，或许应避开股息率最高的股票投资组合。对股息支付率来说，这一结论同样适用。

我们在奥肖内西资产管理公司（OSAM）的研究团队所做的一项关于股息率的

研究发现，在所研究的 4 722 份实例中，当公司股息的削减幅度在 0～50% 时，股票在下一年的表现比较平稳，微跌 0.7%。然而，在对 801 份研究实例进行的研究中，当公司股息的削减幅度在 50%～100% 时，在接下来的一年里，股票相对于基准指标的跌幅较大，为 3.6%。那些完全停止发放股息的公司表现最差，在所研究的 3 329 份实例中，这些公司的平均跌幅为 5.1%。

另一方面，那些增加股息分配的股票（在我们所研究的时间范围内，这样的事例共有 46 358 起）在接下来的一年里相对于基准指标的平均涨幅为 4.5%。表现最好的股票是那些之前从未支付股息，但是从现在开始支付股息的股票。在我们所观测的 6 035 份实例中，这些初次发放股息的公司在接下来的一年里相对于基准指标的平均涨幅为 9.2%。

这些数据表明，以股息作为投资参考指标的投资者应当抛掉任何股息削减幅度在 50% 以上或是暂停支付股息的股票，并将资金投资于其他高股息率股票。

本章案例研究 2

高股息率"龙头股"公司

我们已经发现，青睐高股息率股票的投资者最好是先研究那些"龙头股"，再重点关注其中的高股息率股票。你可能记得，要被纳入到"龙头股"组合当中，这只股票必须满足下列标准：

◎ "大盘股"投资组合中的所有非公共事业股。

◎ 流通中股份高于数据库的平均值。

◎ 现金流高于数据库的平均值。

◎ 销售额为数据库平均值的 1.5 倍（超出数据平均值 50%）。

如果将这些标准应用在 Compustat 数据库中，你通常会从 Compustat 数据库的所有股票中选出 350～400 只股票，这些股票都由知名的大公司发行，我们将使用这一股票组合作为增强型股息投资策略的起点。用 EBITDA/EV 比率对"龙头股"投资组合中的股票进行排序，从中剔除排名较低的 50% 的股票，这样，就可以专注于财务状况最好的 50% 的"龙头股"了。这样做的目的在于，保证剩余股票具备持续分配股息（或许还能增加股息的分配）的能力。在这一投资组合中，我们主要关注股息率最高的 50 只股票，因为我们的目标是收入最大化，因此将加大那些股息率最高股票的权重，投资按如下方式进行：

◎ 股息率最高的 25% 的股票在投资组合中的权重将为相应权重的 1.5 倍。

◎ 股息率排名在 25%～50% 的股票在投资组合中的权重将为相应权重的 1.25 倍。

◎ 股息率排名在 50%～75% 的股票在投资组合中的权重将为相应权重的 0.75 倍。

◎ 股息率最低的 25% 的股票在投资组合中的权重将为相应权重的 0.5 倍。

用这些标准在 2010 年 10 月构建一支投资组合，其收益率为 4.51%，明显高于当时的 10 年期国债收益率 2.63%。从历史上看，这种股息增强型投资组合的股息率比债券更有优势，同时还可以享受资本利得。表 11-15 概括了股息增强型投资组合与"龙头股"投资组合的收益情况。在 1963 年 12 月 31 日投资的 10 000 美元，到 2009 年年末将增至 4 655 000 美元（假设全部股息均用于再投资），年复合平均收益率为 14.29%，这一收益明显高于"龙头股"投资组合的收益 1 411 897 美元。股息增强型投资策略的风险（收益率的标准差）为 15.38%，低于"龙头股"投资组合的标准差为 16.13%，其夏普比率为 0.6，而"龙头股"投资组合的夏普比率为 0.38。此外，股息增强型投资策略的所有 5 年期收益率均为正值，这一特点对那些风险厌恶型投资者极为有利。如表 11-16 所示，这一投资策略的基本比率均为正值，在全部滚动的 5 年期内，股息增强型投资组合战胜"龙头股"投资组合的时间占 84%；在全部滚动的 10 年期内，该组合战胜"龙头股"投资组合的时间占 96%。图 11-5 显示了股息增强型投资组合相对于"龙头股"投资组合的 5 年期滚动年复合平均超额收益率（或超额损失率）。

我们还单独检验了股息增强型投资策略的盈利能力——在 1963 年进行的一次性投资，到 2009 年之前，所获股息收入全部用于消费。这一投资策略的年复合平均收益率为 10%。1963～2009 年，该组合的收益较前一年下跌的次数仅有 5 次。此外，在我们研究的这 46 年里，尽管投资组合的本金下跌的次数达到了 10 次，股息增强型投资组合的收益仍然是持续增加的。实际上，如果你关注投资组合的收益部分，就会发现，在全部滚动的 10 年期里,滚动的 10 年期收益率增加了约 148%,增幅最低的 10 年期收益率为 69%。股息增强型投资组合表现如此之好的原因在于:当股票的价格下跌时,股息率在增加。因此,对那些既想享受债券的收益,又不想错过资本增值机会的投资者来说,股息增强型投资策略为他们提供了一种切实可行的选择,即可以用股票代替债券。此外,在我们研究的 46 年里,股息增强型投资组合本金的累计增幅达 5 538%。(想了解全部的研究结果,请登录网址 http://www.osam.com/commentary.aspx。)

表 11-15 股息增强型投资组合及"龙头股"投资组合的年收益和风险数据统计概要
(1964 年 1 月 1 日~2009 年 12 月 31 日)

	股息增强型投资组合	"龙头股"投资组合
算术平均值(%)	15.63	12.82
几何平均值(%)	14.29	11.36
平均收益(%)	20.14	14.62
标准差(%)	15.38	16.13
向上的偏差(%)	10.03	10.00
向下的偏差(%)	10.44	11.66
跟踪误差	5.86	0.00
收益为正的时期数	343	335
收益为负的时期数	209	217
从最高点到最低点的最大跌幅(%)	−52.44	−54.03
贝塔值	0.89	1.00
T 统计量($m=0$)	6.44	5.10
夏普比率($Rf=5\%$)	0.60	0.39
索蒂诺比率($MAR=10\%$)	0.41	0.12
10 000 美元投资的最终结果(美元)	4 655 000	1 411 897
1 年期最低收益(%)	−45.86	−48.15
1 年期最高收益(%)	65.28	66.79
3 年期最低收益(%)	−9.23	−13.61
3 年期最高收益(%)	39.15	34.82
5 年期最低收益(%)	0.01	−4.36
5 年期最高收益(%)	36.38	31.52
7 年期最低收益(%)	0.83	−2.93
7 年期最高收益(%)	28.89	24.56
10 年期最低收益(%)	3.11	1.01
10 年期最高收益(%)	23.92	19.69
预期最低收益[1](%)	−15.13	−19.44
预期最高收益[2](%)	46.39	45.07

[1] 预期最低收益等于收益率的算术平均值减去 2 倍的标准差。
[2] 预期最高收益等于收益率的算术平均值加上 2 倍的标准差。

表 11-16 股息增强型投资组合及"龙头股"投资组合的基本比率(1964 年 1 月 1 日～2009 年 12 月 31 日)

项目	股息增强型投资组合战胜龙头股投资组合的时间	百分比（%）	年平均超额收益率（%）
1 年期收益率	541 期中有 353 期	65	2.69
滚动的 3 年期复合收益率	517 期中有 401 期	78	2.88
滚动的 5 年期复合收益率	493 期中有 413 期	84	2.98
滚动的 7 年期复合收益率	469 期中有 408 期	87	3.04
滚动的 10 年期复合收益率	433 期中有 416 期	96	3.09

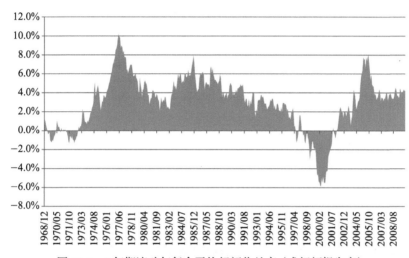

图 11-5 5 年期滚动年复合平均超额收益率（或超额损失率）

（股息增强型投资组合的收益率减去"龙头股"投资组合的收益率，1964 年 1 月 1 日～2009 年 12 月 31 日）

| 第 12 章 |

回购收益率

洞察力是见他人所不能见的艺术。

——乔纳森·斯威夫特

许多投资者关注股票的股息率，但很少有人关注股票的**回购收益率**（buyback yield）。股票的回购收益率由当前的流通股份数量与一年前的流通股份数量的差额决定。如果某只股票当前的流通股份数量为 90 股，而一年前的流通股份数量为 100 股，则其回购收益率为 10%，这一数值等于减少的股份数额（10 股）除以一年前的流通股份数量（100 股）；相反，如果一只股票当前的流通股份数量为 100 股，而一年前的流通股份数量为 90 股，则该股票的回购收益率为 -11%，这意味着公司增发了股票。

这一理论的含义是这样的：如果一家公司回购股份，公司的管理层一定会认为这些股份的价值被低估了，管理者可以利用这一机会，折价购买公司的股票。这也是公司帮助股东支撑股票价格的另外一种方式。因此，股票回购也被视为公司以非现金向股东分配股息的形式。自 20 世纪 90 年代以来，股票回购日益流行。在《股票回购及股票估值模型》(Share Repurchases and Stock Valuation Models) 这一论文中，约翰 D. 斯托（John D. Stowe）、丹尼斯 W. 麦克里维（Dennis W. McLeavey）和杰拉尔德 E. 平托（Jerald E. Pinto）指出："1987～2006 年，与股息分配相比，股票回购的数量有了显著的增长，在这一时期的后半段，股票回购与现金股息的比率几乎翻了一番。"他们还指出："20 世纪 70 年代，在公司分配中所占的比率几乎可以忽略不计；到了20世纪90年代，与股息分配相比，股票回购的数量飞速增长，而在公司利润分配的过程中，股票回购也有逐渐取代股息分配之势。"因此，回购收益率投资理论认为，具有高回购收益率的股票的表现应该好于低回购收益率的股票。下面，我们就来见证这一理论的正确性。

检验结果

因为我们可以使用CRSP的数据库计算回购收益率，因此，我们的研究将从1926年12月31日开始，按十分位分组，在"所有股票"与"大盘股"投资组合中分别将10 000美元投资于回购收益率最高与最低的投资组合。我们也考察了那些回购收益率最低的股票，因为这些公司在大多数情况下是股票的净发行者。这意味着，公司的管理层认为市场对其股票的定价过高，借机通过增发股票获利。和以前一样，为避免季节性问题，我们使用综合投资组合方法；为避免前视偏差，我们对所有的相关变量均假设一定的时间滞后期。

在1926年12月31日，将10 000美元投资在"所有股票"投资组合中回购收益率最高的10%的股票上，到2009年年末，这笔资金将增至421 203 905美元，年复合平均收益率达13.69%。而在"所有股票"投资组合上投资的10 000美元将增至38 542 780美元，年复合平均收益率为10.46%。"所有股票"中回购收益率最高股票投资组合的风险（以收益率的标准差衡量）也高于"所有股票"投资组合，前者的标准差为24.32%，而"所有股票"投资组合的标准差为21.67%。回购收益率最高的股票投资组合的下行风险17.56%也高于"所有股票"投资组合的下行风险16.03%。尽管风险略高，回购收益率最高的股票投资组合的夏普比率为0.36，这一数值明显高于"所有股票"投资组合0.25。表12-1显示了相关的统计数据。

高回购收益率股票投资组合的所有基本比率均为正值，在全部的滚动5年期及滚动10年期里，"所有股票"中回购收益率最高的10%的股票投资组合战胜"所有股票"投资组合的时间均占全部时间的89%。当"大盘股"投资组合表现好的时候，高回购收益率股票投资组合的表现也尤其出色。在美国市场与国际市场的表现一致时，该组合的表现也非常不错。图12-1显示了"所有股票"投资组合中回购收益率最高股票（前10%）的投资组合相对于"所有股票"投资组合的5年期滚动年复合平均超额收益率（或超额损失率）。

表 12-1 "所有股票"中回购收益率最高的（前 10%）股票组成的投资组合及"所有股票"投资组合的年收益和风险数据统计概要（1927 年 1 月 1 日～2009 年 12 月 31 日）

	由"所有股票"中回购收益率最高（前 10%）股票组成的投资组合	"所有股票"投资组合
算术平均值（%）	16.86	13.06
几何平均值（%）	13.69	10.46
平均收益（%）	20.94	18.54
标准差（%）	24.32	21.67
向上的偏差（%）	19.94	14.78
向下的偏差（%）	17.56	16.03
跟踪误差	8.97	0.00
收益为正的时期数	630	606
收益为负的时期数	366	390
从最高点到最低点的最大跌幅（%）	−85.43	−85.45
贝塔值	1.04	1.00
T 统计量（$m=0$）	5.87	5.19
夏普比率（$Rf=5\%$）	0.36	0.25
索蒂诺比率（$MAR=10\%$）	0.21	0.03
10 000 美元投资的最终结果（美元）	421 203 905	38 542 780
1 年期最低收益（%）	−65.20	−66.72
1 年期最高收益（%）	248.23	201.69
3 年期最低收益（%）	−44.28	−45.99
3 年期最高收益（%）	59.81	51.03
5 年期最低收益（%）	−20.80	−23.07
5 年期最高收益（%）	41.35	41.17
7 年期最低收益（%）	−3.79	−7.43
7 年期最高收益（%）	30.22	23.77
10 年期最低收益（%）	−7.45	−5.31
10 年期最高收益（%）	27.95	22.05
预期最低收益①（%）	−31.79	−30.28
预期最高收益②（%）	65.50	56.39

① 预期最低收益等于收益率的算术平均值减去 2 倍的标准差。
② 预期最高收益等于收益率的算术平均值加上 2 倍的标准差。

表 12-2 "所有股票"中回购收益率最高（前 10%）股票组成的投资组合及"所有股票"投资组合的基本比率（1927 年 1 月 1 日～2009 年 12 月 31 日）

项目	"所有股票"中回购收益率最高（前 10%）股票组成的投资组合战胜"所有股票"投资组合的时间	百分比（%）	年平均超额收益率（%）
1 年期收益率	985 期中有 700 期	71	3.14
滚动的 3 年期复合收益率	961 期中有 830 期	86	3.18
滚动的 5 年期复合收益率	937 期中有 835 期	89	3.18

(续)

项目	"所有股票"中回购收益率最高（前10%）股票组成的投资组合战胜"所有股票"投资组合的时间	百分比（%）	年平均超额收益率（%）
滚动的7年期复合收益率	913期中有827期	91	3.17
滚动的10年期复合收益率	877期中有784期	89	3.13

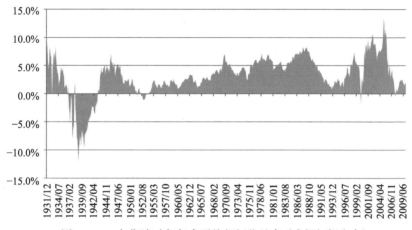

图12-1　5年期滚动年复合平均超额收益率（或超额损失率）

["所有股票"投资组合中回购收益率最高（前10%）股票的收益率减去"所有股票"投资组合的收益率，1927年1月1日～2009年12月31日]

"大盘股"投资组合的表现依然出色

于1926年12月31日将10 000美元投资于回购收益率最高10%的"大盘股"投资组合，到2009年年末，这笔资金将增至250 019 446美元，年复合平均收益率为12.98%。这一收益明显高于"大盘股"投资组合，后者的同时期收益为21 617 372美元，年复合平均收益率为9.69%。然而，高回购收益率"大盘股"投资组合的风险也比较高，其收益率的标准差为23.11%，而"大盘股"投资组合的标准差为19.35%。高回购收益率"大盘股"投资组合的下行风险也比较高，为17.13%，而"大盘股"投资组合的下行风险为14.4%。但是，高回购收益率"大盘股"投资组合的绝对收益率较高，这使其具有较高的夏普比率0.3，而"大盘股"投资组合的夏普比率为0.24。表12-2显示了相关的统计数据。

高回购收益率"大盘股"投资组合的所有基本比率均为正值，在全部的滚动5年期里，"大盘股"中回购收益率最高的10%的股票投资组合战胜"大盘股"投资组合的时间占85%；在全部的滚动10年期里，"大盘股"中回购收益率最高的10%的股票投资组合战胜"大盘股"投资组合的时间占88%。表12-4显示了该组合在全部持有期内的基本比率。尽管我在本章的开头说过，在20世纪70年代之前，回购行为并不常见，但使用这一手段的公司的收益率却非常高。1927～1963年，"所有股票"中回购收益率最高的股票投资组合的年复合平均收益率为11.11%，而"所有股票"投资组合的年复合平均收益率为9.53%；"大盘股"中回购收益率最高的股票投资组合的年复合平均收益率为10.58%，而"大盘股"投资组合的年复合平均收益率为9.06%。图12-2显示了"大盘股"投资组合中回购收益率最高股票（前10%）的投资组合相对于"大盘股"投资组合的5年期滚动年复合平均超额收益率（或超额损失率）。

表12-3 "大盘股"中回购收益率最高的（前10%）股票组成的投资组合及"大盘股"投资组合的年收益和风险数据统计概要（1927年1月1日～2009年12月31日）

	由"大盘股"中回购收益率最高（前10%）股票组成的投资组合	"大盘股"投资组合
算术平均值（%）	15.88	11.75
几何平均值（%）	12.98	9.69
平均收益（%）	20.93	16.75
标准差（%）	23.11	19.35
向上的偏差（%）	18.26	13.10
向下的偏差（%）	17.13	14.40
跟踪误差	8.96	0.00
收益为正的时期数	621	609
收益为负的时期数	375	387
从最高点到最低点的最大跌幅（%）	−85.95	−84.33
贝塔值	1.11	1.00
T统计量（m=0）	5.85	5.25
夏普比率（Rf=5%）	0.35	0.24
索蒂诺比率（MAR=10%）	0.17	−0.02
10 000美元投资的最终结果（美元）	250 019 446	21 617 372
1年期最低收益（%）	−66.57	−66.63
1年期最高收益（%）	204.71	159.52
3年期最低收益（%）	−45.01	−43.53
3年期最高收益（%）	47.23	45.64
5年期最低收益（%）	−19.46	−20.15
5年期最高收益（%）	38.25	36.26
7年期最低收益（%）	−8.78	−6.95
7年期最高收益（%）	29.94	22.83
10年期最低收益（%）	−10.19	−5.70
10年期最高收益（%）	26.96	19.57

(续)

	由"大盘股"中回购收益率最高 （前10%）股票组成的投资组合	"大盘股"投资组合
预期最低收益①（%）	-30.34	-26.96
预期最高收益②（%）	62.11	50.46

① 预期最低收益等于收益率的算术平均值减去2倍的标准差。
② 预期最高收益等于收益率的算术平均值加上2倍的标准差。

表12-4 "大盘股"中回购收益率最高（前10%）股票组成的投资组合及"大盘股"投资组合的基本比率（1927年1月1日～2009年12月31日）

项目	"大盘股"中回购收益率最高 （前10%）股票组成的投资组合战胜 "大盘股"投资组合的时间	百分比 （%）	年平均超额收益率 （%）
1年期收益率	985期中有715期	73	3.61
滚动的3年期复合收益率	961期中有783期	81	3.04
滚动的5年期复合收益率	937期中有793期	85	3.04
滚动的7年期复合收益率	913期中有800期	88	3.06
滚动的10年期复合收益率	877期中有776期	88	3.06

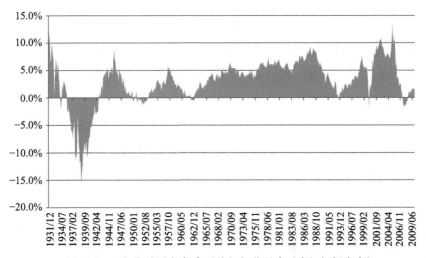

图12-2 5年期滚动年复合平均超额收益率（或超额损失率）

["大盘股"投资组合中回购收益率最高（前10%）股票的收益率减去"大盘股"投资组合的收益率，1927年1月1日～2009年12月31日]

最糟糕的情况，最高收益与最低收益

"所有股票"中回购收益率最高的股票投资组合跌幅超过20%以上的次数共

有 9 次，跌幅最大的一次发生在 1929 年 9 月～1933 年 5 月，该组合在此期间的跌幅为 85.43%。在最近（2007 年 5 月～2009 年 2 月）一次熊市中，该组合共下跌了 53.28%，这一跌幅略低于"所有股票"投资组合，后者跌幅为 55.54%。表 12-5 显示了该组合在 1927～2009 年跌幅在 20% 以上的所有情况。

从绝对收益的角度看，"所有股票"中回购收益率最高的股票投资组合最好的 5 年期收益率发生在截至 1937 年 5 月的那个 5 年期里，在此期间，投资于该组合的 10 000 美元将增至 56424 美元，年复合平均收益率为 41.35%。该组合表现最差的 5 年期收益率发生在截至 1933 年 3 月的那个 5 年期里，在此期间，投资于该组合的 10 000 美元缩减至 3 115 美元，年复合平均损失率为 20.8%。

高回购收益率股票投资组合相对于"所有股票"投资组合表现最好的 5 年期收益率发生在截至 1987 年 7 月的那个 5 年期里，该组合在此期间的累计收益率为 363%，而"所有股票"投资组合的收益率为 239%，高回购收益率股票投资组合的相对累计优势达 124%。将这一数值转换为年复合平均收益率，"所有股票"中的回购收益率最高股票投资组合的年复合平均收益率为 35.88%，而"所有股票"投资组合的年复合平均率为 27.66%。而"所有股票"中的高回购收益率股票投资组合的最差的 5 年期收益率发生在截至 1938 年 12 月的那个 5 年期里，该组合在此期间损失了 2.39%，而"所有股票"投资组合的收益率为 72%，前者的年复合平均收益率为 -0.48%，而后者的年复合平均收益率为 11.44%。表 12-6 与表 12-7 显示了投资于这些投资组合的 10 000 美元在各时期内最好情况及最糟糕情况下的最终价值。图 12-1 显示了整个研究期内，"所有股票"投资组合中回购收益率最高股票（前 10%）的投资组合相对于"所有股票"投资组合的 5 年期滚动年复合平均超额收益率（或超额损失率）。

表 12-5　最糟糕的情况："所有股票"投资组合中回购收益率最高的股票（前 10%）跌幅超过 20% 的全部数据（1927 年 1 月 1 日～2009 年 12 月 31 日）

股市见顶的时间	股市见顶时的指数值	股市见底的时间	股市见底时的指数值	股市复苏的时间	跌幅（%）	下跌持续期（月）	复苏持续期（月）
1929 年 9 月	2.74	1932 年 5 月	0.40	1944 年 6 月	-85.43	32	145
1946 年 5 月	5.77	1947 年 5 月	4.12	1949 年 12 月	-28.61	12	31
1962 年 2 月	46.93	1962 年 6 月	36.67	1963 年 5 月	-21.84	4	11
1968 年 11 月	156.90	1970 年 6 月	100.81	1972 年 1 月	-35.75	19	19
1972 年 11 月	170.81	1974 年 9 月	96.36	1976 年 1 月	-43.58	22	16

(续)

股市见顶的时间	股市见顶时的指数值	股市见底的时间	股市见底时的指数值	股市复苏的时间	跌幅（%）	下跌持续期（月）	复苏持续期（月）
1987年8月	2 730.86	1987年11月	1 859.87	1989年3月	-31.89	3	16
1989年8月	3 287.60	1990年10月	2 512.94	1991年2月	-23.56	14	4
1998年4月	14 643.54	1998年8月	11 579.48	1999年5月	-20.92	4	9
2007年5月	52 090.76	2009年2月	24 336.60		-53.28	21	
平均值					-38.32	14.56	31.38

表12-6　按月度数据计算得到的最高与最低的年复合平均收益率（1927年1月1日～2009年12月31日）

各投资组合的收益情况	1年期	3年期	5年期	7年期	10年期
"所有股票"投资组合中回购收益率最高的股票（前10%）的最低复合收益率（%）	-65.20	-44.28	-20.80	-3.79	-7.45
"所有股票"投资组合中回购收益率最高的股票（前10%）的最高复合收益率（%）	248.23	59.81	41.35	30.22	27.95
"所有股票"投资组合的最低复合收益率（%）	-66.72	-45.99	-23.07	-7.43	-5.31
"所有股票"投资组合的最高复合收益率（%）	201.69	51.03	41.17	23.77	22.05

表12-7　10 000美元按最高与最低的收益率（通过月度数据计算得出）投资所得到的最终价值（1927年1月1日～2009年12月31日）

各投资组合的收益情况	1年期	3年期	5年期	7年期	10年期
投资于"所有股票"投资组合中回购收益率最高（前10%）股票的10 000美元在最糟糕情况下的最终价值（美元）	3 480	1 730	3 115	7 629	4 612
投资于"所有股票"投资组合中回购收益率最高（前10%）股票的10 000美元在最好情况下的最终价值（美元）	34 823	40 815	56 424	63 495	117 555
投资于"所有股票"投资组合的10 000美元在最糟糕情况下的最终价值（美元）	3 328	1 576	2 695	5 825	5 793
投资于"所有股票"投资组合的10 000美元在最好情况下的最终价值（美元）	30 169	34 452	56 062	44 504	73 345

"大盘股"投资组合

表12-8显示了"大盘股"中回购收益率最高的股票投资组合最糟糕的情况。该组合在1929年8月～1932年5月遭遇了最惨重的下跌，跌幅为85.95%。该组合跌幅超过20%以上的次数共有7次，最近的一次大跌发生在2007年5月～2009年2月，跌幅达51.56%。

表 12-8 最糟糕的情况："大盘股"投资组合中回购收益率最高的股票（前 10%）跌幅超过 20% 的全部数据（1927 年 1 月 1 日～2009 年 12 月 31 日）

股市见顶的时间	股市见顶时的指数值	股市见底的时间	股市见底时的指数值	股市复苏的时间	跌幅（%）	下跌持续期（月）	复苏持续期（月）
1929 年 8 月	3.91	1932 年 5 月	0.55	1945 年 11 月	−85.95	33	162
1946 年 5 月	4.70	1947 年 5 月	3.58	1949 年 12 月	−23.95	12	31
1968 年 11 月	96.03	1970 年 6 月	70.12	1971 年 1 月	−26.98	19	7
1972 年 11 月	123.95	1974 年 9 月	78.26	1975 年 6 月	−36.86	22	9
1987 年 8 月	1 768.36	1987 年 11 月	1 211.45	1989 年 1 月	−31.49	3	14
1989 年 8 月	2 202.89	1990 年 10 月	1 723.00	1991 年 2 月	−21.78	14	4
2007 年 5 月	30 304.22	2009 年 2 月	14 679.98		−51.56	21	
平均值					−39.80	17.71	37.83

"大盘股"中回购收益率最高的股票投资组合表现最好的 5 年期收益率发生在截至 1987 年 7 月的那个 5 年期，在此期间，投资于该组合的 10 000 美元将增至 50 511 美元，年复合平均收益率为 38.25%。该组合最差的 5 年期收益率发生在截至 1934 年 8 月的那个 5 年期，10 000 美元的投资只剩下 3 390 美元，年复合平均损失率为 19.46%。

与绝对收益一样，"大盘股"中回购收益率最高的股票投资组合相对于"大盘股"投资组合表现最好的 5 年期也发生在截至 1987 年 7 月的那个 5 年期，该组合在此期间的累计收益率为 405%，而"大盘股"投资组合的累计收益率为 257%，高回购收益率"大盘股"投资组合的相对累计优势达 148%。"大盘股"中回购收益率最高的股票投资组合相对于"大盘股"投资组合表现最差的 5 年期收益率发生在截至 1937 年 8 月的那个 5 年期，该组合在此期间的累计收益率为 58%，而"大盘股"投资组合的收益率为 152%，高回购收益率"大盘股"投资组合的相对累计损失达 94%。表 12-9 与表 12-10 显示了投资于这些投资组合的 10 000 美元在其他持有期内的最终价值。图 12-2 显示了整个研究期内，"大盘股"投资组合中回购收益率最高股票的投资组合相对于"大盘股"投资组合的 5 年期滚动年复合平均超额收益率（或超额损失率）。

表 12-9 按月度数据计算得到的最高与最低的年复合平均收益率（1927 年 1 月 1 日～2009 年 12 月 31 日）

各投资组合的收益情况	1 年期	3 年期	5 年期	7 年期	10 年期
"大盘股"投资组合中回购收益率最高的股票（前 10%）的最低复合收益率（%）	−66.57	−45.01	−19.46	−8.78	−10.19
"大盘股"投资组合中回购收益率最高的股票（前 10%）的最高复合收益率（%）	204.71	47.23	38.25	29.94	26.96

(续)

各投资组合的收益情况	1年期	3年期	5年期	7年期	10年期
"大盘股"投资组合的最低复合收益率（%）	−66.63	−43.53	−20.15	−6.95	−5.70
"大盘股"投资组合的最高复合收益率（%）	159.52	45.64	36.26	22.83	19.57

表12-10　10 000美元按最高与最低的收益率（通过月度数据计算得出）投资所得到的最终价值（1927年1月1日～2009年12月31日）

各投资组合的收益情况	1年期	3年期	5年期	7年期	10年期
投资于"大盘股"投资组合中回购收益率最高（前10%）股票的10 000美元在最糟糕情况下的最终价值（美元）	3 343	1 663	3 390	5 256	3 412
投资于"大盘股"投资组合中回购收益率最高（前10%）股票的10 000美元在最好情况下的最终价值（美元）	30 471	31 917	50 511	62 547	108 818
投资于"大盘股"投资组合的10 000美元在最糟糕情况下的最终价值（美元）	3 337	1 800	3 247	6 041	5 561
投资于"大盘股"投资组合的10 000美元在最好情况下的最终价值（美元）	25 952	30 890	46 970	42 189	59 747

投资于回购收益率最低的股票将遭遇非常可怕的损失

回购收益率最低的股票意味着公司没有回购股票，而是增发股票。这样的股票不是好的投资。我们首先分析"所有股票"投资组合，然后再分析"大盘股"投资组合。对"所有股票"投资组合而言，在1926年12月31日投资在回购收益率最低的股票投资组合上的10 000美元，到2009年12月31日仅增至1 204 517美元，其年复合平均收益率为5.94%，这一收益比"所有股票"投资组合在同期的收益少3 700万美元，后者的同期年复合平均收益率为10.46%。"所有股票"中回购收益率最低的股票投资组合的标准差也较高，为24.05%，而"所有股票"投资组合的标准差为21.67%。较高的风险再加上较低的绝对收益，使这一投资组合的夏普比率非常低，只有0.04，与之相比，"所有股票"投资组合的夏普比率为0.25。"所有股票"中回购收益率最低的股票投资组合的所有基本比率均为负值，在全部的滚动5年期里，该组合战胜"所有股票"投资组合的时间只有2%；而在全部的滚动10年期里，该组合从未战胜过"所有股票"投资组合。表12-11显示了相关的统计数据，而表12-12显示了各时期的基本比率。图12-3显示了"所有股票"投资组合中回购收益率最低的（后10%）股票投资组合相对于"所有股票"投资组合的5年期滚动年复合平均超额收益率（或超额损失率）。

表 12-11 "所有股票"中回购收益率最低的（后 10%）股票组成的投资组合及"所有股票"投资组合的年收益和风险数据统计概要（1927 年 1 月 1 日～2009 年 12 月 31 日）

	由"所有股票"中回购收益率最低的（后 10%）股票组成的投资组合	"所有股票"投资组合
算术平均值（%）	9.02	13.06
几何平均值（%）	5.94	10.46
平均收益（%）	15.77	18.54
标准差（%）	24.05	21.67
向上的偏差（%）	16.83	14.78
向下的偏差（%）	17.65	16.03
跟踪误差	4.77	0.00
收益为正的时期数	580	606
收益为负的时期数	416	390
从最高点到最低点的最大跌幅（%）	−88.38	−85.45
贝塔值	1.09	1.00
T 统计量（$m=0$）	3.28	5.19
夏普比率（$Rf=5\%$）	0.04	0.25
索蒂诺比率（$MAR=10\%$）	−0.23	0.03
10 000 美元投资的最终结果（美元）	1 204 517	38 542 780
1 年期最低收益（%）	−68.72	−66.72
1 年期最高收益（%）	211.93	201.69
3 年期最低收益（%）	−49.95	−45.99
3 年期最高收益（%）	47.88	51.03
5 年期最低收益（%）	−26.38	−23.07
5 年期最高收益（%）	39.21	41.17
7 年期最低收益（%）	−13.15	−7.43
7 年期最高收益（%）	21.28	23.77
10 年期最低收益（%）	−8.01	−5.31
10 年期最高收益（%）	17.67	22.05
预期最低收益①（%）	−39.08	−30.28
预期最高收益②（%）	57.13	56.39

① 预期最低收益等于收益率的算术平均值减去 2 倍的标准差。
② 预期最高收益等于收益率的算术平均值加上 2 倍的标准差。

表 12-12 "所有股票"投资组合中回购收益率最低的股票（后 10%）组成的投资组合及"所有股票"投资组合的基本比率（1927 年 1 月 1 日～2009 年 12 月 31 日）

项目	"所有股票"投资组合中回购收益率最高的股票（后 10%）组成的投资组合战胜"所有股票"投资组合的时间	百分比（%）	年平均超额收益率（%）
1 年期收益率	985 期中有 219 期	22	−4.07
滚动的 3 年期复合收益率	961 期中有 89 期	9	−4.33
滚动的 5 年期复合收益率	937 期中有 20 期	2	−4.42

(续)

项目	"所有股票"投资组合中回购收益率最高的股票（后10%）组成的投资组合战胜"所有股票"投资组合的时间	百分比（%）	年平均超额收益率（%）
滚动的7年期复合收益率	913期中有0期	0	-4.50
滚动的10年期复合收益率	877期中有0期	0	-4.51

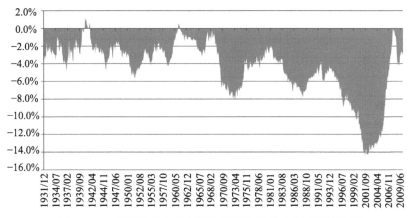

图 12-3　5 年期滚动年复合平均超额收益率（或超额损失率）

["所有股票"投资组合中回购收益率最低（后 10%）股票的收益率减去"所有股票"投资组合的收益率，1927 年 1 月 1 日～ 2009 年 12 月 31 日]

回购收益率最低的"大盘股"投资组合的表现稍好一些

如果于 1926 年 12 月 31 日在回购收益率最低的"大盘股"投资组合中投资 10 000 美元，到 2009 年年末，这笔投资的收益只有 1 397 168 美元，年复合平均收益率为 6.13%。这笔收益比直接投资于"大盘股"投资组合所获收益 21 617 372 美元少了 2 000 多万美元。低回购收益率"大盘股"投资组合的标准差是 21.93%，而"大盘股"投资组合的标准差是 19.35%。较高的标准差与较低的收益率，使得低回购收益率"大盘股"投资组合的夏普比率仅有 0.05，而"大盘股"投资组合的标准差则为 0.24。表 12-13 显示了相关的统计数据。低回购收益率"大盘股"投资组合的所有基本比率均为正值，在全部的滚动 5 年期里，该组合战胜"大盘股"投资组合的时间占 11%；而在全部的滚动 10 年期里，该组合战胜"大盘股"投资组合的时间仅占 4%。表 12-14 显示了该组合在各个持有期内的基本比率。图 12-4 显示了"大盘股"投资组合中回购收益率最低（后 10%）的股票相对于"大盘股"投资组合的 5 年期滚动年复合平均超额收益率（或超额损失率）。

表 12-13 "大盘股"中回购收益率最低的（后 10%）股票组成的投资组合及"大盘股"投资组合的年收益和风险数据统计概要（1927 年 1 月 1 日～2009 年 12 月 31 日）

	由"大盘股"中回购收益率最低的（后 10%）股票组成的投资组合	"大盘股"投资组合
算术平均值（%）	8.67	11.75
几何平均值（%）	6.13	9.69
平均收益（%）	13.50	16.75
标准差（%）	21.93	19.35
向上的偏差（%）	16.00	13.10
向下的偏差（%）	16.07	14.40
跟踪误差	5.90	0.00
收益为正的时期数	585	609
收益为负的时期数	411	387
从最高点到最低点的最大跌幅（%）	−88.05	−84.33
贝塔值	1.10	1.00
T 统计量（$m=0$）	3.47	5.25
夏普比率（$Rf=5\%$）	0.05	0.24
索蒂诺比率（$MAR=10\%$）	−0.24	−0.02
10 000 美元投资的最终结果（美元）	1 397 168	21 617 372
1 年期最低收益（%）	−68.72	−66.63
1 年期最高收益（%）	209.17	159.52
3 年期最低收益（%）	−48.96	−43.53
3 年期最高收益（%）	51.99	45.64
5 年期最低收益（%）	−25.95	−20.15
5 年期最高收益（%）	38.38	36.26
7 年期最低收益（%）	−12.05	−6.95
7 年期最高收益（%）	21.37	22.83
10 年期最低收益（%）	−7.69	−5.70
10 年期最高收益（%）	15.59	19.57
预期最低收益[1]（%）	−35.19	−26.96
预期最高收益[2]（%）	52.53	50.46

[1] 预期最低收益等于收益率的算术平均值减去 2 倍的标准差。
[2] 预期最高收益等于收益率的算术平均值加上 2 倍的标准差。

表 12-14 "大盘股"投资组合中回购收益率最低的股票（后 10%）组成的投资组合及"大盘股"投资组合的基本比率（1927 年 1 月 1 日～2009 年 12 月 31 日）

项目	"大盘股"投资组合中回购收益率最高的股票（后 10%）组成的投资组合战胜"大盘股"投资组合的时间	百分比（%）	年平均超额收益率（%）
1 年期收益率	985 期中有 300 期	30	−3.04

(续)

项目	"大盘股"投资组合中回购收益率最高的股票（后10%）组成的投资组合战胜"大盘股"投资组合的时间	百分比（%）	年平均超额收益率（%）
滚动的3年期复合收益率	961期中有216期	22	-3.26
滚动的5年期复合收益率	937期中有105期	11	-3.29
滚动的7年期复合收益率	913期中有47期	5	-3.39
滚动的10年期复合收益率	877期中有37期	4	-3.46

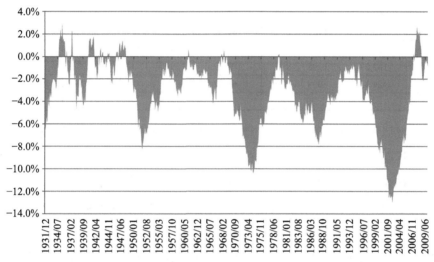

图 12-4　5年期滚动年复合平均超额收益率（或超额损失率）

["大盘股"投资组合中回购收益率最低（后10%）股票的收益率减去"大盘股"投资组合的收益率，1927年1月1日～2009年12月31日]

最糟糕的情况，最高收益与最低收益

1927～2009年，"所有股票"中回购收益率最低的股票（后10%）投资组合跌幅在20%以上的次数为10次，跌幅最大的一次发生于1929年8月～1932年6月间，该组合在此期间的跌幅为88%。1968年11月～1974年9月，该组合损失了71%，而且自2000年2月开始下跌65%之后，一直没有恢复过来。表12-15显示了"所有股票"中回购收益率最低的股票投资组合在各时期的最糟糕情况。

表 12-15 最糟糕的情况:"所有股票"投资组合中回购收益率最低的股票(后 10%)跌幅超过 20% 的全部数据(1927 年 1 月 1 日~2009 年 12 月 31 日)

股市见顶的时间	股市见顶时的指数值	股市见底的时间	股市见底时的指数值	股市复苏的时间	跌幅（%）	下跌持续期（月）	复苏持续期（月）
1929 年 8 月	1.94	1932 年 6 月	0.22	1945 年 10 月	−88.38	34	160
1946 年 5 月	2.66	1947 年 5 月	1.75	1951 年 1 月	−34.18	12	44
1961 年 11 月	12.49	1962 年 6 月	8.86	1964 年 6 月	−29.09	7	24
1968 年 11 月	30.05	1974 年 9 月	8.74	1980 年 7 月	−70.91	70	70
1981 年 5 月	39.88	1982 年 7 月	29.95	1982 年 11 月	−24.91	14	4
1983 年 6 月	54.64	1984 年 7 月	39.82	1985 年 11 月	−27.12	13	16
1987 年 8 月	78.79	1987 年 11 月	50.44	1989 年 8 月	−35.98	3	21
1989 年 9 月	80.01	1990 年 10 月	57.08	1991 年 3 月	−28.65	13	5
1998 年 4 月	162.27	1998 年 8 月	108.29	1999 年 12 月	−33.27	4	16
2000 年 2 月	184.13	2009 年 2 月	64.42		−65.01	108	
平均值					−43.75	27.8	40

"所有股票"中的低回购收益率股票投资组合表现最好的 5 年期是截至 1937 年 5 月的那个 5 年期,在此期间,该组合的年复合平均收益率为 39.21%,10 000 美元的初始投资将在 5 年末增至 52 273 美元。最差的 5 年期则发生在截至 1932 年 5 月的 5 年期里,该组合在此期间的年复合平均损失率为 26.38%,10 000 美元的初始投资将只剩下 2 162 美元。

从相对收益的角度来看,"所有股票"中回购收益率最低的股票投资组合表现最好的 5 年期发生在截至 1940 年 12 月的那个 5 年期,在此期间,该组合的累计收益率为 6%,而"所有股票"投资组合的累计收益率为 −0.3%,回购收益率最低的股票投资组合的相对累计优势为 6%。"所有股票"中回购收益率最低的股票投资组合表现最差的 5 年期发生在截至 2000 年 3 月的那个 5 年期,该组合在此期间的累计收益率为 71%,而"所有股票"投资组合的累计收益率为 156%,回购收益率最低的股票投资组合的相对累计损失率为 85%。表 12-16 与表 12-17 显示了 10 000 美元的投资在各个持有期内的最好情况与最糟糕的情况。图 12-3 显示了"所有股票"投资组合中回购收益率最低(后 10%)的股票相对于"所有股票"投资组合的 5 年期滚动年复合平均超额收益率(或超额损失率)。

表 12-16 按月度数据计算得到的最高与最低的年复合平均收益率(1927 年 1 月 1 日~2009 年 12 月 31 日)

各投资组合的收益情况	1 年期	3 年期	5 年期	7 年期	10 年期
"所有股票"投资组合中回购收益率最低的股票(后 10%)的最低复合收益率(%)	−68.72	−49.95	−26.38	−13.15	−8.01

（续）

各投资组合的收益情况	1年期	3年期	5年期	7年期	10年期
"所有股票"投资组合中回购收益率最低的股票（后10%）的最高复合收益率（%）	211.93	47.88	39.21	21.28	17.67
"所有股票"投资组合的最低复合收益率（%）	−66.72	−45.99	−23.07	−7.43	−5.31
"所有股票"投资组合的最高复合收益率（%）	201.69	51.03	41.17	23.77	22.05

表12-17　10 000美元按最高与最低的收益率（通过月度数据计算得出）投资所得到的最终价值（1927年1月1日～2009年12月31日）

各投资组合的收益情况	1年期	3年期	5年期	7年期	10年期
投资于"所有股票"投资组合中回购收益率最低（后10%）股票的10 000美元在最糟糕情况下的最终价值（美元）	3 128	1 254	2 162	3 727	4 339
投资于"所有股票"投资组合中回购收益率最低（后10%）股票的10 000美元在最好情况下的最终价值（美元）	31 193	32 341	52 273	38 587	50 909
投资于"所有股票"投资组合的10 000美元在最糟糕情况下的最终价值（美元）	3 328	1 576	2 695	5 825	5 793
投资于"所有股票"投资组合的10 000美元在最好情况下的最终价值（美元）	30 169	34 452	56 062	44 504	73 345

"大盘股"投资组合

"大盘股"中回购收益率最低的股票（后10%）投资组合跌幅在20%以上的次数为10次，跌幅最大的一次发生于1929年8月～1932年6月，该组合在此期间的跌幅为88%。1968年11月～1974年9月，该组合损失了71%，而且自2000年2月开始下跌65%之后，一直没有恢复过来。表12-18显示了"大盘股"中回购收益率最低的股票投资组合在各时期的最糟糕情况。

"大盘股"中回购收益率最低的股票投资组合表现最好的5年期是截至1937年5月的那个5年期，在此期间，该组合的年复合平均收益率为38.38%，10 000美元的初始投资将增至50 747美元。低回购收益率股票投资组合最差的5年期收益率发生在截至1932年5月的那个5年期，在此期间，该组合的年复合平均损失率为25.95%，10 000美元的初始投资将只剩下2 227美元。表12-19与表12-20显示了投资于这些投资组合的10 000美元在其他持有期内的最终价值。

表 12-18 最糟糕的情况:"大盘股"投资组合中回购收益率最低的股票(后10%)跌幅超过20%的全部数据(1927年1月1日~2009年12月31日)

股市见顶的时间	股市见顶时的指数值	股市见底的时间	股市见底时的指数值	股市复苏的时间	跌幅(%)	下跌持续期(月)	复苏持续期(月)
1929年8月	1.87	1932年5月	0.22	1945年11月	−88.05	33	162
1946年5月	2.36	1947年5月	1.71	1951年1月	−27.38	12	44
1961年12月	10.33	1962年6月	7.68	1964年1月	−25.63	6	19
1968年11月	19.42	1974年9月	6.72	1980年9月	−65.37	70	72
1983年6月	29.84	1984年7月	22.96	1985年5月	−23.04	13	10
1987年8月	50.26	1987年11月	34.62	1989年5月	−31.12	3	18
1989年8月	56.63	1990年10月	42.21	1991年2月	−25.45	14	4
1998年4月	161.95	1998年8月	120.20	1999年4月	−25.78	4	8
2000年8月	175.56	2002年9月	68.59	2007年4月	−60.93	25	55
2007年10月	199.66	2009年2月	80.17		−59.85	16	
平均值					−43.26	19.6	43.56

表 12-19 按月度数据计算得到的最高与最低的年复合平均收益率(1927年1月1日~2009年12月31日)

各投资组合的收益情况	1年期	3年期	5年期	7年期	10年期
"大盘股"投资组合中回购收益率最低的股票(后10%)的最低复合收益率(%)	−68.72	−48.96	−25.95	−12.05	−7.69
"大盘股"投资组合中回购收益率最低的股票(后10%)的最高复合收益率(%)	209.17	51.99	38.38	21.37	15.59
"大盘股"投资组合的最低复合收益率(%)	−66.63	−43.53	−20.15	−6.95	−5.70
"大盘股"投资组合的最高复合收益率(%)	159.52	45.64	36.26	22.83	19.57

表 12-20 10 000美元按最高与最低的收益率(通过月度数据计算得出)投资所得到的最终价值(1927年1月1日~2009年12月31日)

各投资组合的收益情况	1年期	3年期	5年期	7年期	10年期
投资于"大盘股"投资组合中回购收益率最低(后10%)股票的10 000美元在最糟糕情况下的最终价值(美元)	3 128	1 329	2 227	4 072	4 491
投资于"大盘股"投资组合中回购收益率最低(后10%)股票的10 000美元在最好情况下的最终价值(美元)	30 917	35 113	50 747	38 804	42 574
投资于"大盘股"投资组合的10 000美元在最糟糕情况下的最终价值(美元)	3 337	1 800	3 247	6 041	5 561
投资于"大盘股"投资组合的10 000美元在最好情况下的最终价值(美元)	25 952	30 890	46 970	42 189	59 747

"大盘股"中回购收益率最低的股票投资组合相对于"大盘股"投资组合表现最好的5年期发生在截至1937年6月的那个5年期，在此期间，该组合的累计收益率为386%，而"大盘股"投资组合的累计收益率为346%，该组合的相对累计优势为40%。"大盘股"中回购收益率最低的股票投资组合表现最差的5年期发生在截至1987年7月的那个5年期，在此期间，该组合的累计收益率为164%，而"大盘股"投资组合的累计收益率为257%，回购收益率最低的股票投资组合的相对累计损失率为93%。图12-4显示了在全部持有期内，"大盘股"投资组合中回购收益率最低（后10%）的股票相对于"大盘股"投资组合的5年期滚动年复合平均超额收益率（或超额损失率）。

完整的十分位分组分析

回购收益率与其他价值因素的不同之处在于：有些公司可能会因其回购收益率完全相同而存在某些联系。如果一家公司从不增发新股或回购股份，其回购收益率为零。那些位于中间十分位分组中的股票很难提供相应的回购收益率数据，因为在"所有股票"与"大盘股"投资组合中的公司有10%以上的股票在几个月里的回购收益率为零。这使得某些十分位分组都聚集在一起。例如，第6组十分位分组可能不存在，因为第7组十分位分组包括了组合中20%的回购收益率为零的样本。在这种情况下，我们令第6组与第7组彼此相等，这样月度分组收益率就不会存在间隔。第1组分组与第10组分组不受影响，因为它们所包含的是回购收益率最高的股票与回购收益率最低的股票（即那些增发新股的公司）。

完整的十分位分组分析的不寻常之处在于，最高的前8个十分位分组战胜了"所有股票"投资组合，而第9组与第10组分组的表现明显低于"所有股票"投资组合——第10组分组的年复合平均收益率为5.94%，而第9组分组的年复合平均收益率为8.6%。但是，回购收益率最高的10%的股票投资组合的收益率非常高，这让我们得出结论：我们只应关注那些回购收益率最高的10%的股票，这些公司大量的回购其股份；警惕那些向公众增发了大量新股的公司。表12-21与表12-22显示了"所有股票"和"大盘股"最高10%和最低10%的分析结果，表12-23和图12-5显示了"所有股票"投资组合中各十分位分组的分析结果。

表 12-21 "所有股票"投资组合按 10 年期划分的年复合平均收益率

	20 世纪 20 年代①	20 世纪 30 年代	20 世纪 40 年代	20 世纪 50 年代	20 世纪 60 年代	20 世纪 70 年代	20 世纪 80 年代	20 世纪 90 年代	21 世纪第 1 个 10 年②
"所有股票"投资组合中回购收益率最高(排名前10%)的股票(%)	21.36	−1.89	14.69	19.82	13.51	12.97	22.42	17.52	10.02
"所有股票"投资组合中回购收益率最低(排名后10%)的股票(%)	5.31	−1.59	8.48	15.11	8.24	2.80	11.15	7.94	−3.09
"所有股票"投资组合(%)	12.33	−0.03	11.57	18.07	10.72	7.56	16.78	15.35	4.39

① 1927 年 1 月 1 日～1929 年 12 月 31 日的收益。
② 2000 年 1 月 1 日～2009 年 12 月 31 日的收益。

表 12-22 "大盘股"投资组合按 10 年期划分的年复合平均收益率

	20 世纪 20 年代①	20 世纪 30 年代	20 世纪 40 年代	20 世纪 50 年代	20 世纪 60 年代	20 世纪 70 年代	20 世纪 80 年代	20 世纪 90 年代	21 世纪第 1 个 10 年②
"大盘股"投资组合中回购收益率最高(排名前10%)的股票(%)	31.00	−3.72	11.91	19.56	11.40	12.10	23.43	18.40	8.00
"大盘股"投资组合中回购收益率最低(排名后10%)的股票(%)	4.65	−1.80	8.34	13.75	6.86	0.83	12.93	11.77	−1.77
"大盘股"投资组合(%)	17.73	−1.05	9.65	17.06	8.31	6.65	17.34	16.38	2.42

① 1927 年 1 月 1 日～1929 年 12 月 31 日的收益。
② 2000 年 1 月 1 日～2009 年 12 月 31 日的收益。

表 12-23 对"所有股票"投资组合按回购收益率进行十分位(10%)分组的分析结果概述(1927 年 1 月 1 日～2009 年 12 月 31 日)

十分位(10%)	10 000 美元的投资将增长至(美元)	平均收益率(%)	复合收益率(%)	标准差(%)	夏普比率
1(最高)	421 203 905	16.86	13.69	24.32	0.36
2	119 843 583	15.14	11.98	24.46	0.29
3	85 516 305	14.59	11.53	24.17	0.27
4	75 029 995	14.38	11.35	24.07	0.26
5	68 380 894	13.65	11.23	20.92	0.30
6	59 335 635	13.56	11.04	21.32	0.28
7	81 823 740	14.19	11.47	22.09	0.29

(续)

十分位（10%）	10 000 美元的投资将增长至（美元）	平均收益率（%）	复合收益率（%）	标准差（%）	夏普比率
8	45 119 547	13.49	10.67	22.52	0.25
9	9 388 666	11.30	8.60	22.17	0.16
10（最低）	1 204 517	9.02	5.94	24.05	0.04
"所有股票"投资组合	38 542 780	13.06	10.46	21.67	0.25

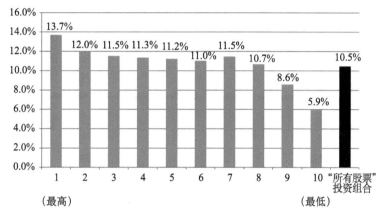

图12-5 "所有股票"投资组合的年复合平均收益率

（按回购收益率的十分位进行平均分组，1964年1月1日～2009年12月31日）

对"大盘股"投资组合而言，第1～第7组分组都战胜了"大盘股"投资组合，但第4组与第6组分组只是略微胜出，最主要的原因在于我们在上面提到的置换问题——对右边的十分位分组中的零回购收益率进行置换。对"所有股票"投资组合而言，我们只须完全避开第9组与第10组分组（见表12-24与图12-6）。

表12-24 对"大盘股"投资组合按回购收益率进行十分位（10%）分组的分析结果概述（1927年1月1日～2009年12月31日）

十分位（10%）	10 000 美元的投资将增长至（美元）	平均收益率（%）	复合收益率（%）	标准差（%）	夏普比率
1（最高）	250 019 446	15.88	12.98	23.11	0.35
2	145 516 544	15.15	12.24	23.22	0.31
3	113 823 003	14.68	11.91	22.76	0.30
4	25 737 268	12.51	9.92	22.24	0.22
5	38 376 139	12.46	10.45	19.09	0.29
6	22 742 972	11.90	9.76	19.72	0.24
7	53 593 671	13.19	10.90	20.32	0.29
8	19 536 117	11.84	9.56	20.28	0.22
9	8 615 546	10.90	8.48	21.18	0.16

(续)

十分位（10%）	10 000 美元的投资将增长至（美元）	平均收益率（%）	复合收益率（%）	标准差（%）	夏普比率
10（最低）	1 397 168	8.67	6.13	21.93	0.05
"大盘股"投资组合	21 617 372	11.75	9.69	19.35	0.24

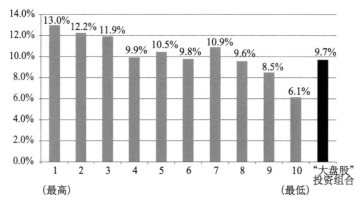

图12-6 "大盘股"投资组合的年复合平均收益率
（按回购收益率的十分位进行平均分组，1927年1月1日～2009年12月31日）

对投资者的启示

在研究向股东返还现金最有效率的方式时，在公开市场上回购股份提供的收益率高于发放现金股息的分配方式。回购收益率最高的股票的表现远远超过了市场的整体表现——在过去的83年里，回购收益率最高的股票投资组合的年复合平均收益率超出"所有股票"投资组合3.23个百分点。回购收益率最低的股票投资组合的表现则非常糟糕，其年复合平均收益率低于"所有股票"投资组合4.52个百分点。回购收益率最高与回购收益率最低的股票投资组合年复合平均收益率之间的价差达7.75%，而且，这一分析结果与我们对全部的滚动5年期中所产生的滚动的超额收益率看起来完全一致。我们在分析中发现，在全部的滚动5年期里，回购收益率最低的股票投资组合表现不如"所有股票"投资组合的时间占全部时间的98%。总而言之，在确定一只股票的相对吸引力时，回购收益率是一个非常出色的价值因素。

| 第 13 章 |

股东收益率

> 从别人的失败中吸取教训比从自己的失败中吸取教训要更好。
>
> ——伊索

现在我们将注意力转向**股东收益率**（shareholder yield）。股东收益率将股票的股息率与其回购收益率统一在一起。这一比率说明了公司向其股东支付的现金总额所占的百分比，公司既可以发放现金股息，也可以在公开市场上用现金回购股份。因此，如果公司支付的股息率为5%，回购收益率为10%，则其股东收益率为15%。这一理论认为，股东收益率高的股票对投资者更具吸引力。下面让我们看看这一理论是否成立。

检验结果

和以前一样，我们使用综合投资组合，按十分位分组对"所有股票"与"大盘股"投资组合中股东收益率最高与最低的投资组合进行分析。因为我们可以使用CRSP的数据库计算股东收益率，从1926年12月31日开始投资10 000美元，将其持有至2009年12月31日结束。到2009年年末，在"所有股票"中股东收益率最高的股票投资组合上投资的10 000美元将价值298 263 138美元，年复合平均收益率为13.22%。而同时期内"所有股票"投资组合上投资的10 000美元价值为38 542 780

美元,年复合平均收益率为10.46%。就风险(以收益率的标准差衡量)而言,股东收益率最高的股票投资组合的标准差也比"所有股票"投资组合的标准差小,前者的标准差为20.19%,而后者的标准差为21.67%。股东收益率最高的股票投资组合的下行风险同样较小,其向下的偏差只有15.9%,而"所有股票"投资组合向下的偏差则为16.03%。表13-1~表13-5概括了股东收益率最高的股票投资组合的全部统计数据。

表13-1 "所有股票"中股东收益率最高的(前10%)股票组成的投资组合及"所有股票"投资组合的年收益和风险数据统计概要(1927年1月1日~2009年12月31日)

	由"所有股票"中股东收益率最高(前10%)股票组成的投资组合	"所有股票"投资组合
算术平均值(%)	15.50	13.06
几何平均值(%)	13.22	10.46
平均收益(%)	19.52	18.54
标准差(%)	20.19	21.67
向上的偏差(%)	14.68	14.78
向下的偏差(%)	15.90	16.03
跟踪误差	6.79	0.00
收益为正的时期数	648	606
收益为负的时期数	348	390
从最高点到最低点的最大跌幅(%)	−88.98	−85.45
贝塔值	0.89	1.00
T统计量($m=0$)	6.54	5.19
夏普比率($Rf=5\%$)	0.41	0.25
索蒂诺比率($MAR=10\%$)	0.20	0.03
10 000美元投资的最终结果(美元)	298 363 138	38 542 780
1年期最低收益(%)	−72.39	−66.72
1年期最高收益(%)	210.02	201.69
3年期最低收益(%)	−50.26	−45.99
3年期最高收益(%)	57.28	51.03
5年期最低收益(%)	−27.92	−23.07
5年期最高收益(%)	43.17	41.17
7年期最低收益(%)	−9.38	−7.43
7年期最高收益(%)	31.00	23.77
10年期最低收益(%)	−7.42	−5.31
10年期最高收益(%)	27.18	22.05
预期最低收益[①](%)	−24.89	−30.28
预期最高收益[②](%)	55.89	56.39

① 预期最低收益等于收益率的算术平均值减去2倍的标准差。
② 预期最高收益等于收益率的算术平均值加上2倍的标准差。

高股东收益率股票投资组合的所有基本比率均为正值,在全部的滚动5年期里,该组合战胜"所有股票"投资组合的时间占全部时间的86%;而在全部的滚动10年期里,该组合战胜"所有股票"投资组合的时间占全部时间的93%。表13-2显示了高股东收益率股票投资组合在各持有期内的基本比率。

当价值型"小盘股"投资组合的表现好于成长型"小盘股"投资组合及价值型"大盘股"投资组合的表现好于成长型"大盘股"投资组合的时候,高股东收益率股票投资组合的表现尤其出色。在债券表现出色的市场环境中,该组合的表现也非常不错。图13-1显示了"所有股票"投资组合中股东收益率最高股票(前10%)的投资组合相对于"所有股票"投资组合的5年期滚动年复合平均超额收益率(或超额损失率)。

表13-2 "所有股票"中股东收益率最高(前10%)股票组成的投资组合及"所有股票"投资组合的基本比率(1927年1月1日~2009年12月31日)

项目	"所有股票"中股东收益率最高(前10%)股票组成的投资组合战胜"所有股票"投资组合的时间	百分比(%)	年平均超额收益率(%)
1年期收益率	985期中有654期	66	2.63
滚动的3年期复合收益率	961期中有783期	81	2.90
滚动的5年期复合收益率	937期中有810期	86	2.96
滚动的7年期复合收益率	913期中有833期	91	3.08
滚动的10年期复合收益率	877期中有815期	93	3.13

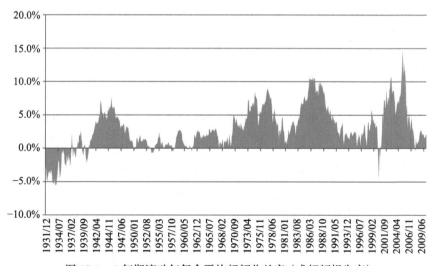

图13-1 5年期滚动年复合平均超额收益率(或超额损失率)

["所有股票"投资组合中股东收益率最高(前10%)股票的收益率减去"所有股票"投资组合的收益率,1927年1月1日~2009年12月31日]

"大盘股"投资组合的表现依然出色

在1926年12月31日将10 000美元投资于股东收益率最高的"大盘股"投资组合,到2009年年末,这笔资金将增至217 331 288美元,年复合平均收益率为12.79%。高股东收益率"大盘股"投资组合的风险也略低于"大盘股"投资组合,其收益率的标准差为19.31%,而"大盘股"投资组合的标准差为19.35%。较高的收益与较低的风险使该组合具有较高的夏普比率为0.4,而"大盘股"投资组合的夏普比率为0.24。表13-6~表13-10概括了相关的研究结果。

股东收益率最高的"大盘股"投资组合的所有基本比率均为正值,在全部滚动的5年期里,高股东收益率大盘股投资组合战胜"大盘股"投资组合的时间占90%;在全部的滚动10年期里,高股东收益率大盘股投资组合战胜"大盘股"投资组合的时间占97%。表13-7显示了该组合在全部持有期内的基本比率。当价值型"大盘股"投资组合的表现好于成长型"大盘股"投资组合及债券表现好于股票时,高股东收益率股票投资组合的表现尤其出色。图13-2显示了"大盘股"投资组合中股东收益率最高的(前10%)股票投资组合相对于"大盘股"投资组合的5年期滚动年复合平均超额收益率。

最糟糕的情况,最高收益与最低收益

1926~2009年,"所有股票"中股东收益率最高的股票投资组合跌幅超过20%以上的次数共有7次。跌幅最大的一次发生在1929年8月~1932年5月,该组合在此期间的跌幅为89%。除了最近(2007年5月~2009年2月)一次熊市,在此期间,该组合共下跌了55%之外,"所有股票"中股东收益率最高的股票投资组合的跌幅要小于我们检验过的许多其他投资策略。例如,在2000~2003年的熊市中,"所有股票"中股东收益率最高的股票投资组合的跌幅不足20%,最糟糕情况不发生在这一时期的单因素指标为数极少,而股东收益率恰恰就是这样一个价值因素。表13-3显示了该组合在各下跌时期内的相关信息。

表13-3 最糟糕的情况:"所有股票"投资组合中股东收益率最高的股票(前10%)跌幅超过20%的全部数据(1927年1月1日~2009年12月31日)

股市见顶的时间	股市见顶时的指数值	股市见底的时间	股市见底时的指数值	股市复苏的时间	跌幅(%)	下跌持续期(月)	复苏持续期(月)
1929年8月	2.05	1932年5月	0.23	1943年5月	−88.98	33	132

(续)

股市见顶的时间	股市见顶时的指数值	股市见底的时间	股市见底时的指数值	股市复苏的时间	跌幅（%）	下跌持续期（月）	复苏持续期（月）
1946 年 5 月	4.73	1947 年 5 月	3.34	1949 年 12 月	−29.51	12	31
1969 年 1 月	108.40	1970 年 6 月	75.43	1971 年 4 月	−30.42	17	10
1972 年 11 月	120.51	1974 年 9 月	82.91	1975 年 6 月	−31.20	22	9
1987 年 8 月	2 004.81	1987 年 11 月	1 476.23	1989 年 1 月	−26.37	3	14
1989 年 8 月	2 451.44	1990 年 10 月	1 924.29	1991 年 2 月	−21.50	14	4
2007 年 5 月	36 406.26	2009 年 2 月	16 490.49		−54.70	21	
平均值					−40.38	17.43	33.33

从绝对收益的角度看，"所有股票"中股东收益率最高的股票投资组合最好的 5 年期收益率发生在截至 1937 年 5 月的那个 5 年期，该组合在此期间的年复合平均收益率为 43.17%，10 000 美元的初始投资将增至 60 161 美元。该组合表现最差的 5 年期收益率发生在截至 1932 年 5 月的那个 5 年期，该组合在此期间的年复合平均损失率为 27.92%，投资于该组合的 10 000 美元将缩减至 1 945 美元。表 13-4 显示了"所有股票"中股东收益率最高的股票投资组合在各时期内的最低与最高的年复合平均收益率。表 13-5 显示了该投资组合在全部持有期内按最高与最低的收益率投资 10 000 美元所得到的最终价值。

表 13-4 按月度数据计算得到的最高与最低的年复合平均收益率（1927 年 1 月 1 日～2009 年 12 月 31 日）

各投资组合的收益情况	1 年期	3 年期	5 年期	7 年期	10 年期
"所有股票"投资组合中股东收益率最高的股票（前 10%）的最低复合收益率（%）	−72.39	−50.26	−27.92	−9.38	−7.42
"所有股票"投资组合中股东收益率最高的股票（前 10%）的最高复合收益率（%）	210.02	57.28	43.17	31.00	27.18
"所有股票"投资组合的最低复合收益率（%）	−66.72	−45.99	−23.07	−7.43	−5.31
"所有股票"投资组合的最高复合收益率（%）	201.69	51.03	41.17	23.77	22.05
"所有股票"投资组合中股东收益率最低的股票（后 10%）的最低复合收益率（%）	−68.26	−49.89	−27.07	−13.76	−6.90
"所有股票"投资组合中股东收益率最低的股票（后 10%）的最高复合收益率（%）	234.90	48.95	43.55	23.60	17.80

表 13-5 10 000 美元按最高与最低的收益率（通过月度数据计算得出）投资所得到的最终价值（1927 年 1 月 1 日～2009 年 12 月 31 日）

各投资组合的收益情况	1 年期	3 年期	5 年期	7 年期	10 年期
投资于"所有股票"投资组合中股东收益率最高（前 10%）股票的 10 000 美元在最糟糕情况下的最终价值（美元）	2 761	1 231	1 945	5 017	4 626

(续)

各投资组合的收益情况	1年期	3年期	5年期	7年期	10年期
投资于"所有股票"投资组合中股东收益率最高(前10%)股票的10 000美元在最好情况下的最终价值(美元)	31 002	38 910	60 161	66 193	110 679
投资于"所有股票"投资组合的10 000美元在最糟糕情况下的最终价值(美元)	3 328	1 576	2 695	5 825	5 793
投资于"所有股票"投资组合的10 000美元在最好情况下的最终价值(美元)	30 169	34 452	56 062	44 504	73 345
投资于"所有股票"投资组合中股东收益率最低(后10%)股票的10 000美元在最糟糕情况下的最终价值(美元)	3 174	1 258	2 063	3 548	4 894
投资于"所有股票"投资组合中股东收益率最低(后10%)股票的10 000美元在最好情况下的最终价值(美元)	33 490	33 045	60 946	44 069	51 450

高股东收益率股票投资组合相对于"所有股票"投资组合表现最好的5年期收益率发生在截至1987年7月的那个5年期,该组合在此期间的累计收益率为371%,而"所有股票"投资组合的收益率为239%,高股东收益率股票投资组合的相对累计优势达132%。"所有股票"中的高股东收益率股票投资组合的最差的5年期收益率发生在截至2000年2月的那个5年期,该组合在此期间的累计收益率为127%,而"所有股票"投资组合的累计收益率为172%,高股东收益率股票投资组合的相对累计损失为45%。图13-1显示了"所有股票"中股东收益率最高的股票投资组合相对于"所有股票"投资组合的5年期滚动年复合平均超额收益率(或超额损失率)。

1929～2009年,"大盘股"中股东收益率最高的股票投资组合跌幅在20%以上的次数为7次,最大的一次跌幅发生在1929年8月～1932年6月,跌幅达87%。除了最近(2007年5月～2009年2月)一次熊市,在此期间,该组合共下跌了55%之外,高股东收益率"大盘股"股票投资组合的下跌次数与"所有股票"中股东收益率最高的股票组合的下跌次数相仿。同样,在2000～2003年的熊市中,"大盘股"中股东收益率最高的股票投资组合的跌幅不足20%,而在1973～1974年的熊市中,该组合只下跌了28%。表13-8显示了该组合跌幅大于20%的全部情况。

表13-6 "大盘股"中股东收益率最高的(前10%)股票投资组合及"大盘股"投资组合的年收益和风险数据统计概要(1927年1月1日～2009年12月31日)

	由"大盘股"中股东收益率最高(前10%)股票组成的投资组合	"大盘股"投资组合
算术平均值(%)	14.86	11.75

(续)

	由"大盘股"中股东收益率最高（前10%）股票组成的投资组合	"大盘股"投资组合
几何平均值（%）	12.79	9.69
平均收益（%）	18.03	16.75
标准差（%）	19.31	19.35
向上的偏差（%）	14.07	13.10
向下的偏差（%）	14.59	14.40
跟踪误差	6.54	0.00
收益为正的时期数	628	609
收益为负的时期数	368	387
从最高点到最低点的最大跌幅（%）	−87.43	−84.33
贝塔值	0.94	1.00
T 统计量（$m=0$）	6.57	5.25
夏普比率（$Rf=5\%$）	0.40	0.24
索蒂诺比率（$MAR=10\%$）	0.19	−0.02
10 000美元投资的最终结果（美元）	217 331 288	21 617 372
1年期最低收益（%）	−73.02	−66.63
1年期最高收益（%）	234.00	159.52
3年期最低收益（%）	−48.31	−43.53
3年期最高收益（%）	58.49	45.64
5年期最低收益（%）	−25.54	−20.15
5年期最高收益（%）	44.08	36.26
7年期最低收益（%）	−7.66	−6.95
7年期最高收益（%）	29.52	22.83
10年期最低收益（%）	−4.17	−5.70
10年期最高收益（%）	25.50	19.57
预期最低收益[①]（%）	−23.75	−26.96
预期最高收益[②]（%）	53.47	50.46

① 预期最低收益等于收益率的算术平均值减去2倍的标准差。
② 预期最高收益等于收益率的算术平均值加上2倍的标准差。

表13-7 "大盘股"中股东收益率最高（前10%）股票组成的投资组合及"大盘股"投资组合的基本比率（1927年1月1日～2009年12月31日）

项目	"大盘股"中股东收益率最高（前10%）股票组成的投资组合战胜"大盘股"投资组合的时间	百分比（%）	年平均超额收益率（%）
1年期收益率	985期中有668期	67	3.29
滚动的3年期复合收益率	961期中有777期	81	3.24
滚动的5年期复合收益率	937期中有843期	90	3.33
滚动的7年期复合收益率	913期中有869期	95	3.42
滚动的10年期复合收益率	877期中有855期	97	3.41

表 13-8 最糟糕的情况:"大盘股"投资组合中股东收益率最高的股票(前 10%)跌幅超过 20% 的全部数据(1927 年 1 月 1 日~ 2009 年 12 月 31 日)

股市见顶的时间	股市见顶时的指数值	股市见底的时间	股市见底时的指数值	股市复苏的时间	跌幅(%)	下跌持续期(月)	复苏持续期(月)
1929 年 8 月	2.11	1932 年 6 月	0.26	1943 年 3 月	−87.43	34	129
1946 年 5 月	5.07	1947 年 5 月	3.75	1949 年 12 月	−26.10	12	31
1968 年 11 月	85.84	1970 年 6 月	60.64	1972 年 1 月	−29.36	19	19
1972 年 11 月	97.80	1974 年 9 月	70.09	1975 年 6 月	−28.34	22	9
1987 年 8 月	1 378.44	1987 年 11 月	1 020.06	1988 年 10 月	−26.00	3	11
1989 年 8 月	1 796.96	1990 年 10 月	1 422.98	1991 年 2 月	−20.81	14	4
2007 年 10 月	25 856.5	2009 年 2 月	12 239.88		−52.66	16	
平均值					−38.67	17.14	33.83

从绝对收益的角度看,"大盘股"中股东收益率最高的股票投资组合最好的 5 年期收益率发生在截至 1937 年 5 月的那个 5 年期,该组合在此期间的年复合平均收益率为 44.08%,10 000 美元的初始投资将增至 62 095 美元。该组合表现最差的 5 年期收益率发生在截至 1932 年 5 月的那个 5 年期,该组合在此期间的年复合平均损失率为 25.54%,投资于该组合的 10 000 美元将缩减至 2 288 美元。表 13-9 与表 13-10 分别显示了该组合在各持有期内的最低与最高的年复合平均收益率。

表 13-9 按月度数据计算得到的最高与最低的年复合平均收益率(1927 年 1 月 1 日~ 2009 年 12 月 31 日)

各投资组合的收益情况	1 年期	3 年期	5 年期	7 年期	10 年期
"大盘股"投资组合中股东收益率最高的股票(前 10%)的最低复合收益率(%)	−73.02	−48.31	−25.54	−7.66	−4.17
"大盘股"投资组合中股东收益率最高的股票(前 10%)的最高复合收益率(%)	234.00	58.49	44.08	29.52	25.50
"大盘股"投资组合的最低复合收益率(%)	−66.63	−43.53	−20.15	−6.95	−5.70
"大盘股"投资组合的最高复合收益率(%)	159.52	45.64	36.26	22.83	19.57
"大盘股"投资组合中股东收益率最低的股票(后 10%)的最低复合收益率(%)	−68.79	−48.88	−26.55	−13.44	−7.94
"大盘股"投资组合中股东收益率最低的股票(后 10%)的最高复合收益率(%)	253.61	55.40	41.34	22.39	15.85

表 13-10 10 000 美元按最高与最低的收益率(通过月度数据计算得出)投资所得到的最终价值(1927 年 1 月 1 日~ 2009 年 12 月 31 日)

各投资组合的收益情况	1 年期	3 年期	5 年期	7 年期	10 年期
投资于"大盘股"投资组合中股东收益率最高(前 10%)股票的 10 000 美元在最糟糕情况下的最终价值(美元)	2 698	1 381	2 288	5 723	6 533

(续)

各投资组合的收益情况	1年期	3年期	5年期	7年期	10年期
投资于"大盘股"投资组合中股东收益率最高(前10%)股票的10 000美元在最好情况下的最终价值(美元)	33 400	39 810	62 095	61 149	96 932
投资于"大盘股"投资组合的10 000美元在最糟糕情况下的最终价值(美元)	3 337	1 800	3 247	6 041	5 561
投资于"大盘股"投资组合的10 000美元在最好情况下的最终价值(美元)	25 952	30 890	46 970	42 189	59 747
投资于"大盘股"投资组合中股东收益率最低(后10%)股票的10 000美元在最糟糕情况下的最终价值(美元)	3 121	1 336	2 138	3 642	4 370
投资于"大盘股"投资组合中股东收益率最低(后10%)股票的10 000美元在最好情况下的最终价值(美元)	35 361	37 529	56 416	41 130	43 533

高股东收益率股票投资组合相对于"大盘股"投资组合表现最好的5年期收益率发生在截至1937年6月的那个5年期,该组合在此期间的累计收益率为498%,而"大盘股"投资组合的收益率为346%,高股东收益率股票投资组合的相对累计优势达152%。

"大盘股"中的高股东收益率股票投资组合的最差的5年期收益率发生在截至2000年2月的那个5年期,该组合在此期间的累计收益率为137%,而"大盘股"投资组合的累计收益率为180%,高股东收益率股票投资组合的相对累计损失为43%。图13-2显示了全部持有期内,"大盘股"中股东收益率最高的股票投资组合相对于"大盘股"投资组合的5年期滚动年复合平均超额收益率(或超额损失率)。

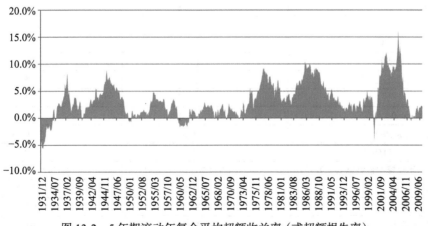

图13-2　5年期滚动年复合平均超额收益率(或超额损失率)

["大盘股"投资组合中股东收益率最高(前10%)股票的收益率减去"大盘股"投资组合的收益率,1927年1月1日～2009年12月31日]

"所有股票"中股东收益率最低的股票投资组合表现不佳

现在,我们来看股东收益率最低的(后10%)股票投资组合的情况。于1926年12月31日投资在股东收益率最低的股票投资组合上的10 000美元,到2009年12月31日将增至1 334 762美元,年复合平均收益率为6.07%。不用说,这一收益远逊于"所有股票"投资组合的同期收益38 542 780美元。"所有股票"中股东收益率最低的股票投资组合的标准差也较高,为25.78%,而"所有股票"投资组合的标准差为21.67%。这一投资组合的下行风险也比较,其向下的偏差为18.38%,而"所有股票"投资组合向下的偏差则为16.03%。较低的收益再加上较高的风险,使这一投资组合的夏普比率仅为0.04,与"所有股票"投资组合0.25的夏普比率相比,这一数值微不足道。表13-11~表13-13列举了股东收益率最低的投资组合与"所有股票"投资组合的相关统计数据。

表13-11 "所有股票"中股东收益率最低的(后10%)股票组成的投资组合及"所有股票"投资组合的年收益和风险数据统计概要(1927年1月1日~2009年12月31日)

	由"所有股票"中股东收益率最低的(后10%)股票组成的投资组合	"所有股票"投资组合
算术平均值(%)	9.58	13.06
几何平均值(%)	6.07	10.46
平均收益(%)	16.52	18.54
标准差(%)	25.78	21.67
向上的偏差(%)	18.72	14.78
向下的偏差(%)	18.38	16.03
跟踪误差	6.15	0.00
收益为正的时期数	580	606
收益为负的时期数	416	390
从最高点到最低点的最大跌幅(%)	−88.56	−85.45
贝塔值	1.17	1.00
T统计量($m=0$)	3.25	5.19
夏普比率($Rf=5\%$)	0.04	0.25
索蒂诺比率($MAR=10\%$)	−0.21	0.03
10 000美元投资的最终结果(美元)	1 334 762	38 542 780
1年期最低收益(%)	−68.26	−66.72
1年期最高收益(%)	234.90	201.69
3年期最低收益(%)	−49.89	−45.99
3年期最高收益(%)	48.95	51.03
5年期最低收益(%)	−27.07	−23.07

（续）

	由"所有股票"中股东收益率最低的（后10%）股票组成的投资组合	"所有股票"投资组合
5年期最高收益（%）	43.55	41.17
7年期最低收益（%）	-13.76	-7.43
7年期最高收益（%）	23.60	23.77
10年期最低收益（%）	-6.90	-5.31
10年期最高收益（%）	17.80	22.05
预期最低收益[①]（%）	-41.97	-30.28
预期最高收益[②]（%）	61.13	56.39

① 预期最低收益等于收益率的算术平均值减去2倍的标准差。
② 预期最高收益等于收益率的算术平均值加上2倍的标准差。

股东收益率最低的股票投资组合的所有基本比率均为正值，在全部滚动的5年期里，该组合战胜"所有股票"投资组合的时间占9%；而在全部滚动10年期里，该组合战胜"所有股票"投资组合的时间仅占4%。表13-12显示了该组合在各个持有期内的基本比率。图13-3显示了"所有股票"投资组合中股东收益率最低（后10%）的股票相对于"所有股票"投资组合的5年期滚动年复合平均超额收益率（或超额损失率）。表13-13显示了该组合跌幅超过20%的所有下跌情况。

表13-12 "所有股票"投资组合中股东收益率最低的股票（后10%）组成的投资组合以及"所有股票"投资组合的基本比率（1927年1月1日～2009年12月31日）

项目	"所有股票"投资组合中股东收益率最高的股票（后10%）组成的投资组合战胜"所有股票"投资组合的时间	百分比（%）	年平均超额收益率（%）
1年期收益率	985期中有263期	27	-3.57
滚动的3年期复合收益率	961期中有171期	18	-4.12
滚动的5年期复合收益率	937期中有83期	9	-4.23
滚动的7年期复合收益率	913期中有56期	6	-4.33
滚动的10年期复合收益率	877期中有36期	4	-4.37

表13-13 最糟糕的情况："所有股票"投资组合中股东收益率最低的股票（后10%）跌幅超过20%的全部数据（1927年1月1日～2009年12月31日）

股市见顶的时间	股市见顶时的指数值	股市见底的时间	股市见底时的指数值	股市复苏的时间	跌幅（%）	下跌持续期（月）	复苏持续期（月）
1929年8月	1.88	1932年5月	0.22	1945年2月	-88.56	33	153
1946年5月	3.45	1947年5月	2.18	1951年1月	-36.83	12	44
1961年11月	15.60	1962年6月	10.88	1965年1月	-30.25	7	31
1966年4月	21.90	1966年10月	17.15	1967年1月	-21.66	6	3

（续）

股市见顶的时间	股市见顶时的指数值	股市见底的时间	股市见底时的指数值	股市复苏的时间	跌幅（%）	下跌持续期（月）	复苏持续期（月）
1968年11月	37.00	1974年9月	10.22	1980年7月	-72.38	70	70
1981年5月	52.20	1982年7月	35.45	1983年1月	-32.09	14	6
1983年6月	67.61	1984年7月	47.17	1986年2月	-30.23	13	19
1987年8月	90.43	1987年11月	57.30	1989年8月	-36.63	3	21
1989年9月	91.29	1990年10月	64.65	1991年3月	-29.18	13	5
1998年4月	181.75	1998年8月	120.75	1999年12月	-33.56	4	16
2000年2月	208.17	2009年2月	70.79		-65.99	108	
平均值					-43.40	26	37

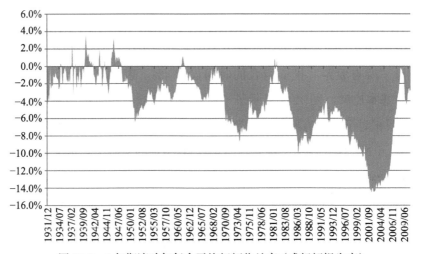

图13-3　5年期滚动年复合平均超额收益率（或超额损失率）

["所有股票"中股东收益率最低（后10%）股票投资组合的收益率减去"所有股票"投资组合的收益率，1927年1月1日～2009年12月31日]

"大盘股"投资组合的表现不如"所有股票"投资组合

1926年12月31日～2009年12月31日，在股东收益率最低的"大盘股"投资组合中投资的10 000美元将增至1 182 249美元，年复合平均收益率为5.92%。这笔收益远不如直接投资于"大盘股"投资组合所获收益21 617 372美元，后者同期内的年复合平均收益率为9.69%。低股东收益率"大盘股"投资组合的风险较高，其收益率的标准差是23.9%，而"大盘股"投资组合的标准差是19.35%。较高的风险及较低的收益率，使得低股东收益率"大盘股"投资组合的夏普比率仅为0.04，而

"大盘股"投资组合的标准差则为0.24。表13-14～表13-16显示了低股东收益率股票投资组合与"大盘股"投资组合的所有相关统计数据。

表13-14 "大盘股"中股东收益率最低的（后10%）股票组成的投资组合及"大盘股"投资组合的年收益和风险数据统计概要（1927年1月1日～2009年12月31日）

	由"大盘股"中股东收益率最低的（后10%）股票组成的投资组合	"大盘股"投资组合
算术平均值（%）	8.89	11.75
几何平均值（%）	5.92	9.69
平均收益（%）	12.56	16.75
标准差（%）	23.90	19.35
向上的偏差（%）	18.21	13.10
向下的偏差（%）	16.89	14.40
跟踪误差	7.30	0.00
收益为正的时期数	579	609
收益为负的时期数	417	387
从最高点到最低点的最大跌幅（%）	−88.63	−84.33
贝塔值	1.19	1.00
T统计量（$m=0$）	3.26	5.25
夏普比率（$Rf=5\%$）	0.04	0.24
索蒂诺比率（$MAR=10\%$）	−0.24	−0.02
10 000美元投资的最终结果（美元）	1 182 249	21 617 372
1年期最低收益（%）	−68.79	−66.63
1年期最高收益（%）	253.61	159.52
3年期最低收益（%）	−48.88	−43.53
3年期最高收益（%）	55.40	45.64
5年期最低收益（%）	−26.55	−20.15
5年期最高收益（%）	41.34	36.26
7年期最低收益（%）	−13.44	−6.95
7年期最高收益（%）	22.39	22.83
10年期最低收益（%）	−7.94	−5.70
10年期最高收益（%）	15.85	19.57
预期最低收益[1]（%）	−38.91	−26.96
预期最高收益[2]（%）	56.68	50.46

[1] 预期最低收益等于收益率的算术平均值减去2倍的标准差。
[2] 预期最高收益等于收益率的算术平均值加上2倍的标准差。

低股东收益率"大盘股"投资组合的所有基本比率均为正值，在全部的滚动5年期里，该组合战胜"大盘股"投资组合的时间占14%；而在全部的滚动10年期里，该组合战胜"大盘股"投资组合的时间仅占4%。表13-15显示了该组合在各个持有期内的基本比率。图 13-4 显示了"大盘股"投资组合中股东收益率最低（后 10%）的股票相对于"大盘股"投资组合的 5 年期滚动年复合平均超额收益率（或超额损失率）。

表 13-15 "大盘股"投资组合中股东收益率最低的股票（后 10%）组成的投资组合及"大盘股"投资组合的基本比率（1927 年 1 月 1 日～2009 年 12 月 31 日）

项目	"大盘股"投资组合中股东收益率最高的股票（后 10%）组成的投资组合战胜"大盘股"投资组合的时间	百分比（%）	年平均超额收益率（%）
1 年期收益率	985 期中有 280 期	28	-2.98
滚动的 3 年期复合收益率	961 期中有 200 期	21	-3.49
滚动的 5 年期复合收益率	937 期中有 131 期	14	-3.54
滚动的 7 年期复合收益率	913 期中有 65 期	7	-3.68
滚动的 10 年期复合收益率	877 期中有 34 期	4	-3.79

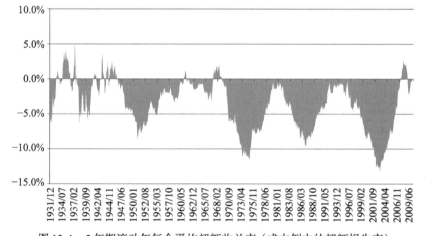

图 13-4　5 年期滚动年复合平均超额收益率（或本例中的超额损失率）

["大盘股"投资组合中股东收益率最低（后 10%）股票的收益率减去"大盘股"投资组合的收益率，1927 年 1 月 1 日～2009 年 12 月 31 日]

最糟糕的情况，最高收益与最低收益

"所有股票"中股东收益率最低的股票（后 10%）投资组合跌幅在 20% 以上的次数为 9 次，跌幅最大的一次发生于 1929 年 8 月～1932 年 5 月，该组合在此期间的跌幅为 89%。1968 年 11 月～1974 年 9 月的这一熊市期间，该组合遭受重创，跌幅达到了 72%。低股东收益率投资组合最近一次深幅下跌发生在 2000 年 2 月～2009 年 2 月，在此期间，该组合跌幅达 66%。表 13-13 显示了该组合在各个时期跌幅超过 20% 的所有情况。

从绝对收益率的角度来看,"所有股票"中股东收益率最低的股票投资组合表现最好的5年期是截至1937年5月的那个5年期,在此期间,该组合的年复合平均收益率为43.55%,10 000美元的初始投资将在5年末将增至60 946美元。最差的5年期则发生在截至1932年5月的5年期,该组合在此期间的年复合平均损失率为27.07%,10 000美元的初始投资将缩水至2 063美元。表13-4与表13-5显示了该组合在全部持有期内的最高与最低的收益率。

从相对收益的角度来看,"所有股票"中股东收益率最低的股票投资组合表现最好的5年期同样发生在截至1937年5月的那个5年期,在此期间,该组合的累计收益率为509%,而"所有股票"投资组合的累计收益率为461%,股东收益率最低的股票投资组合的相对累计优势达48%。"所有股票"中股东收益率最低的股票投资组合表现最差的5年期发生在截至2000年3月的那个5年期,该组合在此期间的累计收益率为71%,而"所有股票"投资组合的累计收益率为165%,股东收益率最低的股票投资组合的相对累计损失率为94%。图13-3显示了"所有股票"投资组合中股东收益率最低(后10%)的股票相对于"所有股票"投资组合的5年期滚动年复合平均超额收益率(或超额损失率)。情况看起来并不令人乐观。

1926～2009年,"大盘股"中股东收益率最低的股票(后10%)投资组合跌幅在20%以上的次数为9次,跌幅最大的一次发生于1929年8月～1932年6月,该组合在此期间的跌幅为89%。在1968年11月～1974年9月的这一熊市期,该组合同样遭受重创,其跌幅达68%。2000年8月～2002年9月,该组合又一次遭受严重打击,跌幅达62%,在最近的一次熊市期内(2007年10月～2009年2月),该组合的损失达59%。表13-16显示了"大盘股"中股东收益率最低的股票投资组合自1926年以来历次跌幅超过20%的时期。

表13-16 最糟糕的情况:"大盘股"投资组合中股东收益率最低的股票(后10%)跌幅超过20%的全部数据(1927年1月1日～2009年12月31日)

股市见顶的时间	股市见顶时的指数值	股市见底的时间	股市见底时的指数值	股市复苏的时间	跌幅(%)	下跌持续期(月)	复苏持续期(月)
1929年8月	1.90	1932年5月	0.22	1945年10月	−88.63	33	161
1946年5月	2.43	1947年5月	1.64	1951年2月	−32.70	12	45
1961年11月	10.22	1962年6月	7.37	1963年12月	−27.91	7	18
1968年11月	19.71	1974年9月	6.21	1980年11月	−68.49	70	74
1981年5月	22.04	1982年7月	15.74	1983年1月	−28.59	14	6
1983年6月	27.15	1984年7月	20.13	1985年11月	−25.86	13	16

(续)

股市见顶的时间	股市见顶时的指数值	股市见底的时间	股市见底时的指数值	股市复苏的时间	跌幅（%）	下跌持续期（月）	复苏持续期（月）
1987年8月	41.56	1987年11月	28.60	1989年5月	-31.18	3	18
1990年5月	47.07	1990年10月	34.76	1991年2月	-26.16	5	4
1998年4月	134.61	1998年8月	99.42	1999年4月	-26.14	4	8
2000年8月	146.87	2002年9月	56.55	2007年4月	-61.50	25	55
2000年10月	165.07	2009年2月	67.61		-59.04	16	
平均值					-43.29	18	41

"大盘股"中股东收益率最低的股票投资组合表现最好的5年期是截至1937年5月的那个5年期，在此期间，该组合的年复合平均收益率为41.34%，10 000美元的初始投资将增至56 416美元。该组合最差的5年期收益率发生在截至1932年5月的那个5年期，在此期间，该组合的年复合平均损失率为26.55%，10 000美元的初始投资将只剩下2 138美元。表13-9与表13-10显示了该组合在全部持有期内的最高与最低的收益率。

与"大盘股"投资组合相比，"大盘股"中股东收益率最低的股票投资组合表现最好的5年期发生在截至1937年6月的那个5年期，在此期间，该组合的累计收益率为414%，而"大盘股"投资组合的累计收益率为346%，该组合的相对累计优势为68%。该组合表现最差的5年期发生在截至1987年7月的那个5年期，在此期间，该组合的累计收益率为158%，而"大盘股"投资组合的累计收益率为257%，股东收益率最低的股票投资组合的相对累计损失率为99%。图13-4显示了全部持有期内，"大盘股"投资组合中股东收益率最低（后10%）的股票相对于"大盘股"投资组合的5年期滚动年复合平均超额收益率（或超额损失率）。和"所有股票"投资组合一样，情况并不令人乐观。表13-17与表13-18显示了"所有股票"与"大盘股"投资组合的各十分位分组在每个10年期内的年复合平均收益率。

表13-17 "所有股票"投资组合按10年期划分的年复合平均收益率

	20世纪20年代[①]	20世纪30年代	20世纪40年代	20世纪50年代	20世纪60年代	20世纪70年代	20世纪80年代	20世纪90年代	21世纪第1个10年[②]
"所有股票"投资组合中股东收益率最高（排名前10%）的股票（%）	14.39	-2.11	14.62	19.32	12.25	13.09	23.15	16.33	10.53
"所有股票"投资组合（%）	12.33	-0.03	11.57	18.07	10.72	7.56	16.78	15.35	4.39

(续)

	20世纪20年代①	20世纪30年代	20世纪40年代	20世纪50年代	20世纪60年代	20世纪70年代	20世纪80年代	20世纪90年代	21世纪第1个10年②
"所有股票"投资组合中股东收益率最低（排名后10%）的股票（%）	4.31	0.05	9.37	15.30	8.02	2.73	10.32	7.77	-3.23

① 1927年1月1日～1929年12月31日的收益。
② 2000年1月1日～2009年12月31日的收益。

表13-18 "大盘股"投资组合按10年期划分的年复合平均收益率

	20世纪20年代①	20世纪30年代	20世纪40年代	20世纪50年代	20世纪60年代	20世纪70年代	20世纪80年代	20世纪90年代	21世纪第1个10年②
"大盘股"投资组合中股东收益率最高（排名前10%）的股票（%）	16.34	-0.07	12.55	19.20	8.96	11.84	23.42	17.37	9.63
"大盘股"投资组合（%）	17.73	-1.05	9.65	17.06	8.31	6.65	17.34	16.38	2.42
"大盘股"投资组合中股东收益率最低（排名后10%）的股票（%）	4.86	-1.41	7.39	14.03	7.28	-0.10	11.60	11.83	-1.61

① 1927年1月1日～1929年12月31日的收益。
② 2000年1月1日～2009年12月31日的收益。

完整的十分位分组分析

对股东收益率进行的完整的十分位分析显示，该指标的效果比回购收益率更具一致性。图13-5与表13-19表明，各十分位分组的收益率逐次下降，"所有股票"中股东收益率最高的股票投资组合提供了最高的收益率，而股东收益率最低的股票投资组合的收益率也是最低的。在我们研究的83年里，第1组与第10组投资组合的收益率价差为7.14%，这让两个投资组合在此期间的投资终值之间存在着天壤之别。

表13-19 对"所有股票"投资组合按股东收益率进行十分位（10%）分组的分析结果概述（1927年1月1日～2009年12月31日）

十分位（10%）	10 000美元的投资将增长至（美元）	平均收益率（%）	复合收益率（%）	标准差（%）	夏普比率
1（最高）	298 363 138	15.50	13.22	20.19	0.41
2	164 632 206	14.35	12.41	18.66	0.40

(续)

十分位（10%）	10 000 美元的投资将增长至（美元）	平均收益率（%）	复合收益率（%）	标准差（%）	夏普比率
3	138 927 917	14.08	12.18	18.43	0.39
4	116 208 174	13.93	11.94	18.91	0.37
5	71 061 645	13.42	11.28	19.61	0.32
6	47 745 959	13.15	10.75	20.71	0.28
7	21 930 224	12.55	9.71	22.60	0.21
8	9 775 556	11.97	8.65	24.65	0.15
9	14 358 062	13.01	9.15	26.68	0.16
10（最低）	1 334 762	9.58	6.07	25.78	0.04
"所有股票"投资组合	38 542 780	13.06	10.46	21.67	0.25

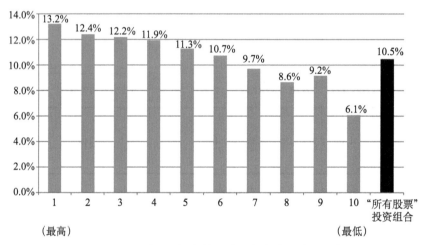

图 13-5 "所有股票"投资组合的年复合平均收益率
（按股东收益率的十分位进行平均分组，1964 年 1 月 1 日～2009 年 12 月 31 日）

对"大盘股"投资组合进行的完整的十分位分析的结果与之相类似，图 13-6 与表 13-20 显示，该组合十分位分组的收益率也按逐次下降，"大盘股"中股东收益率最高的（前 10%）股票投资组合的表现远胜股东收益率最低的（后 10%）股票投资组合。在我们研究的 83 年里，第 1 组与第 10 组投资组合的收益率价差为 6.87%，同样使这两个投资组合在此期间的投资终值之间存在着巨大差别。

表 13-20 对"大盘股"投资组合按股东收益率进行十分位（10%）分组的分析结果概述
（1927 年 1 月 1 日～2009 年 12 月 31 日）

十分位（10%）	10 000 美元的投资将增长至（美元）	平均收益率（%）	复合收益率（%）	标准差（%）	夏普比率
1（最高）	217 331 288	14.86	12.79	19.31	0.40
2	91 230 690	13.40	11.61	17.93	0.37

(续)

十分位（10%）	10 000 美元的投资将增长至（美元）	平均收益率（%）	复合收益率（%）	标准差（%）	夏普比率
3	41 546 263	12.32	10.56	17.91	0.31
4	37 632 925	12.22	10.43	18.07	0.30
5	28 687 731	11.94	10.07	18.37	0.28
6	22 224 338	11.76	9.73	19.11	0.25
7	9 720 068	11.00	8.64	20.73	0.18
8	13 821 435	11.71	9.10	21.71	0.19
9	8 115 199	11.42	8.41	23.57	0.14
10（最低）	1 182 249	8.89	5.92	23.90	0.04
"大盘股"投资组合	21 617 372	11.75	9.69	19.35	0.24

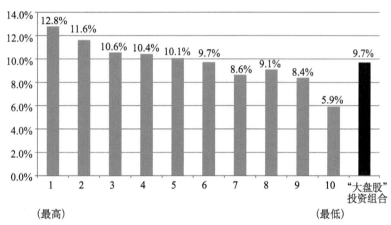

图13-6 "大盘股"投资组合的年复合平均收益率
（按股东收益率的十分位进行平均分组，1964年1月1日～2009年12月31日）

对投资者的启示

在被单独用来选择股票时，股东收益率与回购收益率的表现都优于股息率。而回购收益率的表现又好于股息率及股东收益率，和回购收益率及股息率相比，股东收益率的跌速较缓，同时，股东收益率的基本比率高于回购收益率。如果投资者无法忍受其持有的投资组合的5年期收益率低于基准指标74%，他们会偏好于股东收益率法，因为这种投资策略相对于基准指标的最差的累计收益率也只有45%。不管是价值投资者（他们想获得最好的回购收益率及股东收益率）还是成长型投资者（他们想规避与各投资组合中最低的十分位分组相关的风险），对他们来说，回购收益率与股东收益率都是非常好的价值指标。

| 第 14 章 |

会 计 比 率

> 提醒人们，利润是收入与支出间的差额，这会让你看上去更睿智。
>
> ——斯科特·亚当斯

下面，我们来分析各种会计比率在遴选股票时的效果。有些学术文献已经建议人们密切关注一些会计变量，如**应计收入与价格比率**（accruals-to-price）、资产周转率等，这些比率将有助于投资者更好地挑选股票。在本章中，我们总结了一些会计比率，并分析了这些会计变量是否得到了经验证据的支持。我们只关注可以真正用来确定某只股票是否值得投资或应该回避的那些会计比率。我们对许多变量所进行的检验均未明确证实其有效性，如资产权益比与债务资产比等会计比率并未显示出充分的持有理由。但是某些会计变量确实能够很好地预测股票的未来表现，在这些比率中，首当其冲的要数应计收入与价格的比率了。

应计收入与价格的比率

许多分析师认为，一家公司的应计收入与价格的比率可以很好地代表其盈利的质量，股票的应计收入与价格的比率越低，其盈利的质量也就越高。这是因为，公司的应计收入与价格的比率较高，意味着公司可能迫于压力而"夸大"其销售额，为实现这一目的，公司向商店发放了过量的存货，即使它知道这些产品很可能卖不出去，但是，公司仍然将这些"销售额"算在应计收入中，而这些数字可能完全是捏造出来的。出于这一原因，许多分析师都认为应计收入与价格的比率最高的股票最有可能产生出人意料的亏损，这会严重损害股票的价格。下面，就让我们看看这一分析是否正确。

如表14-1所示，1963～2009年，将10 000美元投资于"所有股票"中的十分位分组投资组合（按应计收入与价格的比率排序），第10组是"所有股票"中应计收入与价格的比率最低的（后10%）股票投资组合。应计收入与价格的比率最低的股票投资组合明显跑赢了市场，排名后3位的十分位分组均战胜了"所有股票"投资组合，而且，排名后两位的十分位分组的优势十分明显。同时，应计收入与价格的比率最高的股票投资组合（排名前两位的十分位分组）的表现远不如"所有股票"投资组合。表14-2详细显示了该组合各十分位分组的分析结果。

表14-1 对"所有股票"投资组合按应计收入与价格的比率进行十分位（10%）分组的分析结果概述（1964年1月1日～2009年12月31日）

十分位（10%）	10 000美元的投资将增长至（美元）	平均收益率（%）	复合收益率（%）	标准差（%）	夏普比率
1（最高）	482 948	11.37	8.79	21.47	0.18
2	463 666	11.12	8.70	20.84	0.18
3	585 626	11.85	9.25	21.65	0.20
4	708 911	12.13	9.71	20.86	0.23
5	947 994	12.57	10.40	19.66	0.27
6	1 244 211	12.97	11.06	18.45	0.33
7	1 105 662	12.44	10.77	17.24	0.33
8	1 467 435	12.94	11.45	16.23	0.40
9	2 874 786	14.66	13.10	16.51	0.49
10（最低）	4 800 813	16.70	14.36	20.13	0.47
"所有股票"投资组合	1 329 513	13.26	11.22	18.99	0.33

表14-2 "所有股票"中应计收入与价格的比率最高的（前10%）股票组成的投资组合、"所有股票"中应计收入与价格的比率最低的（后10%）股票组成的投资组合及"所有股票"投资组合的年收益和风险数据统计概要（1964年1月1日～2009年12月31日）

	由"所有股票"中应计收入与价格的比率最高的（前10%）股票组成的投资组合	由"所有股票"中应计收入与价格的比率最低的（后10%）股票组成的投资组合	"所有股票"投资组合
算术平均值（%）	11.37	16.70	13.26
几何平均值（%）	8.79	14.36	11.22
平均收益（%）	13.62	19.06	17.16

（续）

	由"所有股票"中应计收入与价格的比率最高的（前10%）股票组成的投资组合	由"所有股票"中应计收入与价格的比率最低的（后10%）股票组成的投资组合	"所有股票"投资组合
标准差（%）	21.47	20.13	18.99
向上的偏差（%）	12.57	13.10	10.98
向下的偏差（%）	15.47	14.94	13.90
跟踪误差	4.96	6.75	0.00
收益为正的时期数	316	345	329
收益为负的时期数	236	207	223
从最高点到最低点的最大跌幅（%）	−60.25	−63.33	−55.54
贝塔值	1.10	1.00	1.00
T 统计量（$m=0$）	3.42	5.24	4.47
夏普比率（$Rf=5\%$）	0.18	0.47	0.33
索蒂诺比率（$MAR=10\%$）	−0.08	0.29	0.09
10 000 美元投资的最终结果（美元）	482 948	4 800 813	1 329 513
1 年期最低收益（%）	−51.98	−54.53	−46.49
1 年期最高收益（%）	86.79	112.37	84.19
3 年期最低收益（%）	−22.33	−20.77	−18.68
3 年期最高收益（%）	35.84	47.50	31.49
5 年期最低收益（%）	−11.31	−6.68	−9.91
5 年期最高收益（%）	28.55	34.00	27.66
7 年期最低收益（%）	−7.05	−0.86	−6.32
7 年期最高收益（%）	24.78	25.06	23.77
10 年期最低收益（%）	−0.65	4.74	1.01
10 年期最高收益（%）	21.36	24.43	22.05
预期最低收益[1]（%）	−31.57	−23.56	−24.73
预期最高收益[2]（%）	54.31	56.96	51.24

[1] 预期最低收益等于收益率的算术平均值减去 2 倍的标准差。
[2] 预期最高收益等于收益率的算术平均值加上 2 倍的标准差。

第 10 组分组（应计收入与价格的比率最低的股票投资组合）的所有基本比率均为正值，在全部的滚动 5 年期里，该组合战胜"所有股票"投资组合的时间占全部时间的 86%；而在全部的滚动 10 年期里，该组合战胜"所有股票"投资组合的时间占全部时间的 91%。第 1 组分组（应计收入与价格的比率最高的股票投资组合）的所有基本比率均为负值，在全部的滚动 5 年期里，该组合战胜"所有股票"投资组合的时间占全部时间的 25%；而在全部滚动的 10 年期里，该组合战胜"所有股票"投资组合的时间占全部时间的 12%。表 14-3 与表 14-4 显示了这些投资组合在全部滚动期内的基本比率。

表 14-3 "所有股票"中股东收益率最低（后 10%）股票组成的投资组合及"所有股票"投资组合的基本比率（1964 年 1 月 1 日～2009 年 12 月 31 日）

项目	"所有股票"中股东收益率最高（前 10%）股票组成的投资组合战胜"所有股票"投资组合的时间	百分比（%）	年平均超额收益率（%）
1 年期收益率	541 期中有 346 期	64	3.04
滚动的 3 年期复合收益率	517 期中有 400 期	77	2.92
滚动的 5 年期复合收益率	493 期中有 422 期	86	2.90
滚动的 7 年期复合收益率	469 期中有 404 期	86	2.81
滚动的 10 年期复合收益率	433 期中有 396 期	91	2.72

表 14-4 "所有股票"中股东收益率最高（前 10%）股票组成的投资组合及"所有股票"投资组合的基本比率（1964 年 1 月 1 日～2009 年 12 月 31 日）

项目	"所有股票"中股东收益率最高（前 10%）股票组成的投资组合战胜"所有股票"投资组合的时间	百分比（%）	年平均超额收益率（%）
1 年期收益率	541 期中有 218 期	40	-1.90
滚动的 3 年期复合收益率	517 期中有 168 期	32	-2.51
滚动的 5 年期复合收益率	493 期中有 123 期	25	-2.78
滚动的 7 年期复合收益率	469 期中有 90 期	19	-3.02
滚动的 10 年期复合收益率	433 期中有 51 期	12	-3.40

"大盘股"投资组合

表 14-5 显示了"大盘股"中的十分位分组投资组合（按应计收入与价格的比率排序）的分析结果。和我们在"所有股票"投资组合中所见到的一样，应计收入与价格的比率最低的股票投资组合的表现远胜应计收入与价格的比率最高的股票投资组合，但两者之间的差距没有我们在"所有股票"投资组合中看到的那么大。在这里，第 10 组分组（应计收入与价格的比率最低的"大盘股"投资组合）在 1963～2009 年的年收益率为 12.67%，而应计收入与价格的比率最高的"大盘股"投资组合的收益率为 8.48%。"大盘股"投资组合在同时期内的年收益率为 10.2%。表 14-6 显示了该组合各十分位分组的分析结果。

表 14-5 对"大盘股"投资组合按应计收入与价格的比率进行十分位（10%）分组的分析结果概述（1964 年 1 月 1 日～2009 年 12 月 31 日）

十分位（10%）	10 000 美元的投资将增长至（美元）	平均收益率（%）	复合收益率（%）	标准差（%）	夏普比率
1（最高）	423 609	10.18	8.48	17.53	0.20
2	378 951	9.95	8.22	17.74	0.18
3	639 736	11.09	9.46	17.19	0.26
4	571 142	10.74	9.19	16.79	0.25
5	617 850	10.88	9.38	16.50	0.27
6	413 896	9.83	8.43	15.96	0.21
7	730 698	11.09	9.78	15.46	0.31
8	470 284	9.91	8.73	14.72	0.25
9	1 286 892	12.29	11.14	14.44	0.43
10（最低）	2 415 916	14.08	12.67	15.85	0.48
"大盘股"投资组合	872 861	11.72	10.20	16.50	0.32

表 14-6 "大盘股"中应计收入与价格的比率最高的（前10%）股票组成的投资组合、"大盘股"中应计收入与价格的比率最低的（后10%）股票组成的投资组合及"大盘股"投资组合的年收益和风险数据统计概要（1964 年 1 月 1 日～2009 年 12 月 31 日）

	由"大盘股"中应计收入与价格的比率最高的（前10%）股票组成的投资组合	由"大盘股"中应计收入与价格的比率最低的（后10%）股票组成的投资组合	"大盘股"投资组合
算术平均值（%）	10.18	14.08	11.72
几何平均值（%）	8.48	12.67	10.20
平均收益（%）	14.01	18.70	17.20
标准差（%）	17.53	15.85	16.50
向上的偏差（%）	10.33	9.99	9.70
向下的偏差（%）	12.98	11.10	11.85
跟踪误差	5.90	7.38	0.00
收益为正的时期数	322	339	332
收益为负的时期数	230	213	220
从最高点到最低点的最大跌幅（%）	−54.83	−53.48	−53.77
贝塔值	1.00	0.86	1.00
T 统计量（$m=0$）	3.77	5.67	4.58
夏普比率（$Rf=5\%$）	0.20	0.48	0.32
索蒂诺比率（$MAR=10\%$）	−0.12	0.24	0.02
10 000 美元投资的最终结果（美元）	423 609	2 415 916	872 861
1 年期最低收益（%）	−49.21	−45.26	−46.91
1 年期最高收益（%）	70.19	72.99	68.96
3 年期最低收益（%）	−19.58	−10.83	−15.89

(续)

	由"大盘股"中应计收入与价格的比率最高的（前10%）股票组成的投资组合	由"大盘股"中应计收入与价格的比率最低的（后10%）股票组成的投资组合	"大盘股"投资组合
3年期最高收益（%）	35.68	39.51	33.12
5年期最低收益（%）	−9.61	−0.66	−5.82
5年期最高收益（%）	29.41	32.88	28.95
7年期最低收益（%）	−4.29	−0.25	−4.15
7年期最高收益（%）	23.53	25.99	22.83
10年期最低收益（%）	−1.71	2.75	−0.15
10年期最高收益（%）	20.79	20.36	19.57
预期最低收益[1]（%）	−24.87	−17.61	−21.28
预期最高收益[2]（%）	45.24	45.78	44.72

[1] 预期最低收益等于收益率的算术平均值减去2倍的标准差。
[2] 预期最高收益等于收益率的算术平均值加上2倍的标准差。

表14-7与表14-8显示了各投资组合的基本比率。在所有时期内，应计收入与价格的比率最低的（后10%）"大盘股"投资组合的基本比率均为正值，在全部的滚动5年期里，该组合战胜"大盘股"投资组合的时间占74%；在全部的滚动10年期里，该组合战胜"大盘股"投资组合的时间占89%。"大盘股"中应计收入与价格的比率最高的（前10%）股票投资组合的基本比率均为负值，在全部的滚动5年期里，该组合战胜"大盘股"投资组合的时间只有37%；在全部的滚动10年期里，该组合战胜"大盘股"投资组合的时间只占19%。

表14-7 "大盘股"中应计收入与价格的比率最低（后10%）股票组成的投资组合及"大盘股"投资组合的基本比率（1964年1月1日～2009年12月31日）

项目	"大盘股"中股东收益率最低的（后10%）股票组成的投资组合战胜"大盘股"投资组合的时间	百分比（%）	年平均超额收益率（%）
1年期收益率	541期中有330期	61	2.51
滚动的3年期复合收益率	517期中有369期	71	2.59
滚动的5年期复合收益率	493期中有365期	74	2.55
滚动的7年期复合收益率	469期中有350期	75	2.47
滚动的10年期复合收益率	433期中有384期	89	2.41

表14-8 "大盘股"中应计收入与价格的比率最高（前10%）股票组成的投资组合及"大盘股"投资组合的基本比率（1964年1月1日～2009年12月31日）

项目	"大盘股"中股东收益率最高的（前10%）股票组成的投资组合战胜"大盘股"投资组合的时间	百分比（%）	年平均超额收益率（%）
1年期收益率	541期中有207期	38	−1.36

	(续)		
项目	"大盘股"中股东收益率最高的（前10%）股票组成的投资组合战胜"大盘股"投资组合的时间	百分比（%）	年平均超额收益率（%）
滚动的3年期复合收益率	517期中有202期	39	-1.66
滚动的5年期复合收益率	493期中有181期	37	-1.90
滚动的7年期复合收益率	469期中有132期	28	-2.11
滚动的10年期复合收益率	433期中有83期	19	-2.34

对投资者的启示

坚持投资于应计收入与价格的比率最低的股票，回避那些应计收入与价格的比率最高的股票，投资者必将获得回报。应计收入与价格的比率较高的股票更有可能产生意外的损失，应当回避。与之相比，应计收入与价格的比率较低的股票能够带来质量更高的利润。

资产权益率

资产权益率测度的是一家公司的资产总额与股东所拥有的权益（通常称为股东权益或所有者权益）部分之间的关系。实际上，资产权益率测度的是公司杠杆（公司使用债务为运营融资）的使用程度，因此，公司的资产权益率低，说明公司的经营性资金主要来自于现金流，而非债务。我们来看一下资产权益率的十分位分析结果。

表14-9显示的是在各个综合投资组合上的投资按十分位排序的分析结果。第1组由"所有股票"中资产权益率最高的10%的股票组成，第10组由"所有股票"中资产权益率最低的10%的股票组成。实际上，第10组股票投资组合的杠杆比率最低，债务最少；而第1组股票投资组合的杠杆比率最高，债务最多。乍一看，我们从这一分析中能得到的唯一结论是回避第10组投资组合（那些资产权益率最低的股票）。但实际上这一分析告诉我们：使用一些杠杆是有好处的，而完全不使用杠杆或是仅使用少量杠杆实际上会对股价产生不利的影响。表14-10显示了各十分位分组分析的详细结果。注意，使用极高的杠杆比率同样不是一件好事。一家公司的杠杆比率极高，说明这家公司极具进取性，通过大量举债来追求未必能实现的机会，其复合年平均收益率为11.16%，略低于"所有股票"投资组合的平均水准。

表 14-9 对"所有股票"投资组合按资产权益率进行十分位（10%）分组的分析结果概述（1964 年 1 月 1 日～2009 年 12 月 31 日）

十分位（10%）	10 000 美元的投资将增长至（美元）	平均收益率（%）	复合收益率（%）	标准差（%）	夏普比率
1（最高）	1 299 802	12.90	11.16	17.59	0.35
2	1 146 410	12.88	10.86	18.94	0.31
3	1 374 211	12.91	11.30	16.87	0.37
4	1 027 534	12.08	10.59	16.27	0.34
5	1 360 122	12.90	11.27	16.97	0.37
6	1 333 908	13.12	11.22	18.32	0.34
7	1 535 471	13.67	11.56	19.28	0.34
8	1 071 593	12.96	10.70	20.09	0.28
9	967 971	13.03	10.45	21.49	0.25
10（最低）	254 268	10.14	7.29	22.81	0.10
"所有股票"投资组合	1 329 513	13.26	11.22	18.99	0.33

表 14-10 "所有股票"中资产权益率最高的（前 10%）股票组成的投资组合、"所有股票"中资产权益率最低的（后 10%）股票组成的投资组合及"所有股票"投资组合的年收益和风险数据统计概要（1964 年 1 月 1 日～2009 年 12 月 31 日）

	由"所有股票"中资产权益率最高的（前 10%）股票组成的投资组合	由"所有股票"中资产权益率最低的（后 10%）股票组成的投资组合	"所有股票"投资组合
算术平均值（%）	12.90	10.14	13.26
几何平均值（%）	11.16	7.29	11.22
平均收益（%）	15.78	16.92	17.16
标准差（%）	17.59	22.81	18.99
向上的偏差（%）	10.83	14.23	10.98
向下的偏差（%）	13.54	16.54	13.90
跟踪误差	9.84	8.62	0.00
收益为正的时期数	337	326	329
收益为负的时期数	215	226	223
从最高点到最低点的最大跌幅（%）	−64.20	−79.51	−55.54
贝塔值	0.79	1.12	1.00
T 统计量（$m=0$）	4.70	2.88	4.47
夏普比率（$Rf=5\%$）	0.35	0.10	0.33
索蒂诺比率（$MAR=10\%$）	0.09	−0.16	0.09
10 000 美元投资的最终结果（美元）	1 299 802	254 268	1 329 513
1 年期最低收益（%）	−54.34	−58.70	−46.49
1 年期最高收益（%）	83.27	151.77	84.19

（续）

	由"所有股票"中资产权益率最高的（前10%）股票组成的投资组合	由"所有股票"中资产权益率最低的（后10%）股票组成的投资组合	"所有股票"投资组合
3年期最低收益（%）	−26.05	−39.82	−18.68
3年期最高收益（%）	46.01	41.62	31.49
5年期最低收益（%）	−11.85	−17.83	−9.91
5年期最高收益（%）	32.59	30.85	27.66
7年期最低收益（%）	−4.60	−10.87	−6.32
7年期最高收益（%）	34.80	22.39	23.77
10年期最低收益（%）	−0.83	−6.69	1.01
10年期最高收益（%）	25.58	18.29	22.05
预期最低收益[1]（%）	−22.28	−35.47	−24.73
预期最高收益[2]（%）	48.08	55.75	51.24

[1] 预期最低收益等于收益率的算术平均值减去2倍的标准差。
[2] 预期最高收益等于收益率的算术平均值加上2倍的标准差。

表14-11与表14-12显示了第1组与第10组的基本比率。

表14-11 "所有股票"中资产权益率最高（前10%）股票组成的投资组合及"所有股票"投资组合的基本比率（1964年1月1日～2009年12月31日）

项目	"所有股票"中资产权益率最高（前10%）股票组成的投资组合战胜"所有股票"投资组合的时间	百分比（%）	年平均超额收益率（%）
1年期收益率	541期中有279期	52	0.39
滚动的3年期复合收益率	517期中有280期	54	1.09
滚动的5年期复合收益率	493期中有295期	60	1.50
滚动的7年期复合收益率	469期中有279期	59	1.64
滚动的10年期复合收益率	433期中有271期	63	1.55

表14-12 "所有股票"中资产权益率最低（后10%）股票组成的投资组合及"所有股票"投资组合的基本比率（1964年1月1日～2009年12月31日）

项目	"所有股票"中资产权益率最高（前10%）股票组成的投资组合战胜"所有股票"投资组合的时间	百分比（%）	年平均超额收益率（%）
1年期收益率	541期中有191期	35	−2.99
滚动的3年期复合收益率	517期中有116期	22	−3.93
滚动的5年期复合收益率	493期中有103期	21	−4.11
滚动的7年期复合收益率	469期中有91期	19	−4.24
滚动的10年期复合收益率	433期中有84期	19	−4.29

"大盘股"投资组合

表14-13显示了"大盘股"中的十分位分组投资组合（按资产权益率排序）的分析结果。第1组是"大盘股"中资产权益率最高的股票投资组合，而第10组是资产权益率最低的股票投资组合。如我们在"所有股票"投资组合中所见，我们从这一分析中能得出的唯一明确结论是：应当避开那些资产权益率最低的"大盘股"（也就是那些杠杆比率最低的股票）。和我们在"所有股票"投资组合中所看到的一样，第7组投资组合的表现最好，这意味着适度的借债有利于公司的发展。表14-14显示了第1组与第10组投资组合的详细分析结果，表14-15和表14-16显示了第1组与第10组投资组合相对于"大盘股"投资组合的基本比率。

表14-13 对"大盘股"投资组合按资产权益率进行十分位（10%）分组的分析结果概述（1964年1月1日～2009年12月31日）

十分位（10%）	10 000美元的投资将增长至（美元）	平均收益率（%）	复合收益率（%）	标准差（%）	夏普比率
1（最高）	571 201	11.48	9.19	20.30	0.21
2	574 361	10.82	9.21	17.07	0.25
3	397 276	9.57	8.33	15.06	0.22
4	546 167	10.21	9.09	14.37	0.28
5	900 896	11.47	10.28	14.65	0.36
6	808 299	11.30	10.02	15.23	0.33
7	936 552	11.77	10.37	15.92	0.34
8	813 004	11.57	10.03	16.67	0.30
9	514 567	10.68	8.94	17.71	0.22
10（最低）	317 916	9.91	7.81	19.57	0.14
"大盘股"投资组合	872 861	11.72	10.20	16.50	0.32

表14-14 "大盘股"中资产权益率最高的（前10%）股票组成的投资组合、"大盘股"中资产权益率最低的（后10%）股票组成的投资组合及"大盘股"投资组合的年收益和风险数据统计概要（1964年1月1日～2009年12月31日）

	由"大盘股"中资产权益率最高的（前10%）股票组成的投资组合	由"大盘股"中资产权益率最低的（后10%）股票组成的投资组合	"大盘股"投资组合
算术平均值（%）	11.48	9.91	11.72
几何平均值（%）	9.19	7.81	10.20
平均收益（%）	12.35	9.92	17.20
标准差（%）	20.30	19.57	16.50
向上的偏差（%）	13.45	12.79	9.70
向下的偏差（%）	14.61	14.41	11.85

(续)

	由"大盘股"中资产权益率最高的（前10%）股票组成的投资组合	由"大盘股"中资产权益率最低的（后10%）股票组成的投资组合	"大盘股"投资组合
跟踪误差	10.00	8.83	0.00
收益为正的时期数	324	325	332
收益为负的时期数	228	227	220
从最高点到最低点的最大跌幅（%）	-74.87	-72.53	-53.77
贝塔值	1.07	1.06	1.00
T统计量（$m=0$）	3.65	3.29	4.58
夏普比率（$Rf=5\%$）	0.21	0.14	0.32
索蒂诺比率（$MAR=10\%$）	-0.06	-0.15	0.02
10 000美元投资的最终结果（美元）	571 201	317 916	872 861
1年期最低收益（%）	-67.28	-63.16	-46.91
1年期最高收益（%）	77.49	110.51	68.96
3年期最低收益（%）	-31.13	-31.52	-15.89
3年期最高收益（%）	47.08	43.54	33.12
5年期最低收益（%）	-14.00	-12.49	-5.82
5年期最高收益（%）	31.87	33.66	28.95
7年期最低收益（%）	-6.55	-6.34	-4.15
7年期最高收益（%）	30.28	27.95	22.83
10年期最低收益（%）	-3.15	-3.04	-0.15
10年期最高收益（%）	26.47	23.05	19.57
预期最低收益[1]（%）	-29.13	-29.24	-21.28
预期最高收益[2]（%）	52.08	49.05	44.72

[1] 预期最低收益等于收益率的算术平均值减去2倍的标准差。
[2] 预期最高收益等于收益率的算术平均值加上2倍的标准差。

表14-15 "大盘股"中资产权益率最高的（前10%）股票组成的投资组合及"大盘股"投资组合的基本比率（1964年1月1日～2009年12月31日）

项目	"大盘股"中资产权益率最高（前10%）股票组成的投资组合战胜"大盘股"投资组合的时间	百分比（%）	年平均超额收益率（%）
1年期收益率	541期中有292期	54	-0.06
滚动的3年期复合收益率	517期中有266期	51	0.09
滚动的5年期复合收益率	493期中有218期	44	0.33
滚动的7年期复合收益率	469期中有181期	39	0.35
滚动的10年期复合收益率	433期中有159期	37	0.24

表14-16 "大盘股"中资产权益率最低的（后10%）股票组成的投资组合及"大盘股"投资组合的基本比率（1964年1月1日~2009年12月31日）

项目	"大盘股"中资产权益率最高（前10%）股票组成的投资组合战胜"大盘股"投资组合的时间	百分比（%）	年平均超额收益率（%）
1年期收益率	541期中有204期	38	-1.60
滚动的3年期复合收益率	517期中有154期	30	-2.41
滚动的5年期复合收益率	493期中有112期	23	-2.54
滚动的7年期复合收益率	469期中有101期	22	-2.64
滚动的10年期复合收益率	433期中有42期	10	-2.75

对投资者的启示

使用杠杆（负债）经营不一定是坏事——第7组投资组合的表现实际上是最好的，这表明使用某些杠杆对公司的发展是有好处的。基本上没有负债的公司——第10组投资组合的表现实际上是最差的，这意味着过分保守的公司可能会错过市场上的许多机会。不管是在"所有股票"还是"大盘股"投资组合中，第10组投资组合（资产权益率最低的股票）都是所在组合中表现最差的。看起来，公司适当地使用一点杠杆是一件好事。

资产周转率

资产周转率等于公司的销售额与其平均资产总额的比值。它测度的是公司资产的使用效率。一般认为，资产周转率高的公司的资产使用效率高于资产周转率低的公司。表14-17显示了"所有股票"中按资产周转率十分位分组排序的分析结果。第1组与第2组（资产周转率最高的股票投资组合）的表现明显好于"所有股票"投资组合，而第9组与第10组（资产周转率最低的股票投资组合）的表现明显不如"所有股票"投资组合。表14-18显示了第1组与第10组投资组合相对于"所有股票"投资组合的表现。如表14-19与表14-20所示，资产周转率最高的股票投资组合的基本比率均为正值，但是没有应计收入与价格的比率的基本比率那样高。在全部的滚动5年期里，资产周转率最高的股票表现好于"所有股票"投资组合的时间占76%；而在全部的滚动10年期里，资产周转率最高的股票表现好于"所有股票"投资组合的时间占87%。资产周转率最低的股票投资组合的基本比率均为负值，但绝对值并不高。在全部的滚动 5 年期及滚动 10 年期里，资产周转率最低的股票表现好于"所有股票"投资组合的时间均占全部时间的 42%。

表 14-17 对"所有股票"投资组合按资产周转率进行十分位（10%）分组的分析结果概述（1964 年 1 月 1 日～2009 年 12 月 31 日）

十分位（10%）	10 000 美元的投资将增长至（美元）	平均收益率（%）	复合收益率（%）	标准差（%）	夏普比率
1（最高）	2 761 259	15.26	13.00	19.87	0.40
2	2 005 972	14.45	12.21	19.78	0.36
3	1 642 909	13.90	11.73	19.60	0.34
4	1 566 766	13.76	11.61	19.43	0.34
5	1 566 380	13.83	11.61	19.79	0.33
6	1 291 645	13.28	11.15	19.47	0.32
7	1 488 492	13.43	11.49	18.56	0.35
8	1 017 147	12.15	10.57	16.80	0.33
9	295 650	9.27	7.64	17.27	0.15
10（最低）	521 728	10.60	8.98	17.16	0.23
"所有股票"投资组合	1 329 513	13.26	11.22	18.99	0.33

表 14-18 "所有股票"中资产周转率最高的（前 10%）股票组成的投资组合、"所有股票"中资产周转率最低的（后 10%）股票组成的投资组合及"所有股票"投资组合的年收益和风险数据统计概要（1964 年 1 月 1 日～2009 年 12 月 31 日）

	由"所有股票"中资产周转率最高的（前 10%）股票组成的投资组合	由"所有股票"中资产周转率最低的（后 10%）股票组成的投资组合	"所有股票"投资组合
算术平均值（%）	15.26	10.60	13.26
几何平均值（%）	13.00	8.98	11.22
平均收益（%）	18.01	14.26	17.16
标准差（%）	19.87	17.16	18.99
向上的偏差（%）	11.92	10.45	10.98
向下的偏差（%）	14.37	13.14	13.90
跟踪误差	5.97	8.81	0.00
收益为正的时期数	342	342	329
收益为负的时期数	210	210	223
从最高点到最低点的最大跌幅（%）	−62.08	−63.29	−55.54
贝塔值	1.00	0.80	1.00
T 统计量（$m=0$）	4.88	4.00	4.47
夏普比率（$Rf=5\%$）	0.40	0.23	0.33
索蒂诺比率（$MAR=10\%$）	0.21	−0.08	0.09

(续)

	由"所有股票"中资产周转率最高的（前10%）股票组成的投资组合	由"所有股票"中资产周转率最低的（后10%）股票组成的投资组合	"所有股票"投资组合
10 000美元投资的最终结果（美元）	2 761 259	521 728	1 329 513
1年期最低收益（%）	−46.39	−52.75	−46.49
1年期最高收益（%）	107.27	82.38	84.19
3年期最低收益（%）	−24.00	−27.49	−18.68
3年期最高收益（%）	42.07	41.60	31.49
5年期最低收益（%）	−11.35	−14.79	−9.91
5年期最高收益（%）	32.05	29.53	27.66
7年期最低收益（%）	−5.92	−6.33	−6.32
7年期最高收益（%）	29.32	29.67	23.77
10年期最低收益（%）	1.61	−4.63	1.01
10年期最高收益（%）	25.14	22.15	22.05
预期最低收益[①]（%）	−24.48	−23.71	−24.73
预期最高收益[②]（%）	55.00	44.92	51.24

① 预期最低收益等于收益率的算术平均值减去2倍的标准差。
② 预期最高收益等于收益率的算术平均值加上2倍的标准差。

表14-19 "所有股票"中资产周转率最高（前10%）股票组成的投资组合及"所有股票"投资组合的基本比率（1964年1月1日～2009年12月31日）

项目	"所有股票"中资产周转率最高（前10%）股票组成的投资组合战胜"所有股票"投资组合的时间	百分比（%）	年平均超额收益率（%）
1年期收益率	541期中有321期	59	2.37
滚动的3年期复合收益率	517期中有343期	66	2.04
滚动的5年期复合收益率	493期中有373期	76	2.05
滚动的7年期复合收益率	469期中有384期	82	1.98
滚动的10年期复合收益率	433期中有376期	87	1.79

表14-20 "所有股票"中资产周转率最低（后10%）股票组成的投资组合及"所有股票"投资组合的基本比率（1964年1月1日～2009年12月31日）

项目	"所有股票"中资产周转率最高（前10%）股票组成的投资组合战胜"所有股票"投资组合的时间	百分比（%）	年平均超额收益率（%）
1年期收益率	541期中有224期	41	−1.91
滚动的3年期复合收益率	517期中有214期	41	−1.28
滚动的5年期复合收益率	493期中有206期	42	−0.88
滚动的7年期复合收益率	469期中有196期	42	−0.73
滚动的10年期复合收益率	433期中有180期	42	−0.72

"大盘股"投资组合

表 14-21 显示了"大盘股"中的十分位分组投资组合(按资产周转率排序)的分析结果。和我们在"所有股票"投资组合中所看到的十分相似,"大盘股"中资产周转率最高的(前 10%)股票投资组合的表现好于"所有股票"投资组合;而资产周转率最低的(后 10%)股票投资组合的表现明显不如"所有股票"投资组合。但是,从这一表中可以看出,第 8 组投资组合的表现最差。因此,与我们在"所有股票"投资组合中所看到的十分相似,资产周转率这一指标的界定不像它在应计收入与价格的比率中的界定那样清晰。表 14-22 显示了第 1 组与第 10 组投资组合的详细分析结果。

表 14-21 对"大盘股"投资组合按资产周转率进行十分位(10%)分组的分析结果概述(1964 年 1 月 1 日~2009 年 12 月 31 日)

十分位(10%)	10 000 美元的投资将增长至(美元)	平均收益率(%)	复合收益率(%)	标准差(%)	夏普比率
1(最高)	1 194 287	12.49	10.96	16.56	0.36
2	865 900	11.79	10.18	17.02	0.30
3	830 433	11.62	10.08	16.63	0.31
4	849 555	11.70	10.14	16.75	0.31
5	793 584	11.57	9.98	16.97	0.29
6	561 131	10.67	9.15	16.63	0.25
7	695 511	11.10	9.66	16.16	0.29
8	345 274	9.26	8.00	15.21	0.20
9	432 955	9.97	8.54	16.18	0.22
10(最低)	380 644	10.29	8.23	19.39	0.17
"大盘股"投资组合	872 861	11.72	10.20	16.50	0.32

表 14-22 "大盘股"中资产周转率最高的(前 10%)股票组成的投资组合、"大盘股"中资产周转率最低的(后 10%)股票组成的投资组合及"大盘股"投资组合的年收益和风险数据统计概要(1964 年 1 月 1 日~2009 年 12 月 31 日)

	由"大盘股"中资产周转率最高的(前 10%)股票组成的投资组合	由"大盘股"中资产周转率最低的(后 10%)股票组成的投资组合	"大盘股"投资组合
算术平均值(%)	12.49	10.29	11.72
几何平均值(%)	10.96	8.23	10.20
平均收益(%)	11.31	12.23	17.20
标准差(%)	16.56	19.39	16.50
向上的偏差(%)	10.45	13.13	9.70
向下的偏差(%)	11.48	13.87	11.85
跟踪误差	6.81	10.49	0.00
收益为正的时期数	323	323	332

(续)

	由"大盘股"中资产周转率最高的（前10%）股票组成的投资组合	由"大盘股"中资产周转率最低的（后10%）股票组成的投资组合	"大盘股"投资组合
收益为负的时期数	229	229	220
从最高点到最低点的最大跌幅（%）	−54.64	−75.82	−53.77
贝塔值	0.92	0.99	1.00
T统计量（$m=0$）	4.84	3.44	4.58
夏普比率（$Rf=5\%$）	0.36	0.17	0.32
索蒂诺比率（$MAR=10\%$）	0.08	−0.13	0.02
10 000美元投资的最终结果（美元）	1 194 287	380 644	872 861
1年期最低收益（%）	−45.03	−67.52	−46.91
1年期最高收益（%）	65.03	74.96	68.96
3年期最低收益（%）	−19.20	−33.06	−15.89
3年期最高收益（%）	36.30	49.44	33.12
5年期最低收益（%）	−7.97	−16.99	−5.82
5年期最高收益（%）	30.79	31.53	28.95
7年期最低收益（%）	−5.50	−8.57	−4.15
7年期最高收益（%）	25.20	31.39	22.83
10年期最低收益（%）	−0.17	−5.66	−0.15
10年期最高收益（%）	22.53	26.06	19.57
预期最低收益[1]（%）	−20.64	−28.49	−21.28
预期最高收益[2]（%）	45.61	49.07	44.72

[1] 预期最低收益等于收益率的算术平均值减去2倍的标准差。
[2] 预期最高收益等于收益率的算术平均值加上2倍的标准差。

表14-23显示了第1组分组（资产周转率最高的股票投资组合）的基本比率。表14-24显示了第10组分组（资产周转率最低的股票投资组合）的基本比率。资产周转率最高的"大盘股"投资组合的基本比率均为正值，但没有我们在应计收入与价格的比率中所看到的那样高。在全部的滚动10年期里，该组合战胜"大盘股"投资组合的时间占60%。资产周转率最低的"大盘股"投资组合的基本比率均为负值，但没有我们在应计收入与价格的比率中所看到的那样低。

表14-23 "大盘股"中资产周转率最高的（前10%）股票组成的投资组合及"大盘股"投资组合的基本比率（1964年1月1日～2009年12月31日）

项目	"大盘股"中资产周转率最高（前10%）股票组成的投资组合战胜"大盘股"投资组合的时间	百分比（%）	年平均超额收益率（%）
1年期收益率	541期中有304期	56	1.03

(续)

项目	"大盘股"中资产周转率最高（前10%）股票组成的投资组合战胜"大盘股"投资组合的时间	百分比（%）	年平均超额收益率（%）
滚动的3年期复合收益率	517期中有322期	62	0.89
滚动的5年期复合收益率	493期中有306期	62	0.76
滚动的7年期复合收益率	469期中有300期	64	0.72
滚动的10年期复合收益率	433期中有261期	60	0.65

表14-24 "大盘股"中资产周转率最低的（后10%）股票组成的投资组合及"大盘股"投资组合的基本比率（1964年1月1日～2009年12月31日）

项目	"大盘股"中资产周转率最高（前10%）股票组成的投资组合战胜"大盘股"投资组合的时间	百分比（%）	年平均超额收益率（%）
1年期收益率	541期中有255期	47	-1.17
滚动的3年期复合收益率	517期中有220期	43	-0.94
滚动的5年期复合收益率	493期中有205期	42	-0.68
滚动的7年期复合收益率	469期中有172期	37	-0.61
滚动的10年期复合收益率	433期中有148期	34	-0.71

对投资者的启示

资产周转率较高的股票的表现既好于资产周转率较低的股票的表现，也好于"所有股票"投资组合的表现，但其持续性不如它在应计收入与价格的比率中表现的那样好。我们发现，该指标在"大盘股"投资组合中的表现与"所有股票"投资组合相同。因此，投资者应偏好于资产周转率较高的股票。但是，如果资产周转率较低的股票确有其他吸引人的价值因素，投资者也无须刻意回避这类股票。

偿债能力比率

公司的现金流与债务的比率，即**偿债能力比率**（coverage ratio），它测度的是公司的年度现金流量及其债务总额之间的关系。偿债能力比率说明了公司使用年度现金流量偿还债务的能力。这一比率越高，公司偿还债务的能力也就越强。表14-25显示了"所有股票"中按偿债能力比率十分位分组排序的分析结果。该表中表现最为突出的是第9组与第10组（偿债能力比率最低的股票投资组合），其收益率明显低于"所有股票"投资组合的收益率。在我们研究的46年里，第10组（偿债能力比率最低的股票投资组合）的年复合平均收益率为2.41%，这一数值大大低于"所有股票"投资组合，也低于美国短期国债的收益率。该组合的夏普比率为 -0.1，是我们所见过的最差的夏普比率。有意思的是，第 6 组投资组合的表现最佳，而第 1 组（偿债能力比率最高的股票投资组合）的表现只是略好于"所有股票"投资组合。这意味着，那些适度负债、有进取心的公司会获得丰厚的回报；而那些过度负债、缺乏足够的现金流偿债的公司则可能遭受惨重的损失。表 14-26 显示了第 1 组与第 10 组投资组合的详细分析结果。

表 14-25 对"所有股票"投资组合按偿债能力比率进行十分位（10%）分组的分析结果概述（1964 年 1 月 1 日～2009 年 12 月 31 日）

十分位（10%）	10 000 美元的投资将增长至（美元）	平均收益率（%）	复合收益率（%）	标准差（%）	夏普比率
1（最高）	1 709 196	14.22	11.83	20.65	0.33
2	2 142 515	14.44	12.38	19.09	0.39
3	2 286 232	14.38	12.53	17.99	0.42
4	2 715 232	14.77	12.96	17.80	0.45
5	2 498 614	14.58	12.75	17.88	0.43
6	3 123 742	15.14	13.30	17.89	0.46
7	2 359 119	14.36	12.61	17.52	0.43
8	1 122 794	12.47	10.81	17.20	0.34
9	172 921	8.53	6.39	19.70	0.07
10（最低）	29 894	6.24	2.41	26.84	-0.10
"所有股票"投资组合	1 329 513	13.26	11.22	18.99	0.33

表 14-26 "所有股票"中偿债能力比率最高的（前 10%）股票组成的投资组合、"所有股票"中偿债能力比率最低的（后 10%）股票组成的投资组合及"所有股票"投资组合的年收益和风险数据统计概要（1964 年 1 月 1 日～2009 年 12 月 31 日）

	由"所有股票"中偿债能力比率最高的（前 10%）股票组成的投资组合	由"所有股票"中偿债能力比率最低的（后 10%）股票组成的投资组合	"所有股票"投资组合
算术平均值（%）	14.22	6.24	13.26
几何平均值（%）	11.83	2.41	11.22
平均收益（%）	17.07	10.49	17.16
标准差（%）	20.65	26.84	18.99
向上的偏差（%）	13.17	17.38	10.98
向下的偏差（%）	14.29	20.16	13.90
跟踪误差	6.26	12.28	0.00
收益为正的时期数	336	309	329
收益为负的时期数	216	243	223
从最高点到最低点的最大跌幅（%）	-54.66	-92.73	-55.54

(续)

	由"所有股票"中偿债能力比率最高的（前10%）股票组成的投资组合	由"所有股票"中偿债能力比率最低的（后10%）股票组成的投资组合	"所有股票"投资组合
贝塔值	1.04	1.29	1.00
T统计量（m=0）	4.39	1.53	4.47
夏普比率（Rf=5%）	0.33	−0.10	0.33
索蒂诺比率（MAR=10%）	0.13	−0.38	0.09
10 000美元投资的最终结果（美元）	1 709 196	29 894	1 329 513
1年期最低收益（%）	−46.86	−71.56	−46.49
1年期最高收益（%）	121.96	173.31	84.19
3年期最低收益（%）	−17.81	−52.46	−18.68
3年期最高收益（%）	42.20	40.27	31.49
5年期最低收益（%）	−7.18	−28.23	−9.91
5年期最高收益（%）	33.26	27.86	27.66
7年期最低收益（%）	−3.13	−20.10	−6.32
7年期最高收益（%）	26.88	23.45	23.77
10年期最低收益（%）	3.09	−14.93	1.01
10年期最高收益（%）	24.91	20.52	22.05
预期最低收益①（%）	−27.08	−47.44	−24.73
预期最高收益②（%）	55.52	59.93	51.24

① 预期最低收益等于收益率的算术平均值减去2倍的标准差。
② 预期最高收益等于收益率的算术平均值加上2倍的标准差。

表14-27与表14-28显示的是第1组与第10组股票投资组合的基本比率。第10组投资组合的收益惨淡，在全部的滚动5年期里，该组合战胜"所有股票"投资组合的时间只有5%；而在全部的滚动10年期里，该组合一次都没有战胜过"所有股票"投资组合。你不难猜到，偿债能力比率最低的股票（高度投机性股票的准确定义）表现最好的5年期发生在截至2000年2月的那个5年期，在此期间，该组合的年复合平均收益率为27.08%，而且至今（我写作本书时）尚未恢复到2009年2月的水平，该组合的市值共下跌了93%。

表14-27 "所有股票"中偿债能力比率最高的（前10%）股票组成的投资组合及"所有股票"投资组合的基本比率（1964年1月1日～2009年12月31日）

项目	"所有股票"中偿债能力比率最高（前10%）股票组成的投资组合战胜"所有股票"投资组合的时间	百分比（%）	年平均超额收益率（%）
1年期收益率	541期中有253期	47	0.87

(续)

项目	"所有股票"中偿债能力比率最高（前10%）股票组成的投资组合战胜"所有股票"投资组合的时间	百分比（%）	年平均超额收益率（%）
滚动的3年期复合收益率	517期中有229期	44	0.47
滚动的5年期复合收益率	493期中有262期	53	0.43
滚动的7年期复合收益率	469期中有261期	56	0.41
滚动的10年期复合收益率	433期中有253期	58	0.30

表14-28 "所有股票"中偿债能力比率最低的（后10%）股票组成的投资组合及"所有股票"投资组合的基本比率（1964年1月1日～2009年12月31日）

项目	"所有股票"中偿债能力比率最低的（后10%）股票组成的投资组合战胜"所有股票"投资组合的时间	百分比（%）	年平均超额收益率（%）
1年期收益率	541期中有132期	24	−6.64
滚动的3年期复合收益率	517期中有53期	10	−8.35
滚动的5年期复合收益率	493期中有27期	5	−8.62
滚动的7年期复合收益率	469期中有9期	2	−8.78
滚动的10年期复合收益率	433期中有0期	0	−8.62

"大盘股"投资组合

表14-29显示了"大盘股"中十分位分组投资组合（按偿债能力比率排序）的分析结果。正如我们在"所有股票"投资组合中看到的那样，表现最差的投资组合是第9组与第10组（"大盘股"中偿债能力比率最低的股票投资组合）。和许多已经检验过的价值因素一样，"大盘股"投资组合的分析结果更为平稳。表14-30显示了第1组与第10组投资组合的详细分析结果。正如我们在"所有股票"投资组合中看到的那样，偿债能力比率最低的"大盘股"投资组合只有在充满泡沫的投机性市场中才会有突出的表现。该组合表现最好的3个滚动5年期分别是截至1999年12月、2000年2月及2000年3月的5年期。

表14-31与表14-32显示了第1组及第10组的基本比率。正如我们在"所有股票"投资组合中所看到的那样，偿债能力比率最高的股票投资组合的表现并不令人满意，这或许是因为市场认为这些公司的管理者过于保守：在全部的滚动10年期里，该组合战胜"大盘股"投资组合的时间只有15%。偿债能力比率最低的"大盘股"投资组合的基本比率均为负值，在全部的滚动5年期里，该组合战胜"大盘股"投资组合的时间只有28%；而在全部的滚动10年期里，该组合战胜"大盘股"投资组

合的时间只有16%。

表14-29 对"大盘股"投资组合按偿债能力比率进行十分位（10%）分组的分析结果概述（1964年1月1日～2009年12月31日）

十分位（10%）	10 000美元的投资将增长至（美元）	平均收益率（%）	复合收益率（%）	标准差（%）	夏普比率
1（最高）	483 462	10.94	8.80	19.70	0.19
2	1 357 088	12.80	11.27	16.61	0.38
3	1 190 025	12.39	10.95	16.05	0.37
4	1 204 561	12.40	10.98	15.99	0.37
5	1 105 736	12.19	10.77	15.97	0.36
6	694 449	11.02	9.66	15.70	0.30
7	783 434	11.28	9.94	15.55	0.32
8	463 146	9.93	8.70	15.01	0.25
9	376 237	9.53	8.21	15.58	0.21
10（最低）	180 177	8.61	6.49	19.72	0.08
"大盘股"投资组合	872 861	11.72	10.20	16.50	0.32

表14-30 "大盘股"中偿债能力比率最高的（前10%）股票组成的投资组合、"大盘股"中偿债能力比率最低的（后10%）股票组成的投资组合及"大盘股"投资组合的年收益和风险数据统计概要（1964年1月1日～2009年12月31日）

	由"大盘股"中偿债能力比率最高的（前10%）股票组成的投资组合	由"大盘股"中偿债能力比率最低的（后10%）股票组成的投资组合	"大盘股"投资组合
算术平均值（%）	10.94	8.61	11.72
几何平均值（%）	8.80	6.49	10.20
平均收益（%）	12.36	10.31	17.20
标准差（%）	19.70	19.72	16.50
向上的偏差（%）	12.57	12.41	9.70
向下的偏差（%）	14.22	15.21	11.85
跟踪误差	8.66	9.05	0.00
收益为正的时期数	311	323	332
收益为负的时期数	241	229	220
从最高点到最低点的最大跌幅（%）	−71.34	−77.96	−53.77
贝塔值	1.07	1.06	1.00
T统计量（$m=0$）	3.59	2.85	4.58
夏普比率（$Rf=5\%$）	0.19	0.08	0.32
索蒂诺比率（$MAR=10\%$）	−0.08	−0.23	0.02
10 000美元投资的最终结果（美元）	483 462	180 177	872 861

(续)

	由"大盘股"中偿债能力比率最高的（前10%）股票组成的投资组合	由"大盘股"中偿债能力比率最低的（后10%）股票组成的投资组合	"大盘股"投资组合
1年期最低收益（%）	−62.64	−66.18	−46.91
1年期最高收益（%）	86.88	70.98	68.96
3年期最低收益（%）	−29.12	−31.88	−15.89
3年期最高收益（%）	47.76	35.62	33.12
5年期最低收益（%）	−11.47	−16.60	−5.82
5年期最高收益（%）	34.75	30.94	28.95
7年期最低收益（%）	−4.98	−8.72	−4.15
7年期最高收益（%）	27.72	25.78	22.83
10年期最低收益（%）	−1.95	−10.64	−0.15
10年期最高收益（%）	25.19	21.42	19.57
预期最低收益①（%）	−28.45	−30.83	−21.28
预期最高收益②（%）	50.33	48.06	44.72

① 预期最低收益等于收益率的算术平均值减去2倍的标准差。
② 预期最高收益等于收益率的算术平均值加上2倍的标准差。

表14-31 "大盘股"中偿债能力比率最高的（前10%）股票组成的投资组合及"大盘股"投资组合的基本比率（1964年1月1日～2009年12月31日）

项目	"大盘股"中偿债能力比率最高（前10%）股票组成的投资组合战胜"大盘股"投资组合的时间	百分比（%）	年平均超额收益率（%）
1年期收益率	541期中有238期	44	−0.59
滚动的3年期复合收益率	517期中有177期	34	−1.22
滚动的5年期复合收益率	493期中有172期	35	−1.45
滚动的7年期复合收益率	469期中有148期	32	−1.58
滚动的10年期复合收益率	433期中有67期	15	−1.63

表14-32 "大盘股"中偿债能力比率最低的（后10%）股票组成的投资组合及"大盘股"投资组合的基本比率（1964年1月1日～2009年12月31日）

项目	"大盘股"中偿债能力比率最高（前10%）股票组成的投资组合战胜"大盘股"投资组合的时间	百分比（%）	年平均超额收益率（%）
1年期收益率	541期中有206期	38	−0.45
滚动的3年期复合收益率	517期中有180期	35	−2.71
滚动的5年期复合收益率	493期中有138期	28	−2.65
滚动的7年期复合收益率	469期中有105期	22	−2.64
滚动的10年期复合收益率	433期中有70期	16	−2.44

对投资者的启示

投资者应该避开那些偿债能力比率较低的股票，因为这些股票只有在充满泡沫的投机性市场中才能表现出色，或许可以为投资者提供预警。不管在任何时期内，只要该组合的收益明显好于"所有股票"投资组合，其后就有可能出现毁灭性的大熊市。类似的情形也出现在"大盘股"投资组合中，但其严重性没有"所有股票"投资组合中那么大。

资本负债率

资本负债率（debt-to-equity ratio）测度的是公司使用财务杠杆的程度，它等于公司的债务总额除以股东权益。资本负债率实际上测度的是一家公司使用债务的积极程度。如果对研究结果进行回顾，你会发现，这一比率人人皆知，但当投资者根据这一单因素指标选股时，资本负债率却无法为投资者提供实质性的帮助。在后面的章节中，我们会发现，如果在一个综合投资组合中将资本负债率与其他价值因素合在一起使用，这一指标是有帮助的；但是，单独使用资本负债率用处不大。表 14-33 显示了第 1 组与第 10 组投资组合的详细分析结果。表 14-34 与表 14-35 显示了各组投资组合的基本比率。表 14-36 显示了"所有股票"投资组合中各个十分位分组的分析结果。正如你在这些表中所见到的那样，第 1 组与第 10 组的表现均不如"所有股票"投资组合。十分位分组分析的结果并未得出明确的结论，而只是说明了这样一点：有效使用债务的公司会得到回报，而过于保守或激进的公司会受到惩罚。

表 14-33 "所有股票"中资本负债率最高的（前 10%）股票组成的投资组合、"所有股票"中资本负债率最低的（后 10%）股票组成的投资组合及"所有股票"投资组合的年收益和风险数据统计概要（1964 年 1 月 1 日～2009 年 12 月 31 日）

	由"所有股票"中资本负债率最高的（前 10%）股票组成的投资组合	由"所有股票"中资本负债率最低的（后 10%）股票组成的投资组合	"所有股票"投资组合
算术平均值（%）	12.90	13.15	13.26
几何平均值（%）	10.90	10.54	11.22
平均收益（%）	18.24	15.78	17.16
标准差（%）	18.83	21.70	18.99
向上的偏差（%）	11.60	14.09	10.98
向下的偏差（%）	14.52	15.18	13.90

(续)

	由"所有股票"中资本负债率最高的（前10%）股票组成的投资组合	由"所有股票"中资本负债率最低的（后10%）股票组成的投资组合	"所有股票"投资组合
跟踪误差	7.29	7.57	0.00
收益为正的时期数	339	330	329
收益为负的时期数	213	222	223
从最高点到最低点的最大跌幅（%）	-66.85	-63.65	-55.54
贝塔值	0.92	1.07	1.00
T统计量（$m=0$）	4.39	3.88	4.47
夏普比率（$Rf=5\%$）	0.31	0.26	0.33
索蒂诺比率（$MAR=10\%$）	0.06	0.04	0.09
10 000美元投资的最终结果（美元）	1 166 094	1 003 009	1 329 513
1年期最低收益（%）	-57.49	-46.65	-46.49
1年期最高收益（%）	86.83	149.23	84.19
3年期最低收益（%）	-25.57	-26.80	-18.68
3年期最高收益（%）	36.95	45.60	31.49
5年期最低收益（%）	-10.74	-7.70	-9.91
5年期最高收益（%）	27.88	35.17	27.66
7年期最低收益（%）	-3.78	-2.50	-6.32
7年期最高收益（%）	27.82	26.79	23.77
10年期最低收益（%）	-0.94	0.45	1.01
10年期最高收益（%）	22.06	22.96	22.05
预期最低收益①（%）	-24.77	-30.24	-24.73
预期最高收益②（%）	50.56	56.55	51.24

① 预期最低收益等于收益率的算术平均值减去2倍的标准差。
② 预期最高收益等于收益率的算术平均值加上2倍的标准差。

表14-34 "所有股票"中资本负债率最高的（前10%）股票组成的投资组合及"所有股票"投资组合的基本比率（1964年1月1日～2009年12月31日）

项目	"所有股票"中资本负债率最高（前10%）股票组成的投资组合战胜"所有股票"投资组合的时间	百分比（%）	年平均超额收益率（%）
1年期收益率	541期中有303期	56	-0.05
滚动的3年期复合收益率	517期中有317期	61	0.41
滚动的5年期复合收益率	493期中有293期	59	0.79
滚动的7年期复合收益率	469期中有264期	56	0.81
滚动的10年期复合收益率	433期中有240期	55	0.68

表 14-35 "所有股票"中资本负债率最低的（后 10%）股票组成的投资组合及"所有股票"投资组合的基本比率（1964 年 1 月 1 日～2009 年 12 月 31 日）

项目	"所有股票"中资本负债率最低的（后 10%）股票组成的投资组合战胜"所有股票"投资组合的时间	百分比（%）	年平均超额收益率（%）
1 年期收益率	541 期中有 232 期	43	−0.08
滚动的 3 年期复合收益率	517 期中有 176 期	34	−0.73
滚动的 5 年期复合收益率	493 期中有 167 期	34	−0.80
滚动的 7 年期复合收益率	469 期中有 137 期	29	−0.85
滚动的 10 年期复合收益率	433 期中有 106 期	24	−0.94

表 14-36 对"所有股票"投资组合按资本负债率进行十分位（10%）分组的分析结果概述（1964 年 1 月 1 日～2009 年 12 月 31 日）

十分位（10%）	10 000 美元的投资将增长至（美元）	平均收益率（%）	复合收益率（%）	标准差（%）	夏普比率
1（最高）	219 325	12.90	10.90	18.83	0.31
2	745 636	11.54	9.83	17.47	0.28
3	886 549	11.58	10.24	15.50	0.34
4	1 018 729	12.17	10.57	16.90	0.33
5	1 297 926	13.06	11.16	18.35	0.34
6	1 820 955	13.92	11.98	18.48	0.38
7	1 962 633	14.11	12.16	18.51	0.39
8	1 152 898	13.05	10.87	19.70	0.30
9	577 042	11.81	9.22	21.58	0.20
10（最低）	1 003 009	13.15	10.54	21.70	0.26
"所有股票"投资组合	1 329 513	13.26	11.22	18.99	0.33

"大盘股"投资组合

表 14-37 与表 14-38 表明，"大盘股"投资组合中的资本负债率同样有效。表 14-39 与表 14-40 显示了第 1 组及第 10 组的基本比率。

表 14-37 "大盘股"中资本负债率最高的（前 10%）股票组成的投资组合、"大盘股"中资本负债率最低的（后 10%）股票组成的投资组合及"大盘股"投资组合的年收益和风险数据统计概要（1964 年 1 月 1 日～2009 年 12 月 31 日）

	由"大盘股"中资本负债率最高的（前 10%）股票组成的投资组合	由"大盘股"中资本负债率最低的（后 10%）股票组成的投资组合	"大盘股"投资组合
算术平均值（%）	10.78	11.00	11.72
几何平均值（%）	8.75	8.87	10.20
平均收益（%）	11.19	11.69	17.20

（续）

	由"大盘股"中资本负债率最高的（前10%）股票组成的投资组合	由"大盘股"中资本负债率最低的（后10%）股票组成的投资组合	"大盘股"投资组合
标准差（%）	19.26	19.63	16.50
向上的偏差（%）	12.94	12.40	9.70
向下的偏差（%）	13.52	14.63	11.85
跟踪误差	8.87	8.49	0.00
收益为正的时期数	321	323	332
收益为负的时期数	231	229	220
从最高点到最低点的最大跌幅（%）	−73.17	−72.61	−53.77
贝塔值	1.04	1.08	1.00
T统计量（$m=0$）	3.62	3.62	4.58
夏普比率（$Rf=5\%$）	0.19	0.20	0.32
索蒂诺比率（$MAR=10\%$）	−0.09	−0.08	0.02
10 000美元投资的最终结果（美元）	473 838	498 044	872 861
1年期最低收益（%）	−64.73	−64.69	−46.91
1年期最高收益（%）	73.85	84.86	68.96
3年期最低收益（%）	−29.26	−32.21	−15.89
3年期最高收益（%）	44.13	40.82	33.12
5年期最低收益（%）	−13.20	−12.38	−5.82
5年期最高收益（%）	29.92	31.06	28.95
7年期最低收益（%）	−5.98	−4.97	−4.15
7年期最高收益（%）	28.13	24.97	22.83
10年期最低收益（%）	−3.78	−2.74	−0.15
10年期最高收益（%）	24.91	22.23	19.57
预期最低收益[1]（%）	−27.74	−28.26	−21.28
预期最高收益[2]（%）	49.30	50.27	44.72

[1] 预期最低收益等于收益率的算术平均值减去2倍的标准差。
[2] 预期最高收益等于收益率的算术平均值加上2倍的标准差。

表14-38 对"大盘股"投资组合按资本负债率进行十分位（10%）分组的分析结果概述（1964年1月1日～2009年12月31日）

十分位（10%）	10 000美元的投资将增长至（美元）	平均收益率（%）	复合收益率（%）	标准差（%）	夏普比率
1（最高）	473 838	10.78	8.75	19.26	0.19
2	498 126	10.17	8.87	15.37	0.25
3	397 269	9.43	8.33	14.18	0.24

(续)

十分位（10%）	10 000 美元的投资将增长至（美元）	平均收益率（%）	复合收益率（%）	标准差（%）	夏普比率
4	432 889	9.84	8.54	15.42	0.23
5	677 925	11.00	9.60	15.94	0.29
6	771 443	11.34	9.91	16.06	0.31
7	865 571	11.63	10.18	16.13	0.32
8	1 227 251	12.49	11.02	16.21	0.37
9	719 520	11.35	9.74	17.07	0.28
10（最低）	498 044	11.00	8.87	19.63	0.20
"大盘股"投资组合	872 861	11.72	10.20	16.50	0.32

表 14-39 "大盘股"中资本负债率最高的（前 10%）股票组成的投资组合及"大盘股"投资组合的基本比率（1964 年 1 月 1 日～2009 年 12 月 31 日）

项目	"大盘股"中资本负债率最高（前10%）股票组成的投资组合战胜"大盘股"投资组合的时间	百分比（%）	年平均超额收益率（%）
1 年期收益率	541 期中有 257 期	48	−0.69
滚动的 3 年期复合收益率	517 期中有 225 期	44	−0.56
滚动的 5 年期复合收益率	493 期中有 191 期	39	−0.35
滚动的 7 年期复合收益率	469 期中有 159 期	34	−0.37
滚动的 10 年期复合收益率	433 期中有 147 期	34	−0.41

表 14-40 "大盘股"中资本负债率最低的（后 10%）股票组成的投资组合及"大盘股"投资组合的基本比率（1964 年 1 月 1 日～2009 年 12 月 31 日）

项目	"大盘股"中资本负债率最高（前10%）股票组成的投资组合战胜"大盘股"投资组合的时间	百分比（%）	年平均超额收益率（%）
1 年期收益率	541 期中有 240 期	44	−0.66
滚动的 3 年期复合收益率	517 期中有 189 期	37	−1.23
滚动的 5 年期复合收益率	493 期中有 184 期	37	−1.51
滚动的 7 年期复合收益率	469 期中有 159 期	34	−1.70
滚动的 10 年期复合收益率	433 期中有 103 期	24	−1.79

对投资者的启示

在确定一只股票是否值得投资时，就其本身而言，资本负债率给投资者提供帮助不大。在本章末尾，你会看到，在判断一家公司的财务实力时，将资本负债率与其他几种价值因素联合使用会非常有帮助。但是，单独使用资本负债率用处并不大。

外部融资程度

学术研究已证实,大量使用外部资金的公司其股票的收益前景堪忧。在布拉德肖(Bradshaw)、理查德森(Richardson)以及斯隆(Sloan)的论文《公司融资行为、分析师的预测及股票收益之间的关系》(The Relation between Corporate Financing Activities, Analysts' Forecasts and Stock Returns)中,他们认为:"大量的证据显示,公司的外部融资行为及股票的收益率之间存在着负的相关性。在公司实施了首次公开发行(Ritter,1991)、增发新股(Loughran及Ritter,1997)、发行债务(Spiess与Affleck-Graves,1999)、向银行贷款(Billett et al,2011)之后的几年里,股票的收益通常较低。"在确定一家公司使用外部融资(通过债务或发行股票)相对于其使用内源融资(经营中产生的现金流)的程度时,我们用融资中产生的现金流除以资产的平均值。与那些可以使用内源融资的公司相比,大量使用外源融资的公司可能面临着更高的风险。下面让我们看看这一推断是否正确。

在对外部融资进行十分位分析时,我们只有起自于1970年9月30日的数据可用,因此,本研究的时间跨度只有38年。表14-41显示了"所有股票"中按外部融资进行排序的十分位分组的分析结果。第1组投资组合由"所有股票"中外部融资最高的(前10%)股票组成,而第10组投资组合由"所有股票"中外部融资最低的(后10%)股票组成。显然,如表14-41所示,过高的外部融资会损害公司股票的收益率。在整个研究期间,第1组投资组合——"所有股票"中外部融资程度最高的(前10%)股票实际上在整个研究期内都是亏损的;而第10组投资组合——"所有股票"中外部融资程度最低的(后10%)股票的表现明显好于"所有股票"投资组合。在整个研究期间,在第1组投资组合上投资的10 000美元将缩减至9 759美元,年复合平均收益率为 -0.06%。而且这一数据还没有考虑到通货膨胀的因素,如果将通货膨胀也考虑进来,10 000美元的投资的实际终值将只有1 843美元。对那些完全采用外部融资的公司股票的投资者来说,这一代价实在是太大了。

表14-41 对"所有股票"投资组合按外部融资情况进行十分位(10%)分组的分析结果概述(1971年10月1日～2009年12月31日)

十分位(10%)	10 000美元的投资将增长至(美元)	平均收益率(%)	复合收益率(%)	标准差(%)	夏普比率
1(最高)	9 759	4.16	-0.06	28.28	-0.18
2	95 130	8.97	6.07	22.98	0.05
3	348 976	12.02	9.73	20.17	0.23

(续)

十分位（10%）	10 000 美元的投资将增长至（美元）	平均收益率（%）	复合收益率（%）	标准差（%）	夏普比率
4	588 344	13.46	11.24	19.82	0.31
5	853 099	14.67	12.33	20.31	0.36
6	1 348 145	15.79	13.68	19.20	0.45
7	1 078 799	14.75	13.02	17.43	0.46
8	1 645 795	15.90	14.27	16.83	0.55
9	1 443 403	15.47	13.88	16.62	0.53
10（最低）	1 535 774	15.80	14.07	17.34	0.52
"所有股票"投资组合	587 200	13.35	11.24	19.34	0.32

第1组投资组合也同样遭受过惨重的下跌，其最大跌幅高达92%，其他相关的统计分析结果如表14-42、表14-43所示。第1组投资组合的所有基本比率均为负值，在全部的滚动5年期里，该组合战胜"所有股票"投资组合的时间只有7%；而在全部的滚动10年期里，该组合一次也没有战胜"所有股票"投资组合。外部融资程度最高的股票投资组合唯一表现出色的一次是通货膨胀极高的时期。其表现最好的5年期发生在截至1980年年末的那个5年期，在此期间，该组合的年复合平均收益率为30.22%。

第10组投资组合——外部融资程度最低的股票投资组合的表现则迥然不同。在同一时期，在该组合上投资的10 000美元将增至1 535 774美元，年复合平均收益率高达14.07%，这一收益接近"所有股票"投资组合收益587 200美元的3倍。如表14-44所示，该组合的基本比率全都是正值，在全部的滚动5年期里，该组合战胜"所有股票"投资组合的时间占91%；而在全部的滚动10年期里，该组合完全战胜了"所有股票"投资组合。

表14-42 "所有股票"中外部融资程度最高的（前10%）股票组成的投资组合、"所有股票"中外部融资程度最低的（后10%）股票组成的投资组合及"所有股票"投资组合的年收益和风险数据统计概要（1971年10月1日～2009年12月31日）

	由"所有股票"中外部融资程度最高的（前10%）股票组成的投资组合	由"所有股票"中外部融资程度最低的（后10%）股票组成的投资组合	"所有股票"投资组合
算术平均值（%）	4.16	15.80	13.35
几何平均值（%）	-0.06	14.07	11.24
平均收益（%）	11.38	18.71	17.02
标准差（%）	28.28	17.34	19.34

（续）

	由"所有股票"中外部融资程度最高的（前10%）股票组成的投资组合	由"所有股票"中外部融资程度最低的（后10%）股票组成的投资组合	"所有股票"投资组合
向上的偏差（%）	16.86	10.42	11.21
向下的偏差（%）	20.90	13.28	14.21
跟踪误差	12.46	4.85	0.00
收益为正的时期数	258	288	272
收益为负的时期数	201	171	187
从最高点到最低点的最大跌幅（%）	−91.78	−50.35	−55.54
贝塔值	1.36	0.87	1.00
T 统计量（$m=0$）	0.89	5.26	4.03
夏普比率（$Rf=5\%$）	−0.18	0.52	0.32
索蒂诺比率（$MAR=10\%$）	−0.48	0.31	0.09
10 000 美元投资的最终结果（美元）	9 759	1 535 774	587 200
1 年期最低收益（%）	−72.97	−39.90	−46.49
1 年期最高收益（%）	142.44	76.60	84.19
3 年期最低收益（%）	−52.51	−14.51	−18.68
3 年期最高收益（%）	36.94	30.47	31.49
5 年期最低收益（%）	−28.55	−4.38	−7.00
5 年期最高收益（%）	30.22	28.74	27.66
7 年期最低收益（%）	−20.53	1.07	−0.67
7 年期最高收益（%）	23.92	25.12	23.77
10 年期最低收益（%）	−15.05	5.62	1.65
10 年期最高收益（%）	16.80	23.14	22.05
预期最低收益[①]（%）	−52.40	−18.88	−25.32
预期最高收益[②]（%）	60.71	50.49	52.03

① 预期最低收益等于收益率的算术平均值减去 2 倍的标准差。
② 预期最高收益等于收益率的算术平均值加上 2 倍的标准差。

表 14-43 "所有股票"中外部融资程度最高的（前 10%）股票组成的投资组合及"所有股票"投资组合的基本比率（1971 年 10 月 1 日～2009 年 12 月 31 日）

项目	"所有股票"中外部融资程度最高（前 10%）股票组成的投资组合战胜"所有股票"投资组合的时间	百分比（%）	年平均超额收益率（%）
1 年期收益率	448 期中有 93 期	21	−9.00
滚动的 3 年期复合收益率	424 期中有 41 期	10	−10.96
滚动的 5 年期复合收益率	400 期中有 26 期	7	−11.50
滚动的 7 年期复合收益率	376 期中有 12 期	3	−11.98
滚动的 10 年期复合收益率	340 期中有 0 期	0	−12.31

表 14-44 "所有股票"中外部融资程度最低的（后 10%）股票组成的投资组合及"所有股票"投资组合的基本比率（1971 年 10 月 1 日～2009 年 12 月 31 日）

项目	"所有股票"中外部融资程度最低的（后 10%）股票组成的投资组合战胜"所有股票"投资组合的时间	百分比（%）	年平均超额收益率（%）
1 年期收益率	448 期中有 307 期	69	2.14
滚动的 3 年期复合收益率	424 期中有 365 期	86	2.38
滚动的 5 年期复合收益率	400 期中有 365 期	91	2.45
滚动的 7 年期复合收益率	376 期中有 368 期	98	2.56
滚动的 10 年期复合收益率	340 期中有 340 期	100	2.62

"大盘股"投资组合

表 14-45 显示了"大盘股"中十分位分组投资组合（按外部融资程度排序）的分析结果。第 1 组代表了外部融资程度最高的股票投资组合，而第 10 组代表了外部融资程度最低的股票投资组合。正如我们在"所有股票"投资组合中所看到的那样，表现最差的投资组合是"大盘股"中外部融资程度最低的股票投资组合。在 1971 年 9 月 30 日投资在第 1 组投资组合上的 10 000 美元，到 2009 年年末将增至 33 769 美元，年复合平均收益率为 3.23%，这一收益率远不如美国短期国债上的收益率。和使用较少的外部融资的"大盘股"投资组合不同，第 1 组投资组合的最大跌幅为 87%。表 14-46 显示了第 1 组与第 10 组投资组合的详细分析结果。如表 14-47 所示，第 1 组投资组合的基本比率均为负值，在全部的滚动 5 年期里，该组合战胜"大盘股"投资组合的时间只有 2%；而在全部的滚动 10 年期里，该组合没有一次战胜"大盘股"投资组合。

表 14-45 对"大盘股"投资组合按外部融资程度进行十分位（10%）分组的分析结果概述（1971 年 10 月 1 日～2009 年 12 月 31 日）

十分位（10%）	10 000 美元的投资将增长至（美元）	平均收益率（%）	复合收益率（%）	标准差（%）	夏普比率
1（最高）	33 769	6.14	3.23	23.10	-0.08
2	198 753	9.95	8.13	18.14	0.17
3	295 478	10.94	9.26	17.45	0.24
4	479 333	12.36	10.65	17.60	0.32
5	403 146	11.65	10.15	16.47	0.31
6	849 698	13.85	12.32	16.48	0.44
7	853 317	13.66	12.33	15.40	0.48
8	635 094	12.78	11.46	15.39	0.42

(续)

十分位（10%）	10 000 美元的投资将增长至（美元）	平均收益率（%）	复合收益率（%）	标准差（%）	夏普比率
9	783 726	13.41	12.08	15.42	0.46
10（最低）	621 863	12.74	11.40	15.52	0.41
"大盘股"投资组合	481 960	12.29	10.66	17.03	0.33

表14-46 "大盘股"中外部融资程度最高的（前10%）股票组成的投资组合、"大盘股"中外部融资程度最低的（后10%）股票组成的投资组合及"大盘股"投资组合的年收益和风险数据统计概要（1971年10月1日～2009年12月31日）

	由"大盘股"中外部融资程度最高的（前10%）股票组成的投资组合	由"大盘股"中外部融资程度最低的（后10%）股票组成的投资组合	"大盘股"投资组合
算术平均值（%）	6.14	12.74	12.29
几何平均值（%）	3.23	11.40	10.66
平均收益（%）	11.34	14.12	16.49
标准差（%）	23.10	15.52	17.03
向上的偏差（%）	13.46	9.98	10.04
向下的偏差（%）	18.25	10.85	12.30
跟踪误差	10.24	6.21	0.00
收益为正的时期数	255	281	274
收益为负的时期数	204	178	185
从最高点到最低点的最大跌幅（%）	−86.85	−47.48	−53.77
贝塔值	1.24	0.85	1.00
T统计量（$m=0$）	1.60	4.80	4.23
夏普比率（$Rf=5\%$）	−0.08	0.41	0.33
索蒂诺比率（$MAR=10\%$）	−0.37	0.13	0.05
10 000美元投资的最终结果（美元）	33 769	621 863	481 960
1年期最低收益（%）	−78.50	−44.24	−46.91
1年期最高收益（%）	71.06	51.89	68.96
3年期最低收益（%）	−48.14	−11.77	−15.89
3年期最高收益（%）	32.01	39.25	33.12
5年期最低收益（%）	−25.81	−3.80	−4.67
5年期最高收益（%）	26.15	31.21	28.95
7年期最低收益（%）	−16.30	−0.29	−0.96
7年期最高收益（%）	19.09	22.62	22.83
10年期最低收益（%）	−14.70	1.37	−0.15
10年期最高收益（%）	17.16	19.98	19.57
预期最低收益[①]（%）	−40.05	−18.29	−21.78

(续)

	由"大盘股"中外部融资程度最高的（前10%）股票组成的投资组合	由"大盘股"中外部融资程度最低的（后10%）股票组成的投资组合	"大盘股"投资组合
预期最高收益[2]（%）	52.33	43.78	46.35

[1] 预期最低收益等于收益率的算术平均值减去2倍的标准差。
[2] 预期最高收益等于收益率的算术平均值加上2倍的标准差。

表14-47 "大盘股"中外部融资程度最高的（前10%）股票组成的投资组合及"大盘股"投资组合的基本比率（1971年10月1日～2009年12月31日）

项目	"大盘股"中外部融资程度最高（前10%）股票组成的投资组合战胜"大盘股"投资组合的时间	百分比（%）	年平均超额收益率（%）
1年期收益率	448期中有109期	24	-5.53
滚动的3年期复合收益率	424期中有21期	5	-6.82
滚动的5年期复合收益率	400期中有8期	2	-7.45
滚动的7年期复合收益率	376期中有2期	1	-7.96
滚动的10年期复合收益率	340期中有0期	0	-8.03

表14-48 "大盘股"中外部融资程度最低的（后10%）股票组成的投资组合及"大盘股"投资组合的基本比率（1971年10月1日～2009年12月31日）

项目	"大盘股"中外部融资程度最高（前10%）股票组成的投资组合战胜"大盘股"投资组合的时间	百分比（%）	年平均超额收益率（%）
1年期收益率	448期中有240期	54	0.27
滚动的3年期复合收益率	424期中有211期	50	0.29
滚动的5年期复合收益率	400期中有223期	56	0.35
滚动的7年期复合收益率	376期中有234期	62	0.58
滚动的10年期复合收益率	340期中有250期	74	0.73

对投资者的启示

不管是"所有股票"投资组合，还是"大盘股"投资组合，投资者最好是避开那些使用外部融资，而不是采用内源融资的公司的股票。"所有股票"中外部融资程度最高的股票投资组合遭受了实际损失，而"大盘股"中外部融资程度最高的股票投资组合的表现还不如美国短期国债。在这两种投资组合中，外部融资程度最低的股票投资组合的表现都好于其所在的投资组合，"所有股票"中外部融资程度最低的股票投资组合的表现更是远胜"所有股票"投资组合。这两组投资组合的基本比率均为正值，在我们研究过的所有滚动10年期中，外部融资程度最高的股票投资组合都没有战胜其所在的投资组合。因此，对外部融资所做的研究带给我们的启示非常清楚：对那些债台高筑、习惯于通过发行股票来满足其融资需求的公司的股票，应坚决回避。

债务变动率

顾名思义，**债务变动率**（percentage change in debt）考察了公司债务的变动情况。如表14-49所示，债务变动率最高的公司的表现远远落后于整个市场。在我们研究的46年里，第1组——"所有股票"中债务变动率最高的（前10%）股票投资组合的年复合平均收益率为6.64%，这一收益率明显低于"所有股票"投资组合。如表14-50所示，该组合的基本比率十分糟糕，在全部的滚动5年期里，该组合战胜"所有股票"投资组合的时间只有4%；而在全部的滚动10年期里，该组合一次都没有战胜过"所有股票"投资组合。表14-51显示了第1组与第10组投资组合的详细分析结果。表14-52显示了第10组股票投资组合的基本比率。

表14-49 对"所有股票"投资组合按债务变动率进行十分位（10%）分组的分析结果概述（1964年1月1日～2009年12月31日）

十分位（10%）	10 000美元的投资将增长至（美元）	平均收益率（%）	复合收益率（%）	标准差（%）	夏普比率
1（最高）	192 676	9.33	6.64	22.09	0.07
2	731 127	11.88	9.78	19.36	0.25
3	982 781	12.24	10.49	17.66	0.31
4	1 258 342	12.64	11.08	16.61	0.37
5	1 400 209	12.77	11.34	15.96	0.40
6	1 923 115	13.52	12.11	15.79	0.45
7	2 708 537	14.45	12.95	16.21	0.49
8	2 904 657	14.84	13.12	17.34	0.47
9	3 403 915	15.61	13.51	19.10	0.45
10（最低）	1 141 501	13.61	10.85	22.14	0.26
"所有股票"投资组合	1 329 513	13.26	11.22	18.99	0.33

表14-50 "所有股票"中债务变动率最高的（前10%）股票组成的投资组合及"所有股票"投资组合的基本比率（1964年1月1日～2009年12月31日）

项目	"所有股票"中债务变动率最高（前10%）股票组成的投资组合战胜"所有股票"投资组合的时间	百分比（%）	年平均超额收益率（%）
1年期收益率	541期中有135期	25	-3.74
滚动的3年期复合收益率	517期中有60期	12	-4.65

(续)

项目	"所有股票"中债务变动率最高（前10%）股票组成的投资组合战胜"所有股票"投资组合的时间	百分比（%）	年平均超额收益率（%）
滚动的5年期复合收益率	493期中有22期	4	-5.13
滚动的7年期复合收益率	469期中有0期	0	-5.35
滚动的10年期复合收益率	433期中有0期	0	-5.52

表14-51 "所有股票"中债务变动率最高的（前10%）股票组成的投资组合、"所有股票"中债务变动率最低的（后10%）股票组成的投资组合及"所有股票"投资组合的年收益和风险数据统计概要（1964年1月1日～2009年12月31日）

	由"所有股票"中债务变动率最高的（前10%）股票组成的投资组合	由"所有股票"中债务变动率最低的（后10%）股票组成的投资组合	"所有股票"投资组合
算术平均值（%）	9.33	13.61	13.26
几何平均值（%）	6.64	10.85	11.22
平均收益（%）	14.58	18.11	17.16
标准差（%）	22.09	22.14	18.99
向上的偏差（%）	12.93	13.56	10.98
向下的偏差（%）	16.20	15.79	13.90
跟踪误差	5.05	6.36	0.00
收益为正的时期数	321	333	329
收益为负的时期数	231	219	223
从最高点到最低点的最大跌幅（%）	-69.24	-66.25	-55.54
贝塔值	1.14	1.12	1.00
T统计量（$m=0$）	2.75	3.93	4.47
夏普比率（$Rf=5\%$）	0.07	0.26	0.33
索蒂诺比率（$MAR=10\%$）	-0.21	0.05	0.09
10 000美元投资的最终结果（美元）	192 676	1 141 501	1 329 513
1年期最低收益（%）	-52.74	-48.68	-46.49
1年期最高收益（%）	83.43	110.21	84.19
3年期最低收益（%）	-27.08	-29.70	-18.68
3年期最高收益（%）	31.54	39.31	31.49
5年期最低收益（%）	-15.96	-9.56	-9.91
5年期最高收益（%）	26.78	31.74	27.66
7年期最低收益（%）	-12.34	-3.83	-6.32
7年期最高收益（%）	22.09	24.99	23.77
10年期最低收益（%）	-3.68	-1.85	1.01
10年期最高收益（%）	17.75	21.96	22.05
预期最低收益[①]（%）	-34.85	-30.67	-24.73

	由"所有股票"中债务变动率最高的（前10%）股票组成的投资组合	由"所有股票"中债务变动率最低的（后10%）股票组成的投资组合	"所有股票"投资组合
预期最高收益[②]（%）	53.51	57.88	51.24

[①] 预期最低收益等于收益率的算术平均值减去2倍的标准差。
[②] 预期最高收益等于收益率的算术平均值加上2倍的标准差。

表14-52 "所有股票"中债务变动率最低的（后10%）股票组成的投资组合及"所有股票"投资组合的基本比率（1964年1月1日～2009年12月31日）

项目	"所有股票"中债务变动率最低的（后10%）股票组成的投资组合战胜"所有股票"投资组合的时间	百分比（%）	年平均超额收益率（%）
1年期收益率	541期中有277期	51	0.34
滚动的3年期复合收益率	517期中有270期	52	−0.22
滚动的5年期复合收益率	493期中有236期	48	−0.41
滚动的7年期复合收益率	469期中有206期	44	−0.50
滚动的10年期复合收益率	433期中有194期	45	−0.47

"大盘股"投资组合

表14-53显示了"大盘股"中的十分位分组投资组合（按债务变动率排序）的分析结果。正如我们在"所有股票"投资组合中看到的那样，和那些过于谨慎对待债务的公司一样，债务高企的"大盘股"投资组合的表现也不如"大盘股"投资组合。但在这里，我们发现那些最保守的公司（第10组投资组合）的表现不如第7、8、9组投资组合，这表明，那些在处理债务上过于保守的公司在市场上并不受欢迎。表14-54显示了第1组与第10组投资组合的详细分析结果。

表14-53 对"大盘股"投资组合按债务变动率进行十分位（10%）分组的分析结果概述（1964年1月1日～2009年12月31日）

十分位（10%）	10 000美元的投资将增长至（美元）	平均收益率（%）	复合收益率（%）	标准差（%）	夏普比率
1（最高）	250 512	9.09	7.25	18.37	0.12
2	494 002	10.39	8.85	16.77	0.23
3	425 858	9.91	8.50	16.04	0.22
4	519 169	10.22	8.97	15.12	0.26
5	611 814	10.54	9.36	14.67	0.30
6	682 149	10.79	9.61	14.61	0.32

(续)

十分位（10%）	10 000 美元的投资将增长至（美元）	平均收益率（%）	复合收益率（%）	标准差（%）	夏普比率
7	1 216 176	12.21	11.00	14.75	0.41
8	1 371 176	12.54	11.29	14.97	0.42
9	1 598 403	13.12	11.66	16.11	0.41
10（最低）	1 006 941	12.30	10.55	17.69	0.31
"大盘股"投资组合	872 861	11.72	10.20	16.50	0.32

表14-54 "大盘股"中债务变动率最高的（前10%）股票组成的投资组合、"大盘股"中债务变动率最低的（后10%）股票组成的投资组合及"大盘股"投资组合的年收益和风险数据统计概要（1964年1月1日～2009年12月31日）

	由"大盘股"中债务变动率最高的（前10%）股票组成的投资组合	由"大盘股"中债务变动率最低的（后10%）股票组成的投资组合	"大盘股"投资组合
算术平均值（%）	9.09	12.30	11.72
几何平均值（%）	7.25	10.55	10.20
平均收益（%）	13.70	15.92	17.20
标准差（%）	18.37	17.69	16.50
向上的偏差（%）	10.98	10.60	9.70
向下的偏差（%）	13.26	12.94	11.85
跟踪误差	5.62	4.90	0.00
收益为正的时期数	317	326	332
收益为负的时期数	235	226	220
从最高点到最低点的最大跌幅（%）	−63.62	−55.95	−53.77
贝塔值	1.06	1.03	1.00
T统计量（$m=0$）	3.22	4.47	4.58
夏普比率（$Rf=5\%$）	0.12	0.31	0.32
索蒂诺比率（$MAR=10\%$）	−0.21	0.04	0.02
10 000美元投资的最终结果（美元）	250 512	1 006 941	872 861
1年期最低收益（%）	−51.38	−44.94	−46.91
1年期最高收益（%）	69.05	63.25	68.96
3年期最低收益（%）	−27.99	−21.98	−15.89
3年期最高收益（%）	34.45	34.83	33.12
5年期最低收益（%）	−11.54	−5.92	−5.82
5年期最高收益（%）	28.86	29.44	28.95
7年期最低收益（%）	−4.45	−3.04	−4.15
7年期最高收益（%）	21.29	22.35	22.83

(续)

	由"大盘股"中债务变动率最高的（前10%）股票组成的投资组合	由"大盘股"中债务变动率最低的（后10%）股票组成的投资组合	"大盘股"投资组合
10年期最低收益（%）	−4.29	−0.46	−0.15
10年期最高收益（%）	16.41	20.63	19.57
预期最低收益①（%）	−27.65	−23.07	−21.28
预期最高收益②（%）	45.84	47.67	44.72

① 预期最低收益等于收益率的算术平均值减去2倍的标准差。
② 预期最高收益等于收益率的算术平均值加上2倍的标准差。

表14-55与表14-56显示了第1组及第10组的基本比率。如你所料，第1组——债务变动率最大的"大盘股"投资组合的基本比率均为负值，在全部的滚动5年期里，该组合战胜"大盘股"投资组合的时间只有18%；而在全部的滚动10年期里，该组合战胜"大盘股"投资组合的时间只有3%。第10组——债务变动率最小的"大盘股"投资组合的基本比率也不高，在全部滚动的10年期里，该组合战胜"大盘股"投资组合的时间只有38%。如前所述，你应该避开那些债务高企的公司。

表14-55 "大盘股"中债务变动率最高的（前10%）股票组成的投资组合及"大盘股"投资组合的基本比率（1964年1月1日～2009年12月31日）

项目	"大盘股"中债务变动率最高（前10%）股票组成的投资组合战胜"大盘股"投资组合的时间	百分比（%）	年平均超额收益率（%）
1年期收益率	541期中有191期	35	−2.48
滚动的3年期复合收益率	517期中有119期	23	−3.04
滚动的5年期复合收益率	493期中有90期	18	−3.38
滚动的7年期复合收益率	469期中有55期	12	−3.66
滚动的10年期复合收益率	433期中有12期	3	−3.86

表14-56 "大盘股"中债务变动率最低的（后10%）股票组成的投资组合及"大盘股"投资组合的基本比率（1964年1月1日～2009年12月31日）

项目	"大盘股"中债务变动率最高（前10%）股票组成的投资组合战胜"大盘股"投资组合的时间	百分比（%）	年平均超额收益率（%）
1年期收益率	541期中有328期	61	0.56
滚动的3年期复合收益率	517期中有314期	61	0.29
滚动的5年期复合收益率	493期中有281期	57	0.11
滚动的7年期复合收益率	469期中有228期	49	−0.04
滚动的10年期复合收益率	433期中有166期	38	−0.12

对投资者的启示

密切关注你的投资组合中公司积累债务的速度,对"所有股票"中债务增长速度最快的10%的股票,要坚决回避。

折旧费用对资本费用的比率

折旧费用对资本费用的比率(depreciation expense to capital expense ratio,下称折资比)测度的是公司的实物资产较之于重置所需现金数额的减值速度。如果公司的管理层比较保守,则公司资产减值的速度要快于重置的速度。这会抑制公司在短期内的利润,但在将来会产生更大的利润。如果公司的管理层过于激进,则其会高估设备的使用年限,从而使公司资产减值的速度过缓,这将对公司未来的利润产生不利的影响。

如表14-57所示,折旧费用对资本费用的比率最低的股票的表现极为不佳,该组合的年复合平均收益率只有5.3%,远不如"所有股票"投资组合,甚至还不如30天美国短期国债的收益率。这表明,延长设备减值时间的公司过于激进,这将对公司的未来利润产生不利影响。表14-58显示了第1组与第10组投资组合的详细分析结果。表14-59与表14-60显示了第1组与第10组投资组合相对于"所有股票"投资组合的基本比率。第10组投资组合的基本比率十分糟糕,在全部的滚动5年期里,该组合战胜"所有股票"投资组合的时间只有12%;而在全部的滚动10年期里,该组合一次都没有战胜过"所有股票"投资组合。

表14-57 对"所有股票"投资组合按折旧费用对资本费用的比率进行十分位(10%)分组的分析结果概述(1964年1月1日~2009年12月31日)

十分位(10%)	10 000美元的投资将增长至(美元)	平均收益率(%)	复合收益率(%)	标准差(%)	夏普比率
1(最高)	1 931 495	14.86	12.12	21.90	0.33
2	2 820 689	15.21	13.05	19.44	0.41
3	2 550 921	14.74	12.80	18.38	0.42
4	2 580 867	14.74	12.83	18.30	0.43
5	1 830 339	13.81	11.99	17.91	0.39
6	1 622 204	13.58	11.70	18.26	0.37
7	1 140 232	12.73	10.85	18.34	0.32
8	965 810	12.41	10.45	18.72	0.29

(续)

十分位（10%）	10 000 美元的投资将增长至（美元）	平均收益率（%）	复合收益率（%）	标准差（%）	夏普比率
9	504 411	11.07	8.90	19.75	0.20
10（最低）	107 705	8.15	5.30	22.88	0.01
"所有股票"投资组合	1 329 513	13.26	11.22	18.99	0.33

表 14-58 "所有股票"中折旧费用对资本费用的比率最高的（前 10%）股票组成的投资组合、"所有股票"中折旧费用对资本费用的比率最低的（后 10%）股票组成的投资组合及"所有股票"投资组合的年收益和风险数据统计概要（1964 年 1 月 1 日～2009 年 12 月 31 日）

	由"所有股票"中折旧费用对资本费用的比率最高的（前 10%）股票组成的投资组合	由"所有股票"中折旧费用对资本费用的比率最低的（后 10%）股票组成的投资组合	"所有股票"投资组合
算术平均值（%）	14.86	8.15	13.26
几何平均值（%）	12.12	5.30	11.22
平均收益（%）	21.99	12.08	17.16
标准差（%）	21.90	22.88	18.99
向上的偏差（%）	13.04	13.53	10.98
向下的偏差（%）	15.71	16.81	13.90
跟踪误差	6.06	7.25	0.00
收益为正的时期数	326	319	329
收益为负的时期数	226	233	223
从最高点到最低点的最大跌幅（%）	−65.18	−71.68	−55.54
贝塔值	1.11	1.15	1.00
T 统计量（m=0）	4.32	2.33	4.47
夏普比率（Rf=5%）	0.33	0.01	0.33
索蒂诺比率（MAR=10%）	0.14	−0.28	0.09
10 000 美元投资的最终结果（美元）	1 931 495	107 705	1 329 513
1 年期最低收益（%）	−44.19	−56.41	−46.49
1 年期最高收益（%）	99.09	86.53	84.19
3 年期最低收益（%）	−27.98	−34.19	−18.68
3 年期最高收益（%）	37.41	34.28	31.49
5 年期最低收益（%）	−11.75	−16.09	−9.91
5 年期最高收益（%）	33.82	26.76	27.66
7 年期最低收益（%）	−4.82	−10.53	−6.32
7 年期最高收益（%）	27.38	19.90	23.77
10 年期最低收益（%）	−3.58	−5.29	1.01

(续)

	由"所有股票"中折旧费用对资本费用的比率最高的（前10%）股票组成的投资组合	由"所有股票"中折旧费用对资本费用的比率最低的（后10%）股票组成的投资组合	"所有股票"投资组合
10年期最高收益（%）	25.69	15.37	22.05
预期最低收益①（%）	−28.94	−37.60	−24.73
预期最高收益②（%）	58.65	53.91	51.24

① 预期最低收益等于收益率的算术平均值减去2倍的标准差。
② 预期最高收益等于收益率的算术平均值加上2倍的标准差。

表14-59 "所有股票"中折旧费用对资本费用的比率最高的（前10%）股票组成的投资组合及"所有股票"投资组合的基本比率（1964年1月1日～2009年12月31日）

项目	"所有股票"中折旧费用对资本费用的比率最高（前10%）股票组成的投资组合战胜"所有股票"投资组合的时间	百分比（%）	年平均超额收益率（%）
1年期收益率	541期中有314期	58	1.54
滚动的3年期复合收益率	517期中有326期	63	1.07
滚动的5年期复合收益率	493期中有308期	62	0.97
滚动的7年期复合收益率	469期中有295期	63	1.00
滚动的10年期复合收益率	433期中有314期	73	1.21

表14-60 "所有股票"中折旧费用对资本费用的比率最低的（后10%）股票组成的投资组合及"所有股票"投资组合的基本比率（1964年1月1日～2009年12月31日）

项目	"所有股票"中折旧费用对资本费用的比率最低的（后10%）股票组成的投资组合战胜"所有股票"投资组合的时间	百分比（%）	年平均超额收益率（%）
1年期收益率	541期中有156期	29	−4.77
滚动的3年期复合收益率	517期中有94期	18	−5.87
滚动的5年期复合收益率	493期中有58期	12	−6.49
滚动的7年期复合收益率	469期中有26期	6	−6.97
滚动的10年期复合收益率	433期中有0期	0	−7.33

"大盘股"投资组合

如表14-61所示，"大盘股"中仅有的两个亏损的十分位分组是第9组与第10组，即折旧费用对资本费用的比率最低的股票投资组合。在这里，第2组与第3组的表现好于第1组，这也许说明，市场希望公司在财务上稍微激进一些。表14-62

显示了第 1 组与第 10 组投资组合的详细分析结果。

表 14-61 对"大盘股"投资组合按折旧费用对资本费用的比率进行十分位（10%）分组的分析结果概述（1964 年 1 月 1 日～2009 年 12 月 31 日）

十分位（10%）	10 000 美元的投资将增长至（美元）	平均收益率（%）	复合收益率（%）	标准差（%）	夏普比率
1（最高）	718 161	11.55	9.74	18.05	0.26
2	1 052 498	12.07	10.65	15.96	0.35
3	1 243 777	12.43	11.05	15.69	0.39
4	848 074	11.51	10.13	15.76	0.33
5	666 059	10.94	9.56	15.87	0.29
6	846 052	11.52	10.13	15.86	0.32
7	639 233	10.85	9.46	15.88	0.28
8	497 939	10.23	8.87	15.79	0.24
9	422 308	10.05	8.48	16.93	0.21
10（最低）	296 664	9.56	7.65	18.70	0.14
"大盘股"投资组合	872 861	11.72	10.20	16.50	0.32

表 14-62 "大盘股"中折旧费用对资本费用的比率最高的（前 10%）股票组成的投资组合、"大盘股"中折旧费用对资本费用的比率最低的（后 10%）股票组成的投资组合及"大盘股"投资组合的年收益和风险数据统计概要（1964 年 1 月 1 日～2009 年 12 月 31 日）

	由"大盘股"中折旧费用对资本费用的比率最高的（前 10%）股票组成的投资组合	由"大盘股"中折旧费用对资本费用的比率最低的（后 10%）股票组成的投资组合	"大盘股"投资组合
算术平均值（%）	11.55	9.56	11.72
几何平均值（%）	9.74	7.65	10.20
平均收益（%）	15.69	11.42	17.20
标准差（%）	18.05	18.70	16.50
向上的偏差（%）	10.89	11.17	9.70
向下的偏差（%）	12.94	13.61	11.85
跟踪误差	5.82	8.20	0.00
收益为正的时期数	325	313	332
收益为负的时期数	227	239	220
从最高点到最低点的最大跌幅（%）	−57.70	−66.24	−53.77
贝塔值	1.04	1.02	1.00
T 统计量（$m=0$）	4.13	3.32	4.58
夏普比率（$Rf=5\%$）	0.26	0.14	0.32
索蒂诺比率（$MAR=10\%$）	−0.02	−0.17	0.02
10 000 美元投资的最终结果（美元）	718 161	296 664	872 861

(续)

	由"大盘股"中折旧费用对资本费用的比率最高的（前10%）股票组成的投资组合	由"大盘股"中折旧费用对资本费用的比率最低的（后10%）股票组成的投资组合	"大盘股"投资组合
1年期最低收益（%）	−50.86	−53.66	−46.91
1年期最高收益（%）	73.50	50.79	68.96
3年期最低收益（%）	−20.79	−28.81	−15.89
3年期最高收益（%）	34.49	34.29	33.12
5年期最低收益（%）	−9.83	−10.55	−5.82
5年期最高收益（%）	29.82	26.21	28.95
7年期最低收益（%）	−4.02	−6.24	−4.15
7年期最高收益（%）	22.89	19.41	22.83
10年期最低收益（%）	−4.22	−2.84	−0.15
10年期最高收益（%）	20.13	18.28	19.57
预期最低收益[1]（%）	−24.55	−27.84	−21.28
预期最高收益[2]（%）	47.65	46.97	44.72

[1] 预期最低收益等于收益率的算术平均值减去2倍的标准差。
[2] 预期最高收益等于收益率的算术平均值加上2倍的标准差。

表14-63与表14-64显示了各十分位分组的基本比率。如你所料，第10组——折旧费用对资本费用的比率最低的"大盘股"投资组合的基本比率均为负值，在全部的滚动5年期里，该组合战胜"大盘股"投资组合的时间只有18%；而在全部的滚动10年期里，该组合一次都没有战胜过"大盘股"投资组合。

表14-63 "大盘股"中折旧费用对资本费用的比率最高的（前10%）股票组成的投资组合及"大盘股"投资组合的基本比率（1964年1月1日~2009年12月31日）

项目	"大盘股"中折旧费用对资本费用的比率最高（前10%）股票组成的投资组合战胜"大盘股"投资组合的时间	百分比（%）	年平均超额收益率（%）
1年期收益率	541期中有272期	50	−0.01
滚动的3年期复合收益率	517期中有285期	55	−0.09
滚动的5年期复合收益率	493期中有243期	49	−0.01
滚动的7年期复合收益率	469期中有265期	57	0.05
滚动的10年期复合收益率	433期中有260期	60	0.14

表14-64 "大盘股"中折旧费用对资本费用的比率最低的（后10%）股票组成的投资组合及"大盘股"投资组合的基本比率（1964年1月1日~2009年12月31日）

项目	"大盘股"中折旧费用对资本费用的比率最低（后10%）股票组成的投资组合战胜"大盘股"投资组合的时间	百分比（%）	年平均超额收益率（%）
1年期收益率	541期中有213期	39	−1.94

(续)

项目	"大盘股"中折旧费用对资本费用的比率最低（后10%）股票组成的投资组合战胜"大盘股"投资组合的时间	百分比（%）	年平均超额收益率（%）
滚动的3年期复合收益率	517期中有166期	32	-2.50
滚动的5年期复合收益率	493期中有88期	18	-2.90
滚动的7年期复合收益率	469期中有45期	10	-3.17
滚动的10年期复合收益率	433期中有2期	0	-3.28

对投资者的启示

投资者应当警惕那些拖延设备减值的公司。延期减值通常会对公司未来的利润产生不利的影响，从历史上来看，这类公司股票的表现还不如美国短期国债。

经营资产净额变动率

经营资产净额（net operating asset，NOA）等于公司的经营资产减去经营负债。要计算这一数值，我们可以将经营活动与融资活动分离，从而将公司的经营业绩及融资活动产生的利润隔离开来。在大卫·赫舒拉发（David Hirshleifer）、侯恪惟（Kewei Hou）、谢伟·洪·泰霍（Siew Hong Teoh）及张英蕾（Yinglei Zhang）的论文《投资者对资产负债表膨胀的公司估值过高吗》（*Do Investors Overvalue Firms with Bloated Balance Sheets*）中，他们指出："当公司的累计经营收入净额（会计增加值）超过其累计的自由现金流量（现金增加值）时，这会削弱公司未来的盈利增长能力。如果注意力有限的投资者只关注会计盈利能力，忽略了与现金盈利能力有关的信息，这样，经营资产净额（即两者差额的累计值）测度了财务报表结果对过度乐观的刺激程度。在1964～2002年的样本期间，以总资产衡量的经营资产净额是预测股票长期收益率的一个非常好的反向指标。"他们进一步指出："经营资产净额的总体水平……测度了经营性/财务报表结果对投资者过度乐观的刺激程度……换言之，经营资产净额规模较高（按公司规模进行划分），意味着公司近期的表现缺乏持续性。"

如表14-65所示，我们发现这些数据证实了他们的猜测。第1组（经营资产净额变动率最高的股票投资组合）的年复合平均收益率仅有3.5%，这一收益率明显低于"所有股票"投资组合，甚至赶不上美国短期国债。经营资产净额变动率最低的股票投资组合(尤其是第 9 组与第 8 组投资组合)的表现明显优于"所有股票"投资组合,其年复合平均收益率分别为 14.42% 与 14.09%。表 14-66 显示了第 1 组与第 10 组投资组合的详细分析结果。第 1 组(经营资产净额变动率最高的股票投资组合)的基本比率十分糟糕,如表 14-67 所示,在全部的滚动 5 年期里,该组合战胜"所有股票"投资组合的时间只有 3%;而在全部的滚动 10 年期里,该组合一次都没有战胜过"所有股票"投资组合。表 14-68 显示了第 10 组股票投资组合的基本比率。如表 14-68 所示,基本比率表现最好的十分位分组是第 9 组,这一组的情况完全相反,在全部的滚动 5 年期里,该组合战胜"所有股票"投资组合的时间占 98%;而在全部的滚动 10 年期里,该组合全部战胜了"所有股票"投资组合。表 14-69 显示了第 10 组投资组合的基本比率。

表 14-65 对"所有股票"投资组合按 NOA 变动率进行十分位(10%)分组的分析结果概述(1964 年 1 月 1 日~2009 年 12 月 31 日)

十分位(10%)	10 000 美元的投资将增长至(美元)	平均收益率(%)	复合收益率(%)	标准差(%)	夏普比率
1(最高)	48 617	6.86	3.50	24.94	−0.06
2	317 719	10.53	7.81	22.16	0.13
3	619 971	11.60	9.39	19.90	0.22
4	1 101 751	12.59	10.76	17.98	0.32
5	1 561 767	13.17	11.61	16.61	0.40
6	1 804 138	13.38	11.96	15.91	0.44
7	2 741 662	14.38	12.98	15.72	0.51
8	4 303 364	15.74	14.09	16.93	0.54
9	4 915 954	16.43	14.42	18.60	0.51
10(最低)	1 859 794	14.76	12.03	21.93	0.32
"所有股票"投资组合	1 329 513	13.26	11.22	18.99	0.33

表 14-66 "所有股票"中 NOA 变动率最高的(前 10%)股票组成的投资组合、"所有股票"中 NOA 变动率最低的(后 10%)股票组成的投资组合及"所有股票"投资组合的年收益和风险数据统计概要(1964 年 1 月 1 日~2009 年 12 月 31 日)

	由"所有股票"中 NOA 变动率最高的(前 10%)股票组成的投资组合	由"所有股票"中 NOA 变动率最低的(后 10%)股票组成的投资组合	"所有股票"投资组合
算术平均值(%)	6.86	14.76	13.26
几何平均值(%)	3.50	12.03	11.22
平均收益(%)	12.47	20.88	17.16
标准差(%)	24.94	21.93	18.99
向上的偏差(%)	14.47	13.58	10.98

(续)

	由"所有股票"中 NOA 变动率最高的（前 10%）股票组成的投资组合	由"所有股票"中 NOA 变动率最低的（后 10%）股票组成的投资组合	"所有股票"投资组合
向下的偏差（%）	18.64	15.91	13.90
跟踪误差	8.89	6.49	0.00
收益为正的时期数	319	336	329
收益为负的时期数	233	216	223
从最高点到最低点的最大跌幅（%）	−83.42	−68.42	−55.54
贝塔值	1.25	1.11	1.00
T 统计量（m=0）	1.81	4.28	4.47
夏普比率（Rf=5%）	−0.06	0.32	0.33
索蒂诺比率（MAR=10%）	−0.35	0.13	0.09
10 000 美元投资的最终结果（美元）	48 617	1 859 794	1 329 513
1 年期最低收益（%）	−66.27	−50.68	−46.49
1 年期最高收益（%）	104.57	118.44	84.19
3 年期最低收益（%）	−44.30	−29.94	−18.68
3 年期最高收益（%）	34.49	41.45	31.49
5 年期最低收益（%）	−21.14	−13.35	−9.91
5 年期最高收益（%）	26.76	34.59	27.66
7 年期最低收益（%）	−13.62	−5.26	−6.32
7 年期最高收益（%）	22.22	28.44	23.77
10 年期最低收益（%）	−9.75	−3.39	1.01
10 年期最高收益（%）	15.86	24.38	22.05
预期最低收益[①]（%）	−43.01	−29.09	−24.73
预期最高收益[②]（%）	56.74	58.62	51.24

① 预期最低收益等于收益率的算术平均值减去 2 倍的标准差。
② 预期最高收益等于收益率的算术平均值加上 2 倍的标准差。

表 14-67 "所有股票"中 NOA 变动率最高的（前 10%）股票组成的投资组合及"所有股票"投资组合的基本比率（1964 年 1 月 1 日～ 2009 年 12 月 31 日）

项目	"所有股票"中 NOA 变动率最高（前 10%）股票组成的投资组合战胜"所有股票"投资组合的时间	百分比（%）	年平均超额收益率（%）
1 年期收益率	541 期中有 142 期	26	−6.09
滚动的 3 年期复合收益率	517 期中有 64 期	12	−7.68
滚动的 5 年期复合收益率	493 期中有 14 期	3	−8.37
滚动的 7 年期复合收益率	469 期中有 0 期	0	−8.78
滚动的 10 年期复合收益率	433 期中有 0 期	0	−9.00

表 14-68 "所有股票"中的第 9 组（按 NOA 变动率排序）股票投资组合及"所有股票"投资组合的基本比率（1964 年 1 月 1 日～2009 年 12 月 31 日）

项目	"所有股票"中的第 9 组（按 NOA 变动率排序）股票投资组合战胜"所有股票"投资组合的时间	百分比（%）	年平均超额收益率（%）
1 年期收益率	541 期中有 412 期	76	3.01
滚动的 3 年期复合收益率	517 期中有 447 期	86	3.06
滚动的 5 年期复合收益率	493 期中有 484 期	98	3.14
滚动的 7 年期复合收益率	469 期中有 464 期	99	3.23
滚动的 10 年期复合收益率	433 期中有 433 期	100	3.32

表 14-69 "所有股票"中 NOA 变动率最低的（后 10%）股票组成的投资组合及"所有股票"投资组合的基本比率（1964 年 1 月 1 日～2009 年 12 月 31 日）

项目	"所有股票"中 NOA 变动率最低的（后 10%）股票组成的投资组合战胜"所有股票"投资组合的时间	百分比（%）	年平均超额收益率（%）
1 年期收益率	541 期中有 318 期	59	1.56
滚动的 3 年期复合收益率	517 期中有 336 期	65	0.99
滚动的 5 年期复合收益率	493 期中有 340 期	69	1.03
滚动的 7 年期复合收益率	469 期中有 331 期	71	1.17
滚动的 10 年期复合收益率	433 期中有 331 期	76	1.38

"大盘股"投资组合

表 14-70 显示了"大盘股"中的十分位分组投资组合（按 NOA 变动率排序）的分析结果。该组合的表现与我们在"所有股票"投资组合中看到的一样，第 1 组（经营资产净额变动率最高的股票投资组合）的年复合平均收益率仅有 3.5%，而第 9 组（经营资产净额变动率第二低的股票投资组合）的年收益率为 12.22%，远远超过"大盘股"投资组合。第 10 组（经营资产净额变动率最低的股票投资组合）同样战胜了"大盘股"投资组合，但优势没有第 9 组那么大。表 14-71 显示了第 1 组与第 10 组投资组合的详细分析结果。

表 14-70 对"大盘股"投资组合按 NOA 变动率进行十分位（10%）分组的分析结果概述（1964 年 1 月 1 日～2009 年 12 月 31 日）

十分位（10%）	10 000 美元的投资将增长至（美元）	平均收益率（%）	复合收益率（%）	标准差（%）	夏普比率
1（最高）	132 953	7.87	5.79	19.54	0.04
2	246 147	9.09	7.21	18.54	0.12
3	398 181	9.92	8.34	16.94	0.20

(续)

十分位（10%）	10 000 美元的投资将增长至（美元）	平均收益率（%）	复合收益率（%）	标准差（%）	夏普比率
4	500 413	10.19	8.88	15.43	0.25
5	595 644	10.46	9.29	14.58	0.29
6	877 239	11.32	10.22	14.17	0.37
7	1 066 589	11.79	10.68	14.17	0.40
8	1 648 166	12.84	11.74	14.07	0.48
9	2 007 746	13.55	12.22	15.40	0.47
10（最低）	1 406 317	12.98	11.35	16.99	0.37
"大盘股"投资组合	872 861	11.72	10.20	16.50	0.32

表 14-71 "大盘股"中 NOA 变动率最高的（前 10%）股票组成的投资组合、"大盘股"中 NOA 变动率最低的（后 10%）股票组成的投资组合及"大盘股"投资组合的年收益和风险数据统计概要（1964 年 1 月 1 日～2009 年 12 月 31 日）

	由"大盘股"中 NOA 变动率最高的（前 10%）股票组成的投资组合	由"大盘股"中 NOA 变动率最低的（后 10%）股票组成的投资组合	"大盘股"投资组合
算术平均值（%）	7.87	12.98	11.72
几何平均值（%）	5.79	11.35	10.20
平均收益（%）	11.25	15.09	17.20
标准差（%）	19.54	16.99	16.50
向上的偏差（%）	11.57	10.15	9.70
向下的偏差（%）	15.04	12.71	11.85
跟踪误差	7.57	5.57	0.00
收益为正的时期数	317	345	332
收益为负的时期数	235	207	220
从最高点到最低点的最大跌幅（%）	−78.05	−58.76	−53.77
贝塔值	1.10	0.97	1.00
T 统计量（$m=0$）	2.64	4.90	4.58
夏普比率（$Rf=5\%$）	0.04	0.37	0.32
索蒂诺比率（$MAR=10\%$）	−0.28	0.11	0.02
10 000 美元投资的最终结果（美元）	132 953	1 406 317	872 861
1 年期最低收益（%）	−67.89	−46.51	−46.91
1 年期最高收益（%）	74.43	63.59	68.96
3 年期最低收益（%）	−39.29	−22.64	−15.89
3 年期最高收益（%）	30.06	43.60	33.12
5 年期最低收益（%）	−18.44	−4.39	−5.82
5 年期最高收益（%）	25.53	34.03	28.95
7 年期最低收益（%）	−9.21	−0.73	−4.15

(续)

	由"大盘股"中NOA变动率最高的（前10%）股票组成的投资组合	由"大盘股"中NOA变动率最低的（后10%）股票组成的投资组合	"大盘股"投资组合
7年期最高收益（%）	19.91	26.33	22.83
10年期最低收益（%）	−7.38	−1.02	−0.15
10年期最高收益（%）	16.53	22.57	19.57
预期最低收益①（%）	−31.22	−21.01	−21.28
预期最高收益②（%）	46.95	46.97	44.72

① 预期最低收益等于收益率的算术平均值减去2倍的标准差。
② 预期最高收益等于收益率的算术平均值加上2倍的标准差。

表14-72、表14-73与表14-74显示了第1组、第10组及第9组投资组合的基本比率。我之所以将第9组也纳入进来，目的是想说明该组合的基本比率相对于第10组有了明显的明显提高，因此，投资者也可以不进行十分位分析，而是将投资组合进行三等分（按NOA划分成最高、中间及最低三组）分析。无论如何，第1组的基本比率十分糟糕，在全部的滚动5年期里，该组合战胜"大盘股"投资组合的时间只有10%；而在全部的滚动10年期里，该组合从未战胜"大盘股"投资组合。

表14-72 "大盘股"中NOA变动率最高的（前10%）股票组成的投资组合及"大盘股"投资组合的基本比率（1964年1月1日～2009年12月31日）

项目	"大盘股"中NOA变动率最高（前10%）股票组成的投资组合战胜"大盘股"投资组合的时间	百分比（%）	年平均超额收益率（%）
1年期收益率	541期中有193期	36	−3.42
滚动的3年期复合收益率	517期中有129期	25	−4.30
滚动的5年期复合收益率	493期中有48期	10	−4.88
滚动的7年期复合收益率	469期中有33期	7	−5.32
滚动的10年期复合收益率	433期中有0期	0	−5.52

表14-73 "大盘股"中NOA变动率最低的（后10%）股票组成的投资组合及"大盘股"投资组合的基本比率（1964年1月1日～2009年12月31日）

项目	"大盘股"中NOA变动率最低的（后10%）股票组成的投资组合战胜"大盘股"投资组合的时间	百分比（%）	年平均超额收益率（%）
1年期收益率	541期中有324期	60	1.49
滚动的3年期复合收益率	517期中有341期	66	1.38
滚动的5年期复合收益率	493期中有330期	67	1.32
滚动的7年期复合收益率	469期中有316期	67	1.26
滚动的10年期复合收益率	433期中有328期	76	1.31

表 14-74 "大盘股"中的第 9 组（按 NOA 变动率排序）股票投资组合及"大盘股"投资组合的基本比率（1964 年 1 月 1 日～2009 年 12 月 31 日）

项目	"大盘股"中的第 9 组（按 NOA 变动率排序）股票投资组合战胜"大盘股"投资组合的时间	百分比（%）	年平均超额收益率（%）
1 年期收益率	541 期中有 318 期	59	1.85
滚动的 3 年期复合收益率	517 期中有 397 期	77	2.04
滚动的 5 年期复合收益率	493 期中有 426 期	86	2.12
滚动的 7 年期复合收益率	469 期中有 433 期	92	2.19
滚动的 10 年期复合收益率	433 期中有 392 期	91	2.22

对投资者的启示

在回顾资产负债表的项目之前，我们发现，仅仅根据股票的账面价值及记录，我们就能了解到许多与股票未来前景有关的情况。和应计收入与价格的比率一样，经营资产净额的变动率为投资者提供了一个很好的确定股票发展前景的测量指标。

应计收入总额对资产总额的比率（TATA）

在一篇名为《测度公司质量》（*Measuring Company Quality*）的文章中，理查德·劳森（Richard Lawson）这样写道："应计收入是测度公司质量的首要指标，它是对公司收入质量的测度。在美国，应计收入正逐渐引起人们的关注；从全世界范围来看，这一指标也日益引人注目。尤其值得注意的是，美国的学者及行业研究人员发现，应计收入是一个非常有效的反向指标，因为这一指标测度了未反映在利润中的基本经营情况（市场对此似乎给出了错误的定价）。"与我们在应计收入对价格的比率分析中看到的十分相似，我们假设 TATA 总的变动率越低，公司的盈利状况越健康。另一方面，TATA 总的变动率越高，公司就越有可能在未来产生意外亏损。因此，可以想见：第 1 组（TATA 变动率最高的投资组合）的表现将会很差，而第 10 组（TATA 变动率最低的投资组合）的表现将会很好。下面我们就来验证这一理论的正确性。

表 14-75 显示了各十分位分组在 1963 年 12 月 31 日～2009 年 12 月 31 日这一期间的收益率情况。到 2009 年年末，在第 10 组（TATA 变动率最低的投资组合）上投资的 10 000 美元将增至 3 178 230 美元，年复合平均收益率为 13.34%。这一收

益 3 倍于"所有股票"投资组合的收益 130 万美元,后者的年复合平均收益率为 11.22%。如表 14-76 所示,第 10 组的基本比率均为正值,在全部的滚动 5 年期里,该组合战胜"所有股票"投资组合的时间占 70%;而在全部的滚动 10 年期里,该组合战胜"所有股票"投资组合的时间占 78%。

在第 1 组(TATA 变动率最高的投资组合)上进行的投资结果则迥然不同: 10 000 美元投资终值只有 71 913 美元,年复合平均收益率仅为 4.38%。其表现远不如美国短期国债的收益率。如表 14-77 所示,这一组合的基本比率也十分糟糕,在全部的滚动 5 年期里,该组合战胜"所有股票"投资组合的时间只有 4%;而在全部的滚动 10 年期里,该组合一次都没有战胜"所有股票"投资组合。表 14-78 显示了"所有股票"中第 1 组与第 10 组投资组合的详细分析结果。

表 14-75 对"所有股票"投资组合按 TATA 变动率进行十分位(10%)分组的分析结果概述(1964 年 1 月 1 日~2009 年 12 月 31 日)

十分位(10%)	10 000 美元的投资将增长至(美元)	平均收益率(%)	复合收益率(%)	标准差(%)	夏普比率
1(最高)	71 913	7.69	4.38	24.75	-0.02
2	627 508	11.83	9.42	20.79	0.21
3	1 050 321	12.72	10.65	19.15	0.29
4	1 509 326	13.33	11.52	17.87	0.36
5	2 233 050	14.10	12.48	16.89	0.44
6	2 468 826	14.34	12.72	16.88	0.46
7	2 030 988	13.89	12.25	17.02	0.43
8	2 271 665	14.37	12.52	18.05	0.42
9	2 884 961	15.24	13.10	19.27	0.42
10(最低)	3 178 230	16.12	13.34	21.92	0.38
"所有股票"投资组合	1 329 513	13.26	11.22	18.99	0.33

表 14-76 "所有股票"中 TATA 变动率最低的(后 10%)股票组成的投资组合及"所有股票"投资组合的基本比率(1964 年 1 月 1 日~2009 年 12 月 31 日)

项目	"所有股票"中 TATA 变动率最低的(后 10%)股票组成的投资组合战胜"所有股票"投资组合的时间	百分比(%)	年平均超额收益率(%)
1 年期收益率	541 期中有 379 期	70	2.99
滚动的 3 年期复合收益率	517 期中有 372 期	72	2.14
滚动的 5 年期复合收益率	493 期中有 347 期	70	1.92
滚动的 7 年期复合收益率	469 期中有 321 期	68	1.84
滚动的 10 年期复合收益率	433 期中有 338 期	78	1.94

表 14-77 "所有股票"中 TATA 变动率最高的（前 10%）股票组成的投资组合及"所有股票"投资组合的基本比率（1964 年 1 月 1 日～ 2009 年 12 月 31 日）

项目	"所有股票"中 TATA 变动率最高的（前 10%）股票组成的投资组合战胜"所有股票"投资组合的时间	百分比（%）	年平均超额收益率（%）
1 年期收益率	541 期中有 148 期	27	-5.57
滚动的 3 年期复合收益率	517 期中有 56 期	11	-6.94
滚动的 5 年期复合收益率	493 期中有 19 期	4	-7.64
滚动的 7 年期复合收益率	469 期中有 6 期	1	-8.02
滚动的 10 年期复合收益率	433 期中有 0 期	0	-8.43

表 14-78 "所有股票"中 TATA 变动率最高的（前 10%）股票组成的投资组合、"所有股票"中 TATA 变动率最低的（后 10%）股票组成的投资组合及"所有股票"投资组合的年收益和风险数据统计概要（1964 年 1 月 1 日～ 2009 年 12 月 31 日）

	由"所有股票"中 TATA 变动率最高的（前 10%）股票组成的投资组合	由"所有股票"中 TATA 变动率最低的（后 10%）股票组成的投资组合	"所有股票"投资组合
算术平均值（%）	7.69	16.12	13.26
几何平均值（%）	4.38	13.34	11.22
平均收益（%）	12.61	22.50	17.16
标准差（%）	24.75	21.92	18.99
向上的偏差（%）	14.77	12.98	10.98
向下的偏差（%）	17.41	16.24	13.90
跟踪误差	8.18	6.20	0.00
收益为正的时期数	314	335	329
收益为负的时期数	238	217	223
从最高点到最低点的最大跌幅（%）	-77.80	-69.09	-55.54
贝塔值	1.26	1.11	1.00
T 统计量（$m=0$）	2.04	4.65	4.47
夏普比率（$Rf=5\%$）	-0.02	0.38	0.33
索蒂诺比率（$MAR=10\%$）	-0.32	0.21	0.09
10 000 美元投资的最终结果（美元）	71 913	3 178 230	1 329 513
1 年期最低收益（%）	-59.71	-53.01	-46.49
1 年期最高收益（%）	97.43	115.44	84.19
3 年期最低收益（%）	-32.09	-30.42	-18.68
3 年期最高收益（%）	35.79	44.52	31.49
5 年期最低收益（%）	-21.15	-8.69	-9.91
5 年期最高收益（%）	25.29	35.90	27.66
7 年期最低收益（%）	-17.50	-3.33	-6.32

	由"所有股票"中 TATA 变动率最高的（前10%）股票组成的投资组合	由"所有股票"中 TATA 变动率最低的（后10%）股票组成的投资组合	"所有股票"投资组合
7年期最高收益（%）	20.89	29.82	23.77
10年期最低收益（%）	−7.01	−1.03	1.01
10年期最高收益（%）	15.56	26.06	22.05
预期最低收益[①]（%）	−41.81	−27.72	−24.73
预期最高收益[②]（%）	57.19	59.97	51.24

① 预期最低收益等于收益率的算术平均值减去2倍的标准差。
② 预期最高收益等于收益率的算术平均值加上2倍的标准差。

"大盘股"投资组合

表14-79显示的是"大盘股"中按 TATA 变动率进行十分位分组的分析结果。正如我们在"所有股票"投资组合中所见到的那样，"大盘股"中 TATA 变动率最低的股票投资组合表现明显优于 TATA 变动率最高的股票投资组合。第10组——"大盘股"中 TATA 变动率最低的股票的年收益率为11.99%，而第1组——"大盘股"中 TATA 变动率最高的股票的年复合平均收益率仅有6.18%。表14-80显示了第1组与第10组投资组合的详细分析结果。

表14-79 对"大盘股"投资组合按 TATA 变动率进行十分位（10%）分组的分析结果概述
（1964年1月1日～2009年12月31日）

十分位（10%）	10 000美元的投资将增长至（美元）	平均收益率（%）	复合收益率（%）	标准差（%）	夏普比率
1（最高）	157 901	8.18	6.18	19.22	0.06
2	426 474	9.98	8.50	16.45	0.21
3	375 261	9.53	8.20	15.65	0.20
4	657 927	10.71	9.53	14.65	0.31
5	1 122 873	12.00	10.81	14.63	0.40
6	1 073 892	11.90	10.70	14.68	0.39
7	1 217 792	12.25	11.00	14.96	0.40
8	1 034 194	12.03	10.61	15.98	0.35
9	1 261 567	12.59	11.09	16.35	0.37
10（最低）	1 830 510	13.87	11.99	18.17	0.38
"大盘股"投资组合	872 861	11.72	10.20	16.50	0.32

表 14-80 "大盘股"中 TATA 变动率最高的（前 10%）股票组成的投资组合、"大盘股"中 TATA 变动率最低的（后 10%）股票组成的投资组合及"大盘股"投资组合的年收益和风险数据统计概要（1964 年 1 月 1 日～2009 年 12 月 31 日）

	由"大盘股"中 TATA 变动率最高的（前 10%）股票组成的投资组合	由"大盘股"中 TATA 变动率最低的（后 10%）股票组成的投资组合	"大盘股"投资组合
算术平均值（%）	8.18	13.87	11.72
几何平均值（%）	6.18	11.99	10.20
平均收益（%）	9.86	18.02	17.20
标准差（%）	19.22	18.17	16.50
向上的偏差（%）	11.60	10.72	9.70
向下的偏差（%）	13.79	13.55	11.85
跟踪误差	6.85	7.03	0.00
收益为正的时期数	305	344	332
收益为负的时期数	247	208	220
从最高点到最低点的最大跌幅（%）	−58.61	−69.58	−53.77
贝塔值	1.09	1.02	1.00
T 统计量（$m=0$）	2.78	4.87	4.58
夏普比率（$Rf=5\%$）	0.06	0.38	0.32
索蒂诺比率（$MAR=10\%$）	−0.28	0.15	0.02
10 000 美元投资的最终结果（美元）	157 901	1 830 510	872 861
1 年期最低收益（%）	−49.87	−51.37	−46.91
1 年期最高收益（%）	67.88	78.34	68.96
3 年期最低收益（%）	−21.48	−31.01	−15.89
3 年期最高收益（%）	27.99	46.11	33.12
5 年期最低收益（%）	−10.02	−8.45	−5.82
5 年期最高收益（%）	25.49	35.06	28.95
7 年期最低收益（%）	−7.99	−2.84	−4.15
7 年期最高收益（%）	18.68	30.00	22.83
10 年期最低收益（%）	−2.93	−0.83	−0.15
10 年期最高收益（%）	15.19	23.24	19.57
预期最低收益[1]（%）	−30.26	−22.48	−21.28
预期最高收益[2]（%）	46.62	50.21	44.72

[1] 预期最低收益等于收益率的算术平均值减去 2 倍的标准差。
[2] 预期最高收益等于收益率的算术平均值加上 2 倍的标准差。

如表 14-81 所示，第 1 组投资组合的基本比率非常糟糕，而且很顽固。在全部的滚动 5 年期里，该组合战胜"大盘股"投资组合的时间只有 6%；而在全部的滚动

10年期里，该组合一次都没有战胜过"大盘股"投资组合。表14-82显示了第10组投资组合的基本比率，在全部的滚动10年期内，该组合战胜"大盘股"投资组合的时间占82%。

表14-81 "大盘股"中TATA变动率最高的（前10%）股票组成的投资组合及"大盘股"投资组合的基本比率（1964年1月1日～2009年12月31日）

项目	"大盘股"中TATA变动率最高（前10%）股票组成的投资组合战胜"大盘股"投资组合的时间	百分比（%）	年平均超额收益率（%）
1年期收益率	541期中有159期	29	-3.70
滚动的3年期复合收益率	517期中有74期	14	-4.33
滚动的5年期复合收益率	493期中有32期	6	-4.74
滚动的7年期复合收益率	469期中有22期	5	-4.98
滚动的10年期复合收益率	433期中有1期	0	-5.24

表14-82 "大盘股"中TATA变动率最低的（后10%）股票组成的投资组合及"大盘股"投资组合的基本比率（1964年1月1日～2009年12月31日）

项目	"大盘股"中TATA变动率最高（前10%）股票组成的投资组合战胜"大盘股"投资组合的时间	百分比（%）	年平均超额收益率（%）
1年期收益率	541期中有345期	64	2.64
滚动的3年期复合收益率	517期中有380期	74	2.03
滚动的5年期复合收益率	493期中有384期	78	1.63
滚动的7年期复合收益率	469期中有363期	77	1.42
滚动的10年期复合收益率	433期中有353期	82	1.45

对投资者的启示

与我们在应计收入与价格的比率分析中看到的十分相似，那些操纵财务数据的公司会以意外损失而告终。实际上，当我们还在关注那些有投资价值的股票时，对那些寻求做空股票的投资者来说，此处提到的一些会计变量可能非常有用，其中的某些会计指标对确定即将崩盘的股票的效果非常明显。

应计收入总额对资产平均值的比率

与应计收入总额有关的另一个指标是应计收入总额对公司资产平均值的比率（TAAA），这一指标同样假设TAAA较低的公司的盈利质量更高，而TAAA较高的公司所提供的盈利质量较低，因此可能不是一个好投资。为了从Compustat数据库中获取资产的平均值，我们必须使用从1971年开始的季度数据。因此，在本节所做的检验中，我们的数据始于1971年9月30日，对10 000美元在各十分位分组（按照TAAA排序）的投资结果进行检验。

如表14-83所示，与我们之前在TATA分析中看到的非常相似，TAAA越低越好。在第10组（"所有股票"中TAAA最低的投资组合）上投资的10 000美元将增至1 188 797美元，年复合平均收益率为13.31%。这一收益是"所有股票"投资组合在相同时期内收益587 200美元的两倍以上，后者的年复合平均收益率为11.34%。如表14-84所示，该组合的基本比率均为正值，在全部的滚动5年期里，TAAA最低的股票投资组合战胜"所有股票"投资组合的时间占71%；而在全部的滚动10年期里，该组合战胜"所有股票"投资组合的时间占73%。

表14-83 对"所有股票"投资组合按TAAA进行十分位（10%）分组的分析结果概述（1971年10月1日～2009年12月31日）

十分位（10%）	10 000美元的投资将增长至（美元）	平均收益率（%）	复合收益率（%）	标准差（%）	夏普比率
1（最高）	17 835	5.91	1.52	28.78	−0.12
2	163 775	10.65	7.58	23.49	0.11
3	458 772	12.91	10.52	20.58	0.27
4	710 848	13.75	11.79	18.54	0.37
5	773 494	13.81	12.04	17.63	0.40
6	808 397	13.81	12.17	17.01	0.42
7	1 082 229	14.67	13.03	17.01	0.47
8	1 270 308	15.23	13.50	17.40	0.49
9	1 252 980	15.29	13.46	17.85	0.47
10（最低）	1 188 797	15.66	13.31	20.29	0.41
"所有股票"投资组合	587 200	13.35	11.24	19.34	0.32

表14-84 "所有股票"中TAAA最低的（后10%）股票组成的投资组合及"所有股票"投资组合的基本比率（1971年10月1日～2009年12月31日）

项目	"所有股票"中TAAA最低的（后10%）股票组成的投资组合战胜"所有股票"投资组合的时间	百分比（%）	年平均超额收益率（%）
1年期收益率	448期中有258期	58	2.19
滚动的3年期复合收益率	424期中有269期	63	1.76
滚动的5年期复合收益率	400期中有284期	71	1.80
滚动的7年期复合收益率	376期中有276期	73	1.86
滚动的10年期复合收益率	340期中有247期	73	1.94

在第 1 组（TAAA 最高的投资组合）上进行的投资结果则迥然不同：10 000 美元投资终值只有 17 835 美元，年复合平均收益率仅为 1.52%。这一收益率远远落后于美国短期国债的收益率。如果用通货膨胀率调整这一收益率，你会发现这一收益率更是低得可怜。如表 14-85 所示，这一组合的基本比率均为负值，在全部的滚动 5 年期里，TAAA 最低的股票组合战胜"所有股票"投资组合的时间只有 8%；而在全部的滚动 10 年期里，该组合战胜"所有股票"投资组合的时间为 0。你绝对要避开此类公司的股票。表 14-86 显示了"所有股票"中第 1 组与第 10 组投资组合的详细分析结果。

表 14-85 "所有股票"中 TAAA 最高的（前 10%）股票组成的投资组合及"所有股票"投资组合的基本比率（1971 年 10 月 1 日～2009 年 12 月 31 日）

项目	"所有股票"中 TAAA 最高的（前 10%）股票组成的投资组合战胜"所有股票"投资组合的时间	百分比（%）	年平均超额收益率（%）
1 年期收益率	448 期中有 131 期	29	−7.43
滚动的 3 年期复合收益率	424 期中有 45 期	11	−9.43
滚动的 5 年期复合收益率	400 期中有 31 期	8	−9.79
滚动的 7 年期复合收益率	376 期中有 16 期	4	−10.02
滚动的 10 年期复合收益率	340 期中有 1 期	0	−10.23

表 14-86 "所有股票"中 TAAA 最高的（前 10%）股票组成的投资组合、"所有股票"中 TAAA 最低的（后 10%）股票组成的投资组合及"所有股票"投资组合的年收益和风险数据统计概要（1971 年 10 月 1 日～2009 年 12 月 31 日）

	由"所有股票"中 TAAA 最高的（前 10%）股票组成的投资组合	由"所有股票"中 TAAA 最低的（后 10%）股票组成的投资组合	"所有股票"投资组合
算术平均值（%）	5.91	15.66	13.35
几何平均值（%）	1.52	13.31	11.24
平均收益（%）	10.83	19.61	17.02
标准差（%）	28.78	20.29	19.34
向上的偏差（%）	17.67	12.59	11.21
向下的偏差（%）	20.16	14.36	14.21
跟踪误差	32.33	26.06	0.00
收益为正的时期数	256	280	272
收益为负的时期数	203	179	187
从最高点到最低点的最大跌幅（%）	−89.41	−51.34	−55.54
贝塔值	0.21	0.14	1.00
T 统计量（$m=0$）	1.24	4.46	4.03

(续)

	由"所有股票"中TAAA最高的（前10%）股票组成的投资组合	由"所有股票"中TAAA最低的（后10%）股票组成的投资组合	"所有股票"投资组合
夏普比率（$Rf=5\%$）	−0.12	0.41	0.32
索蒂诺比率（$MAR=10\%$）	−0.42	0.23	0.09
10 000美元投资的最终结果（美元）	17 835	1 188 797	587 200
1年期最低收益（%）	−68.33	−45.86	−46.49
1年期最高收益（%）	146.70	93.05	84.19
3年期最低收益（%）	−49.09	−15.36	−18.68
3年期最高收益（%）	36.70	36.90	31.49
5年期最低收益（%）	−25.47	−4.92	−7.00
5年期最高收益（%）	28.83	30.74	27.66
7年期最低收益（%）	−17.77	−0.06	−0.67
7年期最高收益（%）	24.78	26.11	23.77
10年期最低收益（%）	−13.02	4.89	1.65
10年期最高收益（%）	19.96	24.61	22.05
预期最低收益[①]（%）	−51.64	−24.92	−25.32
预期最高收益[②]（%）	63.47	56.25	52.03

[①] 预期最低收益等于收益率的算术平均值减去2倍的标准差。
[②] 预期最高收益等于收益率的算术平均值加上2倍的标准差。

"大盘股"投资组合

表14-87显示的是"大盘股"投资组合按TAAA进行十分位分组的分析结果。我们发现，这一投资组合的分析结果没有"所有股票"投资组合的走势那样平稳。和"所有股票"投资组合一样，第9组与第8组都战胜了第10组，但在"所有股票"投资组合中，TAAA最低的3组投资组合的表现几乎相同。而在"大盘股"投资组合中，第9组与第8组的表现明显好于第10组。第10组同样击败了"大盘股"投资组合，但其优势没有我们在"所有股票"投资组合中看到的那么大。在1971年，将10 000美元投资于第10组（TAAA最低的"大盘股"投资组合），其终值将增至563 915美元，年复合平均收益率为11.12%。这一收益好于"所有股票"投资组合在相同时期内的收益481 960美元，后者的年复合平均收益率为10.66%。如表14-88所示，该组合的基本比率大多数为正值，但优势并不明显。在全部的滚动5

年期里，TAAA 最低的股票投资组合战胜"大盘股"投资组合的时间占 48%；而在全部的滚动 10 年期里，该组合战胜"大盘股"投资组合的时间占 70%。

表 14-87 对"大盘股"投资组合按 TAAA 进行十分位（10%）分组的分析结果概述
（1971 年 10 月 1 日～ 2009 年 12 月 31 日）

十分位（10%）	10 000 美元的投资将增长至（美元）	平均收益率（%）	复合收益率（%）	标准差（%）	夏普比率
1（最高）	49 304	7.33	4.26	23.68	−0.03
2	204 802	10.15	8.21	18.72	0.17
3	298 729	10.88	9.29	17.11	0.25
4	477 735	12.04	10.64	15.92	0.35
5	434 451	11.74	10.36	15.78	0.34
6	655 943	12.96	11.56	15.84	0.41
7	950 182	13.98	12.64	15.39	0.50
8	1 015 254	14.22	12.84	15.64	0.50
9	1 508 368	15.38	14.01	15.52	0.58
10（最低）	563 915	12.87	11.12	17.77	0.34
"大盘股"投资组合	481 960	12.29	10.66	17.03	0.33

表 14-88 "大盘股"中 TAAA 最低的（后 10%）股票组成的投资组合及"大盘股"投资组合的基本比率（1971 年 10 月 1 日～ 2009 年 12 月 31 日）

项目	"大盘股"中 TAAA 最高（前 10%）股票组成的投资组合战胜"大盘股"投资组合的时间	百分比（%）	年平均超额收益率（%）
1 年期收益率	448 期中有 226 期	50	0.81
滚动的 3 年期复合收益率	424 期中有 220 期	52	0.47
滚动的 5 年期复合收益率	400 期中有 190 期	48	0.44
滚动的 7 年期复合收益率	376 期中有 186 期	49	0.48
滚动的 10 年期复合收益率	340 期中有 239 期	70	0.66

AAA 这一指标的真正价值在于告诉投资者应该回避哪些股票。在 1971 年，将 10 000 美元投资于第 1 组（TAAA 最高的"大盘股"投资组合），其终值仅为 49 304 美元，年复合平均收益率只有 4.26%。这一收益还赶不上美国短期国债，和"大盘股"投资组合的收益率 10.66% 相比更是远远不如。第 1 组的风险也远远大于"大盘股"投资组合，其收益率的标准差为 23.68%，而"大盘股"投资组合收益率的标准差为 17.03%。较高的风险，再加上较低的收益率，使该组合的夏普比率只有 −0.03。该组合的最高跌幅也非常大，从最高点到最低点的跌幅达 84%。表 14-89 向我们显示了第 1 组与第 10 组投资组合的详细统计数据。如表 14-90 所示，TAAA 最低的股票投资组合的所有基本比率均为负值，在全部滚动的 5 年期里，该组合战胜"大盘

股"投资组合的时间仅占 19%；而在全部的滚动 10 年期里，该组合战胜"大盘股"投资组合的时间只有 10%。

表 14-89 "大盘股"中 TAAA 最高的（前 10%）股票组成的投资组合、"大盘股"中 TAAA 最低的（后 10%）股票组成的投资组合及"大盘股"投资组合的年收益和风险数据统计概要（1971 年 10 月 1 日～2009 年 12 月 31 日）

	由"大盘股"中 TAAA 最高的（前 10%）股票组成的投资组合	由"大盘股"中 TAAA 最低的（后 10%）股票组成的投资组合	"大盘股"投资组合
算术平均值（%）	7.33	12.87	12.29
几何平均值（%）	4.26	11.12	10.66
平均收益（%）	10.69	14.36	16.49
标准差（%）	23.68	17.77	17.03
向上的偏差（%）	14.19	11.22	10.04
向下的偏差（%）	18.38	11.99	12.30
跟踪误差	27.74	23.63	0.00
收益为正的时期数	257	269	274
收益为负的时期数	202	190	185
从最高点到最低点的最大跌幅（%）	−83.64	−55.41	−53.77
贝塔值	0.14	0.08	1.00
T 统计量（$m=0$）	1.85	4.23	4.23
夏普比率（$Rf=5\%$）	−0.03	0.34	0.33
索蒂诺比率（$MAR=10\%$）	−0.31	0.09	0.05
10 000 美元投资的最终结果（美元）	49 304	563 915	481 960
1 年期最低收益（%）	−74.68	−50.49	−46.91
1 年期最高收益（%）	72.65	65.19	68.96
3 年期最低收益（%）	−43.26	−16.33	−15.89
3 年期最高收益（%）	31.64	39.63	33.12
5 年期最低收益（%）	−22.45	−2.84	−4.67
5 年期最高收益（%）	24.59	32.03	28.95
7 年期最低收益（%）	−12.51	−0.18	−0.96
7 年期最高收益（%）	21.59	26.14	22.83
10 年期最低收益（%）	−12.55	0.93	−0.15
10 年期最高收益（%）	19.02	21.41	19.57
预期最低收益[①]（%）	−40.03	−22.67	−21.78
预期最高收益[②]（%）	54.69	48.41	46.35

① 预期最低收益等于收益率的算术平均值减去 2 倍的标准差。
② 预期最高收益等于收益率的算术平均值加上 2 倍的标准差。

表 14-90 "大盘股"中 TAAA 最高的（前 10%）股票组成的投资组合及"大盘股"投资组合的基本比率（1971 年 10 月 1 日～2009 年 12 月 31 日）

项目	"大盘股"中 TAAA 最高（前 10%）股票组成的投资组合战胜"大盘股"投资组合的时间	百分比（%）	年平均超额收益率（%）
1 年期收益率	448 期中有 179 期	40	-4.40
滚动的 3 年期复合收益率	424 期中有 114 期	27	-5.36
滚动的 5 年期复合收益率	400 期中有 76 期	19	-5.80
滚动的 7 年期复合收益率	376 期中有 53 期	14	-6.10
滚动的 10 年期复合收益率	340 期中有 33 期	10	-6.13

对投资者的启示

正如我们在 TATA 分析中所看到的那样，你需要避开那些 TAAA 比率较高的股票。与那些采用更为保守的财务处理方式的公司相比，那些操纵财务数据的公司会以意外损失而告终。

综合会计比率

在下一章中，我们将不再考察单个的价值因素，而是用整章的篇幅研究股票在所有价值因素上的得分是不是一个更好更具持续性的价值指标。我们一般会认为：一只股票在市盈率、EBITDA/EV 比率及市销率等指标上得分均很高，其表现应该好于那些只在某个指标上得分很高的股票，这一假设是很合理的。我们首先用本章中涉及的会计比率来进行检验，看看将几种会计指标结合在一起进行分析的结果是否好于单个价值指标的分析结果。

具体来说，我们将对下列指标进行联合检验：①应计收入总额对资产总额的比率（TATA）；②经营资产净额变动率（NOA）；③应计收入对资产平均值的比率（TAAA）；④折旧费用对资本费用的比率。

在这一节里，我们将寻找那些盈利质量高的股票。对多个价值因素的组合，我们对"所有股票"与"大盘股"投资组合中的每只股票按照百分位排序，排序分别从第 1 到第 100 位。如果一只股票的 TATA 比率在组合中属于最低的 1%，则其排序是第 100 位；如果一只股票的 TATA 比率在组合中属于最高的 1%，则其排序是第 1 位。我们对每个价值因素都使用类似的转换标准。因此，如果某只股票在组合中

（按照 NOA 的变动率）排序是最低的 1%，则其排序是第 100 位；如果它属于最高的 1%，则其排序是第 1 位。由于分数越高越好，我们将这一排序颠倒，因此，如果一只股票按照折旧费用对资本费用的比率排序是最高的 1%，则该股票得到 100 分；而如果其排序是最低的 1%，则该股票得到 1 分。如果某个价值因素缺乏相关数据，我们为其赋予一个中性的排序"50"。如果所有的价值因素均排好了顺序，我们将这些排序加总，根据这些股票的累计排序确定其十分位分组。分数最高的就是第 1 组，分数最低的就是第 10 组。

我们将这一组由会计变量组成的组合称之为盈利质量综合指标（earnings quality composite）。如表 14-91 所示，通过将若干会计变量组合成一个单一的专业综合指标，这不但可以增进分析结果的稳健性，还可以使总体分析结果更有效、更具持续性。从 1963 年 12 月 31 日开始，将 10 000 美元投资于综合会计比率投资组合中得分最高的十分位分组中，这笔投资到 2009 年 12 月 31 日将增至 8 992 076 美元，年复合平均收益率高达 15.93%。这笔收益也比"所有股票"投资组合在同时期的收益 1 329 513 美元高出了近 800 万美元，后者的年复合平均收益率为 11.24%。该组合的风险也略高，其收益率的标准差为 19.11%，略高于"所有股票"投资组合的标准差 18.99%。但是，由于综合会计比率最高的投资组合具有非常高的收益率，这使其有着非常高的夏普比率 0.57，而"所有股票"投资组合的夏普比率只有 0.33。

表 14-91 对"所有股票"投资组合按盈利质量综合指标进行十分位（10%）分组的分析结果概述（1964 年 1 月 1 日～2009 年 12 月 31 日）

十分位（10%）	10 000 美元的投资将增长至（美元）	平均收益率（%）	复合收益率（%）	标准差（%）	夏普比率
1（最高）	8 992 076	18.07	15.93	19.11	0.57
2	4 902 190	16.23	14.42	17.74	0.53
3	2 837 680	14.79	13.06	17.36	0.46
4	1 532 421	13.15	11.56	16.79	0.39
5	1 313 455	12.77	11.19	16.81	0.37
6	1 616 169	13.14	11.69	16.05	0.42
7	1 020 448	12.30	10.58	17.51	0.32
8	592 812	11.32	9.28	19.12	0.22
9	407 634	10.81	8.39	20.84	0.16
10（最低）	60 037	7.29	3.97	24.79	−0.04
"所有股票"投资组合	1 329 513	13.26	11.22	18.99	0.33

由盈利质量综合指标得分最高的股票所组成的投资组合（得分最高的十分位分组）的所有基本比率均为正值，在全部的滚动 5 年期里，该组合战胜"所有股票"

投资组合的时间占全部时间的94%；而在全部的滚动10年期里，该组合全部战胜了"所有股票"投资组合。表14-92显示了所有其他流动期的基本比率。如表14-91所示，由盈利质量综合指标得分最低的股票所组成的投资组合表现非常糟糕。在1963年12月31日投资的10 000美元，到2009年12月31日的投资终值只有60 037美元，年复合平均收益率只有3.97%。这一收益还不如美国短期国债。此外，该组合收益率的标准差为24.79%，这使其夏普比率只有可怜的-0.04。该组合最大的一次下跌也十分惊人，其最高跌幅达73.54%，与之相比，第1组的最大跌幅为54.83%，"所有股票"投资组合的最大跌幅为55.3%。第10组，如表14-93所示，由盈利质量综合指标得分最低的股票组成的投资组合的基本比率非常差，在全部的滚动5年期里，该组合战胜"所有股票"投资组合的时间只有6%；而在全部的滚动10年期里，该组合没有一次战胜"所有股票"投资组合。

表14-92 "所有股票"中盈利质量综合指标得分最高的（前10%）股票组成的投资组合及"所有股票"投资组合的基本比率（1964年1月1日～2009年12月31日）

项目	"所有股票"中盈利质量综合指标得分最高的（前10%）股票组成的投资组合战胜"所有股票"投资组合的时间	百分比（%）	年平均超额收益率（%）
1年期收益率	541期中有455期	84	4.69
滚动的3年期复合收益率	517期中有460期	89	4.78
滚动的5年期复合收益率	493期中有466期	95	4.94
滚动的7年期复合收益率	469期中有459期	98	5.13
滚动的10年期复合收益率	433期中有433期	100	5.34

表14-93 "所有股票"中盈利质量综合指标得分最低的（后10%）股票组成的投资组合及"所有股票"投资组合的基本比率（1964年1月1日～2009年12月31日）

项目	"所有股票"中盈利质量综合指标得分最低的（后10%）股票组成的投资组合战胜"所有股票"投资组合的时间	百分比（%）	年平均超额收益率（%）
1年期收益率	541期中有154期	28	-5.89
滚动的3年期复合收益率	517期中有84期	16	-7.29
滚动的5年期复合收益率	493期中有28期	6	-7.97
滚动的7年期复合收益率	469期中有15期	3	-8.46
滚动的10年期复合收益率	433期中有0期	0	-8.82

对个人投资者来说，这一指标也是有用的

如果将股票的数目减少到25～50只，你会发现结果更理想。某个投资者只须

简单地购买由 25 只盈利质量综合指标得分最高的股票组成的投资组合，与只投资于"所有股票"投资组合的收益相比，这种投资方式的收益要高得多。如表 14-94 所示，在 1963 年将 10 000 美元投资于由 25 只盈利质量综合指标得分最高的股票组成的投资组合中，到 2009 年 12 月 31 日，其终值将达到 19 611 978 美元，年复合平均收益率高达 17.92%！这笔收益比"所有股票"投资组合的收益 1 342 499 美元高出了 1 800 万美元。该组合的风险（以收益率的标准差衡量，为 22.17%）也高于"所有股票"投资组合的风险，但是，由于该组合具有非常高的收益率，这使其有着非常高的夏普比率 0.58，与之相比，"所有股票"投资组合的夏普比率只有 0.33。这只由 25 只股票组成的投资组合的最大跌幅为 57.26%，并不比"所有股票"投资组合的最大跌幅 55.3% 高多少。

由 25 只盈利质量综合指标得分最高的股票组成的投资组合的基本比率均为正值，在全部的滚动 5 年期里，该组合战胜"所有股票"投资组合的时间占全部时间的 90%；而在全部的滚动 10 年期里，该组合全部战胜了"所有股票"投资组合。表 14-95 显示了该组合在全部持有期内的基本比率。

表 14-94 由"所有股票"中盈利质量综合指标得分最高的 25 只股票组成的投资组合、由"所有股票"中盈利质量综合指标得分最低的 25 只股票组成的投资组合及"所有股票"投资组合的年收益和风险数据统计概要（1964 年 1 月 1 日～2009 年 12 月 31 日）

	由"所有股票"中盈利质量综合指标得分最高的 25 只股票组成的投资组合	由"所有股票"中盈利质量综合指标得分最低的 25 只股票组成的投资组合	"所有股票"投资组合
算术平均值（%）	4.86	20.83	13.26
几何平均值（%）	0.08	17.92	11.22
平均收益（%）	8.99	26.12	17.16
标准差（%）	30.18	22.17	18.99
向上的偏差（%）	18.38	13.87	10.98
向下的偏差（%）	20.83	15.75	13.90
跟踪误差	15.35	8.60	0.00
收益为正的时期数	298	344	329
收益为负的时期数	254	208	223
从最高点到最低点的最大跌幅（%）	−90.10	−57.26	−55.54
贝塔值	1.44	1.08	1.00
T 统计量（$m=0$）	1.07	5.84	4.47
夏普比率（$Rf=5\%$）	−0.16	0.58	0.33

（续）

	由"所有股票"中盈利质量综合指标得分最高的25只股票组成的投资组合	由"所有股票"中盈利质量综合指标得分最低的25只股票组成的投资组合	"所有股票"投资组合
索蒂诺比率（MAR=10%）	-0.48	0.50	0.09
10 000美元投资的最终结果（美元）	10 389	19 611 978	1 329 513
1年期最低收益（%）	-68.25	-43.19	-46.49
1年期最高收益（%）	94.42	120.34	84.19
3年期最低收益（%）	-49.24	-21.52	-18.68
3年期最高收益（%）	45.31	49.64	31.49
5年期最低收益（%）	-25.80	-9.05	-9.91
5年期最高收益（%）	27.52	40.75	27.66
7年期最低收益（%）	-20.99	-1.46	-6.32
7年期最高收益（%）	21.44	37.29	23.77
10年期最低收益（%）	-15.19	2.88	1.01
10年期最高收益（%）	14.65	35.04	22.05
预期最低收益[①]（%）	-55.49	-23.50	-24.73
预期最高收益[②]（%）	65.21	65.17	51.24

① 预期最低收益等于收益率的算术平均值减去2倍的标准差。
② 预期最高收益等于收益率的算术平均值加上2倍的标准差。

表14-95　由"所有股票"中盈利质量综合指标得分最高的25只股票组成的投资组合及"所有股票"投资组合的基本比率（1964年1月1日～2009年12月31日）

项目	由"所有股票"中盈利质量综合指标得分最高的25只股票组成的投资组合战胜"所有股票"投资组合的时间	百分比（%）	年平均超额收益率（%）
1年期收益率	541期中有395期	73	7.73
滚动的3年期复合收益率	517期中有416期	80	7.26
滚动的5年期复合收益率	493期中有446期	90	7.38
滚动的7年期复合收益率	469期中有438期	93	7.71
滚动的10年期复合收益率	433期中有431期	100	8.28

我们再来看由"所有股票"中盈利质量综合指标得分最低的25只股票组成的投资组合的表现，我们发现，该组合会让投资者知道哪些股票应该回避。在1963～2009年，投资于由25只盈利质量综合指标得分最低的股票组成的投资组合中的10 000美元的终值只有10 389美元，其年复合平均收益率只有0.08！如果将通货膨胀的因素也考虑进来的话，这笔投资可以称得上是血本无归了。实际上，经通货膨胀因素调整之后，这笔投资在2009年年末的真实价值将只有1 485美元。更糟

糕的是，这一投资策略的风险十分巨大——由盈利质量综合指标得分最低的 25 只股票组成的投资组合收益率的标准差高达 30.18%，其夏普比率看起来简直令人发指，为 -0.16。该组合的最大跌幅为 90.1%，这一数字几乎是毁灭性的。如表 14-96 所示，该组合的所有基本比率均为负值，在全部的滚动 5 年期里，该组合战胜"所有股票"投资组合的时间只有 7%；而在全部的滚动 10 年期里，该组合没有一次战胜"所有股票"投资组合。对那些想投资于更为分散的投资组合（50 只股票）的投资者来说，其结果也差不多，在 1963 ~ 2009 年内，由 50 只盈利质量综合指标得分最低的股票组成的投资组合的累计收益率只有 16.78%，年复合平均收益率只有 0.83%。

表 14-96 由"所有股票"中盈利质量综合指标得分最低的 25 只股票组成的投资组合及"所有股票"投资组合的基本比率（1964 年 1 月 1 日~ 2009 年 12 月 31 日）

项目	由"所有股票"中盈利质量综合指标得分最低的 25 只股票组成的投资组合战胜"所有股票"投资组合的时间	百分比（%）	年平均超额收益率（%）
1 年期收益率	541 期中有 159 期	29	-7.99
滚动的 3 年期复合收益率	517 期中有 76 期	15	-10.75
滚动的 5 年期复合收益率	493 期中有 35 期	7	-11.79
滚动的 7 年期复合收益率	469 期中有 17 期	4	-12.30
滚动的 10 年期复合收益率	433 期中有 0 期	0	-12.63

"大盘股"投资组合

盈利质量综合指标在"大盘股"投资组合中同样表现出色，但其收益更平稳。如表 14-97 所示，第 1 组——盈利质量综合指标得分最高的"大盘股"投资组合的表现是所有十分位分组中最好的。在 1963 年 12 月 31 日，将 10 000 美元投资于盈利质量综合指标得分最高的"大盘股"投资组合中，到 2009 年 12 月 31 日，这笔投资的终值为 2 575 924 美元，年复合平均收益率为 12.83%。这笔收益远高于"大盘股"投资组合的收益 872 861 美元，后者在同时期内的年复合平均收益率为 10.2%。盈利质量综合指标得分最高的"大盘股"投资组合收益率的标准差为 15.91%，略低于"大盘股"投资组合的标准差 16.5%。较高的收益率，加之收益率的标准差较低，这使该组合的夏普比率达到了 0.49，与之相比，"大盘股"投资组合的夏普比率为 0.32%。该组合的最大跌幅为 49%，略好于"大盘股"投资组合的 53.77% 这一最大跌幅。表 14-98 显示了第 1 组与第 10 组投资组合的详细分析结果。如表 14-99 所示，该组合的所有基本比率均为正值，在全部的滚动 5 年期里，该组合战胜"大盘股"投资组合的时间占全部时间的 88%；而在全部的滚动 10 年期里，该组合战胜"大盘股"投资组合的时间占全部时间的 100%。

表 14-97 对"大盘股"投资组合按盈利质量综合指标进行十分位（10%）分组的分析结果概述（1964 年 1 月 1 日～2009 年 12 月 31 日）

十分位（10%）	10 000 美元的投资将增长至（美元）	平均收益率（%）	复合收益率（%）	标准差（%）	夏普比率
1（最高）	2 575 924	14.25	12.83	15.91	0.49
2	1 716 641	13.01	11.84	14.45	0.47
3	1 116 015	12.02	10.79	14.84	0.39
4	1 173 365	12.18	10.91	15.06	0.39
5	837 890	11.39	10.11	15.25	0.33
6	784 911	11.37	9.95	16.05	0.31
7	488 031	10.35	8.82	16.71	0.23
8	393 881	9.74	8.31	16.14	0.21
9	313 195	9.37	7.77	17.11	0.16
10（最低）	136 740	7.76	5.85	18.75	0.05
"大盘股"投资组合	872 861	11.72	10.20	16.50	0.32

表 14-98 "大盘股"中盈利质量综合指标最低的（后 10%）股票组成的投资组合、"大盘股"中盈利质量综合指标最高的（前 10%）股票组成的投资组合及"大盘股"投资组合的年收益和风险数据统计概要（1964 年 1 月 1 日～2009 年 12 月 31 日）

	由"大盘股"中盈利质量综合指标最低的（后 10%）股票组成的投资组合	由"大盘股"中盈利质量综合指标最高的（前 10%）股票组成的投资组合	"大盘股"投资组合
算术平均值（%）	7.76	14.25	11.72
几何平均值（%）	5.85	12.83	10.20
平均收益（%）	11.37	17.31	17.20
标准差（%）	18.75	15.91	16.50
向上的偏差（%）	10.99	9.81	9.70
向下的偏差（%）	13.76	10.91	11.85
跟踪误差	6.24	6.35	0.00
收益为正的时期数	304	342	332
收益为负的时期数	248	210	220
从最高点到最低点的最大跌幅（%）	−61.33	−49.00	−53.77
贝塔值	1.07	0.89	1.00
T 统计量（m=0）	2.71	5.71	4.58
夏普比率（Rf=5%）	0.05	0.49	0.32
索蒂诺比率（MAR=10%）	−0.30	0.26	0.02

(续)

	由"大盘股"中盈利质量综合指标最低的（后10%）股票组成的投资组合	由"大盘股"中盈利质量综合指标最高的（前10%）股票组成的投资组合	"大盘股"投资组合
10 000美元投资的最终结果（美元）	136 740	2 575 924	872 861
1年期最低收益（%）	−52.05	−43.38	−46.91
1年期最高收益（%）	66.70	56.88	68.96
3年期最低收益（%）	−25.76	−12.96	−15.89
3年期最高收益（%）	29.46	42.92	33.12
5年期最低收益（%）	−12.30	−2.90	−5.82
5年期最高收益（%）	25.85	34.95	28.95
7年期最低收益（%）	−8.13	−1.24	−4.15
7年期最高收益（%）	19.99	27.57	22.83
10年期最低收益（%）	−5.70	2.21	−0.15
10年期最高收益（%）	14.63	23.45	19.57
预期最低收益[1]（%）	−29.75	−17.56	−21.28
预期最高收益[2]（%）	45.26	46.07	44.72

[1] 预期最低收益等于收益率的算术平均值减去2倍的标准差。

[2] 预期最高收益等于收益率的算术平均值加上2倍的标准差。

表14-99 "大盘股"中盈利质量综合指标最高的（前10%）股票组成的投资组合及"大盘股"投资组合的基本比率（1964年1月1日～2009年12月31日）

项目	"大盘股"中盈利质量综合指标最高的（前10%）股票组成的投资组合战胜"大盘股"投资组合的时间	百分比（%）	年平均超额收益率（%）
1年期收益率	541期中有377期	70	2.75
滚动的3年期复合收益率	517期中有428期	83	2.85
滚动的5年期复合收益率	493期中有433期	88	2.88
滚动的7年期复合收益率	469期中有434期	93	2.88
滚动的10年期复合收益率	433期中有432期	100	2.95

在1963年12月31日，将10 000美元投资于第10组盈利质量综合指标得分最低的"大盘股"投资组合，到2009年12月31日，该笔投资的终值将增至136 740美元，年复合平均收益率为5.85%，略高于美国短期国债的收益率。盈利质量综合指标得分最低的"大盘股"投资组合的风险也比较高，其收益率的标准差为18.75%，而"大盘股"投资组合的标准差为16.5%。较高的风险，再加上较低的收益率，令该组合的夏普比率只有0.05，与之相比，"大盘股"投资组合的夏普比率为0.32。如表14-100所示，该组合的全部基本比率均为负值，在全部的滚动5年期里，该组合

战胜"大盘股"投资组合的时间只有 6%；而在全部的滚动 10 年期里，该组合没有一次战胜"大盘股"投资组合。

表 14-100 "大盘股"中盈利质量综合指标最低的（后 10%）股票组成的投资组合及"大盘股"投资组合的基本比率（1964 年 1 月 1 日～2009 年 12 月 31 日）

项目	"大盘股"中盈利质量综合指标最低的（后 10%）股票组成的投资组合战胜"大盘股"投资组合的时间	百分比（%）	年平均超额收益率（%）
1 年期收益率	541 期中有 139 期	26	-3.86
滚动的 3 年期复合收益率	517 期中有 78 期	15	-4.20
滚动的 5 年期复合收益率	493 期中有 30 期	6	-4.46
滚动的 7 年期复合收益率	469 期中有 7 期	1	-4.69
滚动的 10 年期复合收益率	433 期中有 0 期	0	-4.89

对投资者的启示

会计比率非常重要。公司如何统计应计收入，公司对资本费用的折旧速度、债务增加的速度等因素都会对其股票价格产生重大影响。我们已经发现，在许多情况下，知道应该回避哪只股票同样重要：例如，一定要警惕那些公司债务增加速度最快的股票；对那些债务偿付比率非常低的公司的股票也要密切关注，这类股票一般只有在高度投机性的、充满泡沫的市场上才能表现出色，这类股票的成功往往是市场即将暴跌的先兆。最重要的是，我们已经发现，将若干单个的会计变量结合成一个专业的盈利质量综合指标，其效果要好于单个会计指标的预测效果。在后面的章节中，我们会发现，在发展那些表现远远超过市场的多因素投资策略时，这些综合价值因素将非常有用。现在，我们就来检验一下那些传统的价值因素（如市盈率、市销率等）在这一综合价值因素模型中的实际效果吧。

| 第15章 |

整合了多个价值因素的单一综合指标

> 理性人就和尼斯湖水怪一样,人们经常看到它,但极少有人拍下照片。
>
> ——大卫·德雷曼

如前所述,在单一的价值因素(如市盈率、市现率、EBITDA/EV 比率等)之间的关系就跟赛马一样,存在着激烈的竞争。在本书第 1 版中,我在研究中使用了年度收益率数据,所涉及的时期只有 12 月的数据系列,因为在 1996 年只有这些数据可用。我在那时的研究结果是:市销率是表现最好的单一价值因素。但是现在,通过使用规模更大的包含月度数据的数据库及我们更精巧的综合分析方法,我发现,EBITDA/EV 已经取代市销率,成为表现最好的单一价值因素,其原因有 3 个。①我们所采用的新方法及数据已经改变了我们对单一价值因素的分析方式。②在 2007 年 5 月~2009 年 2 月,"所有股票"中市销率最低的股票投资组合比其他价值因素遭受了更大的损失。③在对不同的时期进行研究时,表现最好的价值因素在不断变化:市销率在某一时期内表现最好;在某个时期内,EBITDA/EV 表现非常出色;而在其他时期内,现金流对企业价值的比率也可能表现最佳。

构建一种专业的综合价值因素的想法,还是在我阅读了《基于市盈率与市销率的交易策略的收益率》(*Returns to Trading Strategies Based on Price-to-Earnings and Price-to-Sales Ratios*)一文后产生的。在这篇文章中,西瓦·内森(Siva Nathan)、库玛·西瓦库玛(Kumar Sivakumar)及贾亚纳曼·维贾亚库玛(Jayaraman Vijayakumar)认为，将市盈率与市销率联合使用，其效果比单独使用这两种指标要好。实际上，他们宣称："我们所使用的是一种同时采用市盈率与市销率的投资策略，然后根据这些指标的大小做多或做空股票，这一投资策略的年超额平均收益率达 28.89%。这一收益率远远超过奥肖内西资产管理公司 16.01% 的年实际收益率（raw returns），该公司的投资策略是每年做多市销率最低的 50 只股票。"

我开始对整合各种价值因素这一想法感兴趣，尽管我认为其研究期——1990～1996 年不够长，不足以检验这一投资策略的有效性及稳健性。该投资策略的研究期还不包括 1997～2000 年 2 月的高科技股泡沫，在这一时期里，价值因素普遍获得超凡收益。例如，1990 年 1 与 1 日～1996 年 12 月 31 日，"所有股票"中市盈率最低的（后 10%）股票投资组合的年复合平均收益率为 17%；"所有股票"中 EBITDA/EV 最高的（前 10%）股票投资组合的年复合平均收益率为 19.37%；而"所有股票"中市销率最低的（后 10%）股票投资组合的年复合平均收益率为 13.74%，"所有股票"股票投资组合的年复合平均收益率为 13.8%。在这 3 个价值因素中，市销率的表现不如"所有股票"投资组合，而另外两个价值因素表现十分出色。无论如何，我感觉这是一个很吸引人的想法，鉴于我们已经可以对所有价值因素均使用月度数据，我们将检验这些因素在整个时期（1963～2009 年）内的表现。

第一，我们将只分析与某个"专业公司"的资产负债表及现金流有关的价值因素，对这一综合价值指标，我们称之为**价值因素一**（value factor one，VFO）。该指标由下列价值因素组成：①市净率；②市盈率；③市销率；④ EBITDA/EV；⑤市现率。

第二，我们将分析 VFO 的加入是否会提高"专业公司的价值因素一"的效果。因此，我们对价值因素所做的第 2 个联合检验既包括上面 5 个价值因素，也包括 VFO（回购收益率加上股息率）。

对多个价值因素的组合，我们对"所有股票"与"大盘股"投资组合中的每只股票按照百分位排序，排序分别从第 1 到第 100 位。如果一只股票的市盈率在组合中属于最低的 1%，则其排序是第 100 位；如果一只股票的市盈率在组合中属于最高的 1%，则其排序是第 1 位。我们对每个价值因素都使用类似的转换标准。因此，如果某只股票在组合中（按市销率排序）的排序是最低的 1%，则其分值为 100；如果它属于最高的 1%，则其分值为 1。如果某个价值因素缺乏相关数据，我们为其赋予一个中性的排序"50"。对 VFO 及 EBITDA/EV 而言，那些在组合中排序最高的 1% 的股票得分为 100，而那些在组合中排序最低的 1% 的股票得分为 1。如果所有的价值因素均排好了顺序，我们将这些排序加总，根据这些股票的累计排序确定其十分位分组。分数最高的就是第1组，分数最低的就是第10组。

因此，第1组中的股票将得到最高的分数，其市盈率、市销率等也将是最低的；而第10组中的股票的市盈率、市销率等将是最高的。我们首先分析"专业公司的价值因素一"与"所有股票"及"大盘股"投资组合的相对表现。

检验结果

在1963年12月31日将10 000美元投资于由VFO最高的（前10%）股票构成的投资组合中，到2009年12月31日，这笔投资将增至14 688 089美元，年复合平均收益率为17.18%。这一收益率比我们所研究过的任何单个价值因素的收益率都高，也使"所有股票"投资组合的收益率相形见绌，将10 000美元投资于"所有股票"投资组合，其同时期内的投资终值为1 329 513美元，年复合平均收益率为11.22%。VFO最高的股票投资组合的风险（以收益率的标准差衡量）也低于"所有股票"投资组合，前者的标准差为18.09%，而后者的标准差为18.99%。VFO最高的股票投资组合的下行风险同样较小，其向下的偏差只有13.5%，而"所有股票"投资组合向下的偏差则为13.9%。此外，除了某些1年期收益之外，该组合的所有3年期、5年期及10年期收益均优于"所有股票"投资组合。VFO最高的股票投资组合提供了很好的下行保护，同时还可获得最高收益率。高收益率加上低风险，使该组合的夏普比率高达0.67，这一比率是我们所检验过的各种价值因素中最高的一个，是"所有股票"投资组合的夏普比率0.33的两倍多。表15-1显示了VFO及"所有股票"投资组合的所有相关统计结果的详细情况。注意，在这张表中，我们将VFO标记为VC1。

表15-1 "所有股票"中VC1最高的（前10%）股票组成的投资组合及"所有股票"投资组合的年收益和风险数据统计概要（1964年1月1日～2009年12月31日）

	由"所有股票"中VC1最高的（前10%）股票组成的投资组合	"所有股票"投资组合
算术平均值（%）	19.09	13.26
几何平均值（%）	17.18	11.22
平均收益（%）	23.52	17.16
标准差（%）	18.09	18.99
向上的偏差（%）	11.77	10.98

(续)

	由"所有股票"中VC1最高的（前10%）股票组成的投资组合	"所有股票"投资组合
向下的偏差（%）	13.50	13.90
跟踪误差	7.50	0.00
收益为正的时期数	363	329
收益为负的时期数	189	223
从最高点到最低点的最大跌幅（%）	−57.78	−55.54
贝塔值	0.88	1.00
T统计量（m=0）	6.60	4.47
夏普比率（Rf=5%）	0.67	0.33
索蒂诺比率（MAR=10%）	0.53	0.09
10 000美元投资的最终结果（美元）	14 688 089	1 329 513
1年期最低收益（%）	−48.24	−46.49
1年期最高收益（%）	81.40	84.19
3年期最低收益（%）	−17.00	−18.68
3年期最高收益（%）	41.09	31.49
5年期最低收益（%）	−5.33	−9.91
5年期最高收益（%）	35.49	27.66
7年期最低收益（%）	−1.25	−6.32
7年期最高收益（%）	30.19	23.77
10年期最低收益（%）	6.08	1.01
10年期最高收益（%）	29.41	22.05
预期最低收益[①]（%）	−17.10	−24.73
预期最高收益[②]（%）	55.28	51.24

① 预期最低收益等于收益率的算术平均值减去2倍的标准差。
② 预期最高收益等于收益率的算术平均值加上2倍的标准差。

VFO最高的股票投资组合的所有基本比率均为正值，在全部的滚动5年期里，该组合战胜"所有股票"投资组合的时间占全部时间的98%；而在全部的滚动10年期里，该组合战胜"所有股票"投资组合的时间占全部时间的100%。表15-2显示了VFO最高的股票投资组合在各持有期内的基本比率；表15-3显示了自1963年以来所有跌幅超过20%的情况；而表15-4与表15-5显示了该组合在所有持有期内的最高收益率与最低收益率。在本章后面的部分中，即分析VFO的最糟糕情况时，我们还将回顾这些表格。图15-1显示了"所有股票"中由VFO最高的股票（前10%）组成的投资组合相对于"所有股票"投资组合的5年期滚动年复合平均超额收益率（或超额损失率）。

表15-2 "所有股票"中VC1最高（前10%）股票组成的投资组合及"所有股票"投资组合的基本比率（1964年1月1日～2009年12月31日）

项目	"所有股票"中VC1最高（前10%）股票组成的投资组合战胜"所有股票"投资组合的时间	百分比（%）	年平均超额收益率（%）
1年期收益率	541期中有420期	78	5.70
滚动的3年期复合收益率	517期中有481期	93	5.82
滚动的5年期复合收益率	493期中有484期	98	5.88
滚动的7年期复合收益率	469期中有462期	99	5.89
滚动的10年期复合收益率	433期中有431期	100	5.80

表15-3 最糟糕的情况："所有股票"投资组合中VC1最高的股票（前10%）跌幅超过20%的全部数据（1964年1月1日～2009年12月31日）

股市见顶的时间	股市见顶时的指数值	股市见底的时间	股市见底时的指数值	股市复苏的时间	跌幅（%）	下跌持续期（月）	复苏持续期（月）
1969年1月	3.39	1970年7月	2.02	1972年2月	−40.38	17	20
1972年11月	3.51	1974年9月	2.23	1975年5月	−36.56	22	8
1987年8月	61.55	1987年11月	45.41	1989年1月	−26.23	3	14
1989年8月	77.09	1990年10月	54.46	1991年3月	−29.35	14	5
1998年4月	356.62	1998年8月	280.06	1999年6月	−21.47	4	10
2002年4月	591.59	2002年9月	444.05	2003年7月	−24.94	5	10
2007年5月	1 638.90	2009年2月	691.91		−57.78	21	
平均值					−33.82	12.29	11.17

表15-4 按月度数据计算得到的最高与最低的年复合平均收益率（1964年1月1日～2009年12月31日）

各投资组合的收益情况	1年期	3年期	5年期	7年期	10年期
"所有股票"投资组合中VC1最高的股票（前10%）的最低复合收益率（%）	−48.24	−17.00	−5.33	−1.25	6.08
"所有股票"投资组合中VC1最高的股票（前10%）的最高复合收益率（%）	81.40	41.09	35.49	30.19	29.41
"所有股票"投资组合的最低复合收益率（%）	−46.49	−18.68	−9.91	−6.32	1.01
"所有股票"投资组合的最高复合收益率（%）	84.19	31.49	27.66	23.77	22.05
"所有股票"投资组合中VC1最低的股票（后10%）的最低复合收益率（%）	−71.59	−53.72	−31.25	−22.49	−16.22
"所有股票"投资组合中VC1最低的股票（后10%）的最高复合收益率（%）	215.77	56.66	38.69	26.29	19.09

表15-5 10 000美元按最高与最低的收益率（通过月度数据计算得出）投资所得到的最终价值（1964年1月1日～2009年12月31日）

各投资组合的收益情况	1年期	3年期	5年期	7年期	10年期
投资于"所有股票"投资组合中VC1最高（前10%）股票的10 000美元在最糟糕情况下的最终价值（美元）	5 176	5 717	7 604	9 155	18 041

(续)

各投资组合的收益情况	1年期	3年期	5年期	7年期	10年期
投资于"所有股票"投资组合中VC1最高（前10%）股票的10 000美元在最好情况下的最终价值（美元）	18 140	28 085	45 658	63 377	131 777
投资于"所有股票"投资组合的10 000美元在最糟糕情况下的最终价值（美元）	5 351	5 379	5 936	6 330	11 054
投资于"所有股票"投资组合的10 000美元在最好情况下的最终价值（美元）	18 419	22 734	33 903	44 504	73 345
投资于"所有股票"投资组合中VC1最低（后10%）股票的10 000美元在最糟糕情况下的最终价值（美元）	2 841	991	1 536	1 681	1 704
投资于"所有股票"投资组合中VC1最低（后10%）股票的10 000美元在最好情况下的最终价值（美元）	31 577	38 450	51 319	51 223	57 396

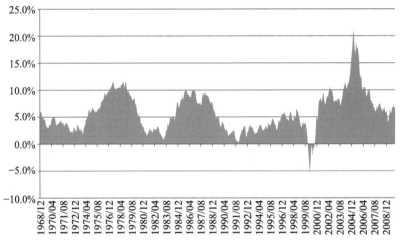

图15-1　5年期滚动年复合平均超额收益率（或超额损失率）

["所有股票"投资组合中VFO最高（前10%）股票的收益率减去"所有股票"投资组合的收益率，1964年1月1日～2009年12月31日]

"大盘股"投资组合的表现十分抢眼

在1964年12月31日将10 000美元投资于VFO最高的（前10%）的"大盘股"投资组合，到2009年年末，这笔资金将增至3 335 373美元，年复合平均收益率为13.46%。这一收益明显高于"大盘股"投资组合，在同一时期内，后者的年复合平均收益率为10.2%。与"所有股票"投资组合不同，"大盘股"中VFO最高的股票投资组合的风险更高一些,其收益率的标准差为16.68%,而后者的标准差为16.5%。这两种投资组合的下行风险大致相同——前者的标准差为11.87%,后者的标准差为11.85%。"大盘股"中VFO最高的股票投资组合的夏普比率也非常高,为0.51,远超过"大盘股"投资组合的夏普比率0.32。表15-6显示了中VFO最高的"大盘股"投资组合及"大盘股"投资组合的相关统计数据。

表15-6 "大盘股"中VC1最高的(前10%)股票组成的投资组合及"大盘股"投资组合的年收益和风险数据统计概要(1964年1月1日~2009年12月31日)

	由"大盘股"中VC1最高(前10%)股票组成的投资组合	"大盘股"投资组合
算术平均值(%)	15.04	11.72
几何平均值(%)	13.46	10.20
平均收益(%)	18.42	17.20
标准差(%)	16.68	16.50
向上的偏差(%)	10.63	9.70
向下的偏差(%)	11.87	11.85
跟踪误差	8.20	0.00
收益为正的时期数	344	332
收益为负的时期数	208	220
从最高点到最低点的最大跌幅(%)	-61.86	-53.77
贝塔值	0.89	1.00
T统计量($m=0$)	5.73	4.58
夏普比率($Rf=5\%$)	0.51	0.32
索蒂诺比率($MAR=10\%$)	0.29	0.02
10 000美元投资的最终结果(美元)	3 335 373	872 861
1年期最低收益(%)	-55.57	-46.91
1年期最高收益(%)	72.36	68.96
3年期最低收益(%)	-16.99	-15.89
3年期最高收益(%)	37.73	33.12
5年期最低收益(%)	-2.03	-5.82
5年期最高收益(%)	35.12	28.95
7年期最低收益(%)	0.26	-4.15
7年期最高收益(%)	27.27	22.83
10年期最低收益(%)	2.36	-0.15
10年期最高收益(%)	22.19	19.57
预期最低收益[1](%)	-18.31	-21.28
预期最高收益[2](%)	48.40	44.72

[1] 预期最低收益等于收益率的算术平均值减去2倍的标准差。
[2] 预期最高收益等于收益率的算术平均值加上2倍的标准差。

高 VFO 大盘股投资组合的所有基本比率均为正值，在全部的滚动 5 年期里，"大盘股"中 VFO 最高的股票投资组合战胜"大盘股"投资组合的时间占 78%；在全部的滚动 10 年期里，"大盘股"中 VFO 最高 10% 的股票投资组合战胜"大盘股"投资组合的时间占 97%。表 15-7 显示了该组合在全部持有期内的基本比率。图 15-2 显示了"大盘股"投资组合中 VFO 最高股票（前 10%）的投资组合相对于"大盘股"投资组合的 5 年期滚动年复合平均超额收益率（或超额损失率）。

表 15-7 "大盘股"中 VC1 最高（前 10%）股票组成的投资组合及"大盘股"投资组合的基本比率（1964 年 1 月 1 日～2009 年 12 月 31 日）

项目	"大盘股"中 VC1 最高（前 10%）股票组成的投资组合战胜"大盘股"投资组合的时间	百分比（%）	年平均超额收益率（%）
1 年期收益率	541 期中有 339 期	63	3.35
滚动的 3 年期复合收益率	517 期中有 377 期	73	3.50
滚动的 5 年期复合收益率	493 期中有 385 期	78	3.61
滚动的 7 年期复合收益率	469 期中有 404 期	86	3.61
滚动的 10 年期复合收益率	433 期中有 420 期	97	3.56

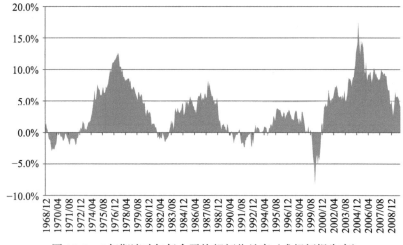

图 15-2 5 年期滚动年复合平均超额收益率（或超额损失率）

["大盘股"投资组合中 VC1 最高（前 10%）股票的收益率减去"大盘股"投资组合的收益率，1964 年 1 月 1 日～2009 年 12 月 31 日]

最糟糕的情况，最高收益与最低收益

1964～2009 年，"所有股票"中 VFO 最高的股票投资组合跌幅超过 20% 的次数共有 7 次，跌幅最大的一次发生在 2007 年 5 月～2009 年 2 月，该组合在此期间的跌幅为 58%。表 15-3 显示了该组合跌幅在 20% 以上的所有情况。

从绝对收益的角度看，"所有股票"中 VFO 最高的股票投资组合最好的 5 年期收益率发生在截至 1979 年 9 月的那个 5 年期，在此期间，投资于该组合的 10 000 美元将增至 45 658 美元，年复合平均收益率为 35.79%。表 15-5 显示了投资于这些投资组合的 10 000 美元在其他最好情况及最糟糕情况下的最终价值。

该组合表现最差的 5 年期收益率发生在截至 1973 年 12 月的那个 5 年期，在此期间，投资于该组合的 10 000 美元缩减至 7 604 美元，年复合平均损失率为 5.33%。

VFO 最高的股票投资组合相对于"所有股票"投资组合表现最好的 5 年期收益率发生在截至 2005 年 2 月的那个 5 年期，在此期间，该组合的年复合平均收益率为 25.45%，而"所有股票"投资组合的年复合平均率为 4.38%。高 VFO 股票投资组合的年复合平均收益率的相对优势为 21.07%，相对于"所有股票"投资组合的 5 年期累计优势达 186%。

VFO 最高的股票投资组合相对于"所有股票"投资组合表现最差的 5 年期收益率发生在截至 2000 年 2 月的那个 5 年期，在此期间，该组合的年复合平均收益率为 16.74%，而"所有股票"投资组合的收益率为 22.54%，VFO 最高的股票投资组合的相对年复合平均损失率为 5.8%，5 年期累计损失为 59%。图 15-1 显示了"所有股票"投资组合中 VFO 最高股票（前 10%）的投资组合相对于"所有股票"投资组合的 5 年期滚动年复合平均超额收益率。

再来看"大盘股"中 VFO 最高的（前 10%）股票投资组合，我们发现，1964～2009 年，该组合跌幅超过 20% 以上的次数共有 7 次，跌幅最大的一次发生在 2007 年 10 月～2009 年 2 月，该组合在此期间的跌幅为 62%。和"所有股票"投资组合一样，与我们所研究的其他单因素指标相比，"大盘股"中 VFO 最高的股票投资组合的其他下跌情况也比较缓和。表 15-8 显示了自 1964 年以来，该组合跌幅在 20% 以上的所有情况。

表 15-8 最糟糕的情况："大盘股"投资组合中 VC1 最高的股票（前 10%）跌幅超过 20% 的全部数据（1964 年 1 月 1 日～2009 年 12 月 31 日）

股市见顶的时间	股市见顶时的指数值	股市见底的时间	股市见底时的指数值	股市复苏的时间	跌幅（%）	下跌持续期（月）	复苏持续期（月）
1969 年 1 月	1.92	1970 年 6 月	1.22	1972 年 8 月	-36.07	17	26
1973 年 10 月	2.11	1974 年 9 月	1.58	1975 年 3 月	-24.88	11	6

（续）

股市见顶的时间	股市见顶时的指数值	股市见底的时间	股市见底时的指数值	股市复苏的时间	跌幅（%）	下跌持续期（月）	复苏持续期（月）
1981年6月	6.73	1982年7月	5.33	1982年10月	−20.74	13	3
1987年8月	24.77	1987年11月	18.70	1989年1月	−24.51	3	14
1989年8月	30.27	1990年10月	22.38	1991年5月	−26.07	14	7
2002年3月	159.66	2002年9月	125.42	2003年7月	−21.44	6	10
2007年10月	474.69	2009年2月	181.04		−61.86	16	
平均值					−30.80	11.43	11

从绝对收益的角度看，"所有股票"中 VFO 最高的股票投资组合表现最好的 5 年期收益率发生在截至 1987 年 7 月的那个 5 年期，该组合在此期间的年复合平均收益率为 35.12%，投资于该组合的 10 000 美元将增至 45 044 美元。

该组合表现最差的 5 年期收益率发生在截至 2009 年 2 月的那个 5 年期，在此期间，该组合的年复合平均损失率为 2.03%，投资于该组合的 10 000 美元将缩减至 9 027 美元。表 15-9 与表 15-10 显示了该组合在各个持有期内的最高收益率与最低收益率。

表 15-9　按月度数据计算得到的最高与最低的年复合平均收益率（1964 年 1 月 1 日～ 2009 年 12 月 31 日）

各投资组合的收益情况	1 年期	3 年期	5 年期	7 年期	10 年期
"大盘股"投资组合中 VC1 最高的股票（前 10%）的最低复合收益率（%）	−55.57	−16.99	−2.03	0.26	2.36
"大盘股"投资组合中 VC1 最高的股票（前 10%）的最高复合收益率（%）	72.36	37.73	35.12	27.27	22.19
"大盘股"投资组合的最低复合收益率（%）	−46.91	−15.89	−5.82	−4.15	−0.15
"大盘股"投资组合的最高复合收益率（%）	68.96	33.12	28.95	22.83	19.57
"大盘股"投资组合中 VC1 最低的股票（后 10%）的最低复合收益率（%）	−78.05	−45.26	−25.22	−16.48	−11.49
"大盘股"投资组合中 VC1 最低的股票（后 10%）的最高复合收益率（%）	91.71	51.26	35.39	24.91	20.36

表 15-10　10 000 美元按最高与最低的收益率（通过月度数据计算得出）投资所得到的最终价值（1964 年 1 月 1 日～ 2009 年 12 月 31 日）

各投资组合的收益情况	1 年期	3 年期	5 年期	7 年期	10 年期
投资于"大盘股"投资组合中 VC1 最高（前 10%）股票的 10 000 美元在最糟糕情况下的最终价值（美元）	4 443	5 720	9 027	10 180	12 626
投资于"大盘股"投资组合中 VC1 最高（前 10%）股票的 10 000 美元在最好情况下的最终价值（美元）	17 236	26 125	45 044	54 099	74 174

(续)

各投资组合的收益情况	1年期	3年期	5年期	7年期	10年期
投资于"大盘股"投资组合的10 000美元在最糟糕情况下的最终价值（美元）	5 309	5 951	7 409	7 434	9 848
投资于"大盘股"投资组合的10 000美元在最好情况下的最终价值（美元）	16 896	23 591	35 656	42 189	59 747
投资于"大盘股"投资组合中VC1最低（后10%）股票的10 000美元在最糟糕情况下的最终价值（美元）	2 195	1 640	2 339	2 835	2 951
投资于"大盘股"投资组合中VC1最低（后10%）股票的10 000美元在最好情况下的最终价值（美元）	19 171	34 609	45 495	47 447	63 795

VFO最高的"大盘股"投资组合相对于"大盘股"投资组合表现最好的5年期收益率发生在截至2005年2月的那个5年期，在此期间，该组合的年复合平均收益率为19.3%，而"所有股票"投资组合的年复合平均率为1.8%。VFO最高的"大盘股"投资组合的年复合平均收益率的相对优势为17.5%，相对于"大盘股"投资组合的5年期累计优势达134%。

VFO最高的"大盘股"投资组合相对于"大盘股"投资组合表现最差的5年期收益率发生在截至2000年2月的那个5年期，在此期间，该组合的年复合平均收益率为14.67%，而"所有股票"投资组合的收益率为22.87%，VFO最高的"大盘股"投资组合的相对年复合平均损失率为8.2%，相对于"大盘股"投资组合的5年期累计损失为84%。图15-2显示了"大盘股"投资组合中VFO最高股票（前10%）的投资组合相对于"所有股票"投资组合的5年期滚动年复合平均超额收益率。

VFO最差的股票名副其实

在1963年12月31日将10 000美元投资于VFO最低的（后10%）"所有股票"投资组合（即由"所有股票"中市盈率、市销率等指标最高的10%的股票组成的投资组合），到2009年年末，这笔资金只增至38 481美元，年复合平均收益率只有2.97%。这一糟糕的收益明显低于"所有股票"投资组合，在同一时期内，后者的年复合平均收益率为11.22%，10 000美元的投资将增至1 329 513美元。即使你将这10 000美元简单地投资于美国的30天短期国债上，其同时期收益也有120 778美元，年复合平均收益率为5.57%。"所有股票"中VFO最低的股票投资组合的风险

（以收益率的标准差衡量）更高，其收益率的标准差为27.8%，而"所有股票"投资组合收益率的标准差为18.99%。极低的收益率，再加上高风险，使该组合的夏普比率达到了-0.07，与之相比，"所有股票"投资组合的夏普比率为0.33。"所有股票"中VFO最低的股票投资组合的最低收益率也非常糟糕，其10年期最低收益率十分惊人：年复合平均收益率为-16.22%，与之相比，"所有股票"投资组合的年复合平均收益率为1.01%。表15-11显示了该组合及"所有股票"投资组合的所有相关统计结果。

表15-11 "所有股票"中VC1最低的（后10%）股票组成的投资组合及"所有股票"投资组合的年收益和风险数据统计概要（1964年1月1日～2009年12月31日）

	由"所有股票"中VC1最低的（前10%）股票组成的投资组合	"所有股票"投资组合
算术平均值（%）	7.11	13.26
几何平均值（%）	2.97	11.22
平均收益（%）	10.97	17.16
标准差（%）	27.80	18.99
向上的偏差（%）	17.39	10.98
向下的偏差（%）	20.32	13.90
跟踪误差	14.03	0.00
收益为正的时期数	312	329
收益为负的时期数	240	223
从最高点到最低点的最大跌幅（%）	-92.81	-55.54
贝塔值	1.30	1.00
T统计量（$m=0$）	1.68	4.47
夏普比率（$Rf=5\%$）	-0.07	0.33
索蒂诺比率（$MAR=10\%$）	-0.35	0.09
10 000美元投资的最终结果（美元）	38 481	1 329 513
1年期最低收益（%）	-71.59	-46.49
1年期最高收益（%）	215.77	84.19
3年期最低收益（%）	-53.72	-18.68
3年期最高收益（%）	56.66	31.49
5年期最低收益（%）	-31.25	-9.91
5年期最高收益（%）	38.69	27.66
7年期最低收益（%）	-22.49	-6.32
7年期最高收益（%）	26.29	23.77
10年期最低收益（%）	-16.22	1.01
10年期最高收益（%）	19.09	22.05
预期最低收益①（%）	-48.49	-24.73

	由"所有股票"中 VC1 最低的（前 10%）股票组成的投资组合	"所有股票"投资组合
预期最高收益[2]（%）	62.71	51.24

[1] 预期最低收益等于收益率的算术平均值减去 2 倍的标准差。
[2] 预期最高收益等于收益率的算术平均值加上 2 倍的标准差。

"所有股票"中 VFO 最低的股票投资组合的所有基本比率均为负值，在全部的滚动 5 年期里，该组合战胜"所有股票"投资组合的时间只有 15%；而在全部的滚动 10 年期里，该组合战胜"所有股票"投资组合的时间只有 4%。表 15-12 显示了该组合在各时期的基本比率。表 15-13 显示了该组合自 1963 年以来跌幅在 20% 以上的所有情况。图 15-3 显示了"所有股票"投资组合中 VFO 最低的（后 10%）股票投资组合相对于"所有股票"投资组合的 5 年期滚动年复合平均超额收益率（或超额损失率）。

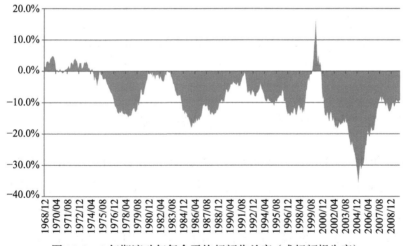

图 15-3　5 年期滚动年复合平均超额收益率（或超额损失率）

["所有股票"投资组合中 VFO 最低的（后 10%）股票的收益率减去"所有股票"投资组合的收益率，1964 年 1 月 1 日～ 2009 年 12 月 31 日]

表 15-12　"所有股票"中 VC1 最低（后 10%）股票组成的投资组合及"所有股票"投资组合的基本比率（1964 年 1 月 1 日～ 2009 年 12 月 31 日）

项目	"所有股票"中 VC1 最低的（后 10%）股票组成的投资组合战胜"所有股票"投资组合的时间	百分比（%）	年平均超额收益率（%）
1 年期收益率	541 期中有 186 期	34	−5.02
滚动的 3 年期复合收益率	517 期中有 121 期	23	−7.57
滚动的 5 年期复合收益率	493 期中有 76 期	15	−8.30

(续)

项目	"所有股票"中VC1最低的（后10%）股票组成的投资组合战胜"所有股票"投资组合的时间	百分比（%）	年平均超额收益率（%）
滚动的7年期复合收益率	469期中有47期	10	-8.62
滚动的10年期复合收益率	433期中有18期	4	-8.69

表 15-13 最糟糕的情况："所有股票"投资组合中VC1最高的股票（前10%）跌幅超过20%的全部数据（1964年1月1日～2009年12月31日）

股市见顶的时间	股市见顶时的指数值	股市见底的时间	股市见底时的指数值	股市复苏的时间	跌幅（%）	下跌持续期（月）	复苏持续期（月）
1968年12月	2.82	1970年6月	1.42	1972年2月	-49.82	18	20
1972年5月	3.11	1974年9月	1.18	1980年1月	-61.97	28	64
1980年2月	3.38	1980年3月	2.64	1980年7月	-21.99	1	4
1980年11月	5.02	1982年7月	2.85	1983年4月	-43.26	20	9
1983年6月	6.02	1984年11月	3.52	1987年3月	-41.57	17	28
1987年8月	6.33	1987年11月	4.03	1990年5月	-36.24	3	30
1990年5月	6.40	1990年10月	4.61	1991年3月	-28.07	5	5
1992年1月	8.54	1994年6月	5.89	1995年9月	-31.11	29	15
1996年5月	11.43	1998年8月	6.24	1999年3月	-45.41	27	7
2000年2月	33.15	2009年2月	2.38		-92.81	108	
平均值					-45.23	25.6	20.22

VFO最低的"大盘股"投资组合也遭受重创

在1926年12月31日将10 000美元投资于VFO最低的（后10%）"大盘股"投资组合，到2009年年末，这笔投资的收益只有93 708美元，年复合平均收益率为4.98%。这笔收益远不如"大盘股"投资组合所获的收益872 861美元，后者的年复合平均收益率为10.2%。而且，这笔收益也同样低于美国短期国债的收益率（年复合平均收益率为5.57%）。低VFO"大盘股"投资组合的标准差是22.43%，而"大盘股"投资组合的标准差是16.5%。较高的标准差与较低的收益率，使得低VFO"大盘股"投资组合的夏普比率为0，而"大盘股"投资组合的夏普比率则为0.32。正如我们在"所有股票"投资组合中所看到的那样，在全部持有期内，这一投资策略的最低收益都不如"大盘股"投资组合。表15-14显示了该组合与"大盘股"投资组合的相关统计数据。

表 15-14 "大盘股"中 VC1 最低的（后 10%）股票组成的投资组合及"大盘股"投资组合的年收益和风险数据统计概要（1964 年 1 月 1 日～2009 年 12 月 31 日）

	由"大盘股"中 VC1 最低的（后 10%）股票组成的投资组合	"大盘股"投资组合
算术平均值（%）	7.75	11.72
几何平均值（%）	4.98	10.20
平均收益（%）	12.79	17.20
标准差（%）	22.43	16.50
向上的偏差（%）	13.82	9.70
向下的偏差（%）	17.47	11.85
跟踪误差	12.01	0.00
收益为正的时期数	314	332
收益为负的时期数	238	220
从最高点到最低点的最大跌幅（%）	−85.28	−53.77
贝塔值	1.16	1.00
T 统计量（$m=0$）	2.26	4.58
夏普比率（$Rf=5\%$）	0.00	0.32
索蒂诺比率（$MAR=10\%$）	−0.29	0.02
10 000 美元投资的最终结果（美元）	93 708	872 861
1 年期最低收益（%）	−78.05	−46.91
1 年期最高收益（%）	91.71	68.96
3 年期最低收益（%）	−45.26	−15.89
3 年期最高收益（%）	51.26	33.12
5 年期最低收益（%）	−25.22	−5.82
5 年期最高收益（%）	35.39	28.95
7 年期最低收益（%）	−16.48	−4.15
7 年期最高收益（%）	24.91	22.83
10 年期最低收益（%）	−11.49	−0.15
10 年期最高收益（%）	20.36	19.57
预期最低收益[①]（%）	−37.12	−21.28
预期最高收益[②]（%）	52.61	44.72

① 预期最低收益等于收益率的算术平均值减去 2 倍的标准差。
② 预期最高收益等于收益率的算术平均值加上 2 倍的标准差。

"大盘股"中 VFO 最低的股票投资组合的所有基本比率均为负值，在全部的滚动 5 年期里，该组合战胜"大盘股"投资组合的时间只有 18%；而在全部的滚动 10 年期里，该组合战胜"大盘股"投资组合的时间只有 7%。表 15-15 显示了该组合在各个时期的基本比率。图 15-4 显示了"大盘股"投资组合中 VFO 最低的（后 10%）股票投资组合相对于"大盘股"投资组合的 5 年期滚动年复合平均超额收益率（或超额损失率)。

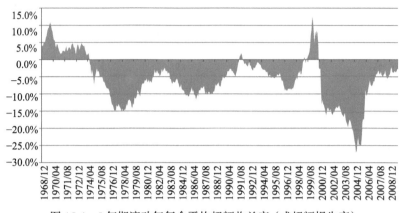

图 15-4　5 年期滚动年复合平均超额收益率(或超额损失率)

["大盘股"投资组合中 VC1 最低(后 10%)股票的收益率减去"大盘股"投资组合的收益率,1964 年 1 月 1 日～2009 年 12 月 31 日]

表 15-15　"大盘股"投资组合中 VC1 最低的股票(后 10%)组成的投资组合及"大盘股"投资组合的基本比率(1964 年 1 月 1 日～2009 年 12 月 31 日)

项目	"大盘股"投资组合中 VC1 最高的股票(后 10%)组成的投资组合战胜"大盘股"投资组合的时间	百分比(%)	年平均超额收益率(%)
1 年期收益率	541 期中有 211 期	39	-3.26
滚动的 3 年期复合收益率	517 期中有 132 期	26	-4.96
滚动的 5 年期复合收益率	493 期中有 90 期	18	-5.79
滚动的 7 年期复合收益率	469 期中有 55 期	12	-6.24
滚动的 10 年期复合收益率	433 期中有 29 期	7	-6.52

最糟糕的情况,最高收益与最低收益

1964～2009 年,"所有股票"中 VFO 最低的股票(后 10%)投资组合跌幅在 20% 以上的次数为 10 次,跌幅最大的一次开始于 2000 年 2 月,至今(在我写作本书时)仍未恢复,该组合在此期间的最大跌幅为 92.81%。自 1964 年以来,该组合损失在 40% 以上的次数为 6 次,这一表现的确十分糟糕。表 15-13 显示了"所有股票"中 VFO 最低的股票投资组合跌幅在 20% 以上的所有情况。

从绝对收益率来看,该组合表现最好的 5 年期是截至 2000 年 2 月的那个 5 年期,在此期间,该组合的年复合平均收益率为 38.69%,10 000 美元的初始投资将在

5年末增至51 319美元。表现最差的5年期则发生在截至2005年2月的5年期，在此期间，该组合的年复合平均损失率为31.25%，10 000美元的初始投资将只剩下1 536美元。表15-5显示了10 000美元投资在各个持有期内的最好情况与最糟糕的情况。

从相对收益率来看，"所有股票"中VFO最低的股票投资组合表现最好的5年期发生与其表现最好的5年期绝对收益率一样，均为截至2000年2月的那个5年期。在此期间，该组合的年复合平均收益率为38.69%，而"所有股票"投资组合的年复合平均收益率为22.54%。就年复合平均收益率而言，VFO最低的股票投资组合的相对优势达16.15%，5年期累计相对优势达237%。

与"所有股票"投资组合相比，"所有股票"中VFO最低的股票投资组合表现最差的5年期发生在截至2005年11月的那个5年期，该组合在此期间的年复合平均损失率为14.44%，而"所有股票"投资组合的年复合平均收益率为11.07%。就年复合平均收益率而言，VFO最低的股票投资组合的相对损失达25.51%，5年期累计相对损失达123%。图15-3显示了该组合相对于"所有股票"投资组合的5年期滚动年复合平均超额收益率。在本例中，几乎所有的阿尔法均为负值。图15-4显示了"所有股票"中VFO最低的股票投资组合的5年期超额收益率。在该图中，情况看起来更为更糟糕。

1964～2009年，"大盘股"中VFO最低的股票（后10%）投资组合跌幅在20%以上的次数只有5次，跌幅最大的一次发生在2000年2月～2002年9月，该组合在此期间下跌了85%，而且至今（在我写作本书时）未从这次下跌中恢复过来。表15-16显示了1964～2009年，"大盘股"中VFO最低的股票投资组合跌幅在20%以上的所有情况。

表15-16 最糟糕的情况："大盘股"投资组合中VC1最低的股票（后10%）跌幅超过20%的全部数据（1964年1月1日～2009年12月31日）

股市见顶的时间	股市见顶时的指数值	股市见底的时间	股市见底时的指数值	股市复苏的时间	跌幅（%）	下跌持续期（月）	复苏持续期（月）
1969年12月	2.48	1970年6月	1.66	1971年6月	-33.11	6	12
1972年12月	3.36	1974年9月	1.35	1983年2月	-59.85	21	101
1983年6月	4.06	1984年5月	2.86	1986年2月	-29.64	11	21
1987年8月	5.84	1987年11月	3.85	1989年7月	-34.02	3	20
2000年2月	37.43	2002年9月	5.51		-85.28	31	
平均值					-48.38	14.4	38.5

从绝对收益来看，"大盘股"中VFO最低的股票（后10%）投资组合表现最好的5年期是截至2000年2月的那个5年期，在此期间，该组合的年复合平均收益率为35.39%，10 000美元的初始投资将在5年末增至45 495美元。

该组合表现最差的5年期则发生在截至2005年2月的5年期，在此期间，该组合的年复合平均损失率为25.22%，10 000美元的初始投资将只剩下2 339美元。表15-10显示了10 000美元投资在各个持有期内的最好情况与最糟糕的情况。

从相对收益率来看，"大盘股"中VFO最低的股票投资组合表现最好的5年期发生在截至2000年2月的那个5年期，在此期间，该组合的年复合平均收益率为35.39%，而"大盘股"投资组合的年复合平均收益率为23.06%。就年复合平均收益率而言，VFO最低的股票投资组合的相对优势达12.33%，5年期累计相对优势达173%。

与"大盘股"投资组合相比，"大盘股"中VFO最低的股票投资组合表现最差的5年期发生在截至1987年1月的那个5年期，该组合在此期间的年复合平均损失率为11.83%，而"大盘股"投资组合的年复合平均收益率为22.54%。就年复合平均收益率而言，VFO最低的股票投资组合的相对损失达10.71%，5年期累计相对损失达101%。图15-4显示了在整个持有期内，"大盘股"中VFO最低的股票投资组合相对于"大盘股"投资组合的5年期滚动年复合平均超额收益率。

完整的十分位分组分析

表15-17与表15-18显示了"所有股票"与"大盘股"中的第1组与第10组十分位投资组合的年复合平均收益率（按10年期排序）。看一下全部十分位分组，如图15-5、图15-6及表15-19、表15-20所示，我们发现，这一组合的收益率呈阶梯式下滑趋势，最高的收益率来自于第1组，最低的收益率来自于第10组。第1～5组的表现均优于"所有股票"投资组合，而第6～10组的表现均不如"所有股票"投资组合，其中的第9组与第10组的表现还不如美国短期国债的收益率。就"大盘股"投资组合的十分位分组而言，其结果也十分类似：第1～4组的表现均优于"大盘股"投资组合，而第5～10组的表现均不如"大盘股"投资组合，第10组的收益率同样不如美国短期国债。

表 15-17 "所有股票"投资组合按 10 年期划分的年复合平均收益率

	20 世纪 60 年代①	20 世纪 70 年代	20 世纪 80 年代	20 世纪 90 年代	21 世纪 第 1 个 10 年②
"所有股票"中 VC1 最高（排名前 10%）的股票投资组合（%）	16.84	14.78	22.21	16.34	15.73
"所有股票"中 VC1 最低（排名后 10%）的股票投资组合（%）	15.88	2.22	7.42	13.85	−16.22
"所有股票"投资组合（%）	13.36	7.56	16.78	15.35	4.39

① 1964 年 1 月 1 日～1969 年 12 月 31 日的收益。
② 2000 年 1 月 1 日～2009 年 12 月 31 日的收益。

表 15-18 "大盘股"投资组合按 10 年期划分的年复合平均收益率

	20 世纪 60 年代①	20 世纪 70 年代	20 世纪 80 年代	20 世纪 90 年代	21 世纪 第 1 个 10 年②
"大盘股"中 VC1 最高（排名前 10%）的股票投资组合（%）	6.54	12.75	19.84	14.64	11.10
"大盘股"中 VC1 最低（排名后 10%）的股票投资组合（%）	16.37	−0.97	10.73	17.66	−11.49
"大盘股"投资组合（%）	8.16	6.65	17.34	16.38	2.42

① 1964 年 1 月 1 日～1969 年 12 月 31 日的收益。
② 2000 年 1 月 1 日～2009 年 12 月 31 日的收益。

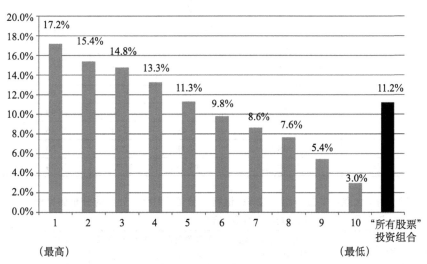

图 15-5 "所有股票"投资组合的年复合平均收益率
（按 VC1 的十分位进行平均分组，1964 年 1 月 1 日～2009 年 12 月 31 日）

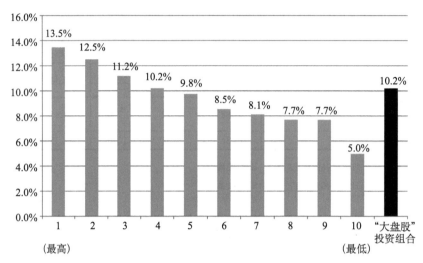

图 15-6 "大盘股"投资组合的年复合平均收益率

(按 VC1 的十分位进行平均分组,1964 年 1 月 1 日～2009 年 12 月 31 日)

表 15-19 对"所有股票"投资组合按 VC 进行十分位(10%)分组的分析结果概述(1964 年 1 月 1 日～2009 年 12 月 31 日)

十分位(10%)	10 000 美元的投资将增长至(美元)	平均收益率(%)	复合收益率(%)	标准差(%)	夏普比率
1(最高)	14 688 089	19.09	17.18	18.09	0.67
2	7 262 781	17.13	15.40	17.30	0.60
3	5 634 919	16.40	14.76	16.83	0.58
4	3 066 959	14.81	13.26	16.46	0.50
5	1 380 234	12.81	11.31	16.30	0.39
6	735 230	11.36	9.79	16.75	0.29
7	449 449	10.42	8.62	17.98	0.20
8	295 378	9.84	7.64	19.99	0.13
9	114 369	8.43	5.44	23.46	0.02
10(最低)	38 481	7.11	2.97	27.80	−0.07
"所有股票"投资组合	1 329 513	13.26	11.22	18.99	0.33

表 15-20 对"大盘股"投资组合按 VC 进行十分位(10%)分组的分析结果概述(1964 年 1 月 1 日～2009 年 12 月 31 日)

十分位(10%)	10 000 美元的投资将增长至(美元)	平均收益率(%)	复合收益率(%)	标准差(%)	夏普比率
1(最高)	3 335 373	15.04	13.46	16.68	0.51
2	2 256 400	13.86	12.50	15.52	0.48
3	1 311 085	12.48	11.18	15.26	0.41
4	877 032	11.47	10.21	15.04	0.35
5	724 818	11.01	9.76	15.02	0.32

(续)

十分位（10%）	10 000 美元的投资将增长至（美元）	平均收益率（%）	复合收益率（%）	标准差（%）	夏普比率
6	433 301	9.81	8.54	15.24	0.23
7	360 891	9.45	8.11	15.72	0.20
8	302 571	9.23	7.69	16.80	0.16
9	301 635	9.50	7.69	18.23	0.15
10（最低）	93 708	7.75	4.98	22.43	0.00
"大盘股"投资组合	872 861	11.72	10.20	16.50	0.32

加入股东收益率，能改善统计结果吗

现在，我们在 VFO 中所检验的 5 个价值因素中加入股东收益率，然后比较其投资结果。我们对综合价值因素二（VC2）划分的尺度与价值因素一（VFO）的划分标准相同，只不过这次加入了股东收益率。

如表 15-21 所示，如果在 VFO 中加入股东收益率，在整个研究期内，你的总体年复合平均收益率将提高 12 个基点（0.12%）。此外，该组合收益率的标准差将下降 0.99%，下行风险将下降 0.69%。如果检验最低收益，你会发现，在持有期达到 5 年时，包括股东收益率的 VFO 的最低收益率同样有所提高。

表 15-21 "所有股票"中 VC2 最高的（前 10%）股票组成的投资组合及"所有股票"中 VC1 最高的（前 10%）股票组成的投资组合的年收益和风险数据统计概要（1964 年 1 月 1 日～2009 年 12 月 31 日）

	由"所有股票"中 VC2 最高的（前 10%）股票组成的投资组合	"所有股票"中 VC1 最高的（前 10%）股票组成的投资组合
算术平均值（%）	19.00	19.09
几何平均值（%）	17.30	17.18
平均收益（%）	22.74	23.52
标准差（%）	17.10	18.09
向上的偏差（%）	11.32	11.77
向下的偏差（%）	12.81	13.50
跟踪误差	8.10	7.50
收益为正的时期数	368	363
收益为负的时期数	184	189
从最高点到最低点的最大跌幅（%）	−58.07	−57.78
贝塔值	0.81	0.88
T 统计量（$m=0$）	6.95	6.60

(续)

	由"所有股票"中VC2最高的（前10%）股票组成的投资组合	"所有股票"中VC1最高的（前10%）股票组成的投资组合
夏普比率（Rf=5%）	0.72	0.67
索蒂诺比率（MAR=10%）	0.57	0.53
10 000美元投资的最终结果（美元）	15 416 651	14 688 089
1年期最低收益（%）	−48.60	−48.24
1年期最高收益（%）	77.27	81.40
3年期最低收益（%）	−17.13	−17.00
3年期最高收益（%）	41.33	41.09
5年期最低收益（%）	−3.65	−5.33
5年期最高收益（%）	35.99	35.49
7年期最低收益（%）	−0.10	−1.25
7年期最高收益（%）	31.35	30.19
10年期最低收益（%）	6.17	6.08
10年期最高收益（%）	29.77	29.41
预期最低收益①（%）	−15.20	−17.10
预期最高收益②（%）	53.20	55.28

① 预期最低收益等于收益率的算术平均值减去2倍的标准差。
② 预期最高收益等于收益率的算术平均值加上2倍的标准差。

VC2投资组合相对于"所有股票"投资组合的基本比率与VC1情况类似，但是，在比较VC2（也包括了股东收益率）战胜VC1的次数时，我们发现，在全部的滚动5年期里，VC2战胜VC1的时间占59%；而在全部的滚动10年期里，VC2战胜VC1的时间占71%。表15-22显示了全部持有期内，VC2相对于VC1的基本比率。此外，表15-23显示了各种价值因素的收益情况（按10年期划分）。

表15-22 "所有股票"中VC2最高（前10%）股票组成的投资组合及"所有股票"中VC1最高（前10%）股票组成的投资组合的基本比率（1964年1月1日～2009年12月31日）

项目	"所有股票"中VC2最高（前10%）股票组成的投资组合战胜"所有股票"中VC1最高（前10%）股票组成的投资组合的时间	百分比（%）	年平均超额收益率（%）
1年期收益率	541期中有276期	51	−0.02
滚动的3年期复合收益率	517期中有301期	58	0.15
滚动的5年期复合收益率	493期中有289期	59	0.25
滚动的7年期复合收益率	469期中有324期	69	0.31
滚动的10年期复合收益率	433期中有306期	71	0.33

表 15-23 "所有股票"投资组合按 10 年期划分的年复合平均收益率

	20 世纪 60 年代①	20 世纪 70 年代	20 世纪 80 年代	20 世纪 90 年代	21 世纪 第 1 个 10 年②
"所有股票"中 VC1 最高（前 10%）股票组成的投资组合（%）	16.84	14.78	22.21	16.34	15.73
"所有股票"中 VC2 最高（前 10%）股票组成的投资组合（%）	15.49	15.35	23.21	16.10	15.82
"所有股票"中 VC3 最高（前 10%）股票组成的投资组合（%）	16.50	15.62	22.56	16.69	15.36
"所有股票"投资组合（%）	13.36	7.56	16.78	15.35	4.39

① 1964 年 1 月 1 日～1969 年 12 月 31 日的收益。
② 2000 年 1 月 1 日～2009 年 12 月 31 日的收益。

对"大盘股"投资组合而言，这一差距更为明显。表 15-24 对 VC1 与 VC2 在"大盘股"投资组合中的表现进行了比较，年复合平均收益率从 13.46% 上升至 14.21%，或每年增加 0.75 个百分点。收益率的标准差及下行风险均有所下降，7 年期最低收益率与 10 年期最低收益率也同样有所提高。如表 15-25 所示，在 VC1 中纳入股东收益率之后，该指标的基本比率也有所提高，在全部的滚动 5 年期里，VC2 战胜 VC1 的时间占 79%；而在全部的滚动 10 年期里，VC2 战胜 VC1 的时间占 95%。因此，将股东收益率纳入到价值指标之后，"所有股票"与"大盘股"投资组合的总收益、风险及整体的基本比率均得到了改进。

表 15-24 "大盘股"中 VC2 最高的（前 10%）股票组成的投资组合及"大盘股"中 VC1 最高的（前 10%）股票组成的投资组合的年收益和风险数据统计概要（1964 年 1 月 1 日～2009 年 12 月 31 日）

	由"大盘股"中 VC2 最高的（前 10%）股票组成的投资组合	"大盘股"中 VC1 最高的（前 10%）股票组成的投资组合
算术平均值（%）	15.72	15.04
几何平均值（%）	14.21	13.46
平均收益（%）	18.82	18.42
标准差（%）	16.26	16.68
向上的偏差（%）	10.61	10.63
向下的偏差（%）	11.53	11.87
跟踪误差	8.60	8.20
收益为正的时期数	343	344
收益为负的时期数	209	208
从最高点到最低点的最大跌幅（%）	−62.69	−61.86
贝塔值	0.85	0.89
T 统计量（$m=0$）	6.13	5.73

	由"大盘股"中 VC2 最高的 (前 10%)股票组成的投资组合	"大盘股"中 VC1 最高的 (前 10%)股票组成的投资组合
夏普比率（Rf=5%）	0.57	0.51
索蒂诺比率（MAR=10%）	0.36	0.29
10 000 美元投资的最终结果（美元）	4 509 506	3 335 373
1 年期最低收益（%）	−56.23	−55.57
1 年期最高收益（%）	72.26	72.36
3 年期最低收益（%）	−18.46	−16.99
3 年期最高收益（%）	38.87	37.73
5 年期最低收益（%）	−3.29	−2.03
5 年期最高收益（%）	37.09	35.12
7 年期最低收益（%）	1.22	0.26
7 年期最高收益（%）	29.30	27.27
10 年期最低收益（%）	2.74	2.36
10 年期最高收益（%）	24.02	22.19
预期最低收益①（%）	−16.80	−18.31
预期最高收益②（%）	48.23	48.40

① 预期最低收益等于收益率的算术平均值减去 2 倍的标准差。

② 预期最高收益等于收益率的算术平均值加上 2 倍的标准差。

表 15-25 "大盘股"中 VC2 最高（前 10%）股票组成的投资组合及"大盘股"中 VC1 最高（前 10%）股票组成的投资组合的基本比率（1964 年 1 月 1 日～2009 年 12 月 31 日）

项目	"大盘股"中 VC2 最高（前 10%）股票组成的投资组合战胜"大盘股"中 VC1 最高（前 10%）股票组成的投资组合的时间	百分比（%）	年平均超额收益率（%）
1 年期收益率	541 期中有 337 期	62	0.65
滚动的 3 年期复合收益率	517 期中有 392 期	76	0.79
滚动的 5 年期复合收益率	493 期中有 390 期	79	0.89
滚动的 7 年期复合收益率	469 期中有 389 期	83	0.95
滚动的 10 年期复合收益率	433 期中有 413 期	95	1.02

在 VC2 中用回购收益率代替股东收益率

如果你只是对具有最高价值特征的股票感兴趣，但不在乎该股票是否支付股息，情况又将如何？在本例中，你可以只加入回购收益率，从而创造出一个新的综合价值指标，我们称这一指标为价值因素三（VC3）。在这种情况下，这一综合指标包括下列因素：①市净率；②市盈率；③市销率；④EBITDA/EV；⑤市现率；⑥回购收益率。

同我们之前介绍的两个综合价值指标一样,我们对这 6 个价值因素中的每只股票按照百分位排序,排序分别从第 1 到第 100 位。因此,如果一只股票的市盈率在组合中属于最低的 1%,则其排序是第 100 位;如果一只股票的市盈率在组合中属于最高的 1%,则其排序是第 1 位。我们对每个价值因素都使用类似的转换标准。如果某个价值因素缺乏相关数据,我们为其赋予一个中性的排序"50"。如果所有的价值因素均排好了顺序,我们将这些排序加总,根据这些股票的累计排序确定其十分位分组。分数最高的 10% 的股票组合就是第 1 组,分数最低的 10% 的股票就是第 10 组。记住,第 1 组分组意味着该组合中的股票具有最低的市盈率、市销率以及最高的回购收益率;而第 10 组分组由那些具有最高的市盈率、市销率及最低的回购收益率的股票组成。

表 15-26 显示了 VC3 第 1 组的统计结果。表 15-27 显示了 VC3 的第 1 组与 VC1 的第 1 组的基本比率对比情况。与我们在 VC2 中看到的一样,将回购收益率纳入进来以后,VC1 的表现得到了提升,同样 VC3 的年复合平均收益率上升至 17.39%。其收益率的标准差为 17.68%,夏普比率增至 0.7。VC3 组合的基本比率实际上与 VC1 的基本比率相等,但是,在全部的滚动 3 年期里,VC3 组合战胜"所有股票"投资组合的时间升至 96%。如表 15-27 所示,与 VC2 组合相比,VC3 组合的基本比率对 VC1 组合的基本比率的优势更大一些。

表 15-26 "所有股票"中 VC3 最高的(前 10%)股票组成的投资组合及"所有股票"中 VC1 最高的(前 10%)股票组成的投资组合的年收益和风险数据统计概要(1964 年 1 月 1 日～2009 年 12 月 31 日)

	由"所有股票"中 VC3 最高的(前 10%)股票组成的投资组合	"所有股票"中 VC1 最高的(前 10%)股票组成的投资组合
算术平均值(%)	19.22	19.09
几何平均值(%)	17.39	17.18
平均收益(%)	24.91	23.52
标准差(%)	17.68	18.09
向上的偏差(%)	11.48	11.77
向下的偏差(%)	13.30	13.50
跟踪误差	7.52	7.50
收益为正的时期数	368	363
收益为负的时期数	184	189
从最高点到最低点的最大跌幅(%)	−58.04	−57.78
贝塔值	0.85	0.88

(续)

	由"所有股票"中VC3最高的（前10%）股票组成的投资组合	"所有股票"中VC1最高的（前10%）股票组成的投资组合
T统计量（m=0）	6.79	6.60
夏普比率（Rf=5%）	0.70	0.67
索蒂诺比率（MAR=10%）	0.56	0.53
10 000美元投资的最终结果（美元）	15 940 452	14 688 089
1年期最低收益（%）	−47.88	−48.24
1年期最高收益（%）	83.26	81.40
3年期最低收益（%）	−17.37	−17.00
3年期最高收益（%）	42.57	41.09
5年期最低收益（%）	−3.94	−5.33
5年期最高收益（%）	36.16	35.49
7年期最低收益（%）	−0.11	−1.25
7年期最高收益（%）	30.43	30.19
10年期最低收益（%）	6.47	6.08
10年期最高收益（%）	29.54	29.41
预期最低收益[1]（%）	−16.14	−17.10
预期最高收益[2]（%）	54.57	55.28

[1] 预期最低收益等于收益率的算术平均值减去2倍的标准差。
[2] 预期最高收益等于收益率的算术平均值加上2倍的标准差。

表15-27 "大盘股"中VC3最高的（前10%）股票组成的投资组合及"大盘股"中VC1最高的（前10%）股票组成的投资组合的基本比率（1964年1月1日～2009年12月31日）

项目	"大盘股"中VC3最高的（前10%）股票组成的投资组合战胜"大盘股"中VC1最高的（前10%）股票组成的投资组合的时间	百分比（%）	年平均超额收益率（%）
1年期收益率	541期中有276期	51	0.17
滚动的3年期复合收益率	517期中有303期	59	0.28
滚动的5年期复合收益率	493期中有346期	70	0.36
滚动的7年期复合收益率	469期中有358期	76	0.40
滚动的10年期复合收益率	433期中有368期	85	0.41

加入回购收益率同样有助于挑选出那些应回避的股票。如表15-28所示，VC3组合中的第10组的年复合平均收益率只有2.47%。而表15-29显示，在全部的滚动5年期里，VC3组合中的第10组战胜"所有股票"投资组合的时间为11%；在全部的滚动10年期里，VC3组合中的第10组战胜"所有股票"投资组合的时间为3%。表15-30、表15-31与表15-32显示了"大盘股"中VC3组合的第10组的统计结果及第1组与第10组的基本比率。

表 15-28 "所有股票"中 VC3 最低的（后 10%）股票组成的投资组合及"所有股票"投资组合的年收益和风险数据统计概要（1964 年 1 月 1 日～2009 年 12 月 31 日）

	由"所有股票"中 VC3 最高的（后 10%）股票组成的投资组合	"所有股票"投资组合
算术平均值（%）	6.69	13.26
几何平均值（%）	2.47	11.22
平均收益（%）	10.69	17.16
标准差（%）	28.14	18.99
向上的偏差（%）	17.62	10.98
向下的偏差（%）	20.32	13.90
跟踪误差	14.03	0.00
收益为正的时期数	308	329
收益为负的时期数	244	223
从最高点到最低点的最大跌幅（%）	-92.77	-55.54
贝塔值	1.32	1.00
T 统计量（$m=0$）	1.56	4.47
夏普比率（$Rf=5\%$）	-0.09	0.33
索蒂诺比率（$MAR=10\%$）	-0.37	0.09
10 000 美元投资的最终结果（美元）	30 733	1 329 513
1 年期最低收益（%）	-70.35	-46.49
1 年期最高收益（%）	216.74	84.19
3 年期最低收益（%）	-52.67	-18.68
3 年期最高收益（%）	53.69	31.49
5 年期最低收益（%）	-30.57	-9.91
5 年期最高收益（%）	36.42	27.66
7 年期最低收益（%）	-22.02	-6.32
7 年期最高收益（%）	24.75	23.77
10 年期最低收益（%）	-15.95	1.01
10 年期最高收益（%）	17.97	22.05
预期最低收益[①]（%）	-49.59	-24.73
预期最高收益[②]（%）	62.97	51.24

① 预期最低收益等于收益率的算术平均值减去 2 倍的标准差。
② 预期最高收益等于收益率的算术平均值加上 2 倍的标准差

表 15-29 "所有股票"中 VC3 最低（后 10%）股票组成的投资组合及"所有股票"投资组合的基本比率（1964 年 1 月 1 日～2009 年 12 月 31 日）

项目	"所有股票"中 VC3 最低（后 10%）股票组成的投资组合战胜"所有股票"投资组合的时间	百分比（%）	年平均超额收益率（%）
1 年期收益率	541 期中有 176 期	33	-5.46
滚动的 3 年期复合收益率	517 期中有 115 期	22	-8.12

(续)

项目	"所有股票"中VC3最低（后10%）股票组成的投资组合战胜"所有股票"投资组合的时间	百分比（%）	年平均超额收益率（%）
滚动的5年期复合收益率	493期中有52期	11	-8.86
滚动的7年期复合收益率	469期中有37期	8	-9.16
滚动的10年期复合收益率	433期中有11期	3	-9.21

表15-30 "大盘股"中VC3最低的（后10%）股票组成的投资组合及"大盘股"投资组合的年收益和风险数据统计概要（1964年1月1日～2009年12月31日）

	由"大盘股"中VC3最低的（后10%）股票组成的投资组合	"大盘股"投资组合
算术平均值（%）	7.57	11.72
几何平均值（%）	4.74	10.20
平均收益（%）	11.85	17.20
标准差（%）	22.77	16.50
向上的偏差（%）	14.17	9.70
向下的偏差（%）	17.61	11.85
跟踪误差	12.04	0.00
收益为正的时期数	319	332
收益为负的时期数	233	220
从最高点到最低点的最大跌幅（%）	-85.90	-53.77
贝塔值	1.19	1.00
T统计量（$m=0$）	2.18	4.58
夏普比率（$Rf=5\%$）	-0.01	0.32
索蒂诺比率（$MAR=10\%$）	-0.30	0.02
10 000美元投资的最终结果（美元）	84 019	872 861
1年期最低收益（%）	-78.70	-46.91
1年期最高收益（%）	91.71	68.96
3年期最低收益（%）	-46.12	-15.89
3年期最高收益（%）	50.10	33.12
5年期最低收益（%）	-25.57	-5.82
5年期最高收益（%）	33.58	28.95
7年期最低收益（%）	-16.41	-4.15
7年期最高收益（%）	24.00	22.83
10年期最低收益（%）	-11.32	-0.15
10年期最高收益（%）	19.33	19.57
预期最低收益[1]（%）	-37.96	-21.28
预期最高收益[2]（%）	53.10	44.72

[1] 预期最低收益等于收益率的算术平均值减去2倍的标准差。
[2] 预期最高收益等于收益率的算术平均值加上2倍的标准差。

表 15-31 "大盘股"中 VC3 最高的（前 10%）股票组成的投资组合及"大盘股"投资组合的基本比率（1964 年 1 月 1 日～2009 年 12 月 31 日）

项目	"大盘股"中 VC3 最高的（前 10%）股票组成的投资组合战胜"大盘股"投资组合的时间	百分比（%）	年平均超额收益率（%）
1 年期收益率	541 期中有 363 期	67	4.00
滚动的 3 年期复合收益率	517 期中有 402 期	78	4.26
滚动的 5 年期复合收益率	493 期中有 447 期	91	4.46
滚动的 7 年期复合收益率	469 期中有 439 期	94	4.52
滚动的 10 年期复合收益率	433 期中有 424 期	98	4.53

表 15-32 "大盘股"中 VC3 最低（后 10%）股票组成的投资组合及"大盘股"投资组合的基本比率（1964 年 1 月 1 日～2009 年 12 月 31 日）

项目	"大盘股"中 VC3 最低（前 10%）股票组成的投资组合战胜"大盘股"投资组合的时间	百分比（%）	年平均超额收益率（%）
1 年期收益率	541 期中有 206 期	38	-3.46
滚动的 3 年期复合收益率	517 期中有 135 期	26	-5.20
滚动的 5 年期复合收益率	493 期中有 80 期	16	-6.04
滚动的 7 年期复合收益率	469 期中有 54 期	12	-6.54
滚动的 10 年期复合收益率	433 期中有 28 期	6	-6.83

对投资者的启示

如果投资者不只考虑一两个价值因素，而是分析股票在所有价值因素上的得分，他们会得到很大的帮助。通过使用一种包含所有价值因素的方法，投资者可以避免单因素指标必然出现的业绩波动现象，并消除单因素指标所带来的风险。是的，专门使用一种单因素指标，你的确有可能成功，但是，问题在于你不知道何时成功。例如，在全部的滚动 1 年期里，EBITDA/EV（1963～2009 年，表现最好的单因素指标）战胜 VC1 的时间只有 45%；而在全部的滚动 3 年期里，EBITDA/EV 战胜 VC1 的时间也只有 46%。

只有成为某个多因素投资策略中的关键因素时，单因素指标的表现才有可能胜过综合价值指标。例如，我们使用一种被称为股息增强型的投资策略，该投资策略是买入高额派息的"龙头股"公司股票。由于持续支付高息的能力对这一投资策略至关重要，我们可以将 EBITDA/EV 值最低的股票剔除掉 50%，从而缩小"龙头股"公司的范围。因为 EBITDA/EV 值考察的是公司盈利与公司负债的比值，这一指标有助于我们确定公司持续支付股息或增加股息的可能性。我们发现，即使在这个例子中，综合因素的表现仍然极为出色。

本章案例研究

将综合价值指标应用于个体投资者的投资组合中

我们重点关注每种价值因素的最好的十分位分组及最坏的十分位分组的表现,以便于读者更好地理解估值较高或较低的股票的总体表现。然而,经验告诉我,投资者很少根据某个单因素指标买卖证券。由于VC1与VC2是非常有效的多因素模型,我认为,有必要研究这些模型优化后的投资组合的表现。我们先快速浏览一下第1组十分位组合,分析当该组合的股票数量缩减至25只或50只时,VC1与VC2的表现如何。对那些想做空证券的投资者,我分析了第10组十分位组合中股票数量为25只及50只时的表现。

表15-33显示了10 000美元投资于VC1中的第1组十分位分组投资组合中得分最高的25只股票及50只股票的分析结果。这两组投资组合的表现都略好于第1组十分位分组,但也有代价——由这25只股票及50只股票组成的投资组合都具有较高的波动性。由25只股票组成的投资组合收益率的标准差为20.54%,与之相比,VC1中的第1组十分位分组投资组合的标准差为18.09%;由50只股票组成的投资组合收益率的标准差略低一些,为19.47%。由于其波动性较高,这两组投资组合的夏普比率均低于VC1中的第1组十分位分组投资组合的夏普比率——由25只股票组成的投资组合的夏普比率为0.59,由50只股票组成的投资组合的夏普比率为0.63,而VC1中的第1组十分位分组投资组合的夏普比率为0.67。这两组投资组合的最大跌幅均较高,由25只股票组成的投资组合的最大跌幅为-64.09%,由50只股票组成的投资组合的最大跌幅为-60.33%。

表15-33 "所有股票"中VC1最高的25只股票组成的投资组合、"所有股票"中VC1最高的50只股票组成的投资组合及"所有股票"中VC1最高的(前10%)股票组成的投资组合的年收益和风险数据统计概要(1964年1月1日~2009年12月31日)

	由"所有股票"中VC1最高的25只股票组成的投资组合	由"所有股票"中VC1最高的50只股票组成的投资组合	由"所有股票"中VC1最高的10%股票组成的投资组合
算术平均值(%)	19.64	19.53	19.09
几何平均值(%)	17.20	17.32	17.18
平均收益(%)	20.91	22.12	23.52
标准差(%)	20.54	19.47	18.09

(续)

	由"所有股票"中VC1最高的25只股票组成的投资组合	由"所有股票"中VC1最高的50只股票组成的投资组合	由"所有股票"中VC1最高的10%股票组成的投资组合
向上的偏差（%）	14.29	13.16	11.77
向下的偏差（%）	14.35	14.06	13.50
跟踪误差	10.06	8.81	7.50
收益为正的时期数	355	356	363
收益为负的时期数	197	196	189
从最高点到最低点的最大跌幅（%）	−64.09	−60.33	−57.78
贝塔值	0.94	0.92	0.88
T统计量（$m=0$）	5.97	6.26	6.60
夏普比率（$Rf=5\%$）	0.59	0.63	0.67
索蒂诺比率（$MAR=10\%$）	0.50	0.52	0.53
10 000美元投资的最终结果（美元）	14 842 204	15 547 632	14 688 089
1年期最低收益（%）	−52.46	−50.76	−48.24
1年期最高收益（%）	102.70	92.25	81.40
3年期最低收益（%）	−19.06	−16.86	−17.00
3年期最高收益（%）	48.12	45.60	41.09
5年期最低收益（%）	−6.67	−6.83	−5.33
5年期最高收益（%）	38.16	36.32	35.49
7年期最低收益（%）	−1.97	−2.37	−1.25
7年期最高收益（%）	31.45	30.33	30.19
10年期最低收益（%）	5.22	5.15	6.08
10年期最高收益（%）	25.48	27.71	29.41
预期最低收益[1]（%）	−21.43	−19.42	−17.10
预期最高收益[2]（%）	60.71	58.48	55.28

[1] 预期最低收益等于收益率的算术平均值减去2倍的标准差。
[2] 预期最高收益等于收益率的算术平均值加上2倍的标准差。

表15-34与表15-35显示了VC1中的第1组十分位分组投资组合中得分最高的25只股票与50只股票的基本比率。在短期内，由VC1值最高的25只股票组成的投资组合的表现略好于第1组十分位分组投资组合，在全部的滚动5年期里，该组合战胜第1组十分位分组投资组合的时间占54%；但是，当我们将目光转向时间更长的滚动10年期时，我们发现，由VC1值最高的25只股票组成的投资组合的表现稍差，在全部的滚动10年期里，该组合战胜第1组十分位分组投资组合的时间只有48%。就"所有股票"中第1组十分位分组投资组合来说，在全部的滚动10年期里，该组合战胜"所有股票"投资组合的时间为100%，但其优势不如滚动的5年期的基

本比率那么大。表 15-36 与表 15-37 显示了各投资组合所有的基本比率。

表 15-34 "所有股票"中 VC1 最高的 25 只股票组成的投资组合及"所有股票"中 VC1 最高的（前 10%）股票组成的投资组合的基本比率（1964 年 1 月 1 日～2009 年 12 月 31 日）

项目	"所有股票"中 VC1 最高的 25 只股票组成的投资组合战胜"所有股票"中 VC1 最高的（前 10%）股票组成的投资组合的时间	百分比（%）	年平均超额收益率（%）
1 年期收益率	541 期中有 270 期	50	0.19
滚动的 3 年期复合收益率	517 期中有 264 期	51	−0.26
滚动的 5 年期复合收益率	493 期中有 264 期	54	−0.29
滚动的 7 年期复合收益率	469 期中有 248 期	53	−0.37
滚动的 10 年期复合收益率	433 期中有 206 期	48	−0.41

表 15-35 "所有股票"中 VC1 最高的 50 只股票组成的投资组合及"所有股票"中 VC1 最高的（前 10%）股票组成的投资组合的基本比率（1964 年 1 月 1 日～2009 年 12 月 31 日）

项目	"所有股票"中 VC1 最高的 50 只股票组成的投资组合战胜"所有股票"中 VC1 最高的（前 10%）股票组成的投资组合的时间	百分比（%）	年平均超额收益率（%）
1 年期收益率	541 期中有 274 期	51	0.20
滚动的 3 年期复合收益率	517 期中有 264 期	51	−0.04
滚动的 5 年期复合收益率	493 期中有 241 期	49	−0.10
滚动的 7 年期复合收益率	469 期中有 224 期	48	−0.15
滚动的 10 年期复合收益率	433 期中有 182 期	42	−0.18

表 15-36 "所有股票"中 VC1 最高的 25 只股票组成的投资组合及"所有股票"投资组合的基本比率（1964 年 1 月 1 日～2009 年 12 月 31 日）

项目	"所有股票"中 VC1 最高的 25 只股票组成的投资组合战胜"所有股票"投资组合的时间	百分比（%）	年平均超额收益率（%）
1 年期收益率	541 期中有 381 期	70	5.89
滚动的 3 年期复合收益率	517 期中有 418 期	81	5.57
滚动的 5 年期复合收益率	493 期中有 412 期	84	5.59
滚动的 7 年期复合收益率	469 期中有 431 期	92	5.52
滚动的 10 年期复合收益率	433 期中有 433 期	100	5.39

表 15-37 "所有股票"中 VC1 最高的 50 只股票组成的投资组合及"所有股票"投资组合的基本比率（1964 年 1 月 1 日～2009 年 12 月 31 日）

项目	"所有股票"中 VC1 最高的 50 只股票组成的投资组合战胜"所有股票"投资组合的时间	百分比（%）	年平均超额收益率（%）
1 年期收益率	541 期中有 403 期	74	5.90
滚动的 3 年期复合收益率	517 期中有 422 期	82	5.78

(续)

项目	"所有股票"中 VC1 最高的 50 只股票组成的投资组合战胜"所有股票"投资组合的时间	百分比（%）	年平均超额收益率（%）
滚动的 5 年期复合收益率	493 期中有 434 期	88	5.79
滚动的 7 年期复合收益率	469 期中有 460 期	98	5.74
滚动的 10 年期复合收益率	433 期中有 432 期	100	5.62

第 10 组十分位分组中得分最低的 25 只股票与 50 只股票的表现十分糟糕

表 15-38 显示了 10 000 美元投资于 VC1 中第 10 组十分位分组投资组合中得分最低的 25 只股票及 50 只股票（即"所有股票"投资组合中估值最高的证券）的分析结果。如表所示，这一收益相当难看。在我们研究的 46 年里，这两个投资组合整体都是亏损的。由 25 只股票组成的投资组合年均损失 2.94%，在 1963 年 12 月 31 日投资的 10 000 美元，到 2009 年年末将只剩下 2 535 美元了。要知道，这只是名义收益，没有考虑到通货膨胀的因素。要是将通货膨胀的因素也考虑进来，如果投资者投资于这个由得分最低的 25 只股票组成的投资组合，在 46 年之后，他将一无所获。由 VC1 中第 10 组十分位分组投资组合中得分最低的 50 只股票组成的投资组合同样亏损，10 000 美元的初始投资将只剩下 5 296 美元，年均损失 1.37%。同得分最低的 25 只股票组成的投资组合一样，如果将通货膨胀的因素也考虑进来，投资于得分最低的 50 只股票组成的投资组合同样会被洗劫一空。如表 15-39 与表 15-40 所示，这两个投资组合的全部基本比率均为负值，在全部的滚动 10 年期里，由得分最低的 25 只股票组成的投资组合没有一次战胜"所有股票"投资组合；而在 46 年里，由得分最低的 50 只股票组成的投资组合战胜"所有股票"投资组合的次数只有 3 次。

表 15-38 "所有股票"中 VC1 最低的 25 只股票组成的投资组合、"所有股票"中 VC1 最低的 50 只股票组成的投资组合及"所有股票"中 VC1 最低的（后 10%）股票组成的投资组合的年收益和风险数据统计概要（1964 年 1 月 1 日～2009 年 12 月 31 日）

	由"所有股票"中 VC1 最低的 25 只股票组成的投资组合	由"所有股票"中 VC1 最低的 50 只股票组成的投资组合	由"所有股票"中 VC1 最低的 10% 股票组成的投资组合
算术平均值（%）	2.29	3.39	7.11
几何平均值（%）	-2.94	-1.37	2.97
平均收益（%）	6.45	6.91	10.97
标准差（%）	31.98	30.34	27.80
向上的偏差（%）	20.08	18.99	17.39

(续)

	由"所有股票"中 VC1 最低的 25 只股票组成的投资组合	由"所有股票"中 VC1 最低的 50 只股票组成的投资组合	由"所有股票"中 VC1 最低的 10% 股票组成的投资组合
向下的偏差（%）	21.54	21.12	20.32
跟踪误差	18.94	17.10	14.03
收益为正的时期数	285	285	312
收益为负的时期数	267	267	240
从最高点到最低点的最大跌幅（%）	−96.51	−95.38	−92.81
贝塔值	1.42	1.37	1.30
T 统计量（$m=0$）	0.48	0.75	1.68
夏普比率（$Rf=5\%$）	−0.25	−0.21	−0.07
索蒂诺比率（$MAR=10\%$）	−0.60	−0.54	−0.35
10 000 美元投资的最终结果（美元）	2 535	5 296	38 481
1 年期最低收益（%）	−67.75	−70.05	−71.59
1 年期最高收益（%）	230.25	231.01	215.77
3 年期最低收益（%）	−50.79	−52.51	−53.72
3 年期最高收益（%）	49.91	50.85	56.66
5 年期最低收益（%）	−29.13	−30.56	−31.25
5 年期最高收益（%）	29.90	31.14	38.69
7 年期最低收益（%）	−22.50	−23.86	−22.49
7 年期最高收益（%）	14.62	15.98	26.29
10 年期最低收益（%）	−17.41	−19.18	−16.22
10 年期最高收益（%）	5.55	10.87	19.09
预期最低收益[1]（%）	−61.67	−57.29	−48.49
预期最高收益[2]（%）	66.25	64.07	62.71

① 预期最低收益等于收益率的算术平均值减去 2 倍的标准差。
② 预期最高收益等于收益率的算术平均值加上 2 倍的标准差。

表 15-39 "所有股票"中 VC1 最低的 25 只股票组成的投资组合及"所有股票"投资组合的基本比率（1964 年 1 月 1 日～2009 年 12 月 31 日）

项目	"所有股票"中 VC1 最低的 25 只股票组成的投资组合战胜"所有股票"投资组合的时间	百分比（%）	年平均超额收益率（%）
1 年期收益率	541 期中有 154 期	28	−9.58
滚动的 3 年期复合收益率	517 期中有 73 期	14	−14.00
滚动的 5 年期复合收益率	493 期中有 25 期	5	−15.06
滚动的 7 年期复合收益率	469 期中有 24 期	5	−15.56
滚动的 10 年期复合收益率	433 期中有 0 期	0	−15.99

表 15-40 "所有股票"中 VC1 最低的 50 只股票组成的投资组合及"所有股票"投资组合的基本比率（1964 年 1 月 1 日～2009 年 12 月 31 日）

项目	"所有股票"中 VC1 最低的 50 只股票组成的投资组合战胜"所有股票"投资组合的时间	百分比（%）	年平均超额收益率（%）
1 年期收益率	541 期中有 162 期	30	−8.51
滚动的 3 年期复合收益率	517 期中有 96 期	19	−12.09
滚动的 5 年期复合收益率	493 期中有 26 期	5	−12.94
滚动的 7 年期复合收益率	469 期中有 27 期	6	−13.28
滚动的 10 年期复合收益率	433 期中有 3 期	1	−13.47

对那些想做空这些股票的投资者来说，一定要牢记，这些股票最有可能在市场泡沫期时飙升。从表 15-41 中我们发现，在 1999 年，就在网络股泡沫接近破灭时，由得分最低的 50 只股票及 25 只股票组成的投资组合分别飙升了 175% 与 189%。正如我们将在第 20 章中所看到的那样，当我们研究价格动量时，这些股票在熊市之后的表现也非常出色，因为在此期间，这些充满着泡沫的投机性股票经常会引起那些短线投资者的注意。但是，在熊市期间，这类股票一般会遭受灭顶之灾——它们在 2000 年、2001 年及 2002 年这 3 年中连续暴跌。因此，如果你想基于这些股票实施做空策略，我建议你辅之以其他一些技术方法（如移动平均线或止损单等），这样可以避免做空策略在股市泡沫期中可能遭受的巨额损失，免受熊市带来的池鱼之灾。再看一下表 15-38，你会发现，由得分最低的 25 只股票及 50 只股票组成的投资组合最好的 1 年期收益率分别为 230.25% 与 231.01%。即使你将持有期扩展至 3 年，这两个投资组合仍然可以分别获得 49.91% 与 50.85% 的收益率。要知道，市场保持非理性的时间比大多数投资者想象的要长得多，因此，如果你想使用这些综合价值因素实施做空策略，你必须辅之以其他一些分析方法。

表 15-41 1998 年 12 月 31 日～2002 年 12 月 31 日的年收益率

年份	"所有股票"中 VC1 最低的 50 只股票组成的投资组合的收益（%）	"所有股票"中 VC1 最低的 50 只股票组成的投资组合的收益（%）
1998	2	1
1999	189	175
2000	−51	−53
2001	−46	−28
2002	−67	−52

由 VC2 中得分最高的 25 只股票与 50 只股票组成的投资组合

表 15-42 显示了 VC2（该指标包括股东收益率）中得分最高的 25 只股票与 50 只

股票所组成的投资组合的投资结果分析。从这一表格中我们发现，将股东收益率这一指标纳入进来后，这两个投资组合的收益率都提高了。它们的表现明显好于 VC2 中第 1 组十分位投资组合，最大跌幅也较小。由得分最高的 50 只股票组成的投资组合的夏普比率为 0.76，高于 VC2 中第 1 组十分位投资组合的夏普比率 0.72。

表 15-42 "所有股票"中 VC2 最高的 25 只股票组成的投资组合、"所有股票"中 VC2 最高的 50 只股票组成的投资组合及"所有股票"中 VC2 最高的（前 10%）股票组成的投资组合的年收益和风险数据统计概要（1964 年 1 月 1 日～2009 年 12 月 31 日）

	由"所有股票"中 VC2 最高的 25 只股票组成的投资组合	由"所有股票"中 VC2 最高的 50 只股票组成的投资组合	由"所有股票"中 VC2 最高的 10% 股票组成的投资组合
算术平均值（%）	20.00	20.46	19.00
几何平均值（%）	18.02	18.61	17.30
平均收益（%）	22.16	21.72	22.74
标准差（%）	18.48	17.80	17.10
向上的偏差（%）	12.79	12.08	11.32
向下的偏差（%）	13.16	12.84	12.81
跟踪误差	9.94	9.08	8.10
收益为正的时期数	358	369	368
收益为负的时期数	194	183	184
从最高点到最低点的最大跌幅（%）	−55.64	−54.25	−58.07
贝塔值	0.84	0.82	0.81
T 统计量（$m=0$）	6.74	7.15	6.95
夏普比率（$Rf=5\%$）	0.70	0.76	0.72
索蒂诺比率（$MAR=10\%$）	0.61	0.67	0.57
10 000 美元投资的最终结果（美元）	20 385 881	25 656 756	15 416 651
1 年期最低收益（%）	−48.62	−45.40	−48.60
1 年期最高收益（%）	89.56	84.67	77.27
3 年期最低收益（%）	−13.17	−12.91	−17.13
3 年期最高收益（%）	46.84	44.32	41.33
5 年期最低收益（%）	−4.47	−3.52	−3.65
5 年期最高收益（%）	38.79	37.09	35.99
7 年期最低收益（%）	−0.82	0.19	−0.10
7 年期最高收益（%）	31.68	30.44	31.35
10 年期最低收益（%）	5.15	6.30	6.17
10 年期最高收益（%）	26.62	28.78	29.77
预期最低收益[1]（%）	−16.96	−15.13	−15.20
预期最高收益[2]（%）	56.97	56.06	53.20

[1] 预期最低收益等于收益率的算术平均值减去 2 倍的标准差。
[2] 预期最高收益等于收益率的算术平均值加上 2 倍的标准差。

表 15-43 与表 15-44 显示了各投资组合与"所有股票"投资组合的基本比率。与"所有股票"中的第 1 组十分位投资组合相比,在全部的滚动 10 年期里,由 VC2 值最高的 25 只股票及 50 只股票组成的投资组合全部战胜了"所有股票"投资组合;但是,与 VC1 值最高的 50 只股票组成的投资组合不同,在全部的滚动 7 年期里,由 VC2 值最高的 50 只股票组成的投资组合战胜"所有股票"投资组合的时间占 99%,这比"所有股票"中的第 1 组十分位投资组合高出 9%。表 15-45 显示了由 VC1 与 VC2 中得分最高的 25 只股票及 50 只股票组成的投资组合在各个 10 年期里的统计结果。

表 15-43 "所有股票"中 VC2 最高的 25 只股票组成的投资组合及"所有股票"投资组合的基本比率(1964 年 1 月 1 日～2009 年 12 月 31 日)

项目	"所有股票"中 VC2 最高的 25 只股票组成的投资组合战胜"所有股票"投资组合的时间	百分比(%)	年平均超额收益率(%)
1 年期收益率	541 期中有 400 期	74	6.45
滚动的 3 年期复合收益率	517 期中有 421 期	81	6.41
滚动的 5 年期复合收益率	493 期中有 432 期	88	6.46
滚动的 7 年期复合收益率	469 期中有 440 期	94	6.42
滚动的 10 年期复合收益率	433 期中有 433 期	100	6.34

表 15-44 "所有股票"中 VC2 最高的 50 只股票组成的投资组合及"所有股票"投资组合的基本比率(1964 年 1 月 1 日～2009 年 12 月 31 日)

项目	"所有股票"中 VC2 最高的 50 只股票组成的投资组合战胜"所有股票"投资组合的时间	百分比(%)	年平均超额收益率(%)
1 年期收益率	541 期中有 420 期	78	6.93
滚动的 3 年期复合收益率	517 期中有 454 期	88	7.00
滚动的 5 年期复合收益率	493 期中有 474 期	96	7.12
滚动的 7 年期复合收益率	469 期中有 465 期	99	7.13
滚动的 10 年期复合收益率	433 期中有 433 期	100	7.07

表 15-45 各投资组合按 10 年期划分的年复合平均收益率

	20 世纪 60 年代[①]	20 世纪 70 年代	20 世纪 80 年代	20 世纪 90 年代	21 世纪第 1 个 10 年[②]
"所有股票"中 VC1 得分最高的 25 只股票组成的投资组合(%)	14.60	13.78	20.38	17.71	18.64
"所有股票"中 VC1 得分最高的 50 只股票组成的投资组合(%)	15.49	14.39	20.72	17.08	18.30
"所有股票"中 VC2 得分最高的 25 只股票组成的投资组合(%)	13.88	13.97	22.53	18.37	19.89
"所有股票"中 VC2 得分最高的 50 只股票组成的投资组合(%)	14.97	15.62	23.26	18.28	19.63

(续)

	20世纪60年代①	20世纪70年代	20世纪80年代	20世纪90年代	21世纪第1个10年②
"所有股票"投资组合（%）	13.36	7.56	16.78	15.35	4.39

① 1964年1月1日～1969年12月31日的收益。
② 2000年1月1日～2009年12月31日的收益。

由VC2中第10组十分位分组中得分最低的25只股票与50只股票组成的投资组合

表15-46显示了由VC2中第10组十分位分组中得分最低的25只股票与50只股票组成的投资组合的收益情况。这些投资组合的收益率与VC1中第10组十分位分组的收益率一样糟糕。由得分最低的25只股票组成的投资组合的年损失率为3.16%，在1963年12月31日投资的10 000美元，到2009年12月31日将只剩下2 288美元，而且这一收益并未将通货膨胀的因素考虑在内。更糟糕的是，这一组合的最大跌幅高达97%！表15-46还显示了其他的相关统计结果。

表15-46 "所有股票"中VC2最低的25只股票组成的投资组合、"所有股票"中VC2最低的50只股票组成的投资组合及"所有股票"中VC2最低的（后10%）股票组成的投资组合的年收益和风险数据统计概要（1964年1月1日～2009年12月31日）

	由"所有股票"中VC2最低的25只股票组成的投资组合	由"所有股票"中VC2最低的50只股票组成的投资组合	由"所有股票"中VC2最低的10%股票组成的投资组合
算术平均值（%）	1.98	3.65	6.89
几何平均值（%）	-3.16	-1.23	2.63
平均收益（%）	4.15	8.19	10.16
标准差（%）	31.69	30.71	28.26
向上的偏差（%）	19.92	19.48	17.66
向下的偏差（%）	21.66	20.99	20.35
跟踪误差	18.57	17.41	14.16
收益为正的时期数	284	290	305
收益为负的时期数	268	262	247
从最高点到最低点的最大跌幅（%）	-97.01	-94.16	-92.67
贝塔值	1.41	1.39	1.33
T统计量（$m=0$）	0.42	0.79	1.60
夏普比率（$Rf=5\%$）	-0.26	-0.20	-0.08
索蒂诺比率（$MAR=10\%$）	-0.61	-0.53	-0.36
10 000美元投资的最终结果（美元）	2 288	5 671	33 018

(续)

	由"所有股票"中 VC2 最低的 25 只股票组成的投资组合	由"所有股票"中 VC2 最低的 50 只股票组成的投资组合	由"所有股票"中 VC2 最低的 10% 股票组成的投资组合
1 年期最低收益（%）	-68.56	-64.60	-69.93
1 年期最高收益（%）	188.42	201.60	218.30
3 年期最低收益（%）	-49.28	-47.99	-52.39
3 年期最高收益（%）	45.98	44.85	53.82
5 年期最低收益（%）	-30.58	-26.68	-30.36
5 年期最高收益（%）	30.82	28.28	36.62
7 年期最低收益（%）	-26.28	-22.73	-21.89
7 年期最高收益（%）	17.34	17.56	24.78
10 年期最低收益（%）	-19.09	-16.99	-15.80
10 年期最高收益（%）	8.59	11.34	18.11
预期最低收益[①]（%）	-61.39	-57.76	-49.64
预期最高收益[②]（%）	65.35	65.07	63.42

① 预期最低收益等于收益率的算术平均值减去 2 倍的标准差。
② 预期最高收益等于收益率的算术平均值加上 2 倍的标准差。

如表 15-47 与表 15-48 所示，这些投资组合的所有的基本比率均为负值，而且与我们对 VC1 投资组合一样，同样要对这些股票持谨慎态度。许多这类股票会在市场泡沫期间飙升，也可能在熊市中损失惨重，因此，对那些试图做空此类股票的投资者而言，他们也要注意我们在 VC1 投资组合中所提到的那些建议。表 15-49 显示了这些投资组合在各个 10 年期里的统计结果。

表 15-47 "所有股票"中 VC2 最低的 25 只股票组成的投资组合及"所有股票"投资组合的基本比率（1964 年 1 月 1 日～2009 年 12 月 31 日）

项目	"所有股票"中 VC2 最低的 25 只股票组成的投资组合战胜"所有股票"投资组合的时间	百分比（%）	年平均超额收益率（%）
1 年期收益率	541 期中有 150 期	28	-10.64
滚动的 3 年期复合收益率	517 期中有 83 期	16	-14.25
滚动的 5 年期复合收益率	493 期中有 42 期	9	-15.23
滚动的 7 年期复合收益率	469 期中有 38 期	8	-15.64
滚动的 10 年期复合收益率	433 期中有 12 期	3	-16.01

表 15-48 "所有股票"中 VC2 最低的 50 只股票组成的投资组合及"所有股票"投资组合的基本比率（1964 年 1 月 1 日～2009 年 12 月 31 日）

项目	"所有股票"中 VC2 最低的 50 只股票组成的投资组合战胜"所有股票"投资组合的时间	百分比（%）	年平均超额收益率（%）
1 年期收益率	541 期中有 150 期	29	-8.65
滚动的 3 年期复合收益率	517 期中有 83 期	20	-11.99

项目	"所有股票"中 VC2 最低的 50 只股票组成的投资组合战胜"所有股票"投资组合的时间	百分比（%）	年平均超额收益率（%）
滚动的 5 年期复合收益率	493 期中有 42 期	7	-12.84
滚动的 7 年期复合收益率	469 期中有 38 期	7	-13.16
滚动的 10 年期复合收益率	433 期中有 12 期	2	-13.41

表 15-49 各投资组合按 10 年期划分的年复合平均收益率

	20 世纪 60 年代[①]	20 世纪 70 年代	20 世纪 80 年代	20 世纪 90 年代	21 世纪第 1 个 10 年[②]
"所有股票"中 VC1 得分最低的 25 只股票组成的投资组合（%）	16.81	-5.26	-0.61	2.13	-17.41
"所有股票"中 VC1 得分最低的 50 只股票组成的投资组合（%）	16.18	-1.28	4.69	2.69	-19.18
"所有股票"中 VC2 得分最低的 25 只股票组成的投资组合（%）	19.40	-2.17	0.78	-3.34	-18.61
"所有股票"中 VC2 得分最低的 50 只股票组成的投资组合（%）	17.61	-0.60	2.84	1.02	-16.99
"所有股票"投资组合（%）	13.36	7.56	16.78	15.35	4.39

① 1964 年 1 月 1 日～1969 年 12 月 31 日的收益。
② 2000 年 1 月 1 日～2009 年 12 月 31 日的收益。

由 VC3 中得分最高的 25 只股票与 50 只股票组成的投资组合

表 15-50 显示了由 VC3 中第 1 组十分位分组中得分最高的 25 只股票与 50 只股票所组成的投资组合的投资结果分析。正如我们在前两个综合价值指标中看到的那样，与其样本总体相比，这两个投资组合的收益率都提高了。由得分最高的 50 只股票组成的投资组合的年复合平均收益率为 18.64%，在全部的滚动 7 年期与 10 年期里，该组合从未亏损。正如我们在 VC2 中得分最高的 50 只股票投资组合中看到的那样，10 年期的基本比率是 100%。表 15-51 与表 15-52 显示了由 VC3 中得分最高的 25 只股票及 50 只股票组成的投资组合与"所有股票"投资组合的基本比率。

表 15-50 "所有股票"中 VC3 最高的 25 只股票组成的投资组合、"所有股票"中 VC3 最高的 50 只股票组成的投资组合及"所有股票"中 VC3 最高的（前 10%）股票组成的投资组合的年收益和风险数据统计概要（1964 年 1 月 1 日～2009 年 12 月 31 日）

	由"所有股票"中 VC3 最高的 25 只股票组成的投资组合	由"所有股票"中 VC3 最高的 50 只股票组成的投资组合	由"所有股票"中 VC3 最高的 10% 股票组成的投资组合
算术平均值（%）	20.60	20.63	19.22

(续)

	由"所有股票"中VC3最高的25只股票组成的投资组合	由"所有股票"中VC3最高的50只股票组成的投资组合	由"所有股票"中VC3最高的10%股票组成的投资组合
几何平均值（%）	18.46	18.64	17.39
平均收益（%）	21.49	24.01	24.91
标准差（%）	19.06	18.37	17.68
向上的偏差（%）	12.72	12.10	11.48
向下的偏差（%）	13.64	13.56	13.30
跟踪误差	9.38	8.61	7.52
收益为正的时期数	361	365	368
收益为负的时期数	191	187	184
从最高点到最低点的最大跌幅（%）	−56.92	−55.86	−58.04
贝塔值	0.88	0.86	0.85
T统计量（$m=0$）	6.72	6.98	6.79
夏普比率（$Rf=5\%$）	0.71	0.74	0.70
索蒂诺比率（$MAR=10\%$）	0.62	0.64	0.56
10 000美元投资的最终结果（美元）	24 248 981	26 017 798	15 940 452
1年期最低收益（%）	−46.24	−44.88	−47.88
1年期最高收益（%）	88.53	85.38	83.26
3年期最低收益（%）	−15.12	−14.22	−17.37
3年期最高收益（%）	45.74	44.50	42.57
5年期最低收益（%）	−3.92	−3.76	−3.94
5年期最高收益（%）	39.98	38.71	36.16
7年期最低收益（%）	−0.43	0.21	−0.11
7年期最高收益（%）	32.20	30.91	30.43
10年期最低收益（%）	5.81	6.92	6.47
10年期最高收益（%）	29.09	29.15	29.54
预期最低收益[1]（%）	−17.53	−16.10	−16.14
预期最高收益[2]（%）	58.72	57.36	54.57

[1] 预期最低收益等于收益率的算术平均值减去2倍的标准差。
[2] 预期最高收益等于收益率的算术平均值加上2倍的标准差。

表15-51 "所有股票"中VC3最高的25只股票组成的投资组合及"所有股票"投资组合的基本比率（1964年1月1日～2009年12月31日）

项目	"所有股票"中VC3最高的25只股票组成的投资组合战胜"所有股票"投资组合的时间	百分比（%）	年平均超额收益率（%）
1年期收益率	541期中有420期	78	6.98
滚动的3年期复合收益率	517期中有456期	88	6.94
滚动的5年期复合收益率	493期中有471期	96	7.07
滚动的7年期复合收益率	469期中有467期	100	7.08
滚动的10年期复合收益率	433期中有433期	100	7.02

表15-52 "所有股票"中VC3最高的50只股票组成的投资组合及"所有股票"投资组合的基本比率（1964年1月1日～2009年12月31日）

项目	"所有股票"中VC3最高的50只股票组成的投资组合战胜"所有股票"投资组合的时间	百分比（%）	年平均超额收益率（%）
1年期收益率	541期中有439期	81	7.11
滚动的3年期复合收益率	517期中有461期	89	7.18
滚动的5年期复合收益率	493期中有478期	97	7.27
滚动的7年期复合收益率	469期中有468期	100	7.26
滚动的10年期复合收益率	433期中有433期	100	7.17

由VC3中第10组十分位分组中得分最低的25只股票与50只股票组成的投资组合

由VC3中第10组十分位分组中得分最低的25只股票与50只股票组成的投资组合的收益同样糟糕。如表15-53所示，该组合在整个时期内全部亏损。由得分最低的25只股票组成的投资组合的年损失率为3%，在1963年12月31日投资的10 000美元，到2009年12月31日将只剩下2 468美元。由得分最低的50只股票组成的投资组合的年损失率为1.29%，10 000美元的投资将只剩下5 498美元。正如我们在其他综合价值因素中看到的那样，这类组合的所有基本比率均为负值，在全部的滚动10年期里，由得分最低的25只股票与50只股票组成的投资组合从未战胜过"所有股票"投资组合。表15-54与表15-55显示了这两组投资组合的基本比率。再一次提醒那些想利用这些股票做空的投资者，这些股票可能在股市的泡沫期及熊市末期内表现得非常好。例如，在截至2000年2月的那个5年期，由VC3中得分最低的50只股票组成的投资组合的年收益率高达28.78%，在此期间，任何做空行为都将遭受灭顶之灾。但这一非常表现可以作为一个反向指标，因为该组合在接下来的12个月中下跌了66%，然后，在接下来的3年中，年均损失48%！表15-56显示了VC3中得分最高及最低的股票投资组合在各个10年期内的收益情况。

表15-53 "所有股票"中VC3最低的25只股票组成的投资组合、"所有股票"中VC3最低的50只股票组成的投资组合及"所有股票"中VC3最低的（后10%）股票组成的投资组合的年收益和风险数据统计概要（1964年1月1日～2009年12月31日）

	由"所有股票"中VC3最低的25只股票组成的投资组合	由"所有股票"中VC3最低的50只股票组成的投资组合	由"所有股票"中VC3最低的10%股票组成的投资组合
算术平均值（%）	2.11	3.53	6.69

(续)

	由"所有股票"中VC3最低的25只股票组成的投资组合	由"所有股票"中VC3最低的50只股票组成的投资组合	由"所有股票"中VC3最低的10%股票组成的投资组合
几何平均值（%）	−3.00	−1.29	2.47
平均收益（%）	6.64	9.98	10.69
标准差（%）	31.55	30.53	28.14
向上的偏差（%）	19.95	19.42	17.62
向下的偏差（%）	21.70	20.99	20.32
跟踪误差	18.44	17.22	14.03
收益为正的时期数	289	295	308
收益为负的时期数	263	257	244
从最高点到最低点的最大跌幅（%）	−96.87	−94.14	−92.77
贝塔值	1.41	1.38	1.32
T统计量（$m=0$）	0.45	0.77	1.56
夏普比率（$Rf=5\%$）	−0.25	−0.21	−0.09
索蒂诺比率（$MAR=10\%$）	−0.60	−0.54	−0.37
10 000美元投资的最终结果（美元）	2 468	5 498	30 733
1年期最低收益（%）	−69.69	−65.58	−70.35
1年期最高收益（%）	189.70	202.19	216.74
3年期最低收益（%）	−49.79	−48.49	−52.67
3年期最高收益（%）	43.83	43.88	53.69
5年期最低收益（%）	−31.10	−27.22	−30.57
5年期最高收益（%）	28.11	28.78	36.42
7年期最低收益（%）	−26.74	−23.07	−22.02
7年期最高收益（%）	17.52	18.88	24.75
10年期最低收益（%）	−19.16	−17.27	−15.95
10年期最高收益（%）	11.25	11.52	17.97
预期最低收益[1]（%）	−61.00	−57.52	−49.59
预期最高收益[2]（%）	65.22	64.58	62.97

[1] 预期最低收益等于收益率的算术平均值减去2倍的标准差。
[2] 预期最高收益等于收益率的算术平均值加上2倍的标准差。

表15-54 "所有股票"中VC3最低的25只股票组成的投资组合及"所有股票"投资组合的基本比率（1964年1月1日～2009年12月31日）

项目	"所有股票"中VC3最低的25只股票组成的投资组合战胜"所有股票"投资组合的时间	百分比（%）	年平均超额收益率（%）
1年期收益率	541期中有152期	28	−10.38
滚动的3年期复合收益率	517期中有87期	17	−13.90
滚动的5年期复合收益率	493期中有30期	6	−14.87
滚动的7年期复合收益率	469期中有29期	6	−15.21
滚动的10年期复合收益率	433期中有4期	1	−15.49

表 15-55 "所有股票"中 VC3 最低的 50 只股票组成的投资组合及"所有股票"投资组合的基本比率（1964 年 1 月 1 日～2009 年 12 月 31 日）

项目	"所有股票"中 VC3 最低的 50 只股票组成的投资组合战胜"所有股票"投资组合的时间	百分比（%）	年平均超额收益率（%）
1 年期收益率	541 期中有 156 期	29	-8.85
滚动的 3 年期复合收益率	517 期中有 101 期	20	-12.05
滚动的 5 年期复合收益率	493 期中有 39 期	8	-12.86
滚动的 7 年期复合收益率	469 期中有 31 期	7	-13.19
滚动的 10 年期复合收益率	433 期中有 5 期	1	-13.45

表 15-56 各投资组合按 10 年期划分的年复合平均收益率

	20 世纪 60 年代[①]	20 世纪 70 年代	20 世纪 80 年代	20 世纪 90 年代	21 世纪第 1 个 10 年[②]
"所有股票"中 VC3 得分最高的 25 只股票组成的投资组合（%）	15.00	17.42	21.78	18.07	18.74
"所有股票"中 VC3 得分最高的 50 只股票组成的投资组合（%）	16.54	17.00	21.82	18.19	18.91
"所有股票"中 VC3 得分最低的 25 只股票组成的投资组合（%）	18.03	-2.92	3.00	-2.84	-18.98
"所有股票"中 VC3 得分最低的 50 只股票组成的投资组合（%）	18.00	-1.38	3.14	1.36	-17.27
"所有股票"投资组合（%）	13.36	7.56	16.78	15.35	4.39

① 1964 年 1 月 1 日～1969 年 12 月 31 日的收益。
② 2000 年 1 月 1 日～2009 年 12 月 31 日的收益。

对投资者的启示

由于 VC1、VC2 及 VC3 均为多因素模型，个体投资者会发现，买入由得分最高的 25 只股票或 50 只股票组成的投资组合可能是一种很好的组合投资方式，在承担合理的风险下，这一投资策略可以提供优异的长期表现及超凡的基本比率。与之相反，那些采取某种基本的做空投资策略的投资者可以投资于"所有股票"中第 10 组十分位中得分最低的 25 只股票或 50 只股票，在充满泡沫的市场中，要记得使用止损单。投资者至少应该对这些股票在历史上的糟糕表现有所了解，并尽可能地避开这些股票。

| 第 16 章 |

价值因素的价值

发现就是看到别人所看到的，想到别人所没想到的。

——阿尔伯特·森特·哲尔吉

利用如市盈率、市销率、EBITDA/EV 等指标，我们对股票的历史表现进行了分组分析，结果显示，股票市场的走势绝非像一只喝醉了酒的猴子那样东倒西歪，而是有条不紊地运行着：某些类型的股票会给投资者带来丰厚的回报，而某些类型的股票则会给投资者带来惨重的损失。此外，只要你略微浏览本书第 2 版并按照书中所提供的建议行事，你就可以避开 2000～2003 年的估值泡沫给投资者带来的灭顶之灾。2007～2009 年的大熊市更难避免，因为恐慌性抛售所导致的股市暴跌影响的是整个市场，与其估值无关。但是，如果重视估值，你就有可能抓住股市在 2009 年后三个季度的反弹机会，从而改善自己的处境。尽管本书第 1 版在 1996 年就已经面世，但估值过高的公司的长期表现并未发生实质性变化：在长期中，它们的表现十分糟糕。

如图 16-1 所示，什么指标都不是随机分布的。在我们构建的综合价值指标（及其他所检验的全部指标）中，得分最高的股票的表现远胜"所有股票"投资组合。同样重要的是，那些得分最低的综合价值指标及那些具有高市盈率、高市现率、高市销率的股票的表现远不如"所有股票"投资组合。这两者间的差别非常明显。实际上，在估值过高（如市盈率、EBITDA/EV、市销率及我们构建的全部综合价值指标等)的15组股票投资组合中,有12组的表现不如美国短期国债。此外,就风险(以收益率的标准差衡量)而言,和那些表现远胜"所有股票"投资组合的投资策略相比,那些表现不佳、过度估值的投资策略所承受的风险也更大。

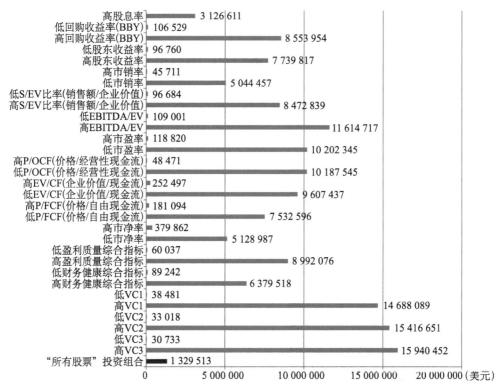

图16-1　1964年1月1日～2009年12月31日,10 000美元的初始投资在各种投资策略下的投资终值(样本总体为"所有股票"投资组合)

风险与收益并不完全对等

资本资产定价模型(CAPM)的一个重要原则是:风险必须得到补偿。按照这一原则,那些寻求高收益的投资者应该寻求收益率标准差较高的股票。但是,实证检验结果与这一原则相矛盾。在表现优于"所有股票"投资组合的16个投资策略中,有12个投资策略的收益率的标准差也低于"所有股票"投资组合。然而,高风险并不一定产生高收益。如图16-2所示,这些高市盈率、高市净率、高市现率及高市销率股票的高风险都没有得到充分的补偿。实际上,以上各投资策略的表现明显不如"所有股票"投资组合。将10 000美元投资于我们构建的VC3综合价值指标的第

1组十分位分组中，其终值将增至15 940 452美元，收益率的标准差为17.68%；但是，投资于VC3综合价值指标的第10组十分位分组（估值最高的股票投资组合）的10 000美元，其终值只有30 733美元，而收益率的标准差却高达28.14%。

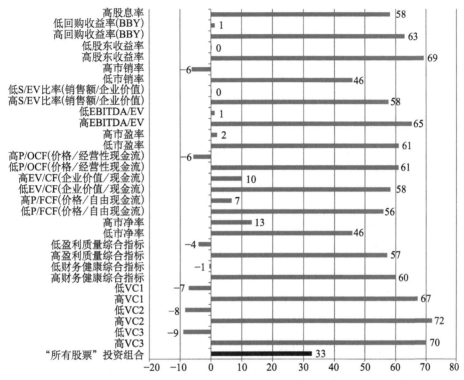

图16-2　1964年1月1日～2009年12月31日，各种投资策略的夏普比率（样本总体为"所有股票"投资组合，夏普比率的数值越高越好）

即使你使用CRSP数据库对另外37年的数据进行分析，这一结论基本上也是正确的。1926～2009年，投资于"所有股票"投资组合中股东收益率最高的股票的年复合平均收益率为13.22%，收益率的标准差为20.19%。与"所有股票"投资组合相比，这一收益率较高，而标准差较低，前者的年复合平均收益率为10.46%，收益率的标准差为21.67%。同1963～2009年的收益率相比，投资于"所有股票"中股东收益率最低的十分位分组（即那些发行数量最多、股息率最低的股票）的年复合平均收益率为5.06%，收益率的标准差为22.53%。因此，不管是在1963～2009年这一较短的时期，还是在1926～2009年这一较长的时期里，与"所有股票"投资组合及低股东收益率投资组合相比，高股东收益率这一投资策略都具有较高的收益率，较低的风险。

承担风险值得吗

图 16-2 显示了全部价值因素经风险调整后的收益率，图 16-3 显示了各价值因素的索蒂诺比率。许多有着非常诱人故事的热门股票都具有较高的市盈率、市净率、市现率或市销率，而它们的绝对收益及风险调整后收益十分糟糕。这一投资策略在 1997 年 1 月～ 2000 年 3 月的表现，及其在高度投机性的市场泡沫破灭后的表现，对这一现象做了最好的阐释。在 20 世纪末的股票市场泡沫中，投资者将估值过高的股票价格推高至前所未有的高度。在本书第 2 版于 1997 年面世之时，一个中了股市泡沫魔咒的投资者会痴迷于"这次真的不一样了"，他会专门购买那些没有盈利、销售额很低的"题材股"。这些股票都有一个极其诱人的故事，向投资者描绘了一个异常光明的前景（想想那些".com"股票吧），投资者深信这些股票将在 3 年内为他们带来超乎寻常的回报。当股市泡沫在 2000 年 3 月达到巅峰状态时，如果一个投资者坚持使用本书中介绍的久经考验的投资策略，并将其持有的投资组合的表现与那些具有高比率的"题材股"相比较时，他们可能会感觉自己就是一个过时的老古董。

1997 年 1 月 1 日～ 2000 年 3 月 31 日，"所有股票"中 VC1 得分最低的十分位分组投资组合的年复合平均收益率为 39.47%，在 3 年零 3 个月中，10 000 美元的投资增至 29 482 美元，增长了几乎两倍。其他投机性股票的表现也同样出色，"所有股票"中市净率最高的十分位分组投资组合的年复合平均收益率达 37.7%，10 000 美元的投资将增至 28 286 美元。在这段较短的时期内，所有估值过高的股票均战胜了"所有股票"投资组合，这使那些关注短期的投资者认为"这次真的不一样了"。但是，任何熟悉股市泡沫历史的投资者都知道，经济规律最终对市场行为起决定性作用。重回 2000 年，这些投资者可能会对贺拉斯的《诗艺》（*Ars Poetica*）有更深的体会，他在书中这样写道："现在已然衰朽者，将来可能重放异彩；现在备受青睐者，将来却可能日渐衰朽。"

对那些经历了下跌的投资者来说，他们切实感受到了极度深寒。如果一个短视的投资者在 2000 年 3 月份（股市泡沫达到巅峰状态时）进入股市，他将面临一场真正的灾难。在 2000 年 3 月 31 日，将 10 000 美元投资于 VC1 的第 10 组十分位分组，这笔资金到 2009 年 12 月 31 日将只剩下 1 441 美元了，年复合损失率高达 18.02%。在"所有股票"销售额/企业价值最低的（后 10%）的股票投资组合上投资的 10 000 美元将只剩下 1 647 美元，年复合损失率达 16.89%。其他估值过高的股票也面临着相似的命运。

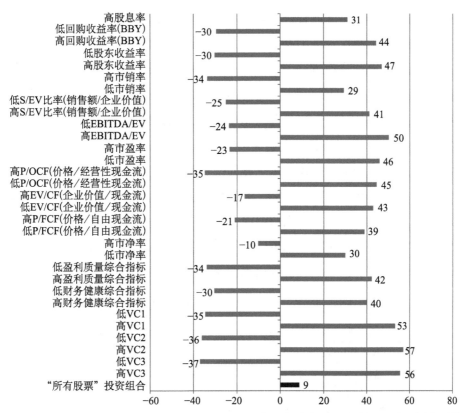

图16-3 1964年1月1日~2009年12月31日,各种投资策略的索蒂诺比率(样本总体为"所有股票"投资组合,该比率的数值越高越好)

在购买那些明显与市场背离的股票时,你必须牢记风险的概念。要记住,高风险并不一定意味着高收益。图16-4与图16-5显示了"所有股票"投资组合在各种投资策略下的年复合平均收益率及收益率的标准差。如图16-2、图16-3及图16-6所示,所有这些高风险投资策略最终都遭受了沉重的损失。

寻找那些表现稳定的投资策略

你还应当寻找那些在长期内表现良好的投资策略,这些投资策略应该在所在样本总体中具有最高的基本比率。由我们构建的各种综合价值指标中得分靠前的股票组成的投资组合,还有那些由具有最高的 EBITDA/EV 比率、最高的股东收益率与回购收益率、最低的市盈率、市销率、市现率等股票组成的投资组合,它们在长期内的基本比率都非常高。另一方面,在各种综合指标中得分最低的股票,以及那些具有高市盈率、高市销率、低股东收益率和回购收益率的股票的基本比率也非常糟糕,它们通常只有在短暂的股市泡沫中才有良好的表现。当某些热门行业的股票再一次暴涨,那些做出短期预测的人们再次论证旧有的估值方法在长期内不再有效时,你一定要记住这一点。实际上,旧有的估值方法一直在起作用——从股市开始有记录之日起,它们就一直在起作用。我们还应该关注这些投资策略在过去遭受过多大的损失。图16-6显示了这些投资策略在1963～2009年所遭受的最大跌幅情况。⊖ 2007～2009年的大熊市是自1929～1933年的股市大崩盘以来的第二大跌幅。图16-6显示了这些悲惨的记录。即使那些在长期中表现非常优异的投资策略也曾遭受极其严重的暴跌,如在2007～2009年的熊市中,所有这些综合价值指标的跌幅均在57%以上。投资者需要密切关注那些最糟糕的情况,并未雨绸缪,为未来发生这类情况做好充分的准备。我们从历史中发现,美国股市每次都可以从严重下跌中恢复过来。但是,如果股市的走势与我们预料的相反,而我们又表现出恐慌时,这一历史经验将毫无用处。如果下一个熊市来临,请认真研究图16-6,记住熊市之后将发生什么。

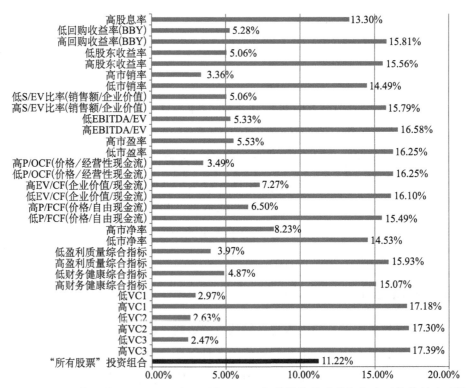

图16-4　1964年1月1日～2009年12月31日,各种投资策略的年复合平均收益率(样本总体为"所有股票"投资组合)

⊖　原文如此,疑为1964～2009年所遭受的最大跌幅情况之误。——译者注

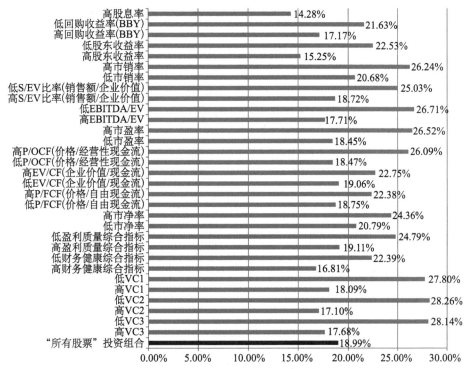

图 16-5　1964 年 1 月 1 日～2009 年 12 月 31 日，各种投资策略的收益率的标准差（样本总体为"所有股票"投资组合，标准差越高，风险越大）

"大盘股"的情况与"所有股票"一致

图 16-7 清晰地表明，在分析"大盘股"投资组合时，我们所看到的结果与"所有股票"投资组合类似，只是走势更平稳一些。所有低价值指标股票投资策略均战胜了市场，所有高价值指标股票投资策略的表现均十分糟糕。所有估值过高的高价值指标股票投资策略收益率的标准差的表现都十分糟糕，其数值都高于低价值指标投资策略收益率的标准差。但是，从绝对数量上来看，"大盘股"投资组合的走势更平稳一些。就"大盘股"投资组合而言，表现最好的投资策略是买入回购收益率最高的十分位分组投资组合。按这种策略投资，在 1964 年 1 月 1 日投资的 10 000 美元，到 2009 年年末将增至 6 039 056 美元。我们还发现，EBITDA/EV 及 VC2 得分较高的"大盘股"投资组合均大幅度战胜了"大盘股"投资组合。图 16-7 显示了在 1964 年 1 月 1 日投资的 10 000 美元在各种投资策略下的投资终值。图 16-8 与图 16-9 显示了所有价值因素在"大盘股"投资组合下的风险调整后收益率情况，

图 16-10 显示了各种"大盘股"投资策略下的年复合平均收益率。

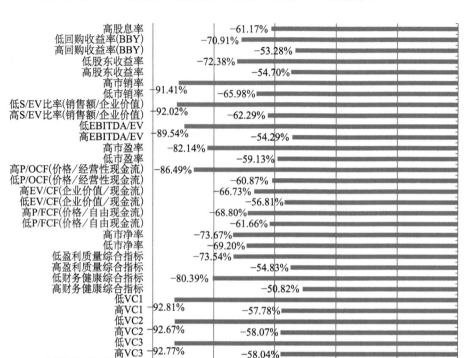

图 16-6　1964 年 1 月 1 日～ 2009 年 12 月 31 日，各种投资策略的最大跌幅（样本总体为"所有股票"投资组合）

从图 16-7 中我们发现，所有估值过高的高价值指标股票投资策略的表现都不如"大盘股"投资组合，有 7 个投资策略的表现还赶不上美国短期国债。换言之，在过去的 46 年里，就是不在股票市场上投资，你的情况也要好于在估值过高的"大盘股"投资组合上的投资。更糟糕的是，如果将通货膨胀的因素考虑进来，这些估值过高的"大盘股"投资组合在过去的 46 年里简直是一无所获。因此，如果将 10 000 美元投资于"大盘股"中销售额／企业价值比率最高的十分位分组中（即这一指标中价值最被高估的股票），到 2009 年年末，这笔资金将增至 10 788 美元，经通货膨胀调整后的年复合平均收益率只有可怜的 0.17%。在同期内，即使将这笔资金投资于美国短期国债，其终值也将增至 17 238 美元，经通货膨胀调整后的年复合平均收益率为 1.19%。

就风险而言，有几种"大盘股"投资策略的表现非常好，收益率的标准差也很低。如图 16-11 所示，一共有 9 种投资策略的表现优于"大盘股"投资组合，而且承担了较低的风险,从图16-8与图16-9中可以看出,这些指标的夏普比率及索蒂诺比率都非常突出。

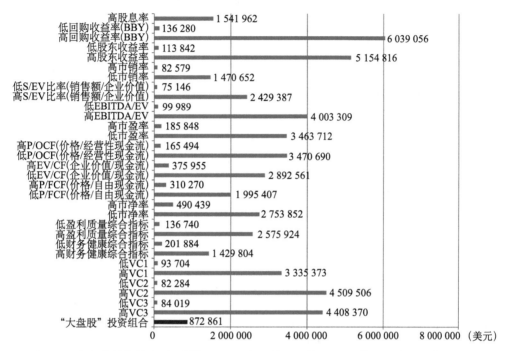

图16-7 在各种投资策略下,投资于1964年1月1日的10 000美元,到2009年12月31日的投资终值(样本总体为"大盘股"投资组合)

"大盘股"中夏普比率最高的投资策略是使用最高的股东收益率、最高的回购收益率及最高的VC2。一方面,所有买入合理估值股票的投资策略的夏普比率均高于"大盘股"投资组合的夏普比率;另一方面,所有买入估值偏高股票的投资策略的夏普比率均远低于"大盘股"投资组合的夏普比率。

如图16-12所示,在对"大盘股"投资策略最糟糕的情况进行分析时,我们发现,有6种投资策略的表现显著优于"大盘股"投资组合,而且其最大跌幅也较小。那些收益率较高,跌幅也较大的投资策略的跌幅略小于"大盘股"投资组合。那些表现不如"大盘股"投资组合的投资策略的最大跌幅也较高,6种最高估股票价值的投资策略的跌幅在85%以上。

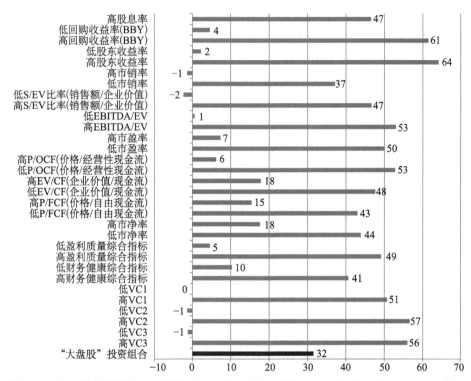

图 16-8 在各种投资策略下,投资于 1964 年 1 月 1 日的 10 000 美元,到 2009 年 12 月 31 日的投资终值(样本总体为"大盘股"投资组合)

对投资者的启示

以价值指标为基础的投资策略确实有效,只要投资者有足够的耐心,不管是牛市还是熊市,不管有无泡沫,都坚持使用这些投资策略,他们一定能得到丰厚的回报。但是,投资者很难坚持使用这些投资策略。因为我们的决策主要基于股市当前的表现,那些名字诱人、投资者期许甚高的高价值指标股总会吸引大多数人的注意。这些股票的价格会被投资者炒高,成为众多人关注的热点话题。但从长期来看,这些股票也不断地让投资者失望。

各种"大盘股"投资策略的绝对收益及风险调整后收益均战胜了"大盘股"投资组合,有些投资策略的基本比率甚至四倍于"大盘股"投资组合的基本比率。这是一个非常了不起的成绩,我们所做的完整十分位分析的结果证实了我们在最高与最低的十分位分组中的发现,而且说明,如果将研究扩展至各价值指标中的较低的十分位分组,我们有可能获得更好的收益。

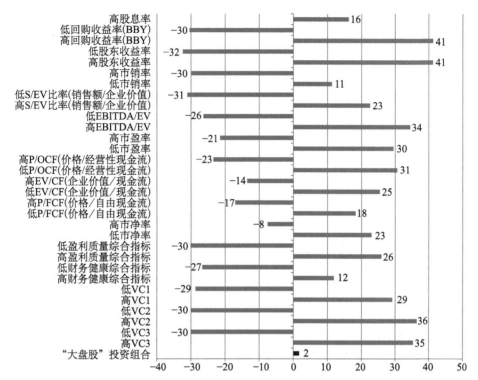

图 16-9　1964 年 1 月 1 日～ 2009 年 12 月 31 日，各种投资策略的索蒂诺比率（样本总体为"大盘股"投资组合，索蒂诺比率的数值越高越好）

与之相反的是，那些高价值指标（如高市盈率、高市净率等）投资策略的长期表现持续地低于其所在样本总体的收益水平。这类投资策略的风险很大，收益率却较低。在某一时期内，这类投资策略确实获得了惊人的成功，这也诱使投资者为这些股票支付过高的价格，但这些投资策略的长期表现却总是让人失望，除非有极其充分的战略原因，投资者应尽量避开此类股票。

学会关注股票的长期表现

假设你在 1998 年购买了本书第 2 版，并且真正懂得了投资那些估值过高股票的危险，但是在现实生活中，你也可能眼巴巴地看着这些股票在暴涨——在接下来的两年里，每个月都在上涨。对普通投资者来说，两年简直可以称得上是永恒了，我相信，即使掌握了本书的全部信息，投资者仍然会为没有购买这些一飞冲天的"题材股"而感到坐立不安。是的，长期数据表明，我们应该回避这些股票，但恰恰是这些股票的价格在上涨，投资者会想，难道这次真的不一样了？难道这些股票真是代表了我们每个人都在讨论的"新经济"模式？

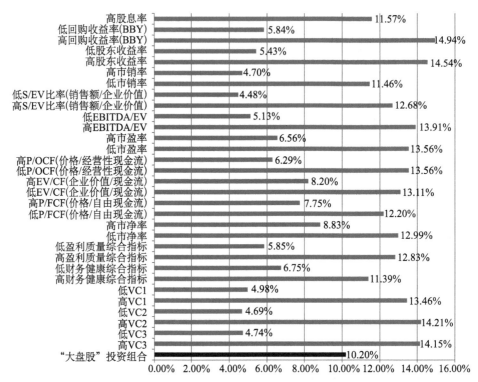

图 16-10　1964 年 1 月 1 日～ 2009 年 12 月 31 日，各种投资策略的年复合平均收益率（样本总体为"大盘股"投资组合）

如果你和这些普通投资者一样，就会逐步放松要求，越来越想尝试购买一些被电视或研究报告所大肆吹捧的股票。然后，和那些声称自己只是尝试一下的初涉毒品者一样，你上钩了。不幸的是，你很有可能是在投机性市场的末期上了贼船，这很可能让你损失惨重。要想真正利用本书中提供的研究成果，你需要消化这些信息，学会关注股票的长期表现。在过去的 46 年里，这些估值过高的股票都是昙花一现，从来没有在长期中跑赢大盘，最终都以崩盘而告终。1997～2000 年，最热门的股票是科技股及网络股，但明天又不知道有哪个迥然不同的新行业会冒出某种热门股票，同样讲着诱人的新故事。记住，市场总会回归其基本状况，那些未来的热门股票和以往的股票没有什么本质区别。只有这样，你才能够充分利用本书提供的长期研究成果。

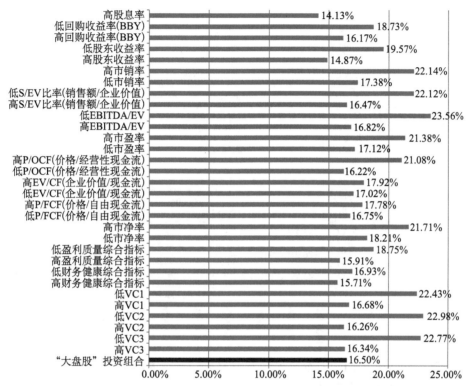

图 16-11　1964 年 1 月 1 日～2009 年 12 月 31 日，各种投资策略的收益率的标准差（样本总体为"大盘股"投资组合，标准差越高，风险越大）

你还需要考虑我们的投资策略在熊市（如 2000～2003 年及 2007～2009 年的熊市）后的长期表现。在过去的 10 年间，连续的大熊市使许多投资者开始远离股票市场，这样的资产配置是错误的，它将严重影响投资者的投资收益率。据美国投资公司协会（Investment Institute Company）统计，2006 年 12 月 31 日～2010 年 8 月 11 日，投资者从股票基金上撤出了大约 1 590 亿美元，并在债券基金上投入了 7 090 多亿美元。鉴于债券收益率已经接近历史低谷，债券投资几乎肯定是一项失败的投资，因为随着时间的推移，当收益率上升时，债券的价格会下跌。在股市经历了这样一场大跌之后，预测其长期发展前景是很困难的。但是，当股票的估值很低，而其股息收益率很高时，那些敢于将股票作为其长期资产配置工具的投资者很有可能获得丰厚的回报。表 16-1 与表 16-2 显示了"所有股票"与"大盘股"投资组合中各种投资策略的按 10 年期划分的收益率情况。

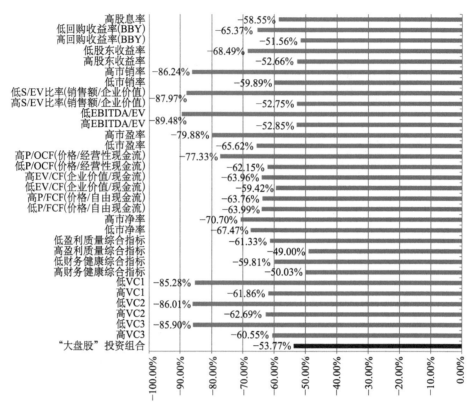

图16-12 1964年1月1日～2009年12月31日，各种投资策略的最大跌幅（样本总体为"大盘股"投资组合）

表16-1 "所有股票"投资组合按10年期划分的年复合平均收益率

	20世纪60年代①	20世纪70年代	20世纪80年代	20世纪90年代	21世纪第1个10年②
"所有股票"投资组合（%）	13.36	7.56	16.78	15.35	4.39
高VC3（%）	16.50	15.62	22.56	16.69	15.36
低VC3（%）	15.54	1.46	6.76	12.68	−15.95
高VC2（%）	15.49	15.35	23.21	16.10	15.82
低VC2（%）	16.29	1.48	6.79	12.80	−15.80
高VC1（%）	16.84	14.78	22.21	16.34	15.73
低VC1（%）	15.88	2.22	7.42	13.85	−16.22
高财务健康综合指标（%）	15.13	10.41	19.67	21.09	9.56
低财务健康综合指标（%）	14.71	4.78	10.34	7.12	−7.44
高盈利质量综合指标（%）	17.30	14.36	20.46	22.47	6.33
低盈利质量综合指标（%）	14.95	0.63	5.89	6.87	−3.37
低市净率（%）	14.69	13.29	21.25	14.68	9.12
高市净率（%）	14.99	2.84	12.31	20.31	−4.79

(续)

	20世纪60年代①	20世纪70年代	20世纪80年代	20世纪90年代	21世纪第1个10年②
低 P/FCF（价格/自由现金流）(%)	14.40	13.59	17.27	18.88	12.99
高 P/FCF（价格/自由现金流）(%)	11.51	7.11	11.32	7.69	-2.54
低 EV/CF（企业价值/现金流）(%)	21.61	11.89	15.92	21.31	12.31
高 EV/CF（企业价值/现金流）(%)	15.00	7.12	11.90	7.05	-1.03
低 P/OCF（价格/经营性现金流）(%)	15.86	13.64	19.27	16.62	15.78
高 P/OCF（价格/经营性现金流）(%)	16.70	0.96	7.79	9.36	-10.32
低市盈率 (%)	17.68	13.03	20.38	16.02	14.86
高市盈率 (%)	14.74	1.61	9.21	13.73	-6.55
高 EBITDA/EV (%)	14.14	13.82	19.95	18.59	15.55
低 EBITDA/EV (%)	18.72	2.61	11.97	13.28	-11.98
高 S/EV 比率（销售额/企业价值）(%)	16.39	12.44	22.86	15.60	12.20
低 S/EV 比率（销售额/企业价值）(%)	16.41	5.74	12.95	13.49	-15.50
低市销率 (%)	16.90	11.44	20.03	12.82	12.43
高市销率 (%)	11.58	5.60	7.23	12.98	-14.79
高股东收益率 (%)	14.74	13.09	23.15	16.33	10.53
低股东收益率 (%)	10.48	2.73	10.32	7.77	-3.23
高回购收益率 (%)	16.94	12.97	22.42	17.52	10.02
低回购收益率 (%)	10.20	2.80	11.15	7.94	-3.09
高股息率 (%)	12.38	10.63	20.41	11.76	11.23

① 1964年1月1日～1929年12月31日的收益。
② 2000年1月1日～2009年12月31日的收益。

表 16-2 "大盘股"投资组合按10年期划分的年复合平均收益率

	20世纪60年代①	20世纪70年代	20世纪80年代	20世纪90年代	21世纪第1个10年②
"所有股票"投资组合 (%)	8.16	6.65	17.34	16.38	2.42
高 VC3 (%)	6.67	13.80	21.57	15.56	10.62
低 VC3 (%)	15.89	-0.58	10.00	16.77	-11.32
高 VC2 (%)	6.40	13.65	22.22	15.04	11.10
低 VC2 (%)	16.00	-1.13	9.84	17.32	-11.36
高 VC1 (%)	6.54	12.75	19.84	14.64	11.10
低 VC1 (%)	16.37	-0.97	10.73	17.66	-11.49
高财务健康综合指标 (%)	8.21	7.35	16.66	17.69	6.30
低财务健康综合指标 (%)	6.92	3.01	14.85	12.85	-2.82
高盈利质量综合指标 (%)	9.26	8.40	22.75	18.45	4.82
低盈利质量综合指标 (%)	7.72	1.08	12.94	12.89	-3.60
低市净率 (%)	8.20	12.71	22.07	15.67	5.12
高市净率 (%)	14.31	0.26	14.39	22.78	-3.27

(续)

	20世纪 60年代①	20世纪 70年代	20世纪 80年代	20世纪 90年代	21世纪 第1个10年②
低 P/FCF（价格/自由现金流）(%)	2.98	11.91	17.47	17.48	8.03
高 P/FCF（价格/自由现金流）(%)	4.14	5.38	18.48	12.92	-2.40
低 EV/CF（企业价值/现金流）(%)	7.75	11.06	18.58	18.16	8.30
高 EV/CF（企业价值/现金流）(%)	3.90	7.97	17.27	12.73	-1.60
低 P/OCF（价格/经营现金流）(%)	6.89	11.89	19.71	16.22	10.79
高 P/OCF（价格/经营性现金流）(%)	15.40	0.33	12.51	17.69	-8.54
低市盈率(%)	8.48	11.38	18.48	16.04	11.60
高市盈率(%)	15.07	-0.93	13.52	18.53	-7.64
高 EBITDA/EV(%)	5.35	12.75	19.31	16.96	12.15
低 EBITDA/EV(%)	15.70	0.41	10.03	21.78	-14.27
高 S/EV 比率（销售额/企业价值）(%)	6.38	10.01	20.96	15.62	8.47
低 S/EV 比率（销售额/企业价值）(%)	13.49	1.34	8.67	19.04	-13.50
低市销率(%)	5.99	8.80	18.54	14.95	7.30
高市销率(%)	11.40	0.16	11.40	17.05	-11.37
高股东收益率(%)	8.71	11.84	23.42	17.37	9.63
低股东收益率(%)	6.70	-0.10	11.60	11.83	-1.61
高回购收益率(%)	12.35	12.10	23.43	18.40	8.00
低回购收益率(%)	6.52	0.83	12.93	11.77	-1.77
高股息率(%)	8.04	8.85	19.08	10.83	9.98

① 1964年1月1日～1929年12月31日的收益。
② 2000年1月1日～2009年12月31日的收益。

我们现在将转而研究成长性指标，看看在这方面是否存在一些有效的投资策略，以弥补高价值指标股票的糟糕表现。

| 第 17 章 |

每股的年收益业绩变化
高收益是否意味着高业绩

> 人们知道会带来伤害的不比人们知道不会带来伤害的更伤人。
>
> ——阿特姆斯·沃德

现在,让我们来看看通常与成长型投资关联的因素。通常,成长型投资者喜欢高增长,而价值型投资者喜欢低价值比率,如低市盈率和低市销率。成长型投资者想要高收益、销售增长及其他类似的预期,他们通常并不关心股票是否具有高市盈率,原因是,一个公司可以从短期的过高估价中脱颖而出。成长型投资者通常赋予具有快速增长收益的股票以较高的价格。

不幸的是,电子计算机会计数据库缺乏有关收益预测的长期数据。许多成长型投资者在构建其资产组合时会大量使用收益预测,因此,在某种程度上,我们无法进行长期检验,这会带来一些弊端。然而,某些研究表明,预测极不可靠。在《福布斯》杂志1993年10月11日这一期中,戴维·德雷曼(David Dreman)阐述了一项研究,研究中使用了分析师对1973～1990年纽约和美国证券交易所上市公司的67 375份季度预估的范例。研究发现,分析师的平均预测误差为40%,误导性的预估(即误导交易执行价格超过10%)在当时占2/3。因此,我关注的是实际收益的变化,而不是收益预测。

检查年度收益变化

首先,我们看看从"所有股票"投资组合和"大盘股"投资组合购买具有每股最佳和最差年收益率变化的第1组十分位分组的股票。在这版书中,我们更新了FactSet中的公式,现在可以查看其收益由正转为负和由负转为正的股票。我们通过使用以下公式生成收益变化来实现这一点:当年的每股收益(EPS)减去上一年的每股收益,再除以上一年每股收益的绝对值。⊖

让我们看看从"所有股票"投资组合中购买具有最高每股年收益率前10%的(第1组十分位分组)股票的收益。像往常一样,我们以10 000美元开始,然后每年调整混合型投资组合。如表17-1和表17-2所示,以最高年收益率购买股票和购买某一综合指数(如"所有股票"投资组合),两者之间没有多大差异。1963年12月31日对来自"所有股票"投资组合的前10%年收益率股票进行的10 000美元投资于2009年年末增长到1 750 567美元。其年收益率为11.88%。第1组十分位组的最高年收益率也风险较大,与"所有股票"投资组合的18.99%相比,其标准差为22.10%。较高的风险使得夏普比率为0.31,稍逊"所有股票"投资组合的夏普比率两个点,后者的夏普比率为0.33。

该策略具有一些重大意义。在1963年12月31日~1967年12月31日这4年时间内,该策略确实要比"所有股票"投资组合好很多,将10 000美元转变成31 189美元,实现了32.89%的年度复合收益率。1976~1980年又一次出现一个很棒的高点,与当时"所有股票"投资组合24.33%的年收益率相比,其年收益率为33.03%,但是缺乏长期的持续性。在这些盛举之后,该策略执行起来就比"所有股票"投资组合要逊色很多了。表17-3总结了20%或以上的所有跌幅,表17-4和表17-5总结了前10%收益率的最佳和最差期间。

表17-1 "所有股票"投资组合第1组十分位分组的每股收益变化(%)及"所有股票"投资组合的年收益和风险数据统计概要(1964年1月1日~2009年12月31日)

	"所有股票"投资组合第1组|分位分组的每股收益变化	"所有股票"投资组合
算术平均值(%)	14.68	13.26
几何平均值(%)	11.88	11.22
平均收益(%)	20.02	17.16
标准差(%)	22.10	18.99

⊖ 该公式为:(每股收益 - 上一年每股收益)/上一年每股收益。

（续)

	"所有股票"投资组合第1组十分位分组的每股收益变化	"所有股票"投资组合
向上的偏差（%）	12.81	10.98
向下的偏差（%）	15.77	13.90
跟踪误差	6.59	0.00
收益为正的时期数	331	329
收益为负的时期数	221	223
从最高点到最低点的最大跌幅（%）	−58.60	−55.54
贝塔值	1.12	1.00
T统计量（$m=0$）	4.23	4.47
夏普比率（$Rf=5\%$）	0.31	0.33
索蒂诺比率（$MAR=10\%$）	0.12	0.09
10 000美元投资的最终结果（美元）	1 750 567	1 329 513
1年期最低收益（%）	−50.36	−46.49
1年期最高收益（%）	89.75	84.19
3年期最低收益（%）	−17.47	−18.68
3年期最高收益（%）	44.57	31.49
5年期最低收益（%）	−12.12	−9.91
5年期最高收益（%）	34.81	27.66
7年期最低收益（%）	−8.46	−6.32
7年期最高收益（%）	25.99	23.77
10年期最低收益（%）	0.58	1.01
10年期最高收益（%）	20.64	22.05
预期最低收益①（%）	−29.52	−24.73
预期最高收益②（%）	58.88	51.24

① 预期最低收益等于收益率的算术平均值减去2倍的标准差。
② 预期最高收益等于收益率的算术平均值加上2倍的标准差。

表17-2 "所有股票"投资组合第1组十分位分组及"所有股票"投资组合的基本比率（1964年1月1日～2009年12月31日）

项目	"所有股票"投资组合第1组十分位分组战胜"所有股票"投资组合的时间	百分比（%）	年平均超额收益率（%）
1年期收益率	541期中有303期	56	1.43
滚动的3年期复合收益率	517期中有297期	57	0.74
滚动的5年期复合收益率	493期中有288期	58	0.30
滚动的7年期复合收益率	469期中有264期	56	0.05
滚动的10年期复合收益率	262期中有433期	61	−0.01

想一想这将会是多么疯狂的一件事，"所有股票"投资组合在1976～1980年的最高收益率让董事会眼前一亮，结果在接下来的5年里却眼睁睁地看着这些收益率

回落到只有5.32%。当牛市飙升时，"所有股票"投资组合本身却在每年同期获得了难能可贵的16.13%。

看看图17-1以最高收益率从"所有股票"投资组合买入前10%股票的滚动5年期超额收益（损失）率。你会看到在1968～1980年这段时间里出现了滚动5年期的双位数超额收益，之后的年份更是苦不堪言。看看最近的网络市场泡沫也是一件很有趣的事情，收益真的不再那么重要了。在表17-1中，你会看到在经济泡沫年代，按收益率排列的前10%股票事实上并不比"所有股票"投资组合占优势。表17-2中的基本比率显示最好还是抛硬币来一决胜负。"所有股票"投资组合以所有滚动5年期的58%和所有滚动10年期的61%的最高收益率打败"所有股票"投资组合。

表17-3 最糟糕的情况："所有股票"投资组合每股收益变化（%）第1组十分位分组的跌幅超过20%的全部数据（1964年1月1日～2009年12月31日）

峰值日期	峰值指数值	低谷日期	低谷指数值	恢复日期	跌幅（%）	下跌持续时间（月）	恢复持续时间（月）
1966年4月	1.98	1966年10月	1.48	1967年1月	-24.91	6	3
1968年11月	3.91	1975年9月	1.62	1978年4月	-58.60	70	43
1978年8月	4.98	1978年10月	3.87	1979年3月	-22.28	2	5
1980年2月	7.39	1980年3月	5.79	1980年7月	-21.59	1	4
1980年11月	10.41	1982年7月	6.66	1983年2月	-36.04	20	7
1983年6月	13.11	1984年7月	9.45	1986年2月	-27.92	13	19
1987年8月	19.31	1987年11月	12.78	1989年4月	-33.81	3	17
1989年9月	21.86	1990年10月	16.30	1991年3月	-25.44	13	5
1998年4月	83.20	1998年8月	56.71	1999年11月	-31.83	4	15
2000年2月	109.50	2002年9月	71.46	2003年12月	-34.74	31	15
2007年10月	230.01	2009年2月	98.10		-57.35	16	
平均值					-34.05	16.27	13.3

表17-4 最高与最低的年复合平均收益率（通过月度数据计算得出）（1927年1月1日～2009年12月31日）

对于任何	1年期	3年期	5年期	7年期	10年期
"所有股票"投资组合每股收益变化（%）第1组十分位分组最低复合收益率（%）	-50.36	-17.47	-12.12	-8.46	0.58
"所有股票"投资组合每股收益变化（%）第1组十分位分组最高复合收益率（%）	89.75	44.57	34.81	25.99	20.64
"所有股票"投资组合最低复合收益率（%）	-46.49	-18.68	-9.91	-6.32	1.01
"所有股票"投资组合最高复合收益率（%）	84.19	31.49	27.66	23.77	22.05
"所有股票"投资组合每股收益变化（%）第10组十分位分组最低复合收益率（%）	-59.14	-31.94	-12.47	-8.31	-4.25
"所有股票"投资组合每股收益变化（%）第10组十分位分组最高复合收益率（%）	106.63	36.89	27.29	21.85	19.03

表 17-5 10 000 美元按最高与最低的年复合平均收益率（通过月度数据计算得出）投资所得到的最终价值（1927 年 1 月 1 日～2009 年 12 月 31 日）

对于任何	1 年期	3 年期	5 年期	7 年期	10 年期
"所有股票"投资组合每股收益变化（%）第 1 组十分位分组 10 000 美元最低价值（美元）	4 964	5 621	5 240	5 388	10 600
"所有股票"投资组合每股收益变化（%）第 1 组十分位分组 10 000 美元最高价值（美元）	18 975	30 216	44 530	50 400	65 301
"所有股票"投资组合 10 000 美元最低价值（美元）	5 351	5 379	5 936	6 330	11 054
"所有股票"投资组合 10 000 美元最高价值（美元）	18 419	22 734	33 903	44 504	73 345
"所有股票"投资组合每股收益变化（%）第 10 组十分位分组 10 000 美元最低价值（美元）	4 086	3 152	5 138	5 450	6 477
"所有股票"投资组合每股收益变化（%）第 10 组十分位分组 10 000 美元最高价值（美元）	20 663	25 649	33 423	39 887	57 099

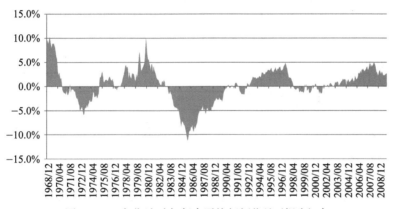

图 17-1　5 年期滚动年复合平均超额收益（损失）率

"所有股票"投资组合每股收益变化（%）第 1 组十分位分组的收益率减去"所有股票"投资组合的收益率（1964 年 1 月 1 日～2009 年 12 月 31 日）

"大盘股"投资组合表现很差

"大盘股"投资组合最高年收益率的前 10% 股票表现也不好。1963 年 12 月 31 日投资的 10 000 美元于 2009 年年末增长到 555 651 美元，实现了 9.13% 的年收益率。这比将 10 000 美元投资于"大盘股"投资组合获得的 872 861 美元略少，其年收益率为 10.20%。与"大盘股"投资组合的夏普比率 0.32 相比，这一组合的夏普比率为 0.22。所有基本比率为负，具有最高年收益率的前 10% 股票以所有滚动 10 年期的 14% 收益率打败"大盘股"投资组合。表 17-6 和表 17-7 显示了汇总信息及"大盘股"投资组合具有最高年收益率的股票的基本比率。

表 17-6　年收益及风险数据统计概要:"大盘股"投资组合和"大盘股"投资组合每股收益变化(%)第 1 组十分位分组(1964 年 1 月 1 日～2009 年 12 月 31 日)

	"大盘股"投资组合每股收益变化(%)第 1 组十分位分组	"大盘股"投资组合
算术平均值(%)	11.09	11.72
几何平均值(%)	9.13	10.20
平均收益(%)	13.71	17.20
标准差(%)	18.83	16.50
向上的偏差(%)	11.03	9.70
向下的偏差(%)	13.00	11.85
跟踪误差	6.78	0.00
收益为正的时期数	324	332
收益为负的时期数	228	220
从最高点到最低点的最大跌幅(%)	−53.41	−53.77
贝塔值	1.07	1.00
T 统计量($m=0$)	3.80	4.58
夏普比率($Rf=5\%$)	0.22	0.32
索蒂诺比率($MAR=10\%$)	−0.07	0.02
10 000 美元投资的最终结果(美元)	555 651	872 861
1 年期最低收益(%)	−47.02	−46.91
1 年期最高收益(%)	69.02	68.96
3 年期最低收益(%)	−19.06	−15.89
3 年期最高收益(%)	34.20	33.12
5 年期最低收益(%)	−8.00	−5.82
5 年期最高收益(%)	26.67	28.95
7 年期最低收益(%)	−7.09	−4.15
7 年期最高收益(%)	20.58	22.83
10 年期最低收益(%)	−1.24	−0.15
10 年期最高收益(%)	18.74	19.57
预期最低收益[①](%)	−26.57	−21.28
预期最高收益[②](%)	48.74	44.72

① 预期最低收益等于收益率的算术平均值减去 2 倍的标准差。
② 预期最高收益等于收益率的算术平均值加上 2 倍的标准差。

表 17-7　"大盘股"投资组合和"大盘股"投资组合每股收益变化(%)第 1 组十分位分组的基本比率(1964 年 1 月 1 日～2009 年 12 月 31 日)

项目	"大盘股"投资组合每股收益变化(%)平均年度第 1 组十分位分组战胜"大盘股"投资组合	百分比(%)	年平均超额收益率(%)
1 年期收益率	541 期中有 239 期	44	−0.56
滚动的 3 年期复合收益率	517 期中有 186 期	36	−0.97
滚动的 5 年期复合收益率	493 期中有 142 期	29	−1.28

(续)

项目	"大盘股"投资组合每股收益变化（%）平均年度第1组十分位分组战胜"大盘股"投资组合	百分比（%）	年平均超额收益率（%）
滚动的7年期复合收益率	469期中有116期	25	-1.48
滚动的10年期复合收益率	433期中有62期	14	-1.57

记录显示，购买具有最高年收益率股票的行为具有极低程度的长期一致性，这可能是它因为难以满足人们较高的预期。主要受到收益率的吸引，投资者以不可持续的水平购买股票。当收入停止增长时，他们不再抱有幻想，而是极不耐烦地抛售股票。图17-2显示了第1组十分位分组股票的5年期滚动年复合平均超额收益率（或者在这种情况下，大多数为损失）。这令人极为失望。

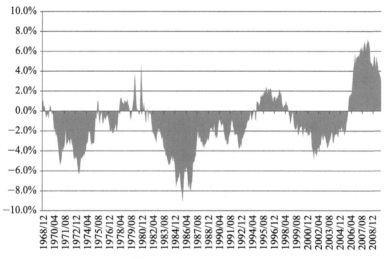

图17-2　5年期滚动年复合平均超额收益（损失）率

"大盘股"投资组合每股收益变化（%）第1组十分位分组的收益率减去"大盘股"投资组合的收益率（1964年1月1日～2009年12月31日）

最好的情况与最糟糕的情况，最高收益与最低收益

1963年12月31日～2009年12月31日，"所有股票"投资组合中每股收益率最高的10%股票有11次下幅超过20%。其峰值到低谷的最大跌幅是在1968年11月～1974年9月，亏损58.60%。这一下跌超过了其2007年10月～2009年2月57.35%的下跌。其下跌风险15.77%与"所有股票"投资组合的13.90%相比，证明了在股价下跌时其波动性更大。

表 17-5 显示 10 000 美元投资于"所有股票"投资组合中最高年收益率的第 1 组十分位分组股票的最终价值：最高 5 年期收益是在 1980 年 11 月末，当时 10 000 美元变成 44 530 美元，实现了 34.81% 的年收益率。其最低的 5 年收益发生是截至 1974 年 9 月的那段时间，同样的 10 000 美元降低到 5 240 美元，出现 −12.12% 的年损失率。

"大盘股"投资组合中年收益率最高的股票在 1963 年 12 月 31 日～2009 年 12 月 31 日间，有 9 次跌幅超过 20%（见表 17-8）。其峰值到低谷的最大跌幅是在 2007 年 10 月～2009 年 2 月期间，跌幅为 53.41%。其 13% 的下跌风险与"所有股票"投资组合的 11.85% 相比，在股价下跌时，波动性也更大。其最高的 5 年收益出现在截至 2007 年 10 月的那段时间，由 10 000 美元投资增长到 32 611 美元，实现了 26.67% 的年收益率。其最低的 5 年收益出现在截至 1974 年 9 月的那段时间，同样的 10 000 美元下跌到 6 592 美元，−8.0% 的年损失率。表 17-8 显示了最糟糕的情况，表 17-9 和表 17-10 分别显示所有期间的最高和最低收益。图 17-1 和图 17-2 描绘出了 1964～2009 年"所有股票"投资组合和"大盘股"投资组合收入增长位居前 10% 的所有滚动 5 年期的超额收益率。

表 17-8 最糟糕的情况："大盘股"投资组合每股收益变化（%）第 1 组十分位分组的跌幅超过 20% 的全部数据（1964 年 1 月 1 日～2009 年 12 月 31 日）

峰值日期	峰值指数值	低谷日期	低谷指数值	恢复日期	跌幅（%）	下跌持续时间（月）	恢复持续时间（月）
1966 年 4 月	1.58	1966 年 10 月	1.19	1967 年 4 月	−25.02	6	6
1968 年 11 月	1.96	1974 年 9 月	1.04	1976 年 12 月	−46.59	70	27
1980 年 11 月	4.15	1982 年 7 月	2.61	1983 年 4 月	−36.96	20	9
1983 年 6 月	4.65	1984 年 5 月	3.66	1985 年 1 月	−21.32	11	8
1987 年 9 月	8.61	1987 年 11 月	6.07	1989 年 5 月	−29.42	2	18
1989 年 8 月	10.13	1990 年 10 月	7.51	1991 年 9 月	−25.82	14	11
1998 年 4 月	32.61	1998 年 8 月	25.59	1999 年 1 月	−21.53	4	5
2000 年 8 月	45.74	2003 年 2 月	23.19	2005 年 8 月	−49.29	30	30
2007 年 10 月	79.16	2009 年 2 月	36.88		−53.41	16	
平均值					−34.37	19.22	14.25

表 17-9 按月度数据计算的最高和最低年复合平均收益率（1964 年 1 月 1 日～2009 年 12 月 31 日）

对于任何	1 年期	3 年期	5 年期	7 年期	10 年期
"大盘股"投资组合每股收益变化（%）第 1 组十分位分组最低复合收益率（%）	−47.02	−19.06	−8.00	−7.09	−1.24

（续）

对于任何	1年期	3年期	5年期	7年期	10年期
"大盘股"投资组合每股收益变化（%）第1组十分位分组最高复合收益率（%）	69.02	34.20	26.67	20.58	18.74
"大盘股"投资组合最低复合收益率（%）	−46.91	−15.89	−5.82	−4.15	−0.15
"大盘股"投资组合最高复合收益率（%）	68.96	33.12	28.95	22.83	19.57
"大盘股"投资组合每股收益变化（%）第10组十分位分组最低复合收益率（%）	−55.59	−27.26	−9.55	−6.21	−4.26
"大盘股"投资组合每股收益变化（%）第10组十分位分组最高复合收益率（%）	62.25	33.14	27.10	22.58	20.99

表17-10　10 000美元按最高与最低的年复合平均收益率（通过月度数据计算得出）投资所得到的最终价值（1927年1月1日～2009年12月31日）

对于任何	1年期	3年期	5年期	7年期	10年期
"大盘股"投资组合每股收益变化（%）第1组十分位分组10 000美元最低价值（美元）	5 298	5 303	6 592	5 978	8 828
"大盘股"投资组合每股收益变化（%）第1组十分位分组10 000美元最高价值（美元）	16 902	24 169	32 611	37 068	55 698
"大盘股"投资组合10 000美元最低价值（美元）	5 309	5 951	7 409	7 434	9 848
"大盘股"投资组合10 000美元最高价值（美元）	16 896	23 591	35 656	42 189	59 747
"大盘股"投资组合每股收益变化（%）第10组十分位分组10 000美元最低价值（美元）	4 441	3 849	6 053	6 383	6 473
"大盘股"投资组合每股收益变化（%）第10组十分位分组10 000美元最高价值（美元）	16 225	23 600	33 169	41 574	67 211

相对于"所有股票"投资组合，该组合具有最高收益率的最佳5年出现在截至1980年11月的那段时间，当时与"所有股票"投资组合的203%相比，其累计收益率为345%，实现了142%的累计超额收益率。相对于"所有股票"投资组合最低的5年收益出现在截至1985年12月的那段时间。相对于"所有股票"投资组合113%的累计收益率，其累计收益率为30%，使得"所有股票"投资组合具有最高收益率股票的损失为30%。

相对于"大盘股"投资组合的最佳5年相对表现出现在截至1980年11月的那段时间，相对于"大盘股"投资组合128%的收益率，"大盘股"投资组合具有最高收益率的股票累计收益为177%，累计超额收益率为49%。相对于"大盘股"投资组合的最低5年收益出现在截至1986年8月的那段时间。当时相对于"大盘股"投资组合150%的收入，其累计收益率为79%，赤字率71%。

买入具有最低收益变化的股票

或许你最好买入具有最低年收益变化的10%股票,至少你对这些股票的期望不会很高。切记我们还将关注其收益由正转为负的股票第10组十分位分组股票将主要大幅跌落至负值区域。

1963年12月31日对"所有股票"投资组合中年收益率变化最低的10%股票投资的10 000美元在2009年年末增长到350 708美元,实现了8.04%的年复合平均收益率。该收益要比对"所有股票"投资组合进行相同投资所赚得的1 329 513美元要差很多。其风险为23.34%,比"所有股票"投资组合的18.99%要高很多。与"所有股票"投资组合的夏普比率0.33相比,收益变化最低的10%股票的夏普比率为0.13。"所有股票"投资组合的最低年收益变化的基本比率全为负,以所有滚动5年期的16%和所有滚动10年期的2%打败"所有股票"投资组合。表17-11、表17-12和表17-13总结了这些结果。图17-3显示了第10组十分位分组股票5年期滚动年平均复合超额收益(损失)率。

表17-11 年收益及风险数据统计概要:"所有股票"投资组合和"所有股票"投资组合每股收益变化(%)第10组十分位分组(1964年1月1日~2009年12月31日)

	"所有股票"投资组合每股收益变化(%)第10组十分位分组	"所有股票"投资组合
算术平均值(%)	11.05	13.26
几何平均值(%)	8.04	11.22
平均收益(%)	16.09	17.16
标准差(%)	23.34	18.99
向上的偏差(%)	14.64	10.98
向下的偏差(%)	16.90	13.90
跟踪误差	7.28	0.00
收益为正的时期数	325	329
收益为负的时期数	227	223
从最高点到最低点的最大跌幅(%)	−71.22	−55.54
贝塔值	1.18	1.00
T统计量($m=0$)	3.06	4.47
夏普比率($Rf=5\%$)	0.13	0.33
索蒂诺比率($MAR=10\%$)	−0.12	0.09
10 000美元投资的最终结果(美元)	350 708	1 329 513
1年期最低收益(%)	−59.14	−46.49

（续）

	"所有股票"投资组合每股收益变化（%）第 10 组十分位分组	"所有股票"投资组合
1 年期最高收益（%）	106.63	84.19
3 年期最低收益（%）	−31.94	−18.68
3 年期最高收益（%）	36.89	31.49
5 年期最低收益（%）	−12.47	−9.91
5 年期最高收益（%）	27.29	27.66
7 年期最低收益（%）	−8.31	−6.32
7 年期最高收益（%）	21.85	23.77
10 年期最低收益（%）	−4.25	1.01
10 年期最高收益（%）	19.03	22.05
预期最低收益[①]（%）	−35.64	−24.73
预期最高收益[②]（%）	57.74	51.24

① 预期最低收益等于收益率的算术平均值减去 2 倍的标准差。

② 预期最高收益等于收益率的算术平均值加上 2 倍的标准差。

表 17-12 "所有股票"投资组合和"所有股票"投资组合每股收益变化（%）第 10 组十分位分组的基本比率（1964 年 1 月 1 日～2009 年 12 月 31 日）

项目	"所有股票"投资组合每股收益变化（%）平均年度第 1 组十分位分组战胜"所有股票"投资组合	百分比（%）	年平均超额收益率（%）
1 年期收益率	541 期中有 209 期	39	−2.14
滚动的 3 年期复合收益率	517 期中有 145 期	28	−3.17
滚动的 5 年期复合收益率	493 期中有 80 期	16	−3.44
滚动的 7 年期复合收益率	469 期中有 52 期	11	−3.58
滚动的 10 年期复合收益率	433 期中有 10 期	2	−3.52

表 17-13 最糟糕的情况："所有股票"投资组合每股收益变化（%）第 10 组十分位分组的跌幅超过 20% 的全部数据（1964 年 1 月 1 日～2009 年 12 月 31 日）

峰值日期	峰值指数值	低谷日期	低谷指数值	恢复日期	跌幅（%）	下跌持续时间（月）	恢复持续时间（月）
1969 年 1 月	2.94	1974 年 9 月	1.19	1978 年 5 月	−59.46	68	44
1981 年 5 月	5.67	1982 年 7 月	4.01	1982 年 11 月	−29.36	14	4
1983 年 6 月	7.95	1984 年 7 月	6.02	1986 年 2 月	−24.23	13	19
1987 年 8 月	10.65	1987 年 11 月	7.00	1989 年 5 月	−34.27	3	18
1989 年 8 月	11.49	1990 年 10 月	7.42	1992 年 6 月	−35.39	14	15
1998 年 4 月	29.52	1998 年 8 月	19.66	1999 年 4 月	−33.42	4	8
2000 年 2 月	54.32	2002 年 9 月	15.63		−71.22	31	
平均值					−41.05	21	18

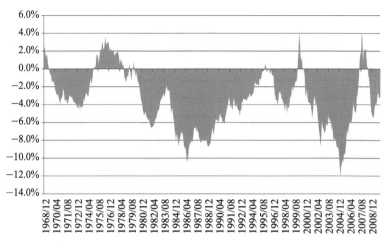

图 17-3　5 年期滚动年复合平均超额收益（损失）率

"所有股票"投资组合每股收益变化（%）第 10 组十分位分组的收益率减去"所有股票"投资组合的收益率（1964 年 1 月 1 日～2009 年 12 月 31 日）

"大盘股"投资组合表现很差

投资于"大盘股"投资组合中年收益最低的 10% 股票的 10 000 美元在 2009 年 12 月 31 日仅增长到 285 002 美元，实现了 7.55% 的年收益率。1963 年 12 月 31 日投资于"大盘股"投资组合的 10 000 美元增长到 872 861 美元，实现了 10.20% 的年收益率。与"大盘股"投资组合 0.32 的夏普比率相比，最低年收益组的夏普比率仅为 0.14。表 17-14、表 17-15 和表 17-16 总结了这些结果。其基本比率比"所有股票"投资组合的最低收益率略好一些，最低收益率以所有滚动 5 年期的 25% 和所有滚动 10 年期的 9% 打败"大盘股"投资组合。图 17-4 显示了第 10 组十分位分组 5 年期滚动年复合平均超额收益（损失）率。表 17-17 和表 17-18 按 10 年的期限间隔总结了"所有股票"投资组合和"大盘股"投资组合最高和最低 10% 股票的收益变化的年复合平均收益率。

表 17-14　年收益及风险数据统计概要："大盘股"投资组合和"大盘股"投资组合每股收益变化（%）第 10 组十分位分组（1964 年 1 月 1 日～2009 年 12 月 31 日）

	"大盘股"投资组合每股收益变化（%）第 10 组十分位分组	"大盘股"投资组合
算术平均值（%）	9.43	11.72
几何平均值（%）	7.55	10.20

(续)

	"大盘股"投资组合每股收益变化(%)第10组十分位分组	"大盘股"投资组合
平均收益(%)	13.63	17.20
标准差(%)	18.56	16.50
向上的偏差(%)	11.21	9.70
向下的偏差(%)	13.29	11.85
跟踪误差	6.79	0.00
收益为正的时期数	319	332
收益为负的时期数	233	220
从最高点到最低点的最大跌幅(%)	−67.30	−53.77
贝塔值	1.05	1.00
T统计量($m=0$)	3.31	4.58
夏普比率($Rf=5\%$)	0.14	0.32
索蒂诺比率($MAR=10\%$)	−0.18	0.02
10 000美元投资的最终结果(美元)	285 002	872 861
1年期最低收益(%)	−55.59	−46.91
1年期最高收益(%)	62.25	68.96
3年期最低收益(%)	−27.26	−15.89
3年期最高收益(%)	33.14	33.12
5年期最低收益(%)	−9.55	−5.82
5年期最高收益(%)	27.10	28.95
7年期最低收益(%)	−6.21	−4.15
7年期最高收益(%)	22.58	22.83
10年期最低收益(%)	−4.26	−0.15
10年期最高收益(%)	20.99	19.57
预期最低收益①(%)	−27.68	−21.28
预期最高收益②(%)	46.55	44.72

① 预期最低收益等于收益率的算术平均值减去2倍的标准差。
② 预期最高收益等于收益率的算术平均值加上2倍的标准差。

表17-15 "大盘股"投资组合和"大盘股"投资组合每股收益变化(%)第10组十分位分组的基本比率(1964年1月1日～2009年12月31日)

项目	"大盘股"投资组合每股收益变化(%)平均年度项目第1组十分位分组战胜"大盘股"投资组合	百分比(%)	超额收益率(%)
1年期收益率	541期中有200期	37	−1.85
滚动的3年期复合收益率	517期中有160期	31	−2.17
滚动的5年期复合收益率	493期中有122期	25	−2.26
滚动的7年期复合收益率	469期中有57期	12	−2.34
滚动的10年期复合收益率	433期中有37期	9	−2.22

表 17-16 最糟糕的情况:"大盘股"投资组合每股收益变化(%)第 10 组十分位分组的跌幅超过 20% 的全部数据(1964 年 1 月 1 日～2009 年 12 月 31 日)

峰值日期	峰值指数值	低谷日期	低谷指数值	恢复日期	跌幅(%)	下跌持续时间(月)	恢复持续时间(月)
1966 年 1 月	1.24	1966 年 9 月	0.99	1967 年 4 月	−20.15	8	7
1969 年 1 月	1.61	1974 年 9 月	0.86	1976 年 2 月	−46.73	68	17
1981 年 3 月	2.57	1982 年 7 月	1.99	1982 年 11 月	−22.57	16	4
1987 年 9 月	6.71	1987 年 11 月	4.75	1989 年 1 月	−29.11	2	14
1989 年 8 月	8.21	1990 年 10 月	5.85	1991 年 5 月	−28.67	14	7
2000 年 8 月	42.69	2002 年 9 月	13.96	2007 年 9 月	−67.30	25	60
2007 年 10 月	44.70	2009 年 2 月	17.16		−61.62	16	
平均值					−39.45	21.29	18.17

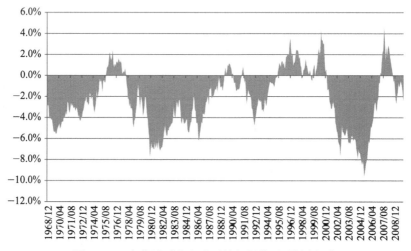

图 17-4 5 年期滚动年复合平均超额收益(损失)率

"大盘股"投资组合每股收益变化(%)第 10 组十分位分组的收益率减去"大盘股"投资组合的收益率(1964 年 1 月 1 日～2009 年 12 月 31 日)

表 17-17 按 10 年期限间隔的年复合平均收益率

	1960s[①]	1970s	1980s	1990s	2000s[②]
"所有股票"投资组合每股收益变化(%)第 1 组十分位分组(%)	19.66	8.30	12.25	17.02	5.80
"所有股票"投资组合每股收益变化(%)第 10 组十分位分组(%)	11.85	7.38	10.55	14.67	−1.97
"所有股票"投资组合(%)	13.36	7.56	16.78	15.35	4.39

① 1964 年 1 月 1 日～1969 年 12 月 31 日的收益。
② 2000 年 1 月 1 日～2009 年 12 月 31 日的收益。

表 17-18 按 10 年期限间隔的年复合平均收益率

	1960s①	1970s	1980s	1990s	2000s②
"大盘股"投资组合每股收益变化（%）第1组十分位分组（%）	8.30	5.40	13.32	15.94	2.88
"大盘股"投资组合每股收益变化（%）第10组十分位分组（%）	3.13	4.76	15.60	16.29	-2.55
"大盘股"投资组合（%）	8.16	6.65	17.34	16.38	2.42

① 1964 年 1 月 1 日～1969 年 12 月 31 日的收益。
② 2000 年 1 月 1 日～2009 年 12 月 31 日的收益。

最好的和最糟糕的情况

1963 年 12 月 31 日～2009 年 12 月 31 日 "所有股票" 投资组合具有每股最大年收益跌幅的 10% 股票有 7 次从峰值到低谷的下跌超过 20%。最大跌幅 71.22% 出现在 2000 年 2 月～2002 年 9 月，但已从 2000 年 2 月的高点中恢复。表 17-13 显示了 1963 年以来的所有跌幅。正如 "所有股票" 投资组合中每股收益率最高的 10% 股票，在股价下跌时每股收益率最低的 10% 股票也更为动荡，即 16.90% 的下跌风险对 "所有股票" 投资组合 13.90% 的下跌风险。具有每股最低收益变化的 10% 股票的最高 5 年期收益出现在截至 1979 年 12 月的那段时间，当时 10 000 美元投资增长到 33 423 美元，实现了 27.29% 的年复合收益率。最低 5 年期收益出现在截至 2009 年 2 月的那段时间，当时 10 000 美元下跌到 5 138 美元，出现了 -12.47% 的年损失。

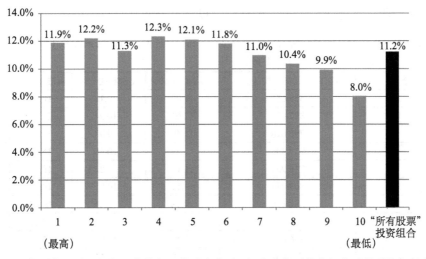

图 17-5 "所有股票" 投资组合按每股收益变化（%）十分位平均分组表示的平均年复合收益率（1964 年 1 月 1 日～2009 年 12 月 31 日）

表 17-19 "所有股票"投资组合的每股收益变化（%）十分位分析的结果汇总（1964 年 1 月 1 日～2009 年 12 月 31 日）

等分	10 000 美元增长到（美元）	平均收益（%）	复合收益（%）	标准差（%）	夏普比率
1（最高）	1 750 567	14.68	11.88	22.10	0.31
2	1 995 466	14.76	12.20	21.14	0.34
3	1 371 466	13.38	11.29	19.17	0.33
4	2 107 751	14.04	12.34	17.28	0.42
5	1 907 735	13.53	12.09	15.97	0.44
6	1 696 234	13.14	11.81	15.41	0.44
7	1 200 373	12.32	10.97	15.57	0.38
8	932 374	11.91	10.36	16.67	0.32
9	773 000	11.85	9.91	18.68	0.26
10（最低）	350 708	11.05	8.04	23.34	0.13
"所有股票"的投资组合	1 329 513	13.26	11.22	18.99	0.33

"大盘股"投资组合具有每股最低收益的 10% 股票有 7 次跌幅超过 20%，最高跌幅 67.3% 出现在 2000 年 8 月～2002 年 9 月。这一最大跌幅赶上了 2007 年 10 月～2009 年 2 月的 61.62% 的跌幅。正如具有最高收益率的 10%"大盘股"投资组合，具有最低收益率的股票在股价下跌时更具风险性，即 13.29% 的下跌风险对"大盘股"投资组合 11.85% 的下跌风险。最高 5 年期收益出现在截至 1987 年 7 月的那段时间，当时 10 000 美元投资增长到 33169 美元，实现了 27.10% 的年收益率。最低 5 年期收益出现在截至 2002 年 9 月的那段时间，10 000 美元下跌到 6 053 美元。表 17-9 和表 17-10 收录了最糟糕的情况及所有时期最佳和最差情况的收益，表 17-20 按每股收益率变化显示了"大盘股"投资组合所有十分位分组的收益。

表 17-20 "大盘股"投资组合的每股收益变化（%）十分位分析的结果汇总（1964 年 1 月 1 日～2009 年 12 月 31 日）

等分	10 000 美元增长到（美元）	平均收益（%）	复合收益（%）	标准差（%）	夏普比率
1（最高）	555 651	11.09	9.13	18.83	0.22
2	887 075	12.01	10.24	17.77	0.29
3	795 618	11.46	9.98	16.31	0.31
4	939 305	11.73	10.38	15.61	0.34
5	746 951	11.10	9.83	15.16	0.32
6	803 736	11.19	10.01	14.66	0.34
7	687 816	10.78	9.63	14.47	0.32
8	624 773	10.66	9.41	15.11	0.29
9	826 689	11.48	10.07	15.94	0.32
10（最低）	285 002	9.43	7.55	18.56	0.14
"大盘股"的投资组合	872 861	11.72	10.20	16.50	0.32

相对而言，"所有股票"投资组合具有最低收益变化的 10% 股票的最高 5 年期收益出现在截至 2000 年 2 月的那段时间。相对于"所有股票"投资组合的 172% 而言，该 10% 股票的累计收益率为 223%，实现了 51% 的累计优势。最低 5 年期收益出现在截至 1986 年 6 月的那段时间，当时与"所有股票"投资组合 136% 的累计收入率相比，该组的累计收益率 51%，累计损失率为 85%。

观察"大盘股"投资组合具有最低收益变化的 10% 股票时，我们发现，其相对于"大盘股"投资组合的最佳 5 年相对表现出现在 1995 年 10 月，当时相对于"大盘股"投资组合 143% 的收益率，它的收益率为 154%，累计优势为 11%。相对于"大盘股"投资组合的最差 5 年相对表现出现在截至 1986 年 6 月的那段时间，当时相对于"大盘股"投资组合 134% 的收益率，该组的累计优势为 80%，损失率为 54%。图 17-3 和图 17-4 描绘了"所有股票"投资组合和"大盘股"投资组合收益增长最低的 10% 股票在 1964 ~ 2009 年间的滚动 5 年期超额收益率。

下跌

十分位分析显示在选择股票时收益率并不是一个非常好用的变量。看看所有时期"所有股票"投资组合的十分位分析：第 4 组十分位分组事实上是表现最好的股票，年收益率为 12.34%；第 1 ~ 6 组十分位分组的收益非常集中，都打败了"所有股票"投资组合，但彼此间相差悬殊较小且波动性更大；第 7 ~ 10 组十分位分组收益的变化越来越糟，全都败给了"所有股票"投资组合。这不足为奇，因为持续的较差收益变化并不太吸引投资者。

"大盘股"投资组合的十分位分析更令人困惑。正如我们所看到的，"所有股票"投资组合第 4 组十分位分组绝对是表现最好的股票，每年盈利 10.38%。但是我们发现，只有第 2 组和第 4 组十分位分组勉强打败了"大盘股"投资组合。这个相对奇怪的模式告诉我们，不应仅使用"大盘股"投资组合的收益变化来选择或排除股票。诚然，收益率是华尔街最密切关注的数字，但这显得有些讽刺。表 17-19 和表 17-20 及图 17-5 和图 17-6 都显示了十分位分析的结果。

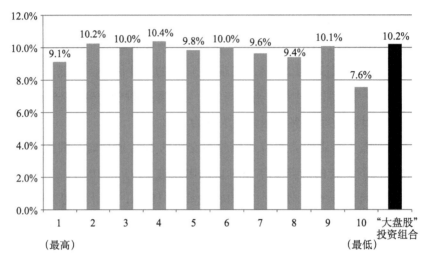

图17-6 "大盘股"投资组合按每股收益变化(%)十分位分组的平均年复合收益率(1964年1月1日~2009年12月31日)

对投资者的启示

如果投资者购买股票仅因为它们具有很大的收益率的话,则难免会做一桩赔钱的买卖。虽然"所有股票"投资组合中具有很高收益率的股票在下跌前有一个过渡期,但是我们常看到其业绩一路直线下跌,最后比"所有股票"投资组合的表现还要差。由于缺乏一致性,因此我们较难做出明智的投资决策。就我们从本次研究中所见的而言,收益率确实有用,但是仅限于在与其他变量(如你为收益率支付了多少成本、市场在多大程度上确认了它们具有相对的增值潜能)结合时使用。

你不应只看收益率的一个原因是,投资者对于具有巨额收益率的公司通常都过于兴奋,并将这些收益假设在未来投射得太远。很有趣的是,具有最高年收益率的股票几乎总是具有最高的本益比,这也表明较差的业绩即将到来。在后面部分我们会看到,较强的收益率加上较强的价格势头,将会为你带来业绩较好的股票,但是就现在来看,切记不应该仅因为某只股票具有突出的年收益率而购买它。

购买具有最低收益变化的股票则更糟,其本身就没有说服力。历史经验告诉我们,不应仅使用某一个变量进行投资决策。

| 第18章 |

利润率

投资者会从企业利润中获利吗

今天与昨天发生的事情相同,但是针对的是不同的人群。

——华尔特·温切尔

净利润率是一家公司运营效率和与同行业公司成功竞争的能力的最佳衡量尺度。许多人认为,具有较高净利润率的公司都是比较好的投资标的,因为它们是其所在行业的领头羊。通过扣除非经常项目前的净收入(一家公司扣除所有支出项,分摊红利之前的收入),再除以净销售额然后乘以100%,就可以得到净利润率。

结果

我通过从"所有股票"投资组合和"大盘股"投资组合中买入具有最高净利润率的10%股票证明了这一策略。我们在1963年12月31日投资10 000美元,并且像往常一样按时限标记所有会计数据,以便避免前视偏差。混合型投资组合每年调整一次。

1963年12月31日对"所有股票"投资组合中具有最高净利润率的10%股票进行投资的10 000美元,在2009年年末增长到911 179美元,实现了10.31%的年收益率,即418 334美元,这要比单独投资"所有股票"投资组合赚的少很多,从10 000美元增长到1 329 513美元,实现了11.22%的年收益率。

事实上,具有高利润率的10%股票的风险与"所有股票"投资组合的风险程度相同,标准收益偏差为17.05%,稍逊"所有股票"投资组合的18.99%。该组的下跌风险也与"所有股票"投资组合的下跌风险极为接近，12.82%对"所有股票"投资组合的13.90%。略低的收益加上略低的风险使得具有高净利润率的股票的夏普比率接近"所有股票"投资组合的夏普比率，0.31的夏普比率对"所有股票"投资组合0.33的夏普比率。基本比率就像掷硬币一样，具有最高净利润率的10%股票以所有滚动5年期的47%和所有滚动10年期的48%收益率打败了"所有股票"投资组合。表18-1～表18-5总结了这些收益项目。

表18-1 年收益及风险数据统计概要："所有股票"投资组合净利润第1组十分位分组和"所有股票"投资组合（1964年1月1日～2009年12月31日）

	"所有股票"投资组合净利润第1组十分位分组	"所有股票"投资组合
算术平均值（%）	11.93	13.26
几何平均值（%）	10.31	11.22
平均收益（%）	13.44	17.16
标准差（%）	17.05	18.99
向上的偏差（%）	10.19	10.98
向下的偏差（%）	12.82	13.90
跟踪误差	6.50	0.00
收益为正的时期数	334	329
收益为负的时期数	218	223
从最高点到最低点的最大跌幅（%）	−53.32	−55.54
贝塔值	0.84	1.00
T统计量（$m=0$）	4.51	4.47
夏普比率（$Rf=5\%$）	0.31	0.33
索蒂诺比率（$MAR=10\%$）	0.02	0.09
10 000美元投资的最终结果（美元）	911 179	1 329 513
1年期最低收益（%）	−46.92	−46.49
1年期最高收益（%）	59.62	84.19
3年期最低收益（%）	−15.05	−18.68
3年期最高收益（%）	32.22	31.49
5年期最低收益（%）	−6.26	−9.91
5年期最高收益（%）	27.91	27.66
7年期最低收益（%）	−2.81	−6.32
7年期最高收益（%）	21.40	23.77
10年期最低收益（%）	0.05	1.01
10年期最高收益（%）	19.42	22.05
预期最低收益[1]（%）	−22.17	−24.73
预期最高收益[2]（%）	46.04	51.24

[1] 预期最低收益等于收益率的算术平均值减去2倍的标准差。
[2] 预期最高收益等于收益率的算术平均值加上2倍的标准差。

表 18-2 "所有股票"投资组合净利润第 1 组十分位分组和"所有股票"投资组合的基本比率（1964 年 1 月 1 日～2009 年 12 月 31 日）

项目	"所有股票"投资组合净利润平均年度项目第 1 组十分位分组打败"所有股票"投资组合	百分比（%）	年平均超额收益率（%）
1 年期收益率	541 期中有 233 期	43	−1.29
滚动的 3 年期复合收益率	517 期中有 270 期	52	−0.85
滚动的 5 年期复合收益率	493 期中有 232 期	47	−0.66
滚动的 7 年期复合收益率	469 期中有 225 期	48	−0.64
滚动的 10 年期复合收益率	433 期中有 209 期	48	−0.71

表 18-3 最糟糕的情况："所有股票"投资组合净利润第 1 组十分位分组的跌幅超过 20% 的全部数据（1964 年 1 月 1 日～2009 年 12 月 31 日）

峰值日期	峰值指数值	低谷日期	低谷指数值	恢复日期	跌幅（%）	下跌持续时间（月）	恢复持续时间（月）
1969 年 1 月	1.85	1970 年 6 月	1.27	1972 年 2 月	−31.36	17	20
1972 年 12 月	2.14	1974 年 9 月	1.16	1977 年 1 月	−45.60	21	28
1980 年 11 月	5.36	1982 年 7 月	3.84	1983 年 2 月	−28.39	20	7
1983 年 6 月	6.27	1984 年 7 月	4.84	1985 年 6 月	−22.77	13	11
1987 年 8 月	9.75	1987 年 11 月	7.08	1989 年 5 月	−27.44	3	18
1998 年 4 月	39.43	1998 年 8 月	28.66	1999 年 6 月	−27.30	4	10
2000 年 8 月	56.99	2002 年 9 月	42.27	2003 年 10 月	−25.83	25	13
2007 年 10 月	115.91	2009 年 2 月	54.11		−53.32	16	
平均值					−32.75	14.88	15.29

表 18-4 最高和最低年复合平均收益（按月度数据计算）（1964 年 1 月 1 日～2009 年 12 月 31 日）

对于任何	1 年期	3 年期	5 年期	7 年期	10 年期
"所有股票"投资组合净利润第 1 组十分位分组最低复合收益率（%）	−46.92	−15.05	−6.26	−2.81	0.05
"所有股票"投资组合净利润第 1 组十分位分组最高复合收益率（%）	59.62	32.22	27.91	21.40	19.42
"所有股票"投资组合最低复合收益率（%）	−46.49	−18.68	−9.91	−6.32	1.01
"所有股票"投资组合最高复合收益率（%）	84.19	31.49	27.66	23.77	22.05

表 18-5 10 000 美元按最高与最低的年复合平均收益率（通过月度数据计算得出）投资所得到的最终价值（1927 年 1 月 1 日～2009 年 12 月 31 日）

对于任何	1 年期	3 年期	5 年期	7 年期	10 年期
"所有股票"投资组合净利润第 1 组十分位分组 10 000 美元最低价值（美元）	5 308	6 131	7 238	8 193	10 046
"所有股票"投资组合净利润第 1 组十分位分组 10 000 美元最高价值（美元）	15 962	23 116	34 238	38 866	58 969

(续)

对于任何	1年期	3年期	5年期	7年期	10年期
"所有股票"投资组合10 000美元最低价值（美元）	5 351	5 379	5 936	6 330	11 054
"所有股票"投资组合10 000美元最高价值（美元）	18 419	22 734	33 903	44 504	73 345

如图18-1所示，相对于可能吸引投资者的"所有股票"投资组合，具有高净利润率的股票从未真正经历过任何5年期高点，其最强势的表现出现在截至1980年的那个5年期，同时也是具有最高收益率的股票也在突飞猛进的时候。正如我在第6章中提到的那样——累计收益与年复合平均收益在表面上存在差异，因此虽然在20世纪70年代早期的那段时间里超额收益看上去表现更好，但是在累计的基础上，截至1980年的那个5年期见证了具有高利润率的股票真正的丰厚收益。虽然确定具有很高收益率和高利润率的股票是否是一项不错的投资需要直觉就可以，但是长期数据的指示则相反，这是因为成功的投资在很大程度上有赖于购买具有良好前景的股票。但是对于这类股票，投资者目前具有较低的预期，具有很高收益率和高净利润率的股票基本上都是高预期股票。这些高预期通常使得投资者支付过高的价格，当这些"超级"股票不可避免地出现下跌时，其价格也会令人眩晕，进而让投资者成为"成功"的牺牲品。

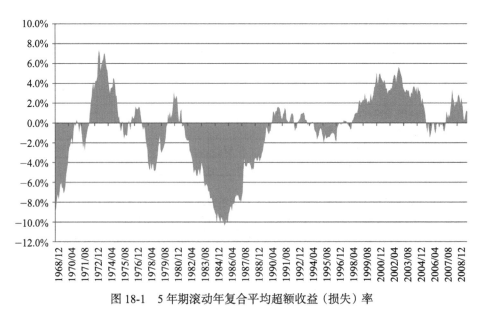

图18-1　5年期滚动年复合平均超额收益（损失）率

"所有股票"投资组合净利润第1组十分位分组的收益率减去"所有股票"投资组合的收益率（1964年1月1日～2009年12月31日）

"大盘股"投资组合结果类似于"所有股票"投资组合

"大盘股"投资组合中具有高净利润率的股票的表现并不比"所有股票"投资组合的要好多少(见图18-2)。1963年12月31日~2009年12月31日,对第1组十分位分组股票投资的10 000美元增长到434 494美元,实现了8.54%的年收益率。比对"大盘股"投资组合进行相同的投资所赚得的872 861美元要少很多,其年收益率为10.20%,标准差为16.50%,而第1组十分位分组股票的收益率则是16.60%。与"大盘股"投资组合的夏普比率0.32相比,第1组十分位分组股票的夏普比率为0.21。所有基本比率都为负,具有最高净利润率的10%股票以所有滚动10年期的30%收益率打败"大盘股"投资组合。表18-6~表18-10显示了"大盘股"投资组合具有最高利润的股票的5年期滚动年复合平均超额收益(损失)率。

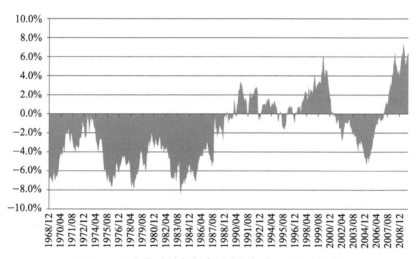

图 18-2 5年期滚动年复合平均超额收益(损失)率

"大盘股"投资组合净利润第1组十分位分组的收益率减去"大盘股"投资组合的收益率(1964年1月1日~2009年12月31日)

表 18-6 年收益及风险数据统计概要:"大盘股"投资组合净利润第1组十分位分组和"大盘股"投资组合(1964年1月1日~2009年12月31日)

	"大盘股"投资组合净利润第1组十分位分组	"大盘股"投资组合
算术平均值(%)	10.05	11.72
几何平均值(%)	8.54	10.20
平均收益(%)	12.26	17.20
标准差(%)	16.60	16.50

(续)

	"大盘股"投资组合净利润第1组十分位分组	"大盘股"投资组合
向上的偏差（%）	10.11	9.70
向下的偏差（%）	11.83	11.85
跟踪误差	7.30	0.00
收益为正的时期数	325	332
收益为负的时期数	227	220
从最高点到最低点的最大跌幅（%）	−52.15	−53.77
贝塔值	0.91	1.00
T统计量（$m=0$）	3.93	4.58
夏普比率（$Rf=5\%$）	0.21	0.32
索蒂诺比率（$MAR=10\%$）	−0.12	0.02
10 000美元投资的最终结果（美元）	434 494	872 861
1年期最低收益（%）	−47.91	−46.91
1年期最高收益（%）	49.86	68.96
3年期最低收益（%）	−19.63	−15.89
3年期最高收益（%）	31.68	33.12
5年期最低收益（%）	−8.66	−5.82
5年期最高收益（%）	28.97	28.95
7年期最低收益（%）	−6.87	−4.15
7年期最高收益（%）	23.06	22.83
10年期最低收益（%）	−4.41	−0.15
10年期最高收益（%）	20.02	19.57
预期最低收益①（%）	−23.15	−21.28
预期最高收益②（%）	43.25	44.72

① 预期最低收益等于收益率的算术平均值减去2倍的标准差。
② 预期最高收益等于收益率的算术平均值加上2倍的标准差。

表18-7 "大盘股"投资组合净利润第1组十分位分组和"大盘股"投资组合的基本比率（1964年1月1日～2009年12月31日）

项目	"大盘股"投资组合净利润平均年度第1组十分位分组打败"大盘股"投资组合	百分比（%）	年平均超额收益率（%）
1年期收益率	541期中有250期	46	−1.61
滚动的3年期复合收益率	517期中有169期	33	−1.66
滚动的5年期复合收益率	493期中有153期	31	−1.78
滚动的7年期复合收益率	469期中有144期	31	−1.90
滚动的10年期复合收益率	433期中有132期	30	−1.92

表 18-8 最糟糕的情况："大盘股"投资组合净利润第 1 组十分位分组的跌幅超过 20% 的全部数据（1964 年 1 月 1 日～2009 年 12 月 31 日）

峰值日期	峰值指数值	低谷日期	低谷指数值	恢复日期	跌幅（%）	下跌持续时间（月）	恢复持续时间（月）
1965 年 9 月	1.22	1966 年 8 月	0.95	1967 年 9 月	−22.48	11	13
1968 年 11 月	1.37	1970 年 6 月	0.97	1971 年 3 月	−29.24	19	9
1972 年 11 月	1.55	1974 年 9 月	0.74	1980 年 1 月	−52.15	22	64
1980 年 11 月	2.02	1982 年 7 月	1.58	1983 年 1 月	−21.47	20	6
1987 年 8 月	4.72	1987 年 11 月	3.70	1989 年 4 月	−21.71	3	17
1998 年 4 月	22.25	1998 年 8 月	17.28	1998 年 12 月	−22.31	4	4
2000 年 8 月	34.79	2002 年 9 月	17.22	2006 年 1 月	−50.51	25	40
2008 年 5 月	51.24	2009 年 2 月	26.32		−48.64	9	
平均值					−33.56	14.13	21.86

表 18-9 最高和最低年复合平均收益（按月度数据计算）（1964 年 1 月 1 日～2009 年 12 月 31 日）

对于任何	1 年期	3 年期	5 年期	7 年期	10 年期
"大盘股"投资组合净利润第 1 组十分位分组最低复合收益率（%）	−47.91	−19.63	−8.66	−6.87	−4.41
"大盘股"投资组合净利润第 1 组十分位分组最高复合收益率（%）	49.86	31.68	28.97	23.06	20.02
"大盘股"投资组合最低复合收益率（%）	−46.91	−15.89	−5.82	−4.15	−0.15
"大盘股"投资组合最高复合收益率（%）	68.96	33.12	28.95	22.83	19.57

表 18-10 10 000 美元按最高与最低的年复合平均收益率（通过月度数据计算得出）投资所得到的最终价值（1927 年 1 月 1 日～2009 年 12 月 31 日）

对于任何	1 年期	3 年期	5 年期	7 年期	10 年期
"大盘股"投资组合净利润第 1 组十分位分组 10 000 美元最低价值（美元）	5 209	5 192	6 358	6 076	6 368
"大盘股"投资组合净利润第 1 组十分位分组 10 000 美元最高价值（美元）	14 986	22 833	35 681	42 747	62 031
"大盘股"投资组合 10 000 美元最低价值（美元）	5 309	5 951	7 409	7 434	9 848
"大盘股"投资组合 10 000 美元最高价值（美元）	16 896	23 591	35 656	42 189	59 747

最好的和最糟糕的情况，最高收益与最低收益

最糟糕的情况表（见表 18-3）显示的是具有最高利润率的股票（尤其是来自"大盘股"投资组合的），由于我们已讨论的许多其他策略并没有遭受此类戏剧性的下跌。如表 18-3 所示，1963 年以来，"所有股票"投资组合中具有最高利润率的 10%

股票 8 次从峰值跌至低谷，损失超过 20%，53.32% 的最大损失出现在 2007 年 10 月～2009 年 2 月。如表 18-4 和表 18-5 所示，我们看到，高利润股票在截至 1980 年 11 月的那个最佳 5 年期内将 10 000 美元变成了 34 238 美元，而在最差 5 年期中，同样的 10 000 美元下跌到了 7 238 美元。

"大盘股"投资组合中的高利润股票也经历了 8 次超过 20% 损失率的下跌，最大跌幅 52.15% 出现在 1972～1974 年的熊市。在截至 1980 年 11 月的那个最佳 5 年期中，10 000 美元升值为 35 681 美元，在截至 1974 年 9 月的最差 5 年期中，同样的投资却缩水至 6 358 美元。表 18-8～表 18-10 显示了几个时间段的最糟糕情况及最高和最低收益。

相对而言，"所有股票"投资组合中高利润股票的最佳 5 年期也出现在截至 1980 年 9 月的那段时间，与"所有股票"投资组合 191% 的收益率相比，这些股票飙升至累计 242% 的收益率，累计优势为 51%。"所有股票"投资组合的相对最差业绩出现在截至 1985 年 3 月的那 5 年时间，与"所有股票"投资组合 165% 的收益率相比，高利润股票的收益率则降至累计 82%，损失达 83%。

如图 18-2 所示，"大盘股"投资组合中的高利润股票的相对表现与"所有股票"投资组合的相对表现也不无相似之处。高利润组对"大盘股"投资组合的相对最佳 5 年期出现在截至 2000 年 2 月的那段时间，与"大盘股"投资组合 182% 的收益率相比，它的累计收益率为 257%，累计优势为 75%。"大盘股"投资组合的相对最差 5 年期出现在截至 1987 年 7 月的那段时间，相对于"大盘股"投资组合 255% 的收入，高利润股票的累计收益率为 187%，损失达 68%。表 18-11 和表 18-12 按 10 年期限为间隔显示了"所有股票"投资组合和"大盘股"投资组合第 1 组十分位分组和第 10 组十分位分组的收益。

表 18-11 按 10 年期限间隔的年复合平均收益率（第 1 组十分位分组）

	1960s①	1970s	1980s	1990s	2000s②
"所有股票"投资组合净利润第 1 组十分位分组（%）	8.09	8.91	11.51	16.04	6.34
"所有股票"投资组合净利润第 10 组十分位分组（%）	17.10	8.87	11.04	14.54	-15.04
"所有股票"投资组合（%）	13.36	7.56	16.78	15.35	4.39

① 1964 年 1 月 1 日～1969 年 12 月 31 日的收益率。
② 2000 年 1 月 1 日～2009 年 12 月 31 日的收益率。

表 18-12 按 10 年期限间隔的年复合平均收益率（第 10 组十分位分组）

	1960s①	1970s	1980s	1990s	2000s②
"大盘股"投资组合净利润第 1 组十分位分组（%）	2.86	2.46	14.54	18.47	3.13
"大盘股"投资组合净利润第 10 组十分位分组（%）	8.92	6.18	18.19	20.34	-8.62
"大盘股"投资组合（%）	8.16	6.65	17.34	16.38	2.42

① 1964 年 1 月 1 日～1969 年 12 月 31 日的收益率。
② 2000 年 1 月 1 日～2009 年 12 月 31 日的收益率。

下跌

十分位分析确认仅因为其具有高利润率而购买某只股票不是个好主意。事实上，十分位分析显示的结果反而相反，某些最低利润率等分的股票表现反而超过了靠前的股票（除了第 9 和第 10 等分）。例如，将 10 000 美元投资于"所有股票"投资组合，具有最高利润率的十分位分组的股票升值到 911 179 美元，稍落后于"所有股票"投资组合，严重落后于第 7 等分的股票，后者由 10 000 美元升值到 2 056 372 美元。而且，除了第 10 个外，每个等分的股票表现得都比第 1 等分好。只有第 10 等分损失惨重，年收益率为 5.75%，只超过了投资 30 天的短期国债所赚得的 5.57%。"大盘股"投资组合也差不多如此，即低利润率等分的股票超过较高利润率等分的股票。表 18-11～表 18-14 及图 18-3 和图 18-4 总结了这些结果。

表 18-13 "所有股票"投资组合的净利润率十分位分析结果汇总（1964 年 1 月 1 日～2009 年 12 月 31 日）

十分位（10%）	10 000 美元的投资将增长至（美元）	平均收益率（%）	复合收益率（%）	标准差（%）	夏普比率
1（最高）	911 179	11.93	10.31	17.05	0.31
2	1 110 574	12.07	10.78	15.22	0.38
3	1 552 337	12.97	11.59	15.66	0.42
4	1 958 226	13.74	12.16	16.71	0.43
5	1 405 711	13.11	11.35	17.65	0.36
6	1 440 360	13.29	11.41	18.20	0.35
7	2 056 372	14.29	12.28	18.81	0.39
8	1 951 536	14.35	12.15	19.64	0.36
9	927 218	13.22	10.35	22.52	0.24
10（最低）	130 773	9.83	5.75	27.29	0.03
"所有股票"投资组合	1 329 513	13.26	11.22	18.99	0.33

表 18-14 "大盘股"投资组合的净利润率十分位分析结果汇总（1964 年 1 月 1 日～2009 年 12 月 31 日）

十分位（10%）	10 000 美元的投资将增长至（美元）	平均收益率（%）	复合收益率（%）	标准差（%）	夏普比率
1（最高）	434 494	10.05	8.54	16.60	0.21
2	494 767	10.05	8.85	14.83	0.26
3	627 112	10.66	9.41	15.07	0.29
4	914 208	11.60	10.31	15.24	0.35
5	924 229	11.76	10.34	16.00	0.33
6	836 921	11.53	10.10	16.09	0.32
7	673 795	11.07	9.58	16.40	0.28
8	784 618	11.54	9.95	16.89	0.29
9	781 507	11.50	9.94	16.79	0.29
10（最低）	418 270	10.67	8.45	19.92	0.17
"大盘股"投资组合	872 861	11.72	10.20	16.50	0.32

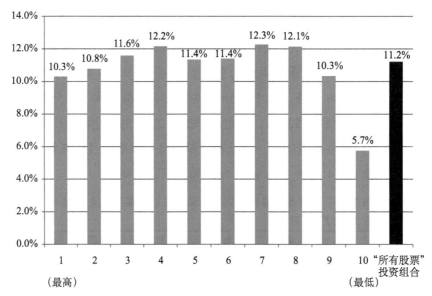

图 18-3 "所有股票"投资组合按净利润率十分位等分表示的平均年复合收益率（1964 年 1 月 1 日～2009 年 12 月 31 日）

对投资者的启示

历史经验表明，将高利润率用作购买股票的唯一决定因素会导致令人失望的结果。此处唯一真正的教训是，最好避免投资具有最低净利润率的第 10 组十分位分组的股票。

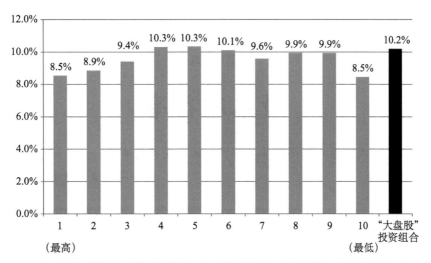

图18-4 "大盘股"投资组合按净利润率十分位等分表示的平均年复合收益率（1964年1月1日～2009年12月31日）

| 第 19 章 |

股本收益率

我宁愿人们怀疑其真实性，而不是接受事实。

——弗兰克·卡拉克

高股本收益是增长股的特征。通过将普通股股本除以扣除非经常项目前的收入（一家公司扣除所有支出项后，分摊红利前的收入），然后乘以100%即可计算出股本收益率。

就像高利润率一样，许多人认为高股本收益率（ROE）是衡量一家公司对股东资金投资有效性的最好评估标准。股本收益率越高，公司将你的资金进行再投资的能力就越强，由此可推测，股票的投资也就越好。

结果

下面来看看"所有股票"投资组合和"大盘股"投资组合的高和低股本收益率股票的结果。我们从1963年12月31日开始对"所有股票"投资组合中具有最高股本收益率的10%股票进行10 000美元的投资。同时还查看了"所有股票"投资组合和"大盘股"投资组合按股本收益率的所有十等分。像以往一样，我们每年调整混合型投资组合，并对所有会计数据进行时间标记，避免前视偏差。

如表19-1所示，截至2009年12月31日对具有最高股本收益率的股票组投资的 10 000 美元价值 2 066 648 美元，实现了 12.29% 的年收益率，比对"所有股票"投资组合的投资要略好一点，其中 10 000 美元升值到 1 329 513 美元。尽管具有最高股本收益率的 10% 股票的标准回报偏差仅为 20.74%，但比"所有股票"投资组合的 18.99% 也略高。其夏普比率为 0.35 对"所有股票"投资组合的 0.33，仅高出两个基点。比起"所有股票"投资组合 13.9% 的收益率，最高股本收益率股票略具风险性，下跌风险为 15%。

表 19-1 年收益及风险数据统计概要："所有股票"投资组合股本收益率第 1 组十分位分组和"所有股票"投资组合（1964 年 1 月 1 日～2009 年 12 月 31 日）

	"所有股票"投资组合股本收益率第 1 组十分位分组	"所有股票"投资组合
算术平均值（%）	14.75	13.26
几何平均值（%）	12.29	11.22
平均收益（%）	18.08	17.16
标准差（%）	20.74	18.99
向上的偏差（%）	12.36	10.98
向下的偏差（%）	15.00	13.90
跟踪误差	6.28	0.00
收益为正的时期数	334	329
收益为负的时期数	218	223
从最高点到最低点的最大跌幅（%）	−63.88	−55.54
贝塔值	1.04	1.00
T 统计量（$m=0$）	4.53	4.47
夏普比率（$Rf=5\%$）	0.35	0.33
索蒂诺比率（$MAR=10\%$）	0.15	0.09
10 000 美元投资的最终结果（美元）	2 066 648	1 329 513
1 年期最低收益（%）	−53.89	−46.49
1 年期最高收益（%）	97.64	84.19
3 年期最低收益（%）	−22.01	−18.68
3 年期最高收益（%）	37.49	31.49
5 年期最低收益（%）	−11.82	−9.91
5 年期最高收益（%）	29.63	27.66
7 年期最低收益（%）	−6.42	−6.32
7 年期最高收益（%）	24.22	23.77
10 年期最低收益（%）	0.88	1.01
10 年期最高收益（%）	20.58	22.05
预期最低收益[1]（%）	−26.73	−24.73
预期最高收益[2]（%）	56.23	51.24

[1] 预期最低收益等于收益率的算术平均值减去 2 倍的标准差。
[2] 预期最高收益等于收益率的算术平均值加上 2 倍的标准差。

第 1 个等分（最高股本收益率股票）的基本比率非常有趣。如表 19-2 所示，在短期内它们经常比"所有股票"投资组合更好，而不是长期。对于第 1 个等分与"所有股票"投资组合相比较，3 年和 5 年期的基本比率分别为 57% 和 51%。表 19-3 显示了"所有股票"投资组合的最糟糕情况，表 19-4 和表 19-5 则显示了各种持股期间的最高和最低收益。图 19-1 显示了第 1 个等分的 5 年期年复合平均超额收益（损失）率。

表 19-2　"所有股票"投资组合股本收益率第 1 组十分位分组和"所有股票"投资组合的基本比率（1964 年 1 月 1 日～2009 年 12 月 31 日）

项目	"所有股票"投资组合股本收益率平均年度第 1 组十分位分组打败"所有股票"投资组合	百分比（%）	年平均超额收益率（%）
1 年期收益率	541 期中有 325 期	60	1.61
滚动的 3 年期复合收益率	517 期中有 324 期	63	1.04
滚动的 5 年期复合收益率	493 期中有 327 期	66	0.76
滚动的 7 年期复合收益率	469 期中有 267 期	57	0.57
滚动的 10 年期复合收益率	433 期中有 220 期	51	0.25

表 19-3　最糟糕的情况："所有股票"投资组合股本收益率第 1 组十分位分组的跌幅超过 20% 的全部数据（1964 年 1 月 1 日～2009 年 12 月 31 日）

峰值日期	峰值指数值	低谷日期	低谷指数值	恢复日期	跌幅（%）	下跌持续时间（月）	恢复持续时间（月）
1968 年 11 月	3.24	1970 年 6 月	1.78	1971 年 12 月	−45.21	19	18
1972 年 5 月	4.12	1974 年 9 月	1.49	1978 年 8 月	−63.88	28	47
1978 年 8 月	4.32	1978 年 10 月	3.34	1979 年 6 月	−22.71	2	8
1981 年 5 月	8.30	1982 年 7 月	5.62	1982 年 12 月	−32.28	14	5
1983 年 6 月	11.47	1984 年 5 月	8.26	1985 年 12 月	−27.93	11	19
1987 年 8 月	18.67	1987 年 11 月	11.72	1989 年 7 月	−37.22	3	20
1990 年 6 月	20.37	1990 年 10 月	15.60	1991 年 2 月	−23.43	4	4
1998 年 4 月	79.73	1998 年 8 月	57.86	1999 年 6 月	−27.43	4	10
2000 年 8 月	105.19	2001 年 9 月	80.56	2003 年 8 月	−23.42	13	23
2007 年 10 月	252.05	2009 年 2 月	116.29		−53.86	16	
平均值					−35.74	11.4	17.11

表 19-4　按月度数据计算的最高和最低平均年复合收益率（1964 年 1 月 1 日～2009 年 12 月 31 日）

对于任何	1 年期	3 年期	5 年期	7 年期	10 年期
"所有股票"投资组合股本收益率第 1 组十分位分组最低复合收益率（%）	−53.89	−22.01	−11.82	−6.42	0.88
"所有股票"投资组合股本收益率第 1 组十分位分组最高复合收益率（%）	97.64	37.49	29.63	24.22	20.58
"所有股票"投资组合最低复合收益率（%）	−46.49	−18.68	−9.91	−6.32	1.01

（续）

对于任何	1年期	3年期	5年期	7年期	10年期
"所有股票"投资组合最高复合收益率（%）	84.19	31.49	27.66	23.77	22.05
"所有股票"投资组合股本收益率第10组十分位分组最低复合收益率（%）	-68.28	-49.47	-24.34	-16.02	-11.65
"所有股票"投资组合股本收益率第10组十分位分组最高复合收益率（%）	175.93	47.89	33.66	24.75	20.65

表 19-5 10 000 美元按最高与最低的年复合平均收益率（通过月度数据计算得出）投资所得到的最终价值（1927年1月1日～2009年12月31日）

对于任何	1年期	3年期	5年期	7年期	10年期
"所有股票"投资组合股本收益率第1组十分位分组10 000美元最低价值（美元）	4 611	4 744	5 332	6 284	10 916
"所有股票"投资组合股本收益率第1组十分位分组10 000美元最高价值（美元）	19 764	25 992	36 610	45 631	64 998
"所有股票"投资组合10 000美元最低价值（美元）	5 351	5 379	5 936	6 330	11 054
"所有股票"投资组合10 000美元最高价值（美元）	18 419	22 734	33 903	44 504	73 345
"所有股票"投资组合股本收益率第10组十分位分组10 000美元最低价值（美元）	3 172	1 290	2 480	2 945	2 898
"所有股票"投资组合股本收益率第10组十分位分组10 000美元最高价值（美元）	27 593	32 346	42 662	47 015	65 379

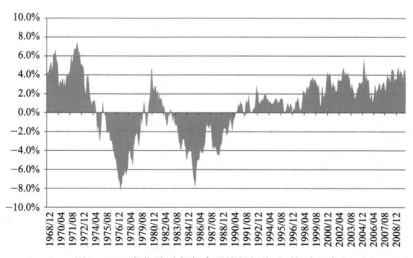

图 19-1 5年期滚动年复合平均超额收益（损失）率

"所有股票"投资组合股本收益率第1组十分位分组的收益率减去"所有股票"投资组合的收益率（1964年1月1日～2009年12月31日）

"大盘股"投资组合表现略差

一方面,"大盘股"投资组合中有最高股本收益率的10%股票比"大盘股"投资组合(见表19-6)的表现略差。此处,在1963年12月31日进行的10 000美元投资于2009年年末升值到656 810美元,实现了9.52%的年收益率。这比投资"大盘股"投资组合本身赚得的872 861美元要低。与"大盘股"投资组合16.50%的收益率相比,"大盘股"投资组合中有最高股本收益率的10%股票更具风险性,其标准收益偏差为17.50%。

由于其具有的低收益和高风险性,股本收益率的前10%股票的夏普比率为0.26,落后于"大盘股"投资组合的夏普比率0.32六个点。

表19-6 年收益及风险数据统计概要:"大盘股"投资组合股本收益率第1组十分位分组和"大盘股"投资组合(1964年1月1日~2009年12月31日)

	"大盘股"投资组合股本收益率第1组十分位分组	"大盘股"投资组合
算术平均值(%)	11.21	11.72
几何平均值(%)	9.52	10.20
平均收益(%)	11.89	17.20
标准差(%)	17.50	16.50
向上的偏差(%)	10.88	9.70
向下的偏差(%)	11.94	11.85
跟踪误差	9.44	5.41
收益为正的时期数	332	332
收益为负的时期数	220	220
从最高点到最低点的最大跌幅(%)	−58.46	−53.77
贝塔值	0.80	0.84
T统计量($m=0$)	4.14	4.58
夏普比率($Rf=5\%$)	0.26	0.32
索蒂诺比率($MAR=10\%$)	−0.04	0.02
10 000美元投资的最终结果(美元)	656 810	872 861
1年期最低收益(%)	−53.07	−46.91
1年期最高收益(%)	63.93	68.96
3年期最低收益(%)	−19.26	−15.89
3年期最高收益(%)	36.49	33.12
5年期最低收益(%)	−10.07	−5.82
5年期最高收益(%)	29.20	28.95
7年期最低收益(%)	−8.05	−4.15
7年期最高收益(%)	23.54	22.83
10年期最低收益(%)	−2.67	−0.15

	"大盘股"投资组合股本收益率第1组十分位分组	"大盘股"投资组合
10年期最高收益（%）	21.19	19.57
预期最低收益①（%）	-23.79	-21.28
预期最高收益②（%）	46.22	44.72

① 预期最低收益等于收益率的算术平均值减去2倍的标准差。
② 预期最高收益等于收益率的算术平均值加上2倍的标准差。

"大盘股"投资组合第1个等分的基本比率就像是抛硬币，该组以所有滚动7年期的48%收益率和所有滚动10年期的50%打败了"大盘股"投资组合。表19-6～表19-10总结了"大盘股"投资组合组的收益。正如全部10个等分所显示的那样，按股本收益率投资"大盘股"投资组合没有多少逻辑性。图19-2显示了第1个等分的5年期滚动年复合平均超额收益（损失）率。

表19-7 "大盘股"投资组合股本收益率第1组十分位分组和"大盘股"投资组合的基本比率（1964年1月1日～2009年12月31日）

项目	"大盘股"投资组合股本收益率平均年度第1组十分位分组打败"大盘股"投资组合	百分比（%）	年平均超额收益率（%）
1年期收益率	541期中有282期	52	-0.14
滚动的3年期复合收益率	517期中有235期	45	-0.55
滚动的5年期复合收益率	493期中有222期	45	-0.79
滚动的7年期复合收益率	469期中有225期	48	-0.86
滚动的10年期复合收益率	433期中有215期	50	-0.97

表19-8 最糟糕的情况："大盘股"投资组合股本收益率第1组十分位分组的跌幅超过20%的全部数据（1964年1月1日～2009年12月31日）

峰值日期	峰值指数值	低谷日期	低谷指数值	恢复日期	跌幅（%）	下跌持续时间（月）	恢复持续时间（月）
1968年11月	1.55	1970年6月	1.06	1971年3月	-31.64	19	9
1972年12月	2.04	1974年9月	0.85	1980年6月	-58.46	21	69
1980年11月	2.92	1982年7月	1.72	1983年6月	-41.09	20	11
1983年6月	2.97	1984年5月	2.35	1985年1月	-20.98	11	8
1987年8月	6.51	1987年11月	4.33	1989年7月	-33.51	3	20
2000年10月	45.74	2002年9月	29.32	2004年12月	-35.89	23	27
2007年10月	80.81	2009年2月	41.40		-48.78	16	
平均值					-38.62	16.14	24

表 19-9　按月度数据计算的最高和最低年复合平均收益率（1964年1月1日～2009年12月31日）

对于任何	1 年期	3 年期	5 年期	7 年期	10 年期
"大盘股"投资组合股本收益率第 1 组十分位分组最低复合收益率（%）	−53.07	−19.26	−10.07	−8.05	−2.67
"大盘股"投资组合股本收益率第 1 组十分位分组最高复合收益率（%）	63.93	36.49	29.20	23.54	21.19
"大盘股"投资组合最低复合收益率（%）	−46.91	−15.89	−5.82	−4.15	−0.15
"大盘股"投资组合最高复合收益率（%）	68.96	33.12	28.95	22.83	19.57
"大盘股"投资组合股本收益率第 10 组十分位分组最低复合收益率（%）	−62.47	−38.53	−16.41	−7.84	−7.73
"大盘股"投资组合股本收益率第 10 组十分位分组最低复合收益率（%）	74.65	37.66	27.27	23.81	19.83

表 19-10　10 000 美元按最高与最低的年复合平均收益率（通过月度数据计算得出）投资所得到的最终价值（1927年1月1日～2009年12月31日）

对于任何	1 年期	3 年期	5 年期	7 年期	10 年期
"大盘股"投资组合股本收益率第 1 组十分位分组 10 000 美元最低价值（美元）	4 693	5 263	5 880	5 559	7 629
"大盘股"投资组合股本收益率第 1 组十分位分组 10 000 美元最高价值（美元）	16 393	25 429	36 003	43 913	68 341
"大盘股"投资组合 10 000 美元最低价值（美元）	5 309	5 951	7 409	7 434	9 848
"大盘股"投资组合 10 000 美元最高价值（美元）	16 896	23 591	35 656	42 189	59 747
"大盘股"投资组合股本收益率第 10 组十分位分组 10 000 美元最低价值（美元）	3 753	2 323	4 082	5 645	4 473
"大盘股"投资组合股本收益率第 10 组十分位分组 10 000 美元最高价值（美元）	17 465	26 088	33 386	44 589	61 047

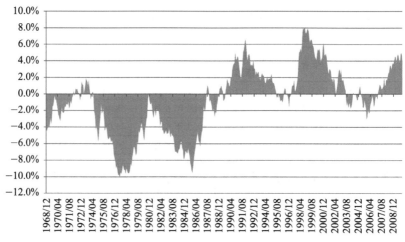

图 19-2　5 年期滚动年复合平均超额收益（损失）率

"大盘股"投资组合股本收益率第 1 组十分位分组的收益率减去"大盘股"投资组合的收益率（1964年1月1日～2009年12月31日）

最糟糕的情况，最高和最低收益

如表 19-3、表 19-4 和表 19-5 所示，高股本收益率股票并未表现出多大的波动性。其最大的跌幅出现在 1972 年 5 月～1974 年 9 月的熊市期间，当时从峰值到低谷下跌 64%。最近的熊市也出现过类似下跌，2007 年 10 月～2009 年 2 月出现了 54% 的跌幅。"所有股票"投资组合按股本收益率的前 10% 股票在 5 个单独的期间出现下跌超过 30%，2 次下跌超过 50%。如表 19-5 所示，高股本收益率股票在截至 1980 年的最佳 5 年期能将 10 000 美元变成 36 610 美元，而在截至 1974 年 9 月的最差 5 年期则将 10 000 美元变成了 5 332 美元。

相对于"所有股票"投资组合，高股本收益率股票的最佳 5 年期出现在截至 1980 年 11 月的那段时间，当时它们相对于"所有股票"投资组合 191%，累计盈利 266%，累计优势为 75%。相对于"所有股票"投资组合的最差 5 年期出现在截至 1985 年 11 月的那段时间，当时相对于"所有股票"投资组合 97% 的收益率，高股本收益率股票累计收益率为 39%，累计损失为 58%。

如表 19-8 所示，"大盘股"投资组合具有最高股本收益率的 10% 股票波动性略小。其最低股本收益率 58% 这一下跌出现在 20 世纪 70 年代的熊市期间。"大盘股"投资组合中的最高股本收益率股票出现 6 次从峰值到低谷 30% 的下跌，尽管只有一次下跌超过 50%。截至 1987 年 7 月的最佳 5 年期间将 10 000 美元投资变成了 36 003 美元，而在最差 5 年期，即截至 1974 年 9 月的那段时间中，10 000 美元下跌至 5 880 美元。

相对而言，对于"大盘股"投资组合，"大盘股"投资组合中有高股本收益率股票的最佳 5 年期出现在截至 1999 年 6 月的那段时间，当时相对于"大盘股"投资组合 168% 的收入高股本收益率股票的收益率为累计 253%，累计优势为 85%。最差 5 年期出现在截至 1985 年 11 月的那段时间，当时相对于"大盘股"投资组合 87% 的收益率，"大盘股"投资组合的高股本收益率股票累计收益率为 21%，累计损失为 66%。

购买具有最低股本收益率的股票

如表 19-11 所示，1963 年对"所有股票"投资组合中有最低股本收益率的 10% 股票投资的 10 000 美元在 2009 年年末仅增长到 156 535 美元，年收益率为 6.16%，仅为投资"所有股票"投资组合赚得的 1 329 513 美元的一小部分，后者收益率为 11.22%。通过标准收益偏差衡量的风险相对于"所有股票"投资组合的 18.99% 为 26.37%。低收益加上高风险使得其夏普比率为 0.04，比"所有股票"投资组合的夏普比率 0.33 要低很多。如表 19-12 所示，所有基本比率都为负，低股本收益率组仅以所有滚动 5 年期的 22% 和所有滚动 10 年期的 29% 打败"所有股票"投资组合。表 19-13 显示了来自"所有股票"投资组合的低股本收益率组的储备。图 19-3 显示了第 10 个等分的 5 年期年复合平均超额收益（损失）率。

表 19-11 年收益及风险数据统计概要："所有股票"投资组合股本收益率第 1 组十分位分组和"所有股票"投资组合（1964 年 1 月 1 日～2009 年 12 月 31 日）

	"所有股票"投资组合股本收益率第 1 组十分位分组	"所有股票"投资组合
算术平均值（%）	9.97	13.26
几何平均值（%）	6.16	11.22
平均收益（%）	15.82	17.16
标准差（%）	26.37	18.99
向上的偏差（%）	16.72	10.98
向下的偏差（%）	19.55	13.90
跟踪误差	11.44	0.00
收益为正的时期数	318	329
收益为负的时期数	234	223
从最高点到最低点的最大跌幅（%）	−89.50	−55.54
贝塔值	1.28	1.00
T 统计量（m=0）	2.46	4.47
夏普比率（Rf=5%）	0.04	0.33
索蒂诺比率（MAR=10%）	−0.20	0.09
10 000 美元投资的最终结果（美元）	156 535	1 329 513
1 年期最低收益（%）	−68.28	−46.49
1 年期最高收益（%）	175.93	84.19
3 年期最低收益（%）	−49.47	−18.68
3 年期最高收益（%）	47.89	31.49
5 年期最低收益（%）	−24.34	−9.91
5 年期最高收益（%）	33.66	27.66
7 年期最低收益（%）	−16.02	−6.32
7 年期最高收益（%）	24.75	23.77
10 年期最低收益（%）	−11.65	1.01
10 年期最高收益（%）	20.65	22.05
预期最低收益[1]（%）	−42.76	−24.73
预期最高收益[2]（%）	62.71	51.24

[1] 预期最低收益等于收益率的算术平均值减去 2 倍的标准差。
[2] 预期最高收益等于收益率的算术平均值加上 2 倍的标准差。

表 19-12 "所有股票"投资组合股本收益率第 1 组十分位分组和"所有股票"投资组合的基本比率（1964 年 1 月 1 日～2009 年 12 月 31 日）

项目	"所有股票"投资组合股本收益率平均年度第 1 组十分位分组打败"所有股票"投资组合	百分比（%）	年平均超额收益率（%）
1 年期收益率	541 期中有 201 期	37	-2.82
滚动的 3 年期复合收益率	517 期中有 133 期	26	-4.76
滚动的 5 年期复合收益率	493 期中有 106 期	22	-5.20
滚动的 7 年期复合收益率	469 期中有 112 期	24	-5.39
滚动的 10 年期复合收益率	433 期中有 126 期	29	-5.24

表 19-13 最糟糕的情况："所有股票"投资组合股本收益率第 1 组十分位分组的跌幅超过 20% 的全部数据（1964 年 1 月 1 日～2009 年 12 月 31 日）

峰值日期	峰值指数值	低谷日期	低谷指数值	恢复日期	跌幅（%）	下跌持续时间（月）	恢复持续时间（月）
1969 年 1 月	3.06	1970 年 6 月	1.44	1976 年 3 月	-52.97	17	69
1981 年 5 月	7.56	1982 年 7 月	5.66	1982 年 11 月	-25.06	14	4
1983 年 6 月	11.50	1984 年 7 月	7.97	1987 年 3 月	-30.70	13	32
1987 年 8 月	13.31	1987 年 11 月	8.58	1989 年 5 月	-35.52	3	18
1989 年 8 月	14.32	1990 年 10 月	9.53	1991 年 10 月	-33.42	14	12
1996 年 5 月	26.69	1997 年 4 月	19.14	1998 年 4 月	-28.28	11	12
1998 年 4 月	26.98	1998 年 8 月	17.08	1999 年 1 月	-36.68	4	5
2000 年 2 月	73.06	2009 年 2 月	7.67		-89.50	108	
平均值					-41.51	23	21.71

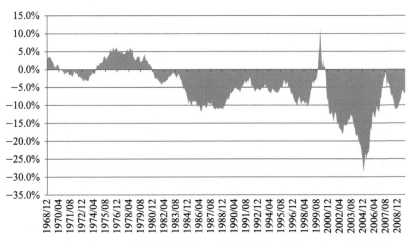

图 19-3 5 年期滚动年复合平均超额收益（损失）率

"所有股票"投资组合股本收益率第 10 组十分位分组的收益率减去"所有股票"投资组合的收益率（1964 年 1 月 1 日～2009 年 12 月 31 日）

"大盘股"投资组合

从具有最低股本收益率的"大盘股"投资组合组,我们会看到类似的模式:"大盘股"投资组合最低股本收益率的 10% 股票在 1963～2009 年期间将 10 000 美元变成了 340 047 美元,年收益率为 7.97%,远远低于投资"大盘股"投资组合本身赚得的 872 861 美元。该组的风险为 19.51%,远超"大盘股"投资组合的 16.50%(见表 19-14)。低收益加上高风险使得其夏普比率相对于"大盘股"投资组合的 0.32 为 0.15。基本比率(见表 19-15)比"抛硬币"略糟,该组以所有滚动 5 年期的 34% 和所有滚动 10 年期的 41% 打败"大盘股"投资组合。表 19-16 显示了"大盘股"投资组合具有最低股本收益率的股票的最糟糕情况。图 19-4 显示了第 10 个等分的 5 年期滚动年复合平均超额收益(损失)率。

表 19-14　年收益及风险数据统计概要:"大盘股"投资组合股本收益率第 10 组十分位分组和"大盘股"投资组合(1964 年 1 月 1 日～2009 年 12 月 31 日)

	"大盘股"投资组合股本收益率第 10 组十分位分组	"大盘股"投资组合
算术平均值(%)	10.07	11.72
几何平均值(%)	7.97	10.20
平均收益(%)	15.14	17.20
标准差(%)	19.51	16.50
向上的偏差(%)	11.87	9.70
向下的偏差(%)	14.73	11.85
跟踪误差	8.72	0.00
收益为正的时期数	325	332
收益为负的时期数	227	220
从最高点到最低点的最大跌幅(%)	−79.66	−53.77
贝塔值	1.06	1.00
T 统计量($m=0$)	3.35	4.58
夏普比率($Rf=5\%$)	0.15	0.32
索蒂诺比率($MAR=10\%$)	−0.14	0.02
10 000 美元投资的最终结果(美元)	340 047	872 861
1 年期最低收益(%)	−62.47	−46.91
1 年期最高收益(%)	74.65	68.96
3 年期最低收益(%)	−38.53	−15.89
3 年期最高收益(%)	37.66	33.12
5 年期最低收益(%)	−16.41	−5.82
5 年期最高收益(%)	27.27	28.95
7 年期最低收益(%)	−7.84	−4.15
7 年期最高收益(%)	23.81	22.83
10 年期最低收益(%)	−7.73	−0.15

（续）

	"大盘股"投资组合股本收益率第10组十分位分组	"大盘股"投资组合
10年期最高收益（%）	19.83	19.57
预期最低收益①（%）	-28.94	-21.28
预期最高收益②（%）	49.08	44.72

① 预期最低收益等于收益率的算术平均值减去2倍的标准差。
② 预期最高收益等于收益率的算术平均值加上2倍的标准差。

表19-15 "大盘股"投资组合股本收益率第10组十分位分组和"大盘股"投资组合的基本比率（1964年1月1日～2009年12月31日）

项目	"大盘股"投资组合股本收益率平均年度第10组十分位分组打败"大盘股"投资组合	百分比（%）	年平均超额收益率（%）
1年期收益率	541期中有238期	44	-1.11
滚动的3年期复合收益率	517期中有229期	44	-1.57
滚动的5年期复合收益率	493期中有170期	34	-1.76
滚动的7年期复合收益率	469期中有183期	39	-1.89
滚动的10年期复合收益率	433期中有178期	41	-1.69

表19-16 最糟糕的情况："大盘股"投资组合股本收益率第10组十分位分组的跌幅超过20%的全部数据（1964年1月1日～2009年12月31日）

峰值日期	峰值指数值	低谷日期	低谷指数值	恢复日期	跌幅（%）	下跌持续时间（月）	恢复持续时间（月）
1969年1月	1.77	1970年6月	1.06	1975年11月	-40.18	17	65
1983年12月	6.31	1984年7月	4.93	1985年5月	-21.95	7	10
1987年9月	12.18	1987年11月	8.39	1989年1月	-31.11	2	14
1989年12月	15.02	1990年10月	11.21	1992年1月	-25.35	10	15
2000年2月	79.99	2002年9月	16.27		-79.66	31	
平均值					-39.65	13.4	26

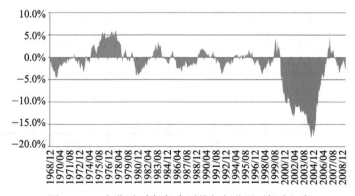

图19-4 5年期滚动年复合平均超额收益（损失）率

"大盘股"投资组合第10组十分位分组的收益率减去"大盘股"投资组合的收益率（1964年1月1日～2009年12月31日）

最糟糕的情况，最高和最低收益

"所有股票"投资组合中有最低股本收益率的股票组的绝对最高收益出现在截至 2000 年 2 月的那个 5 年期，当时 10 000 美元增长到 42 662 美元。绝对最低收益 5 年期出现在截至 2006 年 2 月的那段时间，当时 10 000 美元缩水至 2 480 美元。

"大盘股"投资组合中低股本收益率股票的最佳 5 年期出现在截至 1987 年 7 月的那段时间，当时 10 000 美元增长到 33 386 美元。最差 5 年期出现在截至 2005 年 3 月的那段时间，当时 10 000 美元缩水至 4 082 美元。表 19-10 显示了 10 000 美元在其他持股期的最终价值。

相对于"所有股票"投资组合，最低股本收益率组的最佳 5 年期出现在截至 2000 年 2 月的那段时间，当时相对于"所有股票"投资组合 176% 的收益率，其累计收入为 327%，累计优势为 151%。该组的相对最差表现出现在截至 2004 年 11 月的那 5 年时间，当时相对于"所有股票"投资组合 48% 的收益率，其损失率为 55%，累计损失为 103%。

对于"大盘股"投资组合中有最低股本收益率组，相对最佳 5 年表现出现在截至 1983 年 12 月的那段时间，当时相对于"大盘股"投资组合 129% 的累计收入，其累计收入为 193%，累计优势为 64%。该组的相对最差 5 年表现出现在截至 2005 年 2 月的那段时间，当时"大盘股"投资组合的低股本收益率股票相对于"大盘股"投资组合 7.37% 的盈利，其损失为 59%，累计损失为 66%。

"所有股票"投资组合最低股本收益率股票从峰值到低谷的最大损失出现在 2000 年 2 月～2009 年 2 月，下跌 89.5%。该组曾 6 次下跌超过 30%。

最低股本收益率组从峰值到低谷的最大损失出现在 2000 年 2 月～2002 年 9 月，下跌 79.66%，而且还没有恢复。1963～2009 年该组曾 3 次下跌超过 30%。表 19-16 显示了自"大盘股"投资组合的低股本收益率组的数据。表 19-17 和表 19-18 按 10 年期限间隔显示了"所有股票"投资组合和"大盘股"投资组合的收益。

表 19-17　按 10 年期限间隔的年复合平均收益率（"所有股票"投资组合）

	1960s[①]	1970s	1980s	1990s	2000s[②]
"所有股票"投资组合股本收益率第 1 组十分位分组（%）	19.21	6.24	13.80	17.58	7.89
"所有股票"投资组合股本收益率第 10 组十分位分组（%）	12.94	10.09	9.73	13.96	−11.10

	1960s①	1970s	1980s	1990s	2000s②
"所有股票"投资组合（%）	13.36	7.56	16.78	15.35	4.39

① 1964年1月1日～1969年12月31日的收益率。
② 2000年1月1日～2009年12月31日的收益率。

表19-18 按10年期限间隔的年复合平均收益率（"大盘股"投资组合）

	1960s①	1970s	1980s	1990s	2000s②
"大盘股"投资组合股本收益率第1组十分位分组（%）	7.43	2.06	14.00	19.77	4.47
"大盘股"投资组合股本收益率第10组十分位分组（%）	4.55	7.81	18.42	16.99	−7.25
"大盘股"投资组合（%）	8.16	6.65	17.34	16.38	2.42

① 1964年1月1日～1969年12月31日的收益率。
② 2000年1月1日～2009年12月31日的收益率。

下跌

从"所有股票"投资组合的股本收益率股票的十分位分析中可以看出，前4个等分的股票比"所有股票"投资组合的表现要好，但不是按高利润；第5个等分和"所有股票"投资组合的收益差不多；然而从某种程度上讲，第6个等分表现更好；直到第9和第10个等分，我们才看到大幅的表现不佳。这种奇怪的分布形态似乎暗示投资者应避开股本收益率最低的股票。表19-19和表19-20及图19-5和图19-6总结了这些结果。

表19-19 "所有股票"投资组合的股本收益率十分位分析结果汇总（1964年1月1日～2009年12月31日）

十分位（10%）	10 000美元的投资将增长至（美元）	平均收益率（%）	复合收益率（%）	标准差（%）	夏普比率
1（最高）	2 066 648	14.75	12.29	20.74	0.35
2	1 952 085	14.21	12.15	19.00	0.38
3	1 522 719	13.32	11.54	17.70	0.37
4	1 511 730	13.10	11.53	16.70	0.39
5	1 341 995	12.66	11.24	15.92	0.39
6	1 529 022	12.96	11.55	15.78	0.42
7	1 178 248	12.38	10.92	16.10	0.37

(续)

十分位（10%）	10 000 美元的投资将增长至（美元）	平均收益率（%）	复合收益率（%）	标准差（%）	夏普比率
8	942 856	12.08	10.39	17.37	0.31
9	429 189	10.92	8.52	20.80	0.17
10（最低）	156 535	9.97	6.16	26.37	0.04
"所有股票"投资组合	1 329 513	13.26	11.22	18.99	0.33

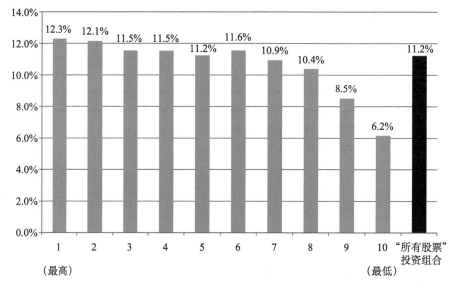

图 19-5 "所有股票"投资组合按股本收益率十分位等分的平均年复合收益率（1964 年 1 月 1 日～2009 年 12 月 31 日）

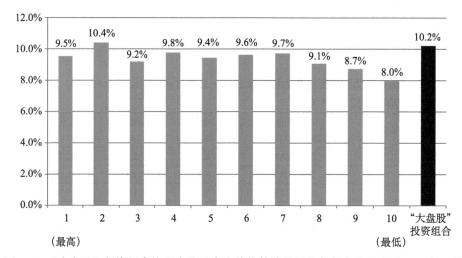

图 19-6 "大盘股"投资组合按股本收益率十分位等分的平均年复合收益率（1964 年 1 月 1 日～2009 年 12 月 31 日）

表 19-20 "大盘股"投资组合的股本收益率十分位分析结果汇总（1964年1月1日～2009年12月31日）

十分位（10%）	10 000 美元的投资将增长至（美元）	平均收益率（%）	复合收益率（%）	标准差（%）	夏普比率
1（最高）	656 810	11.21	9.52	17.50	0.26
2	950 133	12.01	10.41	17.01	0.32
3	570 816	10.69	9.19	16.51	0.25
4	727 485	11.20	9.77	16.12	0.30
5	634 558	10.79	9.44	15.64	0.28
6	684 187	10.89	9.62	15.18	0.30
7	713 593	10.96	9.72	14.96	0.32
8	541 295	10.37	9.06	15.39	0.26
9	472 148	10.13	8.74	15.92	0.23
10（最低）	340 047	10.07	7.97	19.51	0.15
"大盘股"投资组合	872 861	11.72	10.20	16.50	0.32

对投资者的启示

在你分析一只股票是否为一项好的投资时，股本收益率本身不是一个好用的因素。数据似乎只是告诉我们避开股本收益率最低的股票比较明智。

本章案例研究

比起股本收益率，资产收益率是否是股票更好的衡量标准

在基于资产收益率（ROA）而不是股本收益率（ROE）分析股票时，你会看到"所有股票"投资组合中的前10%股票并不比按股本收益率排序的前10%股票表现得更好，事实上最后的10%股票表现得相当差。投资到"所有股票"投资组合中有最低资产收益率的股票组的10 000美元仅增长到94 087美元，平均年复合收益率为4.99%。这比将你的资金投资到30天的美国短期国债更糟。但是注意，只是具有最低资产收益率的10%股票会出现这种情况。在查看所有资产收益率的十等分时，你会看到其表现紧密集中在第1～9个等分，第5个等分实际上是表现最好的等分（见表19-21）。1963～2009年期间，第5个等分每年赚了12.67%，而第1个等分赚了11.81%。但是第1～9个等分表现的差异仅为2.52%。只有资产收益率最低的等分

是应避开的股票,因此,你可以不考虑该等分的股票。

对于"大盘股"投资组合,各等分也同样混乱,第4个等分提供10.72%的最高年收益率,第1～3、5～9等分的收益介于10.29%和9.16%。正如你从"所有股票"投资组合中看到的一样,真正需要避开的唯一等分是第10个等分(由"大盘股"投资组合中有最低资产收益率的股票组成),因此,资产收益率只有在筛选要避开的股票时才具有意义(见表19-22)。

表19-21 "所有股票"投资组合的股本收益率十分位分析结果汇总(1964年1月1日～2009年12月31日)

十分位(10%)	10 000美元的投资将增长至(美元)	平均收益率(%)	复合收益率(%)	标准差(%)	夏普比率
1(最高)	1 701 127	14.21	11.81	20.54	0.33
2	1 705 054	13.83	11.82	18.82	0.36
3	1 678 191	13.67	11.78	18.25	0.37
4	1 845 855	13.84	12.01	17.94	0.39
5	2 414 564	14.29	12.67	16.89	0.45
6	1 704 225	13.31	11.82	16.22	0.42
7	1 481 986	12.84	11.48	15.52	0.42
8	927 033	11.94	10.35	16.86	0.32
9	852 108	12.82	10.15	21.74	0.24
10(最低)	94 087	8.69	4.99	26.09	0.00
"所有股票"投资组合	1 329 513	13.26	11.22	18.99	0.33

表19-22 "大盘股"投资组合的股本收益率十分位分析结果汇总

十分位(10%)	10 000美元的投资将增长至(美元)	平均收益率(%)	复合收益率(%)	标准差(%)	夏普比率
1(最高)	706 761	11.57	9.70	18.40	0.26
2	797 887	11.53	9.99	16.66	0.30
3	904 311	11.73	10.29	16.09	0.33
4	1 081 541	12.06	10.72	15.54	0.37
5	759 824	11.18	9.87	15.42	0.32
6	649 230	10.75	9.50	15.07	0.30
7	570 490	10.36	9.19	14.58	0.29
8	563 438	10.41	9.16	15.09	0.28
9	617 474	11.03	9.38	17.28	0.25
10(最低)	281 146	10.00	7.52	21.17	0.12
"大盘股"投资组合	872 861	11.72	10.20	16.50	0.32

| 第 20 章 |

相对价格强度
赢家继续盈利

> 这场较量可能并不总是顺应时势,也不总是很激烈的斗争,但是这就是下赌注的方式。
>
> ——达蒙·鲁尼恩

"顺行情交易。"

"跟随大盘走势。"

"减少损失,让你成为赢家。"

这些华尔街格言都表示这样一个意思——就股价趋势下赌注。在华尔街的所有信条中,股价趋势是有效市场理论家们"吼"得最响的。其理论的界定原理就是你不能使用过去的价格来预测未来的价格。一只股票的价格可以在一年内翻两倍,但是根据有效市场利率,这并不影响其来年的表现。有效市场理论家们也十分讨厌股价趋势,因为它独立于所有会计变量。如果购买绩优股起作用,那么股价就具有"趋势",并且带有有关股票未来走势的有用信息。

在詹姆斯·索罗维基(James Surowiecki)的《群体的智慧》(*The Wisdom of Crowds*)一书中,他辩论道:"在合适的场合下,群体是相当明智的,并且通常比群体中最聪明的个人更为明智。"索罗维基说,如果满足4个条件,群体的"集体智慧"将优于一个小组专家的判断。这4个条件是:①意见的多样性;②群体中的成员相互独立;③分散性;④综合观点的良好方法。然后他继续罗列了在尝试做出正确预测方面群体远比任何个人要准确的几点阐述。

一般来说，这4个条件出现在基于市场的价格拍卖中，由股票的最终价格充当有关该只股票前景的所有市场观点的聚合点。只有当市场出现泡沫或崩溃时才不是这样，在这些市场表现极端的情况下，意见一致性的出现将削弱群体提供正确集体判断的能力。

相反，另一思想流派则认为投资者应购买市场上竞争最激烈的股票。这是华尔街底层小人物的言论，他们将绝对价格变更，作为其指导，购买表现差劲的债券。如果索罗维基的言论是正确的，这个方法只会在市场泡沫转为崩溃后起作用，那时集体智慧得到的将是一个错误的答案。让我们看看谁的言论正确吧。

结果

对于这个测试，我们使用追溯到1926年的CRSP数据。1963年，电子计算机会计数据库的月度数据可用后，我们合并了两个数据集，以便对该因素的表现做出最全面的了解。我们衡量6个月和12个月的趋势，观察购买"所有股票"投资组合和"大盘股"投资组合中有最佳和最差6个月、12个月价格变化的股票等分，由此对比最大赢家和最惨输家。我们还查看"所有股票"投资组合和"大盘股"投资组合的每个等分（在本章和后续章节，我们使用"相对强度"和"涨价"这两个术语，它们是可相互交换使用的。就其过去6个月和12个月的涨价而言，具有相对最佳优势的股票是最大的赢家）。

首先我们来看看购买具有最佳和最差6个月股价趋势的股票。

购买具有最佳6个月涨价的股票

为了比较从相同起始日期开始的6个月和12个月涨价，我们从1927年1月1日开始，购买过去6个月中有最高涨价的股票等分。对于所有的测试，我们综合所有投资组合，以便呈现每个月的情况。即便我们将其基于6个月涨价，但仍使用投资组合的年度持股期间。

如表20-1所示，1926年12月31日对"所有股票"投资组合中有最佳6个月涨价的股票等分进行的10 000美元投资，在2009年年末价值572 831 563美元，实现了14.11%的年收益率。此收益使得对"所有股票"投资组合的投资逊色很多，它在相同期间内将 10 000 美元转变成了 38 542 780 美元，实现了 10.46% 的年收益率。"所有股票"投资组合具有最佳 6 个月涨价的股票组的表现具有较高风险，相对于"所有股票"投资组合的 21.67%，其标准收益偏差为 24.54%。按 6 个月涨价"所有股票"投资组合表现最佳的股票的夏普比率为 0.37，比同期"所有股票"投资组合的 0.25 要稍微好一点。如表 20-2 所示，表现靠前的股票的基本比率非常高，该组以所有滚动 5 年期的 87% 和所有滚动 10 年期的 98% 打败"所有股票"投资组合。表 20-2 显示了所有其他持股期间的基本比率。

表 20-1　年收益及风险数据统计概要："所有股票"投资组合和"所有股票"投资组合 6 个月趋势第 1 组十分位分组（1927 年 1 月 1 日～2009 年 12 月 31 日）

	"所有股票"投资组合 6 个月趋势第 1 组十分位分组	"所有股票"投资组合
算术平均值（%）	17.60	13.06
几何平均值（%）	14.11	10.46
平均收益（%）	24.79	18.54
标准差（%）	24.54	21.67
向上的偏差（%）	15.24	14.78
向下的偏差（%）	17.90	16.03
跟踪误差	9.92	0.00
收益为正的时期数	620	606
收益为负的时期数	376	390
从最高点到最低点的最大跌幅（%）	−78.26	−85.45
贝塔值	1.04	1.00
T 统计量（$m=0$）	6.06	5.19
夏普比率（$Rf=5\%$）	0.37	0.25
索蒂诺比率（$MAR=10\%$）	0.23	0.03
10 000 美元投资的最终结果（美元）	572 831 563	38 542 780
1 年期最低收益（%）	−59.29	−66.72
1 年期最高收益（%）	175.23	201.69
3 年期最低收益（%）	−38.12	−45.99
3 年期最高收益（%）	59.15	51.03
5 年期最低收益（%）	−15.54	−23.07
5 年期最高收益（%）	43.45	41.17
7 年期最低收益（%）	−3.32	−7.43
7 年期最高收益（%）	33.36	23.77
10 年期最低收益（%）	−3.90	−5.31
10 年期最高收益（%）	29.64	22.05
预期最低收益[1]（%）	−31.48	−30.28
预期最高收益[2]（%）	66.68	56.39

[1] 预期最低收益等于收益率的算术平均值减去 2 倍的标准差。
[2] 预期最高收益等于收益率的算术平均值加上 2 倍的标准差。

表 20-2 "所有股票"投资组合 6 个月趋势、第 1 组十分位分组和"所有股票"投资组合的基本比率（1927 年 1 月 1 日～2009 年 12 月 31 日）

项目	"所有股票"投资组合 6 个月趋势平均年度第 1 组十分位分组，打败"所有股票"投资组合	百分比（%）	年平均超额收益率（%）
1 年期收益率	985 期中有 666 期	68	4.91
滚动的 3 年期复合收益率	961 期中有 761 期	79	4.21
滚动的 5 年期复合收益率	937 期中有 814 期	87	4.19
滚动的 7 年期复合收益率	913 期中有 863 期	95	4.16
滚动的 10 年期复合收益率	877 期中有 862 期	98	4.26

如果我们观察具有最佳 6 个月涨价的股票的基本比率，会发现该组以所有滚动 5 年期 87% 的收益率超过"所有股票"投资组合，平均为 49%。而且以 13% 的情况表现比较差，该组的累计平均损失对"所有股票"投资组合仅为 10%。表 20-3 和表 20-4 罗列了最高和最低收益。

表 20-3 按月度数据计算的最高和最低年复合平均收益率（1927 年 1 月 1 日～2009 年 12 月 31 日）

对于任何	1 年期	3 年期	5 年期	7 年期	10 年期
"所有股票"投资组合 6 个月趋势第 1 组十分位分组最低复合收益率（%）	−59.29	−38.12	−15.54	−3.32	−3.90
"所有股票"投资组合 6 个月趋势第 1 组十分位分组最高复合收益率（%）	175.23	59.15	43.45	33.36	29.64
"所有股票"投资组合 6 个月趋势第 10 组十分位分组最低复合收益率（%）	−77.67	−55.33	−33.99	−16.53	−11.34
"所有股票"投资组合 6 个月趋势第 10 组十分位分组最高复合收益率（%）	296.01	50.90	43.52	24.87	17.71
"所有股票"投资组合最低复合收益率（%）	−66.72	−45.99	−23.07	−7.43	−5.31
"所有股票"投资组合最高复合收益率（%）	201.69	51.03	41.17	23.77	22.05

表 20-4 月度数据 10 000 美元投资于最高和最低年复合平均收益的最终价值（1927 年 1 月 1 日～2009 年 12 月 31 日）

对于任何	1 年期	3 年期	5 年期	7 年期	10 年期
"所有股票"投资组合 6 个月趋势第 1 组十分位分组 10 000 美元最低复合收益（美元）	4 071	2 369	4 298	7 893	6 719
"所有股票"投资组合 6 个月趋势第 1 组十分位分组 10 000 美元最高复合收益（美元）	27 523	40 308	60 736	75 006	134 125
"所有股票"投资组合 6 个月趋势第 10 组十分位分组 10 000 美元最低复合收益（美元）	2 233	891	1 253	2 822	3 000
"所有股票"投资组合 6 个月趋势第 10 组十分位分组 10 000 美元最高复合收益（美元）	39 601	34 363	60 885	47 347	51 077
"所有股票"投资组合 10 000 美元最低复合收益（美元）	3 328	1 576	2 695	5 825	5 793

(续)

对于任何	1年期	3年期	5年期	7年期	10年期
"所有股票"投资组合10 000美元最高复合收益（美元）	30 169	34 452	56 062	44 504	73 345

遵循与此策略一样多变的策略会有多么困难自不必多言。投资者被这些策略吸引是由于其突出的表现，如1991年"所有股票"投资组合中有6个月相对最佳优势的前10%股票盈利66%，以及在1999年盈利惊人的101%。的确，20世纪90年代见证了1926～2009年6个月间相对优势股票的最佳10年。在本书的稍后部分，我们会了解到将相对优势与其他因素结合起来比单独使用相对优势更为奏效。但是现在，6个月相对优势似乎远远低于"所有股票"投资组合，将年化的3.65%加上最近83年"所有股票"投资组合的结果。探讨购买按6个月相对优势最差等分的股票时，我们还会再次查看表20-3和表20-4。最后，图20-1显示了第1个等分的5年期滚动年复合平均超额收益（损失）率。

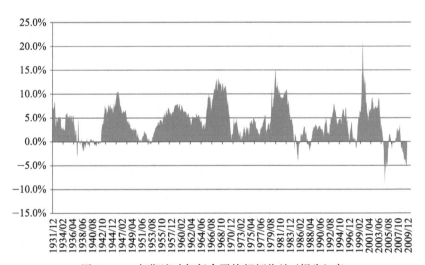

图20-1　5年期滚动年复合平均超额收益（损失）率

"所有股票"投资组合6个月趋势第1组十分位分组的收益率减去"所有股票"投资组合的收益率（1927年1月1日～2009年12月31日）

购买具有最佳12个月涨价的股票

现在我们来看看购买"所有股票"投资组合具有最佳12个月涨价的股票的结果。我们还是看从1926年12月31日～2009年12月31日这段时间。如表20-5所示，对具有最佳 12 个月涨价的股票十分位分组投资的 10 000 美元增长到 156 230 201 美元，实现了 12.34% 的年收益率，远比投资"所有股票"投资组合赚的 38 542 780 美元要多很多。相对于"所有股票"投资组合的 21.67%，具有最佳 12 个月涨价的股票十分位分组的风险性更大，标准收益偏差为 24.78%。相对于"所有股票"投资组合的夏普比率为 0.25，基于 12 个月涨价表现最佳的股票组的夏普比率为 0.30。如表 20-6 所示，12 个月相对优势组的基本比率并没有 6 个相对优势组的基本比率强劲，但是仍非常可观，该组以所有滚动 5 年期的 72% 和所有滚动 10 年期的 84% 打败"所有股票"投资组合。表 20-7 和表 20-8 详述了购买 1～10 年持股期的 12 个月最高涨价股票组的结果，第 1 个表显示了最小和最大的百分率变化，第 2 个表显示了 10 000 美元投资在不同持股期中的表现。在我们查看购买"所有股票"投资组合具有最差相对优势的股票时，我们还会再次查看这两个表，因此此处也包含这些结果。图 20-2 显示的是，第 1 个十分位分组（具有最佳 12 个月涨价的股票的 10%）的 5 年期滚动年复合平均超额收益（损失）率。

表 20-5　年收益及风险数据统计概要："所有股票"投资组合和"所有股票"投资组合 12 个月趋势第 1 组十分位分组（1927 年 1 月 1 日～2009 年 12 月 31 日）

	"所有股票"投资组合 12 个月趋势第 1 组十分位分组	"所有股票"投资组合
算术平均值（%）	15.88	13.06
几何平均值（%）	12.34	10.46
平均收益（%）	25.50	18.54
标准差（%）	24.78	21.67
向上的偏差（%）	14.75	14.78
向下的偏差（%）	18.45	16.03
跟踪误差	10.82	0.00
收益为正的时期数	610	606
收益为负的时期数	386	390
从最高点到最低点的最大跌幅（%）	−79.58	−85.45
贝塔值	1.03	1.00
T 统计量（$m=0$）	5.45	5.19
夏普比率（$Rf=5\%$）	0.30	0.25
索蒂诺比率（$MAR=10\%$）	0.13	0.03
10 000 美元投资的最终结果（美元）	156 230 201	38 542 780
1 年期最低收益（%）	−64.71	−66.72
1 年期最高收益（%）	157.56	201.69
3 年期最低收益（%）	−39.36	−45.99
3 年期最高收益（%）	52.96	51.03

(续)

	"所有股票"投资组合12个月趋势第1组十分位分组	"所有股票"投资组合
5年期最低收益（%）	-16.35	-23.07
5年期最高收益（%）	39.45	41.17
7年期最低收益（%）	-4.94	-7.43
7年期最高收益（%）	29.78	23.77
10年期最低收益（%）	-5.76	-5.31
10年期最高收益（%）	27.22	22.05
预期最低收益①（%）	-33.68	-30.28
预期最高收益②（%）	65.45	56.39

① 预期最低收益等于收益率的算术平均值减去2倍的标准差。
② 预期最高收益等于收益率的算术平均值加上2倍的标准差。

表20-6 "所有股票"投资组合12个月趋势、第1组十分位分组和"所有股票"投资组合的基本比率（1927年1月1日～2009年12月31日）

项目	"所有股票"投资组合12个月趋势平均年度第1组十分位分组，打败"所有股票"投资组合	百分比（%）	年平均超额收益率（%）
1年期收益率	985期中有603期	61	3.37
滚动的3年期复合收益率	961期中有598期	62	2.45
滚动的5年期复合收益率	937期中有675期	72	2.45
滚动的7年期复合收益率	913期中有679期	74	2.41
滚动的10年期复合收益率	877期中有734期	84	2.51

表20-7 按月度数据计算的最高和最低年复合平均收益率（1927年1月1日～2009年12月31日）

对于任何	1年期	3年期	5年期	7年期	10年期
"所有股票"投资组合12个月趋势第1组十分位分组最低复合收益率（%）	-64.71	-39.36	-16.35	-4.94	-5.76
"所有股票"投资组合12个月趋势第1组十分位分组最高复合收益率（%）	157.56	52.96	39.45	29.78	27.22
"所有股票"投资组合12个月趋势第10组十分位分组最低复合收益率（%）	-77.93	-53.98	-32.90	-16.37	-10.14
"所有股票"投资组合12个月趋势第10组十分位分组最高复合收益率（%）	294.88	54.61	41.31	23.70	19.31
"所有股票"投资组合最低复合收益率（%）	-66.72	-45.99	-23.07	-7.43	-5.31
"所有股票"投资组合最高复合收益率（%）	201.69	51.03	41.17	23.77	22.05

表20-8 按月度数据计算的10 000美元投资于最高和最低年复合平均收益的最终价值（1927年1月1日～2009年12月31日）

对于任何	1年期	3年期	5年期	7年期	10年期
"所有股票"投资组合12个月趋势第1组十分位分组10 000美元最低价值（美元）	3 529	2 230	4 096	7 015	5 528

(续)

对于任何	1年期	3年期	5年期	7年期	10年期
"所有股票"投资组合12个月趋势第1组十分位分组10 000美元最高价值（美元）	25 756	35 784	52 737	62 011	111 029
"所有股票"投资组合12个月趋势第10组十分位分组10 000美元最低价值（美元）	2 207	975	1 360	2 861	3 433
"所有股票"投资组合12个月趋势第10组十分位分组10 000美元最高价值（美元）	39 488	36 960	56 352	44 326	58 449
"所有股票"投资组合10 000美元最低价值（美元）	3 328	1 576	2 695	5 825	5 793
"所有股票"投资组合10 000美元最高价值（美元）	30 169	34 452	56 062	44 504	73 345

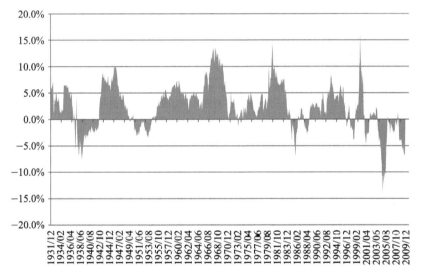

图20-2　5年期滚动年复合平均超额收益（损失）率

"所有股票"投资组合12个月趋势第1组十分位分组的收益率减去"所有股票"投资组合的收益率（1927年1月1日～2009年12月31日）

"大盘股"投资组合的表现也不错

"大盘股"投资组合中有较高6个月相对优势的股票十分位分组的表现也很好。如表20-9所示，1926年12月31日对"大盘股"投资组合中有最佳6个月涨势的股票十分位分组进行的10 000美元投资增长到232 092 755美元，超过投资"大盘股"投资组合赚的21 617 372美元的10倍，其同期收益率为9.69%。基于6个月股价趋势的"大盘股"投资组合第1组十分位分组的同期收益率为12.88%。相对于"大盘股"投资组合的19.35%,"大盘股"投资组合中6个月最佳表现的股票的风险性更高,其标准收益偏差为22.65%。但是,高风险与高收益抵消,相对于"大盘股"投资组合0.24的夏普比率,其夏普比率为0.35。

正如表20-10中所显示的,所有基本比率都为正,"大盘股"投资组合中有最佳6个月相对优势的股票,以所有滚动5年期的82%和所有滚动10年期的93%打败"大盘股"投资组合。表20-11和表20-12详述了"大盘股"投资组合6个月价格表现最佳的股票十分位分组在不同持股期的最高和最低业绩。图20-3显示的是"大盘股"投资组合第1组十分位分组的5年期滚动年复合平均超额收益(损失)率。

表20-9 年收益及风险数据统计概要:"大盘股"投资组合6个月趋势、第1组十分位分组和"大盘股"投资组合(1927年1月1日~2009年12月31日)

	"大盘股"投资组合6个月趋势第1组十分位分组	"大盘股"投资组合
算术平均值(%)	15.81	11.75
几何平均值(%)	12.88	9.69
平均收益(%)	22.40	16.75
标准差(%)	22.65	19.35
向上的偏差(%)	14.44	13.10
向下的偏差(%)	16.90	14.40
跟踪误差	9.62	0.00
收益为正的时期数	615	609
收益为负的时期数	381	387
从最高点到最低点的最大跌幅(%)	−81.81	−84.33
贝塔值	1.06	1.00
T统计量($m=0$)	5.94	5.25
夏普比率($Rf=5\%$)	0.35	0.24
索蒂诺比率($MAR=10\%$)	0.17	−0.02
10 000美元投资的最终结果(美元)	232 092 755	21 617 372
1年期最低收益(%)	−57.73	−66.63
1年期最高收益(%)	150.84	159.52
3年期最低收益(%)	−40.90	−43.53
3年期最高收益(%)	67.35	45.64
5年期最低收益(%)	−19.02	−20.15
5年期最高收益(%)	48.55	36.26
7年期最低收益(%)	−6.52	−6.95
7年期最高收益(%)	37.36	22.83
10年期最低收益(%)	−6.79	−5.70
10年期最高收益(%)	32.45	19.57
预期最低收益[①](%)	−29.49	−26.96

(续)

	"大盘股"投资组合6个月趋势第1组十分位分组	"大盘股"投资组合
预期最高收益[②] (%)	61.12	50.46

[①] 预期最低收益等于收益率的算术平均值减去2倍的标准差。
[②] 预期最高收益等于收益率的算术平均值加上2倍的标准差。

表20-10 "大盘股"投资组合6个月趋势、第1组十分位分组和"大盘股"投资组合的基本比率(1927年1月1日~2009年12月31日)

项目	"大盘股"投资组合6个月趋势平均年度第1组十分位分组,打败"大盘股"投资组合	百分比(%)	年平均超额收益率(%)
1年期收益率	985期中有663期	67	4.51
滚动的3年期复合收益率	961期中有745期	78	3.55
滚动的5年期复合收益率	937期中有771期	82	3.42
滚动的7年期复合收益率	913期中有792期	87	3.40
滚动的10年期复合收益率	877期中有816期	93	3.50

表20-11 按月度数据计算的最高和最低年复合平均收益率(1927年1月1日~2009年12月31日)

对于任何	1年期	3年期	5年期	7年期	10年期
"大盘股"投资组合6个月趋势第1组十分位分组最低复合收益率(%)	−57.73	−40.90	−19.02	−6.52	−6.79
"大盘股"投资组合6个月趋势第1组十分位分组最高复合收益率(%)	150.84	67.35	48.55	37.36	32.45
"大盘股"投资组合6个月趋势第10组十分位分组最低复合收益率(%)	−76.20	−52.90	−33.20	−15.72	−10.09
"大盘股"投资组合6个月趋势第10组十分位分组最高复合收益率(%)	248.01	46.25	41.27	24.82	16.40
"大盘股"投资组合最低复合收益率(%)	−66.63	−43.53	−20.15	−6.95	−5.70
"大盘股"投资组合最高复合收益率(%)	159.52	45.64	36.26	22.83	19.57

表20-12 按月度数据计算的10 000美元投资于最高和最低年复合平均收益的最终价值(1927年1月1日~2009年12月31日)

对于任何	1年期	3年期	5年期	7年期	10年期
"大盘股"投资组合6个月趋势第1组十分位分组10 000美元最低价值(美元)	4 227	2 065	3 482	6 238	4 953
"大盘股"投资组合6个月趋势第1组十分位分组10 000美元最高价值(美元)	25 084	46 865	72 338	92 281	166 173
"大盘股"投资组合6个月趋势第10组十分位分组10 000美元最低价值(美元)	2 380	1 045	1 330	3 020	3 453
"大盘股"投资组合6个月趋势第10组十分位分组10 000美元最高价值(美元)	34 801	31 280	56 273	47 215	45 667

(续)

对于任何	1年期	3年期	5年期	7年期	10年期
"大盘股"投资组合10 000美元最低价值（美元）	3 337	1 800	3 247	6 041	5 561
"大盘股"投资组合10 000美元最高价值（美元）	25 952	30 890	46 970	42 189	59 747

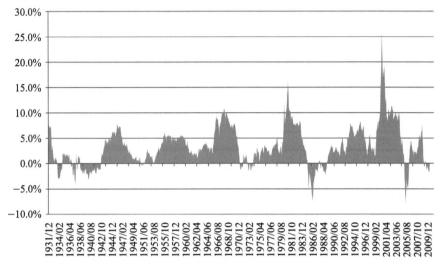

图 20-3　5年期滚动年复合平均超额收益（损失）率

"大盘股"投资组合6个月趋势第1组十分位分组的收益率减去"大盘股"投资组合的收益率（1927年1月1日～2009年12月31日）

购买具有最佳12个月涨价"大盘股"投资组合股票

如表20-13所示，对"大盘股"投资组合中有最佳12个月涨价的股票投资的10 000美元在1926～2009年期间增长到90 010 397美元，实现了11.59%的年收益率，远超投资"大盘股"投资组合赚的21 617 372美元。该组的风险（标准收益偏差为23.11%）高于"大盘股"投资组合（标准收益偏差为19.35%）的风险。尽管如此，相对于"大盘股"投资组合的夏普比率0.24，具有最佳12个月涨价的股票组的夏普比率为0.29。如表20-14所示，所有基本比率都为正，但是正如我们从"所有股票"投资组合组中看到的，它并不比6个月价格绩优股的基本比率强劲。该组以所有滚动5年期的72%和所有滚动10年期的84%打败"大盘股"投资组合。图20-4显示了基于12个月涨价的第1组十分位分组的5年期滚动年复合平均超额收益（损失）率。

表 20-13　年收益及风险数据统计概要："大盘股"投资组合 12 个月趋势第 1 组十分位分组和"大盘股"投资组合（1927 年 1 月 1 日～2009 年 12 月 31 日）

	"大盘股"投资组合 12 个月趋势第 1 组十分位分组	"大盘股"投资组合
算术平均值（%）	14.65	11.75
几何平均值（%）	11.59	9.69
平均收益（%）	21.31	16.75
标准差（%）	23.11	19.35
向上的偏差（%）	14.38	13.10
向下的偏差（%）	17.46	14.40
跟踪误差	11.14	0.00
收益为正的时期数	606	609
收益为负的时期数	390	387
从最高点到最低点的最大跌幅（%）	−81.56	−84.33
贝塔值	1.05	1.00
T 统计量（$m=0$）	5.42	5.25
夏普比率（$Rf=5\%$）	0.29	0.24
索蒂诺比率（$MAR=10\%$）	0.09	−0.02
10 000 美元投资的最终结果（美元）	90 010 397	21 617 372
1 年期最低收益（%）	−59.67	−66.63
1 年期最高收益（%）	148.43	159.52
3 年期最低收益（%）	−40.38	−43.53
3 年期最高收益（%）	66.27	45.64
5 年期最低收益（%）	−18.40	−20.15
5 年期最高收益（%）	47.14	36.26
7 年期最低收益（%）	−7.62	−6.95
7 年期最高收益（%）	35.36	22.83
10 年期最低收益（%）	−7.97	−5.70
10 年期最高收益（%）	31.44	19.57
预期最低收益[1]（%）	−31.58	−26.96
预期最高收益[2]（%）	60.87	50.46

[1] 预期最低收益等于收益率的算术平均值减去 2 倍的标准差。
[2] 预期最高收益等于收益率的算术平均值加上 2 倍的标准差。

表 20-14　"大盘股"投资组合 12 个月趋势、第 1 组十分位分组和"大盘股"投资组合的基本比率（1927 年 1 月 1 日～2009 年 12 月 31 日）

项目	"大盘股"投资组合 12 个月趋势平均年度第 1 组十分位分组，打败"大盘股"投资组合	百分比（%）	年平均超额收益率（%）
1 年期收益率	985 期中有 603 期	61	3.51
滚动的 3 年期复合收益率	961 期中有 630 期	66	2.30
滚动的 5 年期复合收益率	937 期中有 675 期	72	2.18

(续)

项目	"大盘股"投资组合 12 个月趋势平均年度第 1 组十分位分组,打败"大盘股"投资组合	百分比(%)	年平均超额收益率(%)
滚动的 7 年期复合收益率	913 期中有 690 期	76	2.11
滚动的 10 年期复合收益率	877 期中有 741 期	84	2.18

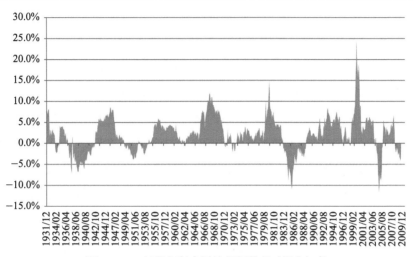

图 20-4　5 年期年复合平均超额收益(损失)率

"大盘股"投资组合 12 个月趋势第 1 组十分位分组的收益率减去"大盘股"投资组合的收益率(1927 年 1 月 1 日～2009 年 12 月 31 日)

为什么价格表现起作用,而其他衡量因素不起作用呢

股价趋势会传达有关股票前景的不同信息,并且它是一个比收益增长率等因素更好的指标。许多人看到了购买具有最高收益股票的失望结果,但不知道为什么它们不同于最佳价格股票的表现。首先,股价趋势是市场将资金放在有缺口的地方。其次,具有较强相对优势的股票也具有最高市盈率或收益率这一普遍观念是错误的。观察长期以来表现靠前的股票,你会发现它们在市盈率或市销率方面很少是具有最高价值的。5 年期每股收益增长率和 1 年期每股收益增长率也同样如此。作为一个组,它们通常先高于低趋势股票,再高于市场,但不是大多数股票都这样。而且索罗维基"群体智慧"的概念通过股价趋势更长期的数据得到了验证,价格动态是整体市场观点对于"目前价格意味着什么"的最佳衡量标准。

强劲股价趋势将你引入歧途的唯一时间是泡沫顶峰时期或市场正从恶劣的熊市

（下跌超过40%）兴起时。就拿出现在1995年12月31日～2000年2月的经济泡沫说，"所有股票"投资组合中有最佳6个月相对优势的股票组一年猛升42.24%，在短短4年时间内将10 000美元变成43 407美元。该表现是投资"所有股票"投资组合的年度收益率20.13%的2倍。但是索罗维基在其书中所列的群体智慧的条件崩溃了，每个人都持相同意见，认为股价会继续猛升，众所周知该观点是错误的。在接下来的3年里，"所有股票"投资组合中有最佳6个月股价趋势的股票跟着失去了一半的价值，相对于"所有股票"投资组合每年损失的9.01%，其每年损失为15.52%。

正如我们在观察具有最差股价趋势的股票时所看到的，走出恶劣熊市的绩优股也会表现很差。还会出现股价趋势逆转的情况，即表现最差的股票也比绩优股要好得多。例如，在股票于1932年5月触底后，第2年"所有股票"投资组合按6个月股价趋势的第1组十分位分组上升了69.3%，而第10个十分位分组（具有最差6个月股价趋势的股票）上升了127.1%。"所有股票"投资组合本身上升91.4%。之所以出现这种情况，是因为所有投资者都认为定价上天的公司都不可能真正倒闭，因此他们蜂拥而入，快速抬高价格。我们在1973～1974年熊市和截至2009年2月的熊市看到了类似的现象。诚然，最近出现的逆转差不多与20世纪30年代早期的一样严重，2009年2月～2009年12月"所有股票"投资组合6个月最差价格的股票猛升了132.21%，将2月份投资的10 000美元变成了12 868美元。同期，"所有股票"投资组合本身收入为66%，将10 000美元变成了15 883美元。

一般来说，这种逆转的发生仅限短期，通常持续1年左右。然后，我们会看到一切恢复正常，最佳价格表现的股票将所有其他股票远远抛在后面。

最糟糕的情况，最高和最低收益

从表20-15～表20-18我们可以看出"所有股票"投资组合和"大盘股"投资组合按6个月涨价靠前的十分位分组的最大下跌是有史以来所有熊市中最厉害的一次：它出现在1929年8月～1932年5月，该组损失为78%。然而，就如那次一样凄惨，事实上比"所有股票"投资组合本身遭受的下跌（同期下跌85%）要好7%。在最近一次熊市中，"所有股票"投资组合中的最佳6个月涨价组下跌了62%，"所有股票"投资组合下跌为56%前者超出后者达6%。1926～2009年，最佳6个月价格表现股票组总共经历了18次从峰值到低谷下跌超过20%跌幅的下跌。表20-15显示了最佳

6个月价格表现股票的最糟糕情况。

据我们观察，"所有股票"投资组合中12个月涨价靠前的股票也出现了类似的下跌。最糟糕的一次下跌出现在1929～1932年5月，当时该组损失80%，比"所有股票"投资组合的下跌少5%。再近一点，2000年2月～2009年2月，12个月价格表现股票下跌了66%，尚未回到2000年2月维持的高位。表20-16显示了"所有股票"投资组合12个月涨价组的所有最糟糕的情况。1926～2009年，该组总共经历了16次单独超过20%的下跌。

表20-15 最糟糕的情况："所有股票"投资组合6个月趋势第1组十分位分组的跌幅超过20%的全部数据（1927年1月1日～2009年12月31日）

峰值日期	峰值指数值	低谷日期	低谷指数值	恢复日期	跌幅(%)	下跌持续时间(月)	恢复持续时间(月)
1929年8月	2.50	1932年5月	0.54	1936年10月	-78.26	33	53
1937年3月	3.14	1938年3月	1.28	1943年3月	-59.29	12	60
1946年5月	9.51	1947年5月	6.22	1950年2月	-34.60	12	33
1957年6月	44.77	1957年10月	35.77	1958年7月	-20.10	4	9
1961年11月	105.65	1962年6月	75.85	1963年8月	-28.21	7	14
1966年4月	251.21	1966年10月	178.48	1967年3月	-28.95	6	5
1968年11月	481.45	1970年6月	253.33	1972年5月	-47.38	19	23
1972年5月	487.44	1974年9月	260.92	1976年6月	-46.47	28	21
1978年8月	856.81	1978年10月	646.13	1979年4月	-24.59	2	6
1980年2月	1 391.01	1980年3月	1 050.19	1980年7月	-24.50	1	4
1980年11月	2 132.17	1982年3月	1 593.53	1982年11月	-25.26	16	8
1983年6月	3 363.92	1984年7月	2 369.97	1985年11月	-29.55	13	16
1987年8月	6 048.80	1987年11月	3 964.43	1989年4月	-34.46	3	17
1990年5月	7 100.84	1990年10月	5 223.89	1991年2月	-26.43	5	4
1996年5月	24 155.26	1996年7月	19 103.51	1997年7月	-20.91	2	12
1998年4月	29 247.49	1998年8月	20 394.35	1998年12月	-30.27	4	4
2000年2月	82 912.64	2003年2月	34 645.93	2006年1月	-58.21	36	35
2007年10月	103 850.95	2009年2月	39 011.26		-62.44	16	
平均值					-37.77	12.17	19.06

表20-16 最糟糕的情况："所有股票"投资组合12个月趋势第1组十分位分组的跌幅超过20%的全部数据（1927年1月1日～2009年12月31日）

峰值日期	峰值指数值	低谷日期	低谷指数值	恢复日期	跌幅(%)	下跌持续时间(月)	恢复持续时间(月)
1929年8月	2.52	1932年5月	0.52	1937年1月	-79.58	33	56
1937年3月	2.77	1938年3月	0.98	1943年4月	-64.71	12	61
1946年5月	7.58	1947年5月	4.72	1950年5月	-37.76	12	36

（续）

峰值日期	峰值指数值	低谷日期	低谷指数值	恢复日期	跌幅（%）	下跌持续时间（月）	恢复持续时间（月）
1957年6月	29.27	1957年12月	22.77	1958年8月	−22.19	6	8
1961年11月	66.77	1962年6月	45.95	1963年12月	−31.18	7	18
1966年4月	152.40	1966年10月	106.83	1967年3月	−29.90	6	5
1968年11月	294.31	1974年9月	147.29	1976年12月	−49.95	70	27
1978年8月	491.36	1978年10月	369.18	1979年4月	−24.87	2	6
1980年2月	763.58	1980年3月	578.02	1980年7月	−24.30	1	4
1980年11月	1 206.64	1982年3月	821.35	1983年1月	−31.93	16	10
1983年6月	1 707.68	1984年5月	1 160.41	1985年11月	−32.05	11	18
1987年8月	2 993.02	1987年11月	1 898.79	1989年5月	−36.56	3	18
1990年5月	3 482.48	1990年10月	2 550.81	1991年2月	−26.75	5	4
1996年5月	11 467.48	1997年4月	8 625.93	1997年8月	−24.78	11	4
1998年4月	12 927.70	1998年8月	8 760.95	1999年1月	−32.23	4	5
2000年2月	33 099.41	2009年2月	11 156.51		−66.29	108	
平均值					−38.44	19.19	18.67

表 20-17　最糟糕的情况："大盘股"投资组合 6 个月趋势第 1 组十分位分组的跌幅超过 20% 的全部数据（1927 年 1 月 1 日～2009 年 12 月 31 日）

峰值日期	峰值指数值	低谷日期	低谷指数值	恢复日期	跌幅（%）	下跌持续时间（月）	恢复持续时间（月）
1929年8月	3.21	1933年2月	0.58	1944年12月	−81.81	42	142
1946年5月	6.01	1947年5月	4.21	1949年12月	−30.00	12	31
1961年11月	55.69	1962年6月	40.40	1963年5月	−27.45	7	11
1966年4月	119.63	1966年10月	91.95	1967年3月	−23.14	6	5
1968年11月	166.09	1970年6月	104.03	1972年2月	−37.36	19	20
1972年5月	185.87	1974年9月	113.62	1976年1月	−38.87	28	16
1980年2月	474.82	1980年3月	365.28	1980年6月	−23.07	1	3
1980年11月	715.67	1982年3月	488.30	1983年3月	−31.77	16	12
1983年6月	880.50	1984年7月	634.28	1985年6月	−27.96	13	11
1987年8月	1 774.29	1987年11月	1 230.70	1989年4月	−30.64	3	17
1998年6月	10 047.71	1998年8月	7 851.02	1998年11月	−21.86	2	3
2000年2月	31 098.19	2002年9月	12 511.88	2007年3月	−59.77	31	54
2008年5月	39 866.89	2009年2月	16 024.94		−59.80	9	
平均值					−37.96	15	27.08

表 20-18　最糟糕的情况："大盘股"投资组合 12 个月趋势第 1 组十分位分组的跌幅超过 20% 的全部数据（1927 年 1 月 1 日～2009 年 12 月 31 日）

峰值日期	峰值指数值	低谷日期	低谷指数值	恢复日期	跌幅（%）	下跌持续时间（月）	恢复持续时间（月）
1929年8月	3.36	1932年5月	0.62	1945年1月	−81.56	33	152

(续)

峰值日期	峰值指数值	低谷日期	低谷指数值	恢复日期	跌幅(%)	下跌持续时间(月)	恢复持续时间(月)
1946年5月	5.65	1947年5月	3.72	1950年5月	-34.19	12	36
1956年7月	22.94	1957年10月	17.72	1958年9月	-22.73	15	11
1961年11月	42.52	1962年6月	29.19	1963年8月	-31.35	7	14
1966年4月	85.78	1966年10月	63.94	1967年3月	-25.46	6	5
1968年11月	121.18	1970年6月	76.53	1972年1月	-36.85	19	19
1972年5月	139.34	1974年9月	82.13	1976年2月	-41.06	28	17
1980年2月	322.28	1980年3月	247.94	1980年6月	-23.07	1	3
1980年11月	492.63	1982年7月	300.65	1983年5月	-38.97	20	10
1983年6月	535.11	1984年7月	366.45	1985年11月	-31.52	13	16
1987年8月	1 038.15	1987年11月	698.11	1989年5月	-32.75	3	18
1989年9月	1 221.49	1990年10月	958.45	1991年2月	-21.53	13	4
1998年6月	5 324.91	1998年8月	4 131.38	1998年12月	-22.41	2	4
2000年2月	16 305.59	2002年9月	5 731.03	2007年10月	-64.85	31	61
2007年10月	17 380.34	2009年2月	6 454.09		-62.87	16	
平均值					-38.08	14.6	26.43

对于"大盘股"投资组合中最佳6个月价格表现股票，最糟糕的下跌出现在1929年8月～1933年2月之间，当时损失为82%，但是该损失实际上要比"大盘股"投资组合遭受的同期下跌84%要好2%。而在2008年5月～2009年2月，该组损失达60%。1926～2009年，该组曾有13次损失超过20%。表20-17显示了该组的所有最糟糕的情况。

对于"大盘股"投资组合中最佳12个月价格表现股票，最糟糕下跌出现在1929年8月～1932年5月，当时该组损失82%。而在2007年10月～2009年2月该组损失63%。1926～2009年，该组在15个单独的期间损失超过20%。表20-18详述了该组的所有最糟糕的情况。

就各组的绝对最佳和最差表现而言，"所有股票"投资组合中最佳6个月价格表现股票的最高5年期收益出现在截至2000年2月的那段时间，当时5年前投资的10 000美元增长到60 736美元，实现了43.45%的年收益率。该组的绝对最低5年期收益出现在截至1933年3月的那段时间，当时5年前投资的10 000美元跌至4 298美元，每年损失率为15.54%。表20-19和表20-20显示了其他持股期的结果。

表20-19 按月度数据计算的最高和最低年复合平均收益率（1927年1月1日～2009年12月31日）

对于任何	1年期	3年期	5年期	7年期	10年期
"所有股票"投资组合6个月趋势第1组十分位分组最低复合收益率（%）	−59.29	−38.12	−15.54	−3.32	−3.90
"所有股票"投资组合6个月趋势第1组十分位分组最高复合收益率（%）	175.23	59.15	43.45	33.36	29.64
"所有股票"投资组合12个月趋势第1组十分位分组最低复合收益率（%）	−64.71	−39.36	−16.35	−4.94	−5.76
"所有股票"投资组合12个月趋势第1组十分位分组最高复合收益率（%）	157.56	52.96	39.45	29.78	27.22
"所有股票"投资组合最低复合收益率（%）	−66.72	−45.99	−23.07	−7.43	−5.31
"所有股票"投资组合最高复合收益率（%）	201.69	51.03	41.17	23.77	22.05

表20-20 按月度数据计算的10 000美元投资于最高和最低年复合平均收益的最终价值（1927年1月1日～2009年12月31日）

对于任何	1年期	3年期	5年期	7年期	10年期
"所有股票"投资组合6个月趋势第1组十分位分组10 000美元最低价值（美元）	4 071	2 369	4 298	7 893	6 719
"所有股票"投资组合6个月趋势第1组十分位分组10 000美元最高价值（美元）	27 523	40 308	60 736	75 006	134 125
"所有股票"投资组合12个月趋势第1组十分位分组10 000美元最低价值（美元）	3 529	2 230	4 096	7 015	5 528
"所有股票"投资组合12个月趋势第1组十分位分组10 000美元最高价值（美元）	25 756	35 784	52 737	62 011	111 029
"所有股票"投资组合10 000美元最低价值（美元）	3 328	1 576	2 695	5 825	5 793
"所有股票"投资组合10 000美元最高价值（美元）	30 169	34 452	56 062	44 504	73 345

从"所有股票"投资组合中最佳6个月表现股票，我们可以看到滚动5年期的相对最佳累计表现出现在截至2000年2月的那段时间。相对于"所有股票"投资组合，相对最差5年期表现出现在截至2005年2月的那段时间，那时相对于"所有股票"投资组合20%的收入，该组遭受的累计损失为20%。

"所有股票"投资组合中12个月最佳价格表现股票的绝对最高5年期收益出现在截至1980年11月的那段时间，当时10 000美元增长到52 737美元，实现了39.45%的年收益率。该组的绝对最低5年期收益出现在截至1932年5月的那段时间，当时年损失为16.35%，10 000美元缩水至4 096美元。表20-19和表20-20显示了其他持股期间的结果。

相对于"所有股票"投资组合，12个月涨价组的相对最佳5年期表现出现在截至2000年2月的那段时间，当时12个月最佳表现股票相对于"所有股票"投资组合172%的收益，其累计收益为406%，累计优势为234%。该组的相对最差5年期表现出现在截至1937年6月的那段时间，当时该组相对于"所有股票"投资组合431%的收益，其累计收益为333%，累计损失为98%。

"大盘股"投资组合

对于"大盘股"投资组合中6个月最佳价格表现的股票，绝对最高5年期收益出现在截至2000年2月的那段时间，当时10 000美元增长到72 338美元，实现了48.55%的年收益率。该组的最低5年期收益出现在截至1934年的那段时间，当时5年前投资的10 000美元缩水至3 482美元，年损失率为−19.02%。表20-21和表20-22显示了其他持股期的结果。

相对于"大盘股"投资组合，12个月涨价组的相对最佳5年期表现也出现在截至2000年2月的那段时间。相对于"大盘股"投资组合，相对最差5年期表现出现在截至1937年6月的那段时间，当时"大盘股"投资组合的6个月最佳表现股票相对于"大盘股"投资组合346%的收益，其累计收益为284%，累计损失为62%。

"大盘股"投资组合中12个月最佳表现股票的绝对最高5年期收益出现在截至2000年2月的那段时间，当时10 000美元增长到68 962美元，实现了47.14%的年收益率。该组的绝对最低5年期收益出现在截至1934年8月的那段时间，当时10 000美元缩水至3 618美元，年损失率为18.40%。表20-21和表20-22显示了其他持股期的结果。

相对于"大盘股"投资组合，12个月最佳表现股票的相对最高5年期收益也出现在截至2000年2月的那段时间。相对于"大盘股"投资组合，相对最低5年收益出现在截至1937年6月的那段时间，当时相对于"大盘股"投资组合346%的收入，该组的累计收益为241%，累计损失为105%。

表20-21 按月度数据计算的最高和最低年复合平均收益率（1927年1月1日～2009年12月31日）

对于任何	1年期	3年期	5年期	7年期	10年期
"大盘股"投资组合6个月趋势第1组十分位分组最低复合收益率（%）	−57.73	−40.90	−19.02	−6.52	−6.79

(续)

对于任何	1年期	3年期	5年期	7年期	10年期
"大盘股"投资组合6个月趋势第1组十分位分组最高复合收益率(%)	150.84	67.35	48.55	37.36	32.45
"大盘股"投资组合12个月趋势第1组十分位分组最低复合收益率(%)	−59.67	−40.38	−18.40	−7.62	−7.97
"大盘股"投资组合12个月趋势第1组十分位分组最高复合收益率(%)	148.43	66.27	47.14	35.36	31.44
"大盘股"投资组合最低复合收益率(%)	−66.63	−43.53	−20.15	−6.95	−5.70
"大盘股"投资组合最高复合收益率(%)	159.52	45.64	36.26	22.83	19.57

表20-22 按月度数据计算的10 000美元投资于最高和最低年复合平均收益的最终价值（1927年1月1日～2009年12月31日）

对于任何	1年期	3年期	5年期	7年期	10年期
"大盘股"投资组合6个月趋势第1组十分位分组10 000美元最低价值（美元）	4 227	2 065	3 482	6 238	4 953
"大盘股"投资组合6个月趋势第1组十分位分组10 000美元最高价值（美元）	25 084	46 865	72 338	92 281	166 173
"大盘股"投资组合12个月趋势第1组十分位分组10 000美元最低价值（美元）	4 033	2 119	3 618	5 743	4 356
"大盘股"投资组合12个月趋势第1组十分位分组10 000美元最高价值（美元）	24 843	45 964	68 962	83 273	153 965
"大盘股"投资组合10 000美元最低价值（美元）	3 337	1 800	3 247	6 041	5 561
"大盘股"投资组合10 000美元最高价值（美元）	25 952	30 890	46 970	42 189	59 747

购买最差表现的股票

如果你在寻找"可以跑输大盘的很棒方法"，看这里就行了。1926年12月31日对"所有股票"投资组合中有6个月最差价格表现的10%股票进行的10 000美元投资在2009年年末仅增至292 547美元，年收益率仅为4.15%（见表20-23），这比投资"所有股票"投资组合赚的38 542 780美元要差远了。6个月最差价格表现的股票的标准收益偏差为29.26%，比"所有股票"投资组合的21.67%要高很多。在这样糟糕的收益下，任何风险都会严重削弱夏普比率，此处仅为可怜的−0.03。为了进一步说明此收益有多糟糕，这里强调1926年的10 000美元相当于2009年12月31日的123 966美元。表20-23罗列了这一悲惨状况。

表 20-23 年收益及风险数据统计概要:"所有股票"投资组合 6 个月趋势、第 10 组十分位分组和"所有股票"投资组合(1927 年 1 月 1 日~ 2009 年 12 月 31 日)

	"所有股票"投资组合 6 个月趋势第 10 组十分位分组	"所有股票"投资组合
算术平均值(%)	8.50	13.06
几何平均值(%)	4.15	10.46
平均收益(%)	8.10	18.54
标准差(%)	29.26	21.67
向上的偏差(%)	23.67	14.78
向下的偏差(%)	19.83	16.03
跟踪误差	10.74	0.00
收益为正的时期数	559	606
收益为负的时期数	437	390
从最高点到最低点的最大跌幅(%)	−91.78	−85.45
贝塔值	1.29	1.00
T 统计量($m=0$)	2.55	5.19
夏普比率($Rf=5\%$)	−0.03	0.25
索蒂诺比率($MAR=10\%$)	−0.30	0.03
10 000 美元投资的最终结果(美元)	292 547	38 542 780
1 年期最低收益(%)	−77.67	−66.72
1 年期最高收益(%)	296.01	201.69
3 年期最低收益(%)	−55.33	−45.99
3 年期最高收益(%)	50.90	51.03
5 年期最低收益(%)	−33.99	−23.07
5 年期最高收益(%)	43.52	41.17
7 年期最低收益(%)	−16.53	−7.43
7 年期最高收益(%)	24.87	23.77
10 年期最低收益(%)	−11.34	−5.31
10 年期最高收益(%)	17.71	22.05
预期最低收益[1](%)	−50.01	−30.28
预期最高收益[2](%)	67.02	56.39

[1] 预期最低收益等于收益率的算术平均值减去 2 倍的标准差。
[2] 预期最高收益等于收益率的算术平均值加上 2 倍的标准差。

基本比率(见表 20-24)也极为糟糕,6 个月最差价格表现的股票仅以所有滚动 5 年期的 2% 和所有滚动 10 年期的 1% 打败"所有股票"投资组合。而且,滚动 5 年期的损失幅度也相当大,6 个月最差价格表现的股票十分位分组在任何 5 年期内都将"所有股票"投资组合抛在后面,平均超过 42%。但是末等奖非 10 年期收益莫属:10 年期中 6 个月最差价格表现的股票的 10 年累计收益为 142%(小于"所有股票"

投资组合)。图 20-5 显示了 6 个月股票组第 10 组十分位分组的年复合平均超额收益(或者在这种情况下为损失)率。

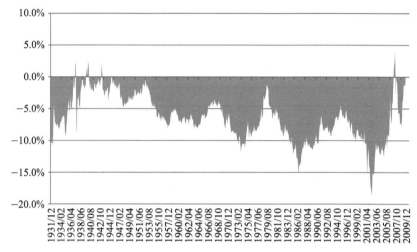

图 20-5　5 年期滚动年复合平均超额收益(损失)率

"所有股票"投资组合 6 个月趋势第 10 组十分位分组的收益率减去"所有股票"投资组合的收益率(1927 年 1 月 1 日～2009 年 12 月 31 日)

表 20-24　"所有股票"投资组合 6 个月趋势、第 10 组十分位分组和"所有股票"投资组合的基本比率(1927 年 1 月 1 日～2009 年 12 月 31 日)

项目	"所有股票"投资组合 6 个月趋势平均年度第 10 组十分位分组,打败"所有股票"投资组合	百分比(%)	年平均超额收益率(%)
1 年期收益率	985 期中有 178 期	18	−5.20
滚动的 3 年期复合收益率	961 期中有 64 期	7	−6.24
滚动的 5 年期复合收益率	937 期中有 22 期	2	−6.36
滚动的 7 年期复合收益率	913 期中有 16 期	2	−6.45
滚动的 10 年期复合收益率	877 期中有 5 期	1	−6.48

购买 12 个月最大亏损的股票

如表 20-25 所示,投资 12 个月最大亏损股票的十分位分组并没有什么好消息。1926 年 12 月 31 日投资的 10 000 美元增长到 1 038 156 美元,年收益率 5.75%。相对于"所有股票"投资组合的 21.67%,风险非常高,为 29.91%。低收益加上高风险使得其夏普比率相对于"所有股票"投资组合的 0.25,仅为 0.03。表 20-26 显示了基本比率。所有都为负,该组仅以所有滚动 5 年期的 7% 和所有滚动 10 年期的 1%

打败"所有股票"投资组合。

表 20-25　年收益及风险数据统计概要："所有股票"投资组合 12 个月趋势、第 10 组十分位分组和"所有股票"投资组合（1927 年 1 月 1 日～ 2009 年 12 月 31 日）

	"所有股票"投资组合 12 个月趋势第 10 组十分位分组	"所有股票"投资组合
算术平均值（%）	10.34	13.06
几何平均值（%）	5.75	10.46
平均收益（%）	10.94	18.54
标准差（%）	29.91	21.67
向上的偏差（%）	24.66	14.78
向下的偏差（%）	20.30	16.03
跟踪误差	11.94	0.00
收益为正的时期数	557	606
收益为负的时期数	439	390
从最高点到最低点的最大跌幅（%）	-90.94	-85.45
贝塔值	1.30	1.00
T 统计量（$m=0$）	3.01	5.19
夏普比率（$Rf=5\%$）	0.03	0.25
索蒂诺比率（$MAR=10\%$）	-0.21	0.03
10 000 美元投资的最终结果（美元）	1 038 156	38 542 780
1 年期最低收益（%）	-77.93	-66.72
1 年期最高收益（%）	294.88	201.69
3 年期最低收益（%）	-53.98	-45.99
3 年期最高收益（%）	54.61	51.03
5 年期最低收益（%）	-32.90	-23.07
5 年期最高收益（%）	41.31	41.17
7 年期最低收益（%）	-16.37	-7.43
7 年期最高收益（%）	23.70	23.77
10 年期最低收益（%）	-10.14	-5.31
10 年期最高收益（%）	19.31	22.05
预期最低收益[①]（%）	-49.48	-30.28
预期最高收益[②]（%）	70.17	56.39

① 预期最低收益等于收益率的算术平均值减去 2 倍的标准差。
② 预期最高收益等于收益率的算术平均值加上 2 倍的标准差。

表 20-26　"所有股票"投资组合 12 个月趋势、第 10 组十分位分组和"所有股票"投资组合的基本比率（1927 年 1 月 1 日～ 2009 年 12 月 31 日）

项目	"所有股票"投资组合 12 个月趋势平均年度第 10 组十分位分组，打败"所有股票"投资组合	百分比（%）	年平均超额收益率（%）
1 年期收益率	985 期中有 265 期	27	-3.58

(续)

项目	"所有股票"投资组合12个月趋势平均年度第10组十分位分组,打败"所有股票"投资组合	百分比(%)	年平均超额收益率(%)
滚动的3年期复合收益率	961期中有125期	13	-4.64
滚动的5年期复合收益率	937期中有61期	7	-4.73
滚动的7年期复合收益率	913期中有25期	3	-4.79
滚动的10年期复合收益率	877期中有11期	1	-4.80

正如我们在查看最佳价格表现股票时提到的,这些亏损股票组唯一表现好的时期恰好是在摇摇欲坠的熊市(损失超过40%)之后,即该组股票的最佳月份出现在1932年8月(仅一个月猛升82%)和2009年4月(盈利38%)。如果你观察在恶劣熊市一年之后该组的表现,其收益会令你大吃一惊:在截至1933年6月的一年中,该组股票的收益为295%;而在截至2003年9月的一年中,收益则为112%。但是正如我们以前所说的,这些没有可持续性收益确实不可持续,收益快速减少,这些股票不久就会呈现糟糕状况。因此,可以考虑购买这些股票的唯一时间是在严重下跌后市场刚好兴起时。图20-6显示了该组的5年期滚动年复合平均超额收益(大多数情况下为损失)率。

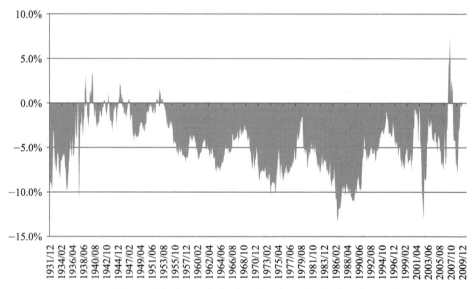

图20-6　5年期滚动年复合平均超额收益(损失)率

"所有股票"投资组合12个月趋势第10组十分位分组的收益率减去"所有股票"投资组合的收益率(1927年1月1日～2009年12月31日)

"大盘股"投资组合也遭受重创

"大盘股"投资组合中的最差价格表现的股票同样遭受重创,其业绩几乎是致命的。1926年12月21日对"大盘股"投资组合中有6个月最差价格表现的股票十分位分组进行的10 000美元投资,在2009年年末仅增长到629 553美元,年收益率为5.12%。这比"大盘股"投资组合的收益要差很多,其同期收益率为9.69%。该组的风险也更高,标准差为25.31%,夏普比率为0。表20-27显示了所有汇总数据。

表20-27 年收益及风险数据统计概要:"大盘股"投资组合6个月趋势、第10组十分位分组和"大盘股"投资组合(1927年1月1日~2009年12月31日)

	"大盘股"投资组合6个月趋势第10组十分位分组	"大盘股"投资组合
算术平均值(%)	8.44	11.75
几何平均值(%)	5.12	9.69
平均收益(%)	9.07	16.75
标准差(%)	25.31	19.35
向上的偏差(%)	19.86	13.10
向下的偏差(%)	17.92	14.40
跟踪误差	9.92	0.00
收益为正的时期数	557	609
收益为负的时期数	439	387
从最高点到最低点的最大跌幅(%)	−91.07	−84.33
贝塔值	1.22	1.00
T统计量($m=0$)	2.93	5.25
夏普比率($Rf=5\%$)	0.00	0.24
索蒂诺比率($MAR=10\%$)	−0.27	−0.02
10 000美元投资的最终结果(美元)	629 553	21 617 372
1年期最低收益(%)	−76.20	−66.63
1年期最高收益(%)	248.01	159.52
3年期最低收益(%)	−52.90	−43.53
3年期最高收益(%)	46.25	45.64
5年期最低收益(%)	−33.20	−20.15
5年期最高收益(%)	41.27	36.26
7年期最低收益(%)	−15.72	−6.95
7年期最高收益(%)	24.82	22.83
10年期最低收益(%)	−10.09	−5.70
10年期最高收益(%)	16.40	19.57
预期最低收益[1](%)	−42.18	−26.96
预期最高收益[2](%)	59.05	50.46

① 预期最低收益等于收益率的算术平均值减去2倍的标准差。
② 预期最高收益等于收益率的算术平均值加上2倍的标准差。

如表 20-28 所示,"大盘股"投资组合的基本比率比"所有股票"投资组合的要略好一点。"大盘股"投资组合的 6 个月最差价格表现股票组,仅以所有滚动 5 年期的 6% 和所有滚动 10 年期的 2% 打败"大盘股"投资组合。图 20-7 显示了该组的 5 年期年复合平均收益(大多数情况下为损失)率。

表 20-28 "大盘股"投资组合 6 个月趋势、第 10 组十分位分组和"大盘股"投资组合的基本比率(1927 年 1 月 1 日～2009 年 12 月 31 日)

项目	"大盘股"投资组合 6 个月趋势平均年度第 10 组十分位分组,打败"大盘股"投资组合	百分比(%)	年平均超额收益率(%)
1 年期收益率	985 期中有 269 期	27	-3.72
滚动的 3 年期复合收益率	961 期中有 106 期	11	-4.30
滚动的 5 年期复合收益率	937 期中有 53 期	6	-4.26
滚动的 7 年期复合收益率	913 期中有 40 期	4	-4.28
滚动的 10 年期复合收益率	877 期中有 19 期	2	-4.24

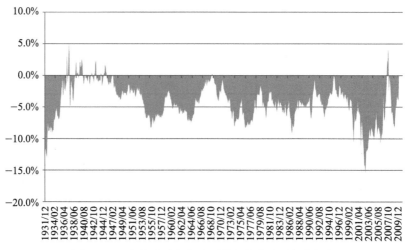

图 20-7 5 年期滚动年复合平均超额收益(损失)率

"大盘股"投资组合 6 个月趋势第 10 组十分位分组的收益率减去"大盘股"投资组合的收益率(1927 年 1 月 1 日～2009 年 12 月 31 日)

购买"大盘股"投资组合中 12 个月最大亏损的股票

如表 20-29 所示,"大盘股"投资组合中 12 个月最大亏损的股票表现要稍微好一点,1926 年 12 月 31 日投资的 10 000 美元于 2009 年年末增长到 1 581 383 美元,年收益率为 6.29%。显然,投资它比投资整只"大盘股"投资组合所赚的要少 2 000

多万美元,但是它比6个月亏损股票的表现要好。该组的标准差为25.66%,比"大盘股"投资组合的19.35%要高很多,夏普比率为0.05。所有基本比率都为负,该组以所有滚动5年期的13%和所有滚动10年期的8%打败"大盘股"投资组合。表20-30显示了所有其他持股期的基本比率。图20-8显示了该组5年期滚动年复合收益(大多数情况下为损失)率。

表20-29 年收益及风险数据统计概要:"大盘股"投资组合12个月趋势、第10组十分位分组和"大盘股"投资组合(1927年1月1日~2009年12月31日)

	"大盘股"投资组合12个月趋势第10组十分位分组	"大盘股"投资组合
算术平均值(%)	9.73	11.75
几何平均值(%)	6.29	9.69
平均收益(%)	8.32	16.75
标准差(%)	25.66	19.35
向上的偏差(%)	20.44	13.10
向下的偏差(%)	18.10	14.40
跟踪误差	10.85	0.00
收益为正的时期数	554	609
收益为负的时期数	442	387
从最高点到最低点的最大跌幅(%)	−88.68	−84.33
贝塔值	1.22	1.00
T统计量($m=0$)	3.31	5.25
夏普比率($Rf=5\%$)	0.05	0.24
索蒂诺比率($MAR=10\%$)	−0.20	−0.02
10 000美元投资的最终结果(美元)	1 581 383	21 617 372
1年期最低收益(%)	−75.47	−66.63
1年期最高收益(%)	245.23	159.52
3年期最低收益(%)	−49.52	−43.53
3年期最高收益(%)	49.31	45.64
5年期最低收益(%)	−30.18	−20.15
5年期最高收益(%)	39.71	36.26
7年期最低收益(%)	−14.62	−6.95
7年期最高收益(%)	24.64	22.83
10年期最低收益(%)	−7.44	−5.70
10年期最高收益(%)	19.27	19.57
预期最低收益[1](%)	−41.59	−26.96
预期最高收益[2](%)	61.06	50.46

[1] 预期最低收益等于收益率的算术平均值减去2倍的标准差。
[2] 预期最高收益等于收益率的算术平均值加上2倍的标准差。

表 20-30 "大盘股"投资组合 12 个月趋势、第 10 组十分位分组和"大盘股"投资组合的基本比率（1927 年 1 月 1 日～2009 年 12 月 31 日）

项目	"大盘股"投资组合 12 个月趋势平均年度第 10 组十分位分组，打败"大盘股"投资组合	百分比（%）	年平均超额收益率（%）
1 年期收益率	985 期中有 326 期	33	-2.48
滚动的 3 年期复合收益率	961 期中有 196 期	20	-3.14
滚动的 5 年期复合收益率	937 期中有 125 期	13	-3.08
滚动的 7 年期复合收益率	913 期中有 73 期	8	-3.07
滚动的 10 年期复合收益率	877 期中有 67 期	8	-3.03

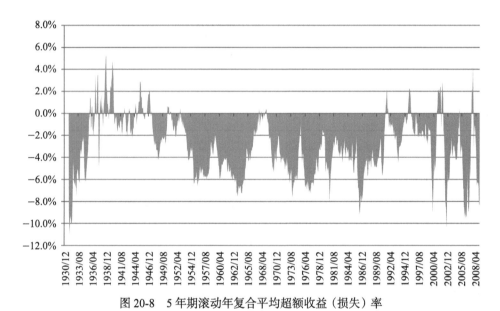

图 20-8 5 年期滚动年复合平均超额收益（损失）率

"大盘股"投资组合 12 个月趋势第 10 组十分位分组的收益率减去"大盘股"投资组合的收益率（1927 年 1 月 1 日～2009 年 12 月 31 日）

最好的和最糟糕的情况的收益

从表 20-31～表 20-38 中，我们看到了一个非常不吸引人的数据。"所有股票"投资组合的 6 个月最差表现股票的十分位分组简直糟透了，在 1929 年 8 月～1932 年 5 月间损失 92%，1968 年 11 月～1974 年 9 月损失 77%，2000 年 2 月～2002 年 9 月损失 73%，尚未恢复就下跌了。表 20-31 罗列了这一糟糕情况。"所有股票"投资组合的 12 个月最大相对优势的亏损股票怎么样呢？它们也好不到哪里去。查看任何 5 年期的最好的和最糟糕情况的收益时，从表面上没看到的是，在 1926～2009

年的所有滚动 5 年期中，该组股票的绝对收益在当时为 −19%。该组还跑输了所有滚动 5 年期的美国短期国债的 35%，其下跌几乎与 6 个月亏损股票一样糟糕："所有股票"投资组合的 12 个月亏损股票在 1929 年 8 月～1932 年 5 月间下跌了 91%，在 1968 年 11 月～1974 年 9 月间下跌 75%，在 2007 年 5 月～2009 年 2 月间下跌 70%。很明显，这描绘了一幅极为糟糕的画面。表 20-32 显示了"所有股票"投资组合的 12 个月最大亏损股票的最糟糕的情况。

表 20-31 最糟糕的情况："所有股票"投资组合 6 个月趋势第 10 组十分位分组的跌幅超过 20% 的全部数据（1927 年 1 月 1 日～2009 年 12 月 31 日）

峰值日期	峰值指数值	低谷日期	低谷指数值	恢复日期	跌幅(%)	下跌持续时间（月）	恢复持续时间（月）
1929 年 8 月	1.65	1932 年 5 月	0.14	1945 年 11 月	−91.78	33	162
1946 年 5 月	1.98	1948 年 2 月	1.25	1950 年 8 月	−36.76	21	30
1956 年 3 月	4.48	1957 年 12 月	3.33	1958 年 7 月	−25.63	21	7
1961 年 5 月	6.47	1962 年 10 月	4.38	1965 年 1 月	−32.32	17	27
1968 年 11 月	12.71	1974 年 9 月	2.87	1983 年 4 月	−77.42	70	103
1983 年 6 月	14.80	1984 年 7 月	11.54	1986 年 3 月	−22.03	13	20
1987 年 8 月	18.37	1990 年 10 月	10.50	1992 年 2 月	−42.85	38	16
1998 年 4 月	34.19	1998 年 8 月	20.23	1999 年 12 月	−40.84	4	16
2000 年 2 月	37.91	2002 年 9 月	10.38		−72.61	31	
平均值					−49.14	27.56	47.63

表 20-32 最糟糕的情况："所有股票"投资组合 12 个月趋势第 10 组十分位分组的跌幅超过 20% 的全部数据（1927 年 1 月 1 日～2009 年 12 月 31 日）

峰值日期	峰值指数值	低谷日期	低谷指数值	恢复日期	跌幅(%)	下跌持续时间（月）	恢复持续时间（月）
1929 年 8 月	1.63	1932 年 5 月	0.15	1945 年 10 月	−90.94	33	161
1946 年 5 月	2.09	1948 年 2 月	1.38	1950 年 4 月	−34.01	21	26
1957 年 5 月	5.55	1957 年 12 月	4.27	1958 年 7 月	−22.96	7	7
1961 年 5 月	8.76	1962 年 10 月	5.87	1965 年 1 月	−33.06	17	27
1968 年 11 月	17.93	1974 年 9 月	4.44	1981 年 5 月	−75.22	70	80
1981 年 5 月	18.14	1982 年 7 月	13.17	1983 年 1 月	−27.39	14	6
1987 年 8 月	31.21	1990 年 10 月	18.50	1992 年 1 月	−40.72	38	15
1997 年 9 月	72.86	1998 年 8 月	43.61	1999 年 12 月	−40.15	11	16
2001 年 6 月	92.46	2002 年 9 月	31.49	2004 年 12 月	−65.94	15	27
2007 年 5 月	127.56	2009 年 2 月	38.21		−70.04	21	
平均值					−50.04	24.7	40.56

表 20-33 最糟糕的情况:"大盘股"投资组合 6 个月趋势第 10 组十分位分组的跌幅超过 20% 的全部数据(1927 年 1 月 1 日~ 2009 年 12 月 31 日)

峰值日期	峰值指数值	低谷日期	低谷指数值	恢复日期	跌幅(%)	下跌持续时间(月)	恢复持续时间(月)
1929 年 8 月	1.63	1932 年 5 月	0.15	1946 年 4 月	−91.07	33	167
1946 年 5 月	1.73	1948 年 2 月	1.20	1950 年 4 月	−30.76	21	26
1961 年 12 月	5.75	1962 年 10 月	4.14	1964 年 6 月	−27.97	10	20
1968 年 11 月	10.34	1974 年 9 月	4.08	1980 年 7 月	−60.57	70	70
1981 年 5 月	12.30	1982 年 7 月	8.93	1982 年 12 月	−27.39	14	5
1987 年 8 月	27.16	1987 年 11 月	19.61	1989 年 1 月	−27.78	3	14
1989 年 8 月	31.32	1990 年 10 月	20.01	1991 年 5 月	−36.11	14	7
1998 年 4 月	81.83	1998 年 8 月	56.84	1999 年 4 月	−30.53	4	8
2001 年 1 月	95.01	2002 年 9 月	29.60		−68.85	20	
平均值					−44.56	21	39.63

表 20-34 最糟糕的情况:"大盘股"投资组合 12 个月趋势第 10 组十分位分组的跌幅超过 20% 的全部数据(1927 年 1 月 1 日~ 2009 年 12 月 31 日)

峰值日期	峰值指数值	低谷日期	低谷指数值	恢复日期	跌幅(%)	下跌持续时间(月)	恢复持续时间(月)
1929 年 8 月	1.59	1932 年 5 月	0.18	1945 年 9 月	−88.68	33	160
1946 年 5 月	2.10	1948 年 2 月	1.47	1950 年 1 月	−30.16	21	23
1961 年 8 月	8.18	1962 年 10 月	5.79	1964 年 6 月	−29.30	14	20
1968 年 11 月	14.85	1974 年 9 月	5.95	1980 年 7 月	−59.95	70	70
1981 年 5 月	18.41	1982 年 7 月	13.63	1982 年 11 月	−25.96	14	4
1987 年 8 月	42.36	1987 年 11 月	29.71	1989 年 1 月	−29.86	3	14
1989 年 8 月	49.56	1990 年 10 月	32.59	1991 年 4 月	−34.26	14	6
1998 年 4 月	147.04	1998 年 8 月	107.11	1999 年 1 月	−27.16	4	5
2001 年 1 月	217.31	2002 年 9 月	71.41	2007 年 4 月	−67.14	20	55
2007 年 5 月	229.40	2009 年 2 月	70.25		−69.38	21	
平均值					−46.18	21.4	39.67

表 20-35 按月度数据计算的最高和最低年复合平均收益率(1927 年 1 月 1 日~ 2009 年 12 月 31 日)

对于任何	1 年期	3 年期	5 年期	7 年期	10 年期
"所有股票"投资组合 6 个月趋势第 10 组十分位分组最低复合收益率(%)	−77.67	−55.33	−33.99	−16.53	−11.34
"所有股票"投资组合 6 个月趋势第 10 组十分位分组最高复合收益率(%)	296.01	50.90	43.52	24.87	17.71
"所有股票"投资组合 12 个月趋势第 10 组十分位分组最低复合收益率(%)	−77.93	−53.98	−32.90	−16.37	−10.14
"所有股票"投资组合 12 个月趋势第 10 组十分位分组最高复合收益率(%)	294.88	54.61	41.31	23.70	19.31

（续）

对于任何	1 年期	3 年期	5 年期	7 年期	10 年期
"所有股票"投资组合最低复合收益率（%）	−66.72	−45.99	−23.07	−7.43	−5.31
"所有股票"投资组合最高复合收益率（%）	201.69	51.03	41.17	23.77	22.05

表 20-36　按月度数据计算的 10 000 美元投资于最高和最低年复合平均收益的最终价值（1927 年 1 月 1 日～2009 年 12 月 31 日）

对于任何	1 年期	3 年期	5 年期	7 年期	10 年期
"所有股票"投资组合 6 个月趋势第 10 组十分位分组 10 000 美元最低价值（美元）	2 233	891	1 253	2 822	3 000
"所有股票"投资组合 6 个月趋势第 10 组十分位分组 10 000 美元最高价值（美元）	39 601	34 363	60 885	47 347	51 077
"所有股票"投资组合 12 个月趋势第 10 组十分位分组 10 000 美元最低价值（美元）	2 207	975	1 360	2 861	3 433
"所有股票"投资组合 12 个月趋势第 10 组十分位分组 10 000 美元最高价值（美元）	39 488	36 960	56 352	44 326	58 449
"所有股票"投资组合 10 000 美元最低价值（美元）	3 328	1 576	2 695	5 825	5 793
"所有股票"投资组合 10 000 美元最高价值（美元）	30 169	34 452	56 062	44 504	73 345

表 20-37　按月度数据计算的最高和最低年复合平均收益率（1927 年 1 月 1 日～2009 年 12 月 31 日）

对于任何	1 年期	3 年期	5 年期	7 年期	10 年期
"大盘股"投资组合 6 个月趋势第 10 组十分位分组最低复合收益率（%）	−76.20	−52.90	−33.20	−15.72	−10.09
"大盘股"投资组合 6 个月趋势第 10 组十分位分组最高复合收益率（%）	248.01	46.25	41.27	24.82	16.40
"大盘股"投资组合 12 个月趋势第 10 组十分位分组最低复合收益率（%）	−75.47	−49.52	−30.18	−14.62	−7.44
"大盘股"投资组合 12 个月趋势第 10 组十分位分组最高复合收益率（%）	245.23	49.31	39.71	24.64	19.27
"大盘股"投资组合最低复合收益率（%）	−66.63	−43.53	−20.15	−6.95	−5.70
"大盘股"投资组合最高复合收益率（%）	159.52	45.64	36.26	22.83	19.57

表 20-38　按月度数据计算的 10 000 美元投资于最高和最低年复合平均收益的最终价值（1927 年 1 月 1 日～2009 年 12 月 31 日）

对于任何	1 年期	3 年期	5 年期	7 年期	10 年期
"大盘股"投资组合 6 个月趋势第 10 组十分位分组 10 000 美元最低价值（美元）	2 380	1 045	1 330	3 020	3 453
"大盘股"投资组合 6 个月趋势第 10 组十分位分组 10 000 美元最高价值（美元）	34 801	31 280	56 273	47 215	45 667
"大盘股"投资组合 12 个月趋势第 10 组十分位分组 10 000 美元最低价值（美元）	2 453	1 286	1 659	3 309	4 618

					（续）
对于任何	1年期	3年期	5年期	7年期	10年期
"大盘股"投资组合12个月趋势第10组十分位分组10 000美元最高价值（美元）	34 523	33 288	53 231	46 733	58 265
"大盘股"投资组合10 000美元最低价值（美元）	3 337	1 800	3 247	6 041	5 561
"大盘股"投资组合10 000美元最高价值（美元）	25 952	30 890	46 970	42 189	59 747

如果你想要购买此组股票，唯一的时间刚好是在恶劣熊市之后。这些股票真的会在熊市结束后的1年左右内表现非凡。例如，在股市于1932年年中触底时，"所有股票"投资组合的6个月最大亏损股票十分位分组在截至1933年6月的那一年猛冲到295%，但是我还不能明确地指出这只是短期现象，这些股票将不可避免地继续亏损。你可以查看有关"所有股票"投资组合和"大盘股"投资组合在大量持股期的最好的和最糟糕情况的收益，以及最糟糕情况的所有表格。表20-33和表20-34显示了"大盘股"投资组合的6个月和12个月亏损股票超过20%的所有下跌，表20-35和表20-36显示了"所有股票"投资组合亏损股票的最高和最低收益。表20-37和表20-38显示了"大盘股"投资组合亏损股票的最高和最低收益。

下跌

按6个月涨价的"所有股票"投资组合十分位分组收益显示为梯形结构：第1组十分位分组的表现（包含最佳6个月价格表现的股票）处于顶端，其他十分位分组的收益降至阶梯的第10组十分位分组（包含最差6个月价格表现的股票）。前6组十分位分组都打败了"所有股票"投资组合，底下的4组十分位分组的表现都比"所有股票"投资组合的差。你还可以看到，83年来每年额外的9.96%中的多少收益将影响你的整个投资组合价值，最佳表现股票组将10 000美元变成573 000 000美元，最差表现股票组将其变成293 000美元。正如阿尔伯特·爱因斯坦所说："复利是世界的第八大奇迹，了解它的人赚钱，不了解的人赔钱。"

我们在"大盘股"投资组合6个月涨价十分位分组中看到了类似的情况：前5组十分位分组打败了"大盘股"投资组合，后5组十分位分组的表现比其差。图20-9~图20-12和表20-39~表20-42按6个月和12个月涨价详述了"所有股票"投资组合和"大盘股"投资组合的十分位分组收益。最后，表20-43和表20-44按10年时限显示了"所有股票"投资组合和"大盘股"投资组合的收益。

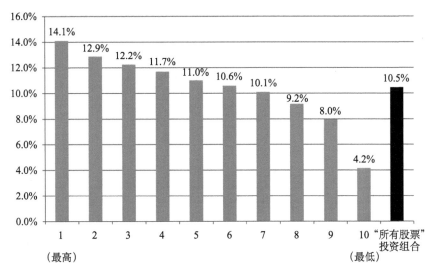

图20-9 "所有股票"投资组合按十分位分组6个月趋势表示的年复合平均收益率（1927年1月1日～2009年12月31日）

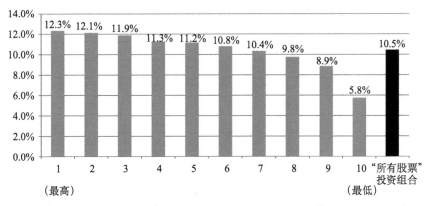

图20-10 "所有股票"投资组合按十分位分组12个月趋势表示的年复合平均收益率（1927年1月1日～2009年12月31日）

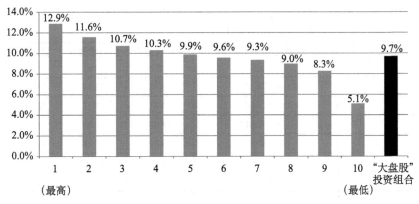

图20-11 "大盘股"投资组合按十分位分组6个月趋势表示的年复合平均收益率（1927年1月1日～2009年12月31日）

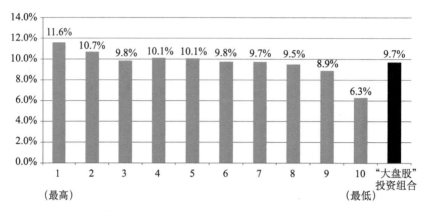

图 20-12 "大盘股"投资组合按十分位分组 12 个月趋势表示的年复合平均收益率（1927 年 1 月 1 日～2009 年 12 月 31 日）

表 20-39 "所有股票"投资组合 6 个月趋势十分位分组十分位分析结果汇总（1927 年 1 月 1 日～2009 年 12 月 31 日）

十分位（10%）	10 000 美元的投资将增长至（美元）	平均收益率（%）	复合收益率（%）	标准差（%）	夏普比率
1（最高）	572 831 563	17.60	14.11	24.54	0.37
2	233 586 271	15.42	12.88	21.08	0.37
3	145 736 021	14.45	12.24	19.72	0.37
4	96 512 411	13.79	11.69	19.37	0.35
5	58 103 875	13.09	11.01	19.34	0.31
6	42 142 030	12.76	10.58	19.96	0.28
7	29 379 380	12.43	10.10	20.69	0.25
8	14 494 301	11.73	9.17	21.79	0.19
9	5 786 567	11.06	7.96	24.28	0.12
10（最低）	292 547	8.50	4.15	29.26	−0.03
"所有股票"投资组合	38 542 780	13.06	10.46	21.67	0.25

表 20-40 "所有股票"投资组合 12 个月趋势十分位分组十分位分析结果汇总（1927 年 1 月 1 日～2009 年 12 月 31 日）

十分位（10%）	10 000 美元的投资将增长至（美元）	平均收益率（%）	复合收益率（%）	标准差（%）	夏普比率
1（最高）	156 230 201	15.88	12.34	24.78	0.30
2	134 035 688	14.61	12.13	20.85	0.34
3	110 707 814	14.08	11.87	19.76	0.35
4	71 040 889	13.35	11.28	19.20	0.33
5	65 466 534	13.22	11.17	19.21	0.32
6	49 893 393	12.97	10.80	19.86	0.29
7	35 520 440	12.70	10.35	20.79	0.26

(续)

十分位（10%）	10 000 美元的投资将增长至（美元）	平均收益率（%）	复合收益率（%）	标准差（%）	夏普比率
8	22 713 816	12.44	9.76	22.37	0.21
9	11 442 307	12.04	8.86	24.53	0.16
10（最低）	1 038 156	10.34	5.75	29.91	0.03
"所有股票"投资组合	38 542 780	13.06	10.46	21.67	0.25

表20-41 "大盘股"投资组合6个月趋势十分位分组十分位分析结果汇总（1927年1月1日～2009年12月31日）

十分位（10%）	10 000 美元的投资将增长至（美元）	平均收益率（%）	复合收益率（%）	标准差（%）	夏普比率
1（最高）	232 092 755	15.81	12.88	22.65	0.35
2	89 230 630	13.77	11.58	19.73	0.33
3	46 577 967	12.66	10.71	18.66	0.31
4	33 882 890	12.14	10.29	18.26	0.29
5	24 961 686	11.69	9.88	18.09	0.27
6	19 542 852	11.39	9.56	18.27	0.25
7	16 522 196	11.29	9.34	18.95	0.23
8	12 587 294	11.10	8.98	19.90	0.20
9	7 351 529	10.73	8.28	21.58	0.15
10（最低）	629 553	8.44	5.12	25.31	0.00
"大盘股"投资组合	21 617 372	11.75	9.69	19.35	0.24

表20-42 "大盘股"投资组合12个月趋势十分位分组十分位分析结果汇总（1927年1月1日～2009年12月31日）

十分位（10%）	10 000 美元的投资将增长至（美元）	平均收益率（%）	复合收益率（%）	标准差（%）	夏普比率
1（最高）	90 010 397	14.65	11.59	23.11	0.29
2	46 324 623	12.94	10.70	19.93	0.29
3	24 317 249	11.85	9.85	19.00	0.26
4	29 752 173	11.96	10.12	18.24	0.28
5	28 856 078	11.89	10.08	18.08	0.28
6	22 675 942	11.53	9.76	17.96	0.26
7	22 364 844	11.74	9.74	19.33	0.25
8	18 561 262	11.68	9.49	20.22	0.22
9	11 729 923	11.47	8.89	22.09	0.18
10（最低）	1 581 383	9.73	6.29	25.66	0.05
"大盘股"投资组合	21 617 372	11.75	9.69	19.35	0.24

表 20-43　按 10 年期限间隔的年复合平均收益率

	1920s①	1930s	1940s	1950s	1960s	1970s	1980s	1990s	2000s②
"所有股票"投资组合 6 个月趋势第 1 个十分位组（%）	15.45	2.74	16.31	23.61	17.77	11.73	18.94	24.28	-0.29
"所有股票"投资组合 6 个月趋势第 10 个十分位组（%）	0.55	-3.22	8.82	12.86	3.99	0.67	6.29	7.63	-1.70
"所有股票"投资组合 12 个月趋势第 1 个十分位组（%）	12.05	2.00	14.87	21.72	16.87	10.90	17.37	22.33	-4.36
"所有股票"投资组合 12 个月趋势第 10 个十分位组（%）	1.92	-3.62	10.13	14.34	4.95	1.31	7.95	10.60	2.66
"所有股票"投资组合（%）	12.33	-0.03	11.57	18.07	10.72	7.56	16.78	15.35	4.39

① 1927 年 1 月 1 日～1929 年 12 月 31 日。
② 2000 年 1 月 1 日～2009 年 12 月 31 日。

表 20-44　按 10 年期限间隔的年复合平均收益率

	1920s①	1930s	1940s	1950s	1960s	1970s	1980s	1990s	2000s②
"大盘股"投资组合 6 个月趋势第 1 个十分位组（%）	25.14	-1.00	13.00	20.90	13.47	10.70	17.83	27.63	-0.01
"大盘股"投资组合 6 个月趋势第 10 个十分位组（%）	5.21	-4.13	7.98	12.14	4.15	1.97	12.17	11.04	-2.94
"大盘股"投资组合 12 个月趋势第 1 个十分位组（%）	23.61	-1.26	12.23	19.11	12.98	10.03	15.82	26.79	-3.20
"大盘股"投资组合 12 个月趋势第 10 个十分位组（%）	7.07	-3.14	8.65	13.55	3.83	2.70	13.20	13.24	-0.48
"大盘股"投资组合（%）	17.73	-1.05	9.65	17.06	8.31	6.65	17.34	16.38	2.42

① 1927 年 1 月 1 日～1929 年 12 月 31 日。
② 2000 年 1 月 1 日～2009 年 12 月 31 日。

考虑股价趋势的其他标准

我想指出几点在考虑股价趋势时可能有益的其他因素。第一个是 6 个月股票日均成交量。虽然在 CRSP 数据集中没有可用的成交量统计数据，但是自 1964 年开始的电子计算机会计数据库的数据集中确实有这些数据。按平均 6 个月的美元成交量分析股票，我们发现 6 个月平均美元成交量最大的股票收益最低，而 6 个月成交量最差的股票收益最高。1963 年 12 月 31 日对在过去 6 个月中有最高平均美元成交量的股票十分位分组投资的 10 000 美元于 2009 年年末变为 357 900 美元，年收益率为 8.09%。这比同期"所有股票"投资组合赚的 11.24% 低很多，同样的 10 000 美元增长到 1 320 000 美元。相反，对具有 6 个月最差交易量的股票十分位分组进行 10 000 美元的投资，最终结果变为 2 900 000 美元，年收益率为 13.16%。原理是，成交量最大的股票比交易量最低的股票的投机性更大，并且我们的分析结果显示，投机股票在未来的继续表现很差。

因此，将纯粹的股价趋势与交易量联系起来是值得考虑的策略。如果将股票按平均交易量排列在第 7 ~ 10 组十分位分组，通过添加点和从具有最大成交量的股票中减去点（尤其是第 1 和 2 组十分位分组），你可以处罚交易量最大的股票，奖励交易量最低的股票。如果你仅使用股价趋势选股，则这可能会减少两者间的悬殊。

股价趋势工具套件中另一个可能的增补是价格变动，但是此处你要规避具有最大股价变动的股票十分位分组，1964 ~ 2009 年，该组的年收益率为 6.94%，比"所有股票"投资组合 11.24% 的年收益率要低很多。通过规避价格变动最大的股票，你还可以将收益平滑到纯粹的股价趋势策略。

最后，我们继续使用多个股价趋势进行测验，赋予 6 个月的股价趋势最高点，但是也奖励具有 5 年期最差趋势的股票一些点。

对投资者的启示

鲁尼恩在本章开头的引言是恰当的。对于 6 个月和 12 个月的时间，赢家通常会继续盈利，而输家也通常会继续亏损。切记，我们说输家，不是指出现某些亏损的股票，而是在整只股票组合中的 10% 损失最惨重的股票。然而，整个分组十分位分析显示，投资者最好规避最低涨价十分位分组的股票。

建议很简单，除非经济损失是你的目标，否则应规避亏损最惨重的股票。你应从此组购买股票的唯一时间是恶劣熊市后的第一年。因为这是它们价值猛升的唯一时间，它们在此时不仅好过大盘，还会好过最佳表现的股票。对于购买具有最佳相对优势的股票这件事，应明了其波动性会一直考验你的心理承受程度。在后面的章节中，我们会看到，将相对优势与其他因素结合在一起使用是多么好的一个策略，这能帮助我们有效控制价值最高的股票。现在，我们发现相对价值是纯粹的（实际上，它能以高额利润持续打败大盘）增长因素之一。

| 第 21 章 |

使用多因素模型改善业绩

谁对谁错无关紧要,重要的是怎样做才是正确的。

——托马斯·赫克利斯

迄今为止,除了价值、收益率质量和财务实力综合指标之外,我们一直在查看单个因素(EBIT/企业价值比率、市销率和市盈率)的业绩。在本章中,我们将考虑使用两种或以上的标准来创建投资组合。根据你的目标,使用多个因素可让你改善表现或降低风险,或者(如有希望)两者兼得。在这里,我们使用 CRSP 数据集来分析多因素策略。虽然 CRSP 在某种程度上受限于其涵盖的因素的数量,但是它可以追溯到 1926 年,这有利于我们了解多因素策略在美国股票最糟糕的时期(经济大萧条)的表现。了解多因素策略在最近 80 年间的表现,有利于投资者深入洞悉这些策略在各种市场条件下的表现。在接下来的几章里,我们还是使用电子计算机会计数据库数据集,以便查看那些 CRSP 数据集中不包含的因素。现在,让我们看一看选定的多因素策略在最近 80 年间的业绩。

结合股价趋势和股东收益率

股价趋势与高股东收益率(SY)相结合为我们创造了一个表现最好的长期策略。表 21-1 显示的是下列模型的结果:

1）初始投资组合为小盘股投资组合。

2）3个月股价趋势必须超过小盘股投资组合的中位值。

3）6个月股价趋势必须超过小盘股投资组合的中位值。

4）购买股东收益率最高的25只股。

投资组合每年调整一次，以便再次持有按股东收益率且满足股价趋势标准的前25只股。如表21-1所示，我们发现，通过将股价趋势和股东收益率相结合，显著改善了单独通过股价趋势或股东收益率产生的结果。从1927年12月31日（可为多因素模型生成完全混合的投资组合的起始日期）起，我们了解到，当日投资的10 000美元截至2009年年末增至19亿美元，年收益率达到15.98%。如表21-2所示，向小盘股投资组合内具有最佳6个月股价趋势的25只股票投资10 000美元，将增至2.4亿美元，年收益率达到13.09%；而向小盘股投资组合内具有最高股东收益率的25只股投资10 000美元，则会增至1.83亿美元，年收益率达到12.71%。同期，向小盘股投资组合内投资10 000美元会增至3 740万美元，年收益率达到10.55%。

表21-1 年度收益与风险结果数据汇总：小盘股是3/6个月＞中位值，按股东收益率前25只；3/6个月＞中位值，按股东收益率前50只（1928年1月1日～2009年12月31日）

	小盘股，3/6个月＞中位值，按股东收益率前25只	小盘股，3/6个月＞中位值，按股东收益率前50只	小盘股
算术平均值（%）	18.10	17.27	13.52
几何平均值（%）	15.98	15.22	10.55
平均收益（%）	25.29	25.28	19.28
标准差（%）	19.10	18.89	23.19
向上的偏差（%）	12.40	12.40	16.14
向下的偏差（%）	14.80	14.72	16.93
跟踪误差	7.95	7.47	1.00
收益为正的时期数	640	640	596
收益为负的时期数	344	344	388
从最高点到最低点的最大跌幅（%）	−76.86	−76.36	−86.12
贝塔值	0.78	0.78	1.0
T统计量（$m=0$）	7.94	7.69	4.98
夏普比率（$Rf=5\%$）	0.58	0.54	0.24
索蒂诺比率（$MAR=10\%$）	0.40	0.35	0.03
10 000美元投资的最终结果（美元）	1 909 317 736	1 108 399 700	37 383 049
1年期最低收益（%）	−55.29	−54.88	−66.91

(续)

	小盘股,3/6个月＞中位值,按股东收益率前25只	小盘股,3/6个月＞中位值,按股东收益率前50只	小盘股
1年期最高收益（%）	160.02	163.19	233.48
3年期最低收益（%）	−37.01	−36.54	−47.28
3年期最高收益（%）	52.05	49.41	54.35
5年期最低收益（%）	−13.52	−13.37	−21.72
5年期最高收益（%）	39.98	38.02	44.18
7年期最低收益（%）	0.20	−0.49	−7.64
7年期最高收益（%）	34.29	32.96	27.35
10年期最低收益（%）	−1.43	−1.90	−5.19
10年期最高收益（%）	32.00	29.09	24.47
预期最低收益①（%）	−20.10	−20.50	−32.86
预期最高收益②（%）	56.30	55.05	59.90

① 预期最低收益等于收益率的算术平均值减去2倍的标准差。
② 预期最高收益等于收益率的算术平均值加上2倍的标准差。

表21-2 年度收益与风险结果数据汇总：前25只小盘股股东收益率；6个月趋势、前25只小盘股；小盘股（1928年1月1日～2009年12月31日）

	前25只小盘股股东收益率	6个月趋势前25只小盘股	小盘股
算术平均值（%）	15.38	18.07	13.52
几何平均值（%）	12.71	13.09	10.55
平均收益（%）	20.05	28.40	19.28
标准差（%）	21.74	29.39	23.19
向上的偏差（%）	15.10	19.08	16.14
向下的偏差（%）	16.86	21.00	16.93
跟踪误差	7.65	15.32	0.00
收益为正的时期数	634	603	596
收益为负的时期数	350	381	388
从最高点到最低点的最大跌幅（%）	−89.32	−84.50	−86.12
贝塔值	0.88	1.08	1.00
T统计量（$m=0$）	6.00	5.15	4.98
夏普比率（$Rf=5\%$）	0.35	0.28	0.24
索蒂诺比率（$MAR=10\%$）	0.16	0.15	0.03
10 000美元投资的最终结果（美元）	182 749 970	240 040 089	37 383 049
1年期最低收益（%）	−71.26	−70.32	−66.91
1年期最高收益（%）	187.52	256.16	233.48
3年期最低收益（%）	−50.54	−39.47	−47.28
3年期最高收益（%）	55.01	81.25	54.35
5年期最低收益（%）	−25.41	−19.46	−21.72

(续)

	前 25 只小盘股股东收益率	6 个月趋势前 25 只小盘股	小盘股
5 年期最高收益（%）	40.41	52.06	44.18
7 年期最低收益（%）	−9.16	−9.43	−7.64
7 年期最高收益（%）	32.84	38.83	27.35
10 年期最低收益（%）	−8.29	−10.50	−5.19
10 年期最高收益（%）	29.90	32.97	24.47
预期最低收益[①]（%）	−28.09	−40.70	−32.86
预期最高收益[②]（%）	58.85	76.85	59.90

① 预期最低收益等于收益率的算术平均值减去 2 倍的标准差。
② 预期最高收益等于收益率的算术平均值加上 2 倍的标准差。

风险越低，基本比率越高

将股价趋势与股东收益率结合起来，不仅极大地提高了投资的总收益率，而且还降低了总体风险，显著改善了基本比率。从小盘股中购买具有 6 个月最佳的股价趋势的 25 只股的标准收益率偏差为 29.39%；而具有最高股东收益率的股票，其标准差则为 21.74%。但是，通过将股价趋势与股东收益率结合，效果变得更好，标准差将减至 19.10%。因此，我们能够将采用多因素策略所得收益率的标准差降至低于采用单因素所得的标准差，而且还低于小盘股在同期 23.19% 的标准差。将低风险与高收益率结合起来，使得结合的趋势与股东收益率投资组合的夏普比率为 0.58，超过小盘股所得的 0.24 的两倍。如表 21-1 和表 21-2 所示，4 种中任一种投资组合所得的最低收益率同样显著优于采用结合的股价趋势与股东收益率投资组合所得的收益率，1～10 年内所有最低收益率均优于小盘股投资组合。

结合的投资组合的基本比率，如表 21-3 所示，同样优于采用单因素的基本比率。结合的股价趋势与股东收益率投资组合，以所有滚动 5 年期的 95% 和所有滚动 10 年期的 99% 打败小盘股投资组合。表 21-3 显示的是所有其他连续周期。表 21-4 和表 21-5 显示的是单因素的基本比率。

表 21-3 小盘股基本比率，3/6 个月＞中位值，按股东收益率前 25 只小盘股（1928 年 1 月 1 日～2009 年 12 月 31 日）

项目	小盘股，3/6 个月＞中位值、按股东收益率前 25 只小盘股	百分比（%）	平均年度超额收益（%）
1 年期收益率	973 期中有 729 期	75	4.88

(续)

项目	小盘股，3/6个月>中位值、按股东收益率前25只小盘股	百分比（%）	平均年度超额收益（%）
滚动的3年期复合收益率	949期中有886期	93	5.51
滚动的5年期复合收益率	925期中有875期	95	5.47
滚动的7年期复合收益率	901期中有866期	96	5.44
滚动的10年期复合收益率	865期中有859期	99	5.39

表21-4 小盘股股东收益率和前25只小盘股的基本比率（1928年1月1日～2009年12月31日）

项目	小盘股股东收益率（前25只）	百分比（%）	平均年度超额收益（%）
1年期收益率	973期中有559期	57	2.21
滚动的3年期复合收益率	949期中有725期	76	2.47
滚动的5年期复合收益率	925期中有723期	78	2.41
滚动的7年期复合收益率	901期中有735期	82	2.43
滚动的10年期复合收益率	865期中有763期	88	2.53

表21-5 小盘股6个月趋势和前25只小盘股的基本比率（1928年1月1日～2009年12月31日）

项目	小盘股（6个月趋势、前25只）	百分比（%）	平均年度超额收益（%）
1年期收益率	973期中有599期	62	5.23
滚动的3年期复合收益率	949期中有645期	68	3.78
滚动的5年期复合收益率	925期中有714期	77	3.71
滚动的7年期复合收益率	901期中有782期	87	3.77
滚动的10年期复合收益率	865期中有805期	93	3.99

最糟糕的情况，最佳与最差收益率

如表21-6所示，组合策略的最大下跌出现在1929年8月～1932年5月，其损失为77%。虽然跌幅令人吃惊，但没有同期小盘股投资组合86%的跌幅严重。多数组合策略的股价下跌都是悄无声息的，跌幅超过50%的情况仅出现过两次：1937年2月～1938年3月，跌幅超过了55%；2007年10月～2009年2月，跌幅约为53%。

表21-6 最差情况，小盘股（3/6个月）>中位值（按股东收益率前25只）跌幅均在20%或以上（1928年1月1日～2009年12月31日）

峰值日期	峰值指数值	低谷日期	低谷指数值	恢复日期	跌幅（%）	下跌持续时间（月）	恢复持续时间（月）
1929年8月	1.63	1932年5月	0.38	1936年1月	−76.86	33	44
1937年2月	2.26	1938年3月	1.01	1943年2月	−55.38	13	59

(续)

峰值日期	峰值指数值	低谷日期	低谷指数值	恢复日期	跌幅(%)	下跌持续时间(月)	恢复持续时间(月)
1946年5月	6.81	1947年5月	4.81	1948年5月	−29.40	12	12
1948年5月	6.83	1949年6月	5.44	1950年1月	−20.30	13	7
1966年4月	150.09	1966年9月	118.60	1967年3月	−20.98	5	6
1969年1月	281.70	1970年6月	205.99	1971年3月	−26.88	17	9
1972年11月	324.49	1974年9月	233.21	1975年5月	−28.13	22	8
1978年8月	786.59	1978年10月	628.88	1979年3月	−20.05	2	5
1987年8月	8 372.99	1987年11月	6 021.27	1989年3月	−28.09	3	16
2007年10月	259 667.21	2009年2月	123 154.99		−52.57	16	
平均值					−35.86	14	18

该策略的绝对最佳 5 年期收益出现在 20 世纪 30 年代及 20 世纪 80 年代。5 年内最高收益出现在 1937 年 5 月末，在那时，该策略所得收益率为 39.98%，投资 10 000 美元最终可增至 53 745 美元。该策略的最低绝对 5 年期收益发生在 1933 年 2 月末，此策略年损失率为 13.52%，投资的 10 000 美元的最终结果为 4 837 美元，表 21-7 和表 21-8 显示所有时期的最高与最低收益。

在与小盘股投资组合比较之下，最好的 5 年期出现在截至 1982 年 12 月的那段时间，当时该策略所得绝对收益率为 171%，比小盘股投资组合的还要高：其年收益率为 35.63%，而小盘股的年收益率为 23.57%。

表 21-7 按月度数据计算的最高和最低年复合平均收益率（1928 年 1 月 1 日～2009 年 12 月 31 日）

项目	1 年期	3 年期	5 年期	7 年期	10 年期
小盘股（3/6 个月）>中位值（按股东收益率前 25 只）的最低复合收益率（%）	−55.29	−37.01	−13.52	0.20	−1.43
小盘股（3/6 个月）>中位值（按股东收益率前 25 只）的最高复合收益率（%）	160.02	52.05	39.98	34.29	32.00
小盘股（3/6 个月）>中位值（按股东收益率前 50 只）的最低复合收益率（%）	−54.88	−36.54	−13.37	−0.49	−1.90
小盘股（3/6 个月）>中位值（按股东收益率前 50 只）的最高复合收益率（%）	163.19	49.41	38.02	32.96	29.09
小盘股的最低复合收益率（%）	−66.91	−47.28	−21.72	−7.64	−5.19
小盘股的最高复合收益率（%）	233.48	54.35	44.18	27.35	24.47

表 21-8 按月度数据计算的 10 000 美元投资的最高和最低年复合平均收益的最终价值（1928 年 1 月 1 日～2009 年 12 月 31 日）

项目	1 年期	3 年期	5 年期	7 年期	10 年期
小盘股，3/6 个月>中位值、按股东收益率前 25 只，10 000 美元最低价值（美元）	4 471	2 499	4 837	10 144	8 660

(续)

项目	1 年期	3 年期	5 年期	7 年期	10 年期
小盘股，3/6 个月＞中位值、按股东收益率前 25 只，10 000 美元最高价值（美元）	26 002	35 153	53 745	78 745	160 589
小盘股，3/6 个月＞中位值、按股东收益率前 50 只，10 000 美元最低价值（美元）	4 512	2 556	4 880	9 661	8 255
小盘股，3/6 个月＞中位值、按股东收益率前 50 只，10 000 美元最高价值（美元）	26 319	33 355	50 088	73 441	128 530
小盘股，10 000 美元最低价值（美元）	3 309	1 465	2 940	5 733	5 872
小盘股，10 000 美元最高价值（美元）	33 348	36 775	62 313	54 327	89 249

相对于小盘股投资组合的最低 5 年期收益截至 1937 年 6 月的那段时间，当时相对于小盘股，该策略遭受了 99% 的绝对损失率；相对于小盘股投资组合 42.70% 的年收益率，其年收益率为 37.57%。图 21-1 显示了此策略相对于小盘股投资组合的滚动超额收益（损失）率。

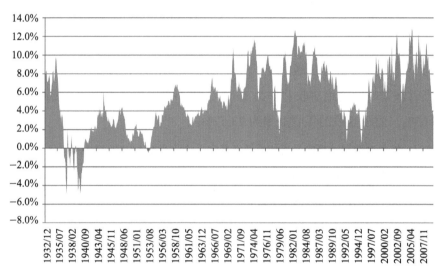

图 21-1　滚动超额收益（损失）率（小盘股，3/6 个月＞中位值，按股东收益率前 25 只小盘股，1928 年 1 月 1 日～2009 年 12 月 31 日）

由 50 只股票构成的投资组合同样表现良好

50 只股策略与更集中的 25 只股策略的表现几乎一样好。此处，在 1927 年投资的 10 000 美元增至 11 亿美元，年收益率达到 15.22%。50 只股策略的收益率的标准差降至 18.89%，而总下跌次数从 10 次（针对 25 只股版本）降至 7 次（针对 50 只股版本)。50只股策略的最大跌幅略低于76.36%。因此，通过将策略中的股票数量从25只增至50只，可稍微降低其整体波动性，但却是以76个基点的年度总收益率为代价。有关50只股策略的详情，如表21-1所示。

具有良好价值特性及股价趋势的微型股

如果你看到第25章中的最佳增长策略，你就会发现，将价值因素与增长因素结合在一起，其表现会更加卓越。这是因为，那些正在恢复中的便宜股票，虽然当前价值仍很低，但是其股价趋势正呈现出强劲势头（如今，我们相信投资介于10～2 500万美元之间的个人投资者可以成功投资市值介于50～2 500万美元之间的股票）。下一个多因素投资组合是一个拥有25只股的投资组合，它具有以下特征：

1）在购买期间，市值在5 000万～2.5亿美元的范围内波动。

2）最便宜的3/10股票（即按市净率排序的该组合中最低的30%股票）的市净率。

3）应该购买具有最佳12个月涨价的25只股。

下面让我们看一看该策略的表现。如表21-9所示，于1927年12月31日投资的10 000美元，截至2009年年末增至87.8亿美元。年收益率为18.16%，它使在小盘股投资所得的收益率10.55%相形见绌。但是，事实上，你无法将投资组合增至该等级，因为微型股无法承受如此巨大的投资，而该策略值得被视为更多样化投资组合的生成财富的组成部分。你在投资前还须牢记该策略极具波动性（与小盘股的23.19%相比），该策略具有26.88%的标准差，相对较高。与集中在股东收益率的价值导向策略不同，此策略曾连续10年下跌7.23%，这种跌价令广大投资者望而却步。设想一下，这意味着你10 000美元的投资缩水至4 724美元。1927～2009年，此策略的最大跌幅为88%，这个数字实在巨大。该策略分别出现了11次超过20%的跌幅，其中有几次情况极其严重。例如，1929年2月～1932年5月，跌幅达到了88%。如表21-10所示，正在你认为最糟糕的时刻已过去的时候，该策略又迎来了另一次的下跌，发生在1937年3月～1938年3月，其价值下跌了70%。这简直是个噩梦，让投资者无法承受。波动策略最近的下跌发生在2007年10月～2009年2月，跌幅接近54%。因此，此策略仅适用于激进的投资者。

表 21-9 年收益及风险数据统计概要：25 只微型股（市净率前 30%，3/6 个月）＞0，前 25 只（按 12 个月的趋势）；50 只微型股（市净率前 30% 跌幅，3/6 个月）＞0，前 50 只（按 12 个月的趋势）；以及小盘股（1928 年 1 月 1 日～2009 年 12 月 31 日）

	25 只微型股（市净率前 30%，3/6 个月）＞0，前 25 只（按 12 个月的趋势）	50 只微型股（市净率前 30%，3/6 个月）＞0，前 50 只（按 12 个月的趋势）	小盘股
算术平均值（%）	22.31	21.34	13.52
几何平均值（%）	18.16	17.39	10.55
平均收益（%）	24.54	26.12	19.28
标准差（%）	26.88	26.33	23.19
向上的偏差（%）	20.21	19.98	16.14
向下的偏差（%）	19.37	19.24	16.93
跟踪误差	10.27	9.74	0.00
收益为正的时期数	636	638	596
收益为负的时期数	348	346	388
从最高点到最低点的最大跌幅（%）	−87.69	−88.08	−86.12
贝塔值	1.07	1.06	1.00
T 统计量（$m=0$）	6.84	6.71	4.98
夏普比率（$Rf=5\%$）	0.49	0.47	0.24
索蒂诺比率（$MAR=10\%$）	0.42	0.38	0.03
10 000 美元投资的最终结果（美元）	8 784 360 432	5 130 796 619	37 383 049
1 年期最低收益（%）	−70.17	−69.55	−66.91
1 年期最高收益（%）	308.05	286.06	233.48
3 年期最低收益（%）	−47.75	−48.20	−47.28
3 年期最高收益（%）	67.92	66.00	54.35
5 年期最低收益（%）	−24.77	−25.64	−21.72
5 年期最高收益（%）	52.74	49.59	44.18
7 年期最低收益（%）	−10.97	−12.07	−7.64
7 年期最高收益（%）	40.79	36.74	27.35
10 年期最低收益（%）	−7.23	−7.80	−5.19
10 年期最高收益（%）	35.52	32.86	24.47
预期最低收益[1]（%）	−31.44	−31.32	−32.86
预期最高收益[2]（%）	76.07	74.00	59.90

[1] 预期最低收益等于收益率的算术平均值减去 2 倍的标准差。
[2] 预期最高收益等于收益率的算术平均值加上 2 倍的标准差。

表 21-10 最糟糕的情况：25 只微型股（市净率前 30%，3/6 个月）＞0，前 25 只（按 12 个月的趋势，1928 年 1 月 1 日～2009 年 12 月 31 日，其跌幅均达到 20%）

峰值日期	峰值指数值	低谷日期	低谷指数值	恢复日期	跌幅（%）	下跌持续时间（月）	恢复持续时间（月）
1929 年 2 月	1.55	1932 年 5 月	0.19	1936 年 12 月	−87.69	39	55

(续)

峰值日期	峰值指数值	低谷日期	低谷指数值	恢复日期	跌幅(%)	下跌持续时间(月)	恢复持续时间(月)
1937年3月	1.87	1938年3月	0.56	1943年5月	-70.17	12	62
1946年5月	6.37	1947年5月	4.18	1950年4月	-34.34	12	35
1962年2月	60.70	1962年6月	48.08	1963年3月	-20.79	4	9
1966年4月	166.56	1966年10月	124.74	1967年3月	-25.10	6	5
1968年11月	373.97	1970年6月	188.00	1976年1月	-49.73	19	67
1978年8月	1 032.23	1978年10月	795.42	1979年3月	-22.94	2	5
1987年9月	11 166.19	1987年11月	7 716.16	1989年4月	-30.90	2	17
1989年8月	12 453.84	1990年10月	9 451.78	1991年3月	-24.11	14	5
1998年4月	112 735.55	1998年8月	84 250.35	1999年6月	-25.27	4	10
2007年10月	1 330 836.88	2009年2月	613 609.69		-53.89	16	
平均值					-40.45	12	27

如表21-11所示，基本比率均为正值，该策略以所有滚动5年期的91%和所有滚动10年期的95%击败了小盘股投资组合。在分析该策略最高5年期绝对收益率时，有趣的是，我们发现这种现象最可能发生在20世纪30～40年代，但是它在2006年3月之前的5年期中表现同样强势，其年收益率为45.30%。表21-12和表21-13显示了该策略的最高和最低收益。图21-2显示了该策略与小盘股投资组合的年复合平均超额收益（损失）率。请记住，此策略极具波动性，仅适用于投资组合中最激进的部分。

该策略的更多注意事项，如下。

1）因为该策略要求3/6个月价格增长大于零，所以在熊市期间该策略的股票数量远低于25只，这个数量与市场最低数量接近。例如，2009年3月，仅有3只股票通过筛选。假定你等权证券投资组合，你可能会争辩说，在熊市时股票越少则风险越小。然而，恰恰相反，在市场触底时，你应该考虑加权你证券投资组合中的股票。例如，2009年3月，你可以向此策略中的25只股投资10 000美元，而你的可用资本只有1 200美元，因此只有3只股满足条件。

2）众所周知，微型股与其他普通股差异极大，以至于投资者将它们视为替代资产。微型股通常在"大盘股"投资组合减少时增加，而且在它们整合成"大盘股"投资组合时也会减少。在微型股组合相对共同市场表现异常时，即使是最激进的投资者，可能也很难坚持。

3）此策略带来的收益率大部分是来自于微型股。在同一时期小盘股投资组合所用的类似策略产生的收益率只有13.22%，明显低于微型股版本。也许，你使用本章中涵盖的第一种策略更好，该策略将股价趋势与股东收益率结合在一起，更具投资价值。

表21-11 25只微型股（市净率前30%，3/6个月）＞0，前25只（按12个月的趋势）和小盘股的基本比率（1928年1月1日～2009年12月31日）

项目	25只微型股（市净率前30%，3/6个月）＞0，前25只（按12个月的趋势）击败小盘股	百分比（%）	平均年度超额收益（%）
1年期收益率	716/973	74	9.55
滚动的3年期复合收益率	800/949	84	8.73
滚动的5年期复合收益率	839/925	91	8.72
滚动的7年期复合收益率	850/901	94	8.63
滚动的10年期复合收益率	819/865	95	8.43

表21-12 按月度数据计算的最高和最低年复合平均收益率（1928年1月1日～2009年12月31日）

项目	1年期	3年期	5年期	7年期	10年期
25只微型股（市净率前30%，3/6个月）＞0，前25只（按12个月的趋势）最低复合收益率（%）	−70.17	−47.75	−24.77	−10.97	−7.23
25只微型股（市净率前30%，3/6个月）＞0，前25只（按12个月的趋势）最高复合收益率（%）	308.05	67.92	52.74	40.79	35.52
50只微型股（市净率前30%，3/6个月）＞0，前25只（按12个月的趋势）最低复合收益率（%）	−69.55	−48.20	25.64	−12.07	−7.80
50只微型股（市净率前30%，3/6个月）＞0，前25只（按12个月的趋势）最高复合收益率（%）	286.06	66.00	49.59	36.74	32.86
小盘股最高复合收益率（%）	−66.91	−47.28	−21.72	−7.64	−5.19
小盘股最低复合收益率（%）	233.48	54.35	44.18	27.35	24.47

表21-13 按月度数据计算的10 000美元投资的最高和最低年复合平均收益的最终价值（1928年1月1日～2009年12月31日）

项目	1年期	3年期	5年期	7年期	10年期
25只微型股（市净率前30%，3/6个月）＞0，前25只（按12个月的趋势）10 000美元最低价值（美元）	2 983	1 426	2 409	4 432	4 724
25只微型股（市净率前30%，3/6个月）＞0，前25只（按12个月的趋势）10 000美元最高价值（美元）	40 805	47 350	83 125	109 637	208 872
50只微型股（市净率前30%，3/6个月）＞0，前25只（按12个月的趋势）10 000美元最低价值（美元）	3 045	1 390	2 273	4 064	4 439
50只微型股（市净率前30%，3/6个月）＞0，前25只（按12个月的趋势）10 000美元最高价值（美元）	38 606	45 746	74 913	89 371	171 339

（续）

项目	1 年期	3 年期	5 年期	7 年期	10 年期
小盘股 10 000 美元最低价值（美元）	3 309	1 465	2 940	5 733	5 872
小盘股 10 000 美元最高价值（美元）	33 348	36 775	62 313	54 327	89 249

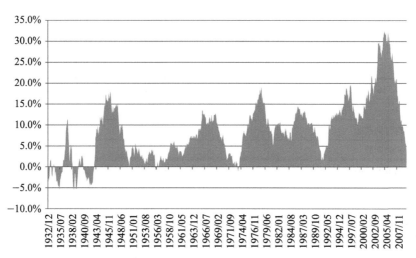

图 21-2　年复合平均超额收益（损失）率 [25 只微型股市净率前 30%，3/6 个月 > 0，前 25 只（按 12 个月的趋势）与小盘股之差，1928 年 1 月 1 日～2009 年 12 月 31 日]

3/6 个月涨价和高股东收益率的"所有股票"投资组合版本

或许你认为良好的收益率只来自于小盘股和微型股，那就让我们回头看看第一种策略，该策略表明，我们应使用"所有股票"投资组合，而不是小盘股。第一种策略中的"所有股票"投资组合版本（侧重在 3/6 个月涨价大于中位值的股票），随即购买具有最高股东收益率，所得年收益率为 15.93% 的 25 只股。其风险近似于 19.07%，夏普比率为 0.57，均与从小盘股中所得的收益类似。表 21-14 显示了有关该策略的"所有股票"投资组合版本的汇总统计。请注意，将"所有股票"投资组合版本与使用小盘股比较，该策略的 7 ～ 10 年期最低收益更低（意味着你损失会更大）。

表 21-14　年收益及风险数据统计概要："所有股票"投资组合（3/6 个月趋势）> 中位值，按股东收益率前 25 只和"所有股票"投资组合（1928 年 1 月 1 日～2009 年 12 月 31 日）

	"所有股票"投资组合（3/6 个月趋势）> 中位值，按股东收益率前 25 只和"所有股票"投资组合	"所有股票"投资组合
算术平均值（%）	18.05	12.81

(续)

	"所有股票"投资组合（3/6个月趋势）>中位值，按股东收益率前25只和"所有股票"投资组合	"所有股票"投资组合
几何平均值（%）	15.93	10.20
平均收益（%）	25.20	18.54
标准差（%）	19.07	21.75
向上的偏差（%）	12.25	14.85
向下的偏差（%）	14.85	16.07
跟踪误差	7.54	0.00
收益为正的时期数	637	597
收益为负的时期数	347	387
从最高点到最低点的最大跌幅（%）	−78.14	−85.45
贝塔值	0.82	1.00
T 统计量（$m=0$）	7.93	5.04
夏普比率（$Rf=5\%$）	0.57	0.24
索蒂诺比率（$MAR=10\%$）	0.40	0.01
10 000美元投资的最终结果（美元）	1 838 450 713	28 805 557
1年期最低收益（%）	−57.85	−66.72
1年期最高收益（%）	152.96	201.69
3年期最低收益（%）	−37.88	−45.99
3年期最高收益（%）	56.92	51.03
5年期最低收益（%）	−13.50	−20.67
5年期最高收益（%）	43.57	41.17
7年期最低收益（%）	−2.18	−7.43
7年期最高收益（%）	35.05	23.77
10年期最低收益（%）	−3.08	−5.31
10年期最高收益（%）	34.04	22.05
预期最低收益[1]（%）	−20.09	−30.70
预期最高收益[2]（%）	56.19	56.32

[1] 预期最低收益等于收益率的算术平均值减去2倍的标准差。
[2] 预期最高收益等于收益率的算术平均值加上2倍的标准差。

该策略的"所有股票"投资组合版本也有类似的最大跌幅和基本比率。最大跌幅为78%，该策略以所有滚动5年期的93%和所有滚动10年期的99%击败了"所有股票"投资组合（见表21-15）。如表21-16所示，自1928年起其跌幅均在20%以上，而表21-17和表21-18则显示了最好与最坏的结果。因此你可以在较大的"所有股票"投资组合上安全地使用此策略,并预测小盘股投资组合中的那些类似结果。表 21-19 显示了该策略以 10 年为间隔的年复合收益,图 21-3 显示了该策略的滚动 5 年期年复合平均超额收益(损失)率。

表 21-15 "所有股票"投资组合(3/6 个月趋势)>中位值,按股东收益率前 25 只和"所有股票"投资组合的基本比率(1928 年 1 月 1 日~2009 年 12 月 31 日)

项目	"所有股票"投资组合(3/6 个月趋势)>中位值,按股东收益率前 25 只击败"所有股票"投资组合	百分比(%)	平均年度超额收益(%)
1 年期收益率	754/973	77	5.61
滚动的 3 年复合收益率	877/949	92	5.94
滚动的 5 年复合收益率	856/925	93	5.88
滚动的 7 年复合收益率	846/901	94	5.85
滚动的 10 年复合收益率	858/865	99	5.82

表 21-16 最坏的情况:"所有股票"投资组合(3/6 个月趋势)>中位值,按股东收益率前 25 只和"所有股票"投资组合(1928 年 1 月 1 日~2009 年 12 月 31 日跌幅均大于 20%(1928 年 1 月 1 日~2009 年 12 月 31 日)

峰值日期	峰值指数值	低谷日期	低谷指数值	恢复日期	跌幅(%)	下跌持续时间(月)	恢复持续时间(月)
1929 年 8 月	1.68	1932 年 5 月	0.37	1936 年 8 月	-78.14	33	51
1937 年 2 月	1.93	1938 年 3 月	0.87	1943 年 2 月	-54.80	13	59
1946 年 5 月	5.66	1947 年 5 月	4.07	1948 年 5 月	-27.99	12	12
1961 年 11 月	56.24	1962 年 6 月	44.97	1963 年 3 月	-20.04	7	9
1966 年 4 月	125.82	1966 年 9 月	100.33	1967 年 3 月	-20.26	5	6
1969 年 1 月	224.68	1970 年 6 月	167.71	1971 年 2 月	-25.36	17	8
1972 年 11 月	265.15	1974 年 9 月	193.66	1975 年 5 月	-26.96	22	8
1980 年 2 月	1 133.15	1980 年 3 月	898.11	1980 年 6 月	-20.74	1	3
1987 年 8 月	7 539.72	1987 年 11 月	5 166.63	1989 年 4 月	-31.47	3	17
2007 年 10 月	247 468.17	2009 年 2 月	118 125.09		-52.27	16	
平均值					-35.80	12.9	19.22

表 21-17 按月度数据计算的最高和最低年复合平均收益率(1928 年 1 月 1 日~2009 年 12 月 31 日)

项目	1 年期	3 年期	5 年期	7 年期	10 年期
"所有股票"投资组合(3/6 个月趋势)>中位值,按股东收益率前 25 只最低复合收益率(%)	-57.85	-37.88	-13.50	-2.18	-3.08
"所有股票"投资组合(3/6 个月趋势)>中位值,按股东收益率前 25 只最高复合收益率(%)	152.96	56.92	43.57	35.05	34.04
"所有股票"投资组合最低复合收益率(%)	-66.72	-45.99	-20.67	-7.43	-5.31
"所有股票"投资组合最高复合收益率(%)	201.69	51.03	41.17	23.77	22.05

表 21-18 按月度数据计算的 10 000 美元投资最高和最低年复合平均收益的最终价值（1928 年 1 月 1 日～2009 年 12 月 31 日）

项目	1 年期	3 年期	5 年期	7 年期	10 年期
"所有股票"投资组合（3/6 个月趋势）>中位值，按股东收益率前 25 只，10 000 美元最低价值（美元）	4 215	2 397	4 844b	8 570	7 314
"所有股票"投资组合（3/6 个月趋势）>中位值，按股东收益率前 25 只，10 000 美元最高价值（美元）	25 296	38 642	60 995	81 948	187 183
"所有股票"投资组合，10 000 美元最低价值（美元）	3 328	1 576	3 142	5 825	5 793
"所有股票"投资组合，10 000 美元最高价值（美元）	30 169	34 452	56 062	44 504	73 345

表 21-19 按 10 年期限间隔的年复合平均收益率

	1920s①	1930s	1940s	1950s	1960s	1970s	1980s	1990s	2000s②
"所有股票"投资组合（3/6 个月趋势）>中位值，按股东收益率前 25 只（%）	11.89	1.27	14.95	22.51	16.36	17.24	25.20	21.24	11.27
"所有股票"投资组合（%）	2.93	-0.03	11.57	18.07	10.72	7.56	16.78	15.35	4.39

① 1928 年 1 月 1 日～2009 年 12 月 31 日的收益。
② 1928 年 1 月 1 日～2009 年 12 月 31 日的收益。

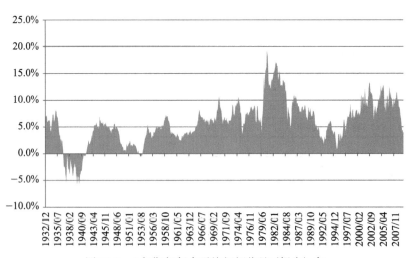

图 21-3 5 年期年复合平均超额收益（损失）率

["所有股票"投资组合（3/6 个月趋势）>中位值，按股东收益率前 25 只略低于小盘股（1928 年 1 月 1 日～2009 年 12 月 31 日）]

使用各种整只股的长期多因素策略

表 21-20 ～表 21-25 汇总了使用 CRSP 数据集的各种多因素策略的收益率与基本比率。如你所见，这些表格侧重于其 3/6 个月价格增长大于中位值的股票，购买具有最高股东收益率的 25 只股的策略在应用于"大盘股"投资组合时，表现同样很好。如表 21-24 所示，我们发现在"大盘股"投资组合上测试所有策略，其表现均为最佳，年复合平均收益率为 13.17%（与"大盘股"投资组合本身的 9.45% 相比）。"大盘股"投资组合策略的标准收益率偏差为 17.98%，也比"大盘股"投资组合的低，其夏普比率为 0.45，远高于"大盘股"投资组合所得的 0.23。该策略的基本比率，如表 21-25 所示，均为正值，该策略以所有滚动 5 年期的 88% 和所有滚动 10 年期的 96% 击败了小盘股投资组合。

表 21-20 汇总以小盘股收益率为基准的策略结果（1928 年 1 月～ 2009 年 12 月，按复合收益率分类的策略）

策略	几何平均值 (%)	标准差 (%)	超额收益 (%)	夏普比率	跟踪误差	从最高点到最低点的最大跌幅 (%)	贝塔值
微型股（市净率前 30%，3/6 个月）＞ 0，前 25 只（按 12 个月的趋势）	18.16	26.88	7.61	0.49	10.27	−87.69	1.07
微型股（市净率前 30%，3/6 个月）＞ 0，前 25 只（按 12 个月的趋势）	17.84	24.98	7.28	0.51	9.71	−88.20	0.99
微型股（市净率前 30%，3/6 个月）＞ 0，前 25 只（按 12 个月的趋势）	17.39	24.60	6.84	0.50	9.44	−88.20	0.98
微型股（市净率前 30%，3/6 个月）＞ 0，前 50 只（按 12 个月的趋势）	17.39	26.33	6.84	0.47	9.74	−88.08	1.06
小盘股＞中位值（按股东收益率 6 个月，市净率前 25 只）	15.99	20.22	5.44	0.54	8.54	−78.80	0.81
小盘股（3/6 个月）＞中位值（按股东收益率前 25 只）	15.98	19.10	5.43	0.58	7.95	−76.86	0.78
小盘股＞中位值（按股东收益率 6 个月，回购收益率前 25 只）	15.67	22.16	5.12	0.48	7.88	−82.73	0.90
小盘股＞中位值（按 3/6 个月，市净率前 50 只）	15.61	20.93	5.06	0.51	7.07	−79.00	0.86
小盘股（市净率前 30%，3/6 个月趋势）＞中位值（按股东收益率前 25 只）	15.51	22.76	4.96	0.46	9.05	−86.37	0.91
小盘股＞中位值（按股东收益率 6 个月，市净率前 50 只）	15.49	19.39	4.94	0.54	8.21	−78.77	0.79
小盘股＞中位值（按 3/6 个月，市净率前 25 只）	15.35	22.39	4.80	0.46	7.73	−81.60	0.91

（续）

策略	几何平均值(%)	标准差(%)	超额收益(%)	夏普比率	跟踪误差	从最高点到最低点的最大跌幅(%)	贝塔值
小盘股（市净率前30%，3/6个月趋势）>中位值（前25只，按12个月趋势）	15.30	24.29	4.75	0.42	8.66	-86.27	0.98
小盘股（3/6个月）>中位值（按股东收益率前50只）	15.22	18.89	4.67	0.54	7.47	-76.36	0.78
小盘股>中位值（按市净率，按股东收益率前25只，6个月）	15.21	22.18	4.66	0.46	6.89	-84.67	0.91
小盘股（市净率前30%，3/6个月趋势）>中位值（按股东收益率前50只）	15.15	23.10	4.60	0.44	8.69	-86.37	0.93
小盘股>中位值（按市净率，6个月，按股东收益率，前25只）	15.14	20.59	4.59	0.49	8.18	-81.96	0.83
小盘股（市净率前30%，3/6个月趋势）>中位值（前25只，按12个月趋势）	15.06	23.66	4.50	0.42	8.22	-86.27	0.96
小盘股>中位值（按市净率，6个月，按回购收益率，前50只）	14.79	22.01	4.24	0.44	7.17	-83.52	0.90
小盘股>中位值（按市净率，6个月，按股东收益率，前50只）	14.59	21.21	4.04	0.45	7.95	-83.52	0.86
小盘股>中位值（按市净率、股东收益率，6个月趋势前50只）	14.40	21.74	3.85	0.43	6.54	-87.36	0.90
小盘股>中位值（按市净率，3/6个月，12个月趋势前25只）	14.29	23.79	3.74	0.39	7.67	-82.92	0.97
小盘股>中位值（按股东收益率，3/6个月，12个月趋势前50只）	14.24	21.21	3.69	0.44	7.74	-77.24	0.86
小盘股>中位值（按市净率，3/6个月，12个月趋势前50只）	14.15	22.87	3.60	0.40	6.94	-82.80	0.94
小盘股>中位值（按市净率、回购收益率，6个月趋势前25只）	13.94	29.96	3.39	0.30	14.63	-91.60	1.14
小盘股>中位值（按股东收益率，3/6个月，12个月趋势前25只）	13.90	22.60	3.34	0.39	9.23	-76.45	0.90
小盘股>中位值（按市净率、回购收益率，6个月，前50只）	13.59	29.36	3.03	0.29	14.44	-91.60	1.11
小盘股>中位值（按市净率、回购收益率，3个月，6个月前25只）	13.52	26.67	2.97	0.32	13.76	-90.97	1.00
小盘股（市净率前30%，3/6个月趋势）>0（按12个月趋势前25只）	13.26	26.45	2.71	0.31	12.86	-94.82	1.00
小盘股（市净率前30%，3/6个月趋势）>0（按股东收益率，前50只）	13.24	24.86	2.69	0.33	13.14	-94.82	0.91
小盘股（市净率前30%，3/6个月趋势）>0（前50，按12个月趋势）	13.14	25.80	2.59	0.32	12.58	-94.82	0.97
小盘股>中位值（按市净率，按股东收益率前50只，6个月）	13.09	26.04	2.54	0.31	14.33	-90.97	0.98

(续)

策略	几何平均值(%)	标准差(%)	超额收益(%)	夏普比率	跟踪误差	从最高点到最低点的最大跌幅(%)	贝塔值
小盘股（市净率前30%，3/6个月趋势）>0（按股东收益率前25只）	12.96	25.02	2.41	0.32	12.90	−94.82	0.93
小盘股>中位值（按市净率、回购收益率3个月，前50只，12个月）	12.21	25.07	1.66	0.29	11.78	−82.88	0.99
小盘股>中位值（按市净率、回购收益率3个月，前25只，12个月）	12.06	26.45	1.50	0.27	12.27	−82.88	1.03
小盘股	10.56	23.19		0.24		−86.12	

表21-21 汇总有关以小盘股收益率为基准的策略的滚动1、3、5、7、9年期的基本比率（1928年1月～2009年12月，按复合收益率分类的策略）

策略	时间百分率（%）				
	1年期	3年期	5年期	7年期	10年期
微型股市净率（前25只，10%，3/6个月趋势）>0（前25只，按12个月趋势）	73.6	84.3	90.7	94.3	94.7
微型股市净率（前25只，10%，3/6个月趋势）>中位值（前25只，按12个月趋势）	71.1	82.8	91.0	93.2	94.3
微型股市净率（前25只，10%，3/6个月趋势）>中位值（前25只，按12个月趋势）	69.7	82.0	90.2	92.6	94.0
微型股市净率（前25只，10%，3/6个月趋势）>0（前50只，按12个月趋势）	73.7	85.1	90.2	93.1	94.1
小盘股>中位值（按股东收益率6个月，市净率前25只）	74.0	88.2	94.4	94.8	99.0
小盘股（3/6个月趋势）>中位值（按股东收益率前25只）	74.9	93.4	94.6	96.1	99.3
小盘股>中位值（按市净率6个月，回购收益率前25只）	74.1	87.7	91.6	96.3	98.0
小盘股>中位值（3/6个月，市净率前50只）	75.2	89.6	93.5	95.0	98.6
小盘股（市净率前30%，3/6个月趋势）>中位值（按股东收益率前25只）	73.1	83.1	87.4	90.1	91.8
小盘股>中位值（按股东收益率6个月，市净率前50只）	73.7	90.0	93.9	94.8	97.3
小盘股>中位值（按3/6个月，市净率前25只）	71.9	81.0	88.3	90.7	94.0
小盘股（市净率前30%，3/6个月趋势）>中位值（按12个月趋势，前25只）	74.1	84.3	88.4	90.6	91.8
小盘股（3/6个月）>中位值（按股东收益率前50只）	74.2	92.1	95.2	96.8	98.4
小盘股>中位值（按市净率、股东收益率6个月趋势前25只）	74.8	89.3	92.4	92.1	96.1

(续)

策略	时间百分率（%）				
	1年期	3年期	5年期	7年期	10年期
小盘股（市净率前30%，3/6个月趋势）＞中位值（按股东收益率前50只）	71.8	83.9	86.6	89.7	91.8
小盘股＞中位值（按市净率6个月，按股东收益率前25只）	70.8	85.1	92.6	95.9	99.2
小盘股（市净率前30%，3/6个月趋势）＞中位值（按12个月趋势，前50只）	73.2	83.9	87.1	90.5	91.8
小盘股＞中位值（按市净率6个月，回购收益率前50只）	72.4	85.8	91.5	91.1	93.5
小盘股＞中位值（按市净率6个月，按股东收益率前50只）	70.1	84.8	89.3	90.7	93.5
小盘股＞中位值（按市净率、股东收益率6个月，前50只）	71.7	87.9	89.9	92.1	94.2
小盘股＞中位值（按市净率，3/6个月，12个月趋势前25只）	74.3	85.0	90.6	92.2	93.5
小盘股＞中位值（按股东收益率，3/6个月，12个月趋势前50只）	77.7	92.2	93.3	94.5	97.2
小盘股＞中位值（按市净率，3/6个月，12个月趋势前50只）	73.5	88.5	91.8	92.5	94.9
小盘股＞中位值（按市净率、回购收益率6个月前25只）	66.5	76.6	81.9	83.1	89.1
小盘股＞中位值（按股东收益率，3/6个月，12个月前25只）	72.7	85.5	89.3	91.8	96.3
小盘股＞中位值（按市净率、回购收益率6个月前50只）	64.4	76.0	80.5	81.9	88.2
小盘股＞中位值（按市净率、回购收益率3个月，6个月前25只）	69.0	83.8	90.7	93.0	95.1
小盘股（市净率前30%，3/6个月趋势）＞0（按12个月趋势，前25只）	69.1	79.1	82.4	85.8	88.6
小盘股（市净率前30%，3/6个月趋势）＞0（按股东收益率前25只）	66.7	78.7	81.3	86.1	88.6
小盘股（市净率前30%，3/6个月趋势）＞中位值（按12个月趋势，前50只）	68.9	78.9	81.0	84.0	87.2
小盘股＞中位值（按市净率、股东收益率，3个月，6个月趋势前25只）	67.5	81.9	89.3	91.6	94.7
小盘股（市净率前30%，3/6个月趋势）＞中位值（按股东收益率前50只）	66.7	76.5	78.7	83.9	87.2
小盘股＞中位值（回购收益率3个月，12个月趋势前50只）	65.8	76.8	83.7	88.8	96.4
小盘股＞中位值（回购收益率3个月，12个月趋势前25只）	61.3	70.4	79.1	86.5	95.3
小盘股	0.0	0.0	0.0	0.0	0.0

表 21-22 汇总以"所有股票"投资组合收益率为基准的策略结果（1928 年 1 月～2009 年 12 月，按复合收益率分类的策略）

策略	几何平均值（%）	标准差（%）	超额收益（%）	夏普比率	跟踪误差	从最高点到最低点的最大跌幅（%）	贝塔值
"所有股票"投资组合＞中位值（按3/6个月，按股东收益率前25只）	15.93	19.07	5.73	0.57	7.54	−78.14	0.82
"所有股票"投资组合＞中位值（按股东收益率6个月，市净率前25只）	15.54	20.28	5.34	0.52	7.98	−82.43	0.87
"所有股票"投资组合（市净率前30%，3/6个月趋势）＞中位值（按股东收益率前25只）	15.43	21.28	5.23	0.49	8.34	−85.93	0.90
"所有股票"投资组合＞中位值（按股东收益率6个月，市净率前50只）	15.35	19.18	5.15	0.54	7.47	−80.20	0.83
"所有股票"投资组合＞中位值（按市净率6个月，按股东收益率前25只）	15.32	19.37	5.12	0.53	7.39	−82.19	0.84
"所有股票"投资组合＞中位值（按市净率6个月，回购收益率前25只）	15.29	21.22	5.09	0.49	7.79	−83.20	0.91
"所有股票"投资组合＞中位值（按3/6个月，按股东收益率前50只）	15.26	18.37	5.06	0.56	6.87	−77.83	0.81
"所有股票"投资组合＞中位值（按市净率、股东收益率，前25只，6个月）	15.26	20.97	5.06	0.49	6.55	−82.44	0.92
"所有股票"投资组合（市净率前30%，3/6个月趋势）＞中位值（按12个月趋势，前25只）	15.21	23.34	5.01	0.44	8.08	−86.28	1.01
"所有股票"投资组合＞中位值（3/6个月，市净率前50只）	15.04	20.90	4.84	0.48	6.54	−81.32	0.92
"所有股票"投资组合＞中位值（按市净率、回购收益率，前25只，6个月）	14.82	27.74	4.61	0.35	12.38	−85.31	1.15
"所有股票"投资组合（市净率前30%，3/6个月趋势）＞中位值（按股东收益率，前50只）	14.79	21.57	4.59	0.45	8.11	−86.04	0.92
"所有股票"投资组合（市净率前30%，3/6个月趋势）＞中位值（按12个月趋势，前50只）	14.75	22.62	4.55	0.43	7.58	−86.00	0.98
"所有股票"投资组合＞中位值（按市净率6个月，回购收益率前50只）	14.75	21.32	4.54	0.46	6.48	−83.88	0.94
"所有股票"投资组合＞中位值（按3/6个月，市净率前25只）	14.65	22.66	4.45	0.43	7.70	−84.63	0.98
"所有股票"投资组合＞中位值（按市净率、回购收益率3个月，前25只，6个月）	14.63	26.27	4.43	0.37	11.87	−83.38	1.08
"所有股票"投资组合＞中位值（按市净率6个月，按股东收益率前50只）	14.50	20.09	4.30	0.47	7.27	−83.63	0.87

（续）

策略	几何平均值（%）	标准差（%）	超额收益（%）	夏普比率	跟踪误差	从最高点到最低点的最大跌幅（%）	贝塔值
"所有股票"投资组合>中位值（按市净率、股东收益率，前50只，6个月）	14.40	20.88	4.20	0.45	5.96	−85.90	0.92
"所有股票"投资组合>中位值（按市净率、回购收益率，前50只，6个月）	14.38	27.11	4.18	0.35	12.00	−85.31	1.13
"所有股票"投资组合>中位值（按市净率、回购收益率3个月，前50只，6个月）	14.29	25.62	4.09	0.36	11.50	−83.38	1.05
"所有股票"投资组合>中位值（按股东收益率，3/6个月，前25只，12个月）	14.04	22.36	3.84	0.40	9.38	−74.29	0.94
"所有股票"投资组合>中位值（按股东收益率，3/6个月，前50只，12个月）	13.93	20.94	3.73	0.43	7.56	−78.27	0.90
"所有股票"投资组合>中位值（按市净率，3/6个月，前25只，12个月）	13.88	23.48	3.68	0.38	7.86	−83.26	1.02
"所有股票"投资组合>中位值（按市净率，3/6个月，前50只，12个月）	13.39	22.55	3.19	0.37	6.66	−83.35	0.99
"所有股票"投资组合（市净率前30%，3/6个月趋势）>0（按股东收益率前25只）	12.98	24.15	2.78	0.33	12.73	−94.51	0.94
"所有股票"投资组合（市净率前30%，3/6个月趋势）>0（按12个月趋势，前25只）	12.96	25.93	2.76	0.31	12.66	−94.51	1.04
"所有股票"投资组合>中位值（按回购收益率3个月，前50只，12个月）	12.94	26.27	2.74	0.30	10.75	−81.42	1.11
"所有股票"投资组合（市净率前30%，3/6个月趋势）>0（按12个月趋势，前50只）	12.86	25.24	2.66	0.31	12.26	−94.53	1.01
"所有股票"投资组合（市净率前30%，3/6个月趋势）>0（按股东收益率前50只）	12.76	24.25	2.55	0.32	12.59	−94.53	0.95
"所有股票"投资组合>中位值（按回购收益率3个月，前50只，12个月）	12.67	27.66	2.47	0.28	12.39	−81.42	1.15
"所有股票"投资组合	10.20	21.75		0.24		−85.45	

表21-23 汇总以"所有股票"投资组合收益率为基准的策略的滚动1、3、5、7、10年期的基本比率信息（1928年1月～2009年12月，按复合收益率分类的策略）

策略	时间百分率（%）				
	1年期	3年期	5年期	7年期	10年期
"所有股票"投资组合>中位值（3/6个月，按股东收益率前25只）	77.5	92.4	92.5	93.9	99.2
"所有股票"投资组合>中位值（3/6个月，市净率前25只）	71.4	85.6	92.1	93.2	99.3
"所有股票"投资组合（市净率前30%，3/6个月趋势）>中位值（按股东收益率前25只）	73.6	86.6	91.1	91.0	94.5
"所有股票"投资组合>中位值（按股东收益率6个月，市净率前50只）	76.8	90.8	93.7	94.2	99.4

（续）

策略	时间百分率（%）				
	1年期	3年期	5年期	7年期	10年期
"所有股票"投资组合＞中位值（按市净率6个月，按股东收益率前25只）	72.6	87.5	94.5	98.8	100.0
"所有股票"投资组合＞中位值（按市净率6个月，回购收益率前25只）	72.0	84.6	87.6	89.8	91.7
"所有股票"投资组合＞中位值（3/6个月，按股东收益率前50只）	78.4	94.4	95.0	96.1	99.3
"所有股票"投资组合＞中位值（按股东收益率、市净率，前25只，6个月）	80.6	92.0	95.7	97.6	100.0
"所有股票"投资组合（市净率前30%，3/6个月趋势）＞中位值（按12个月趋势，前25只）	75.5	85.0	91.9	92.2	94.6
"所有股票"投资组合＞中位值（3/6个月，市净率前50只）	75.4	87.5	92.9	94.2	96.4
"所有股票"投资组合＞中位值（按市净率、股东收益率前25只，6个月）	70.9	84.1	89.3	94.3	96.9
"所有股票"投资组合（市净率前30%，3/6个月趋势）＞中位值（按股东收益率前50只）	72.7	84.5	89.9	90.7	94.3
"所有股票"投资组合（市净率前30%，3/6个月趋势）＞中位值（12个月趋势，前50只）	74.5	85.1	90.7	91.6	94.3
"所有股票"投资组合＞中位值（按市净率6个月，回购收益率前50只）	74.5	89.6	92.0	93.8	95.3
"所有股票"投资组合＞中位值（3/6个月，市净率前50只）	70.1	78.0	83.9	87.0	91.0
"所有股票"投资组合＞中位值（按市净率、回购收益率3个月，前25只，6个月）	72.4	82.6	90.4	95.2	97.6
"所有股票"投资组合＞中位值（按市净率6个月，按股东收益率前50只）	71.7	87.9	94.6	96.0	99.0
"所有股票"投资组合＞中位值（按市净率、股东收益率前50只，6个月）	76.1	91.8	95.1	96.8	98.5
"所有股票"投资组合＞中位值（按市净率、回购收益率，前50只，6个月）	69.7	83.5	87.5	92.0	94.1
"所有股票"投资组合＞中位值（按市净率、回购收益率3个月，前50只，6个月）	71.8	84.3	91.7	95.8	97.2
"所有股票"投资组合＞中位值（按股东收益率，3/6个月，前25只，12个月）	69.7	81.7	85.8	91.2	98.2
"所有股票"投资组合＞中位值（按股东收益率，3/6个月，前50只，12个月）	76.9	90.3	91.0	93.7	97.2
"所有股票"投资组合＞中位值（按市净率，3/6个月，前25只，12个月）	74.2	86.0	88.6	92.6	94.0
"所有股票"投资组合＞中位值（按市净率，3/6个月，前50只，12个月）	74.6	86.4	91.2	91.8	94.3

(续)

策略	时间百分率（%）				
	1年期	3年期	5年期	7年期	10年期
"所有股票"投资组合（市净率前30%,3/6个月趋势）>0（按股东收益率前25只）	66.8	78.6	83.2	87.6	90.9
"所有股票"投资组合（市净率前30%,3/6个月趋势）>0（按12个月趋势，前25只）	70.2	78.0	83.2	86.2	89.7
"所有股票"投资组合>中位值（按回购收益率3个月，前50只，12个月）	63.9	74.6	79.7	85.8	89.4
"所有股票"投资组合（市净率前30%,3/6个月趋势）>0（按12个月趋势，前50只）	70.1	79.5	81.9	86.1	88.2
"所有股票"投资组合（市净率前30%,3/6个月趋势）>0（按股东收益率前50只）	66.6	76.9	80.6	85.0	88.1
"所有股票"投资组合>中位值（按回购收益率3个月，前25只，12个月）	60.0	68.7	75.2	83.6	83.7
"所有股票"投资组合	0.0	0.0	0.0	0.0	0.0

表21-24 汇总以"大盘股"投资组合收益率为基准的策略结果（1928年1月～2009年12月，按复合收益率分类的策略）

策略	几何平均值（%）	标准差（%）	超额收益（%）	夏普比率	跟踪误差	从最高点到最低点的最大跌幅（%）	贝塔值
"大盘股"投资组合>中位值（3/6个月，按股东收益率前25只）	13.17	17.98	3.72	0.45	5.90	-79.32	0.88
"大盘股"投资组合>中位值（按回购收益率3个月，12个月前25只）	12.87	25.44	3.42	0.31	11.74	-83.19	1.18
"大盘股"投资组合>中位值（按市净率、回购收益率3个月，6个月前25只）	12.78	26.45	3.32	0.29	13.71	-83.87	1.18
"大盘股"投资组合>中位值（按股东收益率，3/6个月，12个月趋势前25只）	12.78	18.97	3.32	0.41	6.14	-80.08	0.93
"大盘股"投资组合>中位值（按3/6个月，市净率前25只）	12.66	19.00	3.20	0.40	5.79	-82.18	0.93
"大盘股"投资组合>中位值（按市净率、回购收益率前25只，6个月）	12.57	24.69	3.11	0.31	11.17	-80.31	1.14
"大盘股"投资组合>中位值（按市净率、回购收益率3个月，6个月趋势前50只）	12.56	26.26	3.10	0.29	13.68	-83.87	1.16
"大盘股"投资组合>中位值（按市净率6个月，回购收益率前25只）	12.54	20.28	3.08	0.37	5.87	-86.70	1.00
"大盘股"投资组合>中位值（按回购收益率3个月，12个月前50只）	12.47	24.64	3.01	0.30	10.95	-83.19	1.15
"大盘股"投资组合>中位值（按股东收益率6个月，市净率前25只）	12.37	18.15	2.92	0.41	6.54	-82.43	0.88
"大盘股"投资组合>中位值（按股东收益率，3/6个月，12个月前50只）	12.28	18.09	2.83	0.40	5.27	-80.22	0.90

（续）

策略	几何平均值（%）	标准差（%）	超额收益（%）	夏普比率	跟踪误差	从最高点到最低点的最大跌幅（%）	贝塔值
"大盘股"投资组合＞中位值（按回购收益率，股息收益率前25只）	12.23	23.83	2.77	0.30	13.25	−85.17	1.02
"大盘股"投资组合＞中位值（按3/6个月，股东收益率前50只）	12.20	18.13	2.75	0.40	5.15	−80.48	0.90
"大盘股"投资组合＞中位值（按回购收益率，股息收益率前50只）	12.17	23.67	2.72	0.30	12.52	−85.17	1.03
"大盘股"投资组合＞中位值（按市净率6个月，按股东收益率前25只）	12.11	19.53	2.65	0.36	6.54	−86.69	0.95
"大盘股"投资组合＞中位值（按市净率、股东收益率6个月前25只）	12.06	19.77	2.61	0.36	6.19	−88.57	0.97
"大盘股"投资组合＞中位值（按市净率、回购收益率6个月前50只）	11.96	24.41	2.50	0.28	11.25	−80.31	1.13
"大盘股"投资组合＞中位值（按市净率6个月前，回购收益率前50只）	11.93	19.99	2.47	0.35	5.47	−86.68	0.99
"大盘股"投资组合＞中位值（3/6个月，市净率前50只）	11.85	18.63	2.39	0.37	5.12	−81.63	0.93
"大盘股"投资组合＞中位值（按市净率6个月，按股东收益率前50只）	11.83	19.60	2.37	0.35	6.02	−86.68	0.96
"大盘股"投资组合＞中位值（按股东收益率6个月，市净率前50只）	11.80	17.82	2.35	0.38	5.88	−82.54	0.88
"大盘股"投资组合＞中位值（按市净率、股东收益率6个月前50只）	11.50	19.51	2.04	0.33	6.13	−88.75	0.95
"大盘股"投资组合＞中位值（按市净率，3/6个月，12个月前50只）	11.32	20.12	1.86	0.31	5.64	−86.25	0.99
"大盘股"投资组合＞中位值（按市净率，3/6个月，12个月前25只）	11.28	20.72	1.83	0.30	6.28	−86.16	1.02
"大盘股"投资组合＞中位值（按市净率，股息收益率前50只）	10.34	19.36	0.89	0.28	9.56	−88.30	0.88
"大盘股"投资组合＞中位值（按市净率，股息收益率前25只）	10.28	19.96	0.83	0.26	10.45	−90.20	0.88
"大盘股"投资组合	9.45	19.42		0.23		−84.33	

表21-25 汇总有关以"大盘股"投资组合收益率为基准的策略的滚动1、3、5、7、10年期的基本比率（1928年1月～2009年12月，按复合收益率分类的策略）

策略	时间百分率（%）				
	1年期	3年期	5年期	7年期	10年期
"大盘股"投资组合＞中位值（3/6个月，按股东收益率前25只）	71.7	86.8	88.2	91.6	96.0
"大盘股"投资组合＞中位值（按回购收益率3个月，12个月前25只）	66.4	79.3	85.9	90.9	93.9

(续)

策略	时间百分率（%）				
	1年期	3年期	5年期	7年期	10年期
"大盘股"投资组合＞中位值（按市净率、回购收益率3个月，6个月前25只）	69.9	84.0	93.7	98.6	100.0
"大盘股"投资组合＞中位值（按股东收益率，3/6个月，12个月前25只）	72.1	85.9	92.5	96.1	99.8
"大盘股"投资组合＞中位值（按3/6个月，市净率前25只）	69.6	82.8	91.8	93.1	97.5
"大盘股"投资组合＞中位值（按市净率、回购收益率，6个月趋势前25只）	69.9	81.5	91.1	95.0	97.6
"大盘股"投资组合＞中位值（按市净率、回购收益率3个月，6个月趋势前50只）	68.3	82.8	92.5	97.7	99.5
"大盘股"投资组合＞中位值（按市净率6个月，回购收益率前25只）	68.2	77.3	86.9	87.8	94.0
"大盘股"投资组合＞中位值（按回购收益率，3个月，12个月趋势前50只）	69.5	81.5	88.9	92.0	95.5
"大盘股"投资组合＞中位值（按股东收益率6个月，按市净率前25只）	67.4	82.1	86.2	91.7	99.0
"大盘股"投资组合＞中位值（按股东收益率，3/6个月，12个月前50只）	70.8	85.6	88.4	93.0	99.8
"大盘股"投资组合＞中位值（按回购收益率，股息收益率前25只）	57.6	68.7	75.1	84.2	88.6
"大盘股"投资组合＞中位值（按3/6个月 12个月趋势前50只）	68.3	83.0	85.5	88.3	94.1
"大盘股"投资组合＞中位值（按回购收益率，股息收益率前50只）	59.0	69.1	76.6	83.6	89.4
"大盘股"投资组合＞中位值（按市净率6个月，按股东收益率前25只）	63.9	72.0	82.9	84.6	92.1
"大盘股"投资组合＞中位值（按市净率、股东收益率6个月前25只）	69.6	82.3	88.2	91.3	94.7
"大盘股"投资组合＞中位值（按市净率、回购收益率6个月前50只）	67.3	79.1	86.6	92.8	95.4
"大盘股"投资组合＞中位值（按市净率6个月，回购收益率前50只）	69.5	78.5	87.8	88.3	94.3
"大盘股"投资组合＞中位值（按3/6个月，市净率前50只）	65.0	79.6	85.4	88.9	93.8
"大盘股"投资组合＞中位值（按市净率6个月，按股东收益率前50只）	65.1	73.0	85.0	87.2	92.9
"大盘股"投资组合＞中位值（按股东收益率6个月，市净率前50只）	65.4	78.0	83.9	86.9	93.9
"大盘股"投资组合＞中位值（按市净率、股东收益率6个月前50只）	66.0	76.0	85.5	86.3	91.6

(续)

策略	时间百分率（%）				
	1年期	3年期	5年期	7年期	10年期
"大盘股"投资组合＞中位值（按市净率，3/6个月，12个月前50只）	64.4	73.3	82.1	87.6	94.7
"大盘股"投资组合＞中位值（按市净率，3/6个月，12个月前25只）	66.1	74.7	80.1	87.3	94.0
"大盘股"投资组合＞中位值（按回购收益率，股息收益率前50只）	56.8	63.6	61.9	66.3	77.7
"大盘股"投资组合＞中位值（按回购收益率，股息收益率前25只）	55.2	67.3	68.9	70.9	78.7
"大盘股"投资组合	0.0	0.0	0.0	0.0	0.0

使用趋势，价值翻倍

如表21-23所示，1928～2009年，"所有股票"投资组合中有两种策略具有最高的10年基本比率。第一种策略要求股票的账面价值与股价高于中位值（即排除每1美元的账面价值，大部分须由投资者承担的50%的股票）；6个月的价值增长高于中位值；购买最高股东收益率的25只股。

此策略不仅能够以所有滚动10年期的100%击败"所有股票"投资组合，而且还能以1年期的70%击败该股。但是，在该策略所得的年收益率为15.32%（与该策略表现最好的时候比较，大约落后了61个基点）时，其价格具有持续性。该策略的最大跌幅甚至可能高于82%，且其夏普比率更低。不过，在1928～2009年间的所有滚动10年期达到100%的基本比率的情况实属罕见。

第二种策略要求账面价值与股价和股东利率均高于"所有股票"投资组合中的中位值股票，且为12个月内价格涨势最佳的25只股。此策略以1年期的70%和滚动10年期的100%击败该股。在使用上述策略时，你承受的损失会更大，该策略所得的年收益率为15.26%，与该策略表现最好的时候比较，大约落后了67个基点。"所有股票"投资组合策略要求3/6个月价值的涨幅大于整只股的中位值，然后购买具有最高股东收益率的25只股。有关其他策略的汇总结果，如表21-20～表21-25所示。

多因素策略的长期成就

对于这两种策略而言，历史经验告诉我们，通过使用多因素选择股票投资组合，在给定整只股时，比被动投资的效果更好。购买具有最佳股价趋势或股东收益率的股票同样效果很好，但是我们应考虑将这些因素结合起来，首先应考虑良好的价格涨势，然后侧重于股东收益率最高的股票，它在风险等级较低时产生的收益率明显更高。在着眼于使用电子计算机会计数据库的多因素模型时，我们需要重新了解的一点是价值与增长特性的组合。目前，长期数据显示了多因素整合可带来的更高收益和降低单因素使用率产生的风险。

对投资者的启示

购买冲破重重障碍（而不只是某一个障碍）的股票的投资者通常能够获得很好的收益。在寻求继续给投资者带来最高且可调整的收益时，最好将价值与增长特性结合起来。将价值和股东收益率等单因素结合起来，会比使用单因素带来的收益更高，与此同时，还可以降低风险。在接下来的几章中，我们将会看到，向该组合添加会计因素，会从根本上提高增长和价值策略的收益。这对股票而言，不仅仅是考虑股价趋势或股东收益率，还要考虑财务数据是否存在伪造、负债是否过多，以及企业是否在利用外部资金经营其股票。接下来，我们来看看哪些因素已成功应用于我们其他的投资组合（"龙头股"和小盘股）。

| 第 22 章 |

讨论"龙头股"
最高增值率

> 数据是为使花哨外表符合规范服务的。没有数据就很容易异想天开，忽略了现实的原本模样，而依照心里的期望对其加以改编。
>
> ——拉尔夫·瓦尔多·爱默生

经过前面几章的介绍，我们了解到采用多因素构建模型投资组合，可以提高收益率并降低风险。在本章中，我们将了解"龙头股"（本身也是一个多因素模型），并应用多因素或一组因素来提高其收益。回想第 5 章的内容可知，"龙头股"与标准普尔 500 指数及知名个股更优于"所有股票"投资组合、"大盘股"投资组合甚至优于标准普尔指数 500 的股票。在范围更广、与指数类似的投资组合中，"龙头股"的夏普比率最高，而且在各种市场周期内，其表现是公认最好的。"龙头股"也同样比"大盘股"投资组合（如罗素 1000）表现更好。

市场领先的龙头公司的股票市值高于平均水平的非公用类公司（我们现可使用的最低市值为 5 000 万美元）。本书的旧版仅要求市值大于数据库平均值（涵盖了小股票）。通过排除不实用的微型股，可以调高市值，同时也可以涵盖可投资的股票，从而使流通在外的股票、现金流等的销售额比平均股票高出 50%。将这些因素应用于电子计算机会计数据库，会使 6% 的股票被限定为"龙头股"。值得注意的是，美国存托凭证（ADRs）中包含了"龙头股"，美国存托凭证是在美国交易的、以美元计值的股票。因此，应考虑包括德国电信、日本电报电话公共公司和英国石油公司等巨头，特别是在与美国公司标准普尔指数 500 比较时区别显著的公司股票。在新全球经济下，能够购买美国境外的股票也许是个优势。确实，"龙头股"中 ADRs 的数量在这几年有了显著增长：1995 年，约增至"龙头股"的 20%；2003 年年末，约占"龙头股"的 35%；截至 2010 年 5 月，约占"龙头股"的 48%。还值得注意的是，"龙头股"是等权重的，而标准普尔指数 500 是按市值加权的，向指数中最高的公司提供更高的权重。当前，"龙头股"中包含 331 只股，加权的市值为 460 亿美元，中位值市值为 273 亿美元。相比之下，标准普尔指数 500 的加权市值为 211.2 亿美元，而市值的中位数为 93.5 亿美元，因此，"龙头股"侧重于比标准普尔指数 500 规模更大的股票。另一个重要的事实是，在更长的时间内，在我们将标准普尔指数 500 与"龙头股"比较时，等权重的指数比按市值加权的指数表现更好。表 22-1 以全新的角度对 1963～2009 年的"龙头股"与"所有股票"投资组合、"大盘股"投资组合、小盘股和标准普尔指数 500 进行了比较。

通常，规模更大、范围更广的指数，如标准普尔指数 500（及此处所提及的其他股）在这段期间内的所得月度收益率 60% 为正值，40% 则为负值。无论你看的是哪个时间范围，它通常会保持在 60%～40% 这一平衡点。例如，标准普尔指数 500 的所有月度收益率在 1926 年 1 月 1 日至 2009 年 12 月 31 日中 62% 为正值，38% 则为负值。该数字与"大盘股"投资组合类似，61% 的收益率为正值，39% 的收益率为负值。"所有股票"投资组合同样显示了在过去的 84 年间 61% 为正值，39% 则为负值的收益率。如果你选择只查看第二次世界大战后的市场，会发现收益率变动很小，分别为 63%（正值）与 37%（负值）。如果你查看 1926～1944 年这段糟糕时期（20 世纪 30 年代，经济大萧条占主导地位）的数据，你会看到标准普尔指数 500 的月度收益率 58% 为正值。

表 22-1 年收益及风险数据统计概要："龙头股"、标准普尔指数 500("大盘股"投资组合、"所有股票"投资组合和小盘股，1964 年 1 月 1 日～2009 年 12 月 31 日）

	"龙头股"	标准普尔指数 500	"大盘股"投资组合	"所有股票"投资组合	小盘股
算术平均值（%）	12.82	10.71	11.72	13.26	13.94
几何平均值（%）	11.36	9.46	10.20	11.22	11.60
平均收益（%）	14.62	13.76	17.20	17.16	19.28
标准差（%）	16.13	15.09	16.50	18.99	20.31
向上的偏差（%）	10.00	9.37	9.70	10.98	11.87
向下的偏差（%）	11.66	10.76	11.85	13.90	14.83
跟踪误差	7.63	8.69	5.41	0.00	2.21
收益为正的时期数	335	342	332	329	329

(续)

	"龙头股"	标准普尔指数500	"大盘股"投资组合	"所有股票"投资组合	小盘股
收益为负的时期数	217	210	220	223	223
从最高点到最低点的最大跌幅（%）	−54.03	−50.95	−53.77	−55.54	−58.48
贝塔值	0.78	0.71	0.84	1.00	1.07
T统计量（m=0）	5.10	4.59	4.58	4.47	4.38
夏普比率（Rf=5%）	0.39	0.30	0.32	0.33	0.32
索蒂诺比率（MAR=10%）	0.12	−0.05	0.02	0.09	0.11
10 000美元投资的最终结果（美元）	1 411 897	639 147	872 861	1 329 513	1 555 109
1年期最低收益（%）	−48.15	−43.32	−46.91	−46.49	−46.38
1年期最高收益（%）	66.79	61.01	68.96	84.19	93.08
3年期最低收益（%）	−13.61	−16.10	−15.89	−18.68	−19.53
3年期最高收益（%）	34.82	33.40	33.12	31.49	34.00
5年期最低收益（%）	−4.36	−6.64	−5.82	−9.91	−11.75
5年期最高收益（%）	31.52	29.72	28.95	27.66	31.37
7年期最低收益（%）	−2.93	−3.85	−4.15	−6.32	−7.64
7年期最高收益（%）	24.56	23.08	22.83	23.77	27.35
10年期最低收益（%）	1.01	−3.43	−0.15	1.01	1.08
10年期最高收益（%）	19.69	19.48	19.57	22.05	24.47
预期最低收益[①]（%）	−19.44	−19.46	−21.28	−24.73	−26.69
预期最高收益[②]（%）	45.07	40.88	44.72	51.24	54.57

① 预期最低收益等于收益率的算术平均值减去2倍的标准差。
② 预期最高收益等于收益率的算术平均值加上2倍的标准差。

如表22-1所示，你将看到"龙头股"所得的绝对最高收益率（小盘股投资组合除外）。在风险可调整的基础上，会带来最高的收益率，夏普比率为0.39（比其他的都高）。"龙头股"在各种持有期的最低收益率更高，这表明它们能更好地承受市值下滑。你还能回想起在滚动5年期的大部分时间内，"龙头股"的表现比标准普尔指数500和"大盘股"投资组合更好吗？确实，如第5章所述，"龙头股"在76%的滚动5年期和78%的滚动10年期中击败了标准普尔指数500，而以所有滚动5年期的75%和所有滚动10年期的89%击败了"大盘股"投资组合。如图22-1和图22-2所示，标准普尔指数500或"大盘股"投资组合的滚动5年期年复合平均超额收益（损失）率比"龙头股"的略低。

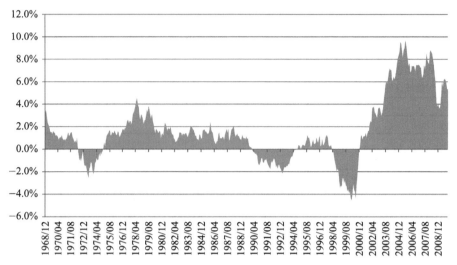

图 22-1 标准普尔指数 500 的 5 年期年复合平均超额收益（损失）率比"龙头股"的略低（1964 年 1 月 1 日～2009 年 12 月 31 日）

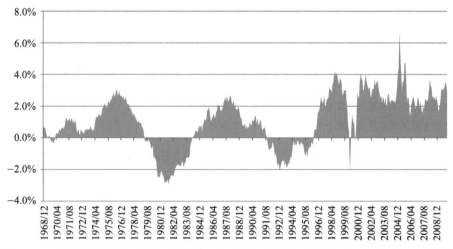

图 22-2 "大盘股"投资组合的 5 年期年复合平均超额收益（损失）率比"龙头股"的略低（1964 年 1 月 1 日～2009 年 12 月 31 日）

"龙头股"策略的汇总结果

在这里仅查看各策略汇总数据的目的，是向你展示"所有股票"投资组合和"大盘股"投资组合在"龙头股"中均很引人注目。为了涵盖测试的所有因素，此处的数据应从 1965 年 9 月开始。表 22-2 列出了各种策略，并按年收益进行分类。请注意，因素升值对"所有股票"投资组合和"大盘股"投资组合而言，没有对"龙头股"的影响严重，主要因为市场领先公司的规模太大。例如，3个表现最差的"龙头股"策略从"龙头股"中购买VC3上得分最差的股票，其年收益率为7.71%；购买10%的股东收益率最低的"龙头股"，年收益率为7.25%；从"龙头股"中购买10%的最低回购收益率的股票（尤其那些是股票净发行人的"龙头股"），收益率为6.76%。

表 22-2 以"所有股票"投资组合收益率为基准的策略的汇总结果（9月25日~12月9日，按复合收益率分类的策略）

策略	几何平均值(%)	标准差(%)	超额收益(%)	夏普比率	跟踪误差	从最高点到最低点的最大跌幅(%)	贝塔值
"龙头股"（前20%，价值组合2，按6个月价格收益前25）	15.34	17.17	4.70	0.60	6.03	-52.74	0.98
"龙头股"（前20%，VC2，按6个月价格收益前50）	15.00	17.16	3.73	0.58	5.27	-53.43	1.00
"龙头股"（按股东收益率前25）	14.94	17.00	3.66	0.58	6.52	-57.57	0.96
"龙头股" CV2，第1组十分位组（高）	14.84	18.52	3.57	0.53	7.10	-62.16	1.05
"龙头股" 股东收益率（%），第1组十分位组	14.72	16.77	3.44	0.58	6.38	-56.44	0.95
"龙头股"（3/6个月价格收益）>中位值（按股东收益率前25）	14.65	16.32	3.38	0.59	5.09	-56.33	0.95
提高了50的基础价值	14.55	16.19	3.28	0.59	5.11	-56.01	0.94
"龙头股" 复合价值3，第1组十分位组（高）	14.49	18.29	3.21	0.52	6.90	-60.13	1.03
"龙头股" EBITDA/EV比率价值，第1组十分位组	14.39	18.15	3.12	0.52	7.53	-52.21	1.01
"龙头股" 回购收益率（%），第1组十分位组	14.28	16.52	3.01	0.56	5.24	-53.60	0.96
"龙头股" 复合价值，第1组十分位组（高）	14.27	18.69	3.00	0.50	6.75	-60.56	1.07
"龙头股" 净现金流/企业价值，第1组十分位组	13.75	18.60	2.48	0.47	7.15	-62.79	1.05
"龙头股" 净营运现金流/价格，第1组十分位组	13.72	18.76	2.44	0.46	7.09	-64.38	1.06
"龙头股" 收入/价格，第1组十分位组	13.67	19.07	2.39	0.45	7.25	-62.69	1.08
"龙头股" 总资产与总收益，第10组十分位组	13.54	17.66	2.26	0.48	6.89	-56.44	0.99
基础价值25股息收益率	13.49	17.22	2.21	0.49	7.91	-65.01	0.94
"龙头股" 收益率（6个月），第1组十分位组	13.41	18.27	2.14	0.46	8.67	-58.00	0.98
MF "龙头股"（市销率）<平均值（按12个月净值前25）	13.35	17.01	2.08	0.49	6.12	-48.31	0.97

（续）

策略	几何平均值（%）	标准差（%）	超额收益（%）	夏普比率	跟踪误差	从最高点到最低点的最大跌幅（%）	贝塔值
"龙头股"市盈率，第10组十分位组	13.17	18.38	1.90	0.44	7.28	−54.81	1.03
"龙头股"NOA兑换率（%），第10组十分位组	13.17	16.62	1.90	0.49	5.24	−52.95	0.96
"龙头股"股息收益率（%）为10%	13.13	16.96	1.85	0.48	7.59	−64.59	0.93
"龙头股"销售额/企业价值，第1组十分位组	13.04	17.27	1.76	0.47	6.08	−51.07	0.99
MF"龙头股"，按价格现金流前10	12.89	21.74	1.62	0.36	11.17	−75.55	1.15
MF"龙头股"（市销率）<平均值（按12个月净值前50）	12.79	16.68	1.52	0.47	4.27	−52.04	0.99
"龙头股"收益率（12个月），第1组十分位组	12.71	19.38	1.44	0.40	10.42	−60.88	1.00
"龙头股"净现金流/价格，第1组十分位组	12.68	19.44	1.41	0.40	7.79	−65.82	1.09
"龙头股"销售额/企业价值，第1组十分位组	12.28	18.76	1.00	0.39	6.96	−58.12	1.07
"龙头股"账面/价格，第1组十分位组	12.21	19.95	0.93	0.36	8.20	−67.38	1.12
"龙头股"债务变化（%），第10组十分位组	12.17	17.29	0.90	0.41	4.69	−48.85	1.02
"龙头股"资产收益率，第1组十分位组	11.77	16.81	0.50	0.40	7.83	−48.00	0.91
"龙头股"净利，第1组十分位组	11.63	15.77	0.35	0.42	6.33	−46.73	0.89
"龙头股"资产周转率，第1组十分位组	11.60	16.84	0.32	0.39	7.00	−49.88	0.94
"龙头股"运营净利，第1组十分位组	11.52	16.92	0.24	0.39	6.91	−57.34	0.95
"龙头股"年销售增长率，第1组十分位组	11.48	19.11	0.20	0.34	7.67	−61.47	1.07
"龙头股"投资组合年（美国）	11.27	16.37		0.38		−54.03	
"龙头股"营运资本，第1组十分位组	11.27	15.83	−0.01	0.40	5.89	−52.21	0.90
"龙头股"折旧费用/资本费用，第1组十分位组	11.21	17.99	−0.06	0.35	6.07	−57.97	1.03
"龙头股"股本收益率，第1组十分位组	10.95	16.86	−0.33	0.35	6.79	−51.13	0.94
"龙头股"折旧费用/资本费用，第10组十分位组	10.68	18.29	−0.60	0.31	6.43	−55.30	1.05
"龙头股"年净增长率	10.60	19.34	−0.67	0.29	6.46	−65.37	1.12
每股营运现金流增长，第1组十分位组	10.35	20.82	−0.93	0.26	10.60	−78.30	1.10
"龙头股"资产周转率，第10组十分位组	10.34	18.95	−0.93	0.28	7.48	−61.32	1.07
"龙头股"股本收益率，第10组十分位组	10.09	16.55	−1.18	0.31	5.80	−51.92	0.95
"龙头股"市盈率，第1组十分位组	10.07	18.10	−1.21	0.28	6.41	−60.38	1.03
"龙头股"净现金流/企业价值，第10组十分位组	10.06	21.02	−1.21	0.24	8.75	−73.38	1.18

（续）

策略	几何平均值（%）	标准差（%）	超额收益（%）	夏普比率	跟踪误差	从最高点到最低点的最大跌幅（%）	贝塔值
"龙头股"活动资产收益率，第10组十分位组	10.06	18.49	−1.22	0.27	6.21	−63.69	1.07
"龙头股"年销售增长率，第10组十分位组	9.84	16.98	−1.44	0.28	6.49	−63.97	0.96
"龙头股"营运资本，第1组十分位组	9.79	18.53	−1.48	0.26	6.57	−59.32	1.06
"龙头股"净利润，第1组十分位组	9.75	17.90	−1.52	0.27	6.31	−59.72	1.02
"龙头股"净现金流/价格，第10组十分位组	9.74	18.26	−1.53	0.26	6.36	−53.81	1.05
"龙头股"每股收益变化（%），第1组十分位组	9.66	17.15	−1.62	0.27	8.78	−51.30	0.90
"龙头股"账面/价格，第10组十分位组	9.55	18.43	−1.72	0.25	5.10	−63.85	1.08
"龙头股"每股年净现金流增长率，第10组十分位组	9.40	17.27	−1.88	0.25	4.17	−54.87	1.02
"龙头股"债务变化（%），第1组十分位组	9.31	18.06	−1.96	0.24	6.81	−54.95	1.02
"龙头股"营业净利，第10组十分位组	9.25	20.39	−2.03	0.21	9.73	−56.42	1.10
"龙头股"股息收益率（%），第10组十分位组	8.90	19.44	−2.37	0.20	8.62	−65.29	1.07
"龙头股"EBITDA/EV比率价值，第10组十分位组	8.83	19.25	−2.44	0.20	6.78	−64.96	1.11
"龙头股"每股收益变化（%），第10组十分位组	8.74	19.18	−2.53	0.20	8.21	−58.63	1.06
"龙头股"收益/价格，第10组十分位组	8.64	17.55	−2.63	0.21	9.28	−57.66	0.91
"龙头股"复合价值1，第10组十分位组（低）	8.58	17.67	−2.69	0.20	5.85	−53.01	1.02
"龙头股"NOA变化（%），第1组十分位组	8.57	17.39	−2.71	0.21	9.02	−58.92	0.91
"龙头股"销售额/价格，第10组十分位组	8.53	17.97	−2.75	0.20	7.84	−64.70	0.99
"龙头股"销售额/企业价值，第10组十分位组	8.52	21.39	−2.75	0.16	9.05	−65.66	1.20
"龙头股"收益率（12个月），第10组十分位组	8.30	20.52	−2.98	0.16	7.54	−65.20	1.18
"龙头股"CV2，第10组十分位组（低）	7.85	18.03	−3.43	0.16	9.13	−60.68	0.95
"龙头股"总资产与总收益，第1组十分位组	7.82	18.06	−3.46	0.16	5.78	−56.09	1.05
"龙头股"净营运现金流/价格，第10组十分位组	7.80	17.54	−3.47	0.16	8.41	−59.89	0.94
"龙头股"复合价值3，第10组十分位组（低）	7.71	17.86	−3.56	0.15	8.87	−59.42	0.95

(续)

策略	几何平均值（%）	标准差（%）	超额收益（%）	夏普比率	跟踪误差	从最高点到最低点的最大跌幅（%）	贝塔值
"龙头股"股东收益率（%），第10组十分位组	7.25	19.26	−4.02	0.12	6.48	−61.88	1.11
"龙头股"回购收益率（%），第10组十分位组	6.76	18.93	−4.52	0.09	5.49	−63.96	1.11
美国（30日）短期国债（美元）	5.64	0.82	−5.64	0.78	16.41	0.00	0.00

但是，即使是这样，高低差异依然明显。最佳的10%策略购买在价值因素二上分数最高的前10%的"龙头股"（价值因素二见第15章）将10 000美元的投资发展为460万美元，年收益率为14.84%；而最糟糕的是，购买10%的回购收益率最低的（即市场领先的公司发行大量的新股，而不是将其买回）"龙头股"，同样是10 000美元的投资，仅增至181 791美元，年收益率只有6.76%。价值因素二策略所得的收益率比它的15倍还多。在相同的时间内，在"龙头股"投资组合投资的10 000美元，将增至110万美元，年收益率为11.27%。

通过年收益率对这些策略进行分类，"所有股票"投资组合和"大盘股"投资组合的最高收益率须满足价值与账面比、价格与收入比、价格与销售额比和价格与现金流比或复合因素（如价值因素二）最高；同样，最低收益率须满足价值与账面比、价格与收入比、价格与销售额比和价格与现金流比最高。通过查看第16章中的价值因素可知，它们具有对称性。

多因素策略同样表现好

在上一章中的一些相同的多因素策略同样在"龙头股"中表现良好。表现最好的策略就是我们要在第25章中详细介绍的其中之一：从"龙头股"中购买6个月价格增幅最高的25只股，也是价值组合二中的前20%。此策略从1965年8月至2009年年末，将投资的10 000美元增至5 585 470美元，年收益率为15.34%，与在"龙头股"中投资10 000美元所得的110万美元和年收益率11.27%相比，该结果更好。该策略的基本比率，如表22-3所示，为正值，以所有滚动5年期的92%和所有滚动10年期的100%击败了龙头股投资组合，而且，"龙头股"策略的可调整风险收益率最高，夏普比率为0.60。在第23章中我们将了解到，将此策略用在更小资本股上，所得的绝对收益率可能更高。但在这里，良好的总体收益率的前提条件是保持最大跌幅值最低，且10年基本比率最佳。本质上，此类策略购买的是价格低且正在回升中的股票。在其价格上涨时买入，你无须支付比售价平均值更高的价格。请牢记，如果该模型中包含了价值因素，此类趋势策略可能会一直表现很好。

表22-3 汇总有关以"龙头股"投资组合（美国，1965年9月～2009年12月）为基准的策略的滚动1、3、5、7、9年期的以"所有股票"投资组合收益率为基准的策略的汇总结果（按复合收益率分类的策略）

策略	时间百分率（%）				
	1年期	3年期	5年期	7年期	10年期
"龙头股"（前20%，价值组合2，按6个月价格收益前25只）	73	85	92	98	100.0
"龙头股"（前20%，VC2，按6个月价格收益前50只）	75	86	93	97	100.0
"龙头股"（按股东收益率前25只）	65.3	82.1	90.3	98.4	100
"龙头股" CV2，第1组十分位组（高）	64.1	71.2	79.7	92.9	98.8
"龙头股" 股东收益率（%），第1组十分位组	64.9	80.3	91.3	97.3	100.0
"龙头股"（3/6个月价格收益）＞中位值（按股东收益率前25只）	67.0	86.0	98.0	100.0	100.0
提高了50的基础价值	69.1	84.9	96.6	99.1	100.0
"龙头股" 复合价值3，第1组十分位组（高）	63.3	67.8	78.9	91.3	96.9
"龙头股" EBITDA/EV比率价值，第1组十分位组	68.1	77.7	83.5	93.5	99.5
"龙头股" 回购收益率（%），第1组十分位组	71.8	86.9	91.5	95.1	100.0
"龙头股" 复合价值，第1组十分位组（高）	62.0	70.6	70.8	88.0	96.4
"龙头股" 净现金流/企业价值，第1组十分位组	63.0	73.6	87.5	87.1	90.6
"龙头股" 净营运现金流/价格，第1组十分位组	60.7	66.0	73.8	87.8	97.1
"龙头股" 收入/价格，第1组十分位组	61.4	67.6	65.1	71.5	64.6
"龙头股" 总资产与总收益，第10组十分位组	66.2	74.8	81.2	83.7	92.5
基础价值25股息收益率	57.4	65.2	67.4	72.4	84.3
"龙头股" 收益率（6个月），第1组十分位组	62.6	71.0	83.7	93.8	96.9
MF "龙头股"（市销率）＜平均值（按12个月净值前25）	67.2	77.9	84.8	88.2	98.3
"龙头股" 市盈率，第10组十分位组	59.7	65.2	72.9	80.8	91.5
"龙头股" NOA（营运资产净额）的变动（%），第10组十分位组	61.8	73.8	79.1	84.6	85.5
"龙头股" 股息收益率（%）为10%	55.7	61.2	67.2	74.2	86.0
"龙头股" 销售额/企业价值，第1组十分位组	63.5	68.6	75.1	74.2	81.4
MF "龙头股"，按价格现金流前10%	57.2	62.8	68.5	81.5	91.0
MF "龙头股"（市销率）＜平均值（按12个月净值前50）	64.1	70.2	73.2	75.1	80.1
"龙头股" 收益率（12个月），第1组十分位组	60.1	66.0	78.6	83.1	86.2
"龙头股" 净现金流/价格，第1组十分位组	58.3	61.8	69.1	71.3	72.9

(续)

策略	时间百分率（%）				
	1年期	3年期	5年期	7年期	10年期
"龙头股"销售额/企业价值，第1组十分位组	57.6	53.3	60.0	57.0	64.4
"龙头股"账面/价格，第1组十分位组	56.2	55.5	57.3	64.1	66.8
"龙头股"债务变化（%），第10组十分位组	60.3	64.6	73.6	79.7	86.9
"龙头股"资产收益率，第1组十分位组	51.2	45.7	47.8	52.8	52.8
"龙头股"净利，第1组十分位组	48.6	52.1	48.6	54.8	55.4
"龙头股"资产周转率，第1组十分位组	49.3	52.9	54.8	56.1	67.1
"龙头股"运营净利，第1组十分位组	45.7	46.5	45.0	50.8	53.3
"龙头股"年销售增长率，第1组十分位组	49.5	43.5	42.5	45.7	42.4
"龙头股"投资组合年（美国）	0.0	0.0	0.0	0.0	0.0
"龙头股"营运资本，第1组十分位组	55.1	51.9	56.9	55.7	59.8
"龙头股"折旧费用/资本费用，第1组十分位组	54.3	61.4	65.1	70.2	76.8
"龙头股"股本收益率，第1组十分位组	50.9	43.9	46.3	44.3	50.6
"龙头股"折旧费用/资本费用，第10组十分位组	45.3	40.2	38.3	39.6	39.5
"龙头股"年净增长率	46.8	39.4	45.0	48.3	40.2
每股营运现金流增长，第1组十分位组	51.2	50.9	56.4	53.2	49.2
"龙头股"资产周转率，第10组十分位组	50.1	45.7	38.7	36.1	38.7
"龙头股"股本收益率，第10组十分位组	42.6	37.4	40.0	37.6	25.4
"龙头股"市盈率，第1组十分位组	44.9	40.0	39.7	38.3	33.4
"龙头股"净现金流/企业价值，第10组十分位组	48.9	34.0	36.4	37.4	31.2
"龙头股"活动资产收益率，第10组十分位组	45.7	33.4	32.1	26.7	22.8
"龙头股"年销售增长率，第10组十分位组	41.8	41.2	41.0	38.8	37.5
"龙头股"营运资本，第1组十分位组	47.4	42.5	40.4	37.4	44.1
"龙头股"净利润，第1组十分位组	42.6	34.0	33.0	27.2	28.3
"龙头股"净现金流/价格，第10组十分位组	40.3	32.4	27.9	22.5	21.1
"龙头股"每股收益变化（%），第1组十分位组	43.4	38.4	34.9	35.2	20.8
"龙头股"账面/价格，第10组十分位组	39.5	29.8	22.6	24.9	19.4
"龙头股"每股年净现金流增长率，第10组十分位组	38.4	30.0	22.2	11.8	1.7
"龙头股"债务变化（%），第1组十分位组	42.2	37.6	25.2	26.5	15.3
"龙头股"营业净利，第10组十分位组	39.3	25.8	22.4	18.5	22.5
"龙头股"股息收益率（%），第10组十分位组	41.8	32.0	27.7	26.9	20.3
"龙头股"EBITDA/EV比率价值，第10组十分位组	34.0	24.7	16.5	10.2	3.4
"龙头股"每股收益变化（%），第10组十分位组	40.7	31.8	28.1	14.7	8.7
"龙头股"收益/价格，第10组十分位组	39.0	33.4	32.1	25.2	9.7
"龙头股"复合价值1，第10组十分位组（低）	35.5	25.6	16.1	8.2	1.7
"龙头股"NOA变化（%），第1组十分位组	40.9	37.8	30.9	28.3	9.9
"龙头股"销售额/价格，第10组十分位组	36.5	33.8	34.7	33.6	24.0
"龙头股"销售额/企业价值，第10组十分位组	33.2	20.9	13.1	5.3	1.5
"龙头股"收益率（12个月），第10组十分位组	33.6	13.3	6.8	1.3	0.0

(续)

策略	时间百分率（%）				
	1年期	3年期	5年期	7年期	10年期
"龙头股"CV2，第10组十分位组（低）	34.9	32.2	20.3	11.6	5.8
"龙头股"总资产与总收益，第1组十分位组	26.5	8.9	1.1	0.0	0.0
"龙头股"净营运现金流/价格，第10组十分位组	34.9	28.2	17.8	14.3	1.9
"龙头股"复合价值3，第10组十分位组（低）	34.4	29.0	20.3	10.0	4.8
"龙头股"股东收益率（%），第10组十分位组	21.9	13.1	3.2	0.2	0.0
"龙头股"回购收益率（%），第10组十分位组	23.2	14.5	4.4	0.9	0.0
美国（30日）短期国债（美元）	32.4	23.5	16.7	12.5	10.7

你还可能看到多种价值策略，如购买股东收益率最高的25只股（靠近列表顶部）的策略所得的年收益率为14.94%，夏普比率为0.58。

基本比率

在查看该策略的潜在基本比率时，我们发现，其表现与此策略的复合收益率类似。最高年收益率策略的长期基本比率最高，而最低年收益率策略的长期基本比率最低。表现最好的前10种策略的10年期基本比率为96%或以上，其中有7种策略连续10年击败了"龙头股"投资组合。对于表现最差的10种策略，其中只有两种的10年期基本比率达到两位数，有4种在所有的滚动10年期内从未击败过龙头股投资组合。对于"大盘股"投资组合和"所有股票"投资组合，使用成功的策略，其潜在基本比率会随着时间的推移越来越强势，反之亦然。

本研究针对在过去44年间击败"龙头股"的某些策略，显示了其收益率的不稳定性。例如，你从"龙头股"中购买10%年度销售复合增长率最高为11.58%的股票，但是其大部分所得发生在截至2000年3月的3年内，其在2000年3月的年度复合增长率达到41.76%。在查看10年期基本比率时，尽管总收益率较高，但该策略存在不稳定性，且在朝巨大、集中的趋势增长。

最坏情况

根据与基本比率相关的内容，我们还发现总体表现及持续性最差的策略对投资者造成的损失最大。资产周转率、现金流与债务比和资产收益率最低的股票，其跌幅均超过 70%。其中一些表现较好的策略（如购买最高 EBITDA/EV 比率价值、最高销售/企业价值及最高回购收益率等的"龙头股"的最坏情况均比"龙头股"投资组合的表现好。表 22-2 显示了各"龙头股"策略的最大跌幅。

对投资者的启示

对于"龙头股"投资组合，其与更广泛的"所有股票"投资组合及"大盘股"投资组合相同的一点是：侧重于价格最高的大众股票的投资组合的总体收益率最低，与此同时，集中在价格最低的股票的投资组合会提供最高的收益率。此外，总收益率最高策略也具有最好的持续性。

| 第 23 章 |

剖析小盘股投资组合
最高增值率

> 一个人情绪的变化程度与他对事实的了解相反，即你知道得越少，你就会变得越着急。
>
> ——伯特兰·罗素

让我们把注意力转移到小盘股投资组合并对其进行详细检查，正如我们在整只"龙头股"上做的那样。你肯定还记得第 5 章中的内容，最低市值的股票通常难以购买，因为它们不具备流通性。CRSP 和电子计算机会计数据库中小盘股的总体收益率最高，主要因为它们的价格在本质上是不切实际的。

为此，我们将小盘股投资组合定义为 CRSP 和电子计算机会计数据库内，市值大于经通货膨胀调整后的 2 亿美元但小于数据库平均值的任何公司。与"龙头股"不同，在该约束条件下，我们看到的股票仅仅是其中的小部分，而小盘股投资组合更大。自 2009 年 2 月 3 日起，小盘股投资组合中存在 2 355 只股，加权市值为 16.6 亿美元，中位值市值为 8.71 亿美元。为确保正确，从 2010 年 6 月起，罗素 2000 指数的中位值市值为 12 亿美元，以使小盘股投资组合的加权市值高出罗素 2000 指数大约 4.6 亿美元。

表 23-1 将加强投资者对小盘股投资组合、"所有股票"投资组合和"大盘股"投资组合（1926～2009 年）在比较方式方面的记忆。表 23-2 显示了 1963～2009 年的结果，与我们此处谈到的策略类似。请牢记，"所有股票"投资组合包括 CRSP 和电子计算机会计数据库中，经通货膨胀调整市值大于 2 亿美元的各公司。因此，"所

有股票"投资组合包括了一些明确不是小盘股的大公司。因为它们都是等权重的指数，其收益率比预期的更接近，"所有股票"投资组合被大量小盘股所驾驭。1926年12月31日～2009年12月31日，小盘股投资组合以36个基点的优势击败了"所有股票"投资组合。因为它们的标准差相对较高，两者的夏普比率均为0.25。但是，小盘股投资组合与"所有股票"投资组合的基本比率均为正值，小盘股以所有滚动5年期的61%和所有滚动10年期的71%击败了"所有股票"投资组合。对同期小盘股和"大盘股"投资组合进行比较时，我们看到小盘股的表现更好，比"大盘股"投资组合超出1.13%。图23-1显示了小盘股减去"所有股票"投资组合的滚动5年期年复合平均超额收益（损失）率，而图23-2则显示小盘股优于"大盘股"投资组合的超额收益（损失）率。

表23-1 年收益及风险数据统计概要：小盘股、"所有股票"投资组合和"大盘股"投资组合（1927年1月1日～2009年12月31日）

	小盘股	"所有股票"投资组合	"大盘股"投资组合
算术平均值（%）	13.77	13.06	11.75
几何平均值（%）	10.82	10.46	9.69
平均收益（%）	19.28	18.54	16.75
标准差（%）	23.09	21.67	19.35
向上的偏差（%）	16.05	14.78	13.10
向下的偏差（%）	16.89	16.03	14.40
跟踪误差	0.00	2.22	6.91
收益为正的时期数	605	606	609
收益为负的时期数	391	390	387
从最高点到最低点的最大跌幅（%）	−86.12	−85.45	−84.33
贝塔值	1.00	0.94	0.81
T统计量（$m=0$）	5.12	5.19	5.25
夏普比率（$Rf=5\%$）	0.25	0.25	0.24
索蒂诺比率（$MAR=10\%$）	0.05	0.03	−0.02
10 000美元投资的最终结果（美元）	50 631 666	38 542 780	21 617 372
1年期最低收益（%）	−66.91	−66.72	−66.63
1年期最高收益（%）	233.48	201.69	159.52
3年期最低收益（%）	−47.28	−45.99	−43.53
3年期最高收益（%）	54.35	51.03	45.64
5年期最低收益（%）	−24.56	−23.07	−20.15
5年期最高收益（%）	44.18	41.17	36.26
7年期最低收益（%）	−7.64	−7.43	−6.95
7年期最高收益（%）	27.35	23.77	22.83

（续）

	小盘股	"所有股票"投资组合	"大盘股"投资组合
10年期最低收益（%）	-5.19	-5.31	-5.70
10年期最高收益（%）	24.47	22.05	19.57
预期最低收益①（%）	-32.41	-30.28	-26.96
预期最高收益②（%）	59.96	56.39	50.46

①预期最低收益等于收益率的算术平均值减去2倍的标准差。

②预期最高收益等于收益率的算术平均值加上2倍的标准差。

表23-2 年收益及风险数据统计概要：小盘股、"所有股票"投资组合和"大盘股"投资组合（1964年1月1日～2009年12月31日）

	小盘股	"所有股票"投资组合	小盘股
算术平均值（%）	13.94	13.26	11.72
几何平均值（%）	11.60	11.22	10.20
平均收益（%）	19.28	17.16	17.20
标准差（%）	20.31	18.99	16.50
向上的偏差（%）	11.87	10.98	9.70
向下的偏差（%）	14.83	13.90	11.85
跟踪误差	0.00	2.21	7.56
收益为正的时期数	329	329	332
收益为负的时期数	223	223	220
从最高点到最低点的最大跌幅（%）	-58.48	-55.54	-53.77
贝塔值	1.00	0.93	0.76
T统计量（$m=0$）	4.38	4.47	4.58
夏普比率（$Rf=5\%$）	0.32	0.33	0.32
索蒂诺比率（$MAR=10\%$）	0.11	0.09	0.02
10 000美元投资的最终结果（美元）	1 555 109	1 329 513	872 861
1年期最低收益（%）	-46.38	-46.49	-46.91
1年期最高收益（%）	93.08	84.19	68.96
3年期最低收益（%）	-19.53	-18.68	-15.89
3年期最高收益（%）	34.00	31.49	33.12
5年期最低收益（%）	-11.75	-9.91	-5.82
5年期最高收益（%）	31.37	27.66	28.95
7年期最低收益（%）	-7.64	-6.32	-4.15
7年期最高收益（%）	27.35	23.77	22.83
10年期最低收益（%）	1.08	1.01	-0.15
10年期最高收益（%）	24.47	22.05	19.57
预期最低收益①（%）	-26.69	-24.73	-21.28
预期最高收益②（%）	54.57	51.24	44.72

①预期最低收益等于收益率的算术平均值减去2倍的标准差。

②预期最高收益等于收益率的算术平均值加上2倍的标准差。

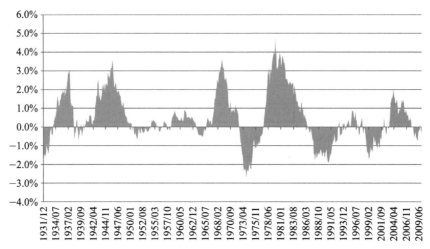

图 23-1 "小盘股"减去"所有股票"的 5 年期年复合平均超额收益(损失)率(1927 年 1 月 1 日～2009 年 12 月 31 日)

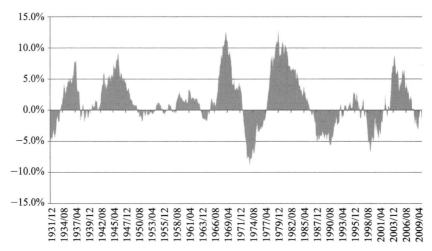

图 23-2 "小盘股"减去"大盘股"的 5 年期年复合平均超额收益(损失)率(1927 年 1 月 1 日～2009 年 12 月 31 日)

表 23-2 比较了这些股票的电子计算机会计数据库在 1963～2009 年的表现。此处,我们了解到小盘股以 38 个基点的优势击败了"所有股票"投资组合,但是其夏普比率较低,因为小盘股的波动性比"所有股票"投资组合明显。同样是 46 年期,小盘股以 1.40% 的绝对优势击败了"大盘股"投资组合,其基本比率比长期 CRSP 数据库中的那些数据更差,并以 53% 的滚动 5 年期和 55% 的滚动 9 年期内击败了"所有股票"投资组合。因此,如果你正在寻找绝对总收益率最高的策略,小盘股投资组合是一个好的起点。

修正的月度数据；已访问汇总数据

允许对小盘股进行全面测试的开始日期是 1965 年 8 月 31 日，截止日期是 2009 年 12 月 31 日，共 44 年的时间。

表 23-3 显示了所有小盘股策略的收益率。事先声明，表现最好的 5 种策略实际上并非来自于小盘股投资组合，而是来自于整只微型股（创建的目的是，了解个人投资者在规模最小的股票上投资所得的收益率）。在第 21 章中，我们已讨论了其中的一些策略，你可以回头查阅那一章中的详细分析部分。

表 23-3 以小盘股收益率为基准的策略的汇总结果（1965 年 9 月 1 日～2009 年 12 月 31 日；按复合收益率分类的策略）

策略	几何平均值（%）	标准差（%）	超额收益（%）	夏普比率	跟踪误差	从最高点到最低点的最大跌幅（%）	贝塔值
微型股市净率（前 30%,3/6 个月）>0（按 12 个月趋势，前 25 只）	22.33	20.38	10.97	0.85	9.73	-53.89	0.88
微型股市销率<1（3/6 个月，12 个月前 10 只）	22.29	27.57	10.93	0.63	15.14	-57.64	1.13
微型股市净率（前 30%, 3/6 个月）>中位值（按 12 个月趋势，前 25 只）	21.78	20.01	10.42	0.84	10.05	-55.64	0.85
微型股市净率（前 30%,3/6 个月）>0（按 12 个月趋势，前 50 只）	21.43	19.17	10.07	0.86	8.86	-55.26	0.84
微型股市销率<1（3/6 个月，12 个月前 25 只）	20.33	27.14	8.97	0.56	15.45	-59.22	1.09
小盘股 VC3 为 10%	19.37	18.92	8.01	0.76	7.95	-59.68	0.85
小盘股 VC2 为 10%	19.03	18.14	7.66	0.77	8.29	-60.05	0.81
小盘股 EBITDA/EV 比率价值为 10%	18.96	18.70	7.60	0.75	6.67	-55.94	0.86
小盘股 VC1 为 10%	18.85	19.37	7.49	0.72	7.86	-60.23	0.87
小盘股（市净率前 30%, 3/6 个月趋势）>中位值（按股东收益率前 25 只）	18.84	16.35	7.48	0.85	9.66	-49.20	0.70
微型股市销率<1, 3/6 个月 > 0（12 个月，前 50 只）	18.80	23.29	7.44	0.59	9.96	-56.62	1.02
小盘股 > 中位值（按股东收益率 6 个月，市净率前 25 只）	18.49	18.70	7.13	0.72	9.29	-59.17	0.81
小盘股>中位值（按市净率 6 个月，回购收益率前 25 只）	18.44	17.92	7.07	0.75	8.66	-50.98	0.79
小盘股, 3/6 个月 >中位值（按股东收益率前 25 只）	18.37	16.72	7.00	0.80	8.39	-52.57	0.75
小盘股（市净率前 30%, 3/6 个月趋势）>中位值（按 12 个月趋势，前 25 只）	18.34	19.87	6.97	0.67	8.86	-59.85	0.87
小盘股（市净率前 30%, 3/6 个月趋势）>0（按 12 个月趋势，前 25 只）	18.33	19.79	6.97	0.67	8.84	-59.65	0.87

(续)

策略	几何平均值(%)	标准差(%)	超额收益(%)	夏普比率	跟踪误差	从最高点到最低点的最大跌幅(%)	贝塔值
小盘股（市净率前 30%，3/6 个月趋势）>0（按股东收益率前 50 只）	18.28	16.09	6.92	0.83	9.82	−52.42	0.69
小盘股（市净率前 30%，3/6 个月趋势）>0（按 12 个月趋势，前 50 只）	18.16	18.42	6.80	0.71	8.31	−56.04	0.82
小盘股（市净率前 30%，3/6 个月趋势）> 中位值（按股东收益率前 50 只）	18.15	17.08	6.79	0.77	9.00	−49.60	0.75
小盘股 > 中位值（按 3/6 个月，市净率前 25 只）	18.00	19.84	6.64	0.66	8.48	−59.60	0.88
小盘股（市净率前 30%，3/6 个月趋势）> 中位值（按 12 个月趋势前 50 只）	17.97	18.48	6.61	0.70	8.16	−54.41	0.82
小盘股 > 中位值（3/6 个月，市净率前 50 只）	17.92	18.75	6.55	0.69	7.63	−56.80	0.85
小盘股（市净率前 30%，3/6 个月趋势）>0（按股东收益率前 50 只）	17.85	16.36	6.49	0.79	9.20	−55.34	0.72
小盘股 > 中位值（按股东收益率，6 个月，市净率前 50 只）	17.84	17.59	6.48	0.73	8.89	−56.52	0.77
小盘股 > 中位值（按市净率，6 个月，股东收益率前 25 只）	17.64	15.77	6.28	0.80	9.69	−50.87	0.68
小盘股自由现金流 / 企业价值为 10%	17.54	20.60	6.17	0.61	6.67	−59.25	0.95
小盘股收益 / 价格为 10%	17.53	19.58	6.17	0.64	7.56	−56.31	0.88
小盘股 > 中位值（按市净率、回购收益率 3 个月，6 个月前 25 只）	17.47	20.09	6.10	0.62	7.75	−59.70	0.91
小盘股 > 中位值（按市净率、回购收益率 6 个月前 25 只）	17.42	20.49	6.05	0.61	7.83	−61.12	0.92
小盘股净营运现金流 / 价格为 10%	17.39	20.53	6.03	0.60	7.99	−65.23	0.92
小盘股 > 中位值（按市净率，6 个月，回购收益率前 50 只）	17.30	17.24	5.94	0.71	8.24	−49.81	0.77
小盘股 > 中位值（按市净率、股东收益率 6 个月前 25 只）	17.26	19.40	5.90	0.63	7.72	−59.63	0.87
小盘股（3/6 个月）> 中位值（按股东收益率前 50 只）	17.26	15.94	5.90	0.77	7.97	−50.21	0.72
小盘股 > 中位值（按市净率、回购收益率 3 个月，6 个月前 50 只）	17.24	18.54	5.87	0.66	7.19	−56.03	0.84
小盘股销售额 / 企业价值为 10%	17.13	20.02	5.77	0.61	7.00	−64.82	0.91
小盘股 > 中位值（按市净率、回购收益率，6 个月前 50 只）	17.05	18.91	5.68	0.64	7.19	−56.68	0.86
小盘股 > 中位值（按市净率，6 个月，按股东收益率前 50 只）	16.85	15.48	5.49	0.77	9.51	−48.74	0.68
小盘股净现金流 / 价格为 10%	16.77	20.92	5.41	0.56	7.61	−63.76	0.95

(续)

策略	几何平均值(%)	标准差(%)	超额收益(%)	夏普比率	跟踪误差	从最高点到最低点的最大跌幅(%)	贝塔值
小盘股＞中位值（按市净率、股东收益率6个月，前50只）	16.68	17.96	5.31	0.65	7.49	-55.06	0.81
小盘股＞中位值（按市净率，3/6个月，12个月前25只）	15.76	21.47	4.39	0.50	8.68	-65.51	0.95
小盘股＞中位值（按市净率，3/6个月，12个月前50只）	15.62	19.60	4.26	0.54	7.70	-61.91	0.88
小盘股回购收益率，第1组十分位组	15.55	18.17	4.19	0.58	6.33	-54.20	0.84
小盘股股东收益率，第1组十分位组	15.45	15.96	4.09	0.65	8.20	-55.73	0.72
小盘股＞中位值（按股东收益率，3/6个月，12个月前50只）	14.95	21.24	3.58	0.47	7.83	-58.10	0.96
小盘股销售额/价格，第1组十分位组	14.84	22.46	3.48	0.44	8.79	-70.68	1.00
小盘股（3/6个月）收益率，正收益，股本收益率＞平均50只，最佳12个月收益	14.66	29.34	3.30	0.33	15.31	-74.82	1.24
小盘股应计利润/价格，第10组十分位组	14.47	22.86	3.10	0.41	7.93	-66.72	1.04
小盘股6个月趋势，第1组十分位组	14.38	26.32	3.01	0.36	11.03	-63.10	1.17
小盘股＞中位值（按股东收益率，3/6个月，12个月前25只）	14.30	23.54	2.94	0.40	9.92	-63.04	1.04
小盘股＞中位值（按回购收益率3个月，12个月前50只）	14.28	24.14	2.92	0.38	9.42	-58.74	1.08
小盘股账面/价格，第1组十分位组	14.26	22.11	2.90	0.42	8.49	-69.88	0.99
小盘股（60个月趋势），第10组十分位组	14.12	24.83	2.76	0.37	9.51	-69.84	1.12
小盘股股息收益率，第1组十分位组	13.83	14.83	2.47	0.60	11.50	-62.48	0.60
小盘股资产周转率，第1组十分位组	13.70	21.31	2.34	0.41	5.93	-64.74	0.99
小盘股＞中位值（按回购收益率3个月，12个月前25只）	13.67	26.48	2.31	0.33	12.09	-63.25	1.15
小盘股现金流/债务（%），第10组十分位组	13.36	20.72	2.00	0.40	5.50	-54.47	0.97
小盘股资产收益率，第1组十分位组	13.10	22.08	1.74	0.37	5.79	-61.96	1.03
小盘股股本收益率，第1组十分位组	13.08	22.87	1.72	0.35	6.51	-65.72	1.07
小盘股每股收益变化（%），第1组十分位组	12.86	23.35	1.50	0.34	6.88	-64.25	1.09
小盘股总资产与总收益，第10组十分位组	12.65	24.78	1.29	0.31	8.55	-70.06	1.14
小盘股12个月趋势，第1组十分位组	12.14	26.95	0.78	0.27	11.67	-67.06	1.20
小盘股营业利润，第1组十分位组	11.81	16.07	0.45	0.42	8.78	-53.55	0.71
小盘股净利润，第1组十分位组	11.70	17.63	0.34	0.38	7.06	-52.87	0.81

（续）

策略	几何平均值（%）	标准差（%）	超额收益（%）	夏普比率	跟踪误差	从最高点到最低点的最大跌幅（%）	贝塔值
小盘股折旧费用/资本费用，第1组十分位组	11.69	24.23	0.33	0.28	8.72	−69.57	1.10
小盘股	11.36	20.60		0.31		−58.48	
小盘股债务变化（%），第10组十分位组	11.03	23.89	−0.33	0.25	7.52	−67.10	1.11
小盘股 NOA 变化（%），第10组十分位组	10.83	25.57	−0.54	0.23	10.03	−75.46	1.15
小盘股（60个月趋势，第1组十分位组	8.78	24.09	−2.59	0.16	8.19	−68.08	1.11
小盘股应计利润/价格，第1组十分位组	8.64	23.17	−2.72	0.16	6.08	−64.22	1.09
小盘股账面/价格，第10组十分位组	8.12	26.81	−3.24	0.12	10.66	−74.79	1.21
小盘股资产周转率，第10组十分位组	7.83	17.68	−3.54	0.16	8.57	−62.16	0.78
小盘股每股收益变化（%），第10组十分位组	6.93	26.17	−4.44	0.07	9.57	−72.16	1.20
小盘股净现金流/企业价值，第10组十分位组	6.39	26.05	−4.98	0.05	10.27	−73.23	1.18
小盘股净现金流/价格，第10组十分位组	5.36	25.22	−6.00	0.01	9.24	−72.60	1.15
小盘股债务变化（%），第1组十分位组	5.25	23.86	−6.11	0.01	6.38	−75.29	1.12
小盘股12个月趋势，第10组十分位组	5.20	27.41	−6.16	0.01	11.34	−79.12	1.23
小盘股回购收益率，第10组十分位组	5.10	23.37	−6.27	0.00	4.97	−71.57	1.11
小盘股股东收益率，第10组十分位组	4.88	24.17	−6.48	0.00	5.60	−74.59	1.15
小盘股收入/价格，第10组十分位组	4.78	29.59	−6.58	−0.01	13.76	−82.67	1.31
小盘股总资产与总收益，第1组十分位组	3.47	26.62	−7.89	−0.06	9.13	−81.88	1.24
小盘股 EBITDA/EV 比率价值，第1组十分位组	3.28	28.75	−8.09	−0.06	14.21	−87.57	1.24
小盘股折旧费用/资本费用，第10组十分位组	3.27	24.38	−8.10	−0.07	7.93	−72.64	1.13
小盘股股本收益率，第10组十分位组	2.66	30.11	−8.70	−0.08	14.66	−91.45	1.32
小盘股6个月趋势，第10组十分位组	2.60	27.07	−8.77	−0.09	10.20	−80.22	1.24
小盘股销售额/企业价格，第10组十分位组	2.52	25.98	−8.84	−0.10	12.13	−91.71	1.12
小盘股净营运现金流/价格，第10组十分位组	2.39	28.72	−8.97	−0.09	13.22	−85.02	1.27
小盘股现金流/债务（%），第10组十分位组	2.16	29.59	−9.20	−0.10	14.44	−87.81	1.29

(续)

策略	几何平均值(%)	标准差(%)	超额收益(%)	夏普比率	跟踪误差	从最高点到最低点的最大跌幅(%)	贝塔值
小盘股 NOA 兑换率(%),第1组十分位组	1.84	26.83	-9.52	-0.12	9.65	-85.63	1.24
小盘股资产收益率,第10组十分位组	1.11	29.56	-10.26	-0.13	15.07	-93.32	1.26
小盘股营业利润,第10组十分位组	0.90	29.92	-10.46	-0.14	15.36	-93.74	1.28
小盘股净利润,第10组十分位组	0.81	30.39	-10.55	-0.14	15.58	-94.14	1.30
小盘股销售额/价格,第10组十分位组	0.16	27.71	-11.20	-0.17	13.99	-93.67	1.17
小盘股 VC1,第10组十分位组	-0.80	29.92	-12.16	-0.19	15.39	-94.37	1.28
小盘股 VC2,第10组十分位组	-0.92	30.35	-12.29	-0.20	15.42	-94.46	1.31
小盘股 VC3,第10组十分位组	-1.35	30.18	-12.71	-0.21	15.25	-94.72	1.30

从小盘股投资组合来看,最佳的 5 种策略就是购买 VC1、VC2、VC3 中前 10 个十分位分组的投资组合;购买 EBITDA/EV 比率价值最高的 10 只股;多因素模型,即选择价格账面比最低的 30% 小盘股(有 3/6 个月的价格增幅高于中位值),然后购买有最高股东收益率的 25 只股。在这 5 种策略中,其中一个的基本比率最高,如表 23-4 所示,即购买 EBITDA/EV 比率价值最高的小盘股(以 1 年期的 80% 和滚动 5 年期和 10 年期的 100% 击败了小盘股投资组合)。然而,正如我们在第 15 章中了解到的,即使基本比率对单价值因素而言最高,多因素价值复合仍可能更优。如果它们的基本比率过高且绝对年收益率最高,则对所有价值因素而言也如此。

表 23-4 汇总有关以"龙头股"投资组合(美国,1965 年 9 月 1 日~2009 年 12 月 31 日)为基准的策略的滚动 1、3、5、7、9 年期的基本比率

(1928 年 1 月~ 2009 年 12 月,按复合收益率分类的策略)

策略	时间百分率(%)				
	1 年期	3 年期	5 年期	7 年期	10 年期
微型股市净率(前 30%,3/6 个月)>0(按 12 个月趋势,前 25 只)	78.9	90.3	98.9	100.0	100.0
微型股市销率<1(按 3/6 个月,12 个月,前 10 只)	69.3	88.9	98.1	99.1	100.0
微型股市净率(前 30%,3/6 个月)> 中位值(按 12 个月趋势,前 25 只)	77.2	90.1	99.2	100.0	100.0
微型股市净率(前 30%,3/6 个月)>0(按 12 个月趋势,前 50 只)	82.3	93.4	100.0	100.0	100.0
微型股市销率<1(12 个月,前 25 只)	72.6	85.1	95.8	99.6	99.8
小盘股 VC3,第 1 组十分位组	83.3	94.2	99.4	100.0	100.0
小盘股 VC2,第 1 组十分位组	80.6	93.4	99.4	99.8	100.0
小盘股 EBITDA/EV 比率价值,第 1 组十分位组	82.0	95.2	100.0	100.0	100.0

(续)

策略	时间百分率（%）				
	1 年期	3 年期	5 年期	7 年期	10 年期
小盘股 VC1，第 1 组十分位组	80.8	92.6	99.4	100.0	100.0
小盘股市净率（前 30%,3/6 个月趋势）>中位值（按股东收益率前 25 只）	75.0	91.3	97.5	98.7	100.0
小盘股市销率 <1（3/6 个月，12 个月，前 25 只）	74.1	89.1	97.5	98.9	100.0
小盘股 > 中位值（按股东收益率 6 个月，市净率前 25 只）	74.5	89.9	98.9	98.4	100.0
小盘股 > 中位值（按市净率 6 个月，回购收益率前 25 只）	77.9	95.2	99.6	100.0	100.0
小盘股（3/6 个月）> 中位值（按股东收益率前 25 只）	74.9	98.4	100.0	100.0	100.0
小盘股市净率（前 30%,3/6 个月趋势）>中位值（按 12 个月趋势前 25 只）	77.0	93.8	100.0	99.6	100.0
小盘股市净率（前 30%, 3/6 个月趋势）>0（按 12 个月趋势前 25 只）	77.2	91.5	99.6	99.6	100.0
小盘股市净率（前 30%, 3/6 个月趋势）>0（按股东收益率前 25 只）	73.7	91.3	96.0	98.4	100.0
小盘股市净率（前 30%, 3/6 个月趋势）>0（按 12 个月趋势前 50 只）	78.5	94.4	99.6	99.6	100.0
小盘股市净率（前 30%,3/6 个月趋势）>中位值（按股东收益率前 50 只）	75.0	93.8	98.7	98.4	100.0
小盘股 > 中位值（3/6 个月趋势，市净率前 25 只）	75.8	88.3	99.6	99.6	100.0
小盘股市净率（前 30%,3/6 个月趋势）>中位值（按 12 个月趋势前 50 只）	77.4	93.8	99.8	99.6	100.0
小盘股 > 中位值（按 3/6 个月，市净率前 50 只）	75.0	93.0	99.4	99.3	100.0
小盘股市净率（前 30%, 3/6 个月趋势）>0（按股东收益率前 50 只）	74.1	89.5	95.8	99.3	100.0
小盘股 > 中位值（按股东收益率 6 个月，市净率前 50 只）	72.4	90.7	97.3	97.8	100.0
小盘股 > 中位值（按市净率 6 个月，按股东收益率前 25 只）	70.2	89.3	95.6	99.1	100.0
小盘股净现金流 / 企业价值，第 1 组十分位组	73.5	81.9	83.9	87.1	92.0
小盘股收入 / 价格，第 1 组十分位组	76.0	86.7	91.1	95.3	99.5
小盘股 > 中位值（按市净率、回购收益率 3 个月，6 个月前 25 只）	74.9	93.8	99.2	99.8	100.0
小盘股 > 中位值（按市净率、回购收益率 6 个月，前 25 只）	75.2	93.4	98.7	99.3	100.0
小盘股净营运现金流 / 价格为 10%	72.4	82.3	90.3	94.0	100.0
小盘股 > 中位值（按市净率 6 个月，回购收益率前 50 只）	74.1	92.0	99.4	99.6	100.0
小盘股 > 中位值（按市净率、股东收益率 6 个月，前 25 只）	76.8	95.4	98.7	99.6	100.0

(续)

策略	时间百分率（%）				
	1 年期	3 年期	5 年期	7 年期	10 年期
小盘股（3/6 个月）> 中位值（按股东收益率前 50 只）	74.1	97.2	99.4	100.0	100.0
小盘股 > 中位值（按市净率、回购收益率 3 个月，6 个月前 50 只）	74.7	94.0	100.0	100.0	100.0
小盘股销售额 / 企业价值为 10%	73.1	86.9	97.0	99.8	100.0
小盘股 > 中位值（按市净率、回购收益率，6 个月前 50 只）	74.7	95.2	99.6	100.0	100.0
小盘股 > 中位值（按市净率 6 个月，按股东收益率前 50 只）	67.9	86.9	94.1	98.7	100.0
小盘股净现金流 / 价格，第 1 组十分位组	68.3	77.7	86.0	87.8	90.6
小盘股 > 中位值（按市净率、股东收益率，6 个月前 50 只）	71.2	94.2	100.0	100.0	100.0
小盘股 > 中位值（按市净率，3/6 个月，12 个前 25 只）	75.8	87.1	96.6	98.1	98.8
小盘股 > 中位值（按市净率，3/6 个月，12 个前 50 只）	73.9	93.6	98.3	98.0	100.0
小盘股回购收益率，第 1 组十分位组	77.7	96.0	98.9	99.8	100.0
小盘股股东收益率，第 1 组十分位组	70.2	88.1	94.9	98.4	99.3
小盘股 > 中位值（按股东收益率，3/6 个月，12 个前 50 只）	77.9	94.2	96.0	96.9	97.8
小盘股销售额 / 价格，第 1 组十分位组	68.1	68.4	75.9	75.5	79.4
小盘股（3/6 个月，收益率为正值），股本收益率 > 平均值前 50（12 个月）	64.5	74.4	82.9	88.0	94.2
小盘股应计收入 / 价格，第 10 组十分位组	61.2	69.0	67.7	70.2	68.0
小盘股 6 个月趋势，第 1 组十分位组	61.4	72.6	85.6	91.1	97.6
小盘股 > 中位值（按股东收益率，3/6 个月，12 个月前 25 只）	72.2	84.9	91.8	92.4	97.1
小盘股 > 中位值（按回购收益率 3 个月，12 个月前 25 只）	69.1	81.7	87.3	93.5	98.3
小盘股账面 / 价格，第 1 组十分位组	61.0	68.6	75.9	90.0	97.6
小盘股 60 个月趋势，第 10 组十分位组	61.6	71.6	75.7	78.2	72.9
小盘股股息收益率，第 1 组十分位组	55.3	69.2	71.9	73.1	87.2
小盘股资产周转率，第 1 组十分位组	60.1	63.0	68.7	71.7	77.7
小盘股 > 中位值（按回购收益率 3 个月，12 个月前 25 只）	63.3	71.6	77.6	87.5	95.6
小盘股现金流 / 账务（%），第 1 组十分位组	53.7	62.0	70.0	68.2	62.7
小盘股资产收益率，第 1 组十分位组	57.0	64.8	69.1	65.5	60.0
小盘股股本收益率，第 1 组十分位组	58.2	62.2	64.1	59.7	58.4
小盘股每股收益变化（%），第 1 组十分位组	58.5	56.7	63.0	65.9	66.6
小盘股总资产与总收益，第 10 组十分位组	49.9	56.1	52.2	53.9	47.2

(续)

策略	时间百分率(%)				
	1年期	3年期	5年期	7年期	10年期
小盘股12个月趋势,第1组十分位组	58.0	57.1	66.6	69.3	74.1
小盘股营业利润,第1组十分位组	46.6	51.7	58.1	58.1	58.1
小盘股净利润,第1组十分位组	49.5	59.6	61.1	58.8	57.4
小盘股折旧费用/资本费用,第1组十分位组	49.1	50.1	45.9	39.6	37.3
小盘股	0.0	0.0	0.0	0.0	0.0
小盘股债务变化(%),第1组十分位组	47.6	43.1	37.4	37.4	38.3
小盘股NOA变化(%),第1组十分位组	49.3	50.1	46.1	44.1	39.7
小盘股60个月趋势,第1组十分位组	36.1	32.8	30.0	24.3	27.1
小盘股收益率/价格,第1组十分位组	39.5	35.8	33.4	34.5	23.0
小盘股账面/价格,第10组十分位组	41.7	27.4	21.4	12.0	5.6
小盘股资产周转率,第10组十分位组	35.1	33.0	19.7	17.8	9.4
小盘股每股收益变化(%),第10组十分位组	32.1	24.1	17.8	8.9	4.8
小盘股净现金流/企业价值,第10组十分位组	29.4	23.3	18.2	12.5	9.0
小盘股净现金流/价格,第10组十分位组	27.3	22.1	16.1	6.0	1.7
小盘股债务变化(%),第10组十分位组	22.5	9.7	2.1	0.9	0.0
小盘股12个月趋势,第10组十分位组	20.9	7.0	3.4	1.8	0.0
小盘股回购收益率,第10组十分位组	16.5	3.4	0.8	0.0	0.0
小盘股股东收益率,第10组十分位组	18.4	7.0	2.5	0.0	0.0
小盘股收入/价格,第10组十分位组	29.4	18.7	10.1	1.6	0.2
小盘股总资产与总收益,第1组十分位组	23.0	8.5	3.2	1.3	0.0
小盘股EBITDA/EV比率价值,第10组十分位组	23.6	12.3	4.9	4.9	1.2
小盘股折旧费用/资产,第10组十分位组	29.6	19.9	13.1	4.5	0.0
小盘股股本收益率,第10组十分位组	29.9	26.0	20.3	17.6	13.8
小盘股6个月趋势,第10组十分位组	11.3	3.0	1.1	1.3	0.0
小盘股销售额/企业价值,第10组十分位组	31.1	18.3	16.5	10.7	10.9
小盘股净营运现金流/价格,第10组十分位组	23.8	10.3	2.1	0.7	0.0
小盘股现金流/债务(%),第10组十分位组	26.7	17.1	10.4	2.4	0.0
小盘股NOA变化(%),第1组十分位组	25.5	12.7	6.1	2.7	0.0
小盘股资产收益率,第10组十分位组	23.8	11.1	6.3	6.2	3.6
小盘股营业利润,第10组十分位组	26.3	17.9	17.1	11.8	7.3
小盘股净利润,第10组十分位组	28.6	20.3	18.6	12.0	8.0
小盘股销售额/价格,第10组十分位组	30.7	20.9	16.7	11.8	8.5
小盘股VC1,第10组十分位组	28.2	14.9	9.7	4.9	1.0
小盘股VC2,第10组十分位组	28.8	13.5	8.9	4.2	0.5
小盘股VC3,第10组十分位组	27.6	13.5	7.4	3.8	0.5

如表23-3所示,事实上,所有多因素策略及其他单价值因素都显著优于小盘股投资组合。

最差情况

在之前列表的最后有一些常见的疑点,但在这里,我们发现更大的差别:这3种最差策略在过去的44年间有亏损。截至2009年12月31日的44年间,短期国债的投资者发现其投资的年收益率为5.64%,将10 000美元进行投资,最终结果为113 721美元。22种表现最差的策略在很大程度上劣于无风险的短期国债投资。如基本比率表所示,在它们表现不佳时,也与在所有滚动10年期为15%的,从未击败过小盘股投资组合的后26种策略一致。

最差的3种策略是从小盘股中分别购买VC1、VC2、VC3在过去44年中,按这3种策略投资的10 000美元分别缩水至7 012美元、6 623美元和5 468美元。请谨记,我们的收益率均为票面上的,不会因通货膨胀的影响而调整。如果我们因通货膨胀进行调整,则按这3种策略投资的10 000美元,实际的真正价值分别为1 025美元、969美元和800美元。在VC1、VC2、VC3中的小盘股同样有令人震惊的最差情况。2000年2月~2009年,均有跌幅超过90%的情况,在20世纪80年代初到21世纪,大多数的牛市基本上一瞬间跌落谷底。自20世纪50年代以来,最高的牛市损失率达到80%。在投资小盘股时,通常得分最差的价值组合会让你损失惨重。这也在情理之中。小盘股通常为单直线或双直线商业模式,如果公司定价过高,很可能面临倒闭的风险。但对于想要将这些策略用于做空股票的投资者而言,请谨记,在数据中可以看出其价值猛增超过200%的1年期,通常发生在股市泡沫期间。

一般说来,我们发现在"龙头股"投资组合中发生的事情同样会在小盘股投资组合中发生。这是因为,廉价股票的表现要比昂贵股票的表现好得多,而且将价值与增长相结合的多因素相对强势模型会最终达到或接近绩效表的顶端。

基本比率

这3种价值组合与小盘股投资组合相比,还有卓越的基本比率。在99%的滚动5年期和100%的滚动10年期内,每种组合均击败了小盘股。这些策略的优势显而易见。请谨记,我们的准则不仅聚焦于绝对绩效,而且还关注绩效的持续性。单单绩效表现卓越,还不够,如果你想要选择那些可以一直坚持到市场峰回路转的策略,则你必须将其与持续性结合起来。我们同样预测到这些策略不可能一直能产生100%

的基本比率。例如，我们在通过长期 CRSP 数据集检查某些策略时发现有几个因素的所得分数不足 100%，即回购收益率最高的小盘股的 5 年期基本比率跌到 87%。虽然这一比率不错，但不及 1963～2009 年数据显示的基本比率卓越。看看 3/6 个月价格升值高于小盘股投资组合的中位值策略，然后购买股东收益率最高的 25 只股。如表 23-4 所示，1965～2009 年，该策略的基本比率显著突出，在 98% 的滚动 3 年期和 100% 的滚动 5 年期及 10 年期内击败了小盘股投资组合。然而，在我们查看 1927～2009 年的长期基本比率时，发现 5 年期基本比率从 100% 跌至 95%，而 10 年期基本比率则从 100% 跌至 99%。对于所有策略，请谨记这一点，就是它们都具有比从 1965～2009 年时限短的 100% 的长期基本比率。根据长期数据，该策略的基本比率一直表现惊人，但我们在看到其持续时间较短后，就不要对此总抱太大希望。

最差的基本比率

有 10 种小盘股策略从未在滚动 10 年期内击败过小盘股。从基本比率的角度来看，最差的两种策略是从小盘股购买回购收益率最低的前 10 只股，以及 6 个月的价格升值最差的前 10 只小盘股。购买回购收益率最低的前 10 只股（事实上，大量发行新股的小公司在 3% 的滚动 3 年期、低于 1% 的滚动 5 年期、0% 的滚动 7 年期或 10 年期内击败小盘股投资组合）之后，就是从小盘股购买 6 个月的价格升值最差的前 10 只股。它在 3% 的滚动 3 年期、1% 的滚动 5 年期和 0% 的滚动 10 年期内成功击败了小盘股投资组合。请谨记，价格升值最差的前 10 种策略只有在下列严重的熊市之后才会有好的表现，因此它们在 2000～2003 年和 2007～2008 年两次熊市之后的 1 年期内获得 3 位数的收益率。至于其他时候，请不要被可观的 1 年期收益率所蒙蔽，这些股票犹如毒药。

是否想要更多的证据呢？我们再来回顾一下 1926 年的数据，有两个小盘股策略正好提供了有力的证据。虽然其中还有其他数据，但我们发现了类似的基本比率。在这里，只有在 26/937 的滚动 5 年期（或 3% 的滚动 5 年期和 0% 的滚动 10 年期）内，回购收益率最低的小盘股击败了小盘股投资组合。6 个月价格升值最差的小盘股仅仅在 15/937（或 2%）的滚动 5 年期内击败了小盘股投资组合。而且，从 1963 年往前推，自 1927 年起，在 0% 的滚动 10 年期内，它们击败了小盘股。几乎每一种表现不如小盘股投资组合的策略的持续表现都如此，因此投资者应仔细查看并考虑要购买的股票持续下跌的情况，应对最糟糕的情况有准备，如资产负债表造假。例如，总利润/总资产10%的小盘股、10%的NOA和债务变化及在6～12个月内价格绩效最差的那些，所有这些跌落到谷底的策略都犹如瘟疫，应避而远之。

最糟糕的情况

表23-3列出了各种小盘股策略的最大跌幅。首先应注意的是，几乎所有的策略都有超过50%的跌幅。如果你想要通过小盘股投资获得优势，几乎可以确定的是，你将要遭遇狂跌。总体来说，小盘股本身就比"大盘股"投资组合和"龙头股"不稳定。

事实上，最大的下跌出现在2007～2008年的熊市，虽然不太可能很快再次遭遇如此之大的下跌，但小盘股投资者必须对此做出充足的准备。历史告诉我们，在股价下跌时，最应该做的就是买进更多的股票。然而，历史还告诉我们，只有很少的投资者能够真正做到。伟大的投资者约翰·邓普顿（John Templeton）爵士曾经限定购买低于当时价格的股票。他认为，在股票跌至低价时，要能想到不能购买它们的新理由。请谨记，即使是赫赫有名的投资者，他们也知道，在严重的熊市期间，情绪化会对明智的投资造成困扰。我的建议是，仅使用持续显著优于小盘股投资组合的那些策略（基本比率最高的那些策略），并将你的选择限定在最大跌幅在10%的小盘股投资组合的那些策略上。这样，剩下的多数是表现最佳的策略，也就是选择帮助你避免无法坚持到另一个严重熊市到来的股票。这样才能做到防患于未然。

对投资者的启示

在过去的44年里，表现最佳的小盘股策略的绩效是小盘股投资组合的9倍。通常一些成功的策略倾向于购买市盈率、市现率或市销率最低的股票，这将显著提高小盘股投资策略的收益率。价值组合通常能够高效衡量小盘股的状况，其中10%表现很好，而有10%则严重受创。对于表现最好的两种策略——购买回购收益率最高的小盘股和购买6个月价格升值最佳的小盘股，我们通过查看1926～1963年的CRSP数据集，能够进一步验证其具体表现。

但是，这里出现了一个危险信号。即使是最好的策略，仍然会遭遇50%或以上的跌幅，这是小盘股投资者所面临的现实问题。如果你认为无法承受如此之大的跌幅，那么就应考虑采用较稳定的"龙头股"或"大盘股"投资组合策略。但是，如果你愿意冒险一试，小盘股策略在增强整体绩效的同时，对你投资组合的多元化也能起到重要的作用。

最后，请你在使用小盘股策略之前仔细考虑其不稳定性。如果投资者被其绩效所吸引，在策略遭挫时，就会不知所措。因此当你踌躇满志时，请先对任何一种策略做出最坏打算。

| 第24章 |

行业分析

> 真理一旦被发现,所有真理都易于理解,关键在于发现真理。
>
> ——伽利略·伽利雷

现在,让我们来看看目前检测到的因素在行业层面的表现。因为本章的涵盖范围广(可自成一书),所以我们只能简单讨论,以便能涵盖所有10个经济行业。在此,我们通过五分位分组和20%的增量(我们在此使用五分位分组,是因为许多行业的组成部分太少而不能进行十分位分组分析;使用20%的数据,更易于我们对行业的每一有效因素进行合理总结)来回顾并总结"所有股票"投资组合的结果,而不是通过十分位分组来回顾行业业绩。我们必须从1967年12月31日开始分析,因为在此之前并没有这10个行业的充分数据。对于这10个行业,我们将提供以下数据。

1)最佳和最差20%的年复合平均收益率(几何平均值)。
2)最佳20%的收益率的标准差。
3)最佳20%的夏普比率。
4)最佳20%减去最差20%的收益率差值。
5)最佳20%减去行业基准的收益率差值。
6)最佳20%的最大跌幅。
7)最佳20%的贝塔系数。

我们提供的重点还有最佳和最差20%与其相关行业基准的基本比率（以表格的形式）。我们从"所有股票"投资组合开始，并通过用于本书其他章节的相同复合方法生成收益值，且行业内的所有股票拥有相同权重。

2009年度的十大经济行业

2009年度的十大经济行业如下。

（1）**非必需消费品类行业**　当前包括430只股票，此行业由提供非必需的产品或服务的产业组成，包括奢侈品、高端零售商和酒店、度假村等旅游产业。此类公司包括阿贝克隆比&费奇、亚马逊、Bed bath and Beyond、福特汽车公司、家得宝公司、洲际酒店集团、万豪国际、麦当劳和星巴克。

（2）**必需消费品类行业**　当前包括141只股票，此行业由提供最常见的消费品（如食品、家居用品、烟草和药品）的产业组成。此类公司包括安海斯–布希公司、康宝汤公司、可口可乐公司、都乐食品公司、通用磨坊、卡夫食品、菲利普–莫里斯公司、宝洁公司、沃尔玛和美国优莎娜公司。

（3）**能源行业**　当前包括220只股票，此行业由能源产业组成。此类公司包括美国石油与天然气公司、雪佛龙石油公司、美孚石油公司、哈里·伯顿公司、欧美游轮、精钻公司、太阳石油公司、跨大西洋石油公司、瓦莱罗能源公司和威廉斯公司。

（4）**金融行业**　当前包括408只股票，此行业由向个人和机构提供金融服务的产业组成。此类公司包括美国家庭人寿保险公司、美国运通、纽约梅隆银行、丘博保险集团、花旗集团、亿创、高盛证券、亨廷顿银行、摩根大通公司、美国大都会人寿保险公司、道富银行、美国合众银行、富国银行和齐昂银行集团。

（5）**卫生保健行业**　当前包括323只股票，此行业由向个人和机构提供卫生保健产品和服务的产业组成。此类公司包括雅培制药、巴克斯特国际公司、拜耳基因公司、百时美施贵宝、礼来制药厂、葛兰素史克、胡马纳、Life Point医院、美敦力医疗、默克公司、Owens & Minor、辉瑞制药、圣犹达医疗公司、联合健康集团和WellPoint and Zoll医疗集团。

（6）**工业**　当前包括424只股票，此行业由从事产品制造的产业组成。此类公司包括3M、American Woodmark Corp.、波音公司、美国卡特彼勒公司、美国迪尔公司、达美航空公司、艾默生电气公司、美国快扣公司、美国通用电气公司、古德里奇公司、霍尼韦尔国际公司、英格索兰公司、美国洛克希德-马丁公司、航星国际、精密铸件公司、罗林斯公司、美国泰里达因技术公司、联合航空公司、废弃物处理公司和世界彩色印刷公司。

（7）**信息技术行业**　当前包括501只股票，此行业由为个人和企业创造或出售信息技术的产业组成。此类公司包括奥多比公司、苹果、BMC软件公司、保点系统公司、思科系统公司、CoreLogic、戴尔、eBay、谷歌、惠普、英特尔、IBM、捷普科技、莱迪思半导体公司、迈克菲、微软、美国网件、Palm、高通公司、Red Hat软件公司、硅谷图形、赛门铁克、威瑞信公司、西部数据公司和雅虎。

（8）**物料行业**　当前包括240只股票，此行业由涉及探索、开发或加工原材料的产业组成。此类公司包括阿拉斯加钢铁公司、美国铝业公司、卡尔冈炭素公司、CGA矿业有限公司、美国陶氏化学公司、弗里波特-麦克莫兰铜金矿公司、金矿公司、富乐公司、国际纸业、孟山都公司、纽蒙特矿业公司、钾肥公司、力拓矿业集团、宣威-威廉斯化工公司、惠好和亚马纳黄金公司。

（9）**电信服务行业**　当前包括96只股票，此行业由为个人和企业提供电信服务的产业组成。此类公司包括美国电话电报公司、BCE、辛辛纳提贝尔公司、环球电讯、跳跃无线国际、Level3通信、日本电报电话公司、奎斯特通讯国际、罗杰斯通信、斯普林特公司、科研公司、U.S.Cellular、威瑞森无线通讯公司和沃尼奇控股公司。

（10）**公共事业**　当前包括114只股票，此行业由为个人和企业提供电力、天然气和水资源的产业组成。此类公司包括阿利根尼电力公司、美国电力公司、美国水务、卡尔·派恩公司、CMS能源公司、统一爱迪生公司、电力公司、ElPaso电气公司、Exelon电气公司、Nicor公司、纳仕达、太平洋煤气电力、南方电力、UGI公司、西星能源公司和埃克西尔能源公司。

非必需消费品行业

表24-1显示了用于非必需消费品行业的不同策略的结果汇总。与整个产业中投资获得的9.6%相比，该产业的最佳表现因素为企业价值/自由现金流，其每年的收益率为13.89%。如表24-2所示，通过企业价值/自由现金流排序的最佳20%股票的基本比率均为正值，最佳20%股票在96.6%的全部滚动5年期和100%的全部滚动10年期都赶超了该行业。最佳和最差20%股票之间的差值接近每年9%，如

表 24-3 所示，通过企业价值/自由现金流排序的非必需消费品最差 20% 股票的基本比率非常糟糕，在任一滚动 5 年或 10 年期内都无法战胜行业平均值。

表 24-1 用于非必需消费品行业的不同策略的结果汇总（以行业内"所有股票"投资组合的收益率为基准的策略，1967 年 12 月 31 日～2009 年 12 月 31 日，通过最佳 20% 股票复合收益率分类的策略）

策略	几何平均值				最佳 20% 股票			
	最佳 20% 股票 (%)	最差 20% 股票 (%)	标准差 (%)	夏普比率	差值（最佳－最差）(%)	差值（最佳－基准）(%)	最大跌幅 (%)	贝塔值
企业价值/自由现金流	13.89	4.92	21.36	0.42	8.97	4.29	-65.39	0.95
价格/现金流（自由）	13.79	4.33	22.15	0.40	9.46	4.18	-68.13	0.98
VC3	13.73	4.47	21.17	0.41	9.26	4.12	-69.11	0.92
VC2	13.65	4.62	21.06	0.41	9.03	4.05	-69.53	0.92
6 个月股价趋势	13.65	2.95	23.03	0.38	10.70	4.04	-65.23	1.00
VC1	13.50	5.23	21.76	0.39	8.27	3.90	-70.10	0.95
回购收益率	13.41	3.88	20.14	0.42	9.52	3.80	-64.78	0.90
NOA 变化	13.32	3.56	21.72	0.38	9.76	3.72	-70.81	0.97
股东收益率	13.10	4.79	19.53	0.41	8.31	3.49	-66.48	0.86
企业价值/EBITDA	13.10	3.83	20.78	0.39	9.27	3.49	-69.05	0.91
企业价值/销售额	13.03	6.75	22.89	0.35	6.28	3.43	-76.07	1.00
9 个月股价趋势	12.98	3.37	23.32	0.34	9.61	3.37	-64.22	1.01
3 个月股价趋势	12.84	3.61	22.85	0.34	9.23	3.23	-67.55	1.01
价格/现金流	12.47	2.80	22.14	0.34	9.67	2.86	-74.75	0.97
12 个月股价趋势	12.34	4.37	23.52	0.31	7.98	2.74	-64.80	1.01
债务变化	12.16	5.70	22.22	0.32	6.45	2.55	-66.89	1.00
市盈率	12.03	4.63	21.58	0.33	7.40	2.43	-70.48	0.95
总资产与总收益	11.98	4.38	22.07	0.32	7.60	2.38	-65.57	0.99
现金流/债务	11.71	3.59	21.02	0.32	8.11	2.10	-69.97	0.93
债务/资本	11.52	6.43	21.76	0.30	5.09	1.91	-70.42	0.97
资产周转率	11.30	8.85	24.59	0.26	2.45	1.70	-73.86	1.08
资产收益率	11.30	6.07	22.09	0.29	5.22	1.69	-72.38	0.97
股本收益率	11.18	6.70	23.09	0.27	4.48	1.58	-74.29	1.02
市价/预提费用比率	10.79	7.25	22.86	0.25	3.54	1.18	-75.93	1.01
1 个月股价趋势	10.76	5.76	22.75	0.25	4.99	1.15	-69.26	1.02
股息收益率	10.67	7.04	19.24	0.29	3.64	1.07	-67.86	0.84
每股收益变化	10.49	6.12	23.98	0.23	4.37	0.88	-70.34	1.06
市净率	10.15	9.02	22.84	0.23	1.13	0.55	-76.72	0.99
市销率	10.13	7.05	24.26	0.21	3.08	0.53	-79.93	1.05
行业基准	9.60		21.97	0.21			-68.53	
市值	8.82	8.16	23.81	0.16	0.65	-0.79	-71.61	1.06

表 24-2 最佳 20% 股票：非必需消费品行业最佳 20% 股票的所有滚动 1 年、3 年、5 年、7 年和 10 年期汇总基本比率信息（以行业内"所有股票"投资组合的收益率为基准的策略，1967 年 12 月 31 日～2009 年 12 月 31 日，通过最佳 20% 股票复合收益率分类的策略）

策略	时间百分比（%）				
	1 年	3 年	5 年	7 年	10 年
企业价值 / 自由现金流	73.7	89.6	96.6	100.0	100.0
价格 / 现金流（自由）	70.9	88.9	91.9	94.5	96.6
VC3	65.0	85.1	91.7	98.1	99.0
VC2	64.6	83.6	91.0	97.6	98.3
6 个月股价趋势	76.7	91.3	95.7	97.2	99.5
VC1	65.2	84.7	94.4	98.1	98.3
回购收益率	70.2	84.7	91.3	98.1	100.0
NOA 变化	77.1	89.8	93.3	95.0	94.6
股东收益率	64.4	81.7	90.8	98.6	99.3
企业价值 /EBITDA	61.7	79.4	86.8	96.0	99.5
企业价值 / 销售额	63.2	77.2	87.4	90.5	97.5
9 个月股价趋势	71.9	87.4	89.9	93.8	96.6
3 个月股价趋势	76.9	93.0	96.2	98.6	99.5
价格 / 现金流	63.0	82.1	91.0	95.5	99.3
12 个月股价趋势	70.0	77.0	87.7	91.5	94.1
债务变化	71.1	80.4	88.3	94.1	93.8
市盈率	58.5	68.9	74.2	80.6	82.3
总资产与总收益	73.1	84.0	88.1	84.6	83.5
现金流 / 债务	61.7	70.9	77.6	80.6	82.0
债务 / 资本	59.7	74.5	85.9	87.0	86.9
资产周转率	55.3	59.8	62.1	76.3	78.3
资产收益率	59.7	53.4	63.5	66.8	67.7
股本收益率	59.7	60.4	54.5	58.8	55.7
市盈率	57.9	72.6	79.8	83.9	89.9
1 个月股价趋势	61.1	70.2	81.2	86.0	87.4
股息收益率	53.2	65.5	54.0	56.2	64.5
每股收益变化	56.7	63.2	67.0	70.9	71.9
市净率	47.8	52.3	59.2	62.8	60.3
市销率	52.2	55.3	65.5	76.1	78.8
行业基准	0.0	0.0	0.0	0.0	0.0
市值	37.4	33.0	39.0	38.6	32.5

表 24-3 最差 20% 股票：非必需消费品行业最差 20% 股票的所有滚动 1 年、3 年、5 年、7 年和 10 年期汇总基本比率信息（以行业内"所有股票"投资组合的收益率为基准的策略，1967 年 12 月 31 日～ 2009 年 12 月 31 日，通过最佳 20% 股票复合收益率分类的策略）

策略	时间百分比（%）				
	1 年	3 年	5 年	7 年	10 年
企业价值/自由现金流	18.6	7.4	0.0	0.0	0.0
价格/现金流（自由）	17.6	9.1	0.0	0.0	0.0
VC3	33.6	23.2	11.2	2.4	1.5
VC2	34.4	26.4	11.2	2.4	1.5
6 个月股价趋势	10.1	0.4	0.0	0.0	0.0
VC1	36.6	27.7	13.2	3.8	3.0
回购收益率	22.3	16.8	9.6	0.0	0.0
NOA 变化	17.6	7.2	4.0	0.5	0.0
股东收益率	28.1	15.1	8.1	0.0	0.0
企业价值/EBITDA	29.1	17.2	6.5	1.2	1.2
企业价值/销售额	39.1	33.8	21.7	13.7	8.9
9 个月股价趋势	11.7	0.2	0.0	0.0	0.0
3 个月股价趋势	8.5	0.0	0.0	0.0	0.0
价格/现金流	22.1	7.9	2.5	0.0	0.0
12 个月股价趋势	14.4	1.3	0.0	0.0	0.0
债务变化	26.9	8.9	2.7	1.2	0.0
市盈率	31.2	17.0	7.0	6.2	4.9
总资产与总收益	17.8	9.8	3.1	4.3	4.2
现金流/债务	26.5	16.0	14.1	17.1	14.0
债务/资本	35.6	23.4	13.2	3.8	3.0
资产周转率	49.2	38.9	43.7	39.6	40.9
资产收益率	39.3	38.9	26.7	28.4	25.4
股本收益率	36.6	36.2	25.1	30.1	26.8
市盈率	38.5	24.0	23.3	17.1	14.5
1 个月股价趋势	9.9	2.6	0.4	0.0	0.0
股息收益率	42.7	30.9	24.7	18.7	14.0
每股收益变化	32.8	15.7	6.3	1.2	0.5
市净率	43.7	45.1	42.2	30.3	29.1
市销率	40.7	33.0	23.5	9.2	7.6
行业基准	0.0	0.0	0.0	0.0	0.0
市值	44.3	48.5	40.4	35.1	35.0

VC2 和 VC3 表现良好，从该行业购买的具有最佳 6 个月涨价趋势的股票同样表现很好。在所有因素中，6 个月涨价确实对非必需消费品类股票起着非常好的作用。我们将在本章的后面部分看到，实际上，连续 6 个月价格上涨对许多行业都不会产

生影响，但现在，不仅绝对影响巨大，而且它对于所有滚动3年期具有最高的基本比率，对滚动1年期具有第三高的基本比率。它还是非必需消费品行业最清晰的信号之一，在过去42年中，最低连续6个月价格上涨的20%股票每年盈利2.95%。这明显低于国库券，并且应该作为对考虑购买最后20%非必需消费品股票购买者的警告。连续6个月价格上涨会带来巨大影响是因为产业的多样性，如汽车业、多样化的消费服务、互联网和目录零售、媒体和零售业。作为集中度最低的行业，其股价可能更适应股价趋势。

未能提高全行业收益率的唯一因素是股票的市值，其中表现最佳的20%股票由最小市值的股票组成；而表现最差的20%股票由具有最大市值的公司的股票组成。这两种情况都没有超过整个行业的表现。

下降趋势

仅仅投资非必需消费品行业的下降趋势使所有战略以及该行业本身最大跌幅超过60%，即使是表现最好的系数也降低了65%～70%。所有这些下降都在过去10年的熊市期间发生。因此，即使是产生高于行业4.29%的收益率也将使投资者遭受巨大损失。因此，在向特定行业投入资金之前，请记住该行业本身的波动性。

此外，请注意表24-3，该表突出了最差20%股票的基本比率。如果投资者仔细研究此表，则会做得很好，因为该表阐明了具有最差企业价值/自由现金流、6个月的股价趋势或回购收益的股票在10大经济行业内的表现会有多差。具有最差企业价值/自由现金流的非必需消费品行业的股票在任何滚动的5年或10年期内都从未超过该行业。6个月的价格上涨最差的股票（即价格最多下降了20%）几乎在任何滚动的3年、5年或10年期内都从未超过该行业。表24-3有力地说明了，如果投资者考虑购买最差的20%股票，则其累计胜率会非常低。

对投资者的启示

如果投资者对向非必需消费品行业投资感兴趣，则最好的办法是关注企业价值与净现金流的比率、价格与现金流的比率、VC2或VC3或6个月的价格上涨。通常，投资者可采用包含上述所有项的模型，或者是关注组合价值因素十分位数最佳的股票，然后选择具有最佳6个月价格上涨的股票。最后，在投资非必需消费品行业之前一定要注意记住其具有的波动性。

必需消费品行业

如表24-4所示,必需消费品行业的最佳收益率来自我们的价值因素。股东收益以17.80%的年复合平均收益率占据首位,比投资者投资于该行业本身的盈利高约4.22%,而且可以以相当低的波动性获得该收益率——股东收益的最佳20%股票具有14.73%的收益率标准差,低于整体部门产生的15.76%。最后,必需消费品股东收益的最佳20%股票的最坏情况只是损失33.71%,远低于整体部门遭受的最大52.15%的损失。较低的波动性结合高的收益率,为该战略提供了0.87的高夏普比率,这是在所有10大行业中测出的最高夏普比率。此外,我们可从表24-5中看出购买必需消费品行业股东收益最高的股票的基本比率都很高,在所有滚动的5年期的98.7%的时段内和所有滚动的10年期的100%的时段内都优于该行业。

表24-4 用于必需消费品行业的不同策略的结果汇总(以行业内"所有股票"投资组合的收益率为基准的策略,1967年12月31日~2009年12月31日,通过最佳20%股票复合收益率分类的策略)

策略	几何平均值				最佳20%股票			
	最佳20%股票(%)	最差20%股票(%)	标准差(%)	夏普比率	差值(最佳-最差)(%)	差值(最佳-基准)(%)	最大跌幅(%)	贝塔值
股东收益率	17.80	10.19	14.73	0.87	7.61	4.22	-33.71	0.87
股息收益率	17.75	10.11	14.88	0.86	7.64	4.18	-35.16	0.86
企业价值/自由现金流	17.25	9.48	16.63	0.74	7.77	3.68	-49.02	1.00
VC3	17.25	6.76	15.94	0.77	10.49	3.67	-41.49	0.95
VC2	17.19	6.63	15.86	0.77	10.56	3.62	-41.60	0.94
企业价值/EBITDA	16.96	7.36	15.95	0.75	9.60	3.38	-43.60	0.93
价格/现金流(自由)	16.67	9.29	17.11	0.68	7.38	3.09	-48.73	1.03
VC1	16.55	7.01	16.12	0.72	9.53	2.97	-43.33	0.96
市盈率	16.20	7.49	15.84	0.71	8.71	2.62	-46.07	0.94
NOA变化	16.15	9.01	15.53	0.72	7.14	2.58	-49.10	0.94
回购收益率	16.14	9.85	15.18	0.73	6.30	2.57	-39.65	0.90
价格/现金流	15.92	6.79	16.56	0.66	9.13	2.35	-41.25	0.98
企业价值/销售额	15.66	7.89	17.08	0.62	7.76	2.08	-46.24	0.98
总资产与总收益	15.65	10.04	15.39	0.69	5.62	2.08	-49.58	0.92
债务变化	15.00	10.08	16.22	0.62	4.93	1.43	-49.37	0.99
市净率	14.99	10.87	17.01	0.59	4.12	1.42	-46.45	0.99
市销率	14.85	8.27	17.44	0.57	6.58	1.28	-48.77	1.01
市价/预提费用比率	14.81	10.28	17.02	0.58	4.52	1.23	-46.03	1.01
债务/资本	14.36	9.52	16.24	0.58	4.84	0.79	-49.76	0.97

（续）

策略	几何平均值				最佳 20% 股票			
	最佳 20% 股票（%）	最差 20% 股票（%）	标准差（%）	夏普比率	差值（最佳－最差）(%)	差值（最佳－基准）(%)	最大跌幅（%）	贝塔值
资产周转率	13.82	10.41	17.03	0.52	3.41	0.25	−50.07	0.98
行业基准	13.57		15.76	0.54			−52.15	
每股收益变化	13.44	11.57	17.78	0.47	1.87	−0.13	−52.92	1.07
6 个月股价趋势	13.23	11.66	16.88	0.49	1.57	−0.35	−49.44	1.01
3 个月股价趋势	12.97	11.20	16.58	0.48	1.77	−0.61	−48.90	1.01
股本收益率	12.89	10.92	16.83	0.47	1.97	−0.68	−66.03	0.99
9 个月股价趋势	12.82	11.93	17.15	0.46	0.89	−0.75	−48.86	1.02
市值	12.67	12.38	18.63	0.41	0.29	−0.91	−56.34	1.09
1 个月股价趋势	12.54	11.69	16.42	0.46	0.85	−1.04	−52.78	1.02
12 个月股价趋势	12.51	12.73	17.35	0.43	−0.22	−1.06	−51.01	1.03
资产收益率	12.29	10.64	16.40	0.44	1.65	−1.29	−64.71	0.97
现金流/债务	11.58	9.03	15.63	0.42	2.55	−1.99	−59.94	0.92

表 24-5 最佳 20% 股票：必需消费品行业最佳 20% 股票的所有滚动 1 年、3 年、5 年、7 年和 10 年期汇总基本比率信息（以行业内"所有股票"投资组合的收益率为基准的策略，1967 年 12 月 31 日～2009 年 12 月 31 日，通过最佳 20% 股票复合收益率分类的策略）

策略	时间百分比（%）				
	1 年	3 年	5 年	7 年	10 年
股东收益率	77.3	88.1	98.7	100.0	100.0
股息收益率	73.7	86.6	95.7	98.8	100.0
企业价值/自由现金流	72.9	84.3	94.6	100.0	100.0
VC3	70.4	77.7	86.1	92.2	95.1
VC2	69.2	77.9	87.9	91.0	92.9
企业价值/EBITDA	69.0	75.7	84.1	92.9	92.9
价格/现金流（自由）	68.4	78.7	90.8	100.0	99.3
VC1	69.0	75.3	84.5	89.6	91.4
市盈率	63.6	74.7	81.4	88.2	91.6
NOA 变化	69.2	77.7	85.4	95.7	97.5
回购收益率	65.2	80.6	82.7	92.9	97.5
价格/现金流	65.2	78.3	84.5	92.7	95.1
企业价值/销售额	61.1	70.6	77.6	86.5	92.9
总资产与总收益	67.6	80.4	85.7	97.9	96.6
债务变化	64.4	65.1	73.5	82.5	82.3
市净率	54.3	63.6	64.8	64.7	68.5
市销率	57.5	61.9	61.4	68.0	68.2

(续)

策略	时间百分比（%）				
	1年	3年	5年	7年	10年
市价/预提费用比率	57.5	65.7	65.9	71.1	79.6
债务/资本	60.7	55.5	67.5	76.3	83.7
资产周转率	53.6	61.1	61.2	57.6	62.3
行业基准	0.0	0.0	0.0	0.0	0.0
每股收益变化	52.0	52.8	57.4	47.6	55.4
6个月股价趋势	50.6	47.2	46.2	39.3	30.8
3个月股价趋势	45.3	39.4	37.0	30.3	21.2
股本收益率	46.4	45.5	41.0	32.2	27.3
9个月股价趋势	49.2	44.5	41.9	35.3	25.4
市值	46.4	44.3	41.5	36.7	37.2
1个月股价趋势	34.6	30.2	32.3	22.0	14.8
12个月股价趋势	47.4	39.8	38.1	30.6	22.2
资产收益率	41.7	34.7	25.8	17.3	11.8
现金流/债务	39.3	27.4	20.6	7.3	1.2

表现最好的5个因素在涵盖的所有时期内都产生了超过17%的收益率。我们将继续分析这10大行业，其通常综合价值指标会接近或高于业绩表。最佳的5个因素也有良好的基本比率。

下行风险

通过最佳收益增长、股价趋势或最高收益率购买的股票都无法战胜行业平均收益率。我们通常很难看到股价趋势业绩不佳，但股价趋势对周期类股票的影响最大，而对必需消费品类股票则刚好相反。请注意，该行业本身的平均年复合收益率为13.57%，在10大行业中最高。因此，利用价值因素（如股东收益率）选股的保守投资者可能乐于投资必需消费品类股票。投资者还要避免得分低和下降为最差20%的股票。如表24-6所示，我们看到在任何复合价值因素中最差20%的股票都无法战胜滚动7年或10年期指数，并且回购收益率最差的股票无法战胜平均滚动5年、7年或10年期的行业。然而，对于下降为最差20%的股票，必需消费品行业股票将不会受到如其他行业最低4分位数股票那样的严格惩罚。尽管其运作差于一般市场，但它们仍然表现良好（VC2的最佳20%股票和最差20%股票之间的最大差值为10.56%）。因此，该行业的完整表现为更多不愿冒险的投资者提供了一致的选择。

表 24-6 最差 20% 股票：必需消费品行业最差 20% 股票的所有滚动 1 年、3 年、5 年、7 年和 10 年期汇总基本比率信息（以行业内"所有股票"投资组合的收益率为基准的策略，1967 年 12 月 31 日～2009 年 12 月 31 日，通过最佳 20% 股票复合收益率分类的策略）

策略	时间百分比（%）				
	1 年	3 年	5 年	7 年	10 年
股东收益率	28.3	16.0	6.1	2.8	0.7
股息收益率	33.0	20.9	17.0	6.2	1.0
企业价值 / 自由现金流	21.5	11.5	4.0	0.0	1.2
VC3	16.0	10.6	4.7	0.0	0.0
VC2	17.8	11.7	4.7	0.0	0.0
企业价值 /EBITDA	19.6	13.0	4.9	0.0	0.0
价格 / 现金流（自由）	21.3	11.5	0.7	0.0	0.0
VC1	16.8	12.1	4.9	0.0	0.0
市盈率	22.9	11.1	4.7	0.0	0.0
NOA 变化	25.7	11.7	2.7	0.0	0.0
回购收益率	22.5	6.4	0.0	0.0	0.0
价格 / 现金流	16.4	8.9	4.7	0.0	0.0
企业价值 / 销售额	26.9	18.3	7.6	0.0	0.0
总资产与总收益	20.9	8.7	2.9	0.0	0.0
债务变化	20.9	5.1	0.0	0.0	0.0
市净率	39.3	29.4	25.3	20.9	19.0
市销率	26.3	16.6	9.2	0.2	0.0
市价 / 预提费用比率	22.9	9.1	0.0	0.0	0.0
债务 / 资本	28.9	15.1	4.9	0.0	0.0
资产周转率	32.6	19.6	11.7	6.6	6.7
行业基准	0.0	0.0	0.0	0.0	0.0
每股收益变化	35.6	25.3	23.3	19.9	20.0
6 个月股价趋势	30.6	18.1	14.8	9.2	6.4
3 个月股价趋势	25.5	11.3	7.2	2.8	3.2
股本收益率	36.4	28.7	26.2	24.4	23.2
9 个月股价趋势	32.2	19.4	12.3	7.8	6.2
市值	45.3	51.5	50.9	40.5	41.1
1 个月股价趋势	28.5	7.7	0.2	0.9	0.0
12 个月股价趋势	36.4	31.1	22.0	15.4	9.9
资产收益率	35.2	33.6	28.5	21.3	22.4
现金流 / 债务	26.5	24.3	14.6	8.8	9.1

对投资者的启示

必需消费品行业为保守投资者提供了更好的服务。它在所有 10 大经济行业中具有最高年复合平均收益率，能够通过集中于具有最高股东收益率、股息收益率或任何组合价值因素中最高得分的行业股票，使其得到很大的提高。我们将在本章后面的部分中介绍保守投资者是如何使必需消费品行业成为证券投资组合主要产品的。

能源行业

如表24-7所示，能源行业是表现最佳的策略的绝对起源。1967～2009年，购买在价值因素三中得分最高的20%能源行业股票可以获得18.50%的年复合平均收益率。它同样还证明了其拥有能源股票价值因素三中最高和最低得分之间的最大差值18.02%。而在1967～2009年，价值因素三最差的20%能源股票的收益率仅为每年0.46%，对一直坚持购买它的人来说，这简直令人失望透顶。所有通常的猜测都在业绩表的最上面，前5名的还有其他两项价值因素、企业价值/EBITDA和P/E比率。请注意，所有5个因素的跌幅都超过了60%，因此，投资者在投资这些高业绩能源股票时必须保持灵活的头脑。

表24-7 用于能源行业的不同策略的结果汇总（以行业内"所有股票"投资组合的收益率为基准的策略，1967年12月31日～2009年12月31日，通过最佳20%股票复合收益率分类的策略）

策略	几何平均值				最佳20%股票			
	最佳20%股票(%)	最差20%股票(%)	标准差(%)	夏普比率	差值（最佳-最差）(%)	差值（最佳-基准）(%)	最大跌幅(%)	贝塔值
VC3	18.50	0.48	22.47	0.60	18.02	6.93	−61.14	0.84
VC2	18.36	0.67	21.84	0.61	17.69	6.79	−60.31	0.81
VC1	18.14	0.94	22.85	0.58	17.20	6.57	−61.61	0.85
企业价值/EBITDA	16.94	2.20	23.25	0.51	14.75	5.38	−65.11	0.87
市盈率	16.53	3.01	23.26	0.50	13.52	4.96	−64.34	0.87
企业价值/自由现金流	16.52	8.00	24.63	0.47	8.52	4.95	−64.57	0.94
企业价值/销售额	16.35	1.83	22.46	0.51	14.51	4.78	−60.32	0.83
价格/现金流（自由）	16.11	7.18	24.51	0.45	8.93	4.55	−65.32	0.93
价格/现金流	16.04	3.58	25.75	0.43	12.46	4.47	−73.32	0.97
市销率	15.78	2.94	22.95	0.47	12.84	4.21	−61.43	0.85
回购收益率	15.33	4.58	22.31	0.46	10.75	3.76	−60.16	0.85
股东收益率	15.13	5.75	19.37	0.52	9.38	3.56	−57.12	0.71
市净率	14.97	4.10	25.12	0.40	10.87	3.41	−69.83	0.95
股息收益率	14.20	6.78	18.74	0.49	7.42	2.63	−54.46	0.67

(续)

策略	几何平均值				最佳20%股票			
	最佳20%股票(%)	最差20%股票(%)	标准差(%)	夏普比率	差值(最佳-最差)(%)	差值(最佳-基准)(%)	最大跌幅(%)	贝塔值
资产周转率	13.59	5.24	23.24	0.37	8.35	2.03	-57.89	0.86
市价/预提费用比率	13.10	8.42	27.48	0.29	4.68	1.53	-77.39	1.04
NOA变化	12.78	6.41	24.52	0.32	6.36	1.21	-68.32	0.93
股本收益率	12.05	5.05	25.28	0.28	7.01	0.49	-64.05	0.95
总资产与总收益	11.92	10.15	25.86	0.27	1.77	0.35	-72.12	0.99
3个月股价趋势	11.79	8.23	26.56	0.26	3.56	0.23	-72.67	1.01
债务/资本	11.78	6.33	26.15	0.26	5.45	0.22	-69.21	0.99
资产收益率	11.62	5.99	24.65	0.27	5.62	0.05	-63.55	0.93
行业基准	11.57		25.48	0.26			-68.87	
6个月股价趋势	11.46	8.30	26.98	0.24	3.16	-0.11	-73.28	1.01
债务变化	11.34	8.60	25.75	0.25	2.74	-0.23	-67.61	0.99
9个月股价趋势	10.99	8.63	27.34	0.22	2.36	-0.58	-72.67	1.02
现金流/债务	10.71	6.07	23.67	0.24	4.65	-0.85	-60.71	0.90
市值	10.49	12.22	28.83	0.19	-1.73	-1.08	-75.84	1.09
1个月股价趋势	10.18	9.37	26.26	0.20	0.80	-1.39	-71.44	1.02
12个月股价趋势	10.08	9.83	27.69	0.18	0.25	-1.49	-72.33	1.03
每股收益变化	9.29	8.60	27.83	0.15	0.69	-2.27	-74.15	1.07

如表24-8所示，最佳表现策略的基本比率都为正数，其3个组合价值因素在所有滚动10年期中都能完全操控行业。

表24-8 最佳20%股票：能源行业最佳20%股票的所有滚动1年、3年、5年、7年和10年期汇总基本比率信息（以行业内"所有股票"投资组合的收益率为基准的策略，1967年12月31日～2009年12月31日，通过最佳20%股票复合收益率分类的策略）

策略	时间百分比（%）				
	1年	3年	5年	7年	10年
VC3	74.1	84.0	90.1	99.1	100.0
VC2	73.5	81.9	86.8	98.3	100.0
VC1	74.3	85.7	93.5	98.3	100.0
企业价值/EBITDA	71.7	76.8	80.5	91.5	92.6
市盈率	69.6	78.3	85.9	96.0	100.0
企业价值/自由现金流	73.9	87.0	91.7	97.4	100.0
企业价值/销售额	65.0	78.1	87.2	93.4	94.6
价格/现金流（自由）	66.8	87.9	92.4	99.3	100.0
价格/现金流	68.6	79.1	85.0	91.5	96.8

(续)

策略	时间百分比（%）				
	1年	3年	5年	7年	10年
市销率	61.9	78.3	83.0	94.8	95.3
回购收益率	66.6	83.6	91.7	99.1	99.5
股东收益率	58.3	67.0	80.3	86.7	84.0
市净率	65.0	71.1	87.2	92.2	90.6
股息收益率	57.1	62.1	72.4	73.9	74.9
资产周转率	52.8	62.3	65.9	64.2	66.7
市价/预提费用比率	55.9	66.2	68.8	69.2	68.0
NOA变化	59.3	68.3	74.0	78.7	76.6
股本收益率	51.4	51.1	47.1	44.1	38.2
总资产与总收益	50.8	52.1	54.0	53.8	50.5
3个月股价趋势	58.1	55.5	67.3	74.9	82.0
债务/资本	48.6	45.3	48.4	50.2	50.0
资产收益率	50.4	46.8	45.1	40.5	38.2
行业基准	0.0	0.0	0.0	0.0	0.0
6个月股价趋势	54.0	51.7	60.3	74.6	83.0
债务变化	50.8	48.9	43.7	41.5	42.4
9个月股价趋势	50.2	54.5	54.3	50.0	52.5
现金流/债务	38.7	30.4	28.7	24.9	22.2
市值	50.4	48.5	49.3	50.5	52.5
1个月股价趋势	36.4	33.0	24.9	15.2	11.8
12个月股价趋势	47.2	48.7	43.0	42.9	37.2
每股收益变化	44.5	40.4	35.4	24.6	18.5

下行风险

正如我们从必需消费品行业中看到的那样，预期的3个月股价趋势在我们测试的时间内无法战胜行业平均收益率。同样，滞后项为债务变化、债务的现金流和每股收益。股价趋势稍微滞后，在所有分析时期中有正的基本比率，然而其最高下降值为73%，这警告大家，这些股票在市场低迷时具有很大的不确定性。

对于最差20%的股票，没有任何组合价值因素能操控任一滚动5年、7年或10年期的广泛行业，它们仅能操控滚动3年期的行业的1%。更糟糕的是，当市场开始低迷时，这些股票将遭受重创（价值因素三的最后20%的能源股票的最大跌幅为97%）！如表24-9所示，建议投资者避免所有下跌至价值组合最后20%的能源股票。毫无疑问，能源行业在股市中至关重要。

表 24-9 最差 20% 股票：能源行业最差 20% 股票的所有滚动 1 年、3 年、5 年、7 年和 10 年期汇总基本比率信息（以行业内"所有股票"投资组合的收益率为基准的策略，1967 年 12 月 31 日～ 2009 年 12 月 31 日，通过最佳 20% 股票复合收益率分类的策略）

策略	时间百分比（%）				
	1 年	3 年	5 年	7 年	10 年
VC3	11.9	0.9	0.0	0.0	0.0
VC2	13.6	0.9	0.0	0.0	0.0
VC1	13.0	0.6	0.0	0.0	0.0
企业价值 /EBITDA	20.2	5.5	2.5	0.0	0.0
市盈率	25.1	11.5	4.5	0.0	0.0
企业价值 / 自由现金流	28.7	16.4	14.6	10.7	5.2
企业价值 / 销售额	16.0	8.9	3.1	0.0	0.0
价格 / 现金流（自由）	29.4	14.9	13.5	10.0	3.7
价格 / 现金流	25.3	10.2	0.4	0.0	0.0
市销率	12.1	6.2	2.9	0.0	0.0
回购收益率	15.8	8.1	0.2	0.0	0.0
股东收益率	18.8	8.9	1.1	0.0	0.0
市净率	18.4	3.0	0.0	0.0	0.0
股息收益率	30.6	20.2	13.7	9.0	6.9
资产周转率	24.7	20.2	13.9	4.3	0.0
市价 / 预提费用比率	38.5	27.2	22.6	12.3	7.9
NOA 变化	20.6	12.3	5.8	4.5	3.7
股本收益率	30.8	17.2	10.1	9.0	6.9
总资产与总收益	44.3	36.8	30.5	16.1	8.1
3 个月股价趋势	23.1	10.0	3.4	1.4	0.5
债务 / 资本	29.1	18.7	13.2	5.7	0.0
资产收益率	33.4	21.5	15.9	17.5	18.2
行业基准	0.0	0.0	0.0	0.0	0.0
6 个月股价趋势	29.6	13.4	4.5	4.0	1.0
债务变化	34.2	28.1	27.6	17.3	13.3
9 个月股价趋势	28.7	16.4	12.8	7.8	6.4
现金流 / 债务	36.6	28.1	12.1	10.2	9.9
市值	49.4	47.2	52.0	46.2	41.9
1 个月股价趋势	34.2	21.5	8.7	6.4	6.2
12 个月股价趋势	37.0	34.5	23.1	19.4	17.5
每股收益变化	36.0	22.1	11.4	8.8	7.1

对投资者的启示

如果使用价值因素三对能源行业投资，我们是明显的赢家，它可提供我们在任何行业内测试的任何因素的最佳绝对收益。但是，其较高的波动性降低了经风险调整后的收益率，产生 0.60 的夏普比率。此外，该战略还面临 61% 的最大跌幅，因此最好将其与较低波动性的战略（如购买股东收益最高的必需消费品股票）结合使用。投资者应避开属于任何组合价值因素的最差 20% 股票的能源公司。这些股票表现差劲，并且几乎从未优于整体行业。实际上，应避开我们所测试的几乎所有因素的最差 20% 的股票。它们不仅不提供行业强大的绩效，还大幅增加了风险。

金融行业

在过去的 10 年间，金融行业曾占据标准普尔 500 指数的 40% 以上，虽然其现在仅占有 16.05%。但其下跌幅度真大！但是，投资者仍可通过关注组合价值因素、市盈率和回购收益率来赢得良好的收益。如表 24-10 所示，我们看到在金融行业中表现最佳的战略与在能源行业中的一样——购买价值因素三最前面的 20% 股票。1967 年 12 月 31 日～2009 年 12 月 31 日，组合的年复合平均收益率为 15.96%，比同行业的 12.37% 高 3.59%。如表 24-11 所示，该战略的所有基础利率都为正数，组合以所有滚动 5 年期的 94% 和所有滚动 10 年期的 100% 优于该行业。金融行业的另一个获胜因素是购买市盈率最低和回购收益最高的金融股票。此外，与测试的任何其他因素相比，回购收益最高的金融股票具有最高的夏普比率，该比率为 0.64，远高于行业的 0.42。

表 24-10 用于金融行业的不同策略的结果汇总（以行业内"所有股票"投资组合的收益率为基准的策略，1967 年 12 月 31 日～2009 年 12 月 31 日，通过最佳 20% 股票复合收益率分类的策略）

策略	几何平均值				最佳 20% 股票			
	最佳 20% 股票 (%)	最差 20% 股票 (%)	标准差 (%)	夏普比率	差值（最佳－最差）(%)	差值（最佳－基准）(%)	最大跌幅 (%)	贝塔值
VC3	15.96	6.36	18.65	0.59	9.60	3.59	−61.73	1.02
VC1	15.72	6.96	19.22	0.56	8.77	3.35	−62.84	1.05
市盈率	15.66	7.39	18.92	0.56	8.27	3.29	−65.80	1.03
VC2	15.66	6.28	18.55	0.57	9.37	3.28	−62.67	1.01
回购收益率	15.65	8.95	16.69	0.64	6.71	3.28	−55.99	0.92
企业价值/EBITDA	14.92	11.10	18.25	0.54	3.82	2.55	−54.17	0.97
债务/资本	14.87	7.72	22.96	0.43	7.15	2.50	−59.81	1.10
价格/现金流	14.81	7.16	20.03	0.49	7.65	2.44	−68.15	1.09
价格/现金流（自由）	14.78	6.67	21.63	0.45	8.11	2.41	−65.75	1.13

策略	几何平均值				最佳 20% 股票			
	最佳 20%股票（%）	最差 20%股票（%）	标准差（%）	夏普比率	差值（最佳－最差）(%)	差值（最佳－基准）(%)	最大跌幅（%）	贝塔值
企业价值/自由现金流	14.43	8.59	20.11	0.47	5.84	2.06	-56.90	1.04
股东收益率	14.36	9.26	16.50	0.57	5.10	1.98	-58.58	0.90
企业价值/销售额	13.73	12.06	18.18	0.48	1.67	1.36	-55.55	0.97
市销率	13.36	7.11	21.82	0.38	6.25	0.99	-73.75	1.18
市净率	13.17	8.20	20.26	0.40	4.96	0.79	-74.68	1.09
债务变化	13.05	9.79	17.38	0.46	3.26	0.68	-57.69	0.95
9 个月股价趋势	12.92	7.24	18.32	0.43	5.68	0.55	-53.43	0.96
12 个月股价趋势	12.87	7.72	18.56	0.42	5.15	0.49	-54.05	0.97
每股收益变化	12.67	9.33	19.61	0.39	3.35	0.30	-59.74	1.06
股息收益率	12.63	8.07	17.58	0.43	4.56	0.26	-66.33	0.95
6 个月股价趋势	12.51	7.72	18.20	0.41	4.78	0.13	-53.34	0.97
行业基准	12.37		17.74	0.42			-62.46	
股本收益率	12.09	10.07	19.77	0.36	2.02	-0.28	-61.15	1.06
现金流/债务	12.07	9.86	18.46	0.38	2.21	-0.30	-63.94	0.93
资产周转率	11.96	13.19	19.73	0.35	-1.23	-0.41	-59.68	1.03
市值	11.94	10.80	17.37	0.40	1.14	-0.43	-60.74	0.93
3 个月股价趋势	11.89	8.77	18.12	0.38	3.13	-0.48	-56.76	0.98
资产收益率	11.87	10.53	19.14	0.36	1.34	-0.50	-61.71	1.00
1 个月股价趋势	11.24	10.02	18.22	0.34	1.22	-1.13	-60.43	1.01

表 24-11 最佳 20% 股票：金融行业最佳 20% 股票的所有滚动 1 年、3 年、5 年、7 年和 10 年期汇总基本比率信息（以行业内"所有股票"投资组合的收益率为基准的策略，1967 年 12 月 31 日～2009 年 12 月 31 日，通过最佳 20% 股票复合收益率分类的策略）

策略	时间百分比（%）				
	1 年	3 年	5 年	7 年	10 年
VC3	78.7	88.7	94.4	97.2	100.0
VC1	76.7	82.8	90.8	93.4	98.0
市盈率	74.1	79.4	87.2	87.2	94.3
VC2	79.8	88.9	89.9	95.7	99.3
回购收益率	77.7	91.7	97.3	100.0	100.0
企业价值/EBITDA	69.4	76.6	85.2	91.0	91.1
债务/资本	56.5	65.1	67.7	71.8	75.4
价格/现金流	68.2	67.7	73.8	79.9	79.6
价格/现金流（自由）	64.4	71.1	85.7	91.7	92.9
企业价值/自由现金流	62.6	66.4	71.7	81.8	87.9
股东收益率	67.6	68.1	75.6	78.0	83.5
企业价值/销售额	54.3	58.7	56.5	64.7	69.2

(续)

策略	时间百分比(%)				
	1年	3年	5年	7年	10年
市销率	56.5	58.7	64.1	64.5	65.3
市净率	61.1	60.9	64.8	60.9	63.3
债务变化	59.1	67.2	62.3	66.8	76.6
9个月股价趋势	59.7	61.5	63.9	66.8	73.9
12个月股价趋势	57.9	62.3	61.4	65.4	72.4
每股收益变化	53.4	44.9	46.0	52.4	56.9
股息收益率	55.5	57.2	61.4	58.5	53.0
6个月股价趋势	56.3	54.0	51.8	57.3	68.0
行业基准	0.0	0.0	0.0	0.0	0.0
股本收益率	52.2	38.7	41.3	41.0	38.4
现金流/债务	46.0	38.7	40.6	35.8	39.9
资产周转率	46.2	43.2	39.9	37.9	38.4
市值	48.0	43.4	48.0	54.0	50.2
3个月股价趋势	51.0	45.7	37.2	39.3	36.2
资产收益率	42.3	38.9	35.7	41.2	38.2
1个月股价趋势	41.7	34.7	25.8	16.4	10.8

下降趋势

股本收益率、现金流量债务比、资产交易额和短期趋势均未能击败行业平均值。它们大部分都具有负的基本比率，并且不能用于在金融行业购买的股票。对于价值组合因素最差的20%金融股票，其在任何滚动10年期间内从未优于该行业，并且在我们检查的任何期间内的胜率都非常低。表24-12列出了应用于金融行业股票所有因素的最差20%的基本比率。组合价值因素最差的20%金融股票的唯一挽回价值是，其最大下降幅度比我们在其他行业中看到的小——在此行业中，最大下降幅度为较为适度的61%。但是，我们依然要向投资者给出避开得分最差的20%金融股票的充分建议。

表24-12 最差20%股票：金融行业最差20%股票的所有滚动1年、3年、5年、7年和10年期汇总基本比率信息（以行业内"所有股票"投资组合的收益率为基准的策略，1967年12月31日～2009年12月31日，通过最佳20%股票复合收益率分类的策略）

策略	时间百分比(%)				
	1年	3年	5年	7年	10年
VC3	18.6	9.6	0.4	0.0	0.0

(续)

策略	时间百分比（%）				
	1 年	3 年	5 年	7 年	10 年
VC1	21.1	12.8	4.5	0.0	0.0
市盈率	28.3	18.9	9.9	1.9	0.0
VC2	18.2	10.4	0.9	0.0	0.0
回购收益率	20.2	16.6	1.1	0.0	0.0
企业价值/EBITDA	38.5	38.7	44.6	47.2	44.3
债务/资本	34.8	20.4	17.3	11.6	4.4
价格/现金流	24.1	17.4	11.2	5.9	1.5
价格/现金流（自由）	26.5	12.1	7.6	5.7	3.0
企业价值/自由现金流	35.2	24.3	16.6	19.7	20.4
股东收益率	27.3	20.0	9.4	2.1	0.0
企业价值/销售额	49.2	46.0	50.9	47.9	53.7
市销率	18.8	11.3	3.4	0.2	0.0
市净率	28.3	24.3	14.6	0.7	0.0
债务变化	28.5	14.5	1.1	0.0	0.0
9 个月股价趋势	23.3	5.5	0.9	0.0	0.0
12 个月股价趋势	24.3	12.6	1.1	0.0	0.0
每股收益变化	27.5	21.3	18.2	13.3	10.1
股息收益率	37.2	33.6	26.9	10.9	3.2
6 个月股价趋势	22.7	7.2	1.1	0.0	0.0
行业基准	0.0	0.0	0.0	0.0	0.0
股本收益率	34.8	31.9	23.8	14.2	9.9
现金流/债务	32.4	26.0	19.5	21.3	24.6
资产周转率	50.4	63.6	69.5	78.0	78.8
市值	45.5	42.8	35.2	26.1	11.3
3 个月股价趋势	25.3	15.5	7.0	0.2	0.0
资产收益率	38.3	39.1	25.1	12.3	9.6
1 个月股价趋势	30.4	18.9	14.8	5.9	3.0

对投资者的启示

在金融行业内想要获得良好收益及较低波动性的投资者应考虑购买回购收益最高的金融股票。它们以比该行业本身低的最大降幅提供行业收益。对于具有较高风险承受能力的投资者，应持续购买价值因素三评分最高的金融股票。

所有投资者都想要避开最差的 20% 金融股票。3 个复合价值因素对投资者识别要避开的金融股票尤其有用，回购收益和负价格增长也是如此。

卫生保健行业

2009～2010年，有关此行业的报道非常多，这有助于投资者关注估值最高或股东收益最高的股票。如表24-13所示，针对卫生保健类股票的最佳战略是购买价格对现金流比最佳的20%股票。此组合赢得了17.59%的年复合平均收益率，明显好于整个行业的10.55%，其20.85%的标准收益偏差低于整个行业的23.16%，它还提供了0.60的夏普比率。所有3个复合价值因素和价格对现金流的比完善了前5个战略。

表24-13 用于卫生保健行业的不同策略的结果汇总（以行业内"所有股票"投资组合的收益率为基准的策略，1967年12月31日～2009年12月31日，通过最佳20%股票复合收益率分类的策略）

策略	几何平均值				最佳20%股票			
	最佳20%股票(%)	最差20%股票(%)	标准差(%)	夏普比率	差值（最佳-最差）(%)	差值（最佳-基准）(%)	最大跌幅(%)	贝塔值
价格/现金流	17.59	1.14	20.85	0.60	16.45	7.03	-62.86	0.76
VC2	17.50	0.33	20.01	0.62	17.17	6.94	-55.29	0.72
价格/现金流（自由）	17.13	3.57	21.86	0.55	13.56	6.58	-63.12	0.83
VC3	17.01	0.24	20.14	0.60	16.78	6.46	-56.06	0.73
VC1	16.74	0.42	20.62	0.57	16.31	6.18	-60.04	0.74
企业价值/自由现金流	16.20	4.32	21.67	0.52	11.87	5.64	-62.83	0.83
股东收益率	16.02	3.05	17.27	0.64	12.97	5.47	-46.79	0.63
市盈率	16.00	2.33	19.46	0.57	13.67	5.45	-61.23	0.71
市销率	15.52	-0.25	22.15	0.48	15.77	4.97	-63.64	0.79
企业价值/EBITDA	15.44	1.62	20.35	0.51	13.82	4.89	-58.68	0.73
企业价值/销售额	15.09	-0.83	21.62	0.47	15.92	4.54	-61.44	0.78
回购收益率	14.91	1.88	18.56	0.53	13.03	4.36	-57.07	0.69
股息收益率	14.91	5.28	16.60	0.60	9.63	4.36	-43.37	0.60
市价/预提费用比率	14.38	7.53	24.15	0.39	6.85	3.83	-65.91	0.98
总资产与总收益	14.01	4.51	25.17	0.36	9.50	3.46	-55.46	1.04
市净率	13.65	3.99	21.92	0.39	9.67	3.10	-62.57	0.85
股本收益率	12.52	3.28	20.79	0.36	9.24	1.97	-57.64	0.80
资产周转率	12.03	2.85	22.46	0.31	9.18	1.48	-67.07	0.86
6个月股价趋势	11.95	6.14	27.72	0.25	5.81	1.40	-56.85	1.13
现金流/债务	11.77	4.60	22.70	0.30	7.18	1.22	-68.24	0.91
9个月股价趋势	11.73	6.57	28.04	0.24	5.16	1.18	-60.93	1.14
债务/资本	11.48	3.21	25.93	0.25	8.27	0.93	-55.53	1.06
NOA变化	11.44	2.09	25.91	0.25	9.35	0.89	-67.35	1.07
每股收益变化	11.41	7.26	24.49	0.26	4.16	0.86	-68.43	0.97

(续)

策略	几何平均值				最佳20%股票			
	最佳20%股票(%)	最差20%股票(%)	标准差(%)	夏普比率	差值(最佳-最差)(%)	差值(最佳-基准)(%)	最大跌幅(%)	贝塔值
12个月股价趋势	11.39	7.33	27.63	0.23	4.06	0.84	−65.12	1.12
债务变化	11.26	4.53	25.01	0.25	6.72	0.70	−66.91	1.04
3个月股价趋势	10.88	6.06	27.08	0.22	4.82	0.33	−60.15	1.12
资产收益率	10.80	3.62	20.51	0.28	7.19	0.25	−54.87	0.80
行业基准	10.55		23.16	0.24			−62.71	
1个月股价趋势	9.59	7.15	26.06	0.18	2.44	−0.96	−63.21	1.10
市值	6.88	11.14	29.24	0.06	−4.26	−3.68	−79.99	1.20

想要较低的下跌风险和较高的夏普比率的投资者应考虑购买股东收益最高的卫生保健类股票。其年复合收益率为16.02%，比价格对现金流比最低的卫生保健类股票低1.57%，最大跌幅约为47%，后者的最大跌幅约为63%。其波动性也低得多，标准差为17.27%，产生0.64的较高夏普比率。如表24-14所示，它们具有较高的基本比率。

表24-14 最佳20%股票：卫生保健行业最佳20%股票的所有滚动1年、3年、5年、7年和10年期汇总基本比率信息（以行业内"所有股票"投资组合的收益率为基准的策略，1967年12月31日～2009年12月31日，通过最佳20%股票复合收益率分类的策略）

策略	时间百分比（%）				
	1年	3年	5年	7年	10年
价格/现金流	70.4	81.7	87.7	95.7	99.3
VC2	71.1	85.1	93.5	98.3	100.0
价格/现金流（自由）	68.0	81.7	90.6	95.7	98.5
VC3	69.8	83.0	91.9	97.9	100.0
VC1	66.8	79.6	90.8	96.9	100.0
企业价值/自由现金流	61.3	75.5	84.8	78.4	79.3
股东收益率	73.1	81.9	89.7	96.7	99.5
市盈率	68.4	76.2	89.5	96.4	100.0
市销率	61.1	70.0	81.4	84.8	93.3
企业价值/EBITDA	61.9	74.3	85.2	92.9	99.5
企业价值/销售额	61.9	71.7	85.0	90.5	98.0
回购收益率	70.0	80.0	82.5	94.1	96.8
股息收益率	67.8	74.5	77.6	91.9	97.8
市价/预提费用比率	62.8	70.9	78.3	84.1	89.7
总资产与总收益	64.8	82.6	90.6	92.2	94.1

(续)

策略	时间百分比（%）				
	1年	3年	5年	7年	10年
市净率	60.3	62.3	73.8	81.8	87.7
股本收益率	58.9	64.9	64.1	66.6	59.6
资产周转率	54.5	58.9	57.4	54.0	61.6
6个月股价趋势	56.3	64.3	74.2	86.5	90.4
现金流/债务	56.5	68.3	63.9	62.6	60.1
9个月股价趋势	56.7	60.6	71.3	74.9	74.6
债务/资本	47.8	55.3	53.8	57.6	58.6
NOA变化	56.3	57.0	64.8	73.0	75.1
每股收益变化	65.0	71.1	76.9	82.0	86.7
12个月股价趋势	54.9	59.8	67.3	69.4	72.4
债务变化	57.5	57.7	56.5	62.1	60.1
3个月股价趋势	49.0	51.7	61.4	74.6	78.1
资产收益率	48.4	55.1	56.1	51.2	49.0
行业基准	0.0	0.0	0.0	0.0	0.0
1个月股价趋势	36.4	33.6	40.8	41.7	38.9
市值	36.0	24.3	18.8	12.6	13.8

下降趋势

我们在卫生保健行业中看到，几乎所有卫生保健因素的最佳20%股票都优于行业本身的表现——只有一个月的价格表现和最小市值的该行业股票未能优于该行业的收益。

最差的20%股票在卫生保健行业内的价差非常大。如表24-13所示，我们看到价格对销售比率及企业价值对销售比率最高的卫生保健类股票实际上在整个期间内的收益为负数。它们还分别具有91%的巨大峰谷。现金对流量比最差的20%股票和3个组合价值因素差的股票也是投资者要避开的卫生保健类股票。如表24-15所示，这类股票几乎从未优于该行业本身。

表24-15 最差20%股票：卫生保健行业最差20%股票的所有滚动1年、3年、5年、7年和10年期汇总基本比率信息（以行业内"所有股票"投资组合的收益率为基准的策略，1967年12月31日～2009年12月31日，通过最佳20%股票复合收益率分类的策略）

策略	时间百分比（%）				
	1年	3年	5年	7年	10年
价格/现金流	18.6	2.6	0.2	0.0	0.0
VC2	23.1	5.3	0.9	0.0	0.0

(续)

策略	时间百分比（%）				
	1 年	3 年	5 年	7 年	10 年
价格/现金流（自由）	27.9	3.2	0.0	0.0	0.0
VC3	21.5	4.9	0.9	0.0	0.0
VC1	21.9	6.8	1.1	0.0	0.0
企业价值/自由现金流	30.4	10.0	0.4	0.0	0.0
股东收益率	23.1	15.1	14.1	15.4	14.3
市盈率	23.1	5.3	0.9	0.0	0.0
市销率	23.5	9.4	0.9	0.0	0.0
企业价值/EBITDA	20.2	8.1	2.2	0.0	0.0
企业价值/销售额	21.5	5.1	0.9	0.0	0.0
回购收益率	20.2	12.1	7.6	3.6	1.7
股息收益率	23.1	8.1	3.6	0.0	0.0
市价/预提费用比率	34.8	17.9	11.2	2.8	3.4
总资产与总收益	23.3	9.4	3.1	0.0	0.7
市净率	26.7	13.6	4.7	0.0	0.0
股本收益率	33.8	15.5	16.6	19.7	20.9
资产周转率	34.8	23.2	17.3	18.5	19.2
6 个月股价趋势	24.9	9.6	6.5	4.3	3.2
现金流/债务	37.2	30.2	26.9	28.2	28.1
9 个月股价趋势	30.2	14.5	7.8	5.0	4.2
债务/资本	22.3	10.9	4.0	0.2	0.0
NOA 变化	14.2	6.0	0.4	0.0	0.0
每股收益变化	34.2	23.6	10.8	2.8	0.0
12 个月股价趋势	33.2	23.6	13.7	9.2	8.4
债务变化	18.8	6.8	0.0	0.0	0.0
3 个月股价趋势	22.3	8.9	6.1	3.8	2.2
资产收益率	38.7	23.0	21.3	26.8	27.8
行业基准	0.0	0.0	0.0	0.0	0.0
1 个月股价趋势	22.1	9.6	4.7	2.6	0.0
市值	54.7	53.6	56.3	48.1	49.0

对投资者的启示

卫生保健类股票的投资者应聚焦于价格对现金流比最低或复合价值因素评分最高的股票。不愿承担风险的投资者应聚焦于股东收益最高的卫生保健类股票，因为它们在任何测试因素下都提供最高夏普比率。

与其他行业相同，卫生保健类股票的投资者应避开属于任何组合价值因素最差的 20% 股票，因为它们的收益极少优于该行业的平均收益。

工业

世界著名的道琼斯工业平均指数现在包括许多非工业公司，让我们看看更纯粹的"工业"行业。如表 24-16 所示，组合价值因素是前 3 个执行因素，其后是企业价值对 EBITDA 比和股东收益。组合价值因素赢得了 15.34% 的年复合平均收益率，而工业行业本身的收益率为 9.82%。它以比行业本身低的标准差提供此收益率（它们的标准差分别为 19.89% 和 20.55%）。这导致测试的所有因素具有较高的夏普比率 0.52。对于工业行业，绝对最佳执行因素也是经风险调整后的最佳执行因素。表 24-17 中列出的价值因素二的基本比率也很出色，该战略以所有滚动 1 年期的 82% 和所有滚动 5 年和 10 年期的 100% 优于该行业。

表 24-16 用工业的不同策略的结果汇总（以行业内"所有股票"投资组合的收益率为基准的策略，1967 年 12 月 31 日～2009 年 12 月 31 日，通过最佳 20% 股票复合收益率分类的策略）

	几何平均值				最佳 20% 股票			
策略	最佳 20% 股票 (%)	最差 20% 股票 (%)	标准差 (%)	夏普比率	差值（最佳－最差）(%)	差值（最佳－基准）(%)	最大跌幅 (%)	贝塔值
VC2	15.34	1.35	19.89	0.52	13.99	5.52	-56.23	0.93
VC3	15.01	1.46	20.30	0.49	13.55	5.20	-56.51	0.95
VC1	14.65	2.00	20.67	0.47	12.65	4.84	-56.86	0.97
企业价值/EBITDA	14.37	1.41	20.10	0.47	12.96	4.55	-58.83	0.94
股东收益率	13.85	2.53	17.86	0.50	11.32	4.04	-54.00	0.84
企业价值/销售额	13.48	4.17	20.56	0.41	9.31	3.66	-55.28	0.97
市盈率	13.27	3.18	20.66	0.40	10.09	3.45	-58.79	0.97
股息收益率	13.09	3.53	18.15	0.45	9.56	3.27	-61.03	0.84
价格/现金流	13.05	1.72	21.78	0.37	11.33	3.24	-61.07	1.02
市净率	12.99	4.94	21.01	0.38	8.05	3.18	-56.68	0.98
回购收益率	12.94	2.72	18.21	0.44	10.22	3.13	-52.61	0.86
企业价值/自由现金流	12.88	5.56	20.74	0.38	7.31	3.06	-57.48	0.99
价格/现金流（自由）	12.72	4.65	21.80	0.35	8.07	2.90	-58.54	1.03
NOA 变化	11.72	3.50	20.17	0.33	8.22	1.90	-60.65	0.96
市销率	11.68	4.25	22.23	0.30	7.43	1.86	-58.85	1.04
市价/预提费用比率	11.60	6.09	21.95	0.30	5.51	1.78	-60.05	1.03
债务/资本	11.01	4.39	20.61	0.29	6.62	1.20	-56.81	0.98
总资产与总收益	10.83	4.68	20.70	0.28	6.15	1.01	-60.83	0.99
债务变化	10.69	4.83	20.52	0.28	5.86	0.87	-58.28	0.98
资产周转率	10.08	7.71	20.63	0.25	2.37	0.27	-56.00	0.98

(续)

策略	几何平均值				最佳 20% 股票			
	最佳 20% 股票 (%)	最差 20% 股票 (%)	标准差 (%)	夏普比率	差值（最佳-最差）(%)	差值（最佳-基准）(%)	最大跌幅 (%)	贝塔值
行业基准	9.82		20.55	0.23			−57.79	
6 个月股价趋势	9.76	5.74	21.91	0.22	4.03	−0.05	−65.63	1.02
现金流/债务	9.58	3.73	19.07	0.24	5.85	−0.24	−54.34	0.90
3 个月股价趋势	9.46	5.98	21.54	0.21	3.49	−0.35	−62.67	1.02
股本收益率	9.35	7.80	21.37	0.20	1.55	−0.47	−60.98	1.01
9 个月股价趋势	9.21	5.93	22.16	0.19	3.28	−0.61	−67.11	1.02
市值	9.16	8.95	21.95	0.19	0.21	−0.65	−63.06	1.04
资产收益率	8.97	6.84	19.84	0.20	2.13	−0.85	−56.49	0.93
12 个月股价趋势	8.47	6.73	22.38	0.16	1.75	−1.34	−67.70	1.03
1 个月股价趋势	8.38	7.08	21.28	0.16	1.31	−1.43	−61.59	1.02
每股收益变化	8.31	7.37	22.33	0.15	0.95	−1.50	−63.23	1.06

表 24-17 最佳 20% 股票：工业最佳 20% 股票的所有滚动 1 年、3 年、5 年、7 年和 10 年期汇总基本比率信息（以行业内"所有股票"投资组合的收益率为基准的策略，1967 年 12 月 31 日～2009 年 12 月 31 日，通过最佳 20% 股票复合收益率分类的策略）

策略	时间百分比（%）				
	1 年	3 年	5 年	7 年	10 年
VC2	82.0	93.4	100.0	100.0	100.0
VC3	79.1	93.2	100.0	100.0	100.0
VC1	78.9	91.3	100.0	100.0	100.0
企业价值/EBITDA	80.4	93.2	99.1	100.0	100.0
股东收益率	70.6	90.0	95.7	99.1	99.8
企业价值/销售额	71.3	77.9	86.8	91.5	98.8
市盈率	71.9	82.8	94.8	97.6	98.5
股息收益率	65.0	82.8	84.3	92.9	93.8
价格/现金流	72.1	83.8	87.2	98.1	100.0
市净率	66.0	71.9	78.3	78.2	85.2
回购收益率	71.9	90.0	94.2	96.4	99.8
企业价值/自由现金流	69.8	73.8	87.2	100.0	100.0
价格/现金流（自由）	71.5	77.2	80.5	95.5	97.8
NOA 变化	69.2	81.3	86.3	94.8	93.6
市销率	62.6	60.6	60.5	70.4	70.4
市价/预提费用比率	62.8	74.7	78.3	79.4	80.5
债务/资本	57.5	58.5	66.8	78.7	76.1

(续)

策略	时间百分比（%）				
	1 年	3 年	5 年	7 年	10 年
总资产与总收益	62.6	64.5	69.3	73.2	71.2
债务变化	56.3	68.7	74.0	78.0	79.6
资产周转率	53.8	61.3	60.8	69.4	79.6
行业基准	0.0	0.0	0.0	0.0	0.0
6 个月股价趋势	54.9	53.4	55.2	57.6	61.1
现金流/债务	45.3	48.3	41.0	40.5	45.8
3 个月股价趋势	46.6	45.3	46.6	45.3	46.6
股本收益率	49.8	47.0	49.8	43.8	47.5
9 个月股价趋势	52.6	54.5	54.7	56.2	57.1
市值	42.7	37.4	36.5	43.6	43.3
资产收益率	46.2	36.2	38.6	35.5	35.5
12 个月股价趋势	49.4	49.6	52.7	52.8	52.2
1 个月股价趋势	34.6	21.5	9.2	4.7	1.7
每股收益变化	46.4	47.9	47.5	41.7	36.2

下降趋势

股价趋势、股本收益率、现金流量债务比和每股收益率升幅策略的收益均未能优于行业本身。除了 6 个月的股价趋势和现金流量债务比之外，这些因素的最佳 20% 与最差 20% 股票之间的所有差额都小于 4%。

如表 24-18 所示，投资者应避开任何组合价值因素最差的 20% 股票。所有的滚动 3 年期基本比率都是一位数，而所有的滚动 5 年、7 年和 10 年期基本比率都为零。投资者还要避开股东收益和回购收益最低的工业类股票，因为其极少优于工业行业本身，即使是具有最佳股价趋势的股票也未能优于整体行业，而最差股价趋势几乎从未优于该行业。

表 24-18 最差 20% 股票：工业最差 20% 股票的所有滚动 1 年、3 年、5 年、7 年和 10 年期汇总基本比率信息（以行业内"所有股票"投资组合的收益率为基准的策略，1967 年 12 月 31 日～2009 年 12 月 31 日，通过最佳 20% 股票复合收益率分类的策略）

策略	时间百分比（%）				
	1 年	3 年	5 年	7 年	10 年
VC2	19.6	4.7	0.0	0.0	0.0
VC3	19.6	4.0	0.0	0.0	0.0
VC1	20.6	6.2	0.2	0.0	0.0

(续)

策略	时间百分比（%）				
	1 年	3 年	5 年	7 年	10 年
企业价值/EBITDA	20.0	4.5	0.2	0.0	0.0
股东收益率	12.3	3.4	0.0	0.0	0.0
企业价值/销售额	27.7	13.2	2.2	0.0	0.0
市盈率	21.5	8.3	0.9	0.2	0.0
股息收益率	21.3	7.2	0.7	0.0	0.0
价格/现金流	15.4	3.0	0.0	0.0	0.0
市净率	29.8	13.4	5.8	1.9	0.0
回购收益率	7.1	0.2	0.0	0.0	0.0
企业价值/自由现金流	23.5	8.5	6.3	5.2	5.4
价格/现金流（自由）	15.0	1.3	0.0	0.0	0.0
NOA 变化	14.4	1.5	0.0	0.0	0.0
市销率	27.5	16.2	5.4	0.0	0.0
市价/预提费用比率	24.9	21.1	4.7	0.0	0.0
债务/资本	16.8	3.0	1.3	0.0	0.0
总资产与总收益	14.4	1.3	0.0	0.0	0.0
债务变化	13.4	8.7	0.2	0.0	0.0
资产周转率	32.4	22.8	15.2	4.7	3.9
行业基准	0.0	0.0	0.0	0.0	0.0
6 个月股价趋势	19.6	4.7	2.5	1.4	0.0
现金流/债务	19.0	11.1	8.7	1.2	0.0
3 个月股价趋势	17.4	4.7	0.7	1.2	0.0
股本收益率	37.9	28.7	24.2	22.5	22.4
9 个月股价趋势	20.9	6.4	2.5	1.4	0.0
市值	48.2	49.6	40.4	41.2	36.0
资产收益率	34.2	18.3	18.8	15.4	15.3
12 个月股价趋势	23.3	13.0	5.2	1.7	0.0
1 个月股价趋势	15.2	2.1	0.0	0.0	0.0
每股收益变化	31.6	20.2	15.0	5.5	0.0

对投资者的启示

关注工业类股票的投资者应购买那些组合价值因素二（这包括股东收益）评分最高的工业类股票。它提供最佳绝对收益和经风险调整后的收益，并具有出色的基本比率。

相反，投资者应避开那些组合价值因素二最差 20% 的工业类股票。在我们研究的 42 年间，其收益不足 1.35%，而最大降幅达到 72%。此外，在所有滚动的 5 年、7 年和 10 年期内，其从未优于该行业本身。

信息技术行业

具有讽刺意味的是，最吸引人的行业之一是为投资者提供最低年复合平均收益的行业。是的，信息技术行业的总收益处于 10 大行业中垫底的位置，1967 年 12 月 31 日至 2009 年 12 月 31 日，该行业的年复合平均收益率仅为 7.29%。虽然信息技术行业在 1995 至 2000 年 3 月引发了市场泡沫，但其在泡沫破裂时经历了戏剧性的逆转，整体行业遭受的最大下降为 85%。

也许最具创新性的行业具有不稳定的投资环境并不奇怪。该行业不间断的创新和变更使投资者难以把握。还记得雅利达（Atari）领衔游戏厂商吗？还记得王安电脑（Wang Computer）、网景（Netscape）、捷威（Gateway）、Pets.com、Webvan 和 eToys.com 吗？它们都犯下大错，进入了坟墓。下面让我们来看一看哪些因素有助于我们识别该行业中最好和最坏的股票。

如表 24-19 所示，企业价值对销售额比和市销率策略表现最好，其次是企业价值对自由现金流以及价值组合二和三的技术类股票。通过关注企业价值对销售额比，投资者可赢得 13.01% 的年复合平均收益，比购买整个行业的股票高约 5.72%。该策略具有 27.68% 的标准差，低于该行业 31.14% 的标准差。如此高的变动使其夏普比率仅为令人失望的 0.29，该比率甚至是该行业的任何信息技术战略可达到的最高夏普比率。其 64% 的最大降幅远低于行业的最大降幅。组合价值因素二和三提供较低的绝对收益，但最大降幅更小，且其夏普比率完全相同。如表 24-20 所示，所有 5 项在所有滚动的 1 年、3 年、5 年、7 年和 10 年滚动期间内的基本比率均为正值。

表 24-19 用于信息技术行业的不同策略的结果汇总（以行业内"所有股票"投资组合的收益率为基准的策略，1967 年 12 月 31 日～2009 年 12 月 31 日，通过最佳 20% 股票复合收益率分类的策略）

策略	几何平均值				最佳 20% 股票			
	最佳 20% 股票（%）	最差 20% 股票（%）	标准差（%）	夏普比率	差值（最佳－最差）（%）	差值（最佳－基准）（%）	最大跌幅（%）	贝塔值
企业价值/销售额	13.01	3.42	27.68	0.29	9.59	5.72	−64.22	0.83
市销率	12.76	4.03	28.03	0.28	8.74	5.47	−65.25	0.84
企业价值/自由现金流	12.70	3.08	28.52	0.27	9.62	5.40	−65.89	0.88
VC2	12.55	2.72	25.83	0.29	9.82	5.25	−60.66	0.78
VC3	12.53	2.55	26.14	0.29	9.98	5.24	−60.41	0.78
企业价值/EBITDA	12.36	2.32	27.66	0.27	10.05	5.07	−68.39	0.83
回购收益率	12.26	2.34	25.19	0.29	9.93	4.97	−61.64	0.77

（续）

策略	几何平均值				最佳20%股票			
	最佳20%股票（%）	最差20%股票（%）	标准差（%）	夏普比率	差值（最佳－最差）（%）	差值（最佳－基准）（%）	最大跌幅（%）	贝塔值
价格/现金流（自由）	12.11	2.63	28.59	0.25	9.48	4.82	−71.25	0.88
VC1	11.90	2.67	26.89	0.26	9.23	4.60	−63.81	0.81
股东收益率	11.30	3.12	25.39	0.25	8.17	4.00	−77.16	0.78
6个月股价趋势	11.24	3.40	33.83	0.18	7.84	3.94	−85.47	1.05
市盈率	11.13	2.54	27.39	0.22	8.59	3.84	−68.93	0.82
资产周转率	11.06	−0.04	31.45	0.19	11.10	3.77	−71.76	0.97
3个月股价趋势	11.00	2.74	32.94	0.18	8.26	3.70	−83.93	1.03
现金流/债务	10.93	0.92	31.62	0.19	10.01	3.64	−73.49	0.98
市净率	10.92	7.79	29.09	0.20	3.13	3.63	−78.80	0.88
股息收益率	10.84	7.22	24.90	0.23	3.62	3.55	−74.78	0.76
价格/现金流	10.81	1.74	28.05	0.21	9.07	3.51	−75.10	0.85
NOA变化	10.64	1.59	31.01	0.18	9.04	3.34	−85.44	0.97
9个月股价趋势	10.61	3.62	34.11	0.16	6.99	3.32	−87.02	1.05
总资产与总收益	10.50	1.97	30.80	0.18	8.53	3.21	−88.10	0.96
资产收益率	9.99	3.10	32.35	0.15	6.89	2.69	−80.61	0.99
12个月股价趋势	9.87	4.28	34.34	0.14	5.59	2.58	−88.08	1.06
资产收益率	9.84	2.04	31.20	0.16	7.81	2.55	−71.31	0.96
债务/资本	9.55	4.51	31.33	0.15	5.04	2.25	−88.42	0.98
每股收益变化	9.38	3.23	35.47	0.12	6.15	2.09	−85.64	1.09
1个月股价趋势	8.93	3.82	32.30	0.12	5.11	1.63	−85.05	1.02
市值	7.48	7.11	32.34	0.08	0.37	0.18	−84.32	1.01
债务变化	7.47	3.20	31.87	0.08	4.27	0.17	−86.91	1.00
行业基准	7.29		31.14	0.07			−85.42	
市价/预提费用比率	6.87	7.15	31.39	0.06	−0.28	−0.43	−84.67	0.98

表24-20 最佳20%股票：信息技术行业最佳20%股票的所有滚动1年、3年、5年、7年和10年期汇总基本比率信息（以行业内"所有股票"投资组合的收益率为基准的策略，1967年12月31日～2009年12月31日，通过最佳20%股票复合收益率分类的策略）

策略	时间百分比（%）				
	1年	3年	5年	7年	10年
企业价值/销售额	66.6	77.7	87.7	93.6	99.8
市销率	64.8	76.2	85.9	90.0	99.3
企业价值/自由现金流	68.0	80.9	80.9	79.4	79.1
VC2	59.9	72.8	81.6	85.5	88.2
VC3	59.1	72.6	79.6	85.1	89.4

(续)

策略	时间百分比（%）				
	1年	3年	5年	7年	10年
企业价值/EBITDA	59.1	74.0	83.9	88.9	91.4
回购收益率	69.0	83.0	91.0	98.3	99.8
价格/现金流（自由）	65.2	72.1	81.6	80.3	81.5
VC1	56.7	70.6	76.5	83.2	87.2
股东收益率	67.8	74.5	82.5	85.1	95.8
6个月股价趋势	64.2	75.3	80.3	88.9	90.9
市盈率	55.3	69.8	72.6	77.7	80.8
资产周转率	62.8	78.1	90.8	96.2	99.3
3个月股价趋势	65.6	76.8	85.7	89.8	93.6
现金流/债务	61.7	75.1	79.8	75.6	76.4
市净率	58.5	68.3	77.4	88.9	97.3
股息收益率	61.7	71.5	75.8	79.4	87.9
价格/现金流	56.7	63.4	74.2	79.4	77.8
NOA变化	61.5	77.9	85.0	86.5	89.9
9个月股价趋势	58.7	69.4	75.3	86.5	84.7
总资产与总收益	60.9	68.7	77.8	84.8	89.7
资产收益率	61.9	66.8	78.3	81.3	84.5
12个月股价趋势	57.1	67.7	69.7	80.3	79.8
资产收益率	60.7	67.2	76.5	79.6	82.8
债务/资本	65.2	60.4	60.1	63.3	73.6
每股收益变化	51.2	63.6	67.3	76.1	79.6
1个月股价趋势	58.1	68.3	75.6	84.4	90.1
市值	47.4	41.9	45.3	45.0	40.9
债务变化	51.2	54.5	56.7	58.8	60.8
行业基准	0.0	0.0	0.0	0.0	0.0
市价/预提费用比率	42.7	40.4	52.2	53.6	57.1

下降趋势

行业收益没能得到提高的唯一因素是价格对增长比。此外，投资者如果想要识别应该避开的技术类股票，那么他们应当注意技术公司的资产营业额。这是我们研究的在42年间表现最差的20%股票，实际上也是损失金钱的唯一因素，年复合平均收益率为−0.40%。资产营业额最低的技术类股票也具有96%的巨幅下降。实际上，最差20%的股票大部分因素的最大降幅都足以葬送这些技术类股票。价值因素二最差的20%技术类股票的最大降幅为97%，按价格对销售比属于最差20%的股票的最大跌幅为95%，按市盈率属于最差20%的股票下跌94%。若要安全地进入此危险行业，投资者必须避开那些最差的 20% 股票，它们是毒药。表 24-21 显示了最差的 20% 股票的基本比率。

表 24-21 最差 20% 股票：信息技术行业最差 20% 股票的所有滚动 1 年、3 年、5 年、7 年和 10 年期汇总基本比率信息（以行业内"所有股票"投资组合的收益率为基准的策略，1967 年 12 月 31 日～2009 年 12 月 31 日，通过最佳 20% 股票复合收益率分类的策略）

策略	时间百分比（%）				
	1 年	3 年	5 年	7 年	10 年
企业价值/销售额	43.5	39.6	33.6	30.1	23.2
市销率	44.3	37.4	33.4	27.7	11.1
企业价值/自由现金流	35.8	26.4	22.4	25.6	28.3
VC2	44.1	31.1	35.4	29.1	26.8
VC3	43.3	30.4	35.4	28.9	26.4
企业价值/EBITDA	39.1	29.8	27.8	24.4	24.4
回购收益率	24.5	20.2	16.8	14.2	13.5
价格/现金流（自由）	39.5	27.0	28.9	29.9	30.0
VC1	42.9	29.1	33.4	27.7	29.6
股东收益率	27.5	17.2	15.9	16.6	14.3
6 个月股价趋势	33.2	17.7	11.9	2.6	0.2
市盈率	35.6	18.7	15.5	16.4	19.5
资产周转率	27.1	17.0	4.9	5.0	0.2
3 个月股价趋势	21.5	11.3	5.6	2.1	0.0
现金流/债务	30.0	20.6	17.3	19.4	18.5
市净率	52.4	48.3	48.4	54.3	55.4
股息收益率	39.7	38.5	41.0	47.2	45.1
价格/现金流	32.6	17.9	13.7	12.6	14.0
NOA 变化	28.7	15.1	6.3	2.8	0.0
9 个月股价趋势	40.7	26.6	24.2	13.7	10.8
总资产与总收益	26.7	14.3	11.9	2.8	0.5
资产收益率	38.7	33.2	26.9	28.0	26.4
12 个月股价趋势	43.1	33.4	37.4	38.4	41.6
资产收益率	36.8	31.7	22.2	28.9	26.4
债务/资本	41.1	36.2	28.9	20.9	12.1
每股收益变化	35.8	24.9	11.7	2.6	2.2
1 个月股价趋势	18.2	11.5	7.8	2.4	0.0
市值	51.0	54.0	52.0	54.0	54.2
债务变化	30.0	9.4	2.2	2.4	0.0
行业基准	0.0	0.0	0.0	0.0	0.0
市价/预提费用比率	49.8	45.7	46.9	45.3	41.4

对投资者的启示

信息技术行业是 10 大行业中最危险的行业。它为整体行业及各种因素的最差 20% 股票提供最低的平均年度收益及最大降幅。最成功的战略均以股价最便宜的技术类股票为中心。关注企业价值对销售比、价格对销售比及复合价值因素，对技术类股票投资者最为有用。即便如此，整体波动也会导致最佳战略仅提供 13.01% 的复合收益率和 0.29 的夏普比率。其实只购买纯粹的必需消费品行业类股票更好，难怪沃伦·巴菲特避开技术类股票。

技术行业的投资者需要特别注意最差的 20% 股票，应尽力规避。其峰谷非常巨大，总收益也极不理想。但是，尽管技术类股票具有波动性，但其有时也是不错的投资选择。我发现，识别最佳技术类股票的一个更好的方式是以所有股票行业开始，然后使用多因素模型在整个经济行业内进行选择。在技术类股票通过该筛选时，它们往往可以提供更优秀的表现。

物料行业

如表 24-22 所示，物料行业的最佳收益来自复合价值因素三评分最高的股票。该战略赢得了 16.48% 的年复合平均收益率，比行业平均值约高 4.89%。其 21.71% 的标准差稍高于行业的 20.83%，而其夏普比率是还不错的 0.53。如表 24-23 所示，该战略的基本比率均为正数，并且该战略以所有滚动 5 年期的 93% 和所有滚动 10 年期的 100% 优于该行业。其他两个价值因素——企业价值/EBITDA 和股东收益完善了前 5 个因素。虽然股东收益的绝对收益较低，但其具有较低的波动性和较高的夏普比率。对于购买价值因素三评分最高的 20% 股票，其最大降幅为 63%，只比行业的最大降幅（61%）高两个点。

表 24-22 用于物料行业的不同策略的结果汇总（以行业内"所有股票"投资组合的收益率为基准的策略，1967 年 12 月 31 日～2009 年 12 月 31 日，通过最佳 20% 股票复合收益率分类的策略）

策略	几何平均值				最佳 20% 股票			
	最佳 20% 股票 (%)	最差 20% 股票 (%)	标准差 (%)	夏普比率	差值（最佳－最差）(%)	差值（最佳－基准）(%)	最大跌幅 (%)	贝塔值
VC3	16.48	5.56	21.71	0.53	10.92	4.89	−63.42	0.99
VC2	16.48	5.32	21.58	0.53	11.16	4.89	−63.53	0.98

(续)

策略	几何平均值				最佳20%股票			
	最佳20%股票(%)	最差20%股票(%)	标准差(%)	夏普比率	差值(最佳－最差)(%)	差值(最佳－基准)(%)	最大跌幅(%)	贝塔值
企业价值/EBITDA	16.02	5.27	21.87	0.50	10.75	4.43	−67.13	1.00
VC1	15.72	5.88	22.08	0.49	9.85	4.13	−64.05	1.01
股本收益率	15.36	4.87	19.29	0.54	10.49	3.77	−57.89	0.88
价格/现金流	15.19	5.53	22.61	0.45	9.66	3.60	−64.69	1.04
股息收益率	14.54	5.99	19.45	0.49	8.55	2.95	−58.83	0.88
市盈率	14.54	6.40	22.04	0.43	8.14	2.95	−66.67	1.01
价格/现金流(自由)	14.08	7.58	22.27	0.41	6.50	2.49	−62.71	1.02
回购收益率	14.02	6.63	19.52	0.46	7.39	2.43	−55.97	0.89
企业价值/自由现金流	13.66	7.67	21.31	0.41	5.99	2.07	−63.31	0.98
企业价值/销售额	13.55	6.05	22.42	0.38	7.50	1.96	−64.92	1.00
市销率	13.52	6.69	23.52	0.36	6.83	1.93	−65.14	1.05
市净率	13.48	7.15	23.95	0.35	6.33	1.89	−65.24	1.09
市价/预提费用比率	13.44	8.62	23.18	0.36	4.82	1.85	−62.93	1.06
总资产与总收益	13.12	7.87	21.17	0.38	5.25	1.53	−64.03	0.99
债务变化	12.98	9.36	21.59	0.37	3.62	1.39	−62.77	1.01
NOA变化	12.76	7.41	21.21	0.37	5.35	1.17	−62.67	0.99
现金流/债务	12.50	5.70	20.04	0.37	6.81	0.91	−60.36	0.90
债务/资本	12.50	6.93	21.71	0.35	5.57	0.91	−61.04	0.99
6个月股价趋势	12.21	8.64	22.51	0.32	3.57	0.62	−64.23	1.01
3个月股价趋势	12.09	8.68	21.99	0.32	3.41	0.50	−62.54	1.01
9个月股价趋势	11.75	9.49	22.81	0.30	2.26	0.16	−65.22	1.01
行业基准	11.59		20.83	0.32			−61.36	
资产周转率	11.40	7.01	20.66	0.31	4.39	−0.19	−60.59	0.91
1个月股价趋势	11.37	9.91	21.57	0.30	1.47	−0.22	−60.09	1.01
市值	11.35	9.44	22.29	0.28	1.91	−0.24	−63.43	1.02
资产收益率	11.14	7.85	20.86	0.29	3.29	−0.45	−66.78	0.95
12个月股价趋势	10.92	10.13	22.99	0.26	0.80	−0.67	−65.33	1.01
每股收益变化	10.37	8.99	22.77	0.24	1.38	−1.22	−60.49	1.05
股本收益率	9.63	8.08	21.37	0.22	1.55	−1.96	−65.84	0.97

表24-23 最佳20%股票:物料行业最佳20%股票的所有滚动1年、3年、5年、7年和10年期汇总基本比率信息(以行业内"所有股票"投资组合的收益率为基准的策略,1967年12月31日～2009年12月31日,通过最佳20%股票复合收益率分类的策略)

策略	时间百分比(%)				
	1年	3年	5年	7年	10年
VC3	73.3	86.2	92.6	98.8	100.0

(续)

策略	时间百分比（%）				
	1 年	3 年	5 年	7 年	10 年
VC2	72.9	86.8	93.7	100.0	100.0
企业价值/EBITDA	68.0	84.9	91.3	99.8	100.0
VC1	67.2	78.3	86.8	99.8	100.0
股东收益率	73.1	90.0	96.6	100.0	100.0
价格/现金流	66.0	74.5	83.4	94.1	99.3
股息收益率	68.0	77.0	80.7	88.4	97.3
市盈率	63.4	73.4	76.2	84.4	87.7
价格/现金流（自由）	64.6	69.6	79.1	91.2	94.3
回购收益率	64.4	71.9	80.0	87.9	93.3
企业价值/自由现金流	63.8	67.7	78.3	92.2	96.8
企业价值/销售额	58.5	68.3	77.8	78.4	87.2
市销率	54.3	63.6	70.9	79.1	89.4
市净率	49.8	56.6	65.9	63.7	53.9
市价/预提费用比率	54.7	57.9	65.2	63.5	65.0
总资产与总收益	61.9	68.3	77.4	86.3	87.9
债务变化	67.2	78.3	83.2	87.0	91.1
NOA 变化	56.3	60.9	71.7	78.9	80.5
现金流/债务	54.3	64.0	58.1	47.9	46.3
债务/资本	54.9	55.1	51.6	56.4	56.2
6 个月股价趋势	57.9	66.4	77.1	85.5	82.8
3 个月股价趋势	53.4	54.7	59.9	60.4	62.8
9 个月股价趋势	60.7	61.1	68.8	75.4	73.6
行业基准	0.0	0.0	0.0	0.0	0.0
资产周转率	58.5	59.1	60.5	62.3	74.1
1 个月股价趋势	44.1	47.2	46.4	41.0	34.2
市值	48.6	44.5	42.6	42.9	43.1
资产收益率	48.6	48.7	50.7	44.3	43.6
12 个月股价趋势	57.5	54.9	57.4	58.5	64.0
每股收益变化	43.3	45.7	41.3	31.0	26.1
股本收益率	40.9	39.8	27.4	21.8	22.2

下降趋势

短期和长期趋势策略的收益未能优于行业的平均收益，对资产交易额、资产收益率、股本收益率和具有最高收益率的股票也是如此。按价值因素二、价值因素三和企业价值/EBITDA 属于最差 20% 的股票，其收益未能优于 30 天美国短期国债的收益，并且其基本比率非常低。如表 24-24 所示，对于组合价值二和三评分最低的材料行业股票,其所有的滚动5年期的基本比率都为个位数,并且在任何的滚动7年或10年期内没有任何收益。对于价值因素二和三,最差20%股票的最大降幅超过72%。

表24-24 最差20%股票:物料行业最差20%股票的所有滚动1年、3年、5年、7年和10年期汇总基本比率信息(以行业内"所有股票"投资组合的收益率为基准的策略,1967年12月31日~2009年12月31日,通过最佳20%股票复合收益率分类的策略)

策略	时间百分比(%)				
	1年	3年	5年	7年	10年
VC3	27.5	14.9	6.5	0.0	0.0
VC2	25.9	14.0	6.3	0.0	0.0
企业价值/EBITDA	27.7	18.3	10.5	0.7	0.0
VC1	27.5	15.3	6.7	1.2	0.0
股东收益率	20.2	8.1	5.4	1.7	0.0
价格/现金流	24.5	13.6	7.0	0.2	0.0
股息收益率	25.3	25.5	9.2	3.6	0.0
市盈率	32.6	27.4	15.9	2.4	0.0
价格/现金流(自由)	27.7	18.9	6.1	0.0	0.0
回购收益率	22.5	6.4	5.6	1.2	0.0
企业价值/自由现金流	23.5	17.0	7.8	0.5	0.0
企业价值/销售额	30.4	21.7	11.9	5.0	0.5
市销率	31.8	22.3	11.9	4.7	0.5
市净率	28.7	17.4	4.0	0.0	0.0
市价/预提费用比率	29.6	20.4	8.7	5.0	5.4
总资产与总收益	25.5	14.9	11.2	10.9	8.9
债务变化	38.1	36.8	29.1	18.7	16.0
NOA变化	29.4	17.4	14.8	5.9	1.7
现金流/债务	29.1	21.9	6.3	2.6	3.0
债务/资本	31.4	15.5	2.9	0.7	0.0
6个月股价趋势	29.8	13.0	2.2	1.9	1.5
3个月股价趋势	25.7	12.3	2.2	1.4	0.2
9个月股价趋势	33.2	20.0	8.7	5.0	6.4
行业基准	0.0	0.0	0.0	0.0	0.0
资产周转率	32.0	27.9	24.2	14.9	11.8
1个月股价趋势	27.5	16.6	6.1	1.9	1.5
市值	38.3	39.8	36.5	24.9	14.5
资产收益率	36.6	28.9	22.9	15.6	18.0
12个月股价趋势	35.6	22.1	13.7	8.3	8.9
每股收益变化	39.1	26.0	14.6	2.4	0.2
股本收益率	37.7	30.2	24.7	19.2	19.2

对投资者的启示

如新兴模式持续所示，组合价值因素二或三的最佳 20% 股票可为材料行业的投资者提供最高的收益。对于愿意放弃一些整体收益以便获得平稳性的材料行业投资者，股东收益最高的股票可提供最高的夏普比率和最大 58% 的降幅。

正如我们在其他行业中看到的一样，投资者应避免购买任何复合价值因素、企业价值/EBITDA 和股东收益最差的 20% 材料类股票。它们几乎不提供收益，而风险却大幅增加。

电信行业

欢迎进入第二强健的行业——电信行业。该行业提供了 10 大行业内最强性能的股票，而整体行业提供 11.86% 的合理年复合平均收益率，最差的 20% 股票遭受了巨大的降幅，这导致许多类似的股票在 21 世纪初的 10 年间寻求破产保护。根据至顶网的报道，2000～2004 年 4 月，68 家公开上市交易的电信公司根据《美国破产法案》第 11 章申请破产。在此期间，一些最大型的知名公司，如世界电信（Worldcom）、MCI、环球电讯（Global Crossing）和 XO Communications，都濒临破产。表 24-25 总结了左右这些因素的结果。

表 24-25 用于电信服务行业的不同策略的结果汇总（以行业内"所有股票"投资组合的收益率为基准的策略，1967 年 12 月 31 日～2009 年 12 月 31 日，通过最佳 20% 股票复合收益率分类的策略）

策略	几何平均值				最佳 20% 股票			
	最佳 20% 股票(%)	最差 20% 股票(%)	标准差(%)	夏普比率	差值（最佳－最差）(%)	差值（最佳－基准）(%)	最大跌幅(%)	贝塔值
VC1	17.00	5.08	17.07	0.70	11.92	5.14	-67.05	0.68
价格/现金流	16.74	5.52	19.00	0.62	11.22	4.88	-76.98	0.79
VC3	16.59	4.01	16.92	0.68	12.58	4.73	-66.05	0.68
VC2	16.53	4.56	16.76	0.69	11.97	4.67	-65.14	0.66
市盈率	16.06	5.09	17.14	0.65	10.97	4.20	-62.54	0.69
企业价值/EBITDA	15.80	5.09	18.06	0.60	10.71	3.94	-65.90	0.70
价格/现金流（自由）	14.79	5.03	19.36	0.51	9.76	2.93	-76.11	0.79
市净率	14.48	7.31	20.96	0.45	7.17	2.62	-86.35	0.88
股东收益率	14.13	6.62	16.94	0.54	7.51	2.27	-66.59	0.67
股息收益率	14.02	9.12	16.08	0.56	4.90	2.16	-63.29	0.62

(续)

策略	几何平均值				最佳20%股票			
	最佳20%股票(%)	最差20%股票(%)	标准差(%)	夏普比率	差值(最佳－最差)(%)	差值(最佳－基准)(%)	最大跌幅(%)	贝塔值
市销率	13.91	6.31	23.27	0.38	7.60	2.05	−86.53	0.98
企业价值/自由现金流	13.69	4.08	20.16	0.43	9.61	1.83	−70.54	0.79
3个月股价趋势	13.63	7.41	22.59	0.38	6.22	1.77	−82.64	0.97
6个月股价趋势	13.53	7.02	23.12	0.37	6.51	1.67	−79.42	0.96
9个月股价趋势	13.27	7.98	23.43	0.35	5.30	1.41	−80.13	0.96
NOA变化	13.11	5.26	20.39	0.40	7.85	1.25	−78.09	0.87
市价/预提费用比率	13.03	8.88	24.61	0.33	4.15	1.17	−94.77	1.06
12个月股价趋势	12.86	8.36	23.90	0.33	4.50	1.00	−82.21	0.97
回购收益率	12.52	7.51	19.02	0.40	5.01	0.66	−70.87	0.79
股本收益率	12.48	5.57	21.13	0.35	6.91	0.62	−61.16	0.79
债务变化	12.46	6.76	20.09	0.37	5.69	0.60	−73.74	0.84
1个月股价趋势	12.05	9.24	22.43	0.31	2.81	0.19	−85.72	1.00
行业基准	11.86		21.44	0.32			−88.05	
市值	11.80	9.60	27.64	0.25	2.19	−0.06	−91.41	1.16
企业价值/销售额	11.24	6.58	22.86	0.27	4.66	−0.62	−83.50	0.91
资产收益率	10.87	8.10	20.73	0.28	2.77	−0.99	−67.71	0.78
现金流/债务	10.63	7.86	19.78	0.28	2.77	−1.23	−66.03	0.76
每股收益变化	10.63	10.24	22.48	0.25	0.39	−1.23	−81.94	0.92
总资产与总收益	10.59	8.13	22.57	0.25	2.46	−1.27	−85.97	0.97
债务/资本	9.98	5.58	22.75	0.22	4.40	−1.87	−86.25	0.93
资产周转率	9.42	7.33	23.82	0.19	2.09	−2.44	−78.93	0.93

即使是表现最好的战略也遭受了巨大的下跌，所有这些战略都遭受了超过60%的下跌，而行业整体的峰谷损失有88%。在我们寻求提供行业和市场最优收益的战略时，最好记住这一点。通常，我们可在前5个表现最好的战略中发现3个复合价值因素，其中，价值因素一领先。1967～2009年，持续购买价值因素一的最佳20%的电信类股票的投资者赢得了17%的年复合平均收益率，比对电信行业本身进行投资高出约5.14%。其17.07%的标准差远低于行业的21.44%，这产生了0.70的强劲夏普比率。该战略的基本比率（见表24-26）均是正数，但不像在其他行业中看到的一样高。此处，在79%的所有滚动的5年期和83%的所有滚动的10年期中，购买价值因素一最佳20%的股票的收益高于电信行业的收益。复合价值因素二和三策略，及购买现金流比和市盈率最低的电信类股票可完善前5个执行因素。

表 24-26 最佳 20% 股票：电信服务业最佳 20% 股票的所有滚动 1 年、3 年、5 年、7 年和 10 年期汇总基本比率信息（以行业内"所有股票"投资组合的收益率为基准的策略，1967 年 12 月 31 日～2009 年 12 月 31 日，通过最佳 20% 股票复合收益率分类的策略）

策略	时间百分比（%）				
	1 年	3 年	5 年	7 年	10 年
VC1	65.4	66.6	78.7	79.9	82.5
价格/现金流	68.2	72.8	75.3	80.1	80.8
VC3	63.4	65.5	70.6	76.1	78.3
VC2	64.0	66.4	73.3	75.8	75.4
市盈率	58.7	69.8	72.4	83.6	85.0
企业价值/EBITDA	60.5	61.5	65.2	65.9	70.9
价格/现金流（自由）	58.3	64.7	66.8	71.6	74.6
市净率	67.4	71.3	70.0	76.8	78.6
股东收益率	56.3	53.4	58.7	67.3	74.4
股息收益率	53.4	51.9	57.4	65.2	74.9
市销率	57.1	62.3	69.3	71.8	72.2
企业价值/自由现金流	60.3	62.3	65.2	64.5	65.5
3 个月股价趋势	52.8	66.2	71.1	79.1	80.3
6 个月股价趋势	51.8	59.1	67.7	67.8	73.6
9 个月股价趋势	50.6	56.6	64.3	67.5	74.4
NOA 变化	53.0	61.7	70.9	80.6	82.5
市价/预提费用比率	59.5	59.1	54.9	47.6	47.3
12 个月股价趋势	52.0	53.6	63.0	67.5	73.4
回购收益率	44.5	40.2	42.2	50.0	53.7
股本收益率	51.8	49.8	48.2	51.9	52.2
债务变化	52.6	58.7	70.9	74.6	78.1
1 个月股价趋势	47.2	51.1	56.3	52.1	58.6
行业基准	0.0	0.0	0.0	0.0	0.0
市值	50.0	45.5	45.7	49.1	61.6
企业价值/销售额	52.2	46.8	49.6	50.7	53.4
资产收益率	41.9	35.5	43.9	41.2	41.6
现金流/债务	45.3	38.5	38.1	35.5	32.3
每股收益变化	47.0	43.6	42.2	36.3	36.0
总资产与总收益	42.1	38.9	31.4	33.2	38.4
债务/资本	50.4	49.1	50.7	53.3	53.4
资产周转率	42.3	42.1	41.7	40.3	42.1

下降趋势

企业价值销售额比、资产收益率、现金流债务比、总资产总收益比及每股收益变化最高的股票的收益都未能高于整体电信行业收益。

首先，所有这些战略都未能优于对 30 天美国短期国债进行的投资，并且都具有超过 97% 的最大降幅。毫无疑问，许多申请破产的这类公司都发现自己属于这样的股票。表 24-27 中列出的基本比率显示了此行业的复杂性，通常，一旦投资者达到 7 年或 10 年的较长持有时间，就会从最差 20% 的股票基本比率下跌到接近零。但我们在此处看到，按价值因素一的最差 20% 的股票实际上在 14% 的所有滚动的 10 年期内优于该行业，而按现金流量债务比的最差 20% 的股票在 30% 的所有滚动的 10 年期内优于该行业。毫无疑问，这种情况发生在股市泡沫结束时，但可以肯定的是，投资电信类股票的投资者想仅通过查看基本比率，在短时间内获取可靠的信息十分困难。

表 24-27　最差 20% 股票：电信服务业最差 20% 股票的所有滚动 1 年、3 年、5 年、7 年和 10 年期汇总基本比率信息（以行业内"所有股票"投资组合的收益率为基准的策略，1967 年 12 月 31 日～2009 年 12 月 31 日，通过最佳 20% 股票复合收益率分类的策略）

策略	时间百分比（%）				
	1 年	3 年	5 年	7 年	10 年
VC1	41.7	33.0	22.0	16.4	14.0
价格/现金流	35.2	31.9	29.4	29.9	29.8
VC3	37.9	25.1	15.0	10.2	6.9
VC2	42.9	30.9	22.2	16.6	14.0
市盈率	42.7	33.6	28.5	17.1	15.0
企业价值/EBITDA	42.5	36.6	26.7	15.6	10.6
价格/现金流（自由）	38.5	32.3	27.8	18.0	18.0
市净率	36.6	32.1	24.9	19.2	18.5
股东收益率	33.4	27.2	25.3	26.5	31.5
股息收益率	46.2	42.1	33.4	33.9	38.9
市销率	38.1	31.3	26.9	25.6	24.9
企业价值/自由现金流	36.4	32.1	28.3	20.1	14.5
3 个月股价趋势	38.7	30.4	22.6	14.9	8.9
6 个月股价趋势	41.7	35.1	27.4	21.8	17.5
9 个月股价趋势	39.9	31.5	23.5	16.8	10.3
NOA 变化	28.9	13.8	10.1	6.6	3.7
市价/预提费用比率	35.6	33.6	35.9	30.8	33.5
12 个月股价趋势	41.3	33.0	17.0	11.4	6.2
回购收益率	34.8	25.1	28.7	30.1	33.5
股本收益率	37.0	31.9	20.4	21.3	17.5
债务变化	31.8	18.5	11.9	4.0	0.7

(续)

策略	时间百分比（%）				
	1年	3年	5年	7年	10年
1个月股价趋势	44.7	41.1	29.8	25.6	22.7
行业基准	0.0	0.0	0.0	0.0	0.0
市值	43.5	39.8	36.3	30.3	26.6
企业价值/销售额	44.3	35.5	28.7	26.8	23.9
资产收益率	47.6	54.9	47.8	44.5	47.0
现金流/债务	47.2	40.6	41.0	38.4	41.6
每股收益变化	41.9	42.1	37.9	31.5	35.0
总资产与总收益	34.8	24.9	19.1	15.6	10.3
债务/资本	40.7	29.4	20.2	10.7	8.9
资产周转率	43.7	37.0	30.9	20.4	14.8

对投资者的启示

电信行业为受过训练的投资者提供卓越的收益，前提是他们愿意紧追那些各种组合价值因素整体评分最高的股票。但该行业遭受了最高级别的波动性和最大规模的破产。投资者需要格外小心，并且切勿让自己的电信投资组合混入最差20%的股票。

应像避开瘟疫一样避开按任何组合价值因素、现金流量债务比或市盈率排名最高的电信类股票。

公共事业

我们已从最不稳定的行业之一转到最稳定的行业之一。许多保守的投资者对公共事业的平稳水平感到最为满意。历史上，公共事业以比其他9大行业低得多的波动性和下跌风险为投资者提供了合理的收益。我们在表24-28中列出的分析内容显示这绝对是真实的。虽然在我们研究的42年中，该行业提供了不错的11.25%年复合平均收益率，但投资者只须关注那些在3个组合价值因素中的任意一个评分最高的公共事业股票即可获得更好的收益。坚持对价值因素二或三的最佳20%的公共事业股票进行投资的投资者，赢得了16.01%的年复合平均收益率。价值因素二的标准差稍低于价值因素三的标准差，两者分别为14.51%和14.60%。较高的收益与较低的波动性结合，可达到0.75或更高的夏普比率。表24-28显示了所有策略的收益结果。我们看到购买企业价值/EBITDA 和现金流量债务比最佳 20% 的公共事业股票，可以使前 5 个战略更完善。表 24-29 显示了所有战略的基本比率。前 3 个执行战略也具有优秀的基本比率结果，在超过 80% 的所有滚动的 1 年期和 100% 的所有滚动的 10 年期中均优于行业平均值。

表 24-28 用于公共事业的不同策略的结果汇总（以行业内"所有股票"投资组合的收益率为基准的策略，1967 年 12 月 31 日～2009 年 12 月 31 日，通过最佳 20% 股票复合收益率分类的策略）

策略	几何平均值				最佳 20% 股票			
	最佳 20% 股票（%）	最差 20% 股票（%）	标准差（%）	夏普比率	差值（最佳－最差）（%）	差值（最佳－基准）（%）	最大跌幅（%）	贝塔值
VC2	16.01	6.52	14.51	0.76	9.49	4.77	-32.96	1.01
VC3	16.01	7.00	14.60	0.75	9.01	4.76	-36.82	1.02
VC1	15.63	7.14	14.90	0.71	8.50	4.39	-36.92	1.04
企业价值/EBITDA	15.55	7.05	16.91	0.62	8.50	4.31	-55.79	1.04
价格/现金流	14.91	7.59	15.20	0.65	7.32	3.67	-39.99	1.06
企业价值/自由现金流	14.74	10.95	16.01	0.61	3.79	3.50	-45.03	0.99
股东收益率	14.69	7.95	13.80	0.70	6.75	3.45	-38.12	0.96
市盈率	14.57	8.15	15.09	0.63	6.42	3.32	-39.54	1.05
价格/现金流（自由）	14.41	10.30	14.68	0.64	4.11	3.17	-45.54	1.02
市销率	14.35	7.73	16.21	0.58	6.61	3.10	-50.16	1.07
市价/预提费用比率	13.92	8.30	15.08	0.59	5.62	2.67	-43.00	1.05
市净率	13.38	7.51	16.43	0.51	5.88	2.14	-47.80	1.11
债务/资本	13.24	8.76	16.43	0.50	4.49	2.00	-47.80	0.97
回购收益率	13.03	8.34	14.11	0.57	4.69	1.78	-44.22	0.96
NOA 变化	12.85	9.10	14.02	0.56	3.75	1.61	-47.06	0.98
市值	12.76	8.55	13.46	0.58	4.21	1.51	-39.39	0.89
企业价值/销售额	12.18	9.25	19.94	0.36	2.93	0.94	-68.02	1.09
股息收益率	12.16	8.09	14.57	0.49	4.07	0.91	-38.48	0.99
现金流/债务	12.00	10.48	14.43	0.49	1.52	0.75	-46.12	0.95
债务变化	11.98	10.06	13.84	0.50	1.91	0.73	-47.56	0.97
3 个月股价趋势	11.70	10.06	13.80	0.49	1.64	0.45	-42.24	0.94
6 个月股价趋势	11.57	10.43	13.92	0.47	1.14	0.33	-44.74	0.92
资产周转率	11.50	9.98	14.88	0.44	1.52	0.25	-40.07	0.94
股本收益率	11.42	11.43	15.20	0.42	-0.01	0.17	-47.07	1.00
行业基准	11.25		13.69	0.46			-38.78	
总资产与总收益	11.11	8.38	16.92	0.36	2.74	-0.13	-47.42	0.96
1 个月股价趋势	10.94	10.95	13.86	0.43	0.00	-0.30	-44.20	0.97
9 个月股价趋势	10.94	10.96	14.10	0.42	-0.02	-0.31	-46.23	0.91

(续)

策略	几何平均值				最佳20%股票			
	最佳20%股票（%）	最差20%股票（%）	标准差（%）	夏普比率	差值（最佳-最差）（%）	差值（最佳-基准）（%）	最大跌幅（%）	贝塔值
每股收益变化	10.80	11.96	14.80	0.39	-1.16	-0.45	-51.10	1.03
资产收益率	10.65	11.59	14.24	0.40	-0.93	-0.59	-44.45	0.95
12个月股价趋势	10.32	11.31	14.27	0.37	-0.99	-0.93	-49.92	0.91

表24-29 最佳20%股票：公共事业最佳20%股票的所有滚动1年、3年、5年、7年和10年期汇总基本比率信息（以行业内"所有股票"投资组合的收益率为基准的策略，1967年12月31日～2009年12月31日，通过最佳20%股票复合收益率分类的策略）

策略	时间百分比（%）				
	1年	3年	5年	7年	10年
VC2	83.6	94.0	95.1	98.6	100.0
VC3	81.4	95.7	97.3	100.0	100.0
VC1	80.6	96.0	97.1	100.0	100.0
企业价值/EBITDA	74.7	88.1	96.4	100.0	100.0
价格/现金流	76.5	92.3	100.0	100.0	100.0
企业价值/自由现金流	68.0	84.9	90.6	95.5	98.3
股东收益率	73.7	91.9	96.0	100.0	100.0
市盈率	75.9	91.5	94.4	98.1	99.3
价格/现金流（自由）	76.3	92.3	97.3	98.3	100.0
市销率	71.3	80.4	90.1	94.3	96.8
市价/预提费用比率	70.4	83.2	96.2	98.8	100.0
市净率	66.6	80.6	91.7	93.6	97.3
债务/资本	55.9	62.6	73.1	72.5	75.6
回购收益率	60.1	81.3	85.2	91.2	94.6
NOA变化	71.1	88.9	93.5	99.3	100.0
市值	64.8	75.7	83.6	87.0	89.9
企业价值/销售额	59.9	68.9	74.2	78.2	80.5
股息收益率	55.1	63.2	62.3	57.1	53.7
现金流/债务	54.7	62.6	63.2	60.0	60.1
债券变化	58.7	67.9	73.1	73.5	77.6
3个月股价趋势	43.9	47.0	51.1	54.5	56.9
6个月股价趋势	45.7	50.4	53.4	55.5	61.1
资产周转率	50.4	56.0	49.8	56.4	52.7
股本收益率	52.4	51.3	54.7	57.1	59.9
行业基准	0.0	0.0	0.0	0.0	0.0
总资产与总收益	55.3	62.1	70.6	75.8	76.6

(续)

策略	时间百分比（%）				
	1 年	3 年	5 年	7 年	10 年
1 个月股价趋势	37.2	40.2	42.8	50.0	53.7
9 个月股价趋势	43.1	45.1	50.7	56.4	59.1
每股收益变化	43.7	47.0	41.7	39.3	39.7
资产收益率	47.6	43.8	40.4	30.1	22.2
12 个月股价趋势	43.7	42.3	48.7	53.8	53.0

下降趋势

股价趋势未在公共事业行业发挥很好的作用，购买收益率最高的公共事业股票也不会增加每股收益。总资产总增长比及资产收益率策略也未能优于行业的表现。转向最差 20% 股票的各种复合价值因素，我们看到，在 3 个组合价值因素中的任意一个得分最低的公共事业股票的表现极少优于整体行业。所有基本比率都是负数，并且对于超过 3 年的滚动期，都只是个位数。实际上，虽然公共事业股票的最大降幅与其他行业的最低价值因素 20% 的股票相比并没有太高，但其已增长到超过 45%。表 24-30 显示了最差 20% 股票的基本比率。

表 24-30 最差 20% 股票：公共事业最差 20% 股票的所有滚动 1 年、3 年、5 年、7 年和 10 年期汇总基本比率信息（以行业内"所有股票"投资组合的收益率为基准的策略，1967 年 12 月 31 日～2009 年 12 月 31 日，通过最佳 20% 股票复合收益率分类的策略）

策略	时间百分比（%）				
	1 年	3 年	5 年	7 年	10 年
VC2	17.0	5.1	3.4	1.7	0.0
VC3	14.2	6.2	3.8	2.6	0.5
VC1	19.4	6.4	2.9	1.9	0.0
企业价值/EBITDA	23.7	16.4	10.5	8.1	5.4
价格/现金流	28.1	11.7	7.2	3.6	1.0
企业价值/自由现金流	36.8	32.8	28.3	30.3	30.0
股东收益率	28.7	15.1	11.0	3.6	3.7
市盈率	35.8	24.7	17.0	9.7	8.1
价格/现金流（自由）	34.4	33.4	34.1	29.9	27.3
市销率	23.5	11.7	6.1	4.3	0.0
市价/预提费用比率	28.9	13.0	5.8	3.8	2.5
市净率	34.8	14.0	11.7	5.5	4.9
债务/资本	36.2	27.4	20.2	17.1	12.6
回购收益率	34.6	13.6	11.9	10.4	6.2

(续)

策略	时间百分比（%）				
	1 年	3 年	5 年	7 年	10 年
NOA 变化	34.4	25.3	20.0	10.2	8.9
市值	30.6	16.8	19.1	9.5	3.7
企业价值/销售额	34.8	35.3	26.0	25.1	21.4
股息收益率	41.9	34.9	27.4	22.3	17.2
现金流/债务	42.9	47.7	38.1	28.2	33.7
债务变化	36.2	27.2	28.0	28.4	28.3
3 个月股价趋势	48.6	50.6	39.7	24.4	18.2
6 个月股价趋势	50.6	54.0	47.3	32.9	24.1
资产周转率	36.0	28.7	29.1	30.1	30.0
股本收益率	53.8	60.9	56.7	51.4	50.2
行业基准	0.0	0.0	0.0	0.0	0.0
总资产与总收益	43.5	42.1	38.6	32.7	28.3
1 个月股价趋势	59.3	63.2	50.9	33.6	25.4
9 个月股价趋势	54.0	58.1	51.1	35.8	29.1
每股收益变化	58.5	64.9	72.2	74.2	79.8
资产收益率	57.1	62.6	59.2	64.5	62.6
12 个月股价趋势	53.8	57.2	51.3	38.6	34.5

对投资者的启示

公共事业行业是 10 大经济行业中最保守的行业。它具有最低的标准差和最小的最大跌幅，但是，投资者可通过关注复合价值因素提高其收益。购买 20% 复合价值因素二的评分最高的股票产生 16.01% 的年复合平均收益率，最大降幅为 33%。与在同期内对所有股票行业的投资相比，这是一个低风险、高收益组合，赢得了 10.56% 的年复合平均收益率，最大降幅为 55%。它证明，与对所有股票行业进行投资相比，公共事业可以以低得多的风险提供卓越的收益。

投资者应避免持有属于最差 20% 的公共事业股票。如表 24-30 所示，它们的基本比率非常差，并且极少优于行业平均收益。但是，最差 20% 的公共事业股票不像其他行业的最差 20% 股票已被证明是彻底失败的投资。此处，即使是最差的投资受到的损害也不会像在其他行业中受到的损害一样严重。在公共事业行业中，即使是最差的 20% 股票的收益也胜过短期国债，这是其他行业所不能比的。

10大经济行业的总结和含义

现在我们已经悉知10大经济行业非常引人注目。所有复合价值因素（一、二或三）已是10大经济行业中6大行业内的最高单项收益策略，并且是每个行业内排名前5的策略。与净现金流和销售相比时，企业价值也处于或接近前列，购买具有最高股东收益的股票也是如此。在所有10大行业中，购买这些最佳20%的股票的收益胜过投资行业本身，更远远胜过最差20%的股票。

3个复合价值因素都会增加价值，无论行业本身的波动性如何。表24-31显示了这10大经济行业的数据，其排序依据是这些行业在1967年12月31日～2009年12月31日的标准差。请注意，更高的风险并不意味着更高的收益：第二安全的行业（必需消费品）提供的年复合平均收益率最高，第三安全的行业（金融）提供的年复合平均收益率第二高；相反，风险最大的行业（信息技术）的年复合平均收益率最低。这些结果与更高的风险导致更高的收益这一资产定价模型的结论几乎完全不同。实际上，表现最好的行业级策略（购买复合价值因素三的评分最高的能源类股票的20%）的实际风险小于购买整个能源行业的股票。购买组合价值因素二评分最高的公共事业股票实际上比信息技术行业表现最好的策略每年的收益率高3%，接近最大衰退的一半。

表24-31 按1967年12月31日～2009年12月31日的收益标准差（最低到最高风险）排序的行业

行业	标准差（%）	收益率（%）
公共事业	13.69	11.25
必需消费品	15.76	13.57
金融	17.74	12.37
工业	20.55	9.82
物料	20.83	11.59
电信	21.44	11.86
非必需消费品	21.97	9.60
卫生保健	23.16	10.55
能源	25.48	11.57
信息技术	31.14	7.29

因此，表象可能具有欺骗性。如果你询问普通投资者在过去42年间表现最好的是哪个行业，我猜大部分人将回答信息技术或电信，而不是必需消费品。但请仔细考虑，提供无论经济环境如何人们都不得不购买的产品和服务的行业，必须在任何

经济状况下都表现良好，此外，必需消费品行业还具有两个最大的商业优势，即垄断性或品牌力量及行业壁垒。我非常确定有不少 MIT 学生致力于对技术当权力量进行直接的证券投资，还可能有一群朋友在车库里造出下一个软饮料来将可口可乐拉下王座。

我们至少已看到在所有股票行业中表现良好的因素在单一行业中也表现得非常好，同时还看到在所有股票行业中投资时应避免的内容在单一行业中投资时也应避免。在这方面有许多相关警告。例如，如果投资者通过使用应用到所有股票行业的多因素模型筛选进入组合的技术类股票，而不是将自己局限于技术行业，则投资者可以获得更好的收益。技术类股票通常在我们的增长屏幕上取得成功，但是正如我们所看到的，长期数据表明，在由价值管理者进行调和以确保投资者不会付出太大的代价来实现增长时，增长的表现最好。因此，在购买技术类股票时，这些股票往往有合理的价值特征。此行业分析显示（或许也最重要），投资者无须负担过重的风险即可获得卓越的收益。

| 第 25 章 |

寻求理想的增长战略

事实不因被忽略而不存在。

——奥尔德斯·赫胥黎

在以前的章节中我们了解到结合良好的价值特性与价格上涨是寻找潜力股的最佳方式。在本章中,我们先从"所有股票"投资组合开始了解类似的增长战略,然后在对"大盘股"投资组合、小盘股和"龙头股"进行选择时,检查这些增长战略的表现情况。

将市销率用作最终价值约束的原始战略

"所有股票"投资组合由满足以下条件的股票组成。

1)从"所有股票"投资组合中选择。
2)购买时市销率必须不低于1.5。
3)收入必须高于上一年。
4)3个月的价格上涨必须超过数据库平均值。
5)6个月的价格上涨必须超过数据库平均值。
6)购买25只或50只在1年内价格上涨最高的股票。

自从本书面市以来，本战略持续表现良好。1963年12月31日投资到满足以上条件的50只股票的10 000美元，截至2009年年末增长到13 689 553美元，其年复合平均收益率为17%。本战略的25只股票的投资组合在同一期间的实际表现不如50只股票的投资组合，同样的10 000美元到2009年年末增长到了9 922 274美元，年度平均复合收益率为16.18%。但是与对"所有股票"投资组合的类似投资相比，这两者明显胜出，其投资的10 000美元在同一期间增长到1 329 513美元，年度平均复合收益为11.22%。表25-1显示了该战略的汇总数据。表25-2和表25-3显示了各个版本的基本比率，而表25-4和表25-5显示了表现最差的情况。在这些图表中，我们将通过缩略语MF CSG Improved来引证本战略，其中MF CSG Improved代表Multifactor, Cornerstone Growth Strategy Improved，即多元化基础增长战略提高。

表25-1 年收益和风险数据统计概要：采用MF CSG的25只股票，采用MF CSG的50只股票及"所有股票"投资组合（1964年1月1日~2009年12月31日）

	采用MF CSG的25只股票	采用MF CSG的50只股票	"所有股票"投资组合
算术平均值（%）	19.61	19.88	13.26
几何平均值（%）	16.18	17.00	11.22
平均收益（%）	23.74	23.22	17.16
标准差（%）	23.99	21.96	18.99
向上的偏差（%）	13.82	12.51	10.98
向下的偏差（%）	17.31	16.25	13.90
跟踪误差	11.13	9.17	0.00
收益为正的时期数	334	342	329
收益为负的时期数	218	210	223
从最高点到最低点的最大跌幅（%）	−62.95	−59.20	−55.54
贝塔值	1.13	1.05	1.00
T统计量（$m=0$）	5.10	5.64	4.47
夏普比率（$Rf=5\%$）	0.47	0.55	0.33
索蒂诺比率（$MAR=10\%$）	0.36	0.43	0.09
10 000美元投资的最终结果（美元）	9 922 274	13 689 553	1 329 513
1年期最低收益（%）	−53.37	−50.98	−46.49
1年期最高收益（%）	120.32	106.89	84.19
3年期最低收益（%）	−23.48	−19.53	−18.68
3年期最高收益（%）	53.27	50.86	31.49
5年期最低收益（%）	−7.65	−6.29	−9.91
5年期最高收益（%）	40.72	37.42	27.66
7年期最低收益（%）	−1.76	−0.92	−6.32
7年期最高收益（%）	31.22	31.51	23.77

(续)

	采用 MF CSG 的 25 只股票	采用 MF CSG 的 50 只股票	"所有股票"投资组合
10 年期最低收益（%）	5.05	6.39	1.01
10 年期最高收益（%）	27.14	27.64	22.05
预期最低收益[①]（%）	−28.38	−24.04	−24.73
预期最高收益[②]（%）	67.60	63.80	51.24

① 预期最低收益等于收益率的算术平均值减去 2 倍的标准差。
② 预期最高收益等于收益率的算术平均值加上 2 倍的标准差。

表 25-2 采用 MF CSG 的 25 只股票与"所有股票"投资组合的基本比率（1964 年 1 月 1 日～2009 年 12 月 31 日）

项目	采用 MF CSG 的 25 只股票完胜"所有股票"投资组合	百分比（%）	年度平均超额收益率（%）
1 年期收益率	375 期中有 541 期	69	6.73
滚动的 3 年期复合收益率	452 期中有 517 期	87	6.01
滚动的 5 年期复合收益率	462 期中有 493 期	94	5.67
滚动的 7 年期复合收益率	457 期中有 469 期	97	5.34
滚动的 10 年期复合收益率	433 期中有 433 期	100	5.12

表 25-3 采用 MF CSG 的 50 只股票与"所有股票"投资组合的基本比率（1964 年 1 月 1 日～2009 年 12 月 31 日）

项目	采用 MF CSG 的 25 只股票完胜"所有股票"投资组合	百分比（%）	年度平均超额收益率（%）
1 年期收益率	421 期中有 541 期	78	6.90
滚动的 3 年期复合收益率	483 期中有 517 期	93	6.64
滚动的 5 年期复合收益率	485 期中有 493 期	98	6.45
滚动的 7 年期复合收益率	467 期中有 469 期	100	6.22
滚动的 10 年期复合收益率	433 期中有 433 期	100	6.05

表 25-4 最糟糕的情况：采用 MF CSG 的 25 只股票超过 20% 跌幅的全部数据（1964 年 1 月 1 日～2009 年 12 月 31 日）

峰值日期	峰值指数值	低谷日期	低谷指数值	恢复日期	跌幅（%）	跌幅持续时间（月）	恢复持续时间（月）
1966 年 4 月	2.30	1966 年 10 月	1.69	1967 年 1 月	−26.50	6	3
1969 年 5 月	5.60	1970 年 6 月	3.19	1972 年 1 月	−43.14	13	19
1972 年 5 月	6.95	1974 年 9 月	3.23	1977 年 6 月	−53.54	28	33
1978 年 8 月	12.14	1978 年 10 月	8.76	1979 年 3 月	−27.83	2	5
1980 年 2 月	16.81	1980 年 3 月	12.77	1980 年 7 月	−23.99	1	4
1980 年 11 月	25.72	1982 年 2 月	19.10	1982 年 11 月	−25.75	15	9
1983 年 6 月	43.73	1984 年 5 月	29.73	1985 年 12 月	−32.01	11	19

(续)

峰值日期	峰值指数值	低谷日期	低谷指数值	恢复日期	跌幅(%)	跌幅持续时间(月)	恢复持续时间(月)
1987年8月	76.64	1987年11月	48.45	1989年3月	-36.78	3	16
1990年5月	107.73	1990年10月	77.44	1991年2月	-28.12	5	4
1998年6月	508.94	1998年8月	341.66	1999年6月	-32.87	2	10
2000年8月	690.39	2001年9月	503.14	2002年4月	-27.12	13	7
2002年4月	704.72	2003年2月	471.96	2003年8月	-33.03	10	6
2007年5月	1 962.90	2009年2月	727.17		-62.95	21	
平均值					-34.90	10	11.25

表25-5 最糟糕的情况：采用MF CSG的50只股票跌幅超过20%的全部数据（1964年1月1日～2009年12月31日）

峰值日期	峰值指数值	低谷日期	低谷指数值	恢复日期	跌幅(%)	跌幅持续时间(月)	恢复持续时间(月)
1966年4月	2.15	1966年10月	1.64	1967年1月	-23.83	6	3
1968年11月	4.70	1970年6月	2.85	1971年12月	-39.32	19	18
1972年5月	5.87	1974年9月	2.89	1976年6月	-50.77	28	21
1978年8月	10.97	1978年10月	7.96	1979年4月	-27.45	2	6
1980年2月	15.33	1980年3月	11.93	1980年7月	-22.19	1	4
1980年11月	23.13	1981年9月	18.12	1982年10月	-21.66	10	13
1983年6月	39.41	1984年5月	28.32	1985年11月	-28.15	11	18
1987年8月	72.80	1987年11月	47.82	1989年2月	-34.32	3	15
1990年5月	100.04	1990年10月	73.22	1991年3月	-26.81	5	5
1998年6月	539.62	1998年8月	379.44	1999年6月	-29.68	2	10
2000年8月	715.72	2001年9月	571.07	2002年3月	-20.21	13	6
2002年4月	810.38	2003年2月	571.95	2003年8月	-29.42	10	6
2007年5月	2 396.76	2009年2月	978.00		-59.20	21	
平均值					-31.77	10	10.42

由于我们研究的是复合因素的功效，如多种价值因素复合，现在我们知道还有一些因素可能会明显改进这种模型。例如，"价值复合一体（Value Composite One）"就能打败这种战略，它能使"所有股票"投资组合前10%的股票于每年同期收益17.18%。下面我们来看看能否将这些结果改进成这种增长战略，首先用价值复合约束条件代替市销率。

潜力股

你一定还记得在第15章中介绍过的复合价值因素与单个因素相结合的内容吧，

为此，我们就来看一下"所有股票"投资组合的增长战略。现在让我们先看一下复合价值因素二包含的指标：① 股价净值比；② 市盈率；③ 市销率；④ EBITDA/EV 比率价值；⑤ 价格对现金流比；⑥ 股本收益率。

对于每个复合因素组合，我们都将对"所有股票"投资组合中的每只股票按 1 到 100 的比例分配百分等级。如果一只股票的 PE 比在投资组合中属于最低的 1%，那么它的等级将为 100；如果股票的 PE 比在投资组合中属于最高的 1%，那么它的等级将为 1。我们令每个因素都遵循类似的惯例，因此，对于市销率，如果某一股票属于投资组合中最低的 1%，那么它的等级将为 100；而如果它属于最高的 1%，那么其等级将为 1。如果某一因素的价值缺失，我们将为其分配一个中间等级 50。

对于股本收益率，投资组合中收益率最高的 1% 的股票的等级为 100，而最低的 1% 的等级为 1。对各个指标都确定相应的等级后，我们将对全部因素进行平均，并根据股票在所有因素中的总体累计排名将股票进行十分位分组。我们把分数最高的股票分到第 1 组十分位组，分数最低的分到第 10 组十分位组。这样我们可以更直观地掌握如何根据所有价值条件对股票进行评分，并且一如我们在第 15 章中所学的，这样产生的收益比使用全部单个因素所产生的收益更多、更连续。

对于第一个测试，我们只须完成以下操作。

1）从"所有股票"投资组合中挑选。
2）确认所选股票属于复合价值因素二的前 3 等分（前 30%）。
3）3 个月股价趋势必须大于数据库中位值。
4）6 个月股价趋势必须大于数据库中位值。
5）购买 25 只或 50 只 6 个月股价趋势最佳的股票。

注意从我们第一次重复使用潜力股战略开始发生的变化，除了使用的价值因素复合更全面，现在我们还要求 3 个月和 6 个月股价趋势大于数据库中位值，而不是数据库平均值。通过使用更广泛的 CRSP 数据库，我们发现，使用中位值股价趋势可以产生更为一致的结果，因为它可让你从投资组合中排名靠前的 50% 的股票中获利。相反，如果投资者有大把表现非常好或非常差的股票，平均值可能会与事实完全不相符。另外请注意，现在最终因素是 6 个月股价趋势，而非 12 个月股价趋势，这也是我们能够从 CRSP 数据库中其他数据得出的结果。从 CRSP 数据库 84 年来的数据中，我们可以看出 6 个月股价趋势实际上比 12 个月股价趋势表现得更好。我们来看一下这些变化如何影响表现。

表25-6显示的是新的潜力股战略的25只和50只股票投资组合的汇总结果。情况大有改善！投资到50只和25只股票的投资组合的10 000美元分别涨到了37 770 861美元和41 068 482美元，50只股票投资组合的年复合平均收益率达19.61%，25只股票投资组合的为19.83%。注意，25只和50只股票投资组合的标准差都在原始增长战略之下，50只股票投资组合的标准差18.06%低于"所有股票"投资组合的18.99%。较低的风险加上较高的收益让25只和50只股票投资组合的夏普比率分别高达0.76和0.81。最后，注意新投资组合与原始投资组合的最低收益：原始投资组合的5年期最低收益为每年损失6.29%，而50只股票新投资组合的最低收益更低，仅为每年损失1.81%。另请注意，不管是25只还是50只股票新投资组合，其所有滚动7年期和10年期都没有负收益。

表25-6 年收益及风险数据统计概要：前3等分中CV2 3个月和6个月趋势>中位值6个月趋势前25只；前3等分中CV2 3个月和6个月趋势>中位值6个月趋势前50只及"所有股票"投资组合（1964年1月1日～2009年12月31日）

	前3等分中CV2,3个月和6个月趋势>中位值，6个月趋势前25只	前3等分中CV2,3个月和6个月趋势>中位值，6个月趋势前50只	"所有股票"投资组合
算术平均值（%）	22.13	21.58	13.26
几何平均值（%）	19.83	19.61	11.22
平均收益（%）	30.43	29.61	17.16
标准差（%）	19.48	18.06	18.99
向上的偏差（%）	11.22	10.51	10.98
向下的偏差（%）	14.91	13.94	13.90
跟踪误差	8.51	7.84	0.00
收益为正的时期数	356	362	329
收益为负的时期数	196	190	223
从最高点到最低点的最大跌幅（%）	−56.56	−53.49	−55.54
贝塔值	0.93	0.87	1.00
T统计量（$m=0$）	7.02	7.40	4.47
夏普比率（$Rf=5\%$）	0.76	0.81	0.33
索蒂诺比率（$MAR=10\%$）	0.66	0.69	0.09
10 000美元投资的最终结果（美元）	41 068 482	37 770 861	1 329 513
1年期最低收益（%）	−50.01	−46.27	−46.49
1年期最高收益（%）	104.89	92.53	84.19
3年期最低收益（%）	−11.41	−8.90	−18.68
3年期最高收益（%）	57.22	52.99	31.49
5年期最低收益（%）	−2.75	−1.81	−9.91

	前3等分中CV2，3个月和6个月趋势＞中位值，6个月趋势前25只	前3等分中CV2，3个月和6个月趋势＞中位值，6个月趋势前50只	（续）"所有股票"投资组合
5年期最高收益（%）	41.89	40.24	27.66
7年期最低收益（%）	0.23	1.08	-6.32
7年期最高收益（%）	32.94	32.12	23.77
10年期最低收益（%）	7.82	7.70	1.01
10年期最高收益（%）	30.06	29.93	22.05
预期最低收益①（%）	-16.83	-14.54	-24.73
预期最高收益②（%）	61.09	57.70	51.24

① 预期最低收益等于收益率的算术平均值减去2倍的标准差。
② 预期最高收益等于收益率的算术平均值加上2倍的标准差。

基本比率，最糟糕的情况，最高和最低收益

更好的是，25只和50只股票投资组合的基本比率改进了整个原始战略。如表25-7所示，25只股票投资组合的收益在100%的所有滚动3年期、5年期、7年期和10年期中均打败"所有股票"投资组合。50只股票投资组合也不甘示弱，在99%的所有滚动3年期及100%的所有滚动5年期和10年期中均打败"所有股票"投资组合，如表25-8所示，新战略还提供了更好的跌势保护。1963～2009年，原始战略投资组合出现了13次超过20%的跌幅，而新投资组合仅有9次。表25-9和表25-10分别显示了25只和50只股票投资组合最糟糕的情况。在这两组实例中，最严重的下跌出现在2007年10月～2009年2月。仔细审阅这些表格，以便了解各个战略的详细信息。图25-1显示了25只股票投资组合实现的5年期滚动超额收益率，算法是在年复合平均收益率的基础上减去"所有股票"投资组合的收益率。图25-2显示的是50只股票投资组合的超额收益率。

表25-7 针对前3等分中CV2 3个月和6个月趋势＞中位值6个月趋势前25只股票与"所有股票"投资组合的基本比率（1964年1月1日～2009年12月31日）

项目	前3等分中CV2，3个月和6个月趋势＞中位值，6个月趋势前25只股票打败"所有股票"投资组合	百分比（%）	年平均超额收益率（%）
1年期收益率	465期中有541期	86	9.03
滚动的3年期复合收益率	516期中有517期	100	9.21
滚动的5年期复合收益率	493期中有493期	100	9.22

项目	前3等分中CV2，3个月和6个月趋势>中位值，6个月趋势前25只股票打败"所有股票"投资组合	百分比（%）	年平均超额收益率（%）
滚动的7年期复合收益率	469期中有469期	100	9.11
滚动的10年期复合收益率	433期中有433期	100	9.04

表25-8 针对前3等分中CV2 3个月和6个月趋势>中位值6个月趋势前50只股票与"所有股票"投资组合的基本比率（1964年1月1日~2009年12月31日）

项目	前3等分中CV2，3个月和6个月趋势>中位值，6个月趋势前50只股票打败"所有股票"投资组合	百分比（%）	年平均超额收益率（%）
1年期收益率	469期中有541期	87	8.46
滚动的3年期复合收益率	512期中有517期	99	8.82
滚动的5年期复合收益率	493期中有493期	100	8.86
滚动的7年期复合收益率	469期中有469期	100	8.77
滚动的10年期复合收益率	433期中有433期	100	8.69

表25-9 最糟糕的情况：针对前3等分中CV2 3个月和6个月趋势>中位值6个月趋势前25只股票跌幅超过20%的全部数据（1964年1月1日~2009年12月31日）

峰值日期	峰值指数值	低谷日期	低谷指数值	恢复日期	跌幅（%）	跌幅持续时间（月）	恢复持续时间（月）
1966年4月	2.13	1966年9月	1.64	1967年4月	-23.05	5	7
1968年11月	3.63	1970年6月	2.26	1972年1月	-37.57	19	19
1972年4月	3.90	1974年9月	2.68	1975年4月	-31.26	29	7
1978年8月	10.34	1978年10月	7.78	1979年6月	-24.80	2	8
1987年8月	89.66	1987年11月	62.59	1989年1月	-30.19	3	14
1989年9月	123.37	1990年10月	93.63	1991年3月	-24.10	13	5
1998年6月	856.02	1998年8月	648.79	1999年12月	-24.21	2	16
2002年4月	1 432.90	2003年2月	1 033.72	2003年9月	-27.86	10	7
2007年10月	6 164.75	2009年2月	2 677.71		-56.56	16	
平均值					-31.07	11	10.38

表25-10 最糟糕的情况：针对前3等分中CV2 3个月和6个月趋势>中位值6个月趋势前50只股票跌幅超过20%的全部数据（1964年1月1日~2009年12月31日）

峰值日期	峰值指数值	低谷日期	低谷指数值	恢复日期	跌幅（%）	跌幅持续时间（月）	恢复持续时间（月）
1966年4月	1.98	1966年9月	1.56	1967年3月	-21.14	5	6
1968年11月	3.36	1970年6月	2.18	1972年1月	-35.02	19	19
1972年11月	3.70	1974年9月	2.64	1975年4月	-28.67	22	7

（续）

峰值日期	峰值指数值	低谷日期	低谷指数值	恢复日期	跌幅（%）	跌幅持续时间（月）	恢复持续时间（月）
1978年8月	10.26	1978年10月	8.02	1979年6月	-21.76	2	8
1987年8月	84.75	1987年11月	59.57	1989年1月	-29.72	3	14
1989年9月	111.66	1990年10月	88.33	1991年3月	-20.89	13	5
1998年6月	714.54	1998年8月	559.32	1999年12月	-21.72	2	16
2002年4月	1 247.57	2003年2月	936.27	2003年8月	-24.95	10	6
2007年10月	5 247.28	2009年2月	2 440.50		-53.49	16	
平均值					-28.60	10.22	10.13

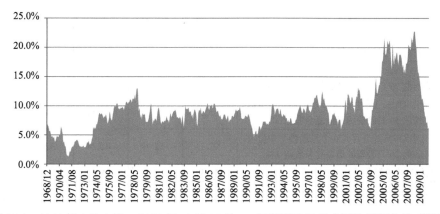

图25-1 1964年1月1日～2009年12月31日，5年期滚动年复合平均超额收益（损失）率（前3等分中CV2 3个月和6个月趋势>中位值6个月趋势前25只股票的收益率减去"所有股票"投资组合的收益率）

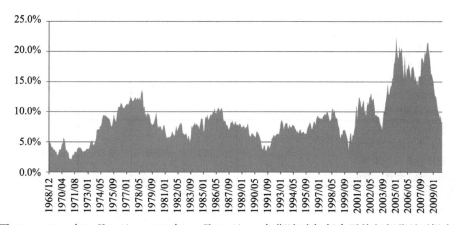

图25-2 1964年1月1日～2009年12月31日，5年期滚动年复合平均超额收益（损失）率（前3等分中CV2 3个月和6个月趋势>中位值6个月趋势前50只股票的收益率减去"所有股票"投资组合的收益率）

表25-11表和表25-12显示不同持有期的最高和最低收益。25只和50只股票投资组合的最高5年期收益都出现在2007年10月,当时50只股票投资组合赢得了40.25%的年复合平均收益率,25只股票投资组合获得了41.89%的收益率。而两种组合最差的5年都出现在1973年11月,当时50只股票投资组合年平均损失率达1.81%,25只股票投资组合损失率达2.75%。表25-13显示的是每隔10年各个战略的结果。

表25-11 按月度数据显示的最高和最低年复合平均收益率(1964年1月1日~2009年12月31日)

所有情况	1年期	3年期	5年期	7年期	10年期
前3等分中CV2,3个月和6个月趋势>中位值,6个月趋势的前25只股票的最低复合收益(%)	−50.01	−11.41	−2.75	0.23	7.82
前3等分中CV2,3个月和6个月趋势>中位值,6个月趋势的前25只股票的最高复合收益(%)	104.89	57.22	41.89	32.94	30.06
前3等分中CV2,3个月和6个月趋势>中位值,6个月趋势的前50只股票的最低复合收益(%)	−46.27	−8.90	−1.81	1.08	7.70
前3等分中CV2,3个月和6个月趋势>中位值,6个月趋势的前50只股票的最高复合收益(%)	92.53	52.99	40.24	32.12	29.93
"所有股票"投资组合最低复合收益(%)	−46.49	−18.68	−9.91	−6.32	1.01
"所有股票"投资组合最高复合收益(%)	84.19	31.49	27.66	23.77	22.05

表25-12 1964年1月1日~2009年12月31日月度数据,投资的10 000美元在最高和最低年复合平均收益率时的最终价值

所有情况	1年期	3年期	5年期	7年期	10年期
前3等分中CV2,3个月和6个月趋势>中位值,6个月趋势的前25只股票,10 000美元最低价值(美元)	4 999	6 953	8 700	10 161	21 223
前3等分中CV2,3个月和6个月趋势>中位值,6个月趋势的前25只股票,10 000美元最高价值(美元)	20 489	38 864	57 515	73 392	138 533
前3等分中CV2,3个月和6个月趋势>中位值,6个月趋势的前50只股票,10 000美元最低价值(美元)	5 373	7 561	9 129	10 780	21 002
前3等分中CV2,3个月和6个月趋势>中位值,6个月趋势的前25只股票,10 000美元最高价值(美元)	19 253	35 809	54 252	70 270	137 080
"所有股票"投资组合10 000美元最低价值(美元)	5 351	5 379	5 936	6 330	11 054
"所有股票"投资组合10 000美元最高价值(美元)	18 419	22 734	33 903	44 504	73 345

表 25-13 年复合平均收益率，以 10 年为间隔

	1960s①	1970s	1980s	1990s	2000s②
前 3 等分中 CV2，3 个月和 6 个月趋势 > 中位值 6 个月趋势的前 25 只股票（%）	18.97	16.10	25.01	22.81	16.17
前 3 等分中 CV2，3 个月和 6 个月趋势 > 中位值 6 个月趋势的前 50 只股票（%）	17.85	16.64	24.01	21.50	17.50
"所有股票"投资组合（%）	13.36	7.56	16.78	15.35	4.39

① 1964 年 1 月 1 日～1969 年 12 月 31 日的收益。
② 2000 年 1 月 1 日～2009 年 12 月 31 日的收益。

很明显，你可以将新的价值因素复合及 6 个月股价趋势用作最终排序因素来大幅提高收益并降低风险。注意，如果你正在寻求与罗素增长战略高度相关的"单一业务公司"增长战略，此战略不适合你。我一直都将把股价趋势用作最终排序因素的任何战略视为"增长"战略，因为股价趋势是为数不多的具有一致性的增长因素之一。但是，这种新增长战略与罗素 2000 价值指数在 0.903 3 时的关联度最高，与罗素 2000 在 0.891 时次相关。这使得它更多地成为核心/价值战略，尽管已将股价趋势用作最终因素。

现在我们来看看与罗素增长指数更为相关的另一战略。

与增长指数更为相关的"所有股票"投资组合战略

接下来的战略将更多地利用我们制订的复合因素。

包括在投资组合中的股票必须满足以下条件。

1）从"所有股票"投资组合中选择。
2）每股收益的年度百分比变化必须大于零。
3）3 个月股价趋势必须大于"所有股票"投资组合的中位值。
4）6 个月股价趋势必须大于"所有股票"投资组合的中位值。
5）股票必须属于财务实力、收益质量和价值复合（此测试指价值复合二）的前 50%。
6）购买 6 个月股价趋势最佳的 25 只股票。

我们将这种战略称为"所有股票"投资组合增长，下面来看一下它的结果。在

1963年12月31日投资的10 000美元,到2009年年末增长到53 653 443美元,年复合平均收益率为20.53%。与潜力股战略相比,风险较高,标准差为24.83%,最大跌幅为59.68%。较高的风险将该战略的夏普比率拉到0.63,落后于25只股票战略的夏普比率,其比率是0.76。这种战略还具有较高的5年期最大降幅,每年−6.32%,这使得5年前投资的10 000美元缩水成7 217美元。最大的5年期损失出现在2009年2月,当时市场已处于熊市底部,但是潜力股战略却在同一时期挣到了钱。尽管如此,你去看表25-14就会发现,−6.32%的年度跌幅仍然比"所有股票"投资组合最差的5年期要好很多,该投资组合当时年损失率达9.91%。"所有股票"投资组合增长的所有基本比率如表25-15所示,均为正,该战略在97%的所有滚动5年期和99%的所有滚动10年期中完胜"所有股票"投资组合。

表25-14 年收益及风险数据统计概要:"所有股票"投资组合增长与"所有股票"投资组合(1964年1月1日~2009年12月31日)

	"所有股票"投资组合增长	"所有股票"投资组合
算术平均值(%)	24.28	13.26
几何平均值(%)	20.53	11.22
平均收益(%)	28.07	17.16
标准差(%)	24.83	18.99
向上的偏差(%)	15.30	10.98
向下的偏差(%)	18.04	13.90
跟踪误差	11.82	0.00
收益为正的时期数	351	329
收益为负的时期数	201	223
从最高点到最低点的最大跌幅(%)	−59.68	−55.54
贝塔值	1.16	1.00
T统计量($m=0$)	5.99	4.47
夏普比率($Rf=5\%$)	0.63	0.33
索蒂诺比率($MAR=10\%$)	0.58	0.09
10 000美元投资的最终结果(美元)	53 653 443	1 329 513
1年期最低收益(%)	−53.65	−46.49
1年期最高收益(%)	155.01	84.19
3年期最低收益(%)	−21.04	−18.68
3年期最高收益(%)	71.28	31.49
5年期最低收益(%)	−6.32	−9.91
5年期最高收益(%)	53.32	27.66
7年期最低收益(%)	0.92	−6.32
7年期最高收益(%)	42.16	23.77
10年期最低收益(%)	2.48	1.01
10年期最高收益(%)	39.85	22.05

(续)

	"所有股票"投资组合增长	"所有股票"投资组合
预期最低收益①（%）	−25.38	−24.73
预期最高收益②（%）	73.94	51.24

① 预期最低收益等于收益率的算术平均值减去2倍的标准差。
② 预期最高收益等于收益率的算术平均值加上2倍的标准差。

表 25-15 "所有股票"投资组合增长与"所有股票"投资组合的基本比率（1964年1月1日～2009年12月31日）

项目	"所有股票"投资组合增长战略完胜"所有股票"投资组合	百分比（%）	年平均超额收益率（%）
1年期收益率	445期中有541期	82	11.09
滚动的3年期复合收益率	496期中有517期	96	10.39
滚动的5年期复合收益率	478期中有493期	97	10.33
滚动的7年期复合收益率	458期中有469期	98	10.32
滚动的10年期复合收益率	430期中有433期	99	10.53

最糟糕的情况，最高和最低收益

表 25-16 列出了"所有股票"投资组合增长在过去的46年中超过20%跌幅的全部数据。该战略出现了12次超过20%的跌幅，其中最后两次超过了50%。虽然这是单一业务公司增长战略，与罗素2000增长指数0.924相关，但却是一次疯狂的探险。

表 25-16 最糟糕的情况："所有股票"投资组合增长超过20%的跌幅的全部数据（1964年1月1日～2009年12月31日）

峰值日期	峰值指数值	低谷日期	低谷指数值	恢复日期	跌幅（%）	跌幅持续时间（月）	恢复持续时间（月）
1966年4月	2.35	1966年10月	1.76	1967年3月	−25.29	6	5
1969年5月	5.52	1970年6月	3.52	1971年4月	−36.15	13	10
1972年5月	7.68	1974年9月	4.73	1975年5月	−38.37	28	8
1978年8月	18.01	1978年10月	12.82	1979年6月	−28.80	2	8
1980年2月	25.61	1980年3月	19.61	1980年7月	−23.42	1	4
1981年5月	37.84	1981年9月	30.13	1982年9月	−20.38	4	12
1983年6月	73.57	1984年5月	55.08	1985年5月	−25.14	11	12
1987年8月	161.59	1987年11月	109.48	1989年1月	−32.25	3	14
1990年6月	230.48	1990年10月	177.66	1991年2月	−22.91	4	4
1998年6月	2 026.40	1998年8月	1 444.99	1998年12月	−28.69	2	4
2000年2月	5 594.93	2001年9月	2 711.72	2005年2月	−51.53	19	41
2007年10月	9 016.71	2009年2月	3 635.30		−59.68	16	
平均值					−32.72	9.08	11.09

此战略的最高 5 年期收益出现在 2000 年 2 月，当时该战略获得的年复合平均收益率为 53.32%。该战略最低的 5 年期收益出现在 2009 年 2 月，当时该战略的年损失率为 6.32%。表 25-17 和表 25-18 显示了其他持有期的最高和最低收益。图 25-3 显示了该战略超出"所有股票"投资组合的 5 年期滚动超额收益率。表 25-19 显示了以 10 年为间隔的结果。

表 25-17　按月度数据显示的最高和最低年复合平均收益率（1964 年 1 月 1 日～2009 年 12 月 31 日）

所有情况	1 年期	3 年期	5 年期	7 年期	10 年期
"所有股票"投资组合增长最低复合收益（%）	−53.65	−21.04	−6.32	0.92	2.48
"所有股票"投资组合增长最高复合收益（%）	155.01	71.28	53.32	42.16	39.85
"所有股票"投资组合最低复合收益（%）	−46.49	−18.68	−9.91	−6.32	1.01
"所有股票"投资组合最高复合收益（%）	84.19	31.49	27.66	23.77	22.05

表 25-18　1964 年 1 月 1 日～2009 年 12 月 31 日月度数据，投资的 10 000 美元在最高和最低年复合平均收益率时的最终价值

所有情况	1 年期	3 年期	5 年期	7 年期	10 年期
"所有股票"投资组合增长 10 000 美元最低价值（美元）	4 635	4 922	7 217	10 660	12 775
"所有股票"投资组合增长 10 000 美元最高价值（美元）	25 501	50 247	84 732	117 346	286 133
"所有股票"投资组合 10 000 美元最低价值（美元）	5 351	5 379	5 936	6 330	11 054
"所有股票"投资组合 10 000 美元最高价值（美元）	18 419	22 734	33 903	44 504	73 345

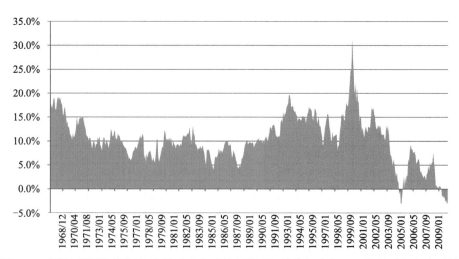

图 25-3　"所有股票"投资组合增长减去"所有股票"投资组合的 5 年期滚动年复合平均超额收益（损失）率（1964 年 1 月 1 日～2009 年 12 月 31 日）

表 25-19　年复合平均收益率，以 10 年为间隔

	1960s[①]	1970s	1980s	1990s	2000s[②]
"所有股票"投资组合增长（%）	30.84	16.02	25.33	34.81	2.48
"所有股票"投资组合（%）	13.36	7.56	16.78	15.35	4.39

① 1964 年 1 月 1 日～1969 年 12 月 31 日的收益。
② 2000 年 1 月 1 日～2009 年 12 月 31 日的收益。

小盘股表现略好

如果将潜力股战略应用到"小盘股"投资组合，收益会略微提高。因此，"小盘股"投资组合模型包括以下类型的股票。

1）从"小盘股"投资组合（SS 投资组合）中进行选择。

2）属于价值因素二复合中的前 3 等分（前 30%）。

3）3 个月股价趋势必须大于"小盘股"中位值。

4）6 个月股价趋势必须大于"小盘股"中位值。

5）购买 6 个月股价趋势最佳的前 25 只或 50 只股票。

表 25-20 显示了"小盘股"增长战略的汇总结果。从这个表中我们可以看出，使用 50 只股票投资组合可以获得更好的风险调整收益。1963 年 12 月 31 日投资的 10 000 美元截至 2009 年年末增长到了 44 705 480 美元，年复合平均收益率达 20.05%。50 只股票投资组合的所有基本比率如表 25-21 所示，均为正，该组合在 100% 的所有滚动 5 年期和 10 年期内均完胜"小盘股"投资组合的表现。25 只股票投资组合的基本比率也毫不逊色，如表 25-22 所示。

表 25-20　年收益及风险数据统计概要：SS（"小盘股"），前 3 等分中 CV2 3 个月和 6 个月趋势 > 中位值 6 个月趋势前 50 只股票；SS，前 3 等分中 CV2 3 个月和 6 个月趋势 > 中位值 6 个月趋势前 25 只股票及"小盘股"（1964 年 1 月 1 日～2009 年 12 月 31 日）

	SS，前 3 等分中 CV2，3/6 个月趋势 > 中位值，6 个月趋势前 50 只股票	SS，前 3 等分中 CV2，3/6 个月趋势 > 中位值，6 个月趋势前 25 只股票	"小盘股"
算术平均值（%）	22.06	22.53	13.94
几何平均值（%）	20.05	20.18	11.60
平均收益（%）	30.81	29.78	19.28
标准差（%）	18.21	19.63	20.31

(续)

	SS，前3等分中CV2，3/6个月趋势＞中位值，6个月趋势前50只股票	SS，前3等分中CV2，3/6个月趋势＞中位值，6个月趋势前25只股票	"小盘股"
向上的偏差（%）	10.62	11.38	11.87
向下的偏差（%）	14.20	15.21	14.83
跟踪误差	8.25	8.88	0.00
收益为正的时期数	360	358	329
收益为负的时期数	192	194	223
从最高点到最低点的最大跌幅（%）	−53.05	−57.64	−58.48
贝塔值	0.82	0.87	1.00
T统计量（$m=0$）	7.48	7.08	4.38
夏普比率（$Rf=5\%$）	0.83	0.77	0.32
索蒂诺比率（$MAR=10\%$）	0.71	0.67	0.11
10 000美元投资的最终结果（美元）（%）	44 705 480	47 002 323	1 555 109
1年期最低收益（%）	−46.23	−51.47	−46.38
1年期最高收益（%）	93.32	102.46	93.08
3年期最低收益（%）	−10.54	−13.61	−19.53
3年期最高收益（%）	52.56	55.72	34.00
5年期最低收益（%）	−1.98	−2.27	−11.75
5年期最高收益（%）	38.11	39.44	31.37
7年期最低收益（%）	1.96	1.28	−7.64
7年期最高收益（%）	33.31	34.24	27.35
10年期最低收益（%）	8.52	8.57	1.08
10年期最高收益（%）	31.15	31.53	24.47
预期最低收益①（%）	−14.37	−16.74	−26.69
预期最高收益②（%）	58.49	61.79	54.57

① 预期最低收益等于收益率的算术平均值减去2倍的标准差。
② 预期最高收益等于收益率的算术平均值加上2倍的标准差。

表25-21 SS，前3等分中CV2，3/6个月趋势＞中位值6个月趋势前50只股票与"小盘股"的基本比率（1964年1月1日～2009年12月31日）

项目	SS，前3等分中CV2，3/6个月趋势＞中位值6个月趋势前50只股票完胜"小盘股"	百分比（%）	年平均超额收益率（%）
1年期收益率	456期中有541期	84	8.20
滚动的3年期复合收益率	504期中有517期	97	8.80
滚动的5年期复合收益率	493期中有493期	100	8.98
滚动的7年期复合收益率	469期中有469期	100	8.96
滚动的10年期复合收益率	433期中有433期	100	8.91

表25-22 SS，前3等分中CV2，3/6个月趋势 > 中位值6个月趋势前50只股票与"小盘股"的基本比率（1964年1月1日～2009年12月31日）

项目	SS，前3等分中CV2，3/6个月趋势 > 中位值，12个月趋势前25只股票完胜"小盘股"	百分比（%）	年平均超额收益率（%）
1年期收益率	460期中有541期	85	8.17
滚动的3年期复合收益率	506期中有517期	98	8.59
滚动的5年期复合收益率	493期中有493期	100	8.77
滚动的7年期复合收益率	469期中有469期	100	8.80
滚动的10年期复合收益率	433期中有433期	100	8.80

最糟糕的情况，最高和最低收益

25只股票投资组合出现了10次超过20%的跌幅，最大跌幅58%出现在2007年10月～2009年2月。表25-23显示了其他超过20%跌幅的所有数据。表25-24显示了50只股票投资组合最糟糕的情况。表25-25和表25-26显示了这两种战略在各个持有期的最高和最低收益。图25-4和图25-5显示了这两种战略相对于"小盘股"投资组合的5年期滚动年复合平均超额收益率。表25-27显示了25只和50只股票投资组合的收益，以10年为间隔。

表25-23 最糟糕的情况：SS（前3等分中CV2，3/6个月趋势 > 中位值6个月趋势前25只股票）超过20%跌幅的全部数据（1964年1月1日～2009年12月31日）

峰值日期	峰值指数值	低谷日期	低谷指数值	恢复日期	跌幅（%）	跌幅持续时间（月）	恢复持续时间（月）
1966年4月	2.14	1966年9月	1.65	1967年4月	-22.74	5	7
1968年11月	3.68	1970年6月	2.38	1971年4月	-35.27	19	10
1972年4月	4.28	1974年9月	2.93	1975年4月	-31.56	29	7
1978年8月	12.09	1978年10月	9.10	1979年6月	-24.68	2	8
1980年1月	16.08	1980年3月	12.64	1980年7月	-21.39	2	4
1987年8月	106.83	1987年11月	75.20	1988年10月	-29.61	3	11
1990年6月	148.21	1990年10月	113.62	1991年3月	-23.34	4	5
1998年6月	1 004.48	1998年8月	758.53	1999年10月	-24.48	2	16
2002年4月	1 822.16	2003年2月	1 327.99	2003年2月	-27.12	10	7
2007年10月	7 238.04	2009年2月	3 066.05		-57.64	16	
平均值					-29.78	9.2	8.33

表25-24 最糟糕的情况：SS（前3等分中CV2，3/6个月趋势 > 中位值6个月趋势前50只股票）超过20%跌幅的全部数据（1964年1月1日～2009年12月31日）

峰值日期	峰值指数值	低谷日期	低谷指数值	恢复日期	跌幅（%）	跌幅持续时间（月）	恢复持续时间（月）
1966年4月	1.99	1966年9月	1.58	1967年3月	-20.74	5	6

(续)

峰值日期	峰值指数值	低谷日期	低谷指数值	恢复日期	跌幅(%)	跌幅持续时间(月)	恢复持续时间(月)
1968年11月	3.53	1970年6月	2.35	1971年4月	-33.48	19	10
1972年4月	4.04	1974年9月	2.86	1975年4月	-29.13	29	7
1978年8月	11.64	1978年10月	9.08	1979年4月	-21.95	2	6
1980年1月	15.30	1980年3月	12.24	1980年7月	-20.01	2	4
1987年8月	97.23	1987年11月	68.39	1988年12月	-29.66	3	13
1989年8月	129.29	1990年10月	102.60	1991年3月	-20.64	14	5
1998年6月	854.85	1998年8月	669.87	1999年12月	-21.64	2	16
2002年4月	1 552.01	2003年2月	1 157.58	2003年8月	-25.41	10	6
2007年10月	6 010.50	2009年2月	2 821.79		-53.05	16	
平均值					-27.57	10.2	8.11

表25-25 按月度数据显示的最高和最低年复合平均收益率(1964年1月1日～2009年12月31日)

所有情况	1年期	3年期	5年期	7年期	10年期
SS,前3等分中CV2,3/6个月趋势>中位值,6个月趋势前50只股票最低复合收益(%)	-46.23	-10.54	-1.98	1.96	8.52
SS,前3等分中CV2,3/6个月趋势>中位值,6个月趋势前50只股票最高复合收益(%)	93.32	52.56	38.11	33.31	31.15
SS,前3等分中CV2,3/6个月趋势>中位值,6个月趋势前25只股票最低复合收益(%)	-51.47	-13.61	-2.27	1.28	8.57
SS,前3等分中CV2,3/6个月趋势>中位值,6个月趋势前25只股票最高复合收益(%)	102.46	55.72	39.44	34.24	31.53
"小盘股"最低复合收益(%)	-46.38	-19.53	-11.75	-7.64	1.08
"小盘股"最高复合收益(%)	93.08	34.00	31.37	27.35	24.47

表25-26 1964年1月1日～2009年12月31日月度数据,投资的10 000美元在最高和最低年复合平均收益率时的最终价值

所有情况	1年期	3年期	5年期	7年期	10年期
SS,前3等分中CV2,3/6个月趋势>中位值,6个月趋势前50只股票10 000美元最低价值(美元)	5 377	7 160	9 047	11 459	22 652
SS,前3等分中CV2,3/6个月趋势>中位值,6个月趋势前50只股票10 000美元最高价值(美元)	19 332	35 504	50 257	74 810	150 597

(续)

所有情况	1年期	3年期	5年期	7年期	10年期
SS,前3等分中CV2, 3/6个月趋势>中位值, 6个月趋势前25只股票 10 000美元最低价值(美元)	4 853	6 447	8 913	10 935	22 749
SS,前3等分中CV2, 3/6个月趋势>中位值, 6个月趋势前25只股票 10 000美元最高价值(美元)	20 246	37 759	52 716	78 568	154 973
"小盘股" 10 000美元最低价值(美元)	5 362	5 210	5 351	5 733	11 131
"小盘股" 10 000美元最高价值(美元)	19 308	24 059	39 129	54 327	89 249

表25-27 年复合平均收益率,以10年为间隔

	1960s①	1970s	1980s	1990s	2000s②
SS,前3等分中CV2, 3/6个月趋势>中位值, 6个月趋势前50只股票(%)	19.15	17.26	24.41	21.77	17.44
SS,前3等分中CV2, 3/6个月趋势>中位值, 6个月趋势前25只股票(%)	19.86	17.32	25.40	22.61	15.83
"小盘股"(%)	15.39	8.19	16.46	14.96	4.95

① 1964年1月1日～1969年12月31日的收益。
② 2000年1月1日～2009年12月31日的收益。

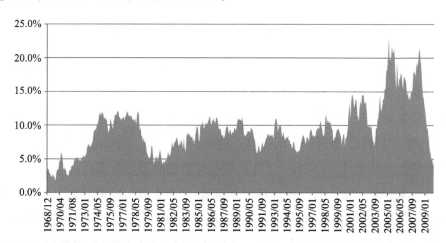

图25-4 5年期滚动年复合平均超额收益(损失)率[美国SS,前3等分中CV2,3/6个月趋势>中位值6个月趋势前25只股票的收益率减去"小盘股"的收益率(1964年1月1日～2009年12月31日)]

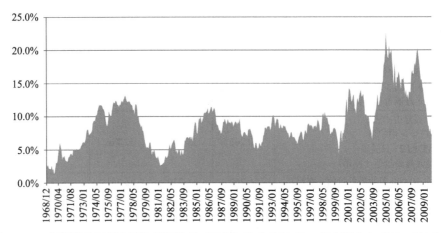

图 25-5　5 年期滚动年复合平均超额收益（损失）率［美国 SS，前 3 等分中 CV2，3/6 个月趋势 > 中位值 6 个月趋势前 50 只股票的收益率减去"小盘股"的收益率（1964 年 1 月 1 日～2009 年 12 月 31 日）］

其他股票投资组合及适合投资者的趋势战略

与我们对"所有股票"投资组合测试的战略相似的战略对"大盘股"投资组合和"龙头股"也有效，但产生的收益没有从"所有股票"投资组合和"小盘股"中获得的高。例如，当"所有股票"投资组合增长战略应用到"大盘股"投资组合和"龙头股"时，它也会发挥作用，产生的年复合平均收益率分别为 13.93% 和 14.37%。这两个收益都远远高于对应的投资组合单独产生的收益，"大盘股"投资组合单独获得的收益为 10.20%，"龙头股"投资组合的为 11.36%。你可以通过重点关注价值因素二复合的前两个等分，然后购买 25 只 6 个月价格增值最佳的股票来改进"龙头股"和"大盘股"投资组合的绩效。这样，"龙头股"的收益会涨到 15.29%，"大盘股"投资组合的涨到 14.81%。记住，这一简单的战略与罗素增长指数并不高度相关。但是，至少对"龙头股"组合有以下要求："龙头股"的股票属于价值复合二中的前两个等分并购买 25 只 6 个月价格增值最佳的股票。这个战略是我们见过的用到"龙头股"身上表现最好的战略之一，并且基本比率非常高，使该组合在 92% 的所有滚动 5 年期和 100% 的所有滚动 10 年期内完胜"龙头股"。它还有其他优势，如从来没有让滚动 5 年期的收益变为负值。因此，对于渴望跌势保护的保守增长型投资者而言，持有的投资组合是他们熟悉的名称，这不失为一个好方法。

对投资者的启示

使用股价趋势的最佳方法之一是将其与价值约束结合起来。在本书的早期版本中，市销率是价值筛选器，但自从我们的研究揭露复合价值因素能给总收益和波动带来明显改进以来，就开始用这些复合因素代替市销率。现在由于对 CRSP 数据库的访问，我们还发现了 6 个月价格增值作为最终趋势筛选器比 12 个月价格增值更有效。这两项改变大幅提高了潜力股增长战略带来的收益。该投资组合与核心 / 价值的相关性比与增长的相关性更为紧密，因此，如果要使投资组合与纯增长的"投资风格箱"相一致，最好停止使用"所有股票"投资组合增长战略。

| 第 26 章 |

寻求理想的价值股票投资战略

取天下常以无事。

——老子

在寻求最佳价值投资战略的过程中,我们遵循与上一章节中增长战略相同的方法,并充分利用复合价值因素。现在,我们来看看"所有股票"投资组合和"龙头股"。对于这些价值战略,我们的目标是在合理风险级别的基础上提供绝佳的收益。因此,我们重点关注总收益比所在投资组合高,但同时具有较低的最大降幅、标准差和下跌风险的战略。下面我们从"所有股票"投资组合战略开始。

使用复合因素寻找超值投资组合

我们的第一个战略要求股票须满足以下条件才能被包括在投资组合中。

1)属于"所有股票"投资组合。

2)年度每股收益率变化须大于零。

3)3个月和6个月价格增值必须超过投资组合的中位值。

4)股票必须属于财务实力、收益质量和价值复合二这一组合复合的前50%。

5)购买价值复合二分数最佳的25只股票。

结果

我们照例从 1963 年 12 月 31 日投资的 10 000 美元开始。如表 26-1 所示，这是一个上乘的"所有股票"投资组合价值战略。注意，与我们通过包括价值因素寻求最佳增长战略时的所作所为一样，现在我们也需要通过一些增长因素来提高股票价值，特别是通过要求其收益增长为正及 3 个月和 6 个月趋势大于该投资组合的中位值。这有助于我们避免价值陷阱或股价持续下跌的股票。使用这种战略投资的 10 000 美元到 2009 年年末增长到 43 868 549 美元，年复合平均收益率达 20%。该战略还实现了我们的目标，即最大跌幅、标准差和下跌风险均比"所有股票"投资组合本身要低。卓越的收益加上较低的标准差使该战略的夏普比率高达 0.92，而"所有股票"投资组合的仅为 0.33。有关其他所有相关汇总统计数据，如表 26-1 所示。所有基本比率如表 26-2 所示，均为正，该战略在 97% 的滚动 3 年期及 100% 的滚动 5 年期和 10 年期内完胜"所有股票"投资组合。

表 26-1　年收益及风险数据统计概要："所有股票"投资组合价值与"所有股票"投资组合（1964 年 1 月 1 日～2009 年 12 月 31 日）

	"所有股票"投资组合价值	"所有股票"投资组合
算术平均值（%）	21.60	13.26
几何平均值（%）	20.00	11.22
平均收益（%）	26.16	17.16
标准差（%）	16.34	18.99
向上的偏差（%）	10.04	10.98
向下的偏差（%）	12.99	13.90
跟踪误差	8.70	0.00
收益为正的时期数	376	329
收益为负的时期数	176	223
从最高点到最低点的最大跌幅（%）	−46.36	−55.54
贝塔值	0.77	1.00
T 统计量（$m=0$）	8.18	4.47
夏普比率（$Rf=5\%$）	0.92	0.33
索蒂诺比率（$MAR=10\%$）	0.77	0.09
10 000 美元投资的最终结果（美元）	43 868 549	1 329 513
1 年期最低收益（%）	−40.74	−46.49
1 年期最高收益（%）	80.82	84.19
3 年期最低收益（%）	−6.37	−18.68
3 年期最高收益（%）	46.99	31.49
5 年期最低收益（%）	−1.59	−9.91
5 年期最高收益（%）	37.30	27.66

(续)

	"所有股票"投资组合价值	"所有股票"投资组合
7年期最低收益（%）	2.97	−6.32
7年期最高收益（%）	33.15	23.77
10年期最低收益（%）	9.24	1.01
10年期最高收益（%）	30.52	22.05
预期最低收益[①]（%）	−11.08	−24.73
预期最高收益[②]（%）	54.29	51.24

① 预期最低收益等于收益率的算术平均值减去2倍的标准差。
② 预期最高收益等于收益率的算术平均值加上2倍的标准差。

表26-2 "所有股票"投资组合价值与"所有股票"投资组合的基本比率（1964年1月1日～2009年12月31日）

项目	"所有股票"投资组合价值完胜"所有股票"投资组合	百分比（%）	年平均超额收益率（%）
1年期收益率	462期中有541期	85	8.43
滚动的3年期复合收益率	501期中有517期	97	8.95
滚动的5年期复合收益率	491期中有493期	100	9.00
滚动的7年期复合收益率	467期中有469期	100	8.96
滚动的10年期复合收益率	433期中有433期	100	8.82

最糟糕的情况，最高和最低收益

自1963年以来，本战略仅出现了4次跌幅超过20%的情况。如表26-3所示，最严重的一次出现在2007年10月～2009年2月间的熊市，当时损失率达46.36%。这4次下跌的平均损失率为32.65%，而下跌的平均持续时间为15个月。这一结果与"所有股票"投资组合相比，已非常难得，该投资组合在同一时期内出现了6次降幅超过20%的情况，其中有2次超过了50%。因此，这个战略经受的下跌次数比投资"所有股票"投资组合本身所经受的明显要少得多。

表26-3 最糟糕的情况："所有股票"投资组合价值跌幅超过20%的全部数据（1964年1月1日～2009年12月31日）

峰值日期	峰值指数值	低谷日期	低谷指数值	恢复日期	跌幅（%）	跌幅持续时间（月）	恢复持续时间（月）
1968年11月	3.45	1970年6月	2.32	1971年4月	−32.76	19	10
1972年11月	3.95	1974年9月	3.08	1975年2月	−22.02	22	5
1987年8月	102.79	1987年11月	72.50	1989年1月	−29.47	3	14
2007年10月	5 155.70	2009年2月	2 765.28		−46.36	16	
平均值					−32.65	15	9.67

该战略的最高 5 年期收益出现在 1987 年 7 月,当时获得了 37.30% 的年平均收益率。第二个最高 5 年期收益出现在 2007 年 10 月,当时它获得了 35.72% 的年平均收益率。该战略的最低 5 年期收益出现在 1973 年 11 月,当时年损失率达 1.59%。表 26-4 和表 26-5 显示了其他持有期的最高和最低收益。图 26-1 显示了此"所有股票"投资组合价值战略在年复合平均收益基础上减去"所有股票"投资组合收益的滚动超额收益(损失)率。表 26-6 显示"所有股票"投资组合价值战略和"所有股票"投资组合的收益,以 10 年为间隔。

表 26-4　按月度数据显示的最高和最低年复合平均收益率(1964 年 1 月 1 日~ 2009 年 12 月 31 日)

所有情况	1 年期	3 年期	5 年期	7 年期	10 年期
"所有股票"投资组合价值最低复合收益(%)	−40.74	−6.37	−1.59	2.97	9.24
"所有股票"投资组合价值最高复合收益(%)	80.82	46.99	37.30	33.15	30.52
"所有股票"投资组合最低复合收益(%)	−46.49	−18.68	−9.91	−6.32	1.01
"所有股票"投资组合最高复合收益(%)	84.19	31.49	27.66	23.77	22.05

表 26-5　1964 年 1 月 1 日~ 2009 年 12 月 31 日月度数据,投资的 10 000 美元在最高和最低年复合平均收益率时的最终价值

所有情况	1 年期	3 年期	5 年期	7 年期	10 年期
"所有股票"投资组合价值 10 000 美元最低价值(美元)	5 926	8 209	9 228	12 272	24 201
"所有股票"投资组合价值 10 000 美元最高价值(美元)	18 082	31 762	48 791	74 183	143 495
"所有股票"投资组合 10 000 美元最低价值(美元)	5 351	5 379	5 936	6 330	11 054
"所有股票"投资组合 10 000 美元最高价值(美元)	18 419	22 734	33 903	44 504	73 345

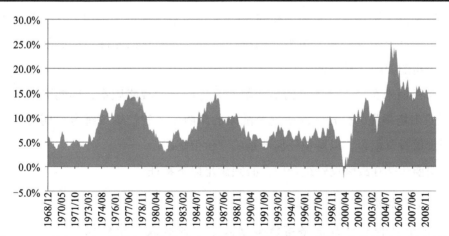

图 26-1　"所有股票"投资组合价值减去"所有股票"投资组合的 5 年期滚动年复合平均超额收益(损失)率(1964 年 1 月 1 日~ 2009 年 12 月 31 日)

表 26-6　年复合平均收益率，以 10 年为间隔

	1960s①	1970s	1980s	1990s	2000s②
"所有股票"投资组合价值（%）	18.35	17.47	25.26	19.05	19.37
"所有股票"投资组合（%）	13.36	7.56	16.78	15.35	4.39

① 1964 年 1 月 1 日～1969 年 12 月 31 日的收益。
② 2000 年 1 月 1 日～2009 年 12 月 31 日的收益。

"龙头股"价值战略

许多投资者对购买不是很知名或他们不熟悉的股票的任何战略都感觉不舒服。例如，上述"所有股票"投资组合价值战略是个奇妙的表演家，具有极明显的风险特征，在 46 年中仅出现 4 次 20% 或以上的跌幅。但是该投资组合是由许多普通投资者可能从未听说过的股票组成，其中包括 Industrias Bachoco S.A.B.、耐力保险（EnduranceSpecialty）、中国玉柴国际及东塔纸业公司。这些股票都算不上家喻户晓。该投资组合仅包含少量投资者可能熟悉的股票，如纸张和容器制造商 Boise 及医疗服务提供商 Humana。对于投资者而言这是一个现实的问题，尤其当投资组合表现不好时。许多投资者更喜欢持有较知名公司的股票，对于这些投资者，我们提供"龙头股"投资组合的价值战略。如果要包括"龙头股"投资组合中的股票，它必须是这样一家非公共事业公司：市值大于 Compustat 数据库平均值；现金流大于平均值；已发行股票大于平均值；年销售额的 50% 大于该数据库的平均值。这些要求生成了由 350～400 家全球知名公司组成的投资组合，因为我们允许包括股份在美国交易的外国公司的美国存托凭证。

下面我们来看一下由本书的早期版本改进的流行战略版本，即购买具有高股本收益率的市场领先的公司。对于这个战略的新版本，我们继续练习如何将增长特征添加到价值投资组合，以避免任何严重的"价值陷阱"。

股票要包括在战略投资组合中，必须满足以下特征。

1）从"龙头股"中选择。

2）3 个月和 6 个月价格增值必须大于"龙头股"中位值。

3）购买 25 只股本收益率最高的股票。

结果

在本战略中,在1963年12月31日投资的10 000美元截至2009年年末增长到了6 168 039美元,年复合平均收益率14.99%。这比投资到"龙头股"投资组合本身所获得的1 411 897美元要高很多,该投资组合的年复合平均收益率为11.36%。但是,通过标准差衡量的风险及下跌风险对于此战略而言相对较高,其标准差为16.87%,下跌风险为12.62%。虽然如此,其较高的收益将夏普比率拉到0.59,而"龙头股"的夏普比率仅为0.39。如表26-7所示,该战略的最大跌幅为-57.92%,"龙头股"的为-54.03%。这是一个与本书早期版本的调查结果不同的地方,我们发现在早期版本中该战略的最大降幅低于"龙头股"的跌幅。我们还注意到,在早期版本中,此战略在任何滚动5年期内均没有损失,但是在当前5年期的年平均损失率为-4.72%。出现这种情况有两个主要原因:第一个是2007～2009年的熊市是自大萧条以来最严重的一次下跌,它对"大盘股"投资组合的打击特别大。例如,罗素1000价值指数在最近的熊市中下跌了55.56%。第二个原因是我们的新方法对复合投资组合收益产生的结果。通过包括投资组合在每个月开始的收益,我们发现一些绩差股的财务状况年度数据已丢失。但是,绩效为负的滚动5年期的数目实际上很小,该战略经历的滚动5年期收益为负的时期分别为2009年1月、2月和3月(接近熊市底部),1973年11月及1974年9月、10月。因此,也就是说在493个滚动5年期内仅出现6次收益为负的情况,概率为1%。该战略的基本比率如表26-8所示,均为正,在90%的所有滚动5年期和100%的10年期内完胜"龙头股"。

表26-7 年收益及风险数据统计概要:"龙头股",3/6个月趋势>中位值,股本收益率前25只股票,与"龙头股"(1964年1月1日～2009年12月31日)

	"龙头股",3/6个月趋势>中位值,按股本收益率前25只股票	"龙头股"
算术平均值(%)	16.63	12.82
几何平均值(%)	14.99	11.36
平均收益(%)	19.28	14.62
标准差(%)	16.87	16.13
向上的偏差(%)	11.01	10.00
向下的偏差(%)	12.62	11.66
跟踪误差	6.36	0.00
收益为正的时期数	352	335
收益为负的时期数	200	217
从最高点到最低点的最大跌幅(%)	-57.92	-54.03

(续)

	"龙头股",3/6个月趋势>中位值,按股本收益率前25只股票	"龙头股"
贝塔值	0.97	1.00
T 统计量（m=0）	6.22	5.10
夏普比率（Rf=5%）	0.59	0.39
索蒂诺比率（MAR=10%）	0.40	0.12
10 000 美元投资的最终结果（美元）	6 168 039	1 411 897
1 年期最低收益（%）	−52.37	−48.15
1 年期最高收益（%）	63.15	66.79
3 年期最低收益（%）	−16.39	−13.61
3 年期最高收益（%）	42.36	34.82
5 年期最低收益（%）	−4.72	−4.36
5 年期最高收益（%）	38.58	31.52
7 年期最低收益（%）	0.36	−2.93
7 年期最高收益（%）	30.39	24.56
10 年期最低收益（%）	2.52	1.01
10 年期最高收益（%）	25.14	19.69
预期最低收益[1]（%）	−17.11	−19.44
预期最高收益[2]（%）	50.36	45.07

[1] 预期最低收益等于收益率的算术平均值减去 2 倍的标准差。
[2] 预期最高收益等于收益率的算术平均值加上 2 倍的标准差。

表 26-8 "龙头股",3/6 个月趋势 > 中位值,按股本收益率前 25 只股票与"龙头股"的基本比率（1964 年 1 月 1 日～2009 年 12 月 31 日）

项目	"龙头股",3/6 个月趋势>中位值,趋势>中位值,按股本收益率前25只股票完胜"龙头股"	百分比（%）	年平均超额收益率（%）
1 年期收益率	346 期中有 541 期	64	3.60
滚动的 3 年期复合收益率	401 期中有 517 期	78	3.81
滚动的 5 年期复合收益率	443 期中有 493 期	90	4.07
滚动的 7 年期复合收益率	444 期中有 469 期	95	4.24
滚动的 10 年期复合收益率	433 期中有 433 期	100	4.36

最糟糕的情况，最高和最低收益

该战略经历了 6 次下跌幅度超过 20% 的情况。如表 26-9 所示，最大的跌幅 57.92% 出现在 2007 年 10 月～2009 年 2 月，历时 16 个月，持续时间第三长。

该战略的最佳 5 年期出现在截至 1987 年 7 月的那段时间，当时它在过去的 5 年获得了 38.58% 的年复合平均收益率。该战略的最差 5 年期出现在截至 2009 年 2 月的那段时间，当时的年损失率为4.72%。表26-10和表26-11显示其他各持有期的最高和最低收益。图26-2显示该战略减去"龙头股"收益的5年期滚动超额收益率。表26-12显示该战略与"龙头股"的收益，以10年为间隔。

表26-9 最糟糕的情况：3/6个月趋势>中位值，按股本收益率前25只股票跌幅超过20%的全部数据（1964年1月1日～2009年12月31日）

峰值日期	峰值指数值	低谷日期	低谷指数值	恢复日期	跌幅（%）	跌幅持续时间（月）	恢复持续时间（月）
1969年1月	1.97	1970年6月	1.29	1972年4月	-34.79	17	22
1972年11月	2.18	1974年9月	1.56	1975年5月	-28.47	22	8
1987年8月	33.04	1987年11月	22.73	1989年1月	-31.21	3	14
1989年8月	40.10	1990年10月	29.88	1991年3月	-25.48	14	5
2002年5月	302.21	2002年9月	236.73	2003年6月	-21.67	4	9
2007年10月	728.90	2009年2月	306.71		-57.92	16	
平均值					-33.25	12.67	11.6

表26-10 按月度数据显示的最高和最低年复合平均收益率（1964年1月1日～2009年12月31日）

所有情况	1年期	3年期	5年期	7年期	10年期
"龙头股"，3/6个月趋势>中位值，按股本收益率前25只股票最低复合收益（%）	-52.37	-16.39	-4.72	0.36	2.52
"龙头股"，3/6个月趋势>中位值，按股本收益率前25只股票最高复合收益（%）	63.15	42.36	38.58	30.39	25.14
"龙头股"最低复合收益（%）	-48.15	-13.61	-4.36	-2.93	1.01
"龙头股"最高复合收益（%）	66.79	34.82	31.52	24.56	19.69

表26-11 1964年1月1日～2009年12月31日月度数据，投资的10 000美元在最高和最低年复合平均收益率时的最终价值

所有情况	1年期	3年期	5年期	7年期	10年期
"龙头股"，3/6个月趋势>中位值，按股本收益率前25只股票最低10 000美元价值（美元）	4 763	5 845	7 851	10 252	12 824
"龙头股"，3/6个月趋势>中位值，按股本收益率前25只股票最高10 000美元价值（美元）	16 315	28 850	51 117	64 090	94 166
"龙头股"10 000美元最低价值（美元）	5 185	6 448	8 001	8 122	11 061
"龙头股"10 000美元最高价值（美元）	16 679	24 506	39 355	46 514	60 354

表26-12 年复合平均收益率，以10年为间隔

	1960s①	1970s	1980s	1990s	2000s②
"龙头股"，3/6个月趋势>中位值，按股本收益率前25只股票（%）	7.43	11.53	23.72	18.86	11.04

(续)

	1960s①	1970s	1980s	1990s	2000s②
"龙头股"（%）	8.23	7.32	18.10	16.54	5.92

① 1964年1月1日～1969年12月31日的收益。
② 2000年1月1日～2009年12月31日的收益。

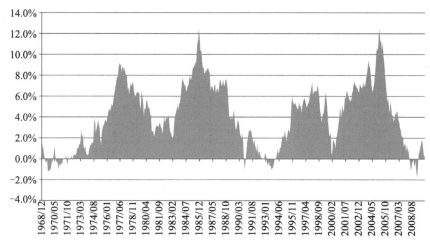

图 26-2　5年期滚动年复合平均超额收益（损失）率
["龙头股"，3/6个月趋势＞中位值，按股本收益率前25只股票减去"龙头股"的收益率（1964年1月1日～2009年12月31日）]

与"龙头股"纯股本收益率的结果异曲同工

虽然我已添加增长要求，即3个月和6个月价格增值必须大于平均值，但我也注意到，该战略有没有股价趋势要求对收益影响很小。只要购买"龙头股"投资组合中股本收益率最高的25只股票，就能在同期、相似的风险等级下获得14.87%的收益率。如果要简化流程，可以单独使用股本收益率。我喜欢在纯价值投资组合中包括至少一个增长特征，正如我喜欢在纯增长投资组合中包括至少一个价值特征一样，原因是我认为这样会带来更好更高的连续总收益。但是，在这种情况下，对收益的提高很小，仅为12个基点（0.12%）。不过，我认为，如果投资者想要测试自己的投资战略，可以通过将价值成分添加到增长战略，以及将增长成分添加到价值战略来改进结果。

对投资者的启示

根据投资者对投资组合价值部分的目标,有两个战略很吸引人,而且表现非常好。如果你要遵循可能投资不熟悉公司的各类股票的战略,"所有股票"投资组合价值战略可能适合你。该战略仅出现过4次下跌,且每次下跌幅度都没有超过50%,比"所有股票"投资组合本身要好很多。它实现了卓越的风险调整收益和超强的基本比率。当然,如前所述,它的确购买了对于大多数投资者都不熟悉的公司股票。对于重点关注知名度较高的"大盘股"投资组合的投资者,"龙头股"价值战略可能是最佳战略。它具有卓越的基本比率,并比"龙头股"投资组合本身多了显著的绩效。虽然该战略在2007～2009年的熊市中被击败,跌幅几近58%,但在这之前它从未出现过最大跌幅超过35%的情况。

| 第 27 章 |

集增长与价值之长

我们从历史中汲取的教训就是我们没有以史为鉴。

——本杰明·迪斯雷利

在本章中，我们将最佳增长和价值因素结合起来，组成我们称为"趋势价值"的投资组合。这会让你想起第 20 章的内容，股价趋势被证实是一种用于确定这些股票中哪些继续表现良好，哪些开始表现差的好方法，因此我们使用 6 个月股价趋势作为我们的增长因素，将表 27-1 作为 6 个月股价趋势功效的提醒（我已使用 1964～2009 年的数据，因此可以与我们使用的价值因素进行对等比较）。如表 27-1 所示，购买"所有股票"投资组合中 6 个月股价趋势最佳的股票，每年可以获得 14.52% 的收益率，1963 年 12 月 31 日投资的 10 000 美元到 2009 年年末增长至 5 116 741 美元，这远远高于单独投资"所有股票"投资组合所获得的 1 329 513 美元，其同期年收益率为 11.22%。更为惊人的是，与"所有股票"投资组合中 6 个月股价趋势最差的 10% 股票的表现相比较，对"所有股票"投资组合中 6 个月股价趋势最差股票的投资在同期获得的收益微不足道，仅为 3.67%，投资的 10 000 美元仅仅涨到了 52 419 美元，远没有投资美国短期国债所获得的收益多，将 10 000 美元投资到国债，其会涨到 120 778 美元，年复合平均收益率为 5.57%。

表 27-1　年收益及风险数据统计概要："所有股票"投资组合 6 个月股价趋势（第 1 组十分位组），"所有股票"投资组合 6 个月股价趋势（第 10 组十分位组）及"所有股票"投资组合（1964 年 1 月 1 日～2009 年 12 月 31 日）

	"所有股票"投资组合 6 个月股价趋势（第 1 组十分位组）	"所有股票"投资组合 6 个月股价趋势（第 10 组十分位组）	"所有股票"投资组合
算术平均值（%）	18.12	7.06	13.26
几何平均值（%）	14.52	3.67	11.22
平均收益（%）	22.79	7.09	17.16
标准差（%）	24.88	25.37	18.99
向上的偏差（%）	15.40	17.25	10.98
向下的偏差（%）	17.64	17.53	13.90
跟踪误差	10.79	9.88	0.00
收益为正的时期数	337	305	329
收益为负的时期数	215	247	223
从最高点到最低点的最大跌幅（%）	−62.44	−77.42	−55.54
贝塔值	1.20	1.26	1.00
T 统计量（$m=0$）	4.57	1.83	4.47
夏普比率（$Rf=5\%$）	0.38	−0.05	0.33
索蒂诺比率（$MAR=10\%$）	0.26	−0.36	0.09
10 000 美元投资的最终结果（美元）	5 116 741	52 419	1 329 513
1 年期最低收益率（%）	−54.29	−56.18	−46.49
1 年期最高收益率（%）	175.23	107.23	84.19
3 年期最低收益率（%）	−25.24	−31.23	−18.68
3 年期最高收益率（%）	59.15	38.29	31.49
5 年期最低收益率（%）	−9.05	−21.12	−9.91
5 年期最高收益率（%）	43.45	26.10	27.66
7 年期最低收益率（%）	−3.32	−16.53	−6.32
7 年期最高收益率（%）	33.36	20.07	23.77
10 年期最低收益率（%）	−0.29	−7.42	1.01
10 年期最高收益率（%）	29.64	16.20	22.05
预期最低收益[①]（%）	−31.65	−43.67	−24.73
预期最高收益[②]（%）	67.89	57.79	51.24

① 预期最低收益等于收益率的算术平均值减去 2 倍的标准差。
② 预期最高收益等于收益率的算术平均值加上 2 倍的标准差。

纯股价趋势的问题

当我开始讨论用于选择哪些股票可能继续表现良好、哪些股票可能要玉石俱焚的股价趋势的功效时，我也注意到这对于在过山车上可以睡着的投资者来说是一个有高度波动性的战略。忍受上行波动是一方面，但是当战略走向与我们的初衷相悖时，却几乎不可能坚持到底。例如，许多投资者在20世纪90年代后期被趋势投资所吸引，当时互联网泡沫正在如火如荼地膨胀：1999年是泡沫膨胀到极点的最后一年，从"所有股票"投资组合中购买的6个月价格增值最佳的一等分股票飙升超过100%！这些让人目瞪口呆的收益引导许多投资者挤进纯趋势战略和基金。问题是，2000年3月泡沫破灭后该战略开始连续亏损，在2000年、2001年和2002年分别亏损17.72%、4.76%和21.11%。其他股票表现更差，但是即使最资深的投资者也觉得在连续经历3年的失望后几乎不可能再坚持该战略。因此，波动对卓越的长期战略是一个现实的问题。

集价值与趋势于一体

我一直研究的主题之一是集价值与增长因素于一体的功效。这样做可以让你通过将其与价值最佳因素调和来解决纯趋势战略的问题。长期以来，数据最终证明了价值胜过增长。但是，也有证据证明价值战略在牛市急骤上涨时可能会与市场严重不同步。按照定义，从市盈率、市销率、现金流价格、EBITDA/企业价值等方面来讲，非常便宜的股票在未测试的，由疯狂投机定义的市场中不会是佼佼者。换言之，当市场青睐公司概念时，正如20世纪90年代后期的dot.com股票，财务优良、价格适中的公司反而被忽略了。例如，符合价值复合二、来自"所有股票"投资组合的股票等分（具有最佳估值）在1999年仅上涨了4.12%，而同年"所有股票"投资组合中6个月价格增值最佳的等分却飙升了100%还多。因此，我们要通过下一战略尝试寻找价格上行趋势锐减的最佳价值股票，我们称之为"趋势价值"。

"趋势价值"投资组合

可能你会想起我们在第15章中将一些价值比融入价值复合，从而实现比单独使用任何单一价值比更一致的较高收益。表27-2对比了价值复合二、6个月股价趋势最佳的股票与"所有股票"投资组合的结果。就其本身而言，购买"所有股票"投资组合中价值因素二分数最佳的股票等分明显胜过购买6个月股价趋势最佳股票的收益。价值复合二的（第1组十分位组）中的股票一年获得17.30%的收益率，1963年12月31日投资的10 000美元在2009年12月31日涨到了15 416 651美元。即便收益这么高，其风险也低于"所有股票"投资组合，夏普比率更是高到了0.72，远远超过购买6个月价格增值的股票，6个月价格增值股票不仅收益不给力，风险也较高，因此夏普比率当然不尽如人意，仅为0.38。在我们对融合这两种因素的结果拭目以待时，先回顾一下如何创建价值复合。

表27-2 年收益及风险数据统计概要："所有股票"投资组合6个月趋势（第1组十分位组），"所有股票"投资组合价值复合二（第1组十分位组）及"所有股票"投资组合（1964年1月1日～2009年12月31日）

	"所有股票"投资组合6个月趋势（第1组十分位组）	"所有股票"投资组合VC2（第1组十分位组）	"所有股票"投资组合
算术平均值（%）	18.12	19.00	13.26
几何平均值（%）	14.52	17.30	11.22
平均收益（%）	22.79	22.74	17.16
标准差（%）	24.88	17.10	18.99
向上的偏差（%）	15.40	11.32	10.98
向下的偏差（%）	17.64	12.81	13.90
跟踪误差	10.79	8.10	0.00
收益为正的时期数	337	368	329
收益为负的时期数	215	184	223
从最高点到最低点的最大跌幅（%）	−62.44	−58.07	−55.54
贝塔值	1.20	0.81	1.00
T统计量（$m=0$）	4.57	6.95	4.47
夏普比率（$Rf=5\%$）	0.38	0.72	0.33
索蒂诺比率（$MAR=10\%$）	0.26	0.57	0.09
10 000美元投资的最终结果（美元）	5 116 741	15 416 651	1 329 513
1年期最低收益率（%）	−54.29	−48.60	−46.49
1年期最高收益率（%）	175.23	77.27	84.19
3年期最低收益率（%）	−25.24	−17.13	−18.68
3年期最高收益率（%）	59.15	41.33	31.49
5年期最低收益率（%）	−9.05	−3.65	−9.91
5年期最高收益率（%）	43.45	35.99	27.66
7年期最低收益率（%）	−3.32	−0.10	−6.32
7年期最高收益率（%）	33.36	31.35	23.77
10年期最低收益率（%）	−0.29	6.17	1.01
10年期最高收益率（%）	29.64	29.77	22.05
预期最低收益[1]（%）	−31.65	−15.20	−24.73
预期最高收益[2]（%）	67.89	53.20	51.24

[1] 预期最低收益等于收益率的算术平均值减去2倍的标准差。
[2] 预期最高收益等于收益率的算术平均值加上2倍的标准差。

回顾价值复合

在本章中，我们使用价值复合二，因为在我们测试的 3 个价值因素复合中夏普比率最高。我们通过对以下因素排名创建价值因素二：① 股价净值比；② 市盈率；③ 市销率；④ EBITDA/EV 比率价值；⑤ 价格对现金流比；⑥ 股本收益率。

对于每个复合的因素组合，我们都将对"所有股票"投资组合中每只股票按 1 到 100 的比例分配百分等级。如果一只股票的 PE 比在投资组合中属于最低的 1%，那么它的等级将为 100；如果股票的 PE 比在投资组合中属于最高的 1%，那么它的等级将为 1。我们令每个因素都遵循类似的惯例，因此，如果根据市销率某一股票属于投资组合中最低的 1%，那么它的等级将为 100；而如果它属于最高的 1%，那么其等级将为 1。如果某一因素的价值缺失，我们将为其分配一个中间等级 50。

对于股本收益率，投资组合中收益率最高的 1% 的股票的等级定为 100，而最低的 1% 的等级定为 1。对各个因素进行排名后，我们将合计其全部排名并将股票分配至各等分。分数最高的股票分到第 1 组十分位组，分数最低的分到第 10 组十分位组。

因此，第 1 组十分位组的股票综合分数最高但市盈率、市销率等因素最低，同时，第 10 组十分位组的股票的市盈率、市销率等最高。对于此次测试，我们重点关注价值复合二的第 1 组十分位组。

"趋势价值"投资组合战略

本战略在我们的投资组合中涉猎最广，"所有股票"投资组合包括市值大于经通货膨胀调整后的 20 000 万美元的每只股票，因此，这将是一个可以包括市值在 20 000 万美元以上的任何股票的投资组合。要包括到此战略中，股票必须满足以下条件。

1）属于"所有股票"投资组合。

2）属于价值复合二的第 1 组十分位组（即在以上引用的 6 个价值因素中估值分数最佳的 10% 股票）。

3）购买 6 个月价格增值最佳的 25 只和 50 只股票。

表 27-3 显示了将价值因素二和 6 个月价格增值融合的结果。你将会想起从"所有股票"投资组合中购买 6 个月价格增值最佳的 10% 股票在测试的 46 年内获得 14.52% 的收益率，以及购买价值因素二（第 1 组十分位组）中股票获得的 17.30% 的

收益率。通过结合这两种情况，并从价值复合因素二（第1组十分位组）中购买6个月价格增值最佳的25只股票，年平均收益率一眨眼就变成了21.19%，10 000美元在2009年12月31日变成了69 098 587美元。还有就是，风险和最大跌幅也下降了。25只股票趋势价值投资组合的标准差为17.44%，比"所有股票"投资组合的18.99%低了1.55个点。它的下跌风险也比较低，为13.77%，"所有股票"投资组合的为13.90%。较低的风险数字将"趋势价值"战略的夏普比率推高至0.93，远胜于"所有股票"投资组合的0.33，并明显超过价值复合二（第1组十分位组）的夏普比率，其比率为0.72。另外，"趋势价值"投资组合的最大跌幅50.55%也比"所有股票"投资组合的55.54%要低。

表27-3　1964年1月1日～2009年12月31日年收益及风险数据统计概要：CV2（第1组十分位组）6个月趋势前25只股票，CV2（第1组十分位组）6个月趋势前50只股票，以及"所有股票"投资组合

	CV2（第1组十分位组），6个月趋势前25只股票	CV2（第1组十分位组），6个月趋势前50只股票	"所有股票"投资组合
算术平均值（%）	23.04	21.48	13.26
几何平均值（%）	21.19	19.85	11.22
平均收益（%）	29.20	26.63	17.16
标准差（%）	17.44	16.51	18.99
向上的偏差（%）	10.60	10.16	10.98
向下的偏差（%）	13.71	12.87	13.90
跟踪误差	8.90	8.55	0.00
收益为正的时期数	373	369	329
收益为负的时期数	179	183	223
从最高点到最低点的最大跌幅（%）	−50.55	−49.64	−55.54
贝塔值	0.81	0.78	1.00
T统计量（$m=0$）	8.13	8.06	4.47
夏普比率（$Rf=5\%$）	0.93	0.90	0.33
索蒂诺比率（$MAR=10\%$）	0.82	0.77	0.09
10 000美元投资的最终结果（美元）	69 098 587	41 411 163	1 329 513
1年期最低收益率（%）	−44.60	−43.28	−46.49
1年期最高收益率（%）	93.05	83.14	84.19
3年期最低收益率（%）	−4.50	−8.13	−18.68
3年期最高收益率（%）	58.58	52.03	31.49
5年期最低收益率（%）	0.15	−0.64	−9.91
5年期最高收益率（%）	46.05	38.85	27.66
7年期最低收益率（%）	3.97	3.31	−6.32
7年期最高收益率（%）	35.88	32.83	23.77
10年期最低收益率（%）	10.16	9.04	1.01

（续）

	CV2（第1组十分位组），6个月趋势前25只股票	CV2（第1组十分位组），6个月趋势前50只股票	"所有股票"投资组合
10年期最高收益率（%）	30.04	30.56	22.05
预期最低收益①（%）	−11.85	−11.53	−24.73
预期最高收益②（%）	57.92	54.49	51.24

① 预期最低收益等于收益率的算术平均值减去2倍的标准差。
② 预期最高收益等于收益率的算术平均值加上2倍的标准差。

对于可以承诺5年持有期的投资者，更不错的是"趋势价值"投资组合的5年期收益从未为负，并且它的跌势比其他所有持有期明显要低。如表27-3所示，50只股票投资组合表现得也非常好，从10 000美元涨到了41 411 163美元，年复合平均收益率达19.85%。如表27-4和表27-5所示，这两组股票投资组合的基本比率远大于零。趋势价值战略的前25只股票投资组合在100%的所有滚动5年期和10年期及99%的所有滚动3年期中完胜"所有股票"投资组合。50只股票的投资组合的基本比率与之不相上下。

表27-4 （第1组十分位组）中CV26个月趋势前25只股票与"所有股票"投资组合的基本比率（1964年1月1日～2009年12月31日）

项目	（第1组十分位组）中CV26个月趋势前25只股票完胜"所有股票"投资组合	百分比（%）	年平均超额收益率（%）
1年期收益率	461期中有541期	85	9.91
滚动的3年期复合收益率	513期中有517期	99	10.38
滚动的5年期复合收益率	493期中有493期	100	10.30
滚动的7年期复合收益率	469期中有469期	100	10.11
滚动的10年期复合收益率	433期中有433期	100	9.86

表27-5 （第1组十分位组）中CV26个月趋势前50只股票与"所有股票"投资组合的基本比率（1964年1月1日～2009年12月31日）

项目	（第1组十分位组）中CV26个月趋势前50只股票完胜"所有股票"投资组合	百分比（%）	年平均超额收益率（%）
1年期收益率	447期中有541期	83	8.33
滚动的3年期复合收益率	503期中有517期	97	8.85
滚动的5年期复合收益率	492期中有493期	100	8.88
滚动的7年期复合收益率	467期中有469期	100	8.76
滚动的10年期复合收益率	433期中有433期	100	8.56

最糟糕的情况，最高和最低收益

表27-6显示了投资组合的25只股票版本所有超过20%的跌幅，表27-7详细

显示了 50 只股票版本的情况。25 只股票投资组合在过去的 46 年中仅出现了 4 次跌幅超过 20% 或以上的情况，最大的跌幅为 −50.55%，出现在 2007 年 10 月～2009 年 2 月。投资组合的 50 只股票版本出现了 5 次跌幅超过 20% 的情况，最大跌幅为 −49.64%，也出现在 2007 年 10 月～2009 年 2 月。

表 27-6　最糟糕的情况：（第 1 组十分位组）中 CV2，按 6 个月趋势前 25 只股票跌幅超过 20% 的全部数据（1964 年 1 月 1 日～2009 年 12 月 31 日）

峰值日期	峰值指数值	低谷日期	低谷指数值	恢复日期	跌幅(%)	跌幅持续时间（月）	恢复持续时间（月）
1968 年 11 月	3.38	1970 年 6 月	2.31	1971 年 3 月	−31.72	19	9
1987 年 8 月	106.17	1987 年 11 月	74.65	1989 年 1 月	−29.69	3	14
2002 年 4 月	1 679.68	2003 年 2 月	1 273.11	2003 年 8 月	−24.21	10	6
2007 年 10 月	8 688.72	2009 年 2 月	4 296.64		−50.55	16	
平均值					−34.04	12	9.67

表 27-7　最糟糕的情况：（第 1 组十分位组）中 CV2，按 6 个月趋势前 50 只股票跌幅超过 20% 的全部数据（1964 年 1 月 1 日～2009 年 12 月 31 日）

峰值日期	峰值指数值	低谷日期	低谷指数值	恢复日期	跌幅(%)	跌幅持续时间（月）	恢复持续时间（月）
1968 年 11 月	3.22	1970 年 6 月	2.19	1971 年 3 月	−31.91	19	9
1972 年 11 月	3.78	1974 年 9 月	2.94	1975 年 2 月	−22.22	22	5
1987 年 8 月	94.34	1987 年 11 月	68.51	1989 年 1 月	−27.38	3	14
2002 年 4 月	1 158.06	2003 年 2 月	914.39	2003 年 7 月	−21.04	10	5
2007 年 10 月	4 833.44	2009 年 2 月	2 434.36		−49.64	16	
平均值					−30.43	14	8.25

如表 27-8 和表 27-9 所示，该战略的 25 只股票版本的最差 5 年期让 10 000 美元涨到了 10 074 美元，收益率为 0.15%。而 25 只股票版本的最佳 5 年期让 10 000 美元涨到了 66 444 美元，年复合平均收益率为 46.05%。对于 50 只股票版本，在最差 5 年期中 10 000 美元跌至 9 686 美元，年平均损失率为 0.64%，在最佳 5 年期中 10 000 美元涨到 51 603 美元，年复合平均收益率为 38.85%。图 27-1 显示"趋势价值"25 只股票版本的 5 年期年平均超额收益（损失）率，图 27-2 显示了 50 只股票版本的收益。表 27-10 显示了该战略各个版本的收益及"所有股票"投资组合的收益，以 10 年为间隔。

表 27-8　按月度数据显示的最高和最低年复合平均收益率（1964 年 1 月 1 日～2009 年 12 月 31 日）

所有情况	1 年期	3 年期	5 年期	7 年期	10 年期
（第 1 组十分位组）中 CV2，按 6 个月趋势前 25 只股票最低复合收益（%）	−44.60	−4.50	0.15	3.97	10.16

(续)

所有情况	1年期	3年期	5年期	7年期	10年期
（第1组十分位组）中CV2，按6个月趋势前25只股票最高复合收益（%）	93.05	58.58	46.05	35.88	30.04
（第1组十分位组）中CV2，按6个月趋势前50只股票最低复合收益（%）	-43.28	-8.13	-0.64	3.31	9.04
（第1组十分位组）中CV2，按6个月趋势前50只股票最高复合收益（%）	83.14	52.03	38.85	32.83	30.56
"所有股票"投资组合最低复合收益（%）	-46.49	-18.68	-9.91	-6.32	1.01
"所有股票"投资组合最高复合收益（%）	84.19	31.49	27.66	23.77	22.05

表27-9 1964年1月1日～2009年12月31日月度数据，投资的10 000美元在最高和最低年复合平均收益率时的最终价值

所有情况	1年期	3年期	5年期	7年期	10年期
（第1组十分位组）中CV2，按6个月趋势前25只股票10 000美元最低价值（美元）	5 540	8 709	10 074	13 132	26 310
（第1组十分位组）中CV2，按6个月趋势前25只股票10 000美元最高价值（美元）	19 305	39 878	66 444	85 530	138 284
（第1组十分位组）中CV2，按6个月趋势前50只股票10 000美元最低价值（美元）	5 672	7 755	9 686	12 562	23 755
（第1组十分位组）中CV2，按6个月趋势前50只股票10 000美元最高价值（美元）	18 314	35 137	51 603	72 965	143 947
"所有股票"投资组合10 000美元最低价值（美元）	5 351	5 379	5 936	6 330	11 054
"所有股票"投资组合10 000美元最高价值（美元）	18 419	22 734	33 903	44 504	73 345

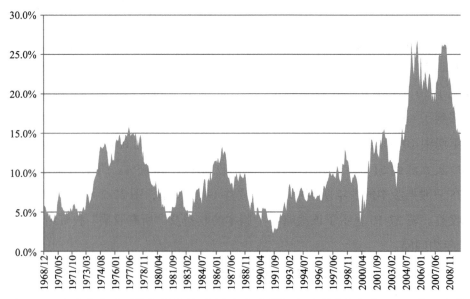

图27-1 5年期年复合平均超额收益（损失）率[（第1组十分位组）中CV2，按6个月趋势前25只股票的收益率减去"所有股票"投资组合的收益率（1964年1月1日～2009年12月31日）]

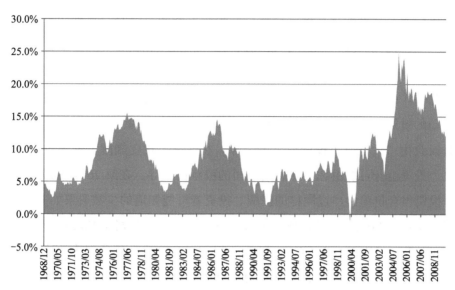

图 27-2 5 年期年复合平均超额收益（损失）率［第 1 组十分位组）中 CV2，按 6 个月趋势前 50 只股票减去"所有股票"投资组合（1964 年 1 月 1 日～2009 年 12 月 31 日）]

表 27-10 年复合平均收益率，以 10 年为间隔

	1960s①	1970s	1980s	1990s	2000s②
（第 1 组十分位组）中 CV2，按 6 个月趋势前 25 只股票（%）	18.08	18.85	23.53	22.05	22.27
（第 1 组十分位组）中 CV2，按 6 个月趋势前 50 只股票（%）	16.89	18.09	23.92	19.20	20.06
"所有股票"投资组合（%）	13.36	7.56	16.78	15.35	4.39

① 1964 年 1 月 1 日～1969 年 12 月 31 日的收益。
② 2000 年 1 月 1 日～2009 年 12 月 31 日的收益。

"投资风格箱"及年度收益的观测结果

晨星公司在推广"投资风格箱"概念的方面获得了极大的成功。它对各种股票和共同基金进行了完善的研究并提供了海量统计信息，我向许多需要自己动手的投资者高度推荐其服务。它很成功，以致很多投资者沉湎其中，不再跳出固有框架思考。但我认为"趋势价值"投资组合是跳出固有框架的有力尝试。通常，我们认为最终条件是股价趋势的投资组合是增长型投资，但是由于我们通过价值因素二将自己限制到"所有股票"投资组合的第 1 组十分位组中，我们从中进行选择的股票池是纯价值股票。在根据多个罗素指数运行投资组合的关联时，其最高的关联是与罗素 2500 价值指数的关联。但是，最近运行的战略显示前 50 只股票中有 4 只市值超过了 100 亿美元，传统上被认为是"大盘股"投资组合。虽然这个当前运行的投资组合的总平均市值是 32 亿美元，正好属于中型范围，应将这视为可在该市值范围内任意波动的投资组合。在过去，它始终属于中型价值类别，但这不妨碍它在未来的某个时段会由"大盘股"投资组合占主导。在这里，我要提醒大家慎重，因为"趋势价值"投资组合可能由你不熟悉的公司的股票占主导。在第 26 章中，我对"所有股票"投资组合价值给出过同样的提醒。投资者可能知道的少数股票如 Dillards、辉门公司（Federal-Mogul）、法国航空（Air-France）和日立公司（Hitachi）被 IDTCorp、UralsvyazinformJSC、Scailex Corp 和 ScorS.E.ADS 等不知名公司大大盖过了风头。可能这就是该投资组合表现得如此出色的原因，在很大程度上，知名大公司并不会实现连续多年的显著增长。

最后，有关该战略的坚持与否，我再说上一句：年复一年的结果显示，"趋势价值"频繁发生与整体市场不同步的情况，这常常让投资者难以接受。如表 27-11 所示，有时"趋势价值"的表现很喜人，如 1972 年和 1973 年，其这两年的损失率分别为 8.39% 和 6.59%，而"所有股票"投资组合的损失率高达 27.46% 和 26.33%。但有些时候它确实很考验你的耐心，最明显的是在 1998 年和 1999 年，这是自 1967 年以来最具投机性的两年。在这两年的热潮中，投机性股票的价格飙升了，"所有股票"投资组合中 6 个月价格增值最大涨幅超过了 100%，而"趋势价值"的 25 只股票版本在 1998 和 1999 年只是分别涨了 14.12% 和 7.41%。由此看来，虽然"趋势价值"是很棒的长期战略，但我认为在 1999 年年底你可能会因其不温不火的表现而萌生出深深的挫败感，尤其当你看到其他增长型和趋势股票的价格都在飙升时。

表 27-11 按照日历年的收益情况

	趋势价值 25 只股票（%）	（第 1 组十分位组）投资组合价值复合二（%）	（第 1 组十分位组）"所有股票"投资组合 6 个月趋势（%）	"所有股票"投资组合（%）
1964	24.61	23.75	16.16	16.47
1965	40.19	35.18	55.87	27.14
1966	-8.25	-11.03	1.22	-5.97
1967	56.90	51.23	76.01	49.80
1968	33.89	38.37	31.71	27.90
1969	-19.49	-23.82	-17.91	-20.45
1970	9.76	8.00	-17.38	-6.53

(续)

	趋势价值25只股票（%）	（第1组十分位组）投资组合价值复合二（%）	（第1组十分位组）"所有股票"投资组合6个月趋势（%）	"所有股票"投资组合（%）
1971	17.65	16.33	26.28	18.14
1972	14.02	10.82	13.14	8.48
1973	−8.39	−21.68	−15.91	−27.46
1974	−6.59	−12.97	−26.46	−26.33
1975	49.70	64.06	36.23	45.86
1976	48.07	54.00	35.53	35.50
1977	16.84	11.72	14.36	6.99
1978	18.14	14.53	20.45	13.05
1979	45.89	35.89	63.27	35.40
1980	25.07	21.97	69.18	33.88
1981	12.88	16.31	−11.69	2.70
1982	35.66	29.86	33.10	24.73
1983	34.52	39.54	18.50	25.94
1984	20.24	19.93	−5.76	−1.34
1985	36.44	35.75	39.67	32.73
1986	27.33	24.09	19.11	12.70
1987	−3.87	0.20	0.94	−2.53
1988	29.45	26.23	17.32	22.49
1989	23.57	22.76	29.53	23.97
1990	−7.71	−14.02	−11.06	−13.53
1991	45.93	42.93	65.71	42.56
1992	30.65	24.07	11.02	14.64
1993	25.58	21.71	29.17	17.95
1994	−1.92	−0.18	−5.31	−2.41
1995	40.31	32.69	42.27	31.53
1996	32.06	23.52	14.21	17.94
1997	48.98	38.27	15.44	24.97
1998	14.12	1.79	16.73	1.63
1999	7.41	4.12	100.64	30.16
2000	20.56	21.86	−17.72	−8.80
2001	19.51	21.50	−4.76	4.25
2002	−2.08	−3.33	−21.11	−19.54
2003	74.37	58.22	59.72	52.99
2004	43.48	28.61	12.15	18.06
2005	32.47	15.65	13.91	7.67
2006	41.07	27.12	14.44	18.78
2007	29.02	−0.57	12.25	0.63
2008	−29.74	−35.47	−48.21	−40.38

(续)

	趋势价值25只股票（%）	（第1组十分位组）投资组合价值复合二（%）	（第1组十分位组）"所有股票"投资组合6个月趋势（%）	"所有股票"投资组合（%）
2009	24.88	58.11	15.73	44.92
最低	−29.74	−35.47	−48.21	−40.38
最高	74.37	64.06	100.64	52.99
平均	23.11	19.51	18.21	13.42
中位值	24.97	21.92	15.59	17.20
标准差	21.22	22.34	29.72	21.59

如我们在第2章和第3章中所见到的，作为投资者，对我们取得成功的最大威胁是我们人类自己的本性。试想一下，说服你自己坚持这种战略并始终保持淡定和有条不紊可能很容易，但真正经历过这样的时期并与许多客户打交道后，我可以告诉你这种情况发生的概率确实很小。当涉及让战略在整个市场圈内发挥作用时，我们很不幸地成为自己最大的敌人。当再有新兴事物冲击投资者的想象力时，我强烈呼吁每位读者仔细反思这一切，那些时候可能就是最难坚持的时候，即使是最佳战略。

对投资者的启示

将最佳价值与增长强强联合是从股市获得卓越收益的有力方式。能够跳出思维定式进行创新思考，以及使用历史证明结果持续表现良好的战略是长期成功的核心所在。而在你寻找表现给力的价值股票时，"趋势价值"战略是个不错的选择。在该投资组合中，你可能只认识少数股票，但该战略的基础特征、强大的正向基本比率和跌势优势正是其成功的关键。如果可行，通过此战略及本书中介绍的其他所有战略，尝试在连续年份的基础上检查你的结果，并避免做出像1999年那样的草率判断，泡沫通常不会提供市场在接下来的3年或5年内的正确发展方向。

| 第 28 章 |

战略排名

对于未来，只能通过过去来判断。

——帕特里克·亨利

是该在绝对收益和风险调整的基础上对所有战略的收益进行排名的时候了。我将给出在通货膨胀调整基础上的各种指数和战略的收益，让你感觉到这就是我们在较长时期内提供的实际收益。为了进行同类比较，我使用 1965 年 8 月 31 日～2009 年 12 月 31 日的月度收益数据对战略进行排名，这样我就可以将本书各章节介绍的全部战略都包括进来。虽然没有包括大萧条时期，但这 44 年囊括了各种其他市场环境类型。景气、萧条、狂热、投机、市场崩溃、70 年的最大牛市、崩溃和大萧条以来的最大熊市及其他两次严重的熊市，在这 44 年风云变幻的市场中轮番上演。

我们从 1965 年年末开始回顾。约翰·丹尼斯·布朗（John Dennis Brown）在《百年华尔街》一书中这样写道："在这本记录簿中，1965 年是又一个辉煌的一年。在 12 月 31 日收盘时道琼斯指数上涨了将近 11%，达到了一个极高的位置。国防与航天的需求让飞机和电子工业暴涨。仙童摄影也不甘示弱，从 27 点涨到 165 点。摩托罗拉从 63 点增加了 109 点。联合飞机公司从 1964 年的 25 点涨到 1965 年年初的 50 点，最后达到 90 点……但是，消费者价格指数越高，美元的价值就越低。越南的军事人员在这一年总计达 190 000 人，增加了 10 倍。"20 世纪 50 年代，许多大型获利者的交易在当时仍占主导，而施乐（Xerox）、宝丽来（Polaroid）、IBM 和控制数据公司（ControlData）还不属于"漂亮五十（nifty-fifty）"，距离其投机性高位仍有数年之遥。纳斯达克当时还不存在。1965年的总成交量最终超过了1929年。计算机仍使用穿孔卡片，甚至我们今天看来想当然的最先进技术在当时也表现乏力。只有很少部分的美国家庭持有股票或共同基金，许多市场参与者都能生动地回想起亲身经历的1929年的崩溃及随之而来的20世纪30年代的大萧条。

我们回顾2009年，这是新世纪第一个10年之末。虽然这个10年经历了自大萧条以来最严重的熊市，但大盘的行为仍没有变化。我们今天的世界相较于1965年已发生了翻天覆地的改变，但人类这一市场成员的行为却没有改变。虽然过去的数十年给市场的运作方式带来了巨大的改变，但人性是永恒不变的。我们从20世纪90年代后期的投机性股市泡沫及随之产生的2000~2002年的熊市中学习到的市场现实又一次凶猛地卷土重来。更为甚者，新世纪的第一个熊市不过是2007~2009年熊市的一个小小的前奏，这才是20世纪30年代以来最严重的一次熊市，它摧毁了许多投资者对股市的信心，并让投资者陷入颗粒无收的窘境，这是自20世纪30年代以来前所未有的。

最后，我们依然在重复着昨天的错误，好了伤疤忘了疼。虽然我们的境况可以得到显著改变，但我们不去改变。长期数据特别有用，这是一个不争的事实。通过检查投资战略在许多不同市场环境中的表现，我们可以让自己对未来可能会发生的事做好准备。表现出色的公司和行业也会在未来的几年内发生改变，但什么起作用，什么不起作用这一基础会持久性继续存在。因此，当我不知道未来哪些股票会赢哪些会输时，我有一个很好的办法，即看看定义它们的是哪些因素。当然我们会看到一些新的狂热因素将个股和行业推至不可持续的高位，而评论家和投资者又会借机添油加醋地编造一个似是而非的"精彩"故事来说明这些新股票和行业与以往不同。但是我相信这次与以往的每一次都一样，即在这些热门股票的泡沫破灭时，它们会一如既往地摧毁投资者。虽然我不确定我们是否会再一次面对像2007~2009年那样凶猛的熊市，但肯定的是，经历熊市很考验投资者的耐心并让其对短期状况产生情绪化反应，最后在长期方面花费颇多。我们的观点是，回顾本书中测试的所有战略长期以来的表现如何，并用这些信息指导我们以后的决策。现在我们来看看结果。

结果

这份44年的月度数据研究表明，市场在沿着坚定的步伐朝前走，而不是随机游走。股市对战略奖罚分明。靠近列表顶部或底部的战略有一点是共通的，即很容易被识别。例如，表现最佳的前10名战略中的每一个都包括相对强度条件。但是它们必须与其他因素关联，通常根据投资者支付单位销售额、收益、账面价值或价值因素组合（以美元计）的数目来要求股票价格适中的因素。表现最差的10个战略中的股票大多数是投资者以不可持续的高价买进的，这让其市盈率、市净率、市销率或股价与现金流比率变得畸高，或成为上一年最大的失败者。除了上一年最大失败者的糟糕表现之外，所有这些因素都普遍反映了部分投资者寄予的厚望。历史表明，厚望往往容易破灭，投资者最好购买价格合理且相对强度较佳的股票。

大多数表现最佳的战略比整体市场风险更大，但是有一少部分表现得比市场好得多，而风险只不过多了一点点，甚至有些风险更小。大多数表现最差的战略实际上比表现最佳的战略风险更大。结果表明，市场不会始终以高收益奖励高风险投资组合。实际上，在我们按下跌风险或最大跌幅对战略排序时会看到，风险最高的战略同时也具有最高的下跌风险和最大的跌幅，其中下跌风险最低的战略都是过去表现很好的战略。"所有股票"投资组合中表现最佳的战略就是个例子，专注于价值复合二的第1等分中"所有股票"投资组合的股票，并按6个月价格增值购买前25只股票，然后这些股票以每年21.08%的复利增长，从1965年8月31日~2009年12月31日，当初的10 000美元增长到了48 200万美元。但是其标准差、下跌风险和最大跌幅都小于"所有股票"投资组合。相反，"所有股票"投资组合中表现最差的战略的标准差、下跌风险和最大跌幅都要高得多。因此，经验证据不支持资本资产定价模型的核心观点，即高风险带来高收益。

绝对收益

图28-1和图28-2显示了5个表现最佳和5个表现最差的战略。表28-1按绝对收益对所有战略进行了排名，按绝对收益排名前11的战略都来自于可投资的中型投资组合及小型和"所有股票"投资组合，而这11个战略都使用股价趋势作为最终因素。注意：表28-1中列出的几个战略在www.whatworkson-wallstreet.com中的其他

材料中进行了描述。前 4 个战略通常使用可投资的中型投资组合（这些股票经通货膨胀调整后的市值在 5 000 万～25 000 万美元），剩下的 7 个战略中有 6 个来自小盘股和"所有股票"投资组合。其中一个战略是从价值复合二的第 1 组十分位组的"所有股票"投资组合中购买 6 个月价格增值最佳的股票（在 27 章我们将该战略称为趋势价值），该战略与罗素 2500 价值指数最为相关，从而被称为相当专业的价值战略。实际上，除"所有股票"投资组合增长之外，所有表现最佳的 11 个战略都内置有合理受限的价值参数，如要求市净率属于"所有股票"投资组合中最低的 30%，市销率低于 1，或复合价值分数属于"所有股票"投资组合中最佳的 30%。

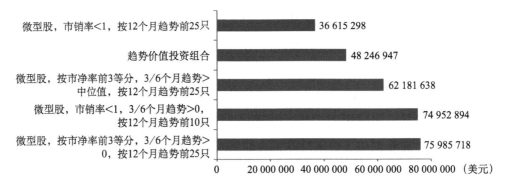

图 28-1　绝对收益最高的 5 个战略（删除了重复的战略）
（1965 年 8 月 31 日～2009 年 12 月 31 日）

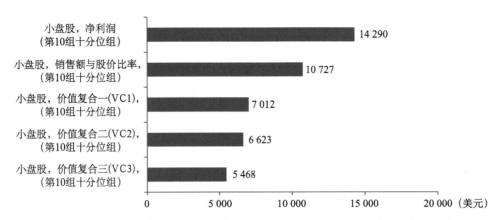

图 28-2　绝对收益最差的 5 个战略（1965 年 8 月 31 日～2009 年 12 月 31 日）

第28章 | 战略排名 629

表28-1 所有战略的月度数据（1965年8月31日～2009年12月31日，战略按年复合平均收益率排序）

战略	几何平均值(%)	标准偏差(%)	T统计量	10 000美元最终值(美元)	夏普误差	跟踪误差	跌势风险(%)	最大跌幅(%)	贝塔值
微型股，按市净率前3等分，3和6个月趋势>0，12个月趋势前25	22.33	20.38	7.33	75 985 718	0.85	9.73	14.88	-53.89	0.88
微型股，市销率<1，3和6个月趋势>0，按12个月趋势前25	22.29	27.57	5.82	74 952 894	0.63	15.14	18.65	-57.64	1.13
微型股，按净率前3等分，3和6个月趋势>12个月趋势前25的股票中位值	21.78	20.01	7.29	62 181 638	0.84	10.05	14.68	-55.64	0.85
微型股，按净率前3等分，3和6个月趋势>0，按12个月趋势前25的中位值	21.43	19.17	7.44	54 772 842	0.86	8.86	14.46	-55.26	0.84
趋势价值投资组合	21.08	17.66	7.87	48 246 947	0.91	9.04	13.74	-50.55	0.81
微型股，市销率<1，按12个月趋势前25	20.33	27.14	5.47	36 615 298	0.56	15.45	17.87	-59.22	1.09
"所有股票"投资组合增长	20.23	25.16	5.76	35 282 794	0.61	12.00	18.09	-59.68	1.16
小盘股，前3等分中VC2，3/6个月趋势>中位值，按6个月趋势前25	19.85	19.85	6.79	30 609 593	0.75	9.00	15.26	-57.64	0.87
小盘股，前3等分中VC2，3/6个月趋势>中位值，按6个月趋势前50	19.78	18.42	7.20	29 832 100	0.80	8.38	14.24	-53.05	0.82
"所有股票"投资组合，(第1组十分位组)中VC2，按12个月趋势前50	19.74	16.70	7.79	29 366 965	0.88	8.69	12.89	-49.64	0.77
"所有股票"投资组合，前3等分组，3/6个月趋势>中位值，按6个月趋势前25	19.54	19.70	6.75	27 324 492	0.74	8.62	14.96	-56.56	0.92
小盘股，价值复合三（VC3）（第1组十分位组）	19.37	18.92	6.91	25 670 891	0.76	7.95	14.21	-59.68	0.85
小盘股，前3等分组，前3等分中VC2，3/6个月趋势>中位值，按6个月趋势前50	19.36	18.26	7.12	25 562 163	0.79	7.96	13.98	-53.49	0.86
小盘股，价值复合二（VC2）（第1组十分位组）	19.03	18.14	7.04	22 566 623	0.77	8.29	13.73	-60.05	0.81
小盘股，EBITDA/企业价值（第1组十分位组）	18.96	18.70	6.85	22 038 871	0.75	6.67	13.88	-55.94	0.86

(续)

战略	几何平均值（%）	标准偏差（%）	T统计量	10 000美元最终值（美元）	夏普误差	跟踪误差	跌势风险（%）	最大跌幅（%）	贝塔值
小盘股，价值复合一（VC1）（第1组十分位组）	18.85	19.37	6.62	21 149 675	0.72	7.86	14.51	−60.23	0.87
小盘股，前3等分中市净率，3和6个月趋势>中位值，按股东收益率前25	18.84	16.35	7.63	21 049 215	0.85	9.66	13.37	−49.20	0.70
小盘股，市销率<1, 3/6个月趋势>0, 按12个月趋势前50	18.80	23.29	5.75	20 778 182	0.59	9.96	17.00	−56.62	1.02
"所有股票"投资组合，3/6个月趋势>中位值，按股东收益率前25	18.73	17.05	7.33	20 230 058	0.81	8.40	13.50	−52.27	0.80
"所有股票"投资组合，市净率和6个月趋势>中位值，按回购收益率前25	18.59	17.53	7.11	19 209 981	0.78	7.90	13.47	−53.11	0.83
小盘股，股东收益率和6个月趋势>中位值，按市净率前25	18.49	18.70	6.72	18 470 590	0.72	9.29	14.76	−59.17	0.81
"所有股票"投资组合，前2等分中市净率，3/6个月趋势>中位值，按股东收益率25	18.45	15.48	7.86	18 224 488	0.87	9.24	12.11	−47.66	0.71
小盘股，市净率和6个月趋势>中位值，按回购收益率前25	18.44	17.92	6.94	18 102 174	0.75	8.66	13.99	−50.98	0.79
小盘股，3/6个月趋势>中位值，按股东收益率前25	18.37	16.72	7.33	17 638 388	0.80	8.39	13.30	−52.57	0.75
小盘股，前3等分中市净率，按12个月趋势前25	18.34	19.87	6.36	17 440 767	0.67	8.86	15.79	−59.85	0.87
小盘股，前3等分中市净率，3/6个月趋势>0, 按12个月趋势前25	18.33	19.79	6.38	17 383 935	0.67	8.84	15.48	−59.65	0.87
小盘股，前3等分中市净率，3/6个月趋势>0, 按股东收益率前25	18.28	16.09	7.54	17 082 685	0.83	9.82	13.06	−52.42	0.69
小盘股，前3等分中市净率，3/6个月趋势>0, 按12个月趋势前50	18.16	18.42	6.70	16 333 580	0.71	8.31	14.70	−56.04	0.82

策略								
小盘股，前 3 等分中市净率，3/6 个月趋势 > 中位值，按股东收益率前 50	18.15	17.08	7.13	16 290 759	0.77	9.00	13.91	−49.60	0.75
"所有股票"投资组合，股东收益率和 6 个月趋势 > 中位值，按市净率前 25	18.13	18.42	6.69	16 166 786	0.71	9.02	14.13	−58.68	0.85
小盘股，前 3 等分中市净率，3/6 个月趋势 >0，按股东收益率前 25	18.02	15.63	7.63	15 493 763	0.83	9.18	12.40	−53.00	0.72
小盘股，3/6 个月趋势 > 中位值，按净率前 25	18.00	19.84	6.27	15 378 402	0.66	8.48	15.58	−59.60	0.88
小盘股，前 3 等分中市净率，3/6 个月趋势 > 中位值，按股东收益率前 50	17.97	18.48	6.62	15 185 920	0.70	8.16	14.68	−54.41	0.82
小盘股，前 3 等分中市净率，3/6 个月趋势 >0，按市净率前 25	17.93	19.93	6.23	14 973 336	0.65	8.57	15.68	−60.95	0.94
小盘股，3/6 个月趋势 > 中位值，按净率前 50	17.92	18.75	6.53	14 890 544	0.69	7.63	15.01	−56.80	0.85
小盘股，股东收益率和 6 个月趋势 >0，按市净率前 50	17.85	16.36	7.28	14 539 804	0.79	9.20	13.18	−55.34	0.72
小盘股，3/6 个月趋势 > 中位值，按市净率前 50	17.84	17.59	6.85	14 481 971	0.73	8.89	14.20	−56.52	0.77
"所有股票"投资组合，前 3 等分中市净率，股东收益率和 6 个月趋势 > 中位值，按市净率前 25	17.82	17.30	6.94	14 390 482	0.74	8.40	13.49	−55.44	0.81
小盘股，前 3 等分中市净率，市净率 > 中位值，按股东净率前 25	17.77	15.77	7.48	14 120 418	0.81	8.55	12.47	−53.61	0.74
"所有股票"投资组合，前 3 等分中市净率，3/6 个月趋势 >0，按股东收益率前 25	17.74	19.54	6.27	13 953 383	0.65	8.52	15.33	−59.20	0.92
"所有股票"投资组合，前 3 等分中市净率，3/6 个月趋势 >0，按股东收益率前 50	17.71	18.16	6.64	13 766 110	0.70	7.82	14.38	−55.40	0.86
小盘股，市净率和 6 个月趋势 > 中位值，按股东收益率前 25	17.64	15.77	7.44	13 434 848	0.80	9.69	12.30	−50.87	0.68
"所有股票"投资组合，3/6 个月趋势 > 中位值，按股东收益率前 50	17.54	15.97	7.33	12 947 507	0.79	7.43	12.87	−50.57	0.77

(续)

战略	几何平均值(%)	标准偏差(%)	T统计量	10 000美元最终值(美元)	夏普误差	跟踪误差	跌势风险(%)	最大跌幅(%)	贝塔值
"所有股票"投资组合,前3等分中市净率,3/6个月趋势>中位值,按股东收益率前50	17.54	15.84	7.37	12 923 562	0.79	8.80	12.68	-49.30	0.73
小盘股,净现金流与企业价值比率(第1组十分位组)	17.54	20.60	5.95	12 912 118	0.61	6.67	14.82	-59.25	0.95
小盘股,市盈率(第1组十分位组)	17.53	19.58	6.18	12 875 519	0.64	7.56	14.34	-56.31	0.88
"所有股票"投资组合,3/6个月趋势>中位值,按市净率前50	17.52	18.53	6.47	12 808 436	0.68	7.29	14.79	-57.03	0.89
"所有股票"投资组合,市净率和6个月趋势>中位值,按回购净率前25	17.51	17.17	6.88	12 801 191	0.73	7.47	13.32	-50.66	0.82
"所有股票"投资组合,前3等分中市净率,市净率和回购收益率及3个月趋势>0,按股市净率前50	17.51	15.66	7.43	12 774 895	0.80	8.85	12.40	-55.07	0.72
小盘股,市净率和回购收益率>中位值,按6个月趋势前25	17.47	20.09	6.06	12 575 407	0.62	7.75	15.78	-59.70	0.91
小盘股,市净率和回购收益率>中位值,按6个月趋势前25	17.42	20.49	5.95	12 337 258	0.61	7.83	15.96	-61.12	0.92
小盘股,营业现金净流量/价格(第1组十分位组)	17.39	20.53	5.92	12 234 992	0.60	7.99	15.51	-65.23	0.92
"所有股票"投资组合,前3等分中市净率,3和6个月趋势>中位值,按12个月趋势前50	17.38	18.29	6.50	12 174 722	0.68	7.84	14.52	-55.95	0.87
小盘股,3/6个月趋势>中位值,按市净率前25	17.31	19.66	6.11	11 864 813	0.63	8.34	15.30	-60.50	0.93
小盘股,市净率和6个月趋势>中位值,按回购收益率前50	17.30	17.24	6.79	11 818 630	0.71	8.24	13.68	-49.81	0.77
小盘股,市净率和股东收益率>中位值,按市净率前50	17.26	19.40	6.16	11 646 050	0.63	7.72	14.98	-59.63	0.87
小盘股,3/6个月趋势>中位值,按股东收益率前50	17.26	15.94	7.23	11 629 675	0.77	7.97	12.74	-50.21	0.72

策略									
小盘股，市净率和回购收益率和3个月趋势>中位值，按6个月趋势前50	17.24	18.54	6.38	11 531 126	0.66	7.19	14.72	-56.03	0.84
"所有股票"投资组合，价值复合三（VC3）（第1组十分位组）	17.20	17.89	6.54	11 390 104	0.68	7.64	13.35	-58.04	0.85
小盘股，销售额与企业价值比率（第1组十分位组）	17.13	20.02	5.97	11 091 047	0.61	7.00	14.65	-64.82	0.91
"所有股票"投资组合，价值复合二（VC2）（第1组十分位组）	17.12	17.32	6.69	11 050 085	0.70	8.24	12.85	-58.07	0.81
小盘股，市净率和回购收益率>中位值，按6个月趋势前25	17.08	20.38	5.88	10 877 510	0.59	7.81	15.49	-61.21	0.98
小盘股，市净率和回购收益率及3个月趋势>中位值，按6个月趋势前25	17.06	20.05	5.95	10 767 673	0.60	7.67	15.37	-61.21	0.96
"所有股票"投资组合，市净率和回购收益率>中位值，按6个月趋势前50	17.05	18.91	6.22	10 728 796	0.64	7.19	14.91	-56.68	0.86
"所有股票"投资组合，价值复合一（VC1）（第1组十分位组）	16.98	18.32	6.35	10 468 074	0.65	7.62	13.56	-57.78	0.87
"所有股票"投资组合，市净率和回购收益率>中位值，按6个月趋势前25	16.85	15.48	7.26	9 965 964	0.77	9.51	12.06	-48.74	0.68
"所有股票"投资组合，市净率和股东收益率>中位值，按6个月趋势前25	16.80	19.04	6.11	9 754 288	0.62	7.31	14.56	-59.75	0.92
小盘股，净现金流与价格比率（第1组十分位组）	16.77	20.92	5.67	9 674 166	0.56	7.61	15.32	-63.76	0.95
"所有股票"投资组合，市净率和回购收益率>中位值，按6个月趋势前50	16.76	18.58	6.22	9 622 609	0.63	6.62	14.32	-56.58	0.91
小盘股，市净率和股东收益率>中位值，按6个月趋势前50	16.68	17.96	6.36	9 325 854	0.65	7.49	13.97	-55.06	0.81
"所有股票"投资组合，市净率和股东收益率>中位值，按6个月趋势前50	16.66	18.91	6.10	9 264 340	0.62	6.66	14.46	-57.24	0.92
"所有股票"投资组合，市净率和股东收益率>中位值，按股东收益率前50	16.66	15.13	7.33	9 260 473	0.77	8.74	11.78	-51.23	0.71

(续)

战略	几何平均值（%）	标准偏差（%）	T统计量	10 000美元最终值（美元）	夏普误差	跟踪误差	跌势风险（%）	最大跌幅（%）	贝塔值
联合消费必需品/公用设施投资组合	16.56	13.42	8.10	8 933 565	0.86	12.75	9.18	-34.39	0.52
"所有股票"投资组合，EBITDA/企业价值（第1组十分位组）	16.46	17.95	6.29	8 570 603	0.64	6.33	13.17	-54.29	0.88
"所有股票"投资组合，市净率和股东收益率＞中位值，按6个月趋势前50	16.35	17.69	6.33	8 235 994	0.64	6.74	13.62	-55.92	0.86
"所有股票"投资组合，收益价格比率（第1组十分位组）	16.11	18.70	5.98	7 500 626	0.59	7.53	13.69	-59.13	0.89
"所有股票"投资组合，营业现金净流量/价格（第1组十分位组）	16.00	18.70	5.94	7 206 112	0.59	7.75	14.13	-60.87	0.89
"所有股票"投资组合，净现金流与企业价值比率（第1组十分位组）	15.90	19.29	5.78	6 927 643	0.57	6.00	14.27	-56.81	0.95
"所有股票"投资组合，收益质量复合（第1组十分位组）	15.79	19.36	5.72	6 642 587	0.56	4.18	14.09	-54.83	0.98
小盘股，市净率和3/6个月趋势＞中位值，12个月前25	15.76	21.47	5.30	6 562 828	0.50	8.68	16.41	-65.51	0.95
"所有股票"投资组合，回购收益率（第1组十分位组）	15.74	17.39	6.22	6 521 542	0.62	5.82	13.17	-53.28	0.86
小盘股，市净率和3/6个月趋势＞中位值，12个月前50	15.62	19.60	5.63	6 226 529	0.54	7.70	15.16	-61.91	0.88
"所有股票"投资组合，销售额与企业价值比率（第1组十分位组）	15.55	18.17	5.94	6 074 251	0.58	6.33	13.90	-54.20	0.84
小盘股，股本收益率比率（第1组十分位组）	15.45	15.96	6.57	5 834 309	0.65	8.20	12.42	-55.73	0.72
"所有股票"投资组合，销售额与企业价值比率（第1组十分位组）	15.44	18.96	5.71	5 805 576	0.55	6.58	14.04	-62.29	0.93
"所有股票"投资组合，股本收益率（第1组十分位组）	15.43	15.43	6.75	5 792 778	0.68	7.67	11.90	-54.70	0.74
"龙头股"，前2等分VC2，按6个月趋势前25	15.34	17.17	6.14	5 585 470	0.60	6.03	11.92	-52.74	0.98

策略									
"所有股票"投资组合,净现金流与股价比率(第1组十分位组)	15.31	18.99	5.66	5 539 519	0.54	7.32	14.20	-61.66	0.91
"所有股票"投资组合,股东收益率和3/6个月趋势>中位值,按12个月趋势前50	15.08	20.97	5.20	5 057 750	0.48	8.28	15.99	-61.15	1.00
"所有股票"投资组合,股东收益率和3/6个月趋势>中位值,按12个月趋势前25	15.05	22.01	5.02	5 010 429	0.46	9.15	16.69	-68.16	1.04
"龙头股",3/6个月趋势>中位值,按股东收益率前25	15.02	17.11	6.05	4 954 349	0.59	6.45	12.74	-57.92	0.97
"所有股票"投资组合,财务强度复合(第10组十分位组)	15.01	17.05	6.07	4 923 801	0.59	4.25	12.74	-50.82	0.87
"龙头股",前2等分VC2,按6个月趋势前50	15.00	17.16	6.03	4 912 365	0.58	5.27	11.92	-53.43	1.00
"龙头股",VC2>中位值,按股东收益率前25	14.97	17.25	5.99	4 847 391	0.58	6.60	12.80	-58.21	0.97
小盘股,股东收益率和3/6个月趋势>中位值,按12个月趋势前50	14.95	21.24	5.11	4 809 289	0.47	7.83	16.12	-58.10	0.96
基础价值,改进后的25只股票	14.94	17.00	6.05	4 789 019	0.58	6.52	12.58	-57.57	0.96
"大盘股"投资组合,回购收益率(第1组十分位组)	14.91	16.40	6.23	4 738 299	0.60	5.68	12.03	-51.56	0.92
"大盘股"投资组合,3/6个月趋势>中位值,按股东收益率前25	14.85	15.40	6.54	4 632 919	0.64	6.79	11.84	-49.12	0.84
小盘股,销售额与股价比率(第1组十分位组)	14.84	22.46	4.88	4 618 693	0.44	8.79	16.13	-70.68	1.00
"龙头股",价格复合二(第1组十分位组)(高)	14.84	18.52	5.62	4 616 793	0.53	7.10	13.29	-62.16	1.05
"龙头股"投资组合,股本收益率(%)	14.72	16.77	6.04	4 403 707	0.58	6.38	12.43	-56.44	0.95
"所有股票"投资组合,3/6个月趋势>中位值,按股东收益率前25	14.69	19.99	5.27	4 359 495	0.48	7.64	15.33	-64.48	0.96
小盘股,3/6个月趋势>0,股本收益率>平均值,12个月趋势最佳的50只股票	14.66	29.34	4.11	4 306 193	0.33	15.31	20.99	-74.82	1.24

(续)

战略	几何平均值（%）	标准偏差（%）	T统计量	10 000美元最终值（美元）	夏普误差	跟踪误差	跌势风险（%）	最大跌幅（%）	贝塔值
"龙头股"，3/6个月趋势>中位值，按股东收益率前50	14.65	16.32	6.16	4 289 473	0.59	5.09	11.94	-56.33	0.95
"大盘股"投资组合，市净率和6个月趋势>中位值，按回购收益率前25	14.56	16.52	6.06	4 140 567	0.58	6.42	12.45	-53.90	0.91
基础价值，改进后的50只股票	14.55	16.19	6.16	4 133 217	0.59	5.11	11.78	-56.01	0.94
"龙头股"，VC2>中位值，按股东收益率前50	14.54	16.51	6.06	4 101 645	0.58	5.23	12.12	-57.42	0.96
"所有股票"投资组合，股东收益率及3/6个月趋势>中位值，按12个月趋势前25	14.50	23.28	4.68	4 045 574	0.41	10.48	17.37	-64.56	1.08
"龙头股"，价值复合三（第1组十分位组）（高）	14.49	18.29	5.57	4 028 546	0.52	6.90	13.18	-60.13	1.03
"大盘股"投资组合，股东收益率（第1组十分位组）	14.48	15.08	6.51	4 021 172	0.63	7.17	11.08	-52.66	0.81
小盘股，利息与股价比率（第10组十分位组）	14.47	22.86	4.72	3 992 730	0.41	7.93	16.12	-66.72	1.04
"龙头股"，EBITDA/企业价值（第1组十分位组）	14.39	18.15	5.56	3 884 224	0.52	7.53	11.91	-52.21	1.01
小盘股，6个月趋势（第1组十分位组）	14.38	26.32	4.30	3 857 815	0.36	11.03	18.35	-63.10	1.17
"大盘股"投资组合，股东收益率及3/6个月趋势>中位值，按12个月趋势前25	14.30	23.54	4.60	3 745 468	0.40	9.92	17.71	-63.04	1.04
"大盘股"，回购收益率和3个月趋势>中位值，按12个月趋势前50	14.28	24.14	4.52	3 722 115	0.38	9.42	17.71	-58.74	1.08
"龙头股"，回购收益率（%）（第1组十分位组）	14.28	16.52	5.97	3 721 523	0.56	5.24	11.92	-53.60	0.96
"龙头股"，价值复合一（第1组十分位组）（高）	14.27	18.69	5.41	3 705 032	0.50	6.75	13.35	-60.56	1.07
小盘股，账面价值与股价比率（第1组十分位组）	14.26	22.11	4.77	3 686 837	0.42	8.49	16.13	-69.88	0.99

策略									
"所有股票" 投资组合,6个月趋势(第1组十分位组)	14.24	25.21	4.38	3 657 041	0.37	10.94	17.70	−62.44	1.20
"龙头股",3/6个月趋势>中位值,VC2前25	14.23	16.52	5.95	3 639 417	0.56	5.22	12.04	−51.56	0.96
"大盘股" 投资组合,市净率和回购收益率>中位值,按6个月趋势前25	14.21	16.73	5.88	3 613 341	0.55	6.14	12.43	−55.14	0.93
"大盘股" 投资组合,VC2(第1组十分位组)	14.20	16.47	5.95	3 607 389	0.56	8.69	11.66	−62.69	0.85
"大盘股" 投资组合,价值复合三(第1组十分位组)	14.17	16.57	5.91	3 555 826	0.55	8.16	11.87	−60.55	0.87
"所有股票" 投资组合,账面价值与股价比率(第1组十分位组)	14.13	21.04	4.91	3 499 602	0.43	8.08	15.35	−69.20	1.01
小盘股,60个月趋势(第10组十分位组)	14.12	24.83	4.39	3 496 345	0.37	9.51	16.70	−69.84	1.12
"大盘股" 投资组合,利息与股价比率(第1组十分位组)	14.10	20.40	5.01	3 464 914	0.45	6.84	15.03	−63.33	1.00
"所有股票" 投资组合,销售额与股价比率(第1组十分位组)	14.06	20.94	4.91	3 405 339	0.43	7.78	15.40	−65.98	1.01
"大盘股" 投资组合,EBITDA/企业价值(第1组十分位组)	14.05	17.01	5.74	3 397 255	0.53	8.34	11.45	−52.85	0.89
"大盘股" 投资组合,3/6个月趋势>中位值,按市净率前25	13.97	16.11	5.98	3 291 236	0.56	6.72	12.02	−51.72	0.88
"大盘股" 投资组合,60个月趋势(第10组十分位组)	13.88	23.28	4.51	3 184 331	0.38	8.91	15.95	−68.91	1.12
"大盘股" 投资组合,股东收益率及3个月趋势和6个月趋势>中位值,按12个月趋势前25	13.86	17.74	5.50	3 159 235	0.50	6.93	13.20	−57.49	0.98
"大盘股" 投资组合,市净率和回购收益率和3个月趋势>中位值,按6个月趋势前25	13.85	16.62	5.78	3 143 237	0.53	6.19	12.45	−53.96	0.92
"所有股票" 投资组合,回购收益率和3个月趋势>中位值,按12个月趋势前50	13.83	24.15	4.41	3 123 598	0.37	10.44	17.60	−63.62	1.14
小盘股,股息收益率(第1组十分位组)	13.83	14.83	6.34	3 118 403	0.60	11.50	11.66	−62.48	0.60

(续)

战略	几何平均值（%）	标准偏差（%）	T统计量	10 000美元最终值（美元）	夏普误差	跟踪误差	跌势风险（%）	最大跌幅（%）	贝塔值
"龙头股"，净现金流与企业价值比率（第1组十分位组）	13.75	18.60	5.26	3 026 571	0.47	7.15	13.09	−62.79	1.05
"大盘股"投资组合，市净率与中位值，按股东收益率前25	13.72	14.84	6.30	2 990 404	0.59	7.53	11.21	−52.63	0.79
"龙头股"，净营运现金流与股价比率（第1组十分位组）	13.72	18.76	5.21	2 983 711	0.46	7.09	12.99	−64.38	1.06
"龙头股"，股东收益率和6个月趋势>中位值，按市净率前25	13.70	15.69	6.00	2 962 965	0.55	7.77	11.11	−53.62	0.83
小盘股，资产周转率（第1组十分位组）	13.70	21.31	4.75	2 962 382	0.41	5.93	14.98	−64.74	0.99
小盘股，回购收益率和3个月趋势>中位值，按12个月趋势前25	13.67	26.48	4.14	2 935 937	0.33	12.09	19.40	−63.25	1.15
"龙头股"，收入/价格（第1组十分位组）	13.67	19.07	5.13	2 925 600	0.45	7.25	13.12	−62.69	1.08
"龙头股"，股东收益率，3/6个月趋势>中位值，按股东收益率前50	13.56	14.90	6.21	2 804 780	0.57	5.91	11.29	−48.95	0.83
"大盘股"投资组合，市净率和3个月趋势>中位值，按总资产与总收益率（第10组十分位组）	13.54	16.05	5.83	2 786 966	0.53	6.04	11.85	−52.16	0.89
"大盘股"投资组合，按6个月趋势前50	13.54	17.66	5.40	2 783 394	0.48	6.89	12.46	−56.44	0.99
"大盘股"投资组合，市净率和6个月趋势>中位值，按6个月趋势前25	13.53	16.03	5.84	2 777 684	0.53	6.51	11.91	−53.48	0.88
"大盘股"投资组合，收益/价格（第1组十分位组）	13.53	22.36	4.55	2 777 019	0.38	10.95	16.05	−59.80	1.18
"大盘股"投资组合，净营运现金流与股价比率（第1组十分位组）	13.52	17.37	5.47	2 762 152	0.49	8.35	12.15	−65.62	0.91
"大盘股"投资组合（第1组十分位组）	13.51	16.45	5.71	2 758 118	0.52	8.12	11.75	−62.15	0.87
"大盘股"投资组合，市净率和回购收益率>中位值，按6个月趋势前50	13.50	15.99	5.84	2 747 543	0.53	5.91	11.73	−52.86	0.89

基础价值，25 股息收益率	13.49	17.22	5.49	2 731 351	0.49	7.91	12.25	−65.01	0.94
"大盘股"投资组合，回购收益率和 3 个月趋势 > 中位值，按 12 个月趋势前 25	13.45	19.45	5.00	2 691 570	0.43	8.42	14.25	−59.35	1.05
"大盘股"投资组合，价值复合一（第 1 组十分位组）	13.43	16.90	5.56	2 673 161	0.50	8.28	11.99	−61.86	0.89
"龙头股"，收益 6 个月（第 1 组十分位组）	13.41	18.27	5.23	2 652 260	0.46	8.67	12.99	−58.00	0.98
"龙头股"投资组合，市净率和 6 个月趋势 > 中位值，按回购收益率前 50	13.41	15.86	5.84	2 643 957	0.53	5.79	11.87	−51.52	0.89
小盘股，现金流与负债比率（第 1 组十分位组）（%）	13.36	20.72	4.74	2 595 632	0.40	5.50	14.25	−54.47	0.97
"龙头股"，市销率 < 平均值，按 12 个月趋势前 25	13.35	17.01	5.50	2 586 657	0.49	6.12	11.58	−48.31	0.97
"大盘股"投资组合，市净率和 6 个月趋势 > 中位值，按回购收益率前 50	13.24	14.94	6.07	2 474 341	0.55	6.73	11.03	−51.38	0.82
"龙头股"，3/6 个月趋势 > 中位值，VC2 前 50	13.23	16.11	5.70	2 469 214	0.51	4.25	11.75	−51.88	0.95
"大盘股"投资组合，净现金流与企业价值比率（第 1 组十分位组）	13.20	17.23	5.39	2 436 321	0.48	6.94	12.36	−59.42	0.94
"龙头股"，利息与股价比率（第 1 组十分位组）	13.17	18.38	5.12	2 412 200	0.44	7.28	12.73	−54.81	1.03
"龙头股"，NOA 变化（第 10 组十分位组）（%）	13.17	16.62	5.54	2 411 698	0.49	5.24	12.18	−52.95	0.96
"龙头股"，股息收益率（第 1 组十分位组）（%）	13.13	16.96	5.43	2 371 523	0.48	7.59	12.07	−64.59	0.93
"所有股票"投资组合，股息收益率（第 1 组十分位组）	13.12	14.44	6.19	2 360 400	0.56	11.38	10.78	−61.17	0.61
小盘股，资产收益率（第 1 组十分位组）	13.10	22.08	4.48	2 342 965	0.37	5.79	15.17	−61.96	1.03
小盘股，股本收益率（第 1 组十分位组）	13.08	22.87	4.37	2 326 883	0.35	6.51	16.30	−65.72	1.07
"所有股票"投资组合，回购收益率和 3 个月趋势 > 中位值，按 12 个月趋势前 25	13.05	26.62	3.99	2 299 944	0.30	13.18	19.36	−66.50	1.22

(续)

战略	几何平均值（%）	标准偏差（%）	T 统计量	10 000 美元最终值（美元）	夏普误差	跟踪误差	跌势风险（%）	最大跌幅（%）	贝塔值
"龙头股"，销售额与企业价值比率（第 1 组十分位组）	13.04	17.27	5.33	2 288 339	0.47	6.08	12.05	−51.07	0.99
"大盘股"投资组合，市净率和股东收益率>中位值，按 6 个月趋势前 50	12.99	15.32	5.85	2 241 830	0.52	6.48	11.12	−51.37	0.84
"大盘股"投资组合，股东收益率及 3/6 个月趋势>中位值，按 12 个月趋势前 50	12.95	16.09	5.61	2 208 672	0.49	5.57	11.69	−52.55	0.91
"大盘股"投资组合，账面价值与股价比率（第 1 组十分位组）	12.93	18.43	5.03	2 190 230	0.43	8.42	13.15	−67.47	0.98
"龙头股"，按价格现金流前 10	12.89	21.74	4.46	2 161 684	0.36	11.17	15.05	−75.55	1.15
"大盘股"投资组合，回购收益率和 3 个月趋势>中位值，按 12 个月趋势前 50	12.87	17.61	5.20	2 145 512	0.45	6.29	12.75	−54.15	0.98
"所有股票"投资组合，总资产与总收益	12.86	23.35	4.26	2 132 696	0.34	6.88	16.63	−64.25	1.09
小盘股，每股收益变化（第 1 组十分位组）（%）	12.85	15.20	5.84	2 130 142	0.52	6.80	11.05	−51.78	0.83
"大盘股"投资组合，股东收益率和 6 个月趋势>中位值，按市净率前 50	12.81	22.21	4.39	2 093 156	0.35	6.24	16.30	−69.09	1.11
"所有股票"投资组合，资产周转率（第 1 组十分位组）	12.79	16.68	5.39	2 078 710	0.47	4.27	11.86	−52.04	0.99
"龙头股"，市销率＜平均值，按 12 个月趋势 50	12.78	20.14	4.68	2 071 598	0.39	6.01	14.37	−62.08	1.00
"大盘股"投资组合，收益质量复合（第 10 组十分位组）	12.76	16.14	5.52	2 054 668	0.48	6.43	10.98	−49.00	0.89
"大盘股"，收益 12 个月（第 1 组十分位组）	12.71	19.38	4.78	2 015 059	0.40	10.42	13.86	−60.88	1.00
"大盘股"投资组合，回购收益率>中位值，股息收益率前 50	12.68	14.43	6.02	1 990 472	0.53	9.40	9.88	−55.30	0.71
"龙头股"，净现金流与股价比率（第 1 组十分位组）	12.68	19.44	4.76	1 990 354	0.40	7.79	13.81	−65.82	1.09

策略								
"大盘股"投资组合，3/6个月趋势>中位值，按市净率前50	12.67	15.78	5.59	1 980 131	0.49	5.89	11.95	−53.26	0.88
"大盘股"投资组合，60个月趋势（第10组十分位组）	12.66	19.36	4.77	1 972 949	0.40	8.55	13.16	−65.10	1.04
小盘股，总资产与总收益（第10组十分位组）	12.65	24.78	4.05	1 968 047	0.31	8.55	17.54	−70.06	1.14
"大盘股"投资组合，利息与股价比率（第10组十分位组）	12.61	16.08	5.48	1 935 038	0.47	7.47	11.20	−53.48	0.86
"大盘股"投资组合，回购收益率>中位值，按股息收益率前25	12.60	14.83	5.85	1 929 366	0.51	10.99	10.23	−57.02	0.68
"大盘股"投资组合，销售额与企业价值比率（第1组十分位组）	12.49	16.68	5.28	1 847 483	0.45	6.98	11.98	−52.75	0.91
"龙头股"，销售额与股价比率（第1组十分位组）	12.28	18.76	4.76	1 696 417	0.39	6.96	13.60	−58.12	1.07
"龙头股"，账面价值与股价比率（第1组十分位组）	12.21	19.95	4.53	1 651 897	0.36	8.20	13.74	−67.38	1.12
"龙头股"，债务变化（第10组十分位组）（%）	12.17	17.29	5.02	1 628 137	0.41	4.69	11.68	−48.85	1.02
小盘股，12个月趋势（第1组十分位组）	12.14	26.95	3.76	1 608 082	0.27	11.67	19.16	−67.06	1.20
"所有股票"投资组合，12个月趋势（第1组十分位组）	12.14	25.86	3.84	1 604 407	0.28	11.65	18.53	−66.29	1.22
"大盘股"投资组合，净现金流与股价比率（第1组十分位组）	12.11	17.00	5.07	1 589 264	0.42	8.00	12.15	−63.99	0.90
"大盘股"投资组合，市净率和3/6个月趋势>中位值，按12个月趋势前50	12.10	16.50	5.19	1 584 677	0.43	5.93	12.67	−55.90	0.92
"所有股票"投资组合，股本收益率（第1组十分位组）	12.02	21.00	4.33	1 534 842	0.33	6.32	15.04	−63.88	1.04
"大盘股"投资组合，市净率和3/6个月趋势>中位值，按12个月趋势前25	12.02	17.80	4.87	1 534 382	0.39	6.98	13.72	−59.99	0.98
"大盘股"投资组合，12个月趋势（第1组十分位组）	11.93	23.52	4.00	1 478 974	0.29	12.38	17.38	−64.85	1.21

(续)

战略	几何平均值（%）	标准偏差（%）	T统计量	10 000美元最终值（美元）	夏普误差	跟踪误差	跌势风险（%）	最大跌幅（%）	贝塔值
"所有股票"投资组合，NOA变化（第10组十分位组）（%）	11.83	22.26	4.11	1 420 568	0.31	6.60	15.96	-68.42	1.11
小盘股，营运利润率（第1组十分位组）	11.81	16.07	5.19	1 409 381	0.42	8.78	12.59	-53.55	0.71
"所有股票"投资组合，折旧费用/资本费用（第1组十分位组）	11.81	22.18	4.12	1 408 775	0.31	6.10	15.80	-65.18	1.11
"龙头股"，资产收益率（第1组十分位组）	11.77	16.81	4.99	1 388 512	0.40	7.83	11.07	-48.00	0.91
"所有股票"投资组合，资产收益率（第1组十分位组）	11.73	20.84	4.26	1 368 925	0.32	6.09	14.34	-58.45	1.04
小盘股，净利润率（第1组十分位组）	11.70	17.63	4.79	1 349 305	0.38	7.06	13.28	-52.87	0.81
"所有股票"投资组合，折旧费用/资本费用（第1组十分位组）（%）	11.69	24.23	3.87	1 346 569	0.28	8.72	16.91	-69.57	1.10
"所有股票"投资组合，总资产与总收益（第10组十分位组）	11.69	18.44	4.63	1 343 540	0.36	7.11	13.59	-69.58	1.02
"所有股票"投资组合，现金流与债务比率（第1组十分位组）（%）	11.65	20.97	4.22	1 321 767	0.32	6.36	14.32	-54.66	1.04
"龙头股"，净利润率（第1组十分位组）	11.63	15.77	5.19	1 310 481	0.42	6.33	10.23	-46.73	0.89
"龙头股"，资产周转率（第1组十分位组）	11.60	16.84	4.92	1 297 271	0.39	7.00	11.35	-49.88	0.94
"龙头股"，营运利润率（第1组十分位组）	11.52	16.92	4.87	1 256 293	0.39	6.91	11.37	-57.34	0.95
"大盘股"投资组合，股息收益率（第1组十分位组）	11.42	14.33	5.52	1 209 519	0.45	11.38	9.78	-58.55	0.64
"大盘股"投资组合，财务强度复合（第10组十分位组）	11.37	15.96	5.05	1 184 863	0.40	5.41	11.84	-50.03	0.90
小盘股	11.36	20.60	4.19	1 180 447	0.31		14.87	-58.48	
"所有股票"投资组合，增长复合（第1组十分位组）	11.34	23.41	3.86	1 170 338	0.27	7.30	16.14	-60.70	1.17
"大盘股"投资组合，NOA变化（第10组十分位组）（%）	11.30	17.23	4.74	1 150 579	0.37	5.62	12.79	-58.76	0.97

投资组合									
"龙头股"投资组合	11.27	16.37	4.91	1 139 999	0.38		11.72	-54.03	
"大盘股"投资组合，销售与股价（第1组十分位组）	11.25	17.64	4.63	1 128 228	0.35	8.12	12.95	-59.89	0.94
"龙头股"，折旧费用/资本费用（第1组十分位组）	11.21	17.99	4.55	1 112 344	0.35	6.07	12.16	-57.97	1.03
"龙头股"，现金流与债务	11.04	17.20	4.64	1 037 698	0.35	7.95	11.31	-50.49	0.93
小盘股，债务变化（第10组十分位组）（%）	11.03	23.89	3.73	1 034 729	0.25	7.52	16.54	-67.10	1.11
"所有股票"投资组合	11.01	19.26	4.28	1 025 389	0.31	6.79	13.94	-55.54	0.94
"龙头股"，股本收益率（第1组十分位组）	10.95	16.86	4.68	1 000 818	0.35	13.02	11.32	-51.13	0.65
"大盘股"投资组合，市净率>中位值，按股息收益率前25	10.87	15.95	4.85	968 948	0.37	10.03	10.95	-67.55	1.15
小盘股，NOA变化（第10组十分位组）（%）	10.83	25.57	3.54	953 378	0.23	6.91	17.67	-75.46	0.92
"大盘股"，资产周转率（第1组十分位组）	10.80	16.79	4.65	943 969	0.35	8.00	11.53	-54.64	0.77
"龙头股"投资组合，营运利润率（第1组十分位组）	10.79	16.23	4.77	939 035	0.36	12.26	12.27	-55.56	0.62
"大盘股"投资组合，债务变化（第1组十分位组）	10.78	14.73	5.13	935 732	0.39	6.43	9.93	-62.19	1.05
"所有股票"投资组合（%）	10.68	18.29	4.32	897 158	0.31	6.45	12.73	-55.30	1.12
"龙头股"投资组合，债务变化（第10组十分位组）	10.56	22.46	3.75	856 482	0.25	4.94	15.85	-66.25	1.03
"大盘股"投资组合，债务变化（第10组十分位组）	10.35	17.94	4.27	787 144	0.30	10.60	13.03	-55.95	1.10
"龙头股"，资产周转率（第10组十分位组）	10.35	20.82	3.86	787 022	0.26	7.48	14.90	-78.30	1.07
"大盘股"，股本收益率（第10组十分位组）	10.34	18.95	4.11	785 448	0.28	6.52	13.15	-61.32	0.85
"所有股票"投资组合，净利润率（第1组十分位组）	10.26	17.31	4.36	758 759	0.30	5.80	12.92	-53.32	0.95
"龙头股"，利息与股价比率（第1组十分位组）	10.09	16.55	4.45	710 389	0.31		12.40	-51.92	

(续)

战略	几何平均值(%)	标准偏差(%)	T统计计量	10 000美元最终值(美元)	夏普误差	跟踪误差	跌势风险(%)	最大跌幅(%)	贝塔值
"龙头股",净现金流与企业价值比率(第10组十分位组)	10.07	18.10	4.15	703 094	0.28	6.41	13.05	−60.38	1.03
"龙头股",资产收益率(第10组十分位组)	10.06	21.02	3.76	701 293	0.24	8.75	15.12	−73.38	1.18
"大盘股"投资组合	**10.06**	**16.75**	**4.39**	**701 190**	**0.30**		**11.90**	**−53.77**	
"龙头股",现金流与债务比率(第10组十分位组)(%)	9.98	20.29	3.82	679 046	0.25	7.52	14.37	−74.30	1.16
"龙头股",净利润率(第10组十分位组)	9.79	18.53	3.99	629 687	0.26	6.57	13.39	−59.32	1.06
"龙头股",净现金流与股价比率(第10组十分位组)	9.75	17.90	4.08	618 816	0.27	6.31	12.61	−59.72	1.02
"龙头股",每股收益变化(第1组十分位组)(%)	9.74	18.26	4.02	616 058	0.26	6.36	12.65	−53.81	1.05
"龙头股",账面价值与股价比率(第1组十分位组)	9.66	17.15	4.17	595 992	0.27	8.78	11.67	−51.30	0.90
"大盘股"投资组合,折旧费用/资本费用(第1组十分位组)	9.61	18.28	3.97	584 481	0.25	5.83	13.06	−57.70	1.03
"大盘股"投资组合,资产收益率(第1组十分位组)	9.55	18.65	3.89	569 255	0.24	7.62	12.83	−55.83	1.02
"大盘股"投资组合,股本收益率(第1组十分位组)	9.44	17.73	3.99	545 642	0.25	6.88	12.03	−58.46	0.98
"大盘股"投资组合,债务变化(第1组十分位组)	9.41	19.70	3.72	538 900	0.22	7.25	13.65	−57.48	1.10
"大盘股"投资组合,增长复合(第1组十分位组)(%)	9.40	17.27	4.06	536 458	0.25	4.17	12.20	−54.87	1.02
标准普尔500指数	**9.33**	**15.31**	**4.41**	**522 661**	**0.28**	**4.69**	**10.81**	**−50.95**	**0.88**
"龙头股",营运利润率(第10组十分位组)	9.31	18.06	3.90	518 265	0.24	6.81	12.25	−54.95	1.02
"所有股票"投资组合,资产周转率(第10组十分位组)	9.07	17.44	3.92	469 694	0.23	8.89	13.24	−63.29	0.80
"大盘股"投资组合,营运利润率(第1组十分位组)	9.04	16.97	3.98	463 704	0.24	8.24	11.87	−59.83	0.89

策略									
"大盘股"投资组合，每股收益变化（第1组十分位组）(%)	8.96	19.08	3.65	449 587	0.21	6.82	13.08	−53.41	1.07
"龙头股"，EBITDA/企业价值（第10组十分位组）	8.90	19.44	3.58	438 867	0.20	8.62	13.33	−65.29	1.07
"龙头股"，每股收益变化（第10组十分位组）(%)	8.83	19.25	3.58	426 637	0.20	6.78	13.42	−64.96	1.11
小盘股，60个月趋势（第1组十分位组）(%)	8.78	24.09	3.15	416 618	0.16	8.19	16.97	−68.08	1.11
"大盘股"投资组合，现金流与债务比率（%）（第1组十分位组）	8.74	20.00	3.47	410 961	0.19	8.78	14.33	−71.34	1.08
"龙头股"，收益/股价（第10组十分位组）	8.74	19.18	3.56	410 691	0.20	8.21	13.80	−58.63	1.06
"大盘股"投资组合，账面价值与股价比率，（第10组十分位组）	8.64	22.02	3.26	394 329	0.17	10.68	15.65	−70.70	1.16
"龙头股"，价值复合一（第10组十分位组）(低)	8.64	17.55	3.74	394 035	0.21	9.28	12.06	−57.66	0.91
小盘股，利息与股价比率（第1组十分位组）	8.64	23.17	3.17	393 912	0.16	6.08	16.04	−64.22	1.09
"所有股票"投资组合，利息与股价比率，（第1组十分位组）	8.60	21.76	3.27	387 604	0.17	4.96	15.55	−60.25	1.11
"龙头股"，NOA变化（第10组十分位组）(%)	8.58	17.67	3.71	384 987	0.20	5.85	12.51	−53.01	1.02
"大盘股"投资组合，销售额与企业价值（第1组十分位组）	8.57	17.39	3.74	382 709	0.21	9.02	12.04	−58.92	0.91
"龙头股"，收益12个月（第10组十分位组）	8.53	17.97	3.65	376 257	0.20	7.84	12.53	−64.70	0.99
"大盘股"投资组合，净利润率（第1组十分位组）	8.52	21.39	3.26	375 727	0.16	9.05	14.16	−65.66	1.20
"大盘股"投资组合，利息与股价（第1组十分位组）	8.48	16.86	3.79	369 526	0.21	7.35	11.93	−52.15	0.91
"大盘股"投资组合，利息与股价（第1组十分位组）	8.41	17.75	3.64	358 169	0.19	5.91	13.11	−54.83	1.00
"大盘股"投资组合，资产周转率（第10组十分位组）	8.34	19.71	3.38	348 952	0.17	10.61	14.00	−75.82	0.99
"所有股票"投资组合，60个月趋势（第1组十分位组）	8.31	23.46	3.07	344 813	0.14	8.34	16.52	−64.52	1.15

(续)

战略	几何平均值（%）	标准偏差（%）	T统计量	10 000美元最终值（美元）	夏普误差	跟踪误差	跌势风险（%）	最大跌幅（%）	贝塔值
"龙头股"，收益6个月（第10组十分位组）	8.30	20.52	3.28	342 672	0.16	7.54	13.90	−65.20	1.18
"所有股票"投资组合，账面价值与股价比率（第10组十分位组）	8.13	24.73	2.95	319 249	0.13	10.14	17.37	−73.67	1.19
小盘股，账面价值与股价比率（第10组十分位组）	8.12	26.81	2.86	318 580	0.12	10.66	18.70	−74.79	1.21
"大盘股"投资组合，净利润率（第10组十分位组）	8.12	20.22	3.27	318 114	0.15	8.72	15.64	−82.79	1.09
"大盘股"投资组合，净现金流与企业价值比率（第10组十分位组）	8.09	18.19	3.48	315 221	0.17	6.20	13.34	−63.96	1.02
"大盘股"投资组合，增长复合值（第10组十分位组）	7.96	17.87	3.47	298 449	0.17	6.10	12.65	−63.64	1.00
"大盘股"投资组合，股本收益率（第10组十分位组）	7.94	19.80	3.25	296 059	0.15	8.83	14.89	−79.66	1.06
"龙头股"，VC2（第10组十分位组）（低）	7.85	18.03	3.40	284 927	0.16	9.13	12.77	−60.68	0.95
小盘股，资产周转率（第10组十分位组）	7.83	17.68	3.44	282 317	0.16	8.57	13.11	−62.16	0.78
"龙头股"，总资产与总收益（第10组十分位组）	7.82	18.06	3.39	281 123	0.16	5.78	12.75	−56.09	1.05
"大盘股"投资组合，净营运现金流与股价比率（第10组十分位组）	7.80	17.54	3.45	279 628	0.16	8.41	12.89	−59.89	0.94
"龙头股"，价值复合三（第10组十分位组）（低）	7.71	17.86	3.38	269 394	0.15	8.87	12.56	−59.42	0.95
"大盘股"投资组合，净现金流与股价比率（第10组十分位组）	7.57	18.05	3.31	253 902	0.14	5.84	13.24	−63.76	1.02
"大盘股"投资组合，资产收益率（第10组十分位组）	7.53	21.52	2.99	250 199	0.12	9.48	15.98	−80.45	1.17
"大盘股"投资组合，60个月趋势（第1组十分位组）	7.45	24.18	2.81	242 263	0.10	11.56	17.28	−76.08	1.30

"大盘股"投资组合，每股收益变化（第10组十分位组）(%)	7.44	18.83	3.18	240 673	0.13	6.87	13.39	−67.30	1.05
"大盘股"投资组合，折旧费用／资本费用（第10组十分位组）	7.41	18.93	3.16	237 466	0.13	8.28	13.70	−66.24	1.02
"龙头股"，股本收益率（第10组十分位组）(%)	7.25	19.26	3.07	223 014	0.12	6.48	12.93	−61.88	1.11
小盘股，每股收益变化（%）	6.93	26.17	2.59	194 631	0.07	9.57	17.98	−72.16	1.20
"所有股票"投资组合，净现金流与企业价值比率（第10组十分位组）	6.84	23.07	2.70	187 800	0.08	6.88	16.53	−66.73	1.15
"所有股票"投资组合，债务变化（第10组十分位组）	6.83	18.61	3.00	187 287	0.10	5.60	13.29	−63.62	1.06
"所有股票"投资组合，增长复合（第10组十分位组）	6.80	22.33	2.72	184 471	0.08	6.21	16.21	−71.86	1.12
"所有股票"投资组合，营运利润率（第10组十分位组）	6.78	20.52	2.84	183 358	0.09	8.98	15.79	−85.76	1.11
"龙头股"，回购收益率（第10组十分位组）(%)	6.76	18.93	2.94	181 638	0.09	5.49	12.98	−63.96	1.11
"大盘股"投资组合，财务强度复合（第1组十分位组）	6.53	17.19	3.03	164 902	0.09	4.98	12.21	−59.81	0.98
"大盘股"投资组合，12个月趋势（第10组十分位组）	6.51	22.24	2.64	163 990	0.07	10.54	15.59	−69.38	1.18
"大盘股"投资组合，现金流与债务比率（第10组十分位组）(%)	6.41	20.05	2.75	156 826	0.07	9.13	15.32	−77.96	1.07
小盘股，净现金流与企业价值比率（%）	6.39	26.05	2.46	155 550	0.05	10.27	17.80	−73.23	1.18
"大盘股"，债务变化（第1组十分位组）	6.24	22.40	2.57	146 231	0.06	5.10	16.20	−69.24	1.14
"大盘股"投资组合，收益／股价（第10组十分位组）	6.21	21.66	2.59	144 339	0.06	9.86	16.15	−79.88	1.16

（续）

战略	几何平均值（%）	标准偏差（%）	T统计量	10 000美元最终值（美元）	夏普误差	跟踪误差	跌势风险（%）	最大跌幅（%）	贝塔值
"所有股票"投资组合，净现金流与股价比率（第10组十分位组）	6.09	22.71	2.51	137 430	0.05	6.36	16.57	−68.80	1.14
"大盘股"投资组合，净营运现金流与股价比率（第10组十分位组）	5.92	21.36	2.52	127 975	0.04	9.69	15.95	−77.33	1.15
"大盘股"投资组合，总资产与股价收益（第1组十分位组）	5.91	19.50	2.62	127 540	0.05	6.92	13.88	−58.61	1.09
"所有股票"投资组合，股本收益率（第10组十分位组）	5.83	26.77	2.32	123 132	0.03	11.63	19.64	−89.50	1.28
"所有股票"投资组合，每股收益变化（第1组十分位组）	5.70	20.35	2.51	116 798	0.03	4.49	14.71	−66.06	1.03
"大盘股"投资组合，收益质量复合（第1组十分位组）	5.68	19.03	2.58	115 851	0.04	6.29	13.88	−61.33	1.07
美国30日国库券	5.64	0.82	44.88	113 721	0.78	16.78	0.00	0.00	
"大盘股"投资组合，回购收益率（第10组十分位组）	5.61	19.02	2.56	112 578	0.03	5.17	13.72	−65.37	1.10
"所有股票"投资组合，12个月趋势（第10组十分位组）	5.60	26.03	2.27	112 186	0.02	11.08	17.95	−75.22	1.25
"大盘股"投资组合，NOA变化（第1组十分位组）	5.56	19.86	2.50	110 113	0.03	7.68	15.13	−78.05	1.10
小盘股，净现金流与股价比率（%）（第1组十分位组）	5.36	25.22	2.24	101 397	0.01	9.24	17.66	−72.60	1.15
小盘股，收益/股价（第10组十分位组）	5.31	26.92	2.20	99 120	0.01	10.86	19.18	−82.14	1.32
"大盘股"投资组合，每股收益变化（第10组十分位组）	5.27	21.52	2.32	97 542	0.01	5.97	15.56	−67.86	1.08
小盘股，债务变化（%）（第1组十分位组）	5.25	23.86	2.24	96 671	0.01	6.38	16.85	−75.29	1.12
小盘股，12个月趋势（第10组十分位组）	5.20	27.41	2.15	94 641	0.01	11.34	18.74	−79.12	1.23

5.19	19.86	2.37	94 131	0.01	5.56	14.16	−68.49	1.15	"大盘股"投资组合,股本收益率(第10组十分位组)
5.15	27.09	2.16	92 607	0.01	12.64	19.86	−89.54	1.27	"所有股票"投资组合,EBITDA/企业价值(第10组十分位组)
5.13	21.92	2.26	92 064	0.01	9.50	15.36	−68.85	1.20	"大盘股"投资组合,6个月趋势(第10组十分位组)
5.10	23.37	2.22	90 572	0.00	4.97	16.97	−71.57	1.11	小盘股,回购收益率(第10组十分位组)
5.02	27.68	2.12	87 544	0.00	12.89	20.52	−93.05	1.31	"所有股票"投资组合,净利润率(第10组十分位组)
4.90	21.95	2.21	83 448	0.00	4.55	16.05	−70.91	1.12	小盘股,股本收益率,回购收益率(第10组十分位组)
4.88	24.17	2.14	82 837	0.00	5.60	17.29	−74.59	1.15	小盘股,股本收益率,折旧费用/资本费用(第10组十分位组)
4.85	23.18	2.15	81 598	−0.01	7.33	16.83	−71.68	1.15	"所有股票"投资组合,折旧费用/资本费用(第10组十分位组)
4.78	29.59	2.05	79 326	−0.01	13.76	19.79	−82.67	1.31	小盘股,收益/股价(第10组十分位组)
4.74	25.41	2.09	78 028	−0.01	12.11	19.83	−92.02	1.17	"所有股票"投资组合,销售额与企业价值比率(第10组十分位组)
4.73	22.86	2.13	77 572	−0.01	5.24	16.41	−72.38	1.17	"大盘股"投资组合,EBITDA/企业价值(第10组十分位组)
4.71	23.89	2.11	76 893	−0.01	12.29	18.64	−89.48	1.25	"大盘股"投资组合,股东收益率(第10组十分位组)
4.58	27.66	2.02	72 755	−0.02	13.01	20.58	−93.34	1.30	"所有股票"投资组合,营运利润率(第10组十分位组)
4.57	26.50	2.03	72 529	−0.02	12.64	20.00	−91.36	1.23	"所有股票"投资组合,资产收益率(第10组十分位组)
4.51	22.73	2.08	70 595	−0.02	12.16	17.62	−85.28	1.16	"大盘股"投资组合,价值复合一(第10组十分位组)
4.34	22.71	2.03	65 775	−0.03	6.43	16.89	−80.39	1.14	"所有股票"投资组合,财务强度复合(第1组十分位组)
4.31	22.46	2.03	64 848	−0.03	12.01	17.93	−86.24	1.14	"大盘股"投资组合,销售额与股价(第10组十分位组)

(续)

战略	几何平均值（%）	标准偏差（%）	T统计量	10 000美元终值（美元）	夏普误差	跟踪误差	跌势风险（%）	最大跌幅（%）	贝塔值
"大盘股"投资组合，价值复合三（第10组十分位组）	4.30	23.09	2.01	64 519	−0.03	12.20	17.76	−85.90	1.18
"大盘股"投资组合，VC2（第10组十分位组）	4.20	23.29	1.98	61 850	−0.03	12.42	17.91	−86.01	1.19
"大盘股"投资组合，销售额与企业价值比率（第10组十分位组）	4.07	22.41	1.97	58 697	−0.04	11.73	17.95	−87.97	1.15
"所有股票"投资组合，总资产与总收益（第1组十分位组）	4.05	25.11	1.91	58 251	−0.04	8.27	17.43	−77.80	1.26
"大盘股"投资组合，收益质量复合（第10组十分位组）	3.50	25.15	1.77	46 045	−0.06	8.27	17.77	−73.54	1.26
"所有股票"投资组合，总资产与总收益（第1组十分位组）	3.47	26.62	1.76	45 467	−0.06	9.13	17.98	−81.88	1.24
"所有股票"投资组合，6个月趋势（第10组十分位组）	3.36	25.74	1.72	43 236	−0.06	10.04	17.59	−77.42	1.26
小盘股，EBITDA/企业价值（第10组十分位组）	3.28	28.75	1.71	41 748	−0.06	14.21	19.71	−87.57	1.24
小盘股，折旧费用/资本费用（第10组十分位组）	3.27	24.38	1.71	41 564	−0.07	7.93	17.26	−72.64	1.13
"所有股票"投资组合，净营运现金流与股价比率（第10组十分位组）	3.13	26.48	1.68	39 130	−0.07	10.83	18.81	−86.49	1.29
"所有股票"投资组合，销售额与股价比率（第10组十分位组）	3.11	26.68	1.67	38 918	−0.07	13.37	19.84	−91.41	1.22
"所有股票"投资组合，NOA变化（第1组十分位组）（%）	3.03	25.34	1.66	37 546	−0.08	9.04	18.68	−83.42	1.26
小盘股，股本收益率（第10组十分位组）	2.66	30.11	1.59	32 028	−0.08	14.66	20.33	−91.45	1.32
"所有股票"投资组合，价值复合一（VC1）（第10组十分位组）	2.64	28.25	1.58	31 727	−0.08	14.26	20.42	−92.81	1.30
小盘股，6个月趋势（第10组十分位组）	2.60	27.07	1.54	31 163	−0.09	10.20	18.35	−80.22	1.24

策略								
小盘股，销售额与企业价值比率（第10组十分位组）	2.52	25.98	1.52	30 166	-0.10	12.13	19.40	-91.71	1.12
小盘股，净营运现金流与股价比率（第10组十分位组）	2.39	28.72	1.52	28 474	-0.09	13.22	19.50	-85.02	1.27
"所有股票"投资组合，价值复合二（VC2）（第10组十分位组）	2.29	28.71	1.50	27 251	-0.09	14.39	20.45	-92.67	1.33
小盘股，现金流与债务比率（第10组十分位组）	2.16	29.59	1.47	25 817	-0.10	14.44	20.01	-87.81	1.29
"所有股票"投资组合，价值复合三（VC3）（第10组十分位组）	2.13	28.59	1.46	25 510	-0.10	14.26	20.42	-92.77	1.33
小盘股，现金流与债务比率（%）（第10组十分位组）	2.08	27.30	1.43	24 944	-0.11	12.49	20.25	-92.73	1.29
小盘股，NOA变化（第1组十分位组）	1.84	26.83	1.37	22 452	-0.12	9.65	19.34	-85.63	1.24
小盘股，资产收益率（第10组十分位组）	1.11	29.56	1.24	16 282	-0.13	15.07	20.29	-93.32	1.26
小盘股，营运利润率（第10组十分位组）	0.90	29.92	1.20	14 869	-0.14	15.36	20.41	-93.74	1.28
小盘股，净利润率（第10组十分位组）	0.81	30.39	1.19	14 290	-0.14	15.58	20.58	-94.14	1.30
小盘股，销售额与股价比率（第10组十分位组）	0.16	27.71	0.98	10 727	-0.17	13.99	20.00	-93.67	1.17
小盘股，价值复合一（VC1）（第10组十分位组）	-0.80	29.92	0.84	7 012	-0.19	15.39	20.75	-94.37	1.28
小盘股，价值复合二（VC2）（第10组十分位组）	-0.92	30.35	0.82	6 623	-0.20	15.42	20.90	-94.46	1.31
小盘股，价值复合三（VC3）（第10组十分位组）	-1.35	30.18	0.72	5 468	-0.21	15.25	20.89	-94.72	1.30

另外，在我们调整风险时，如我们即将在表28-3中看到的，最高的夏普比率都属于具有很强价值参数的战略。因此，如我们在本书的每个版本中所发现的，价值与增长因素的结合提供了最高的绝对收益，通常也是最高的风险调整后收益，并且优于纯增长战略。表现最佳的"大盘股"投资组合战略专注于价值复合二前2等分中的"龙头股"，然后购买6个月价格增值最高的股票。该战略的复利为15.34%，10 000美元涨到了5 585 470美元。如表28-1所示，"所有股票"投资组合和小盘股主导着按绝对收益排名的收益，这很有意义。传统上，小盘股比"大盘股"投资组合表现得更出色，此处给出的结果也证明了这个结论。正如我们在以后的章节中要看到的，我们想要寻找的是按所有条件排名都表现良好的战略，而我们要专注的是不仅能提供卓越的绝对收益，还能提供出色的风险调整后收益、极高的基本比率及最低最大跌幅的战略。

下行风险

我们概述的3个战略在过去的44年里取得的成绩为负，倒数第一名当属小盘股投资组合。如果你持续投资属于价值复合三（第10组十分位组）的小盘股投资组合中的股票，即市盈率、市净率等最高的10%小盘股，那么你在1965年投资的10 000美元截至2009年年末将缩水为5 468美元，每年损失1.35%。另外你还不得不面对最大跌幅为95%的耻辱。实际上，我们测试的战略中有54个战略的收益低于投资美国国债所获的收益。这意味着将金钱投资到这些亏损的股票中还不如别投资。这些股票一般具有以下特征：在我们这3个价值复合中最贵；利润率最低；资产收益率和NOA最差；销售额与企业价值比率最高且市销率最差；属于股价趋势最差的等分。在每个资本类别中，这些股票都持续占据绝对收益列表靠近底部的位置，同时在风险和最大跌幅列表中又高居榜首。在几乎每个市场环境中，都有最具投机性的股票战略，这些是投资者必须规避的有毒战略。

另外，位于列表底部的股票在第14章中的一些会计变量的评估方面也得分最低，如总资产与总收益（总资产与总利息的比率）、收益质量复合及财务强度复合。所有这些都应留意，以帮助淘汰你持有或正考虑投资的股票。虽然我们拥有13年的实时收益证明，但仍没有找到一个令人信服的理由来购买价格最贵、股价趋势差或资产负债表违规的股票。表28-1底部所有战略的长期收益都很糟糕，收益的标准差也较高且最大跌幅较大。这些股票的故事听起来可能很精彩，但其前景堪忧。证据已很确凿，如果你喜欢购买听起来精彩但价格高出数倍的股票，那么你的收益会比市场还要糟糕许多。除非你在严重熊市结束时购买，尝试对6个月或12个月价格增值最差等分的股票进行抄底也是失败者的游戏，原因是，那些股票在财务强度和收益质量复合方面的得分很差。

在缺乏示例的情况下，投资者可以看基本比率。表28-2显示表28-1中列出的所有战略的基本比率。但是在20世纪90年代末新兴网络股出现后，许多投资者开始弃常识和可信的研究于不顾，认为时代不同以往。时代确实不同了！我在本书第1版中说过一句话，今天我还要重复这一句："未来的热门股票可能不是互联网宠儿或大盘科技股，但有一个共同点，就是它们都将彻底失败。"2007～2009年的熊市从反面给我们上了一课，严重的熊市让很多投资者全面回避股市，而历史表明，等待他们的也是令其失望的收益。从长期数据中得出的教训是明确的，即找到长期收益丰厚的战略并坚持下去。

表28-2 所有滚动1、3、5、7和10年期的基本比率信息概要（1965年8月31日～2009年12月31日，按年复合平均收益率对战略排序）

战略	时间百分比（%）				
	1年	3年	5年	7年	10年
微型股，按市净率前3等分，3/6个月趋势>0，12个月趋势前25	78.89	90.34	98.94	100.00	100.00
微型股，市销率<1，3/6个月趋势>0，按12个月趋势前10	69.29	88.93	98.10	99.11	100.00
微型股，按市净率前3等分，3/6个月趋势>中位值，按12个月趋势前25	77.16	90.14	99.15	100.00	100.00
微型股，按市净率前3等分，3/6个月趋势>0，按12个月趋势前50	82.34	93.36	100.00	100.00	100.00
趋势价值投资组合	84.64	99.20	100.00	100.00	100.00
微型股，市销率<1，按12个月趋势前25	72.55	85.11	95.77	99.55	99.76
"所有股票"投资组合增长	81.57	95.77	96.83	97.55	99.27
小盘股，前3等分VC2，3/6个月趋势>中位值，按6个月趋势前25	83.30	96.38	100.00	100.00	100.00
小盘股，前3等分VC2，3/6个月趋势>中位值，按6个月趋势前50	83.69	97.59	100.00	100.00	100.00
"所有股票"投资组合，（第1组十分位组）中VC2，按6个月趋势前50	81.96	97.18	99.79	99.55	100.00
"所有股票"投资组合，前3等分中VC2，3/6个月趋势>中位值，按6个月趋势前25	85.41	99.80	100.00	100.00	100.00
小盘股，价值复合三（VC3）（第1组十分位组）	83.30	94.16	99.37	100.00	100.00

(续)

战略	时间百分比（%）				
	1年	3年	5年	7年	10年
"所有股票"投资组合，前3等分中VC2，3/6个月趋势>中位值，按6个月趋势前50	86.18	98.99	100.00	100.00	100.00
小盘股，价值复合二（VC2）（第1组十分位组）	80.61	93.36	99.37	99.78	100.00
小盘股，EBITDA/企业价值（第1组十分位组）	81.96	95.17	100.00	100.00	100.00
小盘股，价值复合一（VC1）（第1组十分位组）	80.81	92.56	99.37	100.00	100.00
小盘股，前3等分中市净率，3/6个月趋势>中位值，按股东收益率前25	75.05	91.35	97.46	98.66	100.00
小盘股，市销率<1，3/6个月趋势>0，按12个月趋势前50	74.09	89.13	97.46	98.89	100.00
"所有股票"投资组合，3/6个月趋势>中位值，按股东收益率前25	77.35	98.79	100.00	100.00	100.00
"所有股票"投资组合，市净率和6个月趋势>中位值，按回购收益率前25	79.46	95.17	99.79	100.00	100.00
小盘股，股东收益率和6个月趋势>中位值，按市净率前25	74.47	89.94	98.94	98.44	100.00
"所有股票"投资组合，前3等分中市净率，3/6个月趋势>中位值，按股东收益率前25	74.28	93.16	98.94	98.66	100.00
小盘股，市净率和6个月趋势>中位值，按回购收益率前25	77.93	95.17	99.58	100.00	100.00
小盘股，3/6个月趋势>中位值，按股东收益率前25	74.86	98.39	100.00	100.00	100.00
小盘股，前3等分中市净率，3/6个月趋势>中位值，按12个月趋势前25	76.97	93.76	100.00	99.55	100.00
小盘股，前3等分中市净率，3/6个月趋势>0，按12个月趋势前25	77.16	91.55	99.58	99.55	100.00
小盘股，前3等分中市净率，3/6个月趋势>0，按股东收益率前25	73.70	91.35	95.98	98.44	100.00
小盘股，前3等分中市净率，3/6个月趋势>0，按12个月趋势前50	78.50	94.37	99.58	99.55	100.00
小盘股，前3等分中市净率，3/6个月趋势>中位值，按股东收益率前50	75.05	93.76	98.73	98.44	100.00
"所有股票"投资组合，股东收益率和6个月趋势>中位值，按市净率前25	73.51	90.34	98.10	98.44	100.00
"所有股票"投资组合，前3等分中市净率，3/6个月趋势>0，按股东收益率前25	74.09	90.74	97.25	98.44	100.00
小盘股，3/6个月趋势>中位值，按市净率前50	75.82	88.33	99.58	99.55	100.00
小盘股，前3等分中市净率，3/6个月趋势>中位值，按12个月趋势前50	77.35	93.76	99.79	99.55	100.00
"所有股票"投资组合，前3等分中市净率，3/6个月趋势>中位值，按12个月趋势前25	80.61	92.96	99.58	100.00	100.00
小盘股，前3等分中市净率，3/6个月趋势>中位值，按市净率前50	75.05	92.96	99.37	99.33	100.00

(续)

战略	时间百分比（%）				
	1 年	3 年	5 年	7 年	10 年
小盘股，前 3 等分中市净率，3/6 个月趋势 >0，按股东收益率前 50	74.09	89.54	95.77	99.33	100.00
小盘股，股东收益率和 6 个月趋势 > 中位值，按市净率前 50	72.36	90.74	97.25	97.77	100.00
"所有股票"投资组合，股东收益率和 6 个月趋势 > 中位值，按市净率前 50	76.58	92.76	97.67	98.22	100.00
"所有股票"投资组合，市净率和 6 个月趋势 > 中位值，按股东收益率前 50	71.40	94.77	99.37	100.00	100.00
"所有股票"投资组合，前 3 等分中市净率，3/6 个月趋势 >0，按 12 个月趋势前 25	78.89	90.34	99.58	99.55	100.00
"所有股票"投资组合，前 3 等分中市净率，3/6 个月趋势 >0，按 12 个月趋势前 50	79.46	93.56	99.58	99.55	100.00
小盘股，市净率和 6 个月趋势 > 中位值，按股东收益率前 25	70.25	89.34	95.56	99.11	100.00
"所有股票"投资组合，3/6 个月趋势 > 中位值，按股东收益率前 50	78.12	99.80	100.00	100.00	100.00
"所有股票"投资组合，前 3 等分中市净率，3/6 个月趋势 > 中位值，按股东收益率前 50	75.62	92.56	98.52	98.44	100.00
小盘股，净现金流与企业价值比率（第 1 组十分位组）	73.51	81.89	83.93	87.08	92.01
小盘股，收益 / 股价（第 1 组十分位组）	76.01	86.72	91.12	95.32	99.52
"所有股票"投资组合，3/6 个月趋势 > 中位值，按市净率前 50	76.39	90.95	99.58	99.55	100.00
"所有股票"投资组合，市净率和 6 个月趋势 > 中位值，按回购收益率前 50	78.69	95.98	99.79	100.00	100.00
"所有股票"投资组合，前 3 等分中市净率，3/6 个月趋势 >0，按股东收益率前 50	73.32	89.13	97.04	98.22	100.00
小盘股，市净率和回购收益率及 3 个月趋势 > 中位值，按 6 个月趋势前 25	74.86	93.76	99.15	99.78	100.00
小盘股，市净率和回购收益率 > 中位值，按 6 个月趋势前 25	75.24	93.36	98.73	99.33	100.00
小盘股，净营运现金流与股价比率（第 1 组十分位组）	72.36	82.29	90.27	93.99	100.00
"所有股票"投资组合，前 3 等分中市净率，3/6 个月趋势 > 中位值，按 12 个月趋势前 50	78.89	93.56	100.00	100.00	100.00
"所有股票"投资组合，3/6 个月趋势 > 中位值，按市净率前 50	73.70	88.33	96.19	98.44	100.00
小盘股，市净率和 6 个月趋势 > 中位值，按回购收益率前 50	74.09	91.95	99.37	99.55	100.00
小盘股，市净率和股东收益率 > 中位值，按 6 个月趋势前 25	76.78	95.37	98.73	99.55	100.00
小盘股，3/6 个月趋势 > 中位值，按股东收益率前 50	74.09	97.18	99.37	100.00	100.00

(续)

战略	时间百分比（%）				
	1年	3年	5年	7年	10年
小盘股，市净率和回购收益率及3个月趋势＞中位值，按6个月趋势前50	74.66	93.96	100.00	100.00	100.00
"所有股票"投资组合，价值复合三（VC3）（第1组十分位组）	79.27	93.16	97.89	98.44	99.52
小盘股，销售额与企业价值比率（第1组十分位组）	73.13	86.92	97.04	99.78	100.00
"所有股票"投资组合，价值复合二（VC2）（第1组十分位组）	75.43	92.35	97.89	98.22	99.52
"所有股票"投资组合，市净率和回购收益率＞中位值，按6个月趋势前25	78.89	91.35	96.19	99.55	100.00
"所有股票"投资组合，市净率和回购收益率及3个月趋势＞中位值，按6个月趋势前25	79.08	92.15	96.83	98.89	100.00
小盘股，市净率和回购收益率＞中位值，按6个月趋势前50	74.66	95.17	99.58	100.00	100.00
"所有股票"投资组合，价值复合一（VC1）（第1组十分位组）	76.78	92.76	98.10	98.44	99.52
小盘股，市净率和6个月趋势＞中位值，按股东收益率前50	67.95	86.92	94.08	98.66	100.00
"所有股票"投资组合，市净率和股东收益率＞中位值，按6个月趋势前25	80.61	93.16	98.52	100.00	100.00
小盘股，净现金流与股价比率（第1组十分位组）	68.33	77.67	86.05	87.75	90.56
"所有股票"投资组合，市净率和回购收益率及3个月趋势＞中位值，按6个月趋势前50	79.27	96.58	100.00	100.00	100.00
小盘股，市净率和股东收益率＞中位值，按6个月趋势前50	71.21	94.16	100.00	100.00	100.00
"所有股票"投资组合，市净率和回购收益率＞中位值，按6个月趋势前50	78.89	94.37	99.37	100.00	100.00
"所有股票"投资组合，市净率和6个月趋势＞中位值，按股东收益率前50	68.52	90.34	97.67	99.11	100.00
联合消费必需品/公用设施投资组合	65.07	79.07	84.99	89.09	97.09
"所有股票"投资组合，EBITDA/企业价值（第1组十分位组）	76.01	87.32	97.04	99.78	100.00
"所有股票"投资组合，市净率和股东收益率＞中位值，按6个月趋势前50	77.54	96.38	100.00	100.00	100.00
"所有股票"投资组合，收益/股价（第1组十分位组）	75.62	85.11	91.97	95.77	99.27
"所有股票"投资组合，净营运现金流与股价比率（第1组十分位组）	72.17	86.32	90.70	98.22	99.76
"所有股票"投资组合，净现金流与企业价值比率（第1组十分位组）	74.09	81.29	87.95	87.75	91.53
"所有股票"投资组合，收益质量复合（第1组十分位组）	83.69	88.53	94.29	97.77	100.00

（续）

战略	时间百分比（%）				
	1年	3年	5年	7年	10年
小盘股，市净率和3/6个月趋势＞中位值，按12个月趋势前25	75.82	87.12	96.62	98.00	98.79
"所有股票"投资组合，回购收益率（第1组十分位组）	83.11	96.18	99.15	100.00	100.00
小盘股，市净率和3/6个月趋势＞中位值，按12个月趋势前50	73.90	93.56	98.31	98.00	100.00
小盘股，回购收益率（第1组十分位组）	77.74	95.98	98.94	99.78	100.00
小盘股，股本收益率（第1组十分位组）	70.25	88.13	94.93	98.44	99.27
"所有股票"投资组合，销售额与企业价值（第1组十分位组）	73.51	88.53	97.25	97.55	98.79
"所有股票"投资组合，股本收益率（第1组十分位组）	74.47	92.76	98.10	98.66	99.52
"龙头股"，VC2前2个等分，按6个月趋势前25	72.94	84.91	91.97	98.00	100.00
"所有股票"投资组合，净现金流与股价比率（第1组十分位组）	71.40	79.88	91.97	98.44	100.00
"所有股票"投资组合，股东收益率及3/6个月趋势＞中位值，按12个月趋势前50	76.58	92.76	95.98	97.10	98.31
"所有股票"投资组合，市净率和3/6个月趋势＞中位值，按12个月趋势前50	74.86	89.13	93.23	97.55	98.55
"龙头股"，3/6个月趋势＞中位值，按股东收益率前25	65.64	80.68	91.75	98.89	100.00
"所有股票"投资组合，财务强度复合（第10组十分位组）	83.11	95.37	97.04	100.00	100.00
"龙头股"，VC2前2等分，按6个月趋势前50	75.24	85.71	92.60	96.88	99.76
"龙头股"，VC2＞中位值，按股东收益率前25	66.03	78.47	88.37	98.22	100.00
小盘股，股东收益率及3/6个月趋势＞中位值，按12个月趋势前50	77.93	94.16	95.98	96.88	97.82
基础价值，改进后的25只股票	65.26	82.09	90.27	98.44	100.00
"大盘股"投资组合，回购收益率（第1组十分位组）	82.53	92.96	96.83	99.55	100.00
"大盘股"投资组合，3/6个月趋势＞中位值，按股东收益率前25	71.02	91.35	95.98	97.77	100.00
小盘股，销售额与股价比率（第1组十分位组）	68.14	68.41	75.90	75.50	79.42
"龙头股"，VC2（第1组十分位组）（高）	64.11	71.23	79.70	92.87	98.79
"龙头股"，股本收益率（第1组十分位组）（%）	64.88	80.28	91.33	97.33	100.00
"所有股票"投资组合，市净率和3/6个月趋势＞中位值，按12个月趋势前50	75.82	89.74	97.04	98.00	100.00
小盘股，3/6个月趋势＞0，股本收益率＞平均值，12个月趋势最佳的50只股票	64.49	74.45	82.88	87.97	94.19
"龙头股"，3/6个月趋势＞中位值，按股东收益率前50	67.37	86.12	98.10	99.78	100.00
"大盘股"投资组合，市净率和6个月趋势＞中位值，按回购收益率前25	72.36	90.14	99.79	99.55	100.00
基础价值，改进后的50只股票	69.10	84.91	96.62	99.11	100.00
"龙头股"，VC2＞中位值，按股东收益率前50	67.18	80.08	93.45	100.00	100.00

（续）

战略	时间百分比（%）				
	1 年	3 年	5 年	7 年	10 年
"所有股票"投资组合，股东收益率及3/6个月趋势＞中位值，按12个月趋势前25	67.56	83.90	91.54	95.99	97.58
"龙头股"，价值复合三（第1组十分位组）（高）	63.34	67.81	78.86	91.31	96.85
"大盘股"投资组合，股本收益率（第1组十分位组）	74.47	89.74	96.83	99.11	99.76
小盘股，利息与股价比率（第10组十分位组）	61.23	69.01	67.65	70.16	68.04
"龙头股"，EBITDA/企业价值（第1组十分位组）	68.14	77.67	83.51	93.54	99.52
小盘股，6个月趋势（第1组十分位组）	61.42	72.64	85.62	91.09	97.58
小盘股，股东收益率及3/6个月趋势＞中位值，按12个月趋势前25	72.17	84.91	91.75	92.43	97.09
小盘股，回购收益率和3个月趋势＞中位值，按12个月趋势前50	69.10	81.69	87.32	93.54	98.31
"龙头股"，回购收益率（第1组十分位组）（%）	71.79	86.92	91.54	95.10	100.00
"龙头股"，价值复合一（第1组十分位组）（高）	62.00	70.62	70.82	87.97	96.37
小盘股，账面价值与股价比率，（第1组十分位组）	61.04	68.61	75.90	89.98	97.58
"所有股票"投资组合，6个月趋势（第1组十分位组）	62.38	71.43	85.41	91.76	97.09
"龙头股"，3/6个月趋势＞中位值，VC2前25	68.91	78.87	83.30	93.10	100.00
"大盘股"投资组合，市净率和回购收益率＞中位值，按6个月趋势前25	77.35	92.15	100.00	100.00	100.00
"大盘股"投资组合，价值复合二（第1组十分位组）	68.33	82.70	91.33	95.99	97.82
"大盘股"投资组合，价值复合三（第1组十分位组）	69.10	80.89	93.02	97.33	97.82
"所有股票"投资组合，账面价值与股价比率（第1组十分位组）	64.30	73.64	81.18	92.43	98.31
小盘股，60个月趋势（第10组十分位组）	61.61	71.63	75.69	78.17	72.88
"所有股票"投资组合，利息与股价比率（第10组十分位组）	62.76	76.46	84.99	85.52	91.04
"所有股票"投资组合，销售额与股价（第1组十分位组）	66.79	70.62	74.42	78.84	88.62
"大盘股"投资组合，EBITDA/企业价值（第1组十分位组）	72.36	82.90	90.27	96.44	99.52
"大盘股"投资组合，3/6个月趋势＞中位值，按市净率前25	68.14	80.28	96.41	99.55	100.00
"所有股票"投资组合，60个月趋势（第10组十分位组）	62.76	69.42	76.11	77.73	73.37
"大盘股"投资组合，股东收益率及3/6个月趋势＞中位值，按12个月趋势前25	71.21	87.93	95.98	98.44	100.00
"大盘股"投资组合，市净率和回购收益率及3个月趋势＞中位值，按6个月趋势前25	75.43	90.34	100.00	100.00	100.00
"所有股票"投资组合，回购收益率和3个月趋势＞中位值，按12个月趋势前50	66.41	76.26	82.88	86.41	95.40
小盘股，股息收益率（第1组十分位组）	55.28	69.22	71.88	73.05	87.17

（续）

战略	时间百分比（%）				
	1年	3年	5年	7年	10年
"龙头股"，净现金流与企业价值比率（第1组十分位组）	62.96	73.64	87.53	87.08	90.56
"大盘股"投资组合，市净率和6个月趋势＞中位值，按股东收益率前25	63.72	81.09	95.98	97.55	98.31
"龙头股"，净营运现金流与股价比率（第1组十分位组）	60.65	66.00	73.78	87.75	97.09
"大盘股"投资组合，股东收益率和6个月趋势＞中位值，按市净率前25	68.91	83.90	92.81	95.55	99.03
小盘股，资产周转率（第1组十分位组）	60.08	62.98	68.71	71.71	77.72
小盘股，回购收益率及3个月趋势＞中位值，按12个月趋势前25	63.34	71.63	77.59	87.53	95.64
"龙头股"，收益/股价（第1组十分位组）	61.42	67.61	65.12	71.49	64.65
"大盘股"投资组合，3/6个月趋势＞中位值，按股东收益率前50	65.45	87.73	93.02	97.10	100.00
"大盘股"投资组合，市净率和回购收益率及3个月趋势＞中位值，按6个月趋势前50	72.55	88.73	98.94	98.44	99.03
"龙头股"，总资产与总收益（第10组十分位组）	66.22	74.85	81.18	83.07	92.49
"大盘股"投资组合，市净率和股东收益率＞中位值，按6个月趋势前25	72.55	88.73	99.37	98.66	100.00
"大盘股"投资组合，6个月趋势（第1组十分位组）	64.88	74.04	82.45	86.41	95.40
"大盘股"投资组合，收益/股价（第1组十分位组）	69.10	73.84	83.30	89.09	94.92
"大盘股"投资组合，净营运现金流与股价比率（第1组十分位组）	67.37	73.84	76.32	87.53	95.64
"大盘股"投资组合，市净率和回购收益率＞中位值，按6个月趋势前50	72.36	89.74	98.10	98.22	98.79
基础价值，25股息收益率	57.39	65.19	67.44	72.38	84.26
"大盘股"投资组合，回购收益率和3个月趋势＞中位值，按12个月趋势前25	64.49	76.86	86.47	94.43	96.37
"大盘股"投资组合，价值复合一（第1组十分位组）	63.92	75.65	80.55	89.98	96.85
"龙头股"，收益6个月（第1组十分位组）	62.57	71.03	83.72	93.76	96.85
"大盘股"投资组合，市净率和6个月趋势＞中位值，按回购收益率前50	72.17	88.33	98.94	98.89	99.76
小盘股，现金流与债务比率（第1组十分位组）（%）	53.74	61.97	69.98	68.15	62.71
"龙头股"，市销率＜平均值，按12个月趋势前25	67.18	77.87	84.78	88.20	98.31
"大盘股"投资组合，市净率和6个月趋势＞中位值，按股东收益率前50	63.92	77.87	93.87	96.66	96.85
"龙头股"，3/6个月趋势＞中位值，VC2前50	67.18	75.45	82.88	91.54	99.03
"大盘股"投资组合，净现金流与企业价值比率（第1组十分位组）	63.92	78.47	88.16	92.65	96.85
"龙头股"，利息与股价比率（第10组十分位组）	59.69	65.19	72.94	80.85	91.53
"龙头股"，NOA变化（第10组十分位组）（%）	61.80	73.84	79.07	84.63	85.47

（续）

战略	时间百分比（%）				
	1年	3年	5年	7年	10年
"龙头股"，股息收益率（第1组十分位组）（%）	55.66	61.17	67.23	74.16	85.96
"所有股票"投资组合，股息收益率（第1组十分位组）	53.17	69.42	70.82	72.38	83.05
小盘股，资产收益率（第1组十分位组）	57.01	64.79	69.13	65.48	60.05
小盘股，股本收益率（第1组十分位组）	58.16	62.17	64.06	59.69	58.35
"所有股票"投资组合，回购收益率和3个月趋势＞中位值，按12个月趋势前25	60.27	64.79	73.15	81.51	83.54
"龙头股"，销售额与企业价值比率（第1组十分位组）	63.53	68.61	75.05	74.16	81.36
"大盘股"投资组合，市净率和股东收益率＞中位值，按6个月趋势前50	67.18	82.29	95.56	96.88	98.55
"大盘股"投资组合，股东收益率及3/6个月趋势＞中位值，按12个月趋势前50	68.71	87.32	93.45	97.33	100.00
"大盘股"投资组合，账面价值与股价比率，（第1组十分位组）	63.72	72.23	83.72	89.31	95.64
"龙头股"，按价格现金流前10	57.20	62.78	68.50	81.51	91.04
"大盘股"投资组合，回购收益率和3个月趋势＞中位值，按12个月趋势前50	69.67	82.49	92.18	96.88	99.76
小盘股，每股收益变化（第1组十分位组）（%）	58.54	56.74	63.00	65.92	66.59
"大盘股"投资组合，股东收益率和6个月趋势＞中位值，按市净率前50	65.26	78.27	91.97	95.55	97.82
"所有股票"投资组合，总资产与总收益（第10组十分位组）	68.91	70.82	69.13	67.04	77.00
"龙头股"，市销率＜平均值，按12个月趋势前50	64.11	70.22	73.15	75.06	80.15
"所有股票"投资组合，资产周转率（第1组十分位组）	59.50	66.00	74.63	81.07	86.20
"大盘股"投资组合，收益质量复合（第10组十分位组）	71.79	85.51	88.79	92.20	99.76
"龙头股"，收益12个月（第1组十分位组）	60.08	66.00	78.65	83.07	86.20
"大盘股"投资组合，回购收益率＞中位值，按股息收益率前50	57.97	69.62	75.90	84.19	90.56
"龙头股"，净现金流与股价比率（第1组十分位组）	58.35	61.77	69.13	71.27	72.88
"大盘股"投资组合，3/6个月趋势＞中位值，按市净率前50	62.38	78.47	87.95	95.99	99.76
"大盘股"投资组合，60个月趋势（第10组十分位组）	60.84	66.00	75.26	81.07	92.01
小盘股，总资产与总收益（第10组十分位组）	49.90	56.14	52.22	53.90	47.22
"大盘股"投资组合，利息与股价比率（第10组十分位组）	62.57	73.44	74.84	76.84	88.14
"大盘股"投资组合，回购收益率＞中位值，按股息收益率前25	55.66	67.20	72.73	82.18	87.17
"大盘股"投资组合，销售额与企业价值比率（第1组十分位组）	67.18	72.84	78.22	81.96	97.58
"龙头股"，销售额与股价（第1组十分位组）	57.58	53.32	60.04	57.02	64.41

（续）

战略	时间百分比（%）				
	1年	3年	5年	7年	10年
"龙头股"，账面价值/股价（第1组十分位组）	56.24	55.53	57.29	64.14	66.83
"龙头股"，债务变化（第10组十分位组）（%）	60.27	64.59	73.57	79.73	86.92
小盘股，12个月趋势（第1组十分位组）	57.97	57.14	66.60	69.27	74.09
"所有股票"投资组合，12个月趋势（第1组十分位组）	59.50	56.94	69.98	70.16	78.21
"大盘股"投资组合，净现金流与股价比率（第1组十分位组）	59.31	64.39	73.78	83.52	82.81
"大盘股"投资组合，市净率和3/6个月趋势>中位值，按12个月趋势前50	61.61	75.86	85.62	94.65	100.00
"所有股票"投资组合，股本收益率（第1组十分位组）	58.54	61.17	64.90	55.01	48.43
"大盘股"投资组合，市净率和3/6个月趋势>中位值，按12个月趋势前25	65.64	77.46	82.66	93.32	98.06
"大盘股"投资组合，12个月趋势（第1组十分位组）	59.12	69.22	76.11	78.40	87.89
"所有股票"投资组合，NOA变化（第10组十分位组）（%）	58.16	63.58	67.65	69.27	75.30
小盘股，营运利润率（第1组十分位组）	46.64	51.71	58.14	58.13	58.11
"所有股票"投资组合，折旧费用/资本费用（第1组十分位组）	57.39	61.57	60.89	61.25	71.19
"龙头股"，资产收益率（第1组十分位组）	51.25	45.67	47.78	52.78	52.78
"所有股票"投资组合，资产收益率（第1组十分位组）	50.86	50.91	54.12	52.34	53.75
小盘股，净利润率（第1组十分位组）	49.52	59.56	61.10	58.80	57.38
小盘股，折旧费用/资本费用（第1组十分位组）	49.14	50.10	45.88	39.64	37.29
"大盘股"投资组合，总资产与总收益（第10组十分位组）	62.38	72.43	76.96	76.39	80.63
"所有股票"投资组合，现金流与债务比率（第1组十分位组）（%）	47.22	44.06	52.22	53.67	56.42
"龙头股"，净利润率（第1组十分位组）	48.56	52.11	48.63	54.79	55.45
"龙头股"，资产周转率（第1组十分位组）	49.33	52.92	54.76	56.12	67.07
"龙头股"，营运利润率（第1组十分位组）	45.68	46.48	45.03	50.78	53.27
"大盘股"投资组合，股息收益率（第1组十分位组）	48.37	60.56	61.95	69.49	78.69
"大盘股"投资组合，财务强度复合（第10组十分位组）	64.49	74.04	79.07	79.96	80.87
小盘股	**0.00**	**0.00**	**0.00**	**0.00**	**0.00**
"所有股票"投资组合，增长复合（第1组十分位组）	52.40	53.92	60.47	61.92	57.14
"大盘股"投资组合，NOA变化（第10组十分位组）（%）	62.00	66.40	66.60	65.92	74.58
"龙头股"投资组合	**0.00**	**0.00**	**0.00**	**0.00**	**0.00**
"大盘股"投资组合，销售额与股价比率（第1组十分位组）	58.16	61.17	65.12	72.61	77.48
"龙头股"，折旧费用/资本费用（第1组十分位组）	54.32	61.37	65.12	70.16	76.76
"龙头股"，现金流与债务比率（第1组十分位组）（%）	46.45	44.87	36.36	34.08	33.90
小盘股，债务变化（第10组十分位组）（%）	47.60	43.06	37.42	37.42	38.26

(续)

战略	时间百分比（%）				
	1年	3年	5年	7年	10年
"所有股票"投资组合	0.00	0.00	0.00	0.00	0.00
"龙头股"，股本收益率（第1组十分位组）	50.86	43.86	46.30	44.32	50.61
"大盘股"投资组合，市净率>中位值，按股息收益率前25	48.56	61.57	57.29	57.24	69.01
小盘股，NOA变化（第10组十分位组）（%）	49.33	50.10	46.09	44.10	39.71
"大盘股"投资组合，资产周转率（第1组十分位组）	55.28	60.97	60.47	62.36	62.71
"所有股票"投资组合，营运利润率（第1组十分位组）	49.14	49.70	55.39	59.47	55.69
"大盘股"投资组合，市净率>中位值，按股息收益率前50	49.71	56.34	54.55	60.58	69.25
"龙头股"，折旧费用/资本费用（第10组十分位组）	45.30	40.24	38.27	39.64	39.47
"所有股票"投资组合，债务变化（第10组十分位组）（%）	49.90	50.30	45.67	41.43	42.13
"大盘股"投资组合，债务变化（第10组十分位组）（%）	61.23	59.36	55.18	46.33	35.35
"龙头股"，资产周转率（第10组十分位组）	51.25	50.91	56.45	53.23	49.15
"龙头股"，股本收益率（第10组十分位组）	50.10	45.67	38.69	36.08	38.74
"所有股票"投资组合，净利润率（第1组十分位组）	44.53	54.33	49.05	50.11	50.61
"龙头股"，利息与股价比率（第1组十分位组）	42.61	37.42	39.96	37.64	25.42
"龙头股"，净现金流与企业价值比率（第10组十分位组）	44.91	40.04	39.75	38.31	33.41
"龙头股"，资产收益率（第10组十分位组）	48.94	34.00	36.36	37.42	31.23
"大盘股"投资组合	0.00	0.00	0.00	0.00	0.00
"龙头股"，现金流与债务比率（第10组十分位组）（%）	48.94	52.11	50.11	47.88	38.74
"龙头股"，净利润率（第10组十分位组）	47.41	42.45	40.38	37.42	44.07
"龙头股"，净现金流与股价比率（第10组十分位组）	42.61	34.00	32.98	27.17	28.33
"龙头股"，每股收益变化（第1组十分位组）（%）	40.31	32.39	27.91	22.49	21.07
"龙头股"，账面价值/股价（第10组十分位组）	43.38	38.43	34.88	35.19	20.82
"大盘股"投资组合，折旧费用/资本费用（第1组十分位组）	51.25	56.94	51.16	59.02	62.95
"大盘股"投资组合，资产收益率（第1组十分位组）	47.41	43.26	47.78	46.10	48.43
"大盘股"投资组合，股本收益率（第1组十分位组）	53.93	46.68	46.93	48.78	52.06
"大盘股"投资组合，增长复合（第1组十分位组）	46.26	37.63	36.79	33.18	30.51
"龙头股"，债务变化（第1组十分位组）（%）	38.39	29.98	22.20	11.80	1.69
标准普尔500指数	**41.65**	**48.09**	**45.67**	**50.56**	**48.18**
"龙头股"，营运利润率（第10组十分位组）	42.23	37.63	25.16	26.50	15.25
"所有股票"投资组合，资产周转率（第10组十分位组）	42.99	43.06	43.55	43.65	42.86
"大盘股"投资组合，营运利润率（第1组十分位组）	47.22	44.47	43.34	42.98	43.10
"大盘股"投资组合，每股收益变化（第1组十分位组）（%）	43.95	33.40	28.33	25.84	15.01
"龙头股"，EBITDA/企业价值（第10组十分位组）	41.84	31.99	27.70	26.95	20.34

(续)

战略	时间百分比（%）				
	1 年	3 年	5 年	7 年	10 年
"龙头股"，每股收益变化（第 10 组十分位组）（%）	33.97	24.75	16.49	10.24	3.39
小盘股，60 个月趋势（第 1 组十分位组）	36.08	32.80	30.02	24.28	27.12
"大盘股"投资组合，现金流与债务比率（第 1 组十分位组）（%）	45.68	35.61	34.04	29.62	15.98
"龙头股"，收益/股价（第 10 组十分位组）	40.69	31.79	28.12	14.70	8.72
"大盘股"投资组合，账面价值与股价比率（第 10 组十分位组）	47.41	43.86	39.11	30.29	20.82
"龙头股"，价值复合 1（第 10 组十分位组）（低）	38.96	33.40	32.14	25.17	9.69
小盘股，利息与股价比率（第 1 组十分位组）	39.54	35.81	33.40	34.52	23.00
"所有股票"投资组合，利息与股价比率（第 1 组十分位组）	38.58	29.78	21.78	15.59	7.51
"龙头股"，NOA 变化（第 1 组十分位组）（%）	35.51	25.55	16.07	8.24	1.69
"龙头股"，销售额与股价比率（第 10 组十分位组）	40.88	37.83	30.87	28.29	9.93
"龙头股"，销售额与企业价值比率（第 10 组十分位组）	36.47	33.80	34.67	33.63	23.97
"龙头股"，收益 12 个月（第 10 组十分位组）	33.21	20.93	13.11	5.35	1.45
"大盘股"投资组合，净利润率（第 1 组十分位组）	47.79	34.00	32.35	32.07	31.96
"大盘股"投资组合，利息与股价比率（第 1 组十分位组）	36.85	37.22	34.88	24.94	15.25
"大盘股"投资组合，资产周转率（第 10 组十分位组）	48.94	44.27	43.34	38.31	35.84
"所有股票"投资组合，60 个月趋势（第 1 组十分位组）	37.43	30.18	26.85	17.15	15.50
"龙头股"，收益 6 个月（第 10 组十分位组）	33.59	13.28	6.77	1.34	0.00
"所有股票"投资组合，账面价值与股价比率，（第 10 组十分位组）	42.61	31.39	26.00	17.82	9.69
小盘股，账面价值与股价比率（第 10 组十分位组）	41.65	27.36	21.35	12.03	5.57
"大盘股"投资组合，净利润率（第 10 组十分位组）	46.64	45.27	45.03	36.30	36.08
"大盘股"投资组合，净现金流与企业价值比率（第 10 组十分位组）	42.61	34.00	29.60	26.95	28.33
"大盘股"投资组合，增长复合（第 10 组十分位组）	38.00	34.00	26.85	22.49	22.03
"大盘股"投资组合，股本收益率（第 10 组十分位组）	45.49	46.08	35.94	40.76	42.86
"龙头股"，VC2（第 10 组十分位组）（低）	34.93	32.19	20.30	11.58	5.81
小盘股，资产周转率（第 10 组十分位组）	35.12	33.00	19.66	17.82	9.44
"龙头股"，总资产与总收益（第 1 组十分位组）	26.49	8.85	1.06	0.00	0.00
"龙头股"，净营运现金流与股价比率（第 10 组十分位组）	34.93	28.17	17.76	14.25	1.94
"龙头股"，价值复合三（第 10 组十分位组）（低）	34.36	28.97	20.30	10.02	4.84
"大盘股"投资组合，净现金流与股价比率（第 10 组十分位组）	42.03	29.58	25.16	16.70	16.46
"大盘股"投资组合，资产收益率（第 10 组十分位组）	46.26	40.04	28.33	21.38	20.34
"大盘股"投资组合，60 个月趋势（第 1 组十分位组）	43.38	35.61	29.60	23.83	20.82

(续)

战略	时间百分比（%）				
	1年	3年	5年	7年	10年
"大盘股"投资组合，每股收益变化（第10组十分位组）（%）	38.39	32.19	25.79	12.69	8.96
"大盘股"投资组合，折旧费用/资本费用（第10组十分位组）	38.20	30.58	17.12	7.13	0.48
"龙头股"，股本收益率（第10组十分位组）（%）	21.88	13.08	3.17	0.22	0.00
小盘股，每股收益变化（第10组十分位组）（%）	32.05	24.14	17.76	8.91	4.84
"所有股票"投资组合，净现金流与企业价值比率（第10组十分位组）	30.13	16.10	12.26	5.57	3.87
"大盘股"投资组合，债务变化（第1组十分位组）（%）	34.36	22.74	16.49	9.58	0.00
"所有股票"投资组合，增长复合（第10组十分位组）	28.60	11.07	5.92	2.00	0.00
"大盘股"投资组合，营运利润率（第10组十分位组）	43.95	39.24	22.41	20.71	12.83
"龙头股"，回购收益率（第10组十分位组）（%）	23.22	14.49	4.44	0.89	0.00
"大盘股"投资组合，财务强度复合（第1组十分位组）	26.10	12.27	8.67	3.79	0.00
"大盘股"投资组合，12个月趋势（第10组十分位组）	33.21	14.29	7.19	4.01	3.63
"大盘股"投资组合，现金流与债务比率（第10组十分位组）（%）	38.96	36.22	29.18	23.39	16.95
小盘股，净现金流与企业价值（第10组十分位组）	29.37	23.34	18.18	12.47	8.96
"所有股票"投资组合，债务变化（第1组十分位组）（%）	22.26	8.05	1.48	0.00	0.00
"大盘股"投资组合，收益/股价比率（第10组十分位组）	41.65	30.18	21.14	15.81	7.75
"所有股票"投资组合，净现金流与股价比率（第10组十分位组）	25.53	10.87	9.73	6.01	0.97
"大盘股"投资组合，净营运现金流与股价比率（第10组十分位组）	40.69	22.94	14.80	7.35	2.66
"大盘股"投资组合，总资产与总收益（第1组十分位组）	27.06	11.07	5.71	4.01	0.00
"所有股票"投资组合，股本收益率（第10组十分位组）	36.28	22.74	18.60	22.27	25.67
"所有股票"投资组合，每股收益变化（美元）（第10组十分位组）	20.73	11.27	6.13	2.90	0.00
"大盘股"投资组合，收益质量复合（第1组十分位组）	26.49	14.69	6.34	0.89	0.00
美国30日国库券（美元）	**33.21**	**25.15**	**23.89**	**17.59**	**17.68**
"大盘股"投资组合，回购收益率（第10组十分位组）	27.26	15.49	4.23	1.34	0.00
"所有股票"投资组合，12个月趋势（第10组十分位组）	24.38	7.65	2.33	1.56	0.00
"大盘股"投资组合，NOA变化（第1组十分位组）（%）	36.08	23.34	9.94	6.46	0.00
小盘股，净现金流与股价比率（第10组十分位组）	27.26	22.13	16.07	6.01	1.69
"所有股票"投资组合，收益/股价（第10组十分位组）	31.29	16.30	6.98	0.89	0.24
"所有股票"投资组合，每股收益变化（第10组十分位组）	21.31	7.44	6.55	0.00	0.00

（续）

战略	时间百分比（%）				
	1年	3年	5年	7年	10年
小盘股，债务变化（第1组十分位组）（%）	22.46	9.66	2.11	0.89	0.00
小盘股，12个月趋势（第10组十分位组）	20.92	7.04	3.38	1.78	0.00
"大盘股"投资组合，股本收益率（第10组十分位组）	23.42	13.08	3.81	1.56	0.00
"所有股票"投资组合，EBITDA/企业价值（第10组十分位组）	30.13	11.87	6.98	5.57	1.94
"大盘股"投资组合6个月趋势（第10组十分位组）	28.98	4.83	1.27	0.22	0.00
小盘股，回购收益率（第10组十分位组）	16.51	3.42	0.85	0.00	0.00
"所有股票"投资组合，净利润率（第10组十分位组）	37.04	23.14	20.30	19.15	20.82
"所有股票"投资组合，回购收益率（第10组十分位组）	16.51	2.41	0.00	0.00	0.00
小盘股，股本收益率（第10组十分位组）	18.43	7.04	2.54	0.00	0.00
"所有股票"投资组合，折旧费用/资本费用（第10组十分位组）	26.30	14.89	8.03	1.34	0.00
小盘股，收益/股价比率（第10组十分位组）	29.37	18.71	10.15	1.56	0.24
"所有股票"投资组合，销售额与企业价值（第10组十分位组）	32.44	16.90	16.07	9.80	7.02
"所有股票"投资组合，股本收益率（第10组十分位组）	19.58	6.04	1.06	0.00	0.00
"大盘股"投资组合，EBITDA/企业价值（第10组十分位组）	34.36	20.12	15.86	12.92	6.30
"所有股票"投资组合，营运利润率（第10组十分位组）	33.97	19.32	19.24	18.71	19.85
"所有股票"投资组合，资产收益率（第10组十分位组）	30.71	18.51	12.26	9.58	0.97
"大盘股"投资组合，价值复合一（第10组十分位组）	37.24	22.54	14.80	7.80	2.18
"所有股票"投资组合，财务强度复合（第1组十分位组）	16.89	3.82	0.00	0.00	0.00
"大盘股"投资组合，销售额与股价（第10组十分位组）	38.00	24.35	12.05	6.68	2.18
"大盘股"投资组合，价值复合三（第10组十分位组）	36.28	23.14	12.68	7.57	1.94
"大盘股"投资组合，VC2（第10组十分位组）	36.28	21.73	12.90	6.90	2.18
"大盘股"投资组合，销售额与企业价值（第10组十分位组）	32.25	20.32	14.59	8.69	4.36
"所有股票"投资组合，总资产与总收益（第1组十分位组）	25.14	7.24	0.63	0.00	0.00
"所有股票"投资组合，收益质量复合（第10组十分位组）	26.10	12.88	2.54	0.00	0.00
小盘股，总资产与总收益（第1组十分位组）	23.03	8.45	3.17	1.34	0.00
"所有股票"投资组合，6个月趋势（第10组十分位组）	14.78	2.62	1.06	1.34	0.00
小盘股，EBITDA/企业价值（第10组十分位组）	23.61	12.27	4.86	4.90	1.21
小盘股，折旧费用/资本费用（第10组十分位组）	29.56	19.92	13.11	4.45	0.00
"所有股票"投资组合，净营运现金流与股价比率（第10组十分位组）	28.02	11.47	1.90	2.90	0.00

(续)

战略	时间百分比（%）				
	1年	3年	5年	7年	10年
"所有股票"投资组合，销售额与股价比率（第10组十分位组）	32.63	22.13	14.80	7.80	2.18
"所有股票"投资组合，NOA变化（第1组十分位组）（%）	24.38	8.85	1.69	0.00	0.00
小盘股，股本收益率（第10组十分位组）	29.94	25.96	20.30	17.59	13.80
"所有股票"投资组合，价值复合一（VC1）（第10组十分位组）	33.59	20.52	12.05	6.68	0.24
小盘股，6个月趋势（第10组十分位组）	11.32	3.02	1.06	1.34	0.00
小盘股，销售额与企业价值（第10组十分位组）	31.09	18.31	16.49	10.69	10.90
小盘股，净营运现金流与股价比率（第10组十分位组）	23.80	10.26	2.11	0.67	0.00
"所有股票"投资组合，价值复合二（VC2）（第10组十分位组）	32.44	19.52	10.57	5.12	0.24
小盘股，现金流与债务比率（第10组十分位组）（%）	26.68	17.10	10.36	2.45	0.00
"所有股票"投资组合，价值复合三（VC3）（第10组十分位组）	31.67	19.32	7.40	4.68	0.24
"所有股票"投资组合，现金流与债务比率（第10组十分位组）（%）	25.34	10.66	5.71	2.00	0.00
小盘股，NOA变化（第1组十分位组）（%）	25.53	12.68	6.13	2.67	0.00
小盘股，资产收益率（第10组十分位组）	23.80	11.07	6.34	6.24	3.63
小盘股，营运利润率（第10组十分位组）	26.30	17.91	17.12	11.80	7.26
小盘股，净利润率（第10组十分位组）	28.60	20.32	18.60	12.03	7.99
小盘股，销售额与股价比率（第10组十分位组）	30.71	20.93	16.70	11.80	8.47
小盘股，价值复合一（VC1）（第10组十分位组）	28.21	14.89	9.73	4.90	0.97
小盘股，价值复合二（VC2）（第10组十分位组）	28.79	13.48	8.88	4.23	0.48
小盘股，价值复合三（VC3）（第10组十分位组）	27.64	13.48	7.40	3.79	0.48

风险调整后的收益

表28-3按风险调整后收益（夏普比率）对战略进行了排名，图28-3和图28-4显示了风险调整后收益最高和最低的5个战略。表28-3更适合大多数投资者在决定哪种战略更适合自己时研究使用。如果只看绝对收益，就不知道前方的路是多么崎岖。在一个完美的世界里，投资者只要坚持长期战略，就能获得最高收益和最高基本比率，但是，我们都知道我们生活的世界并不完美，风险也与时俱在。

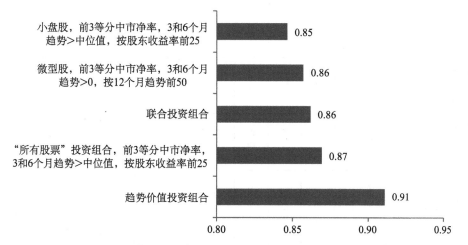

图28-3 风险调整后收益（夏普比率）最高的5个战略（1965年8月31日～2009年12月31日）

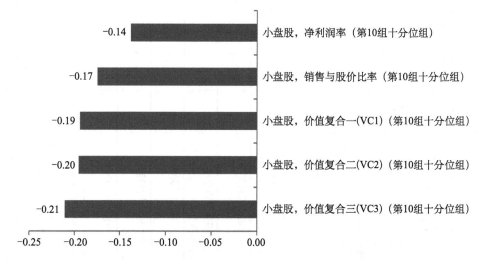

图28-4 风险调整后收益（夏普比率）最低的5个战略（1965年8月31日～2009年12月31日）

表 28-3 所有战略的月度数据（1965 年 8 月 31 日～2009 年 12 月 31 日，按风险调整后收益，即夏普比率排序）

战略	几何平均值（%）	标准偏差（%）	T统计量	10 000美元终值（美元）	夏普误差	跟踪误差	跌势风险（%）	最大跌幅（%）	贝塔值
趋势价值投资组合	21.08	17.66	7.87	48 246 947	0.91	9.04	13.74	−50.55	0.81
"所有股票"投资组合，（第1组十分位组）中VC2，按6个月趋势前50	19.74	16.70	7.79	29 366 965	0.88	8.69	12.89	−49.64	0.77
"所有股票"投资组合，前3等分中市净率，3/6个月趋势>中位值，按股东收益率前25	18.45	15.48	7.86	18 224 488	0.87	9.24	12.11	−47.66	0.71
联合消费必需品/公用设施投资组合	16.56	13.42	8.10	8 933 565	0.86	12.75	9.18	−34.39	0.52
微型股，前3等分中市净率，3/6个月趋势>0，按12个月趋势前50	21.43	19.17	7.44	54 772 842	0.86	8.86	14.46	−55.26	0.84
微型股，前3等分中市净率，3/6个月趋势>0，按12个月趋势前25	22.33	20.38	7.33	75 985 718	0.85	9.73	14.88	−53.89	0.88
小盘股，前3等分中市净率，3/6个月趋势>中位值，按6个月趋势前25	18.84	16.35	7.63	21 049 215	0.85	9.66	13.37	−49.20	0.70
微型股，前3等分中市净率，3/6个月趋势中位值，按12个月趋势前25	21.78	20.01	7.29	62 181 638	0.84	10.05	14.68	−55.64	0.85
小盘股，前3等分中市净率，3/6个月趋势>0，按6个月趋势前25	18.02	15.63	7.63	15 493 763	0.83	9.18	12.40	−53.00	0.72
"所有股票"投资组合，市净率和6个月趋势>0，按股东收益率前25	18.28	16.09	7.54	17 082 685	0.83	9.82	13.06	−52.42	0.69
小盘股，3/6个月趋势>中位值，按股东收益率前25	17.77	15.77	7.48	14 120 418	0.81	8.55	12.47	−53.61	0.74
"所有股票"投资组合，3/6个月趋势>中位值，按股东收益率前25	18.73	17.05	7.33	20 230 058	0.81	8.40	13.50	−52.27	0.80
小盘股，前3等分中VC2，3/6个月趋势>中位值，按股东收益率前50	19.78	18.42	7.20	29 832 100	0.80	8.38	14.24	−53.05	0.82
小盘股，市净率和6个月趋势>中位值，按股东收益率前25	17.64	15.77	7.44	13 434 848	0.80	9.69	12.30	−50.87	0.68
小盘股，3/6个月趋势>中位值，按股东收益率前25	18.37	16.72	7.33	17 638 388	0.80	8.39	13.30	−52.57	0.75

策略									
"所有股票"投资组合,前3等分中市净率,3/6个月趋势>0,按股东收益率前50	17.51	15.66	7.43	12 774 895	0.80	8.85	12.40	-55.07	0.72
"所有股票"投资组合,前3等分中市净率,3/6个月趋势>中位值,按股东收益率前50	17.54	15.84	7.37	12 923 562	0.79	8.80	12.68	-49.30	0.73
"所有股票"投资组合,前3等分中市净率,3/6个月趋势>中位值,按股6个月趋势前VC2,按股东收益率前50	19.36	18.26	7.12	25 562 163	0.79	7.96	13.98	-53.49	0.86
小盘股,前3等分中市净率,3/6个月趋势>0,按股东收益率前50	17.85	16.36	7.28	14 539 804	0.79	9.20	13.18	-55.34	0.72
"所有股票"投资组合,3/6个月趋势>中位值,按股东收益率前50	17.54	15.97	7.33	12 947 507	0.79	7.43	12.87	-50.57	0.77
美国30日国库券(美元)	5.64	0.82	44.88	113 721	0.78	16.78	0.00	0.00	
"所有股票"投资组合,市净率和6个月趋势>中位值,按回购收益率前25	18.59	17.53	7.11	19 209 981	0.78	7.90	13.47	-53.11	0.83
小盘股,价值复合二(VC2)(第1组十分位组)	19.03	18.14	7.04	22 566 623	0.77	8.29	13.73	-60.05	0.81
"所有股票"投资组合,前3等分中市净率,3和6个月趋势>中位值,按股东收益率前50	16.66	15.13	7.33	9 260 473	0.77	8.74	11.78	-51.23	0.71
小盘股,前3等分中市净率,3和6个月趋势>中位值,按股东收益率前50	18.15	17.08	7.13	16 290 759	0.77	9.00	13.91	-49.60	0.75
小盘股,3/6个月趋势>中位值,按股东收益率前50	17.26	15.94	7.23	11 629 675	0.77	7.97	12.74	-50.21	0.72
小盘股,市净率和6个月趋势>中位值,按股东收益率前50	16.85	15.48	7.26	9 965 964	0.77	9.51	12.06	-48.74	0.68
小盘股,价值复合三(VC3)(第1组十分位组)	19.37	18.92	6.91	25 670 891	0.76	7.95	14.21	-59.68	0.85
小盘股,市净率和6个月趋势>中位值,按回购收益率前50	18.44	17.92	6.94	18 102 174	0.75	8.66	13.99	-50.98	0.79
小盘股,前3等分中VC2,3和6个月趋势>中位值,按股东收益率前25	19.85	19.85	6.79	30 609 593	0.75	9.00	15.26	-57.64	0.87
小盘股,EBITDA/企业价值(第1组十分位组)	18.96	18.70	6.85	22 038 871	0.75	6.67	13.88	-55.94	0.86

(续)

战略	几何平均值(%)	标准偏差(%)	T统计量	10 000美元最终值（美元）	夏普误差	跟踪误差	跌势风险(%)	最大跌幅(%)	贝塔值
"所有股票"投资组合，股东收益率和6个月趋势>中位值，按市净率前50	17.82	17.30	6.94	14 390 482	0.74	8.40	13.49	−55.44	0.81
"所有股票"投资组合，前3等分中VC2、3和6个月趋势>中位值，按市净率前25	19.54	19.70	6.75	27 324 492	0.74	8.62	14.96	−56.56	0.92
小盘股，股东收益率和6个月趋势>中位值，按市净率前50	17.84	17.59	6.85	14 481 971	0.73	8.89	14.20	−56.52	0.77
"所有股票"投资组合，市净率和6个月趋势>中位值，按回购率前50	17.51	17.17	6.88	12 801 191	0.73	7.47	13.32	−50.66	0.82
小盘股，股东收益率和6个月趋势>中位值，按市净率前25	18.49	18.70	6.72	18 470 590	0.72	9.29	14.76	−59.17	0.81
小盘股，价值复合一（VC1）（第1组十分位组）	18.85	19.37	6.62	21 149 675	0.72	7.86	14.51	−60.23	0.87
小盘股，前3等分中市净率>0，按12个月趋势前50	18.16	18.42	6.70	16 333 580	0.71	8.31	14.70	−56.04	0.82
小盘股，市净率和6个月趋势>中位值，按回购收益率前50	17.30	17.24	6.79	11 818 630	0.71	8.24	13.68	−49.81	0.77
"所有股票"投资组合，股东收益率和6个月趋势>中位值，按市净率前25	18.13	18.42	6.69	16 166 786	0.71	9.02	14.13	−58.68	0.85
小盘股，前3等分中市净率>0，价值复合一，按12个月趋势前50	17.97	18.48	6.62	15 185 920	0.70	8.16	14.68	−54.41	0.82
小盘股，价值复合二（VC2）（第1组十分位组）	17.12	17.32	6.69	11 050 085	0.70	8.24	12.85	−58.07	0.81
小盘股，前3等分中市净率>0，3/6个月趋势>0，按12个月趋势前50	17.71	18.16	6.64	13 766 110	0.69	7.82	14.38	−55.40	0.86
小盘股，3/6个月趋势>中位值，按市净率前50	17.92	18.75	6.53	14 890 544	0.69	7.63	15.01	−56.80	0.85
"所有股票"投资组合，价值复合三（VC3）（第1组十分位组）	17.20	17.89	6.54	11 390 104	0.68	7.64	13.35	−58.04	0.85

策略								
"所有股票"投资组合，前3等分中市净率，3/6个月趋势>中位值，按12个月趋势前50	17.38	18.29	6.50	12 174 722	0.68	7.84	14.52	-55.95	0.87
"所有股票"投资组合，股本收益率（第1组十分位组）	15.43	15.43	6.75	5 792 778	0.68	7.67	11.90	-54.70	0.74
"所有股票"投资组合，3/6个月趋势>中位值，按市净率前50	17.52	18.53	6.47	12 808 436	0.68	7.29	14.79	-57.03	0.89
小盘股，前3等分中市净率，3/6个月趋势>0，按12个月趋势前25	18.33	19.79	6.38	17 383 935	0.67	8.84	15.48	-59.65	0.87
小盘股，前3等分中市净率，3/6个月趋势>中位值，按12个月趋势前25	18.34	19.87	6.36	17 440 767	0.67	8.86	15.79	-59.85	0.87
小盘股，市净率和回购收益率及3个月趋势>中位值，按6个月趋势前50	17.24	18.54	6.38	11 531 126	0.66	7.19	14.72	-56.03	0.84
小盘股，3/6个月趋势>中位值，按市净率前25	18.00	19.84	6.27	15 378 402	0.66	8.48	15.58	-59.60	0.88
小盘股，股本收益率（第1组十分位组）	15.45	15.96	6.57	5 834 309	0.65	8.20	12.42	-55.73	0.72
"所有股票"投资组合，价值复合一（VC1）	16.98	18.32	6.35	10 468 074	0.65	7.62	13.56	-57.78	0.87
小盘股，市净率和股东收益率，3/6个月趋势>中位值，按6个月趋势前50	17.74	19.54	6.27	13 953 383	0.65	8.52	15.33	-59.20	0.92
小盘股，3/6个月趋势>中位值，按12个月趋势前25	16.68	17.96	6.36	9 325 854	0.65	7.49	13.97	-55.06	0.81
"所有股票"，收益/股价比率（第1组十分位组）	17.93	19.93	6.23	14 973 336	0.64	8.57	15.68	-60.95	0.94
"大盘股"投资组合，3/6个月趋势>中位值，按股东收益率前25	16.35	17.69	6.33	8 235 994	0.64	6.74	13.62	-55.92	0.86
	17.53	19.58	6.18	12 875 519	0.64	7.56	14.34	-56.31	0.88
	14.85	15.40	6.54	4 632 919	0.64	6.79	11.84	-49.12	0.84
"所有股票"投资组合，EBITDA/企业价值（第1组十分位组）	16.46	17.95	6.29	8 570 603	0.64	6.33	13.17	-54.29	0.88

(续)

战略	几何平均值(%)	标准偏差(%)	T统计量	10 000美元最终值(美元)	夏普误差	跟踪误差	跌势风险(%)	最大跌幅(%)	贝塔值
小盘股，市净率和回购收益率>中位值6个月趋势前50	17.05	18.91	6.22	10 728 796	0.64	7.19	14.91	-56.68	0.86
"所有股票"投资组合，市净率和回购收益率及3个月趋势>中位值，按6个月趋势前50	16.76	18.58	6.22	9 622 609	0.63	6.62	14.32	-56.58	0.91
小盘股，市净率和回购股东收益率>中位值，按6个月趋势前50	17.26	19.40	6.16	11 646 050	0.63	7.72	14.98	-59.63	0.87
"大盘股"投资组合，股本收益率（第1组十分位组）	14.48	15.08	6.51	4 021 172	0.63	7.17	11.08	-52.66	0.81
微型股，市销率<1，3/6个月趋势>0，按12个月趋势前10	22.29	27.57	5.82	74 952 894	0.63	15.14	18.65	-57.64	1.13
"所有股票"投资组合，3/6个月趋势>中位值，按市净率前25	17.31	19.66	6.11	11 864 813	0.63	8.34	15.30	-60.50	0.93
小盘股，市净率和回购收益率及3个月趋势>中位值，按6个月趋势前25	17.47	20.09	6.06	12 575 407	0.62	7.75	15.78	-59.70	0.91
"大盘股"投资组合，市净率和回购股东收益率>中位值6个月趋势前25	16.80	19.04	6.11	9 754 288	0.62	7.31	14.56	-59.75	0.92
"所有股票"投资组合，回购收益率（第1组十分位组）	15.74	17.39	6.22	6 521 542	0.62	5.82	13.17	-53.28	0.86
小盘股，市净率和回购收益率>中位值6个月趋势前50	16.66	18.91	6.10	9 264 340	0.62	6.66	14.46	-57.24	0.92
小盘股，净现金流与企业价值（第1组十分位组）	17.54	20.60	5.95	12 912 118	0.61	6.67	14.82	-59.25	0.95
小盘股，市净率和回购收益率>中位值6个月趋势前25	17.42	20.49	5.95	12 337 258	0.61	7.83	15.96	-61.12	0.92
小盘股，销售额与企业价值比率（第1组十分位组）	17.13	20.02	5.97	11 091 047	0.61	7.00	14.65	-64.82	0.91
"所有股票"投资组合增长	20.23	25.16	5.76	35 282 794		12.00	18.09	-59.68	1.16

策略									
"大盘股"投资组合，回购收益率（第1组十分位组）	14.91	16.40	6.23	4 738 299	0.60	5.68	12.03	-51.56	0.92
小盘股，净营运现金流与股价比率（第1组十分位组）	17.39	20.53	5.92	12 234 992	0.60	7.99	15.51	-65.23	0.92
"龙头股"，VC2前2等分，按6个月趋势前25	15.34	17.17	6.14	5 585 470	0.60	6.03	11.92	-52.74	0.98
"所有股票"投资组合，市净率和回购收益率及3个月趋势>中位值，按6个月趋势前25	17.06	20.05	5.95	10 767 673	0.60	7.67	15.37	-61.21	0.96
小盘股，股息/股价（第1组十分位组）	13.83	14.83	6.34	3 118 403	0.60	11.50	11.66	-62.48	0.60
"所有股票"投资组合，市净率和回购收益率（第1组十分位组）	16.11	18.70	5.98	7 500 626	0.59	7.53	13.69	-59.13	0.89
"所有股票"投资组合，市净率和6个月趋势复合，按股东收益率前25	17.08	20.38	5.88	10 877 510	0.59	7.81	15.49	-61.21	0.98
小盘股，市销率<1, 3/6个月趋势>中位值，按12个月趋势前50	18.80	23.29	5.75	20 778 182	0.59	9.96	17.00	-56.62	1.02
"龙头股"，3/6个月趋势>中位值，按股东收益率前50	14.65	16.32	6.16	4 289 473	0.59	5.09	11.94	-56.33	0.95
基础价值，改进后的50只股票	14.55	16.19	6.16	4 133 217	0.59	5.11	11.78	-56.01	0.94
"大盘股"投资组合，净营运现金流与股价比率（第1组十分位组）	16.00	18.70	5.94	7 206 112	0.59	7.75	14.13	-60.87	0.89
"所有股票"投资组合，市净率和6个月趋势>中位值，按股东收益率前25	13.72	14.84	6.30	2 990 404	0.59	7.53	11.21	-52.63	0.79
"大盘股"投资组合，财务强度复合（第1组十分位组）	15.01	17.05	6.07	4 923 801	0.59	4.25	12.74	-50.82	0.87
"所有股票"投资组合，3/6个月趋势>中位值，按股东收益率前10组十分位组	15.02	17.11	6.05	4 954 349	0.58	6.45	12.74	-57.92	0.97
基础价值，改进后的25只股票	14.94	17.00	6.05	4 789 019	0.58	6.52	12.58	-57.57	0.96
"龙头股"，VC2前2等分，按6个月趋势前25	15.00	17.16	6.03	4 912 365	0.58	5.27	11.92	-53.43	1.00
小盘股，回购收益率（第1组十分位组）	15.55	18.17	5.94	6 074 251	0.58	6.33	13.90	-54.20	0.84

(续)

战略	几何平均值(%)	标准偏差(%)	T统计量	10 000美元最终值(美元)	夏普误差	跟踪误差	跌势风险(%)	最大跌幅(%)	贝塔值
"龙头股",股本收益率(第1组十分位组)(%)	14.72	16.77	6.04	4 403 707	0.58	6.38	12.43	-56.44	0.95
"大盘股"投资组合,市净率和6个月趋势>中位值,按回购收益率前25	14.56	16.52	6.06	4 140 567	0.58	6.42	12.45	-53.90	0.91
"龙头股",VC2>中位值,按股东收益率前25	14.97	17.25	5.99	4 847 391	0.58	6.60	12.80	-58.21	0.97
"龙头股",VC2>中位值,按股东收益率前50	14.54	16.51	6.06	4 101 645	0.58	5.23	12.12	-57.42	0.96
"大盘股"投资组合,3/6个月趋势>中位值,按股东收益率前50	13.56	14.90	6.21	2 804 780	0.57	5.91	11.29	-48.95	0.83
"所有股票"投资组合,净现金流与企业价值比率(第1组十分位组)	15.90	19.29	5.78	6 927 643	0.57	6.00	14.27	-56.81	0.95
微型股,市销率<1,按12个月势前50	20.33	27.14	5.47	36 615 298	0.56	15.45	17.87	-59.22	1.09
小盘股,净现金流与股价比率(第1组十分位组)	16.77	20.92	5.67	9 674 166	0.56	7.61	15.32	-63.76	0.95
"所有股票"投资组合,股息收益率(第1组十分位组)	13.12	14.44	6.19	2 360 400	0.56	11.38	10.78	-61.17	0.61
"龙头股",回购收益率(第1组十分位组)	14.28	16.52	5.97	3 721 523	0.56	5.24	11.92	-53.60	0.96
"大盘股",3/6个月趋势>中位值,VC2前25	14.20	16.47	5.95	3 607 389	0.56	8.69	11.66	-62.69	0.85
"龙头股"投资组合,价值复合二(第1组十分位组)	14.23	16.52	5.95	3 639 417	0.56	5.22	12.04	-51.56	0.96
"大盘股"投资组合,3/6个月趋势复合,收益质量复合(第1组十分位组)	15.79	19.36	5.72	6 642 587	0.56	4.18	14.09	-54.83	0.98
"大盘股",3/6个月趋势>中位值,按市净率前25	13.97	16.11	5.98	3 291 236	0.56	6.72	12.02	-51.72	0.88

第28章 战略排名

策略									
"大盘股"投资组合，股东收益率和6个月趋势>中位值，价值复合(第1组十分位组)	13.70	15.69	6.00	2 962 965	0.55	7.77	11.11	−53.62	0.83
"大盘股"投资组合，按市净率前25	14.17	16.57	5.91	3 555 826	0.55	8.16	11.87	−60.55	0.87
"大盘股"投资组合，市净率和6个月趋势>中位值，按股东收益率50	13.24	14.94	6.07	2 474 341	0.55	6.73	11.03	−51.38	0.82
"所有股票"投资组合，销售额与企业价值比率(第1组十分位组)	15.44	18.96	5.71	5 805 576	0.55	6.58	14.04	−62.29	0.93
"大盘股"投资组合，市净率和6个月趋势>中位值，净现金流与股价比率(第1组十分位组)	14.21	16.73	5.88	3 613 341	0.55	6.14	12.43	−55.14	0.93
"所有股票"投资组合，按6个月趋势前50	15.31	18.99	5.66	5 539 519	0.54	7.32	14.20	−61.66	0.91
小盘股，市净率3/6个月趋势>中位值，按12个月趋势前50	15.62	19.60	5.63	6 226 529	0.54	7.70	15.16	−61.91	0.88
"大盘股"投资组合，回购收益率>中位值，按股息收益率50	12.68	14.43	6.02	1 990 472	0.53	9.40	9.88	−55.30	0.71
"大盘股"投资组合，市净率和回购收益率及3个月趋势>中位值，按6个月趋势前25	13.85	16.62	5.78	3 143 237	0.53	6.19	12.45	−53.96	0.92
"大盘股"投资组合，市净率和回购收益率>中位值，按股东收益率50	13.53	16.03	5.84	2 777 684	0.53	6.51	11.91	−53.48	0.88
"大盘股"投资组合，市净率和回购收益率及3个月趋势>中位值，按6个月趋势前50	13.54	16.05	5.83	2 786 966	0.53	6.04	11.85	−52.16	0.89
"大盘股"投资组合，EBITDA/企业价值(第1组十分位组)	14.05	17.01	5.74	3 397 255	0.53	8.34	11.45	−52.85	0.89
"大盘股"投资组合，价值复合三(第1组十分位组)	13.50	15.99	5.84	2 747 543	0.53	5.91	11.73	−52.86	0.89
"龙头股"，按回购收益率50(高)	14.84	18.52	5.62	4 616 793	0.53	7.10	13.29	−62.16	1.05
"大盘股"投资组合，市净率和6个月趋势>中位值，中位值，按回购收益率50	13.41	15.86	5.84	2 643 957	0.53	5.79	11.87	−51.52	0.89

(续)

战略	几何平均值 (%)	标准偏差 (%)	T统计量	10 000美元最终值（美元）	夏普误差	跟踪误差	跌势风险 (%)	最大跌幅 (%)	贝塔值
"大盘股"投资组合，市净率和股东收益率>中位值，按6个月趋势前50	12.99	15.32	5.85	2 241 830	0.52	6.48	11.12	−51.37	0.84
"龙头股"，价值复合三（第1组十分位组）（高）	14.49	18.29	5.57	4 028 546	0.52	6.90	13.18	−60.13	1.03
"大盘股"投资组合，净营运现金流与股价比率（第1组十分位组）	13.51	16.45	5.71	2 758 118	0.52	8.12	11.75	−62.15	0.87
"龙头股"，EBITDA/企业价值（第1组十分位组）	14.39	18.15	5.56	3 884 224	0.52	7.53	11.91	−52.21	1.01
"大盘股"投资组合，股东收益率和6个月趋势>中位值，按市净率前50	12.85	15.20	5.84	2 130 142	0.52	6.80	11.05	−51.78	0.83
"大盘股"投资组合，回购收益率>中位值，按股息收益率前25	12.60	14.83	5.85	1 929 366	0.51	10.99	10.23	−57.02	0.68
"龙头股"，3/6个月趋势>中位值，VC2前50	13.23	16.11	5.70	2 469 214	0.51	4.25	11.75	−51.88	0.95
小盘股，市净率和3/6个月趋势>中位值，价值复合一（第1组十分位组）	15.76	21.47	5.30	6 562 828	0.50	8.68	16.41	−65.51	0.95
"大盘股"投资组合，股东收益率及3/6个月趋势>中位值，按12个月趋势前25	13.86	17.74	5.50	3 159 235	0.50	6.93	13.20	−57.49	0.98
"大盘股"投资组合，价值复合一（第1组十分位组）（高）	13.43	16.90	5.56	2 673 161	0.50	8.28	11.99	−61.86	0.89
"大盘股"投资组合，股东收益率及3/6个月趋势>中位值，按12个月趋势前50	14.27	18.69	5.41	3 705 032	0.50	6.75	13.35	−60.56	1.07
基础价值，股息收益率前25	12.95	16.09	5.61	2 208 672	0.49	5.57	11.69	−52.55	0.91
"龙头股"，NOA变化（第10组十分位组）(%)	13.49	17.22	5.49	2 731 351	0.49	7.91	12.25	−65.01	0.94
	13.17	16.62	5.54	2 411 698	0.49	5.24	12.18	−52.95	0.96

策略									
"龙头股",市销率<平均值,按12个月趋势前25	13.35	17.01	5.50	2 586 657	0.49	6.12	11.58	-48.31	0.97
"大盘股"投资组合,收益/股价(第1组十分位组)	13.52	17.37	5.47	2 762 152	0.49	8.35	12.15	-65.62	0.91
"大盘股"投资组合,3/6个月趋势>中位值,按市净率前50	12.67	15.78	5.59	1 980 131	0.49	5.89	11.95	-53.26	0.88
"所有股票"投资组合,市净率和3/6个月趋势>中位值,按12个月趋势前50	14.69	19.99	5.27	4 359 495	0.48	7.64	15.33	-64.48	0.96
"龙头股",总资产与总收益(第10组十分位组)	13.54	17.66	5.40	2 783 394	0.48	6.89	12.46	-56.44	0.99
"大盘股"投资组合,收益质量复合(第10组十分位组)	12.76	16.14	5.52	2 054 668	0.48	6.43	10.98	-49.00	0.89
"所有股票"投资组合,股东收益率及3/6个月趋势>中位值,按12个月趋势前50	15.08	20.97	5.20	5 057 750	0.48	8.28	15.99	-61.15	1.00
"龙头股",股息收益率(%)	13.13	16.96	5.43	2 371 523	0.48	7.59	12.07	-64.59	0.93
"大盘股"投资组合,净现金流与企业价值比率(第1组十分位组)	13.20	17.23	5.39	2 436 321	0.48	6.94	12.36	-59.42	0.94
"大盘股"投资组合,利息与股价比率(第10组十分位组)	12.61	16.08	5.48	1 935 038	0.47	7.47	11.20	-53.48	0.86
"龙头股",净现金流与企业价值(第1组十分位组)	13.75	18.60	5.26	3 026 571	0.47	7.15	13.09	-62.79	1.05
小盘股,股东收益率及3/6个月趋势>中位值,按12个月趋势前50	14.95	21.24	5.11	4 809 289	0.47	7.83	16.12	-58.10	0.96
"龙头股",市销率<平均值,按12个月趋势前50	12.79	16.68	5.39	2 078 710	0.47	4.27	11.86	-52.04	0.99
"龙头股",销售额与企业价值比率(第1组十分位组)	13.04	17.27	5.33	2 288 339	0.47	6.08	12.05	-51.07	0.99
"龙头股",净营运现金流与股价比率(第1组十分位组)	13.72	18.76	5.21	2 983 711	0.46	7.09	12.99	-64.38	1.06

(续)

战略	几何平均值（%）	标准偏差（%）	T 统计量	10 000 美元最终值（美元）	夏普误差	跟踪误差	跌势风险（%）	最大跌幅（%）	贝塔值
"龙头股"，收益 6 个月（第 1 组十分位组）	13.41	18.27	5.23	2 652 260	0.46	8.67	12.99	-58.00	0.98
"所有股票"投资组合，市净率和 3/6 个月趋势＞中位值，按 12 个月趋势前 25	15.05	22.01	5.02	5 010 429	0.46	9.15	16.69	-68.16	1.04
"龙头股"，收益/股价（第 1 组十分位组）	13.67	19.07	5.13	2 925 600	0.45	7.25	13.12	-62.69	1.08
"大盘股"投资组合，销售额与企业价值比率（第 1 组十分位组）	12.49	16.68	5.28	1 847 483	0.45	6.98	11.98	-52.75	0.91
"大盘股"投资组合，股息收益率（第 1 组十分位组）	11.42	14.33	5.52	1 209 519	0.45	11.38	9.78	-58.55	0.64
"大盘股"投资组合，回购收益率和 3 个月趋势＞中位值，按 12 个月趋势前 50	12.87	17.61	5.20	2 145 512	0.45	6.29	12.75	-54.15	0.98
"所有股票"投资组合，利息与股价比率（第 10 组十分位组）	14.10	20.40	5.01	3 464 914	0.45	6.84	15.03	-63.33	1.00
"龙头股"，利息与股价比率（第 1 组十分位组）	13.17	18.38	5.12	2 412 200	0.44	7.28	12.73	-54.81	1.03
小盘股，销售额与股价比率（第 1 组十分位组）	14.84	22.46	4.88	4 618 693	0.44	8.79	16.13	-70.68	1.00
"大盘股"投资组合，回购收益率及 3 个月趋势＞中位值，按 12 个月趋势前 25	13.45	19.45	5.00	2 691 570	0.43	8.42	14.25	-59.35	1.05
"大盘股"投资组合，账面价值与股价比率（第 1 组十分位组）	14.13	21.04	4.91	3 499 602	0.43	8.08	15.35	-69.20	1.01
"大盘股"投资组合，市净率和 3/6 个月趋势＞中位值，按 12 个月趋势前 50	14.06	20.94	4.91	3 405 339	0.43	7.78	15.40	-65.98	1.01
"所有股票"投资组合，账面价值与股价比率（第 1 组十分位组）	12.10	16.50	5.19	1 584 677	0.43	5.93	12.67	-55.90	0.92
"大盘股"投资组合，账面价值与股价比率（第 1 组十分位组）	12.93	18.43	5.03	2 190 230	0.42	8.42	13.15	-67.47	0.98
小盘股，营运利润率（第 1 组十分位组）	11.81	16.07	5.19	1 409 381	0.42	8.78	12.59	-53.55	0.71

第 28 章 战略排名

策略									
"龙头股",净利润率(第1组十分位组)	11.63	15.77	5.19	1 310 481	0.42	6.33	10.23	-46.73	0.89
小盘股,账面价值与股价比率,(第1组十分位组)	14.26	22.11	4.77	3 686 837	0.42	8.49	16.13	-69.88	0.99
"大盘股"投资组合,净现金流与股价比率(第1组十分位组)	12.11	17.00	5.07	1 589 264	0.42	8.00	12.15	-63.99	0.90
"龙头股",债务变化(第10组十分位组)(%)	12.17	17.29	5.02	1 628 137	0.41	4.69	11.68	-48.85	1.02
小盘股,利息与股价比率(第10组十分位组)	14.47	22.86	4.72	3 992 730	0.41	7.93	16.12	-66.72	1.04
小盘股,资产周转率(第1组十分位组)	13.70	21.31	4.75	2 962 382	0.41	5.93	14.98	-64.74	0.99
"所有股票"投资组合,股东收益率及3/6个月趋势>中位值,按12个月趋势前25	14.50	23.28	4.68	4 045 574	0.41	10.48	17.37	-64.56	1.08
小盘股,现现金流与债务比率(第1组十分位组)	13.36	20.72	4.74	2 595 632	0.40	5.50	14.25	-54.47	0.97
"龙头股",资产收益率(第1组十分位组)	11.77	16.81	4.99	1 388 512	0.40	7.83	11.07	-48.00	0.91
"大盘股"投资组合,财务强度复合(第10组十分位组)	11.37	15.96	5.05	1 184 863	0.40	5.41	11.84	-50.03	0.90
"龙头股",收益12个月(第1组十分位组)	12.71	19.38	4.78	2 015 059	0.40	10.42	13.86	-60.88	1.00
"大盘股"投资组合,60个月趋势(第10组十分位组)	12.66	19.36	4.77	1 972 949	0.40	8.55	13.16	-65.10	1.04
"龙头股",净现金流与股价比率(第1组十分位组)	12.68	19.44	4.76	1 990 354	0.40	7.79	13.81	-65.82	1.09
小盘股,股东收益率及3/6个月趋势>中位值,按12个月趋势前25	14.30	23.54	4.60	3 745 468	0.40	9.92	17.71	-63.04	1.04
"大盘股"投资组合,市净率和3/6个月趋势>中位值,按12个月趋势前25	12.02	17.80	4.87	1 534 382	0.39	6.98	13.72	-59.99	0.98
"大盘股"投资组合,市净率>中位值,按股息收益率前50	10.78	14.73	5.13	935 732	0.39	12.26	9.93	-62.19	0.62
"龙头股",资产周转率(第1组十分位组)	11.60	16.84	4.92	1 297 271	0.39	7.00	11.35	-49.88	0.94
"龙头股",销售额与股价比率(第1组十分位组)	12.28	18.76	4.76	1 696 417	0.39	6.96	13.60	-58.12	1.07

(续)

战略	几何平均值（%）	标准偏差（%）	T统计量	10 000美元最终值（美元）	夏普误差	跟踪误差	跌势风险（%）	最大跌幅（%）	贝塔值
"所有股票"投资组合，资产周转率（第1组十分位组）	12.78	20.14	4.68	2 071 598	0.39	6.01	14.37	−62.08	1.00
"龙头股"，营运利润率（第1组十分位组）	11.52	16.92	4.87	1 256 293	0.39	6.91	11.37	−57.34	0.95
小盘股，回购收益率和3个月趋势>中位值，按12个月趋势前50	14.28	24.14	4.52	3 722 115	0.38	9.42	17.71	−58.74	1.08
"龙头股"投资组合	11.27	16.37	4.91	1 139 999	0.38		11.72	−54.03	
"所有股票"投资组合，60个月趋势（第10组十分位组）	13.88	23.28	4.51	3 184 331	0.38	8.91	15.95	−68.91	1.12
"大盘股"投资组合，6个月趋势（第1组十分位组）	13.53	22.36	4.55	2 777 019	0.38	10.95	16.05	−59.80	1.18
小盘股，净利润率（第1组十分位组）	11.70	17.63	4.79	1 349 305	0.38	7.06	13.28	−52.87	0.81
"大盘股"投资组合，市净率>中位值，按股息收益率前25	10.87	15.95	4.85	968 948	0.37	13.02	10.95	−67.55	0.65
小盘股，60个月趋势（第10组十分位组）	14.12	24.83	4.39	3 496 345	0.37	9.51	16.70	−69.84	1.12
小盘股，资产收益率（第1组十分位组）	13.10	22.08	4.48	2 342 965	0.37	5.79	15.17	−61.96	1.03
"大盘股"投资组合，6个月趋势（第1组十分位组）	14.24	25.21	4.38	3 657 041	0.37	10.94	17.70	−62.44	1.20
"所有股票"投资组合，回购收益率和3个月趋势>中位值，按12个月趋势前50	13.83	24.15	4.41	3 123 598	0.37	10.44	17.60	−63.62	1.14
"大盘股"投资组合，NOA变化（第10组十分位组）（%）	11.30	17.23	4.74	1 150 579	0.37	5.62	12.79	−58.76	0.97
"龙头股"，按价格现金流前10	12.89	21.74	4.46	2 161 684	0.36	11.17	15.05	−75.55	1.15
"大盘股"投资组合，总资产与总收益（第10组十分位组）	11.69	18.44	4.63	1 343 540	0.36	7.11	13.59	−69.58	1.02
"龙头股"，账面价值/股价（第1组十分位组）	12.21	19.95	4.53	1 651 897	0.36	8.20	13.74	−67.38	1.12
"所有股票"投资组合，营运利润率（第1组十分位组）	10.79	16.23	4.77	939 035	0.36	8.00	12.27	−55.56	0.77

策略									
小盘股, 6个月趋势 (第1组十分位组)	14.38	26.32	4.30	3 857 815	0.36	11.03	18.35	-63.10	1.17
"大盘股" 投资组合, 销售额与股价比率 (第1组十分位组)	11.25	17.64	4.63	1 128 228	0.35	8.12	12.95	-59.89	0.94
小盘股, 股本收益率 (第1组十分位组)	13.08	22.87	4.37	2 326 883	0.35	6.51	16.30	-65.72	1.07
"龙头股", 股本收益率 (第1组十分位组)	10.95	16.86	4.68	1 000 818	0.35	6.79	11.32	-51.13	0.94
"所有股票" 投资组合, 总资产与总收益 (第10组十分位组)	12.81	22.21	4.39	2 093 156	0.35	6.24	16.30	-69.09	1.11
"龙头股", 现金流与债务比率 (第1组十分位组)	11.04	17.20	4.64	1 037 698	0.35	7.95	11.31	-50.49	0.93
"大盘股" 投资组合, 资产周转率 (第1组十分位组)	10.80	16.79	4.65	943 969	0.35	6.91	11.53	-54.64	0.92
"龙头股", 折旧费用/资本费用 (第1组十分位组)	11.21	17.99	4.55	1 112 344	0.35	6.07	12.16	-57.97	1.03
小盘股, 每股收益变化 (%)	12.86	23.35	4.26	2 132 696	0.34	6.88	16.63	-64.25	1.09
"所有股票" 投资组合, 股本收益率 (第1组十分位组)	12.02	21.00	4.33	1 534 842	0.33	6.32	15.04	-63.88	1.04
小盘股, 3/6个月趋势>0, 股本收益率>平均值, 12个月趋势最佳的50只股票	14.66	29.34	4.11	4 306 193	0.33	15.31	20.99	-74.82	1.24
"龙头股", 回购收益率和3个月趋势>中位值, 按12个月趋势前25	13.67	26.48	4.14	2 935 937	0.33	12.09	19.40	-63.25	1.15
"所有股票" 投资组合, 资产收益率 (第1组十分位组)	11.73	20.84	4.26	1 368 925	0.32	6.09	14.34	-58.45	1.04
小盘股, 折旧费用/资本费用 (第1组十分位组) (%)	11.65	20.97	4.22	1 321 767	0.32	6.36	14.32	-54.66	1.04
"所有股票" 投资组合	11.01	19.26	4.28	1 025 389	0.31		13.94	-55.54	
"龙头股", 折旧费用/资本费用 (第10组十分位组)	10.68	18.29	4.32	897 158	0.31	6.43	12.73	-55.30	1.05
小盘股	11.36	20.60	4.19	1 180 447	0.31		14.87	-58.48	
小盘股, 总资产与总收益 (第10组十分位组)	12.65	24.78	4.05	1 968 047	0.31	8.55	17.54	-70.06	1.14

(续)

战略	几何平均值（%）	标准偏差（%）	T统计计量	10 000美元最终值（美元）	夏普误差	跟踪误差	跌势风险（%）	最大跌幅（%）	贝塔值
"龙头股"，利息与股价比率（第1组十分位组）	10.09	16.55	4.45	710 389	0.31	5.80	12.40	-51.92	0.95
"所有股票"投资组合，折旧费用/资本费用（第1组十分位组）	11.81	22.18	4.12	1 408 775	0.31	6.10	15.80	-65.18	1.11
"所有股票"投资组合，NOA变化（第10组十分位组）（%）	11.83	22.26	4.11	1 420 568	0.31	6.60	15.96	-68.42	1.11
"所有股票"投资组合，净利润率（第1组十分位组）	10.26	17.31	4.36	758 759	0.30	6.52	12.92	-53.32	0.85
"所有股票"投资组合，回购收益率和3个月趋势 > 中位值，按12个月趋势前25	13.05	26.62	3.99	2 299 944	0.30	13.18	19.36	-66.50	1.22
"大盘股"投资组合	10.06	16.75	4.39	701 190	0.30		11.90	-53.77	1.03
"大盘股"投资组合，债务变化（第10组十分位组）（%）	10.35	17.94	4.27	787 144	0.30	4.94	13.03	-55.95	1.21
"大盘股"投资组合，12个月趋势（第1组十分位组）	11.93	23.52	4.00	1 478 974	0.29	12.38	17.38	-64.85	0.88
标准普尔500指数	9.33	15.31	4.41	522 661	0.28	4.69	10.81	-50.95	1.07
"龙头股"，股本收益率（第10组十分位组）	10.34	18.95	4.11	785 448	0.28	7.48	13.15	-61.32	1.03
"龙头股"，净现金流与企业价值比率（第10组十分位组）	10.07	18.10	4.15	703 094	0.28	6.41	13.05	-60.38	1.10
小盘股，折旧费用/资本费用（第1组十分位组）	11.69	24.23	3.87	1 346 569	0.28	8.72	16.91	-69.57	1.22
"龙头股"投资组合，12个月趋势（第1组十分位组）	12.14	25.86	3.84	1 604 407	0.28	11.65	18.53	-66.29	0.90
"龙头股"，账面价值/股价（第10组十分位组）	9.66	17.15	4.17	595 992	0.27	8.78	11.67	-51.30	1.17
"所有股票"投资组合，增长复合（第1组十分位组）	11.34	23.41	3.86	1 170 338	0.27	7.30	16.14	-60.70	

组合								
"龙头股",净现金流与股价比率(第10组十分位组)	9.75	17.90	4.08	618 816	0.27	6.31	12.61	−59.72	1.02
小盘股,12个月趋势(第1组十分位组)	12.14	26.95	3.76	1 608 082	0.27	11.67	19.16	−67.06	1.20
"龙头股",每股收益变化(第1组十分位组)(%)	9.74	18.26	4.02	616 058	0.26	6.36	12.65	−53.81	1.05
"龙头股",净利润率(第10组十分位组)	9.79	18.53	3.99	629 687	0.26	6.57	13.39	−59.32	1.06
"龙头股",资产周转率(第10组十分位组)	10.35	20.82	3.86	787 022	0.26	10.60	14.90	−78.30	1.10
"龙头股",债务变化(第1组十分位组)(%)	9.40	17.27	4.06	536 458	0.25	4.17	12.20	−54.87	1.02
小盘股,债务变化(第1组十分位组)(%)	11.03	23.89	3.73	1 034 729	0.25	7.52	16.54	−67.10	1.11
"大盘股"投资组合,折旧费用/资本费用(第1组十分位组)	9.61	18.28	3.97	584 481	0.25	5.83	13.06	−57.70	1.03
"大盘股"投资组合,股本收益率(第10组十分位组)	9.44	17.73	3.99	545 642	0.25	6.88	12.03	−58.46	0.98
"所有股票"投资组合,债务变化(%)(第1组十分位组)	10.56	22.46	3.75	856 482	0.25	6.45	15.85	−66.25	1.12
"龙头股",现金流与债务比率(第10组十分位组)(%)	9.98	20.29	3.82	679 046	0.25	7.52	14.37	−74.30	1.16
"龙头股"投资组合,资产收益率(第1组十分位组)	9.55	18.65	3.89	569 255	0.24	7.62	12.83	−55.83	1.02
"龙头股",资产收益率(第10组十分位组)	10.06	21.02	3.76	701 293	0.24	8.75	15.12	−73.38	1.18
"龙头股",营运利润率(第10组十分位组)	9.31	18.06	3.90	518 265	0.24	6.81	12.25	−54.95	1.02
"大盘股"投资组合,营运利润率(第1组十分位组)	9.04	16.97	3.98	463 704	0.24	8.24	11.87	−59.83	0.89
"所有股票"投资组合,资产周转率(第10组十分位组)	9.07	17.44	3.92	469 694	0.23	8.89	13.24	−63.29	0.80
小盘股,NOA变化(第10组十分位组)(%)	10.83	25.57	3.54	953 378	0.23	10.03	17.67	−75.46	1.15
"大盘股"投资组合,增长复合(第1组十分位组)	9.41	19.70	3.72	538 900	0.22	7.25	13.65	−57.48	1.10
"大盘股"投资组合,每股收益变化(第1组十分位组)(%)	8.96	19.08	3.65	449 587	0.21	6.82	13.08	−53.41	1.07

(续)

战略	几何平均值（%）	标准偏差（%）	T统计量	10 000美元最终值（美元）	夏普误差	跟踪误差	跌势风险（%）	最大跌幅（%）	贝塔值
"龙头股"，价值复合一（第10组十分位组）（低）	8.64	17.55	3.74	394 035	0.21	9.28	12.06	−57.66	0.91
"大盘股"投资组合，净利润率（第1组十分位组）	8.48	16.86	3.79	369 526	0.21	7.35	11.93	−52.15	0.91
"龙头股"，销售额与股价比率（第10组十分位组）	8.57	17.39	3.74	382 709	0.21	9.02	12.04	−58.92	0.91
"龙头股"，NOA变化（第1组十分位组）（%）	8.58	17.67	3.71	384 987	0.20	5.85	12.51	−53.01	1.02
"龙头股"，EBITDA/企业价值（第10组十分位组）	8.90	19.44	3.58	438 867	0.20	8.62	13.33	−65.29	1.07
"龙头股"，每股收益变化（第10组十分位组）	8.83	19.25	3.58	426 637	0.20	6.78	13.42	−64.96	1.11
"龙头股"，销售额与企业价值比率（第10组十分位组）	8.53	17.97	3.65	376 257	0.20	7.84	12.53	−64.70	0.99
"龙头股"，收益/股价（第10组十分位组）	8.74	19.18	3.56	410 691	0.20	8.21	13.80	−58.63	1.06
"大盘股"投资组合，利息与股价比率（第1组十分位组）	8.41	17.75	3.64	358 169	0.19	5.91	13.11	−54.83	1.00
"大盘股"投资组合，现金流与债务比率（第10组十分位组）（%）	8.74	20.00	3.47	410 961	0.19	8.78	14.33	−71.34	1.08
"大盘股"投资组合，净现金流与企业价值（第10组十分位组）	8.09	18.19	3.48	315 221	0.17	6.20	13.34	−63.96	1.02
"大盘股"投资组合，资产周转率（第1组十分位组）	8.34	19.71	3.38	348 952	0.17	10.61	14.00	−75.82	0.99
"大盘股"投资组合，增长复合（第10组十分位组）	7.96	17.87	3.47	298 449	0.17	6.10	12.65	−63.64	1.00
"所有股票"投资组合，利息与股价比率（第1组十分位组）	8.60	21.76	3.27	387 604	0.17	4.96	15.55	−60.25	1.11
"大盘股"投资组合，账面价值与股价比率（第10组十分位组）	8.64	22.02	3.26	394 329	0.17	10.68	15.65	−70.70	1.16

策略								
"龙头股"，收益12个月（第10组十分位组）	8.52	21.39	3.26	375 727	0.16	9.05	14.16	-65.66	1.20
"龙头股"，收益6个月（第10组十分位组）	8.30	20.52	3.28	342 672	0.16	7.54	13.90	-65.20	1.18
小盘股，资产周转率（第10组十分位组）	7.83	17.68	3.44	282 317	0.16	8.57	13.11	-62.16	0.78
"龙头股"，净营运现金流与股价比率（第10组十分位组）（低）	7.80	17.54	3.45	279 628	0.16	8.41	12.89	-59.89	0.94
"龙头股"，VC2（第10组十分位组）	7.85	18.03	3.40	284 927	0.16	9.13	12.77	-60.68	0.95
小盘股，利息与股价比率（第1组十分位组）	8.64	23.17	3.17	393 912	0.16	6.08	16.04	-64.22	1.09
小盘股，60个月趋势（第1组十分位组）	8.78	24.09	3.15	416 618	0.16	8.19	16.97	-68.08	1.11
"龙头股"，总资产与总收益（第1组十分位组）	7.82	18.06	3.39	281 123	0.16	5.78	12.75	-56.09	1.05
"大盘股"投资组合，净利润率	8.12	20.22	3.27	318 114	0.15	8.72	15.64	-82.79	1.09
"大盘股"投资组合，价值复合三（第10组十分位组）（低）	7.71	17.86	3.38	269 394	0.15	8.87	12.56	-59.42	0.95
"大盘股"投资组合，股本收益率（第10组十分位组）	7.94	19.80	3.25	296 059	0.15	8.83	14.89	-79.66	1.06
"所有股票"投资组合，净现金流与股价比率（第10组十分位组）	7.57	18.05	3.31	253 902	0.14	5.84	13.24	-63.76	1.02
"龙头股"投资组合，60个月趋势（第1组十分位组）	8.31	23.46	3.07	344 813	0.14	8.34	16.52	-64.52	1.15
"大盘股"投资组合，每股收益变化（第10组十分位组）（%）	7.44	18.83	3.18	240 673	0.13	6.87	13.39	-67.30	1.05
"大盘股"投资组合，折旧费用/资本费用（第10组十分位组）	7.41	18.93	3.16	237 466	0.13	8.28	13.70	-66.24	1.02
"所有股票"投资组合，账面价值与股价比率（第10组十分位组）	8.13	24.73	2.95	319 249	0.13	10.14	17.37	-73.67	1.19
"大盘股"投资组合，资产收益率（第10组十分位组）	7.53	21.52	2.99	250 199	0.12	9.48	15.98	-80.45	1.17
"龙头股"，股本收益率（第10组十分位组）（%）	7.25	19.26	3.07	223 014	0.12	6.48	12.93	-61.88	1.11

(续)

战略	几何平均值 (%)	标准偏差 (%)	T统计量	10 000 美元最终值（美元）	夏普误差	跟踪误差	跌势风险 (%)	最大跌幅 (%)	贝塔值
小盘股，账面价值与股价比率（第10组十分位组）(%)	8.12	26.81	2.86	318 580	0.12	10.66	18.70	-74.79	1.21
"大盘股"投资组合，60个月趋势（第1组十分位组）	7.45	24.18	2.81	242 263	0.10	11.56	17.28	-76.08	1.30
"大盘股"投资组合，债务变化（第1组十分位组）	6.83	18.61	3.00	187 287	0.10	5.60	13.29	-63.62	1.06
"龙头股"，回购收益率（第10组十分位组）(%)	6.76	18.93	2.94	181 638	0.09	5.49	12.98	-63.96	1.11
"大盘股"投资组合，财务强度复合（第1组十分位组）	6.53	17.19	3.03	164 902	0.09	4.98	12.21	-59.81	0.98
"大盘股"投资组合，营运利润率（第10组十分位组）	6.78	20.52	2.84	183 358	0.09	8.98	15.79	-85.76	1.11
"所有股票"投资组合，增长复合（第10组十分位组）	6.80	22.33	2.72	184 471	0.08	6.21	16.21	-71.86	1.12
"所有股票"投资组合，净现金流与企业价值比率（第10组十分位组）	6.84	23.07	2.70	187 800	0.08	6.88	16.53	-66.73	1.15
"大盘股"，每股收益变化（第10组十分位组）(%)	6.93	26.17	2.59	194 631	0.07	9.57	17.98	-72.16	1.20
"大盘股"投资组合，现金流与债务比率（第10组十分位组）(%)	6.41	20.05	2.75	156 826	0.07	9.13	15.32	-77.96	1.07
"大盘股"投资组合，12个月趋势（第10组十分位组）	6.51	22.24	2.64	163 990	0.07	10.54	15.59	-69.38	1.18
"大盘股"投资组合，收益/股价（第10组十分位组）	6.21	21.66	2.59	144 339	0.06	9.86	16.15	-79.88	1.16
"所有股票"投资组合，债务变化（第1组十分位组）	6.24	22.40	2.57	146 231	0.06	5.10	16.20	-69.24	1.14
小盘股，净现金流与企业价值比率（第10组十分位组）	6.39	26.05	2.46	155 550	0.05	10.27	17.80	-73.23	1.18

策略									
"所有股票"投资组合,净现金流与股价比率(第10组十分位组)	6.09	22.71	2.51	137 430	0.05	6.36	16.57	-68.80	1.14
"大盘股"投资组合,总资产与总收益比率(第1组十分位组)	5.91	19.50	2.62	127 540	0.05	6.92	13.88	-58.61	1.09
"大盘股"投资组合,净营运现金流与股价比率(第10组十分位组)	5.92	21.36	2.52	127 975	0.04	9.69	15.95	-77.33	1.15
"大盘股"投资组合,收益质量复合(第1组十分位组)	5.68	19.03	2.58	115 851	0.04	6.29	13.88	-61.33	1.07
"所有股票"投资组合,每股收益变化(第1组十分位组)	5.70	20.35	2.51	116 798	0.03	4.49	14.71	-66.06	1.03
"大盘股"投资组合,回购收益率(第10组十分位组)	5.61	19.02	2.56	112 578	0.03	5.17	13.72	-65.37	1.10
"所有股票"投资组合,股本收益率(第10组十分位组)	5.83	26.77	2.32	123 132	0.03	11.63	19.64	-89.50	1.28
"大盘股"投资组合,NOA变化(第1组十分位组)	5.56	19.86	2.50	110 113	0.03	7.68	15.13	-78.05	1.10
"所有股票"投资组合,12个月趋势(第10组十分位组)	5.60	26.03	2.27	112 186	0.02	11.08	17.95	-75.22	1.25
小盘股,净现金流与股价比率(第10组十分位组)	5.36	25.22	2.24	101 397	0.01	9.24	17.66	-72.60	1.15
"所有股票"投资组合,每股收益变化(第10组十分位组)	5.27	21.52	2.32	97 542	0.01	5.97	15.56	-67.86	1.08
"所有股票"投资组合,收益/股价(第10组十分位组)	5.31	26.92	2.20	99 120	0.01	10.86	19.18	-82.14	1.32
小盘股,债务变化(第1组十分位组)(%)	5.25	23.86	2.24	96 671	0.01	6.38	16.85	-75.29	1.12
"大盘股"投资组合,股本收益率(第10组十分位组)	5.19	19.86	2.37	94 131	0.01	5.56	14.16	-68.49	1.15
小盘股,12个月趋势(第10组十分位组)	5.20	27.41	2.15	94 641	0.01	11.34	18.74	-79.12	1.23
"大盘股"投资组合,6个月趋势(第10组十分位组)	5.13	21.92	2.26	92 064	0.01	9.50	15.36	-68.85	1.20

(续)

战略	几何平均值（%）	标准偏差（%）	T统计量	10 000美元最终值（美元）	夏普误差	跟踪误差	跌势风险（%）	最大跌幅（%）	贝塔值
"所有股票"投资组合，EBITDA/企业价值（第10组十分位组）	5.15	27.09	2.16	92 607	0.01	12.64	19.86	−89.54	1.27
小盘股，回购收益率（第10组十分位组）	5.10	23.37	2.22	90 572	0.00	4.97	16.97	−71.57	1.11
"所有股票"投资组合，净利润率（第10组十分位组）	5.02	27.68	2.12	87 544	0.00	12.89	20.52	−93.05	1.31
"所有股票"投资组合，回购收益率（第10组十分位组）	4.90	21.95	2.21	83 448	0.00	4.55	16.05	−70.91	1.12
小盘股，股本收益率（第10组十分位组）	4.88	24.17	2.14	82 837	0.00	5.60	17.29	−74.59	1.15
"所有股票"投资组合，折旧费用/资本费用（第10组十分位组）	4.85	23.18	2.15	81 598	−0.01	7.33	16.83	−71.68	1.15
小盘股，收益/股价（第10组十分位组）	4.78	29.59	2.05	79 326	−0.01	13.76	19.79	−82.67	1.31
"所有股票"投资组合，销售额与企业价值比率（第10组十分位组）	4.74	25.41	2.09	78 028	−0.01	12.11	19.83	−92.02	1.17
"所有股票"投资组合，EBITDA/企业价值（第10组十分位组）	4.73	22.86	2.13	77 572	−0.01	5.24	16.41	−72.38	1.17
"所有股票"投资组合，营运利润率（第10组十分位组）	4.71	23.89	2.11	76 893	−0.01	12.29	18.64	−89.48	1.25
"大盘股"投资组合，资产收益率（第10组十分位组）	4.58	27.66	2.02	72 755	−0.02	13.01	20.58	−93.34	1.30
"大盘股"投资组合，价值复合一（第10组十分位组）	4.57	26.50	2.03	72 529	−0.02	12.64	20.00	−91.36	1.23
"大盘股"投资组合，财务强度复合（第1组十分位组）	4.51	22.73	2.08	70 595	−0.02	12.16	17.62	−85.28	1.16
"大盘股"投资组合，价值复合三（第10组十分位组）	4.34	22.71	2.03	65 775	−0.03	6.43	16.89	−80.39	1.14
"大盘股"投资组合，价值复合三（第10组十分位组）	4.30	23.09	2.01	64 519	−0.03	12.20	17.76	−85.90	1.18

第28章 战略排名 689

策略									
"大盘股"投资组合，销售额与股价比率（第10组十分位组）	4.31	22.46	2.03	64 848	−0.03	12.01	17.93	−86.24	1.14
"大盘股"投资组合，价值复合二（第10组十分位组）	4.20	23.29	1.98	61 850	−0.03	12.42	17.91	−86.01	1.19
"所有股票"投资组合，总资产与总收益（第1组十分位组）	4.05	25.11	1.91	58 251	−0.04	8.27	17.43	−77.80	1.26
"大盘股"投资组合，销售额与企业价值比率（第10组十分位组）	4.07	22.41	1.97	58 697	−0.04	11.73	17.95	−87.97	1.15
"大盘股，总资产与总收益（第1组十分位组）	3.47	26.62	1.76	45 467	−0.06	9.13	17.98	−81.88	1.24
"所有股票"投资组合，收益质量复合（第10组十分位组）	3.50	25.15	1.77	46 045	−0.06	8.27	17.77	−73.54	1.26
小盘股，EBITDA/企业价值（第10组十分位组）	3.28	28.75	1.71	41 748	−0.06	14.21	19.71	−87.57	1.24
"所有股票"，6个月趋势（第10组十分位组）	3.36	25.74	1.72	43 236	−0.06	10.04	17.59	−77.42	1.26
"所有股票"投资组合，销售额与股价比率（第10组十分位组）	3.11	26.68	1.67	38 918	−0.07	13.37	19.84	−91.41	1.22
"所有股票"投资组合，净营运现金流与股价比率（第10组十分位组）	3.13	26.48	1.68	39 130	−0.07	10.83	18.81	−86.49	1.29
小盘股，折旧费用/资本费用（第10组十分位组）	3.27	24.38	1.71	41 564	−0.07	7.93	17.26	−72.64	1.13
小盘股，股本收益率（第10组十分位组）	2.66	30.11	1.59	32 028	−0.08	14.66	20.33	−91.45	1.32
"所有股票"投资组合，NOA变化（第1组十分位组）	3.03	25.34	1.66	37 546	−0.08	9.04	18.68	−83.42	1.26
"所有股票"投资组合，价值复合一（VC1）	2.64	28.25	1.58	31 727	−0.08	14.26	20.42	−92.81	1.30
小盘股，6个月趋势（第10组十分位组）	2.60	27.07	1.54	31 163	−0.09	10.20	18.35	−80.22	1.24
小盘股，净营运现金流与股价比率（第10组十分位组）	2.39	28.72	1.52	28 474	−0.09	13.22	19.50	−85.02	1.27
"所有股票"投资组合，价值复合二（VC2）	2.29	28.71	1.50	27 251	−0.09	14.39	20.45	−92.67	1.33

(续)

战略	几何平均值（%）	标准偏差（%）	T统计量	10 000美元终值（美元）	夏普误差	跟踪误差	跌势风险（%）	最大跌幅（%）	贝塔值
小盘股，销售额与企业价值比率（第10组十分位组）	2.52	25.98	1.52	30 166	-0.10	12.13	19.40	-91.71	1.12
小盘股，现金流与债务比率（第10组十分位组）（%）	2.16	29.59	1.47	25 817	-0.10	14.44	20.01	-87.81	1.29
"所有股票"投资组合，价值复合三（VC3）（第10组十分位组）	2.13	28.59	1.46	25 510	-0.10	14.26	20.42	-92.77	1.33
"所有股票"投资组合，现金流与债务比率（第10组十分位组）（%）	2.08	27.30	1.43	24 944	-0.11	12.49	20.25	-92.73	1.29
小盘股，NOA变化（第1组十分位组）	1.84	26.83	1.37	22 452	-0.12	9.65	19.34	-85.63	1.24
小盘股，资产收益率（第1组十分位组）	1.11	29.56	1.24	16 282	-0.13	15.07	20.29	-93.32	1.26
小盘股，营运利润率（第10组十分位组）	0.90	29.92	1.20	14 869	-0.14	15.36	20.41	-93.74	1.28
小盘股，净利润率（第10组十分位组）	0.81	30.39	1.19	14 290	-0.14	15.58	20.58	-94.14	1.30
小盘股，销售额与股价比率（第10组十分位组）	0.16	27.71	0.98	10 727	-0.17	13.99	20.00	-93.67	1.17
小盘股，价值复合一（VC1）（第10组十分位组）	-0.80	29.92	0.84	7 012	-0.19	15.39	20.75	-94.37	1.28
小盘股，价值复合二（VC2）（第10组十分位组）	-0.92	30.35	0.82	6 623	-0.20	15.42	20.90	-94.46	1.31
小盘股，价值复合三（VC3）（第10组十分位组）	-1.35	30.18	0.72	5 468	-0.21	15.25	20.89	-94.72	1.30

在现实世界中，许多投资者时刻盯着其投资组合的价值，让每天的波动左右其决策，这通常都会让决策变得更差。在我们的生活中，投资者对短期波动的害怕程度远远超过对任何理性经济模式未来将表现出的波动，因此在决定哪种战略适合你时必须将这种实际的担心害怕考虑进去。我观察过投资者对过去14年短期波动的反应，我可以告诉你，这比大盘表现更具可预见性。

按夏普比率排序

如表28-3所示，风险调整后收益最佳的所有战略都包括一个或多个价值条件。价值条件的作用就像派对上的护花使者，确保你不会被外表光鲜背后却深藏故事的股票所迷惑。它们可能不会让你在短期内尝到甜头，但在长期中它绝不会让你因股票买贵了而深陷苦恼。

除了从"龙头股"投资组合中选择的股票之外，根据这些表现，最出色的战略挑选的大多数股票都并非家喻户晓。投资者该选的是实力派，而不是花瓶。许多买家更钟情与热门新闻相关的股票，殊不知，这正是将其价格推向不可持续水平的原因。通过大多数风险调整后收益最高的战略挑选的实力派都是如 Great Lakes Dredge & Dock Corp. 和 Health Spring 这样的公司，不要奢望短期内在《财富》封面上找到这些公司的董事长。

在风险调整后表现最佳的战略也是在绝对收益基础上表现最佳的战略之一，如趋势价值战略。这个战略重点针对"所有股票"投资组合中价值复合二第1组十分位组的股票，即在一系列价值和股东因素中分数最佳的10%股票，然后购买25只6个月趋势最佳的股票。该战略获得了21.08%的年复合平均收益率，按这个收益投资的10 000美元，在44年后涨到了48 200万美元，但是它的标准差仅为17.66%。高收益加上低标准差让它的夏普比率高达0.91，大大超过"所有股票"投资组合0.31的夏普比率。按风险调整后收益排名第三的战略是一个我们可以回到1927年进行测试的战略，它重点针对"所有股票"投资组合中按市净率在该投资组合中排名最后30%的股票，同时要求3/6个月趋势大于中位值，并且购买的是25只股本收益率最高的股票。1965～2009年，此战略的年复合平均收益率为18.45%，标准差仅为15.48%。这样，其夏普比率就为0.87，同样远远高于"所有股票"投资组合。

我们还掌握这个战略从1927～2009年的数据，从这里可以看出，该长期数据已将这44年包括在内。1927年12月31日～2009年12月31日，此战略的年复合平均收益率为15.43%，10 000美元涨到了13亿美元。长期以来，它的标准差也比"所有股票"投资组合的要低，为21.28%。"所有股票"投资组合的标准差为23.25%。

最后，按风险调整后的收益排名前10且最大降幅明显优于其他战略的唯一战略是联合消费必需品与公用设施投资组合。此战略由25只股本收益率最高的消费必需品行业股票及25只价值复合二分数最高的公共事业行业股票组成。1965～2009年，此投资组合的年复合平均收益率为16.56%，且标准差仅为13.42%。夏普比率为0.86，这是我们测试过的所有战略中夏普比率最高的战略之一。但是这里真正吸引人的是该战略的最大跌幅仅为34.39%，远远低于其他战略及"所有股票"投资组合自身的最大跌幅。因此，它对于希望通过投资股票来增值其投资组合的保守型投资者而言，是一个不错的选择。如表28-3所示，有20个战略的风险调整后收益率高于美国国债。保守型投资者应该重点关注这些战略，因为它们都提供长期的卓越收益，并且单位风险收益比无风险的美国国债要高。

下行风险

按夏普比率排名表现最差的5个战略均来自小盘股投资组合，并且在市销率、利润空间及3个价值复合方面的得分也最差。排名最靠后的39个战略的夏普比率均为负，该列表包括价值复合方面最低的分数、最小的利润空间、最差的股价趋势、收益质量和财务强度复合方面最糟的分数。所有这些夏普比率较低的战略的收益还不如美国国债。除了股价趋势差的投资组合之外，这些股票还令其基础业务的价格高得不合理，而投资者还真的相信树会长到天上去。这些公司的价格是对几乎不可能实现的未来的希冀、贪婪的幻想。VirnetX Holding公司是一家不错的软件公司，但它真的值8 231倍的收入吗？我认为不值。具有这些特征的股票不会满足投资者们巨大的期望，因此，投资者应避开它们。

按下跌风险排名

为了节省空间，我们还在www.whatworksonwallstreet.com的补充材料中为第28

章准备了其他表。如表28-4所示，在按下跌风险审查各个战略时，会发现指数分值的广泛程度是一件很有趣的事。尽管如此，但其中有30个战略的下跌风险比"龙头股"投资组合的要低，该投资组合是我们所有投资组合中风险最小的投资组合。上文提到的消费必需品/公共事业战略按下跌风险、绝对收益和风险调整后收益又是排名最高的。另外，它的最大跌幅为34.39%，排名最低。关注投资组合下跌趋势的投资者应仔细研究这个列表，同时记住下跌风险较低的投资组合的上升空间往往更受限。研究该列表可以让风险规避型投资者重点关注下跌风险较低但年度平均收益较好的战略。

风险规避型投资者应考虑的其他问题是与"所有股票"投资组合相比，该战略所在的名次位置，因为这是我调查过的所有大型投资组合中最全面的投资组合。这样，你就可以从大量的战略中进行选择，同时投资下跌风险比平均股票要低的投资组合。

下跌风险最高的战略

下跌风险最高的战略，其风险调整后的实际收益也最低，至少始终很糟，这一点不足为奇。所有这些战略都应避开，因为风险太高，千万不要使用下跌风险远远高于整体市场下跌风险的战略，当然其表现得特别好，以致将夏普比率推至最高的情况除外。除非一个战略的潜在收益远远高于市场水平，否则高风险战略带来的代价始终高于收益。高风险战略的最佳使用方法是将其与较低风险战略相结合，将总体风险降至可接受水平。详情参见www.whatworksonwallstreet.com中的图28-5和图28-6。

按最大跌幅排名

最后，通过表28-5（参见www.whatworksonwallstreet.com/supplement.html）我们可以回顾在过去44年中所有战略是如何按最大跌幅排名的。16个战略的最大跌幅小于50%，这在我们所浏览的包括大萧条以来的最大市场下跌期间是一个不小的壮举。如前所述，联合消费必需品与公共事业投资组合的最大跌幅最低，为34.39%。有趣的是，在接近列表顶部也有一些表现出色的战略，购买市净率位于最低30%、

3/6个月股价趋势卓越且股本收益率最高的股票的"所有股票"投资组合战略的最大跌幅为47.66%，50只"趋势价值"股票版本的最大跌幅为49.64%。这说明，要专注于最大跌幅较低的战略不一定以牺牲高收益为代价。

最大跌幅最高的战略

奇怪！所有最大跌幅表现最差的战略在以下方面也表现最差：18个战略的最大跌幅超过90%、价值复合方面的分数最低、EBITDA/企业价值最差、市销率最差及利润率最差。在广泛的投资组合中，小盘股的最大跌幅为58.48%。我建议将其作为下跌点的分水岭，只考虑最大跌幅小于这一广泛投资组合中最不稳定的投资组合的最大跌幅。即使排除最大跌幅超过59%的战略后，仍然有许多战略可供选择，但是，应避免因太不稳定而难以坚持的战略，因为其波动性太大。可以参见www.whatworksonwallstreet.com/supplement.html 中的图 28-7 和图 28-8，它们显示了跌幅最大的最佳和最差战略。

按通货膨胀调整后的收益

我在前言中已承诺要考虑各种指数和战略的实际收益或通货膨胀调整后收益。虽然这里的账面收益可以让你很好地比较所测试战略的优势或劣势，但它们往往忽略了通货膨胀的负面和侵蚀影响，并且我们也没有给予它足够的重视。在考虑通货膨胀之前，你可能连自己的投资表现如何都不知道。例如，在查看账面收益时，你可能会看到某个投资组合在10年间从10 000美元涨到20 000美元，上涨了1倍。一看到这儿，你可能会因获得100%的收益而心花怒放。但是，你无法知道现在你的购买力是否为两倍，除非考虑通货膨胀因素。这样，如果10年前10 000美元可以购买100个单位的物品和服务，但是现在同样的100个单位要花费20 000美元，那么这10年间你在购买力方面的净增长为零。这意味着你投资组合的价值10年来的实际增长为零，虽然你的账面收益为100%。这看似简单的概念，投资者却往往难以理解。例如，本书最早的测试始于1927年的10 000美元。如果我们将通货膨胀的影响考虑在内，你必须将这个数字调整为122 299美元，因为2009年年末银行中存的122 299美元相当于1927年10 000美元的购买力，1927年要花费10 000美元的东西现在要花费122 000多美元。要将这个概念融入投资收益,假设你在1927年投资了10 000美元,现在值122 000美元,那么你的账面收益就是1 120%的收益。但是你的实际收益为零,因为你在购买力方面的收益为零。

知道这些后,我们来看看一些经通货膨胀调整后的收益。表28-6显示了1927～2009年各种投资方式的实际收益。假如你是一位极度保守型的投资者,你的投资组合为美国国债,那么你在1927年投资的10 000美元到2009年年末会涨到16 256美元,实际的年复合平均收益率仅为0.59%。实质上,你的资产状况并不比1927年好多少,因为你的投资组合在82年里几乎没涨多少。国债在短期内对保守型投资者很有诱惑力,原因是在短期内它不可能出现什么损失。但是看看通货膨胀对倒霉的国债投资者的打击:经通货膨胀调整后的国债投资组合的最大跌幅为49%,类似在通胀环境下手持现金的结果。乍一看好像是零风险的投资。詹姆斯·格兰特(James Grant),《格兰特利率观察家》(*Grant's Interest Rate Observer*)的编辑,曾不无讽刺地道出债券往往只能提供"无收益风险",这对于此处介绍的任何固定收益投资方式都适用。将通货膨胀考虑在内后,中长期美国政府债券在过去的82年中仅能获得很小的收益,即10 000美元分别涨到了60 942美元和64 028美元。

如表28-4所示,股票经通货膨胀调整后的收益要好很多,投资到"所有股票"投资组合的10 000美元增长到3 151 790美元,实际年复合平均收益率为7.18%。投资到小盘股投资组合的同样的10 000美元同期增长到4 140 344美元,实际年复合平均收益率为7.53%。因此,如果你对投资组合的长期增值有兴趣,你必须考虑股票而不是固定收益投资方式。表28-5显示了我们追溯到1927年测试的各种战略经通货膨胀调整后的收益。与账面收益一样,投资者购买的股票类型对其长期内的操作方式是极其重要的。看看购买6个月股价趋势最佳的10%股票与最差的10%股票之间的差价,如小盘股投资组合6个月趋势最佳的股票,其让投资者的10 000美元涨到了5 930万美元,同时6个月趋势最差的仅涨到了18 654美元。在较小程度上,对于股本收益率和回购收益率最佳与最差的股票也是如此,锁定最佳才能获得真正的财富,专注于最差则只能收获寥寥。

如果你认为通货膨胀只影响长期结果,我们就看看在1965～2009年这44年较短时间内的各种战略。在这里可以看到,通货膨胀对收益产生的影响是相同的。如表28-6所示,表现最佳的战略依然表现良好,但注意其实际收益比账面收益要低得多。另,请注意最大跌幅增大了,因为该期间的年通货膨胀率相当高,为4.43%。

因此，1965 年的 10 000 美元相当于 2009 年年末的 68 000 美元。很明显，这与现实世界息息相关。例如，你父母在 1965 年花 20 000 美元买的房子现在需要花 139 000 美元，前提是价值没有真正增长。这就是为什么在检查投资组合的收益时，考虑通货膨胀是至关重要的了。

表 28-4　各种指数及美国债券和国债经通货膨胀调整后的收益（1926 年 12 月 31 日～2009 年 12 月 31 日）

	几何平均值（%）	算术平均值（%）	标准差（%）	结束值（美元）	最大跌幅（%）
小盘股（实际）	7.53	9.95	23.16	4 140 343.87	−82.36
"所有股票"投资组合（实际）	7.18	9.31	21.74	3 151 789.66	−81.61
标准普尔 500 指数（实际）	6.52	8.19	19.36	1 894 850.36	−79.00
"大盘股"投资组合（实际）	6.43	8.14	19.44	1 767 734.68	−80.21
美国长期政府债券（实际）	2.26	2.61	8.63	64 028.45	−67.24
美国短期政府债券（实际）	2.20	2.30	4.89	60 941.70	−43.60
IASBBI 美国 30 天国库券（实际）	0.59	0.60	1.82	16 256.00	−48.76

表 28-5　各种指数及各个等分经通货膨胀调整后的收益（1926 年 12 月 31 日～2009 年 12 月 31 日）

	几何平均值（%）	算术平均值（%）	标准差（%）	结束值（美元）	最大跌幅（%）
小盘股 6 个月趋势（第 1 组十分位组）（实际）	11.03	13.80	25.42	59 298 231.40	−71.68
"所有股票"投资组合 6 个月趋势（第 1 组十分位组）（实际）	10.72	13.28	24.54	46 842 615.30	−72.55
"所有股票"投资组合回购收益率（第 1 组十分位组）（实际）	10.31	12.64	24.40	34 443 445.11	−81.63
小盘股回购收益率（第 1 组十分位组）（实际）	10.27	13.03	26.42	33 294 740.23	−82.32
"所有股票"投资组合股东收益率（第 1 组十分位组）（实际）	9.85	11.46	20.28	24 398 288.41	−86.19
小盘股股东收益率（第 1 组十分位组）（实际）	9.79	11.56	21.03	23 257 204.92	−88.71
小盘股（实际）	7.53	9.95	23.16	4 140 343.87	−82.36
"所有股票"投资组合（实际）	7.18	9.31	21.74	3 151 789.66	−81.61
小盘股回购收益率（第 10 组十分位组）（实际）	3.08	6.38	25.92	124 156.51	−85.59
"所有股票"投资组合股东收益率（第 10 组十分位组）（实际）	2.92	6.17	25.86	109 148.55	−85.55
小盘股股东收益率（第 10 组十分位组）（实际）	2.82	6.52	27.54	100 424.17	−86.60

（续）

	几何平均值（%）	算术平均值（%）	标准差（%）	结束值（美元）	最大跌幅（%）
"所有股票"投资组合回购收益率（第10组十分位组）（实际）	2.79	5.66	24.14	98 497.92	-85.21
"所有股票"投资组合6个月趋势（第10组十分位组）（实际）	1.06	5.18	29.37	23 922.66	-89.67
小盘股6个月趋势（第10组十分位组）（实际）	0.75	5.27	30.77	18 653.86	-90.13

表28-6 各种指数及战略经通货膨胀调整后的收益（1965年12月31日～2009年12月31日）

	几何平均值（%）	算术平均值（%）	标准差（%）	结束值（美元）	最大跌幅（%）
"趋势价值"投资组合（实际）	15.95	16.49	17.76	7 055 392.80	-51.31
前3等分VC2，3/6个月趋势>中位值，按6个月趋势前25（实际）	14.47	15.59	19.77	3 995 797.36	-57.23
联合消费必需品/公用设施投资组合（实际）	11.65	11.97	13.50	1 322 013.86	-42.47
"龙头股"投资组合，前2等分中价值复合26个月趋势前25（实际）	10.44	11.47	17.26	816 791.30	-53.47
"龙头股"，VC2>中位值，按股东收益率前25（实际）	10.09	11.17	17.37	708 858.25	-58.85
"龙头股"，3/6个月趋势>中位值，VC2前25（实际）	9.38	10.40	16.62	532 210.17	-52.31
小盘股（实际）	6.64	8.63	20.68	172 622.65	-70.96
"龙头股"投资组合USA（实际）	6.55	7.74	16.48	166 707.77	-54.73
"所有股票"投资组合（实际）	6.30	8.03	19.35	149 947.82	-66.99
"大盘股"投资组合（实际）	5.39	6.70	16.84	102 538.53	-56.05

对投资者的启示

在对风险、收益及长期基本比率进行权衡后，有两种战略的综合表现最佳：一种适合乐意承担市场风险的投资者，另一种适合保守型投资者。前者是融合最佳价值与最佳增长的"趋势价值"战略。该战略先从VC2的第1组十分位组中的"所有股票"投资组合中选择股票，然后购买6个月价格增值最佳的股票。后者是融合消费必需品与公共事业行业的联合投资组合，购买的是25只股本收益率最高的消费必需品及价值复合二分数最佳的公用设施行业的25只股票。

这两种战略在按绝对收益、风险调整后收益、下跌风险（倒序）和最大跌幅（倒序）排名时都接近或位居榜首。当然，还有很多致力于市场不同部分的其他卓越战略，特别是专注于3/6个月价格增值强劲的股票，且购买价值复合二或股本收益率排名最佳的股票的"龙头股"战略。关键是，不同的战略占领不同的市场份额。例如，如果你要构造一个投资组合，该组合投资25%的"趋势价值"投资组合、25%的消费必需品/公共事业投资组合、25%的价格增值较佳且价值复合二分数最高的"龙头股"及25%的价格增值佳且股本收益率最高的"龙头股"，那么最后你的投资组合将由大约55%的"大盘股"投资组合及45%的中小盘股混合而成。1965～2009年，混合投资组合的收益率为16.56%，投资的10 000美元可涨到890万美元。这大约是投资"所有股票"投资组合所获收益的9倍，投资它的10 000美元仅涨到了100万美元。同时此混合投资组合的标准差仅是13.42%，远远低于"所有股票"投资组合的19.26%。另外，该投资组合的最大跌幅为34%，比所有主要投资组合都低。与主要投资组合每年损失4.36%～9.91%相比，它在所有滚动5年期的最大跌幅近乎为零。因此，通过利用过去表现出色的各种战略，你可以构造任意数量的投资组合将所投资的行业拓宽到各种市值类别，增长型、价值型或风险特征型。你再也无须为投资组合的分数很差而头疼。

最后，我想你现在肯定能够知道哪些类型的股票应该避开，如果你忍不住要以高倍的价格冒险试一下交易热门股票，请你务必看看历史记录。我再次提醒：大多数这类股票的结局都是玉石俱焚。本书的数据都是准确的，如果本书教会你的唯一一件事是避开这些股票，那么它就是有用的。

| 第 29 章 |

从股市投资中获得最大收益

思易行难,按自己所思采取行动更是难上加难。
——约翰·沃尔夫冈·歌德

投资者可以从道家无为的理念中学到很多。道家是中国三大哲学源流之一,数千年来一直指引着思想家。按照字面意思,无为就是无为而为,但其实质是顺其自然。不要尝试赶鸭子上架。了解道的本质,并物尽其用。这与西方维特根斯坦的格言最为相似:"不要寻求意义,寻求用途!"

对于投资者,这意味着让优秀的战略自行发挥作用。不要怀疑它们,不要试图战胜它们,不要抛弃它们,因为它们正在经历一个艰难的时期。了解你所用战略的性质并让其自己发挥效用,这是最难的任务。事实上,在进行决策时不可能不掺杂自己的意识或情感,但只有保持淡定你才能最终战胜市场。

自从 1996 年我第一次出版本书以来,我们已经历了自 20 世纪二三十年代以来最动荡的市场。1996~2000 年 3 月股票高涨,从而形成了 20 世纪 60 年代后期以来尚未见过的像 20 世纪 20 年代那样巨大的市场泡沫。这次泡沫让很多投资者扔掉投资规则书籍。公司的价值被高估得越来越离谱,飙升得越来越高。每个人都在议论着"新型经济"及这次是如何如何不同凡响。在股市狂欢时仍坚持经时间检验的投资战略已不太可能。一月又一月,在价格过高的热门股票飙升时你只能眼巴巴地看着自己价格合理的股票而无能为力。正如股市泡沫时期通常出现的情况,随着最后一个投资者屈服并开始爱上被疯狂估值的股票，秋后算账的时间也到了，所有以前吹到天上的股票都相继崩溃重新跌回地面。财富损失掉了，数百万的投资者对长期的潜力股也丧失了信心。更严重的是，在市场刚刚从2000～2003年的熊市中恢复后，又迎来了新一轮的房地产市场泡沫，公司所欠的债务也被其用于融资。这一新的泡沫比10年之前的互联网泡沫更具摧毁性，并导致国际市场濒临崩溃，堪称自大萧条以来股市历史上最严重的熊市。投资者对股市的信心被2007～2009年的市场大崩溃消磨殆尽。标准普尔500指数在2008年损失了37%，仅次于其在1931年的损失，当时它狂跌了43%。人们开始囤积现金，对与股市相关的任何投资都避之不及。但是像在其他泡沫时期一样，人们不久又会冒出"这次与以往真的不同，新型经济出现了"的想法，在萧条期中还产生"新常态"观念。对其倡导者而言，"新常态"意味着未来的收益会永久低于过去的收益，并且我们对此也无能为力。投资者对任何类型的风险都极度规避，金钱从股票中流出后又流进债券。《金融机构投资者》2010年9月版的封面故事叫《失乐园：市场下跌为什么每次都不一样》。该文章的作者指出："金融危机证明自由市场资本主义行不通，并推动了国家对相关方的调控。"但是，如果我们不牢记前车之鉴，那我们将永远都在重复昨天的战争。

在经历市场从极端投机到极度绝望后，人们几乎不可能相信奥卡姆剃刀原理，即最简单的理论通常是最好的理论。我们总是喜欢把简单复杂化、随大众、被一些热门"故事"股票所诱惑、让感情左右决策、根据小道消息和直觉进行买卖、在就事论事的基础上处理每个投资决策而没有潜在的一致性或战略。另一方面，如果股票长期以来收益很糟，我们就会想当然地认为股票再也不会产生能跟过去相比的收益了，不如抛了换成风险较小的资产，如债券和货币基金。尽管离本书第1版出版已过了14年，书中也显示了各种投资策略每隔10年的收益，但是人们仍倾向于将精华与糟粕齐抛，并因短期事件忽视历史数据，不管这些事件是好是坏。难怪标准普尔500指数长期以来能战胜70%的按传统方式管理的共同基金。

道家有一个故事，很有启发性：

一天，一个年轻人在滂沱瀑布下的水塘边看到一个老者在湍急的水流中挣扎。他跑过去准备救他，但是还没等他跑到，老者就爬上了岸，然后一个人边走边唱。年轻人很惊讶，就跑到老者跟前，问他绝处逢生的秘诀。老者说："这没什么奇怪的，在很小的时候我就开始学习，长大后也一直练习。现在，我确定我成功了。我借助水下去再借助水上来。我沿着水走并达到忘我的境界。我幸存的唯一原因是我没有与水的超强力量做斗争。"

市场就像水，水能载舟亦能覆舟。与水抗争的人会寸步难行，而好好利用水的人则能畅通无阻。但是游泳课程需要循序渐进，不能一开始就跳下去，你需要指导。我们用 CRSP 数据库对过去 84 年的研究及用电子计算机会计数据库对过去 46 年的研究表明，要想在市场中表现出色，你必须遵循其原理。

始终使用战略

你即将购买的股票可能一无是处，仅仅有一个很棒的故事。通常，这些都是长期以来表现最差的公司。这些股票是人人谈论并想持有的股票。它们通常具有极高的市盈率、市净率和市销率。在短期内极具诱惑力，但从长期来看绝对是票房毒药。你必须避开这类股票，始终根据总体战略而非个股思考。一个公司的数据是没有意义的，但可能非常具有说服力。相反，不要避开市场或某只股票，原因是糟糕的事情已在短期内发生。很少有投资者能看到 2009 年 3 月总体股市估值的吸引力，但是这个时候股票极其便宜，值得买进，并且很快就会上涨。那时，如果你能拿出一个再平衡战略用于在股票与其他投资之间进行分配，那么该战略就会指导你买更多的股票。

但是正如本章开头歌德所言，行动很难，按所想采取行动几乎不可能。如果你无法使用战略的同时又不可阻挡地被股票所吸引，那么从长远来看你的收入将遭受灭顶之灾。看看 1998～2002 年所有互联网涨势极高的股票的图表及在 2000 年的股市泡沫之后，这些股票价值如何一泻千里，提醒自己这些股票究竟是好还是坏。尽可能尝试坚持一个战略，如果你确实无法坚持，请将你资金的大头投资到指数型基金，小部分投资到"故事股"，就当娱乐消费。

忽略短期

仅关注战略或总体市场当前表现如何的投资者往往会因其对短期的过分关注而受到严重误导。他们要么忽略当前表现不佳的卓越长期战略，要么挤入眼前红火的普通战略。在过去的 15 年内，有许多次投资者对我们的战略非常满意，因为它们的表现比其期望还要好，也有许多次投资者对战略的短期表现很失望。悲剧的是，投资者似乎更痴迷于关注极短期，往往会忽略战略在长期的表现。作为投资者，我们收到的有关收益的所有信息都集中在极短期内。看看一天之内有多少广播时间和多大广告篇幅被用于解释股市上涨或下跌的原因！但是，在很短的时间内，股市相对不可能预测。正如在引言中提到的，如果你考察50只在滚动10年期内表现最差的股票，那么你就会发现，它们在接下来的10年中悉数上涨。

关键是在未来的某个时间点，本书中的任何战略都可能跑输大盘，而只有专注于长期的投资者才能坚持这些战略并收获长期坚持的奖励。你应始终不让当今的市场影响你所做的投资决策。要实现此目的，一种方法是专注于你投资组合相对于其基准表现如何的连续平均成功率。虽然我们专注的是本书中已测试的"所有股票"选择战略的连续基本比率，但是你可以根据你的投资组合相对于其基准的表现而专注于其连续平均成功率。如果你仅看到你的投资组合在上一季度、上一年、前3年和前5年的表现如何，那么你看到的仅是一瞬间。当然，如果在某个时期你做得特别棒，这个瞬间也可能会让你很高兴。但是，如果相对于其他战略你做得很差，它也会让你将战略抛弃。在这两种情况中，我认为这些瞬间事件是个误导。我们来看看1999年12月31日发生的瞬间。一个在前5年买进价值昂贵的互联网和科技股的投资者看起来像个天才，并且打算提前退休。相反，另一个求稳的投资者在同样的5年内按兵不动，并坚持小型股和大型价值股，强忍着对其投资组合前景的失望。但是这两个瞬间事件都是误导。在短短的几个月内，以科技股著称的投资组合彻底失败，而小型股和大型价值股投资组合的价值开始飙升。

通过专注于你的投资组合根据基准在连续期间内表现如何，你会更直观地感觉到它实际做得怎么样。你将更容易坚持当前可能表现不佳但在所有连续期内其胜率远高于大盘的战略。它将给你持续的反馈，让你更理性地看待高峰和低谷，而不是简单地只看一时。它还可以让你将战略的当前表现放入历史的环境中，即给你一个全新的视角。有了这些信息，你会更容易坚持到底。

最后，此建议在股票大幅下跌之后同样有用。2009年3月，我为《雅虎财经》撰写了一则题为《一代的时机》的评论。在该评论中，我指出许多投资者一辈子只有一次机会购买自20世纪80年代早期以来所未见过的估值权益。我认为中年投资者会将其投资组合的权益分配增加至70%以利用充斥市场的恐惧。对于大部分人，我得到的回答是沉默。人们对过去连续15个月的市场下跌仍心有余悸，以至于即使数据再多也不能促使他们占据优势。这就是为什么忽略短期是你可以为投资组合整体发展情况所能做的最难也是最佳的事情。

仅使用经过长期验证的股票

始终关注有效性已经过各种市场环境证明的战略。你可以分析的时期越多，你找到经得起股市动荡的战略的概率就越高。购买市净率高的股票长达15年好像起作用了，但是充裕的时间证明它不是有效的战略。许多年的数据帮助你了解一个战略的高峰和低谷。另外，有时某个战略可能会让人产生直觉，比如购买销售方面年度收益最大的股票，但是看过长期数据后我们会知道这是一个失败的战略，可能是因为投资者对其巨大的年度销售增长感到兴奋而相应地高估这些股票。使用未经时间检验的战略等待我们的将是无尽的失望。股票在变化，行业也在变化，但确信哪些股票是不错的投资的根本原因没有变。只有充裕的时间才能证明哪些股票是最安全的。记住所有互联网股票在20世纪90年代后期是如何吸引人。不要让投资狂热阻碍你对长期数据的坚持，这些数据是对你投资哲学的支持。记住，最新市场潮流会一直存在。在20世纪90年代它是互联网和科技股，明天它可能是纳米技术或新兴市场，但是所有泡沫终归是要破灭的。

深入挖掘

如果你是专业投资者，一定要在尽可能长的时间内和尽可能多的季度中测试所有战略，寻找最糟糕的情况、从损失中恢复所用的时间及如何与其相关基准一致。注意其根据基准的最大跌势差，并小心谨防严重偏离它的任何战略。大多数投资者都无法长期忍受战略收益落后于基准收益。

如果你是个人投资者，不要坚持让你的顾问代表你执行这样一份研究。现在有许多网站可以做这样的研究。目前所有工具都对个人投资者开放，你再没有借口说做不了研究作业。对个人投资者有用的宝贵资源是美国个人投资者协会。其网站（www.aaii.com）中遍布有用的想法及致力于股票筛选的整个部分。在www.whatworksonwallstreet.com检查链接中查看，可能会发现帮助你进行研究的新网站。

稳定投资

稳定性是优秀投资者的标志，也是将他们与其他人区分开来的因素。如果你一直使用普通的战略，你将会打败在市场中跳来跳去、中途换招及永远怀疑自己决策的绝大部分投资者。看看标准普尔500指数，我们已证明购买"大盘股"投资组合是一个简单的战略。但就是这样一个单因素的普通战略仍能成功打败70%的主动式管理基金，因为它始终坚持其战略。从实际考虑你的风险承受能力，计划你的路线，然后坚持。你在派对上可能没有要讲的故事，但是你是最为成功的长期投资者之一。成功投资不再遥不可及：它不过是对使用经过时间检验的战略的一种坚持，并让复利发挥出其神奇魔力。

始终与基本比率打赌

研究基本比率很无聊乏味，但却是非常值得的。一个战略需要多长时间可以打败市场以及以多大优势战胜市场是对投资者最有用的信息之一，但是却很少有人利用它。基本比率从根本上讲就是你在计划投资的期间战胜市场的概率。如果你的时间跨度为10年并且了解基本比率，那么你就会知道挑选收益、现金流、销售额倍数最高或价值复合分数最低的股票的胜算非常低。如果你注意了这个概率（胜算），那么就可以将其放在旁边。现在，你有了数字，那就充分利用吧。请勿使用当前表现非常好但总的平均成功率较低的战略。只要有了长期基本比率，你就会有机会。

绝不使用风险最高的战略

使用风险最高的战略一点意义都没有。它不仅会让你元气大伤，而且最终你还是会抛弃它们，通常是在其价值最低的时候。鉴于高效战略的数量有限，请务必专注于风险调整后收益最高的战略。

务必使用多种战略

除非你即将退休并且使用的是低风险战略，否则请务必通过多种战略来多样化你的投资组合。如何分配取决于你的风险承受能力，但是你应始终拥有一些增长型和价值型股票，以保证你远离华尔街式的上下波动。一旦涉足这两种投资类型，还请确保你接触了各种市值的股票。对于时间跨度达10年或更长的投资者有一个简单的法则，即使用市值权重。当前，市场中75%是大型股，25%是中小型股。对于平均型投资者而言这是一个很好的起点。将战略进行联合，这样你的投资组合表现得会比总体市场要好很多，同时风险也不会增大。事实上，虽然本书只包括在美国交易的股票（相当一部分是向美国投资者提供股票的外国公司的美国预托证券），但你可以用与MSCI全球股指相似的方式调整你的投资组合。当前，美国占该指数的35%，与日本、英国、法国和加拿大位居前5名。如果包括下列5个国家及地区，即中国香港地区、德国、澳大利亚、瑞士和巴西，你的投资组合将占全球总市值的74%。关键是这些战略也适用于美国之外的国家（地区），一个卓越的多样化投资组合理应是这样的。我们对始于1970年的MSCI数据进行了类似的测试，发现这些战略中的大部分在外国市场中也同样表现出色。

另外，你应对整个投资组合制订一个计划，而不是仅限于股权部分。对投资整个投资组合最简单且最有效的战略之一是将你的分配重新调整为各种风格和资产类别，回到目标分配，至少一年一次。如果你有财务顾问，他或她可能已经为你这样做了；如果没有，请找出什么对你最有意义，然后确保遵循你的分配。这样可以有效地保证在组合表现不好时买进更多类似的投资风格或资产类别，并从表现良好的投资风格和资产类别中撤资。在过去10年的熊市底部时，它的服务让你异常满意，因为它会让你在大多数投资者逃离股市时将资金从固收类转投向股市，这样会让你利用市场底部的大幅提升。同时在上一个牛市中它也让你满意，因为它会削减股市分配比例并将额外的资金投向固收类及其他资产。一个这样的战略对你的整个投资组合很重要。

使用多因素模型

单一因素模型奖励某些特征，同时惩罚其他特征，但是你最好使用多个因素来构建你的投资组合，这样可保证其收益较高而风险较低。在投资某一股票之前，务必对其进行一些测试。此规则的唯一例外是复合因素，如价值复合一和二、复合收益质量因素等。这些都是基本的多因素模型，要求每只股票在各种特征中都得分最高。

坚持一致性

如果你没有时间构建自己的投资组合并且更喜欢投资共同基金或单个管理的账户，那你就只买风格一致的股票。许多经纪人在选择股票时不遵循章法完全凭直觉，这样就没有一定的机制控制其情绪或确保其想法起正面作用。他们的选择通常是基于希望而非经验。你无法确切知道他们是如何管理你的金钱的，或者其过去的表现是否为一致的基础战略所不能控制的"热手"所导致。

不要和他们打赌，你应根据可靠的严密战略购买基金。如果你的基金没有被明确定义为某种投资风格，则应坚持要经纪人定义，你不能连这些都不要求。

股市不是随机性的

最后，数据证明，股市在迈着坚定的步伐朝前走，而不是无秩序地随机运动。它会持续奖励一些特定的战略，也会惩罚其他一些战略，认定方向后就会坚定地走下去。现在，我们不仅拥有本杰明·格拉厄姆所求的带有明确特征的证券，还拥有自本书第1次出版以来检验过的优秀战略和因素的持续表现。我们必须以史为鉴，仅使用那些已成功且经过时间考验的方法。我们要知道什么是有价值的、什么会对华尔街起作用。剩下的，就是在这些知识的指引下采取行动。

参 考 文 献

Ambachtsheer, Keith P., "The Persistence of Investment Risk," *The Journal of Portfolio Management*, Fall 1989, pp. 69–72.

Arnott, Robert D., Kelso, Charles M., Jr., Kiscadden, Stephan, and Macedo, Rosemary, "Forecasting Factor Returns: An Intriguing Possibility," *The Journal of Portfolio Management*, Fall 1990, pp. 28–35.

Asness, Clifford S., "The Interaction of Value and Momentum Strategies," *Financial Analysts Journal*, April 1998.

Banz, R., and Breen, W., "Sample-Dependent Results Using Accounting and Market Data: Some Evidence," *Journal of Finance*, September 1986, pp. 779–793.

Barach, Roland, *Mind Traps: Mastering the Inner World of Investing*, Dow Jones-Irwin, Homewood, IL, 1988.

Basu, S., "The Relationship Between Earnings Yield, Market Value and Return for NYSE Common Stocks: Further Evidence," *Journal of Financial Economics*, June 1983, pp. 129–156.

Bell, David E., Raiffa, Howard, and Tversky, Amos, *Decision Making: Descriptive, Normative, and Prescriptive Interactions*, Cambridge University Press, Cambridge, U.K., 1988.

Bernstein, Peter L., *Capital Ideas: The Improbable Origins of Modern Wall Street*, The Free Press, New York, 1992.

Biggs, Barton, *Wealth, War and Wisdom*, John Wiley & Sons, New York, 2009.

Billett, Matthew T., Flannery, Mark J., and Garfinkel, Jon A., "Are Bank Loans Special? Evidence on the Post-Announcement Performance of Bank Borrowers" (November 26, 2001). *AFA 2002 Atlanta Meetings*.

Bjerring, James H., Lakonishok, Josef, and Vermaelen, Theo, "Stock Prices and Financial Analysts' Recommendations," *The Journal of Finance*, March 1983, pp. 187–204.

Blakney, R. B., *The Way of Life: A New Translation of Tao Te Ching*, New American Library Publishing, New York, 1983.

Bogle, John C., *Bogle on Mutual Funds: New Perspectives for the Intelligent Investor*, Irwin Professional Publishing, New York, 1994.

Bostrom, N., "Existential Risks: Analyzing Human Extinction Scenarios and Related Hazards," *Journal of Evolution and Technology*, Volume 9, Number 1, 2001.

Bradshaw, Mark T., Richardson, Scott A., Sloan, Richard G. "The relation between corporate financing activities, analysts' forecasts and stock returns," *Journal of Accounting and Economics*, 2006, pp. 53–85.

Brandes, Charles H., *Value Investing Today,* Dow Jones-Irwin, Homewood, IL, 1989.

Brealey, Richard A., *An Introduction to Risk and Return From Common Stocks,* Second Edition, MIT Press, Cambridge, MA, 1993.

Brealey, Richard A., "Portfolio Theory versus Portfolio Practice," *The Journal of Portfolio Management,* Summer 1990, pp. 6–10.

Brock, William, Lakonishok, Josef, and LeBaron, Blake, "Simple Technical Trading Rules and the Stochastic Properties of Stock Returns," *The Journal of Finance,* December 1992, pp. 1,731–1,764.

Bromberg-Martin, E., Hikosaka O., "Midbrain Dopamine Neurons Signal Preference for Advance Information about Upcoming Rewards," *Neuron,* Volume 63, Issue 1, July 2009, pp. 119–126.

Brown, John Dennis, *101 Years on Wall Street: An Investor's Almanac,* Prentice Hall, Englewood Cliffs, NJ, 1991.

Brown, Stephen J., and Kritzman, Mark P., CFA, *Quantitative Methods for Financial Analysis,* Dow-Jones-Irwin, Homewood, IL, 1987.

Brown, Stephen J., Leonard Stern School of Business, NYU and Goetzmann, William N., Yale School of Management, "Performance Persistence," Forthcoming, *Journal of Finance,* Vol 30 No 2, June 1995.

Browne, Christopher H., "Value Investing and Behavioral Finance," Columbia Business School Graham and Dodd Value Investing 2000, November 15, 2000.

Brush, John S., and Boles, Keith E., "The Predictive Power in Relative Strength & CAPM," *The Journal of Portfolio Management,* Summer 1983, pp. 20–23.

Brush, John S., "Eight Relative Strength Models Compared," *The Journal of Portfolio Management,* Fall 1986, pp. 21–28.

Casti, John L., *COMPLEX-ification, Explaining a Paradoxical World Through the Science of Surprise,* HarperCollins Publishers, New York, 1994.

Chan, Louis K., Hamao, Yasushi, and Lakonishok, Josef, "Fundamentals and Stock Returns in Japan," *The Journal of Finance,* December 1991, pp. 1,739–1,764.

Chan, Louis, K.C., and Lakonishok, Josef, "Are the Reports of Beta's Death Premature?" *The Journal of Portfolio Management,* Summer 1993, pp. 51–62.

Chancellor, Edward, *Devil Take the Hindmost: A History of Financial Speculation*, Plume Publishing, New York, 2000.

Chopra, Navin, Lakonishok, Josef, and Ritter, Jay R., "Measuring Abnormal Performance: Do Stocks Overreact?" *Journal of Financial Economics,* November 1992, pp. 235–268.

Cottle, Sidney, Murray, Roger F., and Block, Frank E., *Graham and Dodd's Security Analysis,* 5th ed. McGraw-Hill, New York, 1988.

Coulson, Robert D., *The Intelligent Investor's Guide to Profiting from Stock Market Inefficiencies,* Probus Publishing Company, Chicago, IL, 1987.

Dale, Richard, *The First Crash: Lessons from the South Sea Bubble,* Princeton University Press, New Jersey, 2004.

Damodaran, Aswath, *Investment Philosophies: Successful Strategies and the Investors Who Made Them Work,* John Wiley & Sons, Hoboken, NJ, 2003.

Dawes, Robyn M., *House of Cards: Psychology and Psychotherapy Built on Myth,* The Free Press, New York, 1994.

"Death of Equities," *Business Week*, August, 1979.

De Martino, B., D. Kumaran, B. Seymour, and R.J. Dolan, "Biases and Rational Decision-Making in the Human Brain," *Science* 313(5787) August 4th, 2006.

Dewdney, A.K., *200% of Nothing: An Eye-Opening Tour Through the Twists and Turns of Math Abuse and Innumeracy,* John Wiley & Sons, Inc., New York, NY, 1993.

Dimson, Elroy, Marsh, Paul, and Staunton, Mike, *Triumph of the Optimists: 101 Years of Global Investment Returns,* Princeton University Press, Princeton, NJ, 2002.

Douglas, A., "Last Chance to See," Ballantine Books, New York, 1990.

Dreman, David N., *Psychology and the Stock Market,* Warner Books, New York, 1977.

Dreman, David N., *The New Contrarian Investment Strategy,* Random House, New York, 1980.

Dreman, David N., "Good-bye EMH," *Forbes Magazine,* June 20, 1994, p. 261.

Dreman, David N., "Nasty Surprises," *Forbes Magazine,* July 19, 1993, p. 246.

Dreman, David N., "Choronically Clouded Crystal Balls," *Forbes Magazine,* October 11, 1993, p. 178.

Dunn, Patricia C., and Theisen, Rolf D., "How Consistently do Active Managers Win?" *The Journal of Portfolio Management,* Summer 1983, pp. 47–50.

Ellis, Charles D., "Ben Graham: Ideas as Mementos," *Financial Analysts Journal*, Volume 38, Number 4, July-August 1982.

Ellis, Charles D., and Vertin, James R., *Classics: An Investor's Anthology,* Dow Jones-Irwin, Homewood, IL, 1989.

Ellis, Charles D., and Vertin, James R., *Classics II: Another Investor's Anthology,* Dow Jones-Irwin, Homewood, IL, 1991.

Fabozzi, Frank J., Fogler, H. Russell, Harrington, Diana R., *The New Stock Market, A Complete Guide to the Latest Research, Analysis and Performance,* Probus Publishing Company, Chicago, IL, 1990.

Fabozzi, Frank J., *Pension Fund Investment Management,* Probus Publishing Company, Chicago, IL, 1990.

Fabozzi, Frank J., and Zarb, Frank G., *Handbook of Financial Markets: Securities, Options and Futures,* Dow Jones-Irwin, Homewood, IL, 1986.

Eugene, F., French, K., "The Cross-Section of Expected Stock Returns," *Journal of Finance,* Volume XLVII, Number 2, pp. 427–465, June 1992.

Faust, David, *The Limits of Scientific Reasoning,* University of Minnesota Press, Minneapolis, MN, 1984.

Ferguson, Robert, "The Trouble with Performance Measurement," *The Journal of Portfolio Management*, Spring 1986, pp. 4–9.

Ferguson, Robert, "The Plight of the Pension Fund Officer," *Financial Analysts Journal,* May/June, 1989, pp. 8–9.

Fisher, Kenneth L., *Super Stocks,* Dow Jones-Irwin, Homewood, IL, 1984.

Fogler, H. Russell, "Common Stock Management in the 1990s," *The Journal of Portfolio Management,* Winter 1990, pp. 26–34.

Freeman, John D., "Behind the Smoke and Mirrors: Gauging the Integrity of Investment Simulations," *Financial Analysts Journal,* November/December 1992, pp. 26–31.

Fridson, Martin S., *Investment Illusions,* John Wiley & Sons, Inc., New York, 1993.

Givoly, Dan, and Lakonishok, Josef, "Financial Analysts' Forecasts of Earnings: Their Value to Investors," *Journal of Banking and Finance,* December 1979, pp. 221–233.

Gleick, James, *Chaos: Making A New Science,* Viking Penguin, New York, 1987.

Graham, B., *The Intelligent Investor: A Book of Practial Counsel,* Harper & Row Publishers, 4th Edition, 1986.

Graham, B., Dodd, D., *Security Analysis: Principles and Techniques*, McGraw-Hill, New York and London, 1940.

Guerard, John, and Vaught, H.T., *The Handbook of Financial Modeling,* Probus Publishing Co., Chicago, IL, 1989.

Hackel, Kenneth S., and Livnat, Joshua, *Cash Flow and Security Analysis,* Business-One Irwin, Homewood, IL, 1992.

Hagin, Bob, "What Practitioners Need to Know About T-Tests," *Financial Analysts Journal,* May/June 1990, pp. 17–20.

Hanson, Dirk, *The Chemical Carousel: What Science Tells Us About Beating Addiction*, BookSurge Publishing, South Carolina, 2009.

Harrington, Diana R., Fabozzi, Frank J., and Fogler, H. Russell, *The New Stock Market,* Probus Publishing Company, Chicago, IL, 1990.

Haugen, Robert A., and Baker, Nardin L., "Dedicated Stock Portfolios," *The Journal of Portfolio Management,* Summer 1990, pp. 17–22.

Haugen, Robert A., "The Effects of Intrigue, Liquidity, Imprecision, and Bias on the Cross-Section of Expected Stock Returns," *Journal of Portfolio Management,* Summer 1996, pp. 8–17.

Hirshleifer, David, Hou, Kewei, Teoh, Siew Hong, and Zhang, Yinglei, "Do Investors Overvalue Firms With Bloated Balance Sheets?" *Journal of Accounting and Economics,* December 2004, pp. 297–331.

Hoff, Benjamin, *The Tao of Pooh,* Penguin Books, New York, 1982.

Hogan M., "*Modern Portfolio Theory Ages Badly—The Death of Buy and Hold,*" Barron's Electronic Investor, February 2009.

Ibbotson Associates, *Stocks, Bonds, Bills, and Inflation 1995 Yearbook,* Ibbotson Associates, Chicago, IL, 1995.

Ibbotson, Roger G., and Brinson, Gary P., *Gaining the Performance Advantage: Investment Markets,* McGraw-Hill, New York, 1987.

Ibbotson, Roger G., "Decile Portfolios of the New York Stock Exchange, 1967–1984," working paper, Yale School of Management, 1986.

Ikenberry, David, Lakonishok, Josef, and Vermaelen, Theo, "Market Under Reaction to Open Market Share Repurchases," July 1994, unpublished.

Jacobs, Bruce J., and Levy, Kenneth N., "Disentangling Equity Return Regularities: New Insights and Investment Opportunities," *Financial Analysts Journal,* May/June 1988, pp. 18–38.

Jeffrey, Robert H., "Do Clients Need So Many Portfolio Managers?" *The Journal of Portfolio Management,* Fall 1991, pp. 13–19.

Jones, Charles M. "A Century of Stock Market Liquidity and Trading Costs," Columbia University, May 22, 2002 version.

Kahn, Ronald N., "What Practitioners Need to Know About Back Testing," *Financial Analysts Journal,* July/August 1990, pp. 17–20.

Kahneman, D., "The Psychology of the Nonprofessional Investor," *Journal of Portfolio Management,* 1998.

Kahneman, D., Tversky A., *"Prospect Theory: An Analysis of Decision under Risk,"* Econometrica, Vol. 47, No. 2. (Mar., 1979), pp. 263–292.

Keane, Simon M., "Paradox in the Current Crisis in Efficient Market Theory," *The Journal of Portfolio Management,* Winter 1991, pp. 30–34.

Keppler, A. Michael, "Further Evidence on the Predictability of International Equity Returns," *The Journal of Portfolio Management,* Fall 1991, pp. 48–53.

Keppler, A. Michael, "The Importance of Dividend Yields in Country Selection," *The Journal of Portfolio Management,* Winter 1991, pp. 24–29.

Klein, Robert A., Lederman, Jess, *Small Cap Stocks, Investment and Portfolio Strategies for the Institutional Investor,* Probus Publishing Company, Chicago, IL, 1993.

Knowles, Harvey C. III, and Petty, Damon H., *The Dividend Investor,* Probus Publishing Company, Chicago, IL, 1992.

Kritzman, Mark, "How To Detect Skill in Management Performance," *The Journal of Portfolio Management,* Winter 1986, pp. 16–20.

Kuhn, Thomas, S., *The Copernican Revolution: Planetary Astronomy in the Development of Western Thought,* Harvard University Press, Cambridge, MA, 1957.

Kuhn, Thomas S., *The Structure of Scientific Revolutions,* University of Chicago Press, Chicago, IL, 1970.

Kuhnen, Camelia M., Knutson, Brian, "The Neural Basis of Financial Risk Taking," *Neuron,* Vol. 47, 763–770, September 2005.

Lakonishok, Josef, Shleifer, Andrei, and Vishny, Robert W., "Contrarian Investment, Extrapolation, and Risk," working paper, June 1994.

Lawson, Richard "Measuring Company Quality," *The Journal of Investing,* Winter 2008, pp. 38–55.

Lee, Charles M.C., and Swaminathan, Bhaskaran "Price Momentum and Trading Volume," June 1998.

Lee, Wayne Y., "Diversification and Time: Do Investment Horizons Matter?" *The Journal of Portfolio Management*, Spring 1990, pp. 21–26.

Lefevre, Edwin, *Reminiscences of a Stock Operator*, George H. Doran Company, New York, 1923.

Lehrer, J., "Microscopic Microeconomics," *New York Times*, October 2010.

Lerner, Eugene M., and Theerathorn Pochara, "The Returns of Different Investment Strategies," *The Journal of Portfolio Management*, Summer 1983, pp. 26–28.

Lewis, Michael, *Moneyball: The Art of Winning an Unfair Game*, W.W. Norton & Company, New York, 2003.

Lo, Andrew W., and Mackinlay, A. Craig, *A Non-Random Walk Down Wall Street*, Princeton University Press, Princeton, NJ, 1999.

Lofthouse, Stephen, *Equity Investment Mangement, How to Select Stocks and Markets*, John Wiley & Sons, Chichester, England, 1994.

Lorie, James H., Dodd, Peter, and Kimpton, Mary Hamilton, *The Stock Market: Theories and Evidence*, Dow Jones-Irwin, Homewood, IL, 1985.

Loughran, Tim, and Ritter, Jay R., "The Operating Performance of Firms Conducting Seasoned Equity Offerings." *Journal of Finance*, Vol. 52 No. 4, December 1997.

Lowe, Janet, *Benjamin Graham on Value Investing, Lessons from the Dean of Wall Street*, Dearborn Financial Publishing Inc., Chicago, IL, 1994.

Lowenstein, Louis, *What's Wrong with Wall Street*, Addison-Wesley, New York, 1988.

MacLean, P.D., *The Triune Brain in Evolution: Role in Paleocerebral Functions*, Plenum Press, New York, 1990.

Maital, Shloml, *Minds Markets & Money: Psychological Foundation of Economic Behavior*, Basic Books, New York, 1982.

Malkiel, Burton G., *Returns from Investing in Equity Mutual Funds 1971–1991*, Princeton University, 1994.

Mandelbrot, Benoit, *The (mis)Behavior of Markets: A Fractal View of Risk, Ruin and Reward*, Basic Books, New York, 2004.

Martin, Linda J., "Uncertain? How Do You Spell Relief?" *The Journal of Portfolio Management*, Spring 1985, pp. 5–8.

Marcus, Alan J., "The Magellan Fund and Market Efficiency," *The Journal of Portfolio Management*, Fall 1990, pp. 85–88.

Mattlin, Everett, "Reliability Math: Manager Selection by the Numbers," *Institutional Investor*, January 1993, pp. 141–142.

Maturi, Richard J., *Stock Picking: The 11 Best Tactics for Beating the Market*, McGraw-Hill, New York, 1993.

McElreath, Robert B., Jr., and Wiggins C. Donald, "Using the COMPUSTAT Tapes in Financial Research: Problems and Solutions," *Financial Analysts Journal*, January/February 1984, pp. 71–76.

McQuarrie, Edward F. "The Myth of 1926: How Much Do We Know About Long-Term Returns on U.S. Stocks?" *The Journal of Investing,* Winter 2009, pp. 96–106.

Meehl, P., *Clinical versus Statistical Prediction: A Theoretical Analysis and Review of the Literature,* University of Minnesota Press, 1954.

Melnikoff, Meyer, "Anomaly Investing," *The Financial Analyst's Handbook,* edited by Sumner N. Levine, Dow Jones-Irwin, Homewood, IL, 1988, pp. 699–721.

Montier, James, *Behavioral Finance: Insights into Irrational Minds and Markets,* John Wiley & Sons, Ltd., West Sussex, England, 2002.

Montier, James, *Value Investing: Tools and Techniques for Intelligent Investment,* John Wiley & Sons, New York, 2009.

Murphy, Joseph E., Jr., *Stock Market Probability,* Revised Edition, Probus Publishing Company, Chicago, IL, 1994.

Nathan, Siva, Sivakumar, Kumar, and Vijayakumar, Jayaraman, "Returns to Trading Strategies Based on Price-to-Earnings and Price-to-Sales Ratios," *The Journal of Investing,* Summer 2001, pp. 17–28.

Neustadt, Richard E., *Thinking in Time: The Uses of History for Decision-Makers,* Free Press, NY, 1988.

Newbold, Gerald D., and Poon, Percy S., "Portfolio Risk, Portfolio Performance, and The Individual Investor," *Journal of Finance,* Summer 1996.

Nisbett, Richard, and Ross, Lee, *Human Inference: Strategies and Shortcomings of Social Judgement,* Prentice-Hall, Englewood Cliffs, NJ, 1980.

Nocera, J., "Poking Holes in a Theory on Markets," *New York Times,* June, 2005.

O'Barr, William M., and Conley, John M., *Fortune & Folly: The Wealth & Power of Institutional Investing,* Business-One Irwin, Homewood, IL, 1992.

O'Hanlon, John, and Ward, Charles W.R., "How to Lose at Winning Strategies," *The Journal of Portfolio Management,* Spring 1986.

Opdyke, Jeff D., and Kim Jane J., "A Winning Stock Pickers Losing Fund," *Wall Street Journal,* September 16, 2004.

Oppenheimer, Henry R., "A Test of Ben Graham's Stock Selection Criteria," *Financial Analysts Journal,* September/October 1984, pp. 68–74.

O'Shaughnessy, James P., "Quantitative Models as an Aid in Offsetting Systematic Errors in Decision Making," St. Paul, MN, 1988, unpublished.

O'Shaughnessy, James P., *Invest Like the Best: Using Your Computer to Unlock the Secrets of the Top Money Managers,* McGraw-Hill, New York, 1994.

O'Shaughnessy, James P., *Predicting the Markets of Tomorrow: A Contrarian Investment Strategy for the Next Twenty Years,* Portfolio Books, NY, 2006.

O'Shaughnessy, James P., *The Internet Contrarian,* April 1999.

Paulos, John Allen, *Innumeracy: Mathematical Illiteracy and Its Consequences,* Hill and Wang, New York, 1989.

Paulos, John Allen, *A Mathematician Plays the Stock Market,* Basic Books, New York, 2003.

Perritt, Gerald, W., *Small Stocks, Big Profit,* Dearborn Financial Publishing, Inc., Chicago, IL, 1993.

Perritt, Gerald W., and Lavine, Alan, *Diversify Your Way To Wealth: How to Customize Your Investment Portfolio to Protect and Build Your Net Worth,* Probus Publishing Company, Chicago, IL, 1994.

Peter, Edgar E., *Chaos and Order in the Capital Markets: A New View of Cycles, Prices, and Market Volatility,* John Wiley & Sons, New York, 1991.

Peters, Donald J., *A Contrarian Strategy for Growth Stock Investing: Theoretical Foundations & Empirical Evidence,* Quorum Books, Westport, CT, 1993.

Peterson, Richard, *Inside the Investor's Brain: The Power of Mind Over Money,* Wiley Trading, New York, 2007.

Pettengill, Glenn N., and Jordan, Bradford D., "The Overreaction Hypothesis, Firm Size, and Stock Market Seasonality," *The Journal of Portfolio Management,* Spring 1990, pp. 60–64.

Piotroski, Joseph D., "Value Investing: The Use of Historical Financial Statement Information to Separate Winners from Losers," *Journal of Accounting Research*, Vol 38, Supplement, 2000.

Reinganum, M., "Misspecificaiton of Capital Asset Pricing: Empirical Anomalies Based on Earnings' Yields and Market Values," *Journal of Financial Economics*, March 1981, pp. 19–46.

Reinganum, M., "Investment Characteristics of Stock Market Winners," *AAII Journal*, September, 1989.

"R.I.P. Equities 1982–2008: The Equity Culture Loses Its Bloom," *Institutional Investor's*, January 2010.

Ritter, Jay R., 1991, "The long run performance of initial public offerings," *Journal of Finance*, 46, pp. 3–27.

Santayana, G., "The Life of Reason: Phases of Human Progress," University of Toronto Libraries reprint, 2011. Originally published 1905.

Schwager, Jack D., *Market Wizards: Interviews with Top Traders,* Simon & Schuster, New York, 1992.

Schwager, Jack D., *The New Market Wizards,* Harper-Collins Publishers, New York, 1992.

Schleifer, Andrei, *Inefficient Markets: An Introduction to Behavioral Finance,* Oxford University Press, Oxford, England, 2000.

Spencer, J., Lessons from the Brain-Damaged Investor, *Wall Street Journal*, July 2005.

Sharpe, Robert M., *The Lore and Legends of Wall Street,* Dow Jones-Irwin, Homewood, IL, 1989.

Shiller, Robert J., *Market Volatility,* The MIT Press, Cambridge, MA, 1989.

Shiller, Robert J., *Irrational Exuberance,* Broadway Books, New York, 2001.

Siegel, Jeremy J., *Stocks for the Long Run: Second Edition, Revised and Expanded*, McGraw-Hill, New York, 1998.

Siegel, Laurence B., *Stocks, Bonds, Bills, and Inflation, 1994 Yearbook*, Ibbotson Associates, Chicago, IL, 1994.

Singal, Vijay, *Beyond the Random Walk: A Guide to Stock Market Anomalies and Low Risk Investing*, Oxford University Press, New York, 2004.

Smullyan, Raymond M., *The Tao is Silent*, Harper & Row, New York, 1977.

Speidell, Lawrence S., "The New Wave Theory," *Financial Analysts Journal*, July/August 1988, pp. 9–12.

Speidell, Lawrence S., "Embarrassment and Riches: The Discomfort of Alternative Investment Strategies," *The Journal of Portfolio Management*, Fall 1990, pp. 6–11.

Spiess, D. Katherine, Affleck-Graves, John, "The Long-Run Performance of Common Stock Following Debt Offerings," *Journal of Financial Economics*, 54 (1999), pp. 45–73.

Stowe, John D., McLeavey, Dennis W., and Pinto, Jerald E., "Share Repurchases and Stock Valuation Models," *The Journal of Portfolio Management*, Summer 2009, pp. 170–179.

Stumpp, Mark, and Scott, James, "Does Liquidity Predict Stock Returns?" *The Journal of Portfolio Management*, Winter 1991, pp. 35–40.

Taleb, Nassim Nicholas, *Fooled by Randomness: The Hidden Role of Chance in the Markets and in Life*, Random House, New York, 2001.

Tetlock, Philip, *Expert Political Judgment: How Good is It? How Can We Know?*, Princeton University Press, Princeton, NJ, 2006.

Thomas, Dana L., *The Plungers and the Peacocks: An Update of the Classic History of the Stock Market*, William Morrow, New York, 1989.

Tierney, David E., and Winston, Kenneth, "Using Generic Benchmarks to Present Manager Styles," *The Journal of Portfolio Management*, Summer 1991, pp. 33–36.

Train, John, *The Money Masters*, Harper & Row Publishers, New York, 1985.

Train, John, *Famous Financial Fiascos*, Clarkson N. Potter, New York, 1985.

Train, John, *The New Money Masters: Winning Investment Strategies of: Soros, Lynch, Steinhardt, Rogers, Neff, Wanger, Michaelis, Carret*, Harper & Row Publishers, New York, 1989.

Treynor, Jack L., "Information-Based Investing," *Financial Analysts Journal*, May/June 1989, pp. 6–7.

Treynor, Jack L., "The 10 Most Important Questions to Ask in Selecting a Money Manager," *Financial Analysts Journal*, May/June 1990, pp. 4–5.

"Trillion-dollar babies," *The Economist*, January 2010.

Trippe, Robert R., and Lee, Jae K., *State-of-the-Art Portfolio Selection: Using Knowledge-Based Systems to Enhance Investment Performance*, Probus Publishing Company, Chicago, IL, 1992.

Tsetsekos, George P., and DeFusco, Richard, "Portfolio Performance, Managerial Ownership, and the Size Effect," *The Journal of Portfolio Management,* Spring 1990, pp. 33–39.

Twark, Allan, and D'Mello, James P., "Model Indexation: A Portfolio Management Tool," *The Journal of Portfolio Management,* Summer 1991, pp. 37–40.

Tweedy, Browne Company LLC, *What Has Worked in Investing: Studies of Investment Approaches and Characteristics Associated with Exceptional Returns,* 1992.

Valentine, Jerome, L., CFA, "Investment Analysis and Capital Market Theory," *The Financial Analysts,* Occasional Paper Number 1, 1975.

Valentine, Jerome L., CFA, and Mennis, Edmund A., CFA, *Quantitative Techniques for Financial Analysis,* Richard D. Irwin, Inc., Homewood, IL, 1980.

Vandell, Robert F., and Parrino, Robert, "A Purposeful Stride Down Wall Street," *The Journal of Portfolio Management,* Winter 1986, pp. 31–39.

Vince, Ralph, *The Mathematics of Money Management,* John Wiley & Sons, New York, 1992.

Vishny, Robert W., Shleifer, Andrei, and Lakonishok, Josef, "The Structure and Performance of the Money Management Industry," in the *Brookings Papers on Economic Activity, Microeconomics,* 1992.

Watzlawick, Paul, *How Real Is Real? Confusion, Disinformation, Communication,* Vintage Books, New York, 1977.

Wilcox, Jarrod W., *Investing By the Numbers,* Frank J. Fabozzi Associates, New Hope, PA, 1999.

Williams, John Burr, Ph.D., "Fifty Years of Investment Analysis," *The Financial Analysts Research Foundation,* 1979.

Wood, Arnold S., "Fatal Attractions for Money Managers," *Financial Analysts Journal,* May/June 1989, pp. 3–5.

Zeikel, Arthur, "Investment Management in the 1990s," *Financial Analysts Journal,* September/October 1990, pp. 6–9.

Zweig, J., *Your Money and Your Brain,* Simon & Schuster, Reprint edition, September 2008.

译者后记

这是一本写给投资者的书，尤其是长期投资者。

本书实际上是原书的第4版，原书第1版的译名为《华尔街股市投资经典》，出版于1999年，已经是20世纪的事情了。

在接到这本书的翻译任务之后，我想：市面上冠之以"华尔街"的投资书籍可谓汗牛充栋，这本书有什么特别之处呢？

认真读了几章之后，我发现，这真是一本有特点的书。

众所周知，证券投资分析方法一般被分为两大类：基本面分析法与技术面分析法。前者注重公司的基本面，以公司内在价值为主要研究对象，通过对决定公司内在价值和影响股票价格的宏观经济形势、行业发展前景、公司自身经营状况进行详尽分析，对股票进行估值；后者以预测股价波动趋势为主要目的，从股价变化的历史图表入手，寻求股票市场波动规律。相应地，华尔街的证券分析师也被划分为两大阵营：基本分析派与技术分析派。

毫无疑问，本书的作者奥肖内西属于笃信基本面分析法的投资大师，他堪称对华尔街最流行的投资策略进行长期研究的第一人。20世纪90年代，本书堪称第一本根据统计数据获取超额投资收益的宝典。很多投资者都想知道，在长期的实际投资过程中，哪些投资策略的收益较高，哪些策略又将表现不佳。在本书尚未出版之前，始终没有一本书能做到较全面地向广大投资者介绍这些策略。尽管许多专家、学者也做过许多短期性的研究，但极少有人对各种流行投资策略的长期业绩进行检验。

奥肖内西通过对美国股市近百年数据的系统、深入分析，研究了各种股市投资策略的收益和风险，并在严谨的数学方法、翔实的计算与比较的基础上，总结出指导投资的原则和规律。他认为，要想在股市投资中获胜，就必须做到：对投资的长期历史进行总结，从中确定一种或几种行之有效的投资策略，然后坚定不移地按这些策略去做，并且在投资决策过程中综合使用多种策略指标。而不能仅仅因为某只股票的成长或价值倾向而投资，要根据大量的统计数据，同时结合成长性及价值性这两个因素来进行。

对中国读者来说，本书保留了前几版的大部分内容与结构，除第 1 版中介绍的市盈率、市销率、市净率等传统的相对指标投资组合之外，同时还增加了一些近年来十分流行的投资策略，如 EBITDA/ 企业价值比、价格 /EBITDA 比、价格 / 自由现金流比等指标，并且增加了综合价值指标 VC，该指标涵盖了自本书第 1 版以来所包含的主要投资指标。此外，作者对数据也做了大幅度更新，加入了 2007～2009 年金融危机之后的数据，从而让本书的结论更有说服力。

虽然我们早已进入了互联网时代，但投资策略并未发生本质变化，仍然是价值投资与技术分析并存的格局。而近年来发生的金融危机也让我们认识到，跟风、赶时髦，有时确实可以取得超出大盘指数的收益。但是随着时间的推移，人们的收益会逐渐消失，最后招致惨重的损失。在这样一个动荡的、不可预测的投资世界中，毫无疑问，过去有效的投资策略，现在不一定有效；现在有用的投资策略，将来不一定有用；在美国有效的投资策略，在中国也不一定有效。因此，读者需要自行判断本书的价值。但是，对于具有一定理论与实践基础的中级投资者来说，这无疑是一本好书。

马海涌
2013 年 6 月

推荐阅读

序号	书号	书名	序号	书号	书名
1	30250	江恩华尔街45年（珍藏版）	42	41880	超级强势股：如何投资小盘价值成长股
2	30248	如何从商品期货贸易中获利（珍藏版）	43	39516	股市获利倍增术（珍藏版）
3	30247	漫步华尔街（原书第9版）（珍藏版）	44	40302	投资交易心理分析
4	30244	股市晴雨表（珍藏版）	45	40430	短线交易秘诀（原书第2版）
5	30251	以交易为生（珍藏版）	46	41001	有效资产管理
6	30246	专业投机原理（珍藏版）	47	38073	股票大作手利弗莫尔回忆录
7	30242	与天为敌：风险探索传奇（珍藏版）	48	38542	股票大作手利弗莫尔谈如何操盘
8	30243	投机与骗局（珍藏版）	49	41474	逆向投资策略
9	30245	客户的游艇在哪里（珍藏版）	50	42022	外汇交易的10堂必修课
10	30249	彼得·林奇的成功投资（珍藏版）	51	41935	对冲基金奇才：常胜交易员的秘籍
11	30252	战胜华尔街（珍藏版）	52	42615	股票投资的24堂必修课
12	30604	投资新革命（珍藏版）	53	42750	投资在第二个失去的十年
13	30632	投资者的未来（珍藏版）	54	44059	期权入门与精通（原书第2版）
14	30633	超级金钱（珍藏版）	55	43956	以交易为生II：卖出的艺术
15	30630	华尔街50年（珍藏版）	56	43501	投资心理学（原书第5版）
16	30631	短线交易秘诀（珍藏版）	57	44062	马丁·惠特曼的价值投资方法：回归基本面
17	30629	股市心理博弈（原书第2版）（珍藏版）	58	44156	巴菲特的投资组合（珍藏版）
18	30835	赢得输家的游戏（原书第5版）	59	44711	黄金屋：宏观对冲基金顶尖交易者的掘金之道
19	30978	恐慌与机会	60	45046	蜡烛图精解（原书第3版）
20	30606	股市趋势技术分析（原书第9版）（珍藏版）	61	45030	投资策略实战分析
21	31016	艾略特波浪理论:市场行为的关键（珍藏版）	62	44995	走进我的交易室
22	31377	解读华尔街（原书第5版）	63	46567	证券混沌操作法
23	30635	蜡烛图方法：从入门到精通（珍藏版）	64	47508	驾驭交易（原书第2版）
24	29194	期权投资策略（原书第4版）	65	47906	赢得输家的游戏
25	30628	通向财务自由之路（珍藏版）	66	48513	简易期权
26	32473	向最伟大的股票作手学习	67	48693	跨市场交易策略
27	32872	向格雷厄姆学思考，向巴菲特学投资	68	48840	股市长线法宝
28	33175	艾略特名著集（珍藏版）	69	49259	实证技术分析
29	35212	技术分析（原书第4版）	70	49716	金融怪杰：华尔街的顶级交易员
30	28405	彼得·林奇教你理财	71	49893	现代证券分析
31	29374	笑傲股市（原书第4版）	72	52433	缺口技术分析：让缺口变为股票的盈利
32	30024	安东尼·波顿的成功投资	73	52601	技术分析（原书第5版）
33	35411	日本蜡烛图技术新解	74	54332	择时与选股
34	35651	麦克米伦谈期权（珍藏版）	75	54670	交易择时技术分析：RSI、波浪理论、斐波纳契预测及复合指标的综合运用（原书第2版）
35	35883	股市长线法宝（原书第4版）（珍藏版）	76	55569	机械式交易系统：原理、构建与实战
36	37812	漫步华尔街（原书第10版）	77	55876	技术分析与股市盈利预测：技术分析科学之父沙巴克经典教程
37	38436	约翰·聂夫的成功投资（珍藏版）	78	57133	憨夺型投资者
38	38520	经典技术分析（上册）	79	57116	高胜算操盘：成功交易员完全教程
39	38519	经典技术分析（下册）	80	57535	哈利·布朗的永久投资组合：无惧市场波动的不败投资法
40	38433	在股市大崩溃前抛出的人：巴鲁克自传（珍藏版）	81	57801	华尔街之舞：图解金融市场的周期与趋势
41	38839	投资思想史			

交易领域三本必读书

股市趋势技术分析（原书第9版）珍藏版

作者：罗伯特 D. 爱德华兹　ISBN：978-7-111-30606-1　定价：78.00元

华尔街的技术基石

图表分析的权威著作 畅销半个世纪的投资圣经

通向财务自由之路（珍藏版）

作者：范 K. 撒普　ISBN：978-7-111-30628-3　定价：48.00元

交易系统大师倾情力作

使每位投资者都能实现财务自由的经典

专业投机原理（修订版）

作者：维克托·斯波朗迪　ISBN：978-7-111-30246-9　定价：68.00元

世界上最伟大的交易员是如何炼成的

"反复阅读此书，你就不会赔钱！"